●収録内容一覧

■2025年度中学受験用

洗足学園中学校

4年間(＋3年間HP掲載)スーパー過去問

入試問題と解説・解答の収録内容

2024年度　1回	算数・社会・理科・国語	実物解答用紙DL
2024年度　2回	算数・社会・理科・国語	実物解答用紙DL
2024年度　3回	算数・社会・理科・国語 （解答のみ）	実物解答用紙DL
2023年度　1回	算数・社会・理科・国語	実物解答用紙DL
2023年度　2回	算数・社会・理科・国語	実物解答用紙DL
2023年度　3回	算数・社会・理科・国語 （解答のみ）	実物解答用紙DL
2022年度　1回	算数・社会・理科・国語	実物解答用紙DL
2022年度　2回	算数・社会・理科・国語	実物解答用紙DL
2022年度　3回	算数・社会・理科・国語 （解答のみ）	実物解答用紙DL
2021年度　1回	算数・社会・理科・国語	

2020～2018年度（HP掲載）

「カコ過去問」
（ユーザー名）koe
（パスワード）w8ga5a1o

問題・解答用紙・解説解答DL

◇著作権の都合により国語と一部の問題を削除しております。
◇一部解答のみ（解説なし）となります。
◇９月下旬までに全校アップロード予定です。
◇掲載期限以降は予告なく削除される場合があります。

～本書ご利用上の注意～　以下の点について，あらかじめご了承ください。

★別冊解答用紙は巻末にございます。実物解答用紙は，弊社サイトの各校商品情報ページより，一部または全部をダウンロードできます。
★編集の都合上，学校実施のすべての試験を掲載していない場合がございます。
★当問題集のバックナンバーは，弊社には在庫がございません（ネット書店などに一部在庫あり）。

合格を勝ち取るための

『スーパー過去問』の使い方

本書に掲載されている過去問をご覧になって，「難しそう」と感じたかもしれません。でも，多くの受験生が同じように感じているはずです。なぜなら，中学入試で出題される問題は，小学校で習う内容よりも高度なものが多く，たくさんの知識や解き方のコツを身につけることも必要だからです。ですから，初めて本書に取り組むさいには，点数を気にしすぎないようにしましょう。本番でしっかり点数を取れることが大事なのです。

過去問で重要なのは「まちがえること」です。自分の弱点を知るために，過去問に取り組むのです。当然，まちがえた問題をそのままにしておいては意味がありません。

本書には，長年にわたって中学入試にたずさわっているスタッフによるていねいな解説がついています。まちがえた問題はしっかりと解説を読み，できるようになるまで何度も解き直しをしてください。理解できていないと感じた分野については，参考書や資料集などを活用し，改めて整理しておきましょう。

このページも参考にしてみましょう！

◆どの年度から解こうかな　「入試問題と解説・解答の収録内容一覧」

本書のはじめには収録内容が掲載されていますので，収録年度や収録されている入試回などを確認できます。

※著作権上の都合によって掲載できない問題が収録されている場合は，最新年度の問題の前に，ピンク色の紙を差しこんでご案内しています。

◆学校の情報を知ろう!!「学校紹介ページ」

このページのあとに，各学校の基本情報などを掲載しています。問題を解くのに疲れたら息ぬきに読んで，志望校合格への気持ちを新たにし，再び過去問に挑戦してみるのもよいでしょう。なお，最新の情報につきましては，学校のホームページなどでご確認ください。

◆入試に向けてどんな対策をしよう？「出題傾向＆対策」

「学校紹介ページ」に続いて，「出題傾向＆対策」ページがあります。過去にどのような分野の問題が出題され，どのように対策すればよいかをアドバイスしていますので，参考にしてください。

◇別冊「入試問題解答用紙編」

本書の巻末には，ぬき取って使える別冊の解答用紙が収録してあります。解答用紙が非公表の場合などを除き，(注) が記載されたページの指定倍率にしたがって拡大コピーをとれば，実際の入試問題とほぼ同じ解答欄の大きさで，何度でも過去問に取り組むことができます。このように，入試本番に近い条件で練習できるのも，本書の強みです。また，データが公表されている学校は別冊の１ページ目に過去の「入試結果表」を掲載しています。合格に必要な得点の目安として活用してください。

本書がみなさんの志望校合格の助けとなることを，心より願っています。

株式会社　声の教育社　編集部

洗足学園中学校

所在地	〒213-8580 神奈川県川崎市高津区久本2-3-1
メールアドレス	ao@jh-staff.senzoku.ac.jp
ホームページ	https://www.senzoku-gakuen.ed.jp/
交通案内	JR南武線「武蔵溝ノ口駅」／東急田園都市線・大井町線「溝の口駅」より徒歩８分

くわしい情報はホームページへ

トピックス

★学校説明会終了後に希望者を対象として校舎見学を実施しています。
★2023年度入試より，第1～３回試験すべて４科(国算社理)での受験となりました。

創立年 大正13年　｜　女子校　｜　高校募集なし

応募状況

年度	募集数	応募数	受験数	合格数	倍率
2024	① 80名	4科 259名	246名	83名	3.0倍
	②100名	4科 649名	505名	163名	3.1倍
	③ 40名	4科 437名	361名	73名	4.9倍
2023	① 80名	4科 279名	265名	83名	3.2倍
	②100名	4科 707名	556名	179名	3.1倍
	③ 40名	4科 499名	441名	77名	5.7倍

学校説明会・公開行事日程（※予定）

【学校説明会＆校舎見学】

７月６日　［一般入試志望者対象］
１回目　㊆９:00～９:45／㋎９:45～10:30
２回目　説11:10～11:55／見11:55～12:40
３回目　説13:20～14:05／見14:05～14:50
４回目　説15:30～16:15／見16:15～17:00
※各回400組800名(１家庭２名まで)です。
※各回ともに同じ内容になります。

【彩羽祭(文化祭)】

９月７日・８日　＊時間未定

【オープンキャンパス】

10月12日　＊時間未定

【入試問題体験会】

12月14日　＊時間未定

入試情報（参考：昨年度）

・試験日：第１回　2024年２月１日
　　　　　第２回　2024年２月２日
　　　　　第３回　2024年２月５日
・試験科目：各回とも４科(国算社理)
※国算…各50分，各100点
　社理…合わせて60分，各75点
・出願期間〔インターネット出願〕：
　第１回　2024年１月６日～28日
　第２回　2024年１月６日～２月１日
　第３回　2024年１月６日～２月４日
※１月６日９：00より出願受付開始。各回出願受付最終日は15：00までとなります。
・合格発表：
　第１回　2024年２月１日　21:00(HP)
　第２回　2024年２月２日　21:00(HP)
　第３回　2024年２月５日　21:00(HP)

2024年春の主な大学合格実績

＜国公立大学・大学校＞

東京大，京都大，東京工業大，一橋大，東北大，北海道大，筑波大，東京外国語大，千葉大，横浜国立大，東京学芸大，電気通信大，東京農工大，お茶の水女子大，防衛医科大，横浜市立大

＜私立大学＞

慶應義塾大，早稲田大，上智大，国際基督教大，東京理科大，明治大，青山学院大，立教大，中央大，法政大，学習院大，順天堂大，昭和大，東京医科大，日本医科大

編集部注―本書の内容は2024年6月現在のものであり，変更されている場合があります。正確な情報は，学校のホームページ等で必ずご確認ください。

算数　出題傾向＆対策

◆基本データ(2024年度１回)

試験時間／満点	50分／100点
問　題　構　成	・大問数…５題 計算１題(２問)／応用小問２題(８問)／応用問題２題 ・小問数…16問
解　答　形　式	応用問題では，解答までの考え方や計算を書かせるものも出題されている。
実際の問題用紙	Ａ４サイズ，小冊子形式
実際の解答用紙	Ａ３サイズ

◆出題傾向と内容

▶過去３年の出題率トップ３
１位：四則計算･逆算12％　２位：角度・面積・長さ８％　３位：速さと比など６％
▶今年の出題率トップ３
１位：四則計算・逆算12％　２位：辺の比と面積の比・相似10％　３位：つるかめ算８％

本校の算数は，１題めが計算問題，２題めと３題めが応用小問(いわゆる一行問題)の集合題，それ以降が応用問題という構成になっています。各問題の難度がやや高いうえ，試験時間のわりにボリュームがある内容なので，試験のさいには，すべての問題に手をつけるのではなく，解けそうなものから順に確実に得点していく必要があります。

応用小問や応用問題では，数の性質や図形分野の問題が多く出されています。また，特殊算(相当算，仕事算，周期算，旅人算など)もやや多く見られます。

分野 ＼ 年度		2024 1回	2024 2回	2024 3回	2023 1回	2023 2回	2023 3回
計算	四則計算・逆算	◎	◎	◎	◎	◎	◎
	計算のくふう						○
	単位の計算						
和と差	和差算・分配算				○		
	消去算				○		
	つるかめ算	◎	○	○			○
	平均とのべ		○			○	
	過不足算・差集め算						○
	集まり					○	
	年齢算				○		
割合と比	割合と比					○	
	正比例と反比例						
	還元算・相当算	○				○	
	比の性質		○	○		○	○
	倍数算			○			
	売買損益	○			○		
	濃度			○	○		○
	仕事算	○	○	○	○		
	ニュートン算	○					
速さ	速さ			○			
	旅人算	○		○			○
	通過算		○				
	流水算		○	○		○	
	時計算						
	速さと比	◎		○	○	◎	○
図形	角度・面積・長さ		○	○		○	●
	辺の比と面積の比・相似	◎	◎	○	◎		○
	体積・表面積				○	○	
	水の深さと体積	○	○				
	展開図						
	構成・分割	○			○	◎	○
	図形・点の移動			○			○
表とグラフ			○	○	○		
数の性質	約数と倍数						
	N進数						
	約束記号・文字式						
	整数･小数･分数の性質			○		○	○
規則性	植木算			○			
	周期算	○	○		○		○
	数列		○			○	○
	方陣算				○		
	図形と規則						
場合の数						○	
調べ・推理・条件の整理		◎	○			○	
その他							

※　○印はその分野の問題が１題，◎印は２題，●印は３題以上出題されたことをしめします。

◆対策～合格点を取るには？～

まず，計算力を毎日の計算練習で身につけましょう。計算の過程をきちんとノートに書き，答え合わせのときに，どんなところでミスしやすいかを発見するように努めること。

数の性質，割合と比では，はじめに教科書にある重要事項を整理し，類題を数多くこなして，基本的なパターンを身につけましょう。

図形では，はじめに求積問題を重点的に学習しましょう。

特殊算については，参考書などにある「○○算」の基本を学習し，公式をスムーズに活用できるようになりましょう。

社会 出題傾向＆対策

◆基本データ（2024年度１回）

試験時間／満点	理科と合わせて60分／75点
問題構成	・大問数…３題 ・小問数…24問
解答形式	記号選択が多めだが，適語の記入や２行程度の記述問題も出題されている。
実際の問題用紙	Ａ４サイズ，小冊子形式
実際の解答用紙	Ｂ４サイズ

分野＼年度			2024 1回	2024 2回	2024 3回	2023 1回	2023 2回	2023 3回
日本の地理		地図の見方		○		○	○	○
		国土・自然・気候	○	○	○	○	○	○
		資源						
		農林水産業	○	○	○	○	○	○
		工業	○	○		○		○
		交通・通信・貿易		○		○		
		人口・生活・文化	○	○		○	○	○
		各地方の特色			○		○	○
		地理総合	★	★	★	★	★	★
世界の地理			○			○		
日本の歴史	時代	原始～古代	○	○	○	○	○	○
		中世～近世	○	○	○	○	○	○
		近代～現代	○	○	○	○	○	○
	テーマ	政治・法律史						
		産業・経済史						
		文化・宗教史						
		外交・戦争史						
		歴史総合	★	★	★	★	★	★
世界の歴史								
政治		憲法		○	○	○	○	○
		国会・内閣・裁判所	○	○	○	○	○	○
		地方自治	○					○
		経済		○	○			○
		生活と福祉	○		○		○	
		国際関係・国際政治	○	○		○	○	○
		政治総合	★	★	★	★	★	★
環境問題			○	○			○	
時事問題			○	○		○		○
世界遺産					○			○
複数分野総合								

※　原始～古代…平安時代以前，中世～近世…鎌倉時代～江戸時代，近代～現代…明治時代以降

※　★印は大問の中心となる分野をしめします。

◆出題傾向と内容

おおむね地理・歴史・政治の各分野からそれぞれ１題ずつの出題となっていますが，政治分野を中心としながら地理・歴史についても問う総合問題が見られることもあります。

●**地理**…日本の国土と自然に関する問いを中心にしながら，さらに農業（統計や栽培方法など）や工業（伝統的工芸品や地場産業など），交通，貿易などについての問いも交えた総合的な出題内容となっています。

●**歴史**…文化史，建築史，経済史などのテーマにそった出題のほかに，特定の地域の歴史に関連する出題も見られ，いずれも多彩で総合的な内容となっています。選択肢の内容もよく吟味されており，歴史上のできごとをひとつの流れとしてとらえる能力がためされます。

●**政治**…日本国憲法と三権（国会・内閣・裁判所）のしくみを中心とした出題となっていますが，財政や社会保障，国際関係や時事問題に関することがらなどもからめた総合的な内容となっています。

◆対策～合格点を取るには？～

本校の社会は，設問内容，出題形式ともに標準的なものからやや難しいものまであるので，まず基礎知識をしっかりと固め，そのうえで問題演習にあたることが大切です。教科書のほか，標準的な参考書を選び，基本事項をしっかりと身につけましょう。

地理分野では，地図とグラフが欠かせません。つねにこれらを参照しながら，白地図作業帳を利用して地形と気候をまとめ，そこから産業のようす（もちろん統計表も使います）へと広げていってください。

歴史分野では，教科書や参考書を読むだけでなく，自分で年表をつくって覚えると学習効果が上がります。できあがった年表は，各時代，各分野のまとめに活用できます。本校の歴史の問題にはさまざまな分野が取り上げられていますから，この作業はおおいに威力を発揮するはずです。

政治分野では，日本国憲法の基本的な内容と三権についてはひと通りおさえておいた方がよいでしょう。また，時事問題については，新聞やテレビ番組などでニュースを確認し，国の政治や経済の動き，世界各国の情勢などについて，ノートにまとめておきましょう。

理科 出題傾向＆対策

◆基本データ（2024年度１回）

試験時間／満点	社会と合わせて60分／75点
問題構成	・大問数…４題 ・小問数…23問
解答形式	記号選択と用語（数値）の記入が中心だが，短文記述も出題されている。
実際の問題用紙	Ａ４サイズ，小冊子形式
実際の解答用紙	Ｂ４サイズ

分野＼年度		2024			2023		
		1回	2回	3回	1回	2回	3回
生命	植物					○	
	動物		○		★	○	
	人体	★	○	★			★
	生物と環境						
	季節と生物						
	生命総合		★			★	
物質	物質のすがた	○					
	気体の性質						○
	水溶液の性質						
	ものの溶け方	○		★	★		
	金属の性質					★	○
	ものの燃え方						
	物質総合	★	★				★
エネルギー	てこ・滑車・輪軸	★					
	ばねののび方						
	ふりこ・物体の運動		★		★		
	浮力と密度・圧力						
	光の進み方					★	
	ものの温まり方						
	音の伝わり方			★			
	電気回路						
	磁石・電磁石						★
	エネルギー総合						
地球	地球・月・太陽系	★		★		★	
	星と星座	○					
	風・雲と天候				○		
	気温・地温・湿度						★
	流水のはたらき・地層と岩石		★		★		
	火山・地震						
	地球総合						
実験器具							○
観察							
環境問題			○				
時事問題							
複数分野総合							

※　★印は大問の中心となる分野をしめします。

◆出題傾向と内容

本校の理科では，実験・観察・観測をもとにしたやや難しめの問題が出されています。

●生命…植物の葉や茎のしくみとはたらき，植物の光合成と成長，干潟に生息する生物，ヒトのからだのしくみとはたらき，呼吸のはたらきなどが出題されています。

●物質…水に溶ける気体の体積，中和反応，水溶液の性質，溶解度，状態の変化などが取り上げられています。実験の資料を利用した計算問題も見られます。

●エネルギー…力のつり合いとてこのはたらき，輪軸，力学的エネルギー，物体の運動，浮力，密度，音の伝わり方，光の進み方，静電気，電磁石などが出されており，ほかの分野に比べてウェートがやや大きくなっています。

●地球…流れる水のはたらき，太陽の観察，太陽系の惑星の動き，星座の動き（日周運動と年周運動など），プレートの動き，月と地球の動きと見え方，湿度，地球上のエネルギーなどが取り上げられています。

◆対策～合格点を取るには？～

本校の理科の問題はやや難しめですが，実験・観察・観測をもとに基本的なことがらを問うものが大部分をしめていますから，日ごろの学習のなかでそれらを着実におさえ，かたよりのない勉強を心がける必要があります。

そのためには，教科書の内容をよく理解し，整理しておくのがいちばんです。教科書を最初からよく読み，理解したことをノートにまとめましょう。そのさい，知識事項は正確に覚えるように心がけ，実験・観察・観測の方法や結果，実験器具などのあつかい方についてまとめておくことも忘れてはなりません。結果だけでなく手順も大切です。

そして，基礎固めができたら，知識や理解の確認のために，あまり難しくない入試問題集を解いてみることです。80～90％解けるようならば，自信を持ってよいでしょう。もし解けないようなら，もう一度教科書を読みなおして，基本的なことがらをあらためて整理・確認することです。

やさしい問題集を１冊決めて解いてみるのもよいことです。まちがえたものは，赤で答えを書きこんで，あとで調べるようにしましょう。

国語 出題傾向＆対策

◆基本データ（2024年度１回）

試験時間／満点	50分／100点
問題構成	・大問数…２題 　文章読解題２題 ・小問数…16問
解答形式	記号選択と適語の記入のほかに，記述問題も見られる。記述問題には，すべて字数制限がない。
実際の問題用紙	Ａ４サイズ，小冊子形式
実際の解答用紙	Ａ３サイズ

◆出題傾向と内容

▶近年の出典情報（著者名）
説明文：瀬尾まいこ　青山美智子　佐藤厚志
小　説：ベルナール・スティグレール　西谷　修　大澤真幸

●読解問題…説明文・論説文が１題，小説・物語文が１題という出題が定着しています。設問は，適語の補充，文脈理解，指示語の内容，内容理解などで，典型的な長文読解問題といえます。説明文・論説文では筆者の主張の理解，小説・物語文では登場人物の心情の読み取りが中心となっています。そのほか，接続語や副詞の補充，指示語の内容，主題・大意の読み取りなどもよく出されています。

●知識問題…読解問題のなかの設問の一部として出題されます。漢字の書き取りのほか，慣用句・ことわざ，四字熟語などが取り上げられています。

◆対策～合格点を取るには？～

　入試で正しい答えを出せるようにするためには，なるべく多くの読解問題にあたり，出題内容や出題形式に慣れることが大切です。問題集に取り組むさいは，指示語の内容や接続語に注意しながら，文章がどのように展開しているかを読み取るように気をつけましょう。また，答え合わせをした後は，漢字やことばの意味を辞書で調べてまとめるのはもちろん，正解した設問でも解説をしっかり読んで解答の道すじを明らかにし，本番で自信を持って答えられるようにしておきましょう。

　知識問題については，分野ごとに短期間に集中して覚えるのが効果的です。ただし，漢字は毎日少しずつ学習するとよいでしょう。

分野 ＼ 年度			2024			2023		
			1回	2回	3回	1回	2回	3回
読	文章の種類	説明文・論説文	★	★	★	★	★	★
		小説・物語・伝記	★	★	★	★	★	★
		随筆・紀行・日記						
		会話・戯曲						
		詩						
		短歌・俳句						
解	内容の分類	主題・要旨	○	○	○	○	○	○
		内容理解	○	○	○	○	○	○
		文脈・段落構成						○
		指示語・接続語	○	○	○	○	○	○
		その他	○	○	○	○	○	○
知	漢字	漢字の読み						
		漢字の書き取り	○	○	○	○	○	○
		部首・画数・筆順						
	語句	語句の意味		○				
		かなづかい						
		熟語	○	○				
		慣用句・ことわざ	○	○	○	○	○	○
	文法	文の組み立て						
		品詞・用法						
		敬語						
識	形式・技法							
	文学作品の知識							
	その他							
	知識総合							
表現	作文							
	短文記述							
	その他							
放送問題								

※　★印は大問の中心となる分野をしめします。

カコを追いかけ
ミライをつかめ
「今の説明、もう一回」を何度でも
web過去問
ストリーミング配信による入試問題の解説動画
もっと古いカコモンないの？
カコ過去問
「さらにカコの」過去問をHPに掲載（DL）
声の教育社
詳しくはこちらから

2024 年度　洗足学園中学校

【算　数】〈**第１回試験**〉(50分)〈満点：100点〉

【注意】 円周率は3.14として計算してください。

1 　次の問いに答えなさい。

(1) 次の計算をしなさい。

$$\left(2\frac{2}{3}-0.5\right)\times\left(2.8+3\times5+1\frac{1}{25}\right)\div3.14$$

(2) $\square$ にあてはまる数を答えなさい。

$$0.84\times\left(0.75-\frac{1}{28}\right)\div\square\times9+14\div\left(1.02-\frac{5}{6}\right)=76$$

2 　次の問いに答えなさい。

(1) Ａさんが買い物をしました。最初の店では所持金の $\frac{1}{2}$ より200円多く使い，２番目の店では残った所持金の $\frac{1}{3}$ よりも400円多く使いました。３番目の店で残った所持金の $\frac{1}{4}$ よりも600円多く使ったところ，所持金をすべて使いきりました。Ａさんは，はじめに何円持っていましたか。

(2) 1，2，3，4，5，6，7が１つずつ書いてある７枚のカードから４枚を選び，２枚ずつ並べて２桁《けた》の奇《き》数を２つ作ります。大きい方の数が小さい方の数の倍数になるとき，考えることができる奇数の組をすべて求めなさい。なお，答えは(13，25)のように書きなさい。

(3) 高さが同じで底面積が異なる直方体の形をした２つの容器Ａ，Ｂがあります。この２つの容器に空の状態から毎分１Ｌの割合で同時に水を入れ，容器Ａの高さの半分まで水を入れたところで，容器Ａについている毎分200mLの水を排《はい》出する排水口を開けました。その後，容器ＡとＢが同時に満水になりました。このとき，容器ＡとＢの底面積の比をもっとも簡単な整数で答えなさい。

(4) 四角形ABCDは長方形です。直線BEと直線FDが平行のとき，三角形ABGと三角形FDHの面積の比をもっとも簡単な整数で答えなさい。

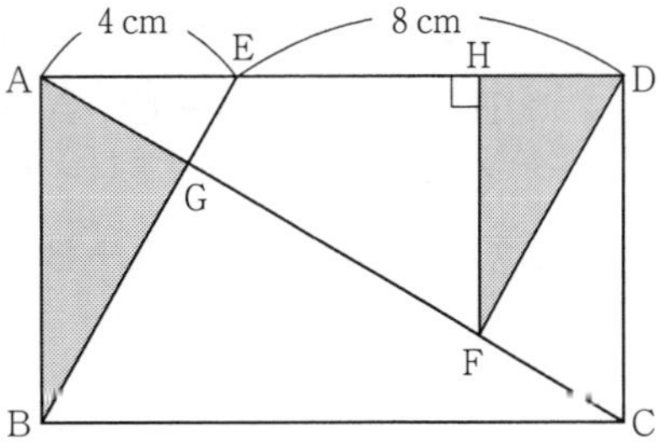

3 　次の問いに答えなさい。

(1) 原価が50円の消しゴム1500個を仕入れ，４割の利益を見込《こ》んで定価をつけました。ところが４割が売れ残ったので定価を割り引いて残りをすべて売りきったところ，予定の86％の利益をあげることができました。売れ残った消しゴムを定価の何割引きで売りましたか。

(2)　立方体ABCDEFGHがあります。辺AB上にAP：PB＝1：3となる点Pを，辺BF上にBQ：QF＝1：1となる点Qをとります。また，点Pと点Qを結んだ直線上に点Rをとります。三角形RQGの面積は，3点P，Q，Gを通る平面で立方体を切ったときの切り口の面積の $\frac{1}{3}$ 倍になりました。このとき，PRとRQの長さの比をもっとも簡単な整数で答えなさい。

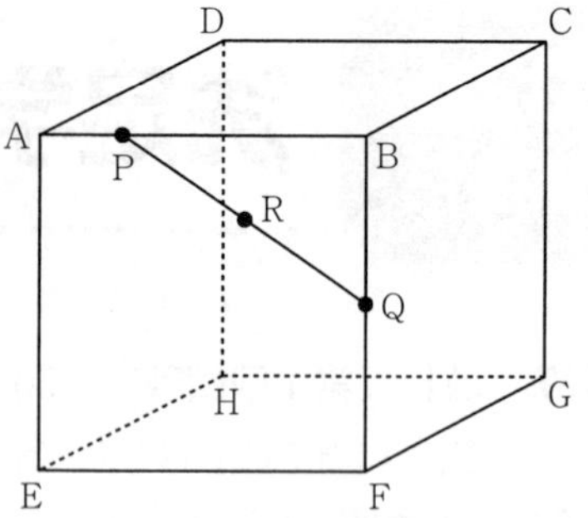

(3)　A，B，Cの3人がスタートから7km走ったところで折り返し，同じ道を戻《もど》ってゴールする14kmのマラソン大会に参加しました。3人は同時にスタートし，ゴールまでそれぞれ一定の速さで走りました。AとBの速さの比は5：4です。Aは6km走ったところでCとすれ違《ちが》い，Bはスタートから43分45秒後にCとすれ違いました。このとき，BがゴールしたのはAがゴールしてから何分何秒後ですか。なお，この問題は解答までの考え方を表す式や文章・図などを書きなさい。

(4)　常に一定の量の水が流れ込んでいる貯水池があります。この貯水池が満水の状態から空になるまで排《はい》水するのに，6台のポンプでは350分，5台のポンプでは450分かかります。ところが，貯水池の内壁《へき》にヒビが入り，貯水池の水の量が5割を超《こ》えると，常に一定の水がもれるようになりました。この状態で5台のポンプを使って満水から空になるまで排水したところ，435分かかりました。このとき，内壁のヒビからもれる水の量は，ポンプ1台あたりの排出量の何倍ですか。ただし，ポンプ1台が排出できる水の量はすべて同じであるものとします。なお，この問題は解答までの考え方を表す式や文章・図などを書きなさい。

4　A，B，Cの3人は，夏休みに文化祭の来場者に渡《わた》すしおりを作ることにしました。しおりを作る速さはそれぞれ一定ですが，誰かと一緒《しょ》に作業するとおしゃべりをしてしまうため，それぞれの作業の速さが0.8倍になってしまいます。予定枚数を作るにあたり，以下のことが分かっています。

①A→B→C→A→B→C→…の順にそれぞれ1人で6分ずつ作業すると，最後はBが6分作業したところで予定枚数を作り終える。

②B→C→A→B→C→A→…の順にそれぞれ1人で6分ずつ作業すると，①よりも2分多くかかる。

③C→A→B→C→A→B→…の順にそれぞれ1人で6分ずつ作業すると，①よりも2分少なくてすむ。

④AとB→BとC→CとA→AとB→BとC→CとA→…の順にそれぞれ2人で6分ずつ作業すると，3時間8分で予定枚数を作り終える。

このとき，次の問いに答えなさい。

(1)　A，B，Cがそれぞれ1人で，6分間作業したときに作ることができるしおりの枚数の比をもっとも簡単な整数で答えなさい。

(2)　A，B，Cがはじめから3人で作業すると何時間何分で予定枚数を作り終えますか。なお，この問題は解答までの考え方を表す式や文章・図などを書きなさい。

⑶　Ａ，Ｂ，Ｃの３人で作業を始めましたが，１時間48分が経過した後，Ａは旅行に行くため以後の作業に加われなくなり，また，Ｂは少し休憩《けい》をしてから作業に戻《もど》りました。予定枚数を作り終えるのにすべて３人で作業するときよりも19分多くかかったとすると，Ｃが１人で作業していた時間は何分間ですか。

5　ＡからＢまでは上り坂，ＢからＣまでは平らな道，ＣからＤまでは下り坂となっている登山コースがあります。花子さんはＡ地点から，よし子さんはＤ地点から同時に出発したところ，１時間45分後に花子さんが平らな道を $\frac{5}{6}$ だけ進んだところで２人は出会いました。また，花子さんがＤ地点に着いた５分後によし子さんがＡ地点に着きました。２人はどちらも上り坂を時速1.5km，平らな道を時速３km，下り坂を時速２kmで進みます。このとき，次の問いに答えなさい。

⑴　よし子さんがＢ地点に着いたのは，花子さんがＣ地点に着いてから何分後ですか。

⑵　花子さんがＡ地点を出発してからＤ地点に着くまでに何時間何分かかりましたか。なお，この問題は解答までの考え方を表す式や文章・図などを書きなさい。

⑶　２人はしばらく休んだ後，再び同時に出発し，来た道を戻《もど》りました。しかし，途《と》中で雨が降り始めたため，すぐに花子さんは残りの上り坂と平らな道を進む速さだけ $\frac{6}{5}$ 倍にしました。また，よし子さんは下り坂を進む速さだけ $\frac{5}{4}$ 倍にしたところ，花子さんがＡ地点に着くと同時によし子さんがＤ地点に着きました。雨が降り始めたのは２人が再び出発してから何分後ですか。

【社　会】〈**第１回試験**〉（理科と合わせて60分）〈満点：75点〉

1　次の［**地図１**］中の**Ｘ**～**Ｚ**は，日本における主要な地溝帯《ちこうたい》・断層線を示したものです。また［**地図２**］は，［**地図１**］中の**Ｙ**とその周辺を示したものです。これらを見て，あとの問いに答えなさい。

［**地図１**］

［**地図２**］

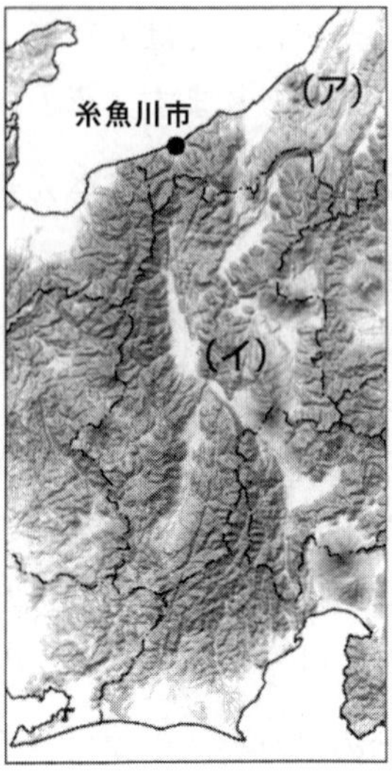

（地理院地図より作成）

問１　［**地図１**］中の**Ｘ**～**Ｚ**について，次の(**1**)・(**2**)にそれぞれ答えなさい。

(**1**)　［**地図１**］中に示した**Ｘ**は，日本列島を東北日本と西南日本に地質学的な観点から二分する境目とされる地溝帯《ちこうたい》です。この地溝帯《ちこうたい》の名称《めいしょう》を，カタカナで答えなさい。

(**2**)　［**地図１**］中に示した**Ｙ**は，**Ｘ**の西辺となる断層線です。また，**Ｚ**は西南日本を北側と南側に分ける断層線です。**Ｙ**と**Ｚ**について述べた文として誤っているものを，次の**Ａ**～**Ｄ**の中からひとつ選んでアルファベットで答えなさい。

Ａ　**Ｙ**は糸魚川市と静岡市を結ぶ断層線であり，この西側には標高3000ｍ級の飛驒山脈・木曽山脈・赤石山脈が連なっている。

Ｂ　**Ｙ**の東側には日高山脈や奥羽山脈などが南北方向に，**Ｙ**の西側には中国山地や四国山地などが東西方向に並んでいる。

Ｃ　**Ｚ**の北側には中国山地や筑紫山地などの比較《ひかく》的低くてなだらかな山地が多いのに対し，南側には紀伊山地や九州山地などの比較《ひかく》的高くて険しい山地が多い。

Ｄ　**Ｙ**と**Ｚ**は諏訪湖付近で交わっており，諏訪湖からは大井川が流れ出ている。

問２　［**地図２**］中の(**ア**)で示された県について，次の(**1**)・(**2**)にそれぞれ答えなさい。

(**1**)　次の［**資料**］**Ａ**～**Ｄ**は，(**ア**)・茨城県・島根県・鹿児島県のいずれかにおける人口(2020年)・耕地面積(2021年)・製造品出荷《しゅっか》額等(2019年)を示したものです。(**ア**)を示したものを，次の［**資料**］**Ａ**～**Ｄ**の中からひとつ選んでアルファベットで答えなさい。

［**資料**］

	人口(千人)	耕地面積(ha)	製造品出荷《しゅっか》額等(億円)
A	671	36,200	12,488
B	2,201	168,200	50,113
C	1,588	112,900	20,247
D	2,867	162,300	126,383

(矢野恒太記念会『日本国勢図会』より作成)

(2) 下記［**資料**］は，(**ア**)・岐阜県・青森県について，米の生産額(2019年)と生産農業所得(2019年)を示したものです。［**資料**］中の①～③と都道府県の組み合わせとして正しいものを，あとの**A**～**F**の中からひとつ選んでアルファベットで答えなさい。

(**注**) 生産農業所得とは，農業産出額から経費などを差し引き，補助金などを加えた数値である。

［**資料**］

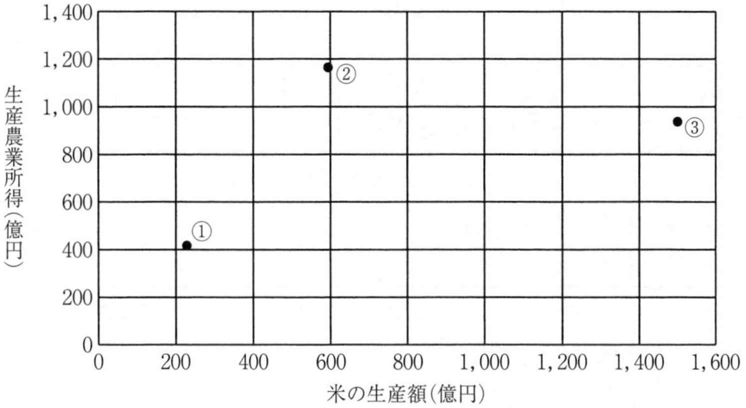

(矢野恒太記念会『データでみる県勢』より作成)

A ①―(**ア**) ②―岐阜県 ③―青森県
B ①―(**ア**) ②―青森県 ③―岐阜県
C ①―岐阜県 ②―(**ア**) ③―青森県
D ①―岐阜県 ②―青森県 ③―(**ア**)
E ①―青森県 ②―(**ア**) ③―岐阜県
F ①―青森県 ②―岐阜県 ③―(**ア**)

問３ ［**地図２**］中の(**イ**)で示された県について，次の**(1)**～**(3)**にそれぞれ答えなさい。

(1) (**イ**)に位置する諏訪湖について，次の［**資料**］**A**～**D**は，諏訪湖・琵琶湖・田沢湖・浜名湖のいずれかにおける湖の種類・淡水もしくは汽水・湖面標高を示したものです。諏訪湖を示したものを，次の［**資料**］**A**～**D**の中からひとつ選んでアルファベットで答えなさい。

［**資料**］

	種類	淡水／汽水	湖面標高(m)
A	カルデラ湖	淡水	249
B	海跡《かいせき》湖	汽水	0
C	断層湖	淡水	759
D	断層湖	淡水	85

(国立天文台『理科年表』より作成)

(2)　下記［**資料**］は，(**イ**)・群馬県・広島県について，工業製品出荷《しゅっか》額の内訳(2019年)を示したものです。［**資料**］①～③と都道府県の組み合わせとして正しいものを，あとの**A**～**F**の中からひとつ選んでアルファベットで答えなさい。

［**資料**］

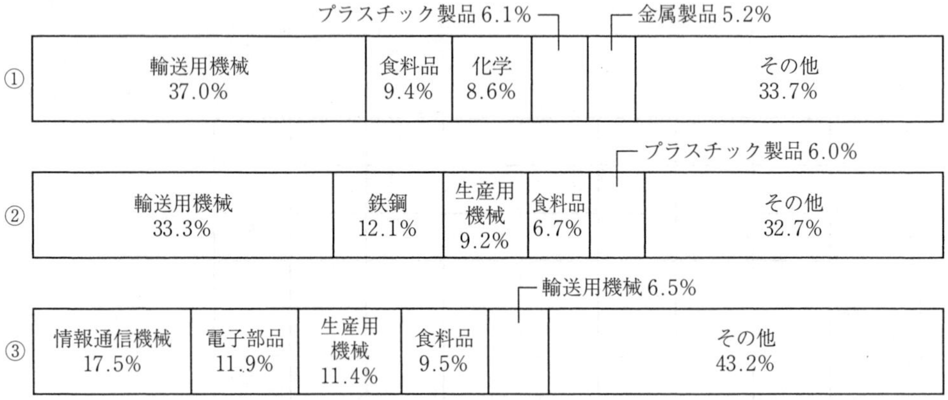

(矢野恒太記念会『データでみる県勢』より作成)

A　①―(**イ**)　②―群馬県　③―広島県
B　①―(**イ**)　②―広島県　③―群馬県
C　①―群馬県　②―(**イ**)　③―広島県
D　①―群馬県　②―広島県　③―(**イ**)
E　①―広島県　②―(**イ**)　③―群馬県
F　①―広島県　②―群馬県　③―(**イ**)

(3)　下記［**資料**］は，(**イ**)・兵庫県・千葉県について，スキー場・ゴルフ場・温泉施設《しせつ》の施設《しせつ》数(2019年)を示したものです。［**資料**］①～③と都道府県の組み合わせとして正しいものを，あとの**A**～**F**の中からひとつ選んでアルファベットで答えなさい。

［**資料**］

	スキー場	ゴルフ場	温泉施設《しせつ》
①	―	161	91
②	67	70	205
③	12	152	81

(矢野恒太記念会『データでみる県勢』より作成)

A　①―(**イ**)　②―兵庫県　③―千葉県
B　①―(**イ**)　②―千葉県　③―兵庫県

C　①ー兵庫県　②ー(**イ**)　③ー千葉県

D　①ー兵庫県　②ー千葉県　③ー(**イ**)

E　①ー千葉県　②ー(**イ**)　③ー兵庫県

F　①ー千葉県　②ー兵庫県　③ー(**イ**)

問４　[**地図２**]中で示された糸魚川市では，2016年12月22日に大規模な火災が発生しました。これについて，次の(**1**)・(**2**)にそれぞれ答えなさい。

(**1**)　下記[**資料１**]は，この火災によって焼《しょう》損《そん》した範《はん》囲《い》を示したものです。また[**資料２**]は，この日の気象データを示したものです。[**資料２**]中の空《くう》欄《らん》 (あ) にあてはまる方角を，あとの**A**～**D**の中からひとつ選んでアルファベットで答えなさい。

[**資料１**]

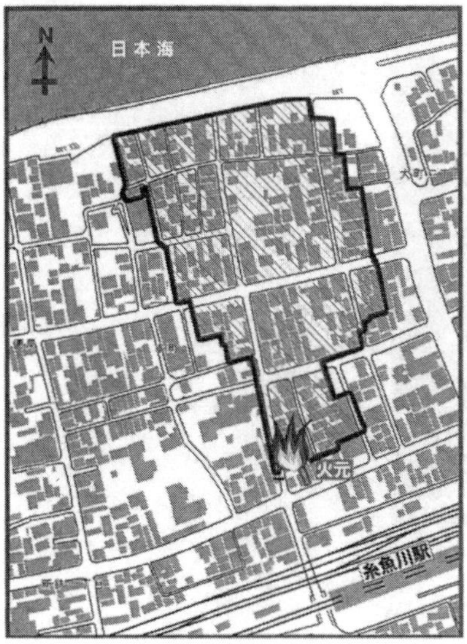

(「日経ビジネス」より作成)

(**注**)　[**資料１**]の太線で囲んだ部分が，2016年12月22日に糸魚川市で発生した火災で焼《しょう》損《そん》したエリアである。

A　北　　**B**　東

C　南　　**D**　西

[**資料２**]

時	降水量(mm)	気温(℃)	風速・風向	
			平均風速(m/s)	風向
1	0.0	8.2	1.2	西北西
2	0.0	10.7	0.9	西南西
3	0.0	15.2	6.8	(**あ**)
4	0.0	15.1	8.7	(**あ**)
5	0.0	15.0	5.7	(**あ**)
6	0.0	15.6	9.9	(**あ**)
7	0.0	15.7	12.0	(**あ**)
8	0.0	15.7	11.2	(**あ**)
9	0.0	16.8	13.4	(**あ**)
10	0.0	17.6	13.8	(**あ**)
11	0.0	18.9	12.6	(**あ**)
12	0.0	19.4	13.3	(**あ**)
13	0.0	20.0	12.0	(**あ**)
14	0.0	19.7	10.7	(**あ**)
15	0.0	18.8	8.8	(**あ**)
16	0.0	19.9	9.7	(**あ**)
17	0.0	19.7	11.1	(**あ**)
18	0.0	19.4	12.2	(**あ**)
19	0.0	20.5	12.7	(**あ**)
20	0.0	18.0	8.2	(**あ**)
21	2.5	15.3	2.2	南南西
22	3.0	15.2	1.2	(**あ**)
23	0.0	14.3	0.7	東北東
24	0.5	13.5	6.3	西

(気象庁データより作成)

(**2**)　次の[**資料３**]は，糸魚川市のホームページに掲《けい》載《さい》された，火災が大規模になった要因をまとめたものです。また[**資料４**]は，糸魚川市における2016年12月19日から25日にかけての気象データを示したものです。糸魚川市において火災が発生した際に，日本海上に低気圧が存在する場合，同市においては火災が大規模になりやすいと言われています。火災が大規模になりやすい，自然環境的な要因について，文章で説明しなさい。

［資料３］　ジオ(地質学)的要因と大火の関係

（**注**）　姫川《ひめかわ》沿いを通って糸魚川市に吹《ふ》く風は，当地では「蓮華《れんげ》おろし」とよばれている。

（糸魚川市ホームページより）

［資料４］

日	降水量			気温				風速・風向			
								最大		最大瞬間	
	合計(mm)	最大１時間(mm)	最大10分間(mm)	平均(℃)	最高(℃)	最低(℃)	平均風速(m/s)	風速(m/s)	風向	風速(m/s)	風向
19	0.0	0.0	0.0	9.7	15.3	4.4	1.5	5.2	（**あ**）	8.2	（**あ**）
20	0.5	0.5	0.5	9.2	11.6	6.6	1.5	4.8	（**あ**）	8.8	（**あ**）
21	0.0	0.0	0.0	10.5	15.3	5.6	1.8	5.6	（**あ**）	8.4	（**あ**）
22	6.0	4.5	1.0	16.6	20.5	5.6	8.5	14.2	（**あ**）	24.2	（**あ**）
23	14.5	5.0	1.5	9.4	13.6	5.8	5.5	8.2	西南西	16.0	西
24	3.0	1.5	1.0	4.6	7.3	2.3	3.7	7.6	北西	13.5	西北西
25	0.0	0.0	0.0	5.3	8.9	1.8	2.7	5.6	北西	9.1	西北西

（気象庁データより作成）

（**注**）　**［資料４］**中の(**あ**)と，**［資料２］**中の(**あ**)は，同じ方角を示している。

2　次の文章を読んで，あとの問いに答えなさい。

日本一の高さで知られる富士山は，2013年に「富士山―信仰《しんこう》の対象と芸術の源泉」として世界文化遺産に登録され，2023年には世界遺産登録10周年を迎《むか》えました。

現在の富士山の姿がほぼできあがったのは，(ア)縄文時代から弥生時代にかけてのころと考えられています。溶岩《ようがん》などの火山噴出物《ふんしゅつぶつ》が何重にも重なって，現在の姿になりました。記録に残っている，噴火《ふんか》と考えられる火山活動は十数回にのぼり，特に８世紀末から９世紀初めに起きた噴火《ふんか》と，９世紀半ばころの噴火《ふんか》は，それぞれ(イ)延暦《えんりゃく》の噴火《ふんか》，貞観《じょうがん》の噴火《ふんか》とよばれ，大きな被害《ひがい》を出したそうです。その後も複数の噴火《ふんか》があったとされますが，特に1707年の噴火《ふんか》は(ウ)宝永《ほうえい》の噴火《ふんか》とよばれ，甚大《じんだい》な被害《ひがい》が生じたとされます。

「信仰《しんこう》の対象」としての富士山について，遠くから拝む「遥拝《ようはい》」と，山に登る「登拝《とはい》」という，ふたつの信仰《しんこう》の形があります。

諸説ありますが，富士山の噴火《ふんか》を鎮《しず》めるため，山麓《さんろく》に浅間《あさま》大神を祀《まつ》ったのが富士山本宮浅間大社《ほんぐうせんげんたいしゃ》の始まりと言われています。平安時代末期のころからは，修行を目的として山に登る「登拝《とはい》」の記録が残っており，登山者の増加とともに登山道が形成されていったようです。(エ)室町時代後半になると庶民《しょみん》も富士山に「登拝《とはい》」するようになり，富士登山が次第に大衆化されていきました。また，庶民《しょみん》だけでなく，(オ)武田信玄・徳川家康・豊臣秀吉らも信仰《しんこう》の対象としたようです。

「芸術の源泉」としての富士山は，さまざまな創作活動の題材とされてきました。古くは，編《へん》纂《さん》者のひとりとして大伴家持が有力視されている『　(カ)　』に，富士山を詠《よ》んだ作品が見られます。また，『常陸国風土記』にも筑波《つくば》山と富士山についての逸話《いつわ》が収録されています。諸説ありますが，絵画において，富士山を描《えが》いた現存最古の作品と考えられているのが，1069年に成立した「聖徳太子絵伝」です。いわゆる聖徳太子が，霊峰《れいほう》である富士山を飛《と》び越《こ》えたという伝説を題材に描《えが》かれたと考えられています。太子信仰《しんこう》の広まりにともない，その後，「聖徳太子絵伝」がいくつか制作されますが，それらの作品の中で描《えが》かれている富士山には，私たちの想《おも》い描《えが》く富士山の形ではないものが散見されます。おそらく実際に富士山を見た経験のない人物が想像にて描《えが》いたものと考えられます。その後の(キ)鎌倉幕府の成立にともない，京都・鎌倉間の往来が以前より活発になったことにより富士山を実際に目にする人が増えたと推測され，現代人の想《おも》い描《えが》く「富士山」の形にて描《えが》かれることが定着していったと思われます。江戸時代における「富士山」を描《えが》いた代表作として，葛飾北斎による(ク)「富嶽三十六景」が挙げられます。これらの浮世絵版画が海外の画家に影響《えいきょう》を与《あた》えるとともに，「富士山」は日本の象徴《しょうちょう》として広く知られるようになりました。

また，(ケ)戦後から現代にいたるまで，いくつかの紙幣《しへい》には富士山が描《えが》かれてきました。2024年に発行予定の千円の新紙幣《しへい》にも，「富嶽三十六景」の「神奈川沖浪裏」が使用されます。新たに発行される千円札から，富士山の歴史に思いを馳《は》せる，良い機会になるかもしれません。

問１　下線部(ア)における人々の生活について述べた文として正しいものを，次の**Ａ**～**Ｄ**の中からひとつ選んでアルファベットで答えなさい。

Ａ　ナウマンゾウなどの大型動物を，打製石器を用いて捕《とら》えていた。

Ｂ　動物の骨や角を加工してつくった骨角器を用いて，漁がおこなわれた。

Ｃ　女性をかたどった埴輪を用いて，祈《いの》りを捧《ささ》げていた。

D　主に青銅器製の農具を用いて，稲作がおこなわれた。

問２　下線部(イ)に関連して，このころの信仰《しんこう》について述べた文として正しいものを，次の**Ａ～Ｄ**の中からひとつ選んでアルファベットで答えなさい。

A　最澄によって，天台宗が開かれた。

B　鎮護国家の思想にもとづいて，湯島聖堂が建立《こんりゅう》された。

C　平清盛は，石山本願寺を崇敬《すうけい》した。

D　藤原道長によって，平等院が創建《そうけん》された。

問３　下線部(ウ)に関連して，下記［**資料１**］は，この噴火《ふんか》が起こった時の将軍による政策をまとめたものです。この将軍の「次代の将軍を補佐した人物」は，［**資料１**］の政策を一部改め，さらに［**資料２**］でまとめられた政策を進めた人物でもあります。前述の「次代の将軍を補佐した人物」を，漢字４字で答えなさい。

［**資料１**］

・宝永《ほうえい》の噴火《ふんか》の復興のために，大名に対して復興金を納めるように命じた。
・財政難に対応するために，金の含有率を減らした貨幣《かへい》を発行した。
・いわゆる「生類憐みの令」を出した。

［**資料２**］

・貨幣《かへい》の質を元に戻した。
・「生類憐みの令」を廃止した。
・長崎での貿易を制限した。

問４　下線部(エ)に関連して，庶民《しょみん》たちが富士山に「登拝《とはい》」するためには，各地に設置された関所を通る必要がありました。下記［**資料**］は，中世における「関所」や，織田信長による「関所」に関する政策についてまとめたものです。これを参考にして，織田信長が「関所」に関する政策を実施《じっし》した主な理由を，［**資料**］中の「関銭《せきせん》」が何を示しているかを明らかにして，文章で説明しなさい。

［**資料**］

・ある史料によると，淀川《よどがわ》河口から京都までの川筋には300か所以上の「関所」があった，と記録されている。
・その他の史料にも，各地に設置された「関所」についての記録が残っている。
・「関所」を通過する際，庶民《しょみん》や商人は「関銭《せきせん》」を支払《しはら》った。
・商人たちは，自身が売る商品の価格に，「関銭《せきせん》」の支払《しはら》い分を上乗せして販売《はんばい》することがあった。
・織田信長は，自身の領国における「関所」を撤廃《てっぱい》し，「関銭《せきせん》」の徴収《ちょうしゅう》を禁止した。

問５　下線部(オ)について述べた文として誤っているものを，次の**Ａ～Ｄ**の中からひとつ選んでアルファベットで答えなさい。

A　「信玄」は，出家後の法名《ほうみょう》である。

B　徳川家康は，織田信長と同盟を結ぶとともに，徳川領に侵攻《しんこう》してきた武田信玄と戦った。

C　織田・徳川の連合軍により，武田信玄は長篠の戦いにおいて敗れた。

D　豊臣秀吉の命令により，徳川家康は，東海地方の領地から，北条氏滅亡《めつぼう》後の関東地方へ領地を移された。

問6　空欄《くうらん》 (カ) にあてはまる歌集を，次の**A**～**D**の中からひとつ選んでアルファベットで答えなさい。

A　万葉集

B　古今和歌集

C　新古今和歌集

D　古事記伝

問7　下線部(キ)に関連して述べた文として誤っているものを，次の**A**～**D**の中からひとつ選んでアルファベットで答えなさい。

A　源頼朝は，守護・地頭を任命する権利を獲得した。

B　源頼朝は，奥州藤原氏を滅《ほろ》ぼした。

C　源氏の将軍が三代で途絶《とだ》えたのち，幕府滅亡《めつぼう》まで将軍不在のまま幕府が運営された。

D　鎌倉幕府滅亡《めつぼう》後に新たに幕府を開いた足利氏は，清和源氏の一族である。

問8　下線部(ク)に関連して，下記[**資料1**]は，「富嶽三十六景」の一部であり，あとの[**資料2**]中の**A**～**D**で示された五街道のいずれかとその周辺の風景を題材にして描《えが》かれたものです。[**資料1**]の題材となった街道として最もふさわしいものを，[**資料2**]中の**A**～**D**の中からひとつ選んでアルファベットで答えなさい。

[**資料1**]

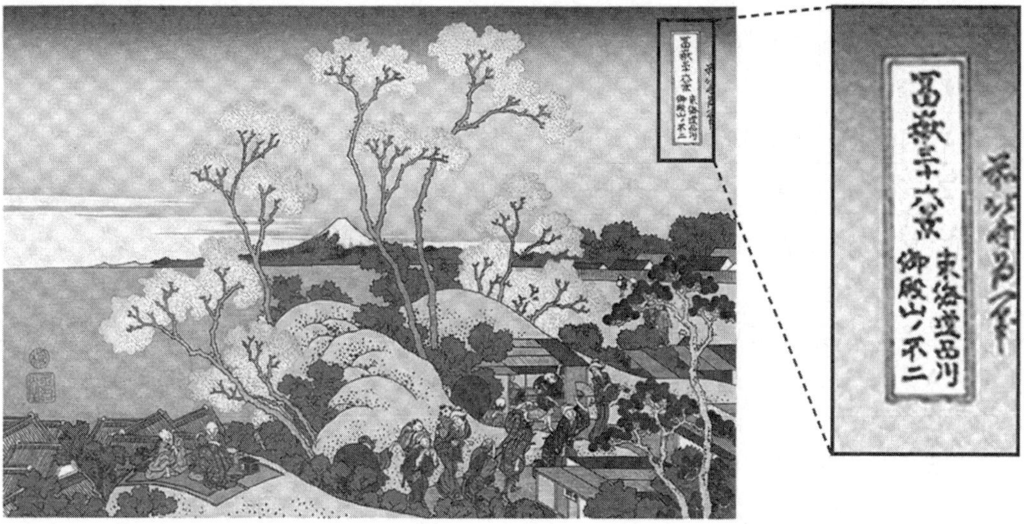

［**資料２**］

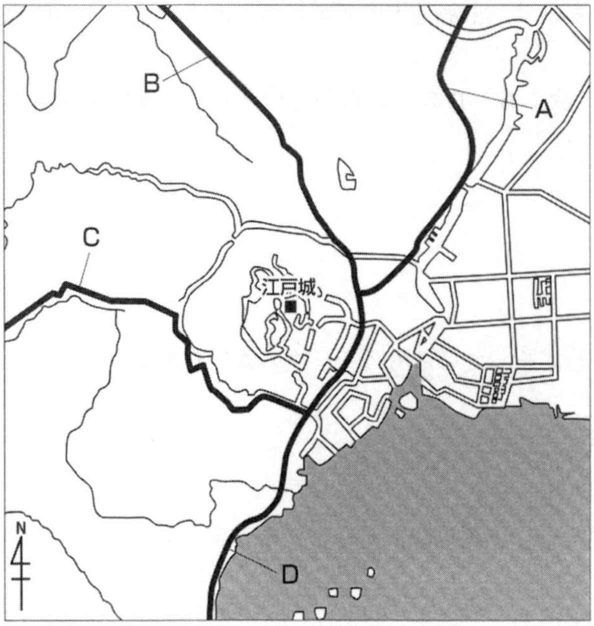

問９　下線部(ケ)に関連して，下記［**資料**］は，富士山が描《えが》かれた，戦後に発行された紙幣《しへい》**X**～**Z**についてまとめたものです。この［**資料**］について述べた文①～③の内容の正誤の組み合わせとして正しいものを，あとの**A**～**H**の中からひとつ選んでアルファベットで答えなさい。

［**資料**］

	発行年	発行停止年	種類	表《おもて》の肖像画
X	1951年	1971年	五百円札	岩倉具視
Y	1984年	2007年	五千円札	新渡戸稲造
Z	2004年	—	千円札	野口英世

①　**X**が発行されている期間に，自由民主党が結成された。
②　**Y**が発行されている期間に，第一次石油危機が起こった。
③　**Z**が発行されている期間に，阪神・淡路大震災が起こった。

A　①—正　②—正　③—正　　**B**　①—正　②—正　③—誤
C　①—正　②—誤　③—正　　**D**　①—正　②—誤　③—誤
E　①—誤　②—正　③—正　　**F**　①—誤　②—正　③—誤
G　①—誤　②—誤　③—正　　**H**　①—誤　②—誤　③—誤

3　次の文章は，2023年１月25日の毎日小学生新聞に掲載《けいさい》された，「世界の人口80億人　地球はどうなる？」という記事です。これを読んで，あとの問いに答えなさい。なお，小見出しは省略し，一部ふりがなを省略した部分があります。

世界各地で日々，たくさんの人が生まれ，亡くなっています。正確な人口を知るのは簡単でなく，(ア)国連の専門部署が各国のデータをもとに推計しています。最新の推計によると，世界の人口は2022年11月15日に80億人に達したとみられます。1950年の25億人から87年に２倍の50

億人となり，98年には60億人に。その後も12年ごとに10億人ずつ増えました。

人口が最も多いのは(イ)中国です。中国政府は17日，2022年末の人口は14億1175万人だったと発表しました。国連の推計より人口減少が進み，２位の[　(ウ)　]が中国を抜《ぬ》いた可能性があります。(エ)日本政府も22年12月に１億2484万人と発表しました。人口が急増するエチオピアに抜《ぬ》かれて12位になっている可能性があります。(中略)

近年増加が著しいのは(オ)開発途上国です。所得が低い国々では，乳幼児の死亡率が高い一方，子どもが労働力を担《にな》う大事な存在です。このため，子どもをたくさん産む人が多く，衛生状態や食糧《しょくりょう》事情が改善すると，人口が急激に増える「人口爆発《ばくはつ》」につながります。

人口が増えると，食料や水，交通機関や機械を動かす(カ)エネルギー，家や仕事がより多く必要になります。若い世代が多く，経済成長をもたらす力になる可能性があります。しかし，人口増加に見合う食料や水，家や仕事のない国が多く，貧困や格差が広がると社会が不安定になります。

また，エネルギーを安い石炭や石油などの化石燃料に頼《たよ》ると温室効果ガスが増えるほか，資源や土地の開発による環境破壊《はかい》も心配です。国連は，(キ)保健医療《いりょう》や教育の普及《ふきゅう》，仕事の確保などの支援《しえん》が必要だとし，貧しい国々ほど温暖化の影響《えいきょう》が大きいと訴《うった》えます。

日本の人口は，2008年から減少に転じています。国の役所・総務省のデータによると，特に働き手として社会を担《にな》う中心の「生産年齢《ねんれい》人口」(15～64歳《さい》)は1995年をピークに減っています。(ク)高齢者の割合が増え，「少子高齢化」や「出生率の低下」が大問題になっています。次の世代を担《にな》う子どもが減り，生産年齢《ねんれい》人口が減り続ければ，労働力不足や消費者の減少で日本経済が縮小することも心配です。

明治維新後，近代化とともに日本の人口は爆発《ばくはつ》的に増えました。1872年の3480万人から，1923年に5812万人，2008年は１億2808万人と，今の発展途上国に似た増え方です。しかし出生数(１年間に生まれた子どもの数)は，第２次ベビーブーム(1971～74年)の200万人超《ちょう》から，2021年には81万人に減り，22年には77万人前後になる見通しです。(ケ)1980年代以降，女性の社会進出が進んで「早く結婚《けっこん》すべきだ」といった以前の考え方が変わったことや，ライフスタイルが多様化し，男女ともに結婚《けっこん》や妊娠《にんしん》を望まない人が増えたことが背景にあります。

国立社会保障・人口問題研究所は，2115年の日本の人口を約5055万人と推計しています。約200年間に人口が２倍以上に増えてから元に戻《もど》る増減ぶりで，社会は大きな影響《えいきょう》を受けます。

特に(コ)地方は都市部より影響《えいきょう》が大きく，過疎化が進んで町が維持《いじ》できなくなるところも増えるでしょう。病院や福祉施設《しせつ》を使う高齢者が増えると自治体の出費が増え，一方で働く世代が減れば税収が落ちます。医師や看護師，介護《かいご》士などの人材不足も心配です。

産業への影響《えいきょう》も大きく，単純な仕事はロボットや(サ)AI(人工知能)に任せるなど「業務の効率化」が進んでいます。さらに外国人労働者を増やし，高齢者にもっと働いてもらう対策も検討されていますが，人口減少を食い止める方法はまだありません。韓国や中国でも同じ問題に直面し，特に中国は1979年から2016年まで続いた，１夫婦で子どもは１人に限る「一人っ子政策」の影響《えいきょう》で急激に少子高齢化が進んでいます。(中略)

人口問題の原因や影響《えいきょう》は，国によってさまざまです。日本のような少子高齢化が進む国々では，社会保障や年金などの公的サービス制度を見直し，高齢者も若い世代も安心して暮らせる対策をする必要があります。逆に，急激に人口が増える国々では，貧困や飢餓《きが》，仕事の確保や環境破壊《はかい》への対策を急ぐ必要があります。

人口問題は，地球を守るため人類が達成すべき17の「持続可能な開発目標(SDGs)」のほとんどと深い関係があります。世界が深くつながっている今，人口問題を真剣《しんけん》に考えて行動することは，未来へのチャンスにつながります。

問１　下線部(ア)に関連して，国際連合憲章は，1945年に50か国の代表が出席した会議において採《さい》択《たく》されました。この会議が開かれた都市を，次の**Ａ**～**Ｄ**の中からひとつ選んでアルファベットで答えなさい。

Ａ　ニューヨーク　　**Ｂ**　ロンドン　　**Ｃ**　サンフランシスコ　　**Ｄ**　ジュネーブ

問２　下線部(イ)について，2013年に中華人民共和国の国家主席に就任した人物を，姓名《せいめい》ともに漢字３字で答えなさい。

問３　空欄《くうらん》［(ウ)］にあてはまる国を答えなさい。

問４　下線部(エ)に関連して述べた文として正しいものを，次の**Ａ**～**Ｄ**の中からひとつ選んでアルファベットで答えなさい。

Ａ　内閣総理大臣は，国務大臣を任命して内閣を組織する。

Ｂ　内閣総理大臣が主催《しゅさい》する閣議は，原則公開で開かれる。

Ｃ　内閣は，最高裁判所長官を任命し，その他の裁判官を指名する。

Ｄ　内閣は，憲法改正の発議をすることができる。

問５　下線部(オ)の中には，工業化が進んだ国や産油国など豊かになった国がある一方で，経済発展が進まず貧困から抜《ぬ》け出せない国があります。このような発展途上国間の経済格差とそこから生じる問題を，解答欄《らん》にあわせて漢字２字で答えなさい。

問６　下線部(カ)に関連して，下記[**資料**]①～④は，中華人民共和国・日本・フランス・ロシアの一次エネルギー供給構成(2017年)を示したものです。中華人民共和国とフランスを示した組み合わせとして正しいものを，あとの**Ａ**～**Ｌ**の中からひとつ選んでアルファベットで答えなさい。

[**資料**]

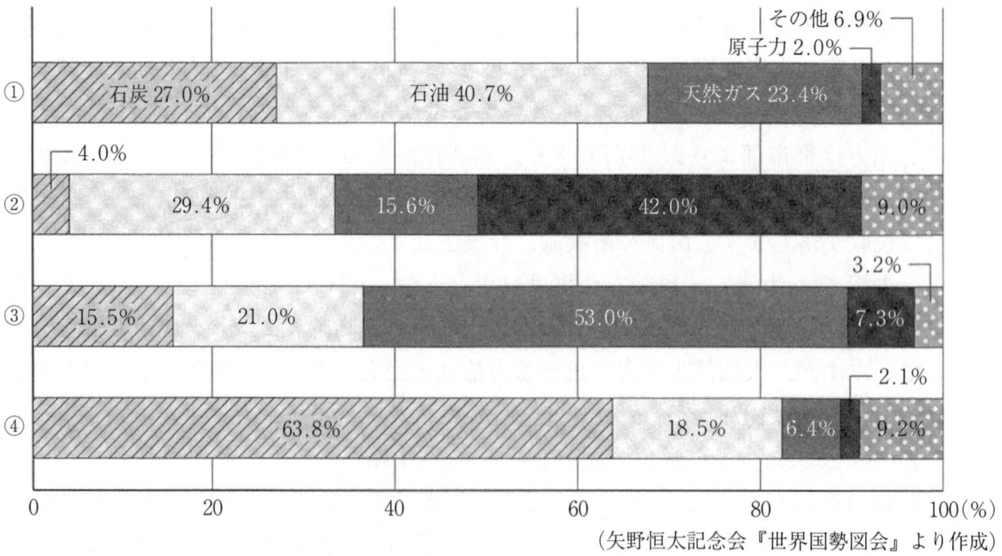

(矢野恒太記念会『世界国勢図会』より作成)

Ａ　中華人民共和国－①　フランス－②

B　中華人民共和国―①　フランス―③
C　中華人民共和国―①　フランス―④
D　中華人民共和国―②　フランス―①
E　中華人民共和国―②　フランス―③
F　中華人民共和国―②　フランス―④
G　中華人民共和国―③　フランス―①
H　中華人民共和国―③　フランス―②
I　中華人民共和国―③　フランス―④
J　中華人民共和国―④　フランス―①
K　中華人民共和国―④　フランス―②
L　中華人民共和国―④　フランス―③

問７　下線部(キ)に関連して，すべての人々の健康を増進し保護するために他の国々と協力することを目的として設立された，国際連合の専門機関の略称《りゃくしょう》を，アルファベットで答えなさい。

問８　下線部(ク)に関連して，老齢《ろうれい》年金の給付は日本でおこなわれている社会保障制度のひとつです。日本の社会保障制度を分類した場合，老齢《ろうれい》年金の給付をおこなうことは，どの分類にあたりますか。最もふさわしいものを，次の**A**～**D**の中からひとつ選んでアルファベットで答えなさい。

A　公衆衛生　　**B**　公的扶助《ふじょ》　　**C**　社会福祉　　**D**　社会保険

問９　下線部(ケ)に関連して，仕事以外の生活も充実《じゅうじつ》させ，誰《だれ》もが仕事，家庭生活，地域生活など，自分の希望通りに生きることができる多様な社会を目指す上で重要と考えられている「仕事と生活の調和」は，「[**X**]・[**Y**]・[**Z**]」と一般《いっぱん》的に言われています。空《くう》欄《らん》[**X**]～[**Z**]にあてはまる語句を，それぞれカタカナで答えなさい。

問10　下線部(コ)に関連して，過疎化が進んでいる「ある地方都市」があるとします。この「ある地方都市」において町おこしの動きが高まりました。下記［**資料**］中の空欄《くうらん》[**X**]～[**Z**]にあてはまる語句・数字の組み合わせとして正しいものを，あとの**A**～**H**の中からひとつ選んでアルファベットで答えなさい。

［**資料**］

> 「ある地方都市」は有権者数が150,000人の地方都市である。市の人口を増やすため，「ある地方都市」独自の決まりとして，魅力《みりょく》的な町づくりに関する[**X**]を制定して欲しいと求める人々が直接請求をおこなうことになった。[**X**]の制定を求める直接請求の場合，「ある地方都市」で必要となる有権者[**Y**]人以上の署名を集めて，[**Z**]に請求することが必要となる。

A　**X**―法律　**Y**―3,000　**Z**―選挙管理委員会
B　**X**―法律　**Y**―3,000　**Z**―首長
C　**X**―法律　**Y**―5,000　**Z**―選挙管理委員会
D　**X**―法律　**Y**―5,000　**Z**―首長
E　**X**―条例　**Y**―3,000　**Z**―選挙管理委員会
F　**X**―条例　**Y**―3,000　**Z**―首長

G　**X**－条例　**Y**－5,000　**Z**－選挙管理委員会

H　**X**－条例　**Y**－5,000　**Z**－首長

問11　下線部(サ)に関連して述べた下記[**資料**]中の空欄《くうらん》 **X** にあてはまる内容としてふさわしい文章を答えなさい。

[**資料**]

> AIの高度な発展は，私たち人間の生活を便利にする一方で，さまざまな危険性も指《し》摘《てき》されています。そのひとつに“フィルターバブル”問題があります。これはAIがネット利用者個人の検索履歴《りれき》やクリック履歴《りれき》を分析《ぶんせき》し学習することで，個々の利用者にとって望むと望まざるとにかかわらず，見たい情報が優先的に表示され，利用者の観点に合わない情報からは遠ざけられることで，自身の考え方や価値観の「バブル(泡)」の中に孤立《こりつ》するという情報環境を指します。インターネットなどを利用する利用者にとって，少ないエネルギーで自分の好みの情報が手に入るという利点がある一方で， **X** 可能性があるという危険性もあります。

【理　科】〈第１回試験〉（社会と合わせて60分）〈満点：75点〉

1　園子さんは，図１のようなモービルのつりあいに興味を持ち，実験をしました。実験で使用する棒や糸の重さや太さは無視できるものとし，棒や円盤《えんばん》はおもりをつるしても，変形したり角度が変化したりしないものとします。また，必要であれば，図２の三角形の対応する辺の長さの比を使用しなさい。小数第２位以下がある場合は，四捨五入して小数第１位まで答えなさい。

図１

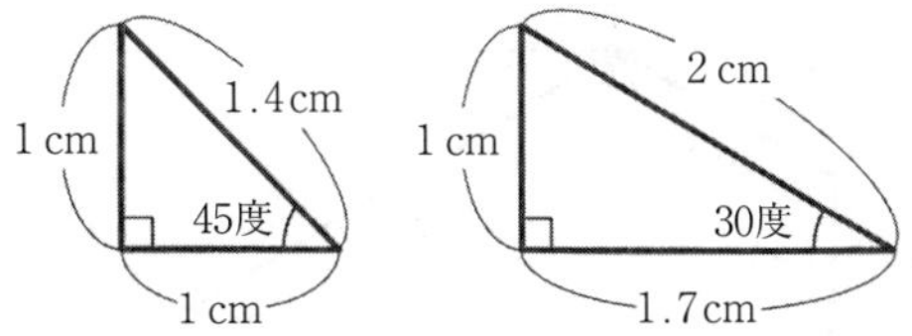

図２

【実験１】

図３のように，はしから3 cmのところでいろいろな角度に曲げて固定できる9 cmの棒の両端《りょうたん》に，様々な重さのおもりをつるした。棒が静止したときの角A，角Bの大きさ，おもりC，Dの重さを記録し，その結果を表１にまとめた。図のL_1，L_2は，支点を通る水平面におもりC，Dをつるしている糸の延長線がぶつかる点と，支点との距《きょ》離《り》を表している。L_1やL_2を『おもりと支点の水平方向の距離』とする。

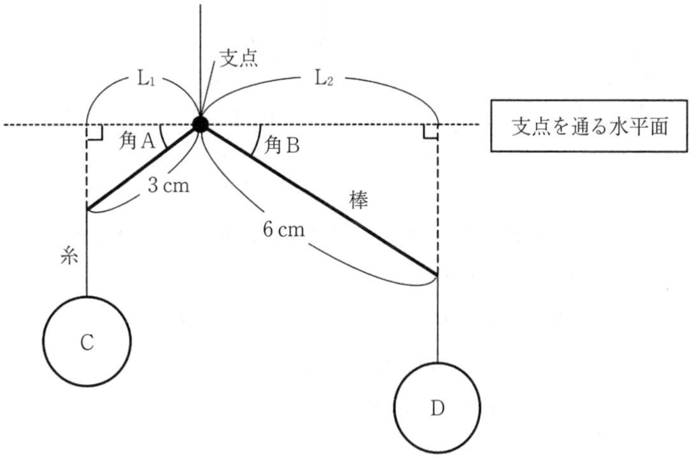

図３

表１

	角Aの大きさ〔度〕	角Bの大きさ〔度〕	おもりCの重さ〔g〕	おもりDの重さ〔g〕
実験１－１	0	0	（ あ ）	15
実験１－２	30	30	10	5
実験１－３	45	45	20	10
実験１－４	0	60	10	10
実験１－５	60	（ い ）	51	15

(1)　表１の(あ)に当てはまる数値を答えなさい。

(2)　実験１－２および実験１－３のL_1の長さはそれぞれ何cmですか。

(3)　【実験１】の結果から園子さんは，棒が静止しているとき，『おもりと支点の水平方向の距離』

と『おもりの重さ』に関係があると気づきました。どのような関係があるか，「L_1」，「L_2」，「重さ」を用いて文章で答えなさい。

(4)　表1の(い)に当てはまる数値を答えなさい。

園子さんは【実験1】の結果をもとに，図4のようなモービルをつくりました。棒は【実験1】で使用した棒を2本と，真ん中でいろいろな角度に曲げて固定できる9cmの棒を1本使用しました。

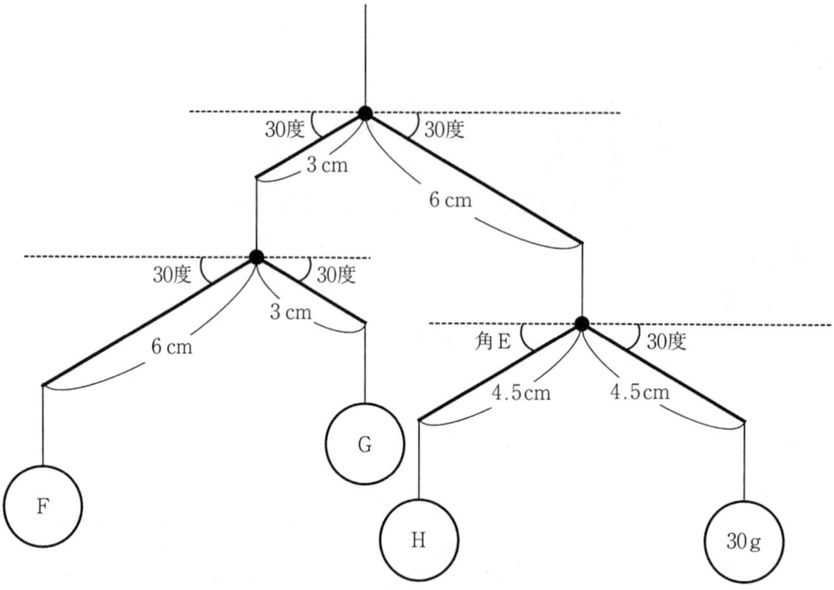

図4

(5)　図4の角Eが次の①，②の角度で静止しているとき，F～Hはそれぞれ何gですか。

①　30度　　②　60度

園子さんは図5のように，壁《かべ》に中心を固定してなめらかに回転できるようにした円盤を用いて同様の実験ができると考えました。円盤の半径を10cmとします。

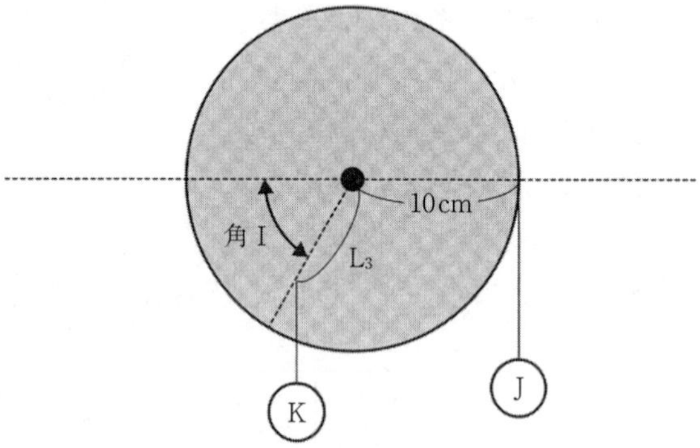

図5

【実験2】

おもりJを円盤のふちにつるし，おもりJが動かないように，もう1つのおもりKを円盤の中心から長さL_3の位置につるした。このときの角Iの大きさ，おもりJ，Kの重さ，L_3の長さをはかり，その結果を表2にまとめた。

表2

	角Iの大きさ〔度〕	おもりJの重さ〔g〕	おもりKの重さ〔g〕	L_3の長さ〔cm〕
実験2－1	(う)	10	20	10
実験2－2	30	17	(え)	8

(6)　表2の(う)，(え)に当てはまる数値を答えなさい。

2　園子さんはコップに水を入れていくと液面がコップの上面をこえてもこぼれないことに気づきました。これは表面張力という力が働いているからです。園子さんは表面張力について調べてみることにしました。

［学習メモ１］

・液体ができるだけまとまって，空気と触《ふ》れている表面積を小さくしようとする働きのことを表面張力という。

・洗剤《せんざい》は液体の表面張力の大きさを変化させる働きがある。

・洗剤の粒子《りゅうし》は図１に示すように，水になじむ部分と水になじまない部分を持つ。水に洗剤を十分溶《と》かしたとき，洗剤の粒子は水になじまない部分ができるだけ水に触れないように集まる。

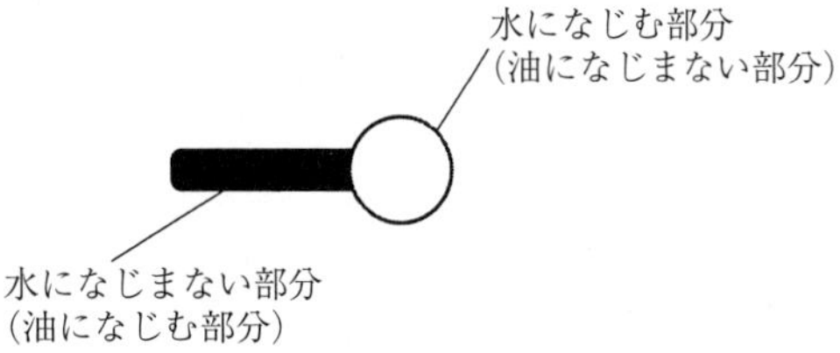

図１　洗剤の粒子のモデル

園子さんは水と，洗剤を溶かした水（液体Ａとする）とではスポイトから落としたときの１滴《てき》の体積が違《ちが》うことに気づきました。水は60滴で，液体Ａは100滴でどちらもちょうど３cm^3になりました。このことを［学習メモ２］にまとめました。同じスポイトを使って，液体Ａ，液体Ｂが１～４cm^3ちょうど，または初めて超《こ》えるまでに何滴必要だったかを調べたところ，右のような結果になりました。

表１

体積〔cm^3〕	1	2	3	4
水〔滴〕	20	40	60	（ あ ）
液体Ａ〔滴〕	34	（ い ）	100	134

［学習メモ２］

スポイトから液体を落とそうとするとき，スポイトからはみ出した液体は表面張力でしばらくはスポイトの先端《せんたん》にとどまる（図２）。とどまっている液体の体積が大きくなると，はみ出した液体の重さを表面張力が支えられなくなり，液体が１滴落ちる。液体の表面張力の大きさが［　a　］ほど，１滴の体積が小さくなる。洗剤は液体の表面張力の大きさを［　b　］すると考えられる。

図２

(1)　洗剤を十分に溶かした水に油を少したらしてかき混ぜたときの様子を表しているモデルとして最も適当なものを次より１つ選び，記号で答えなさい。

ア

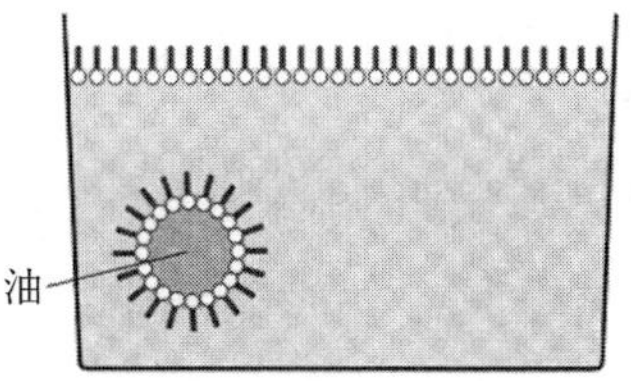

イ

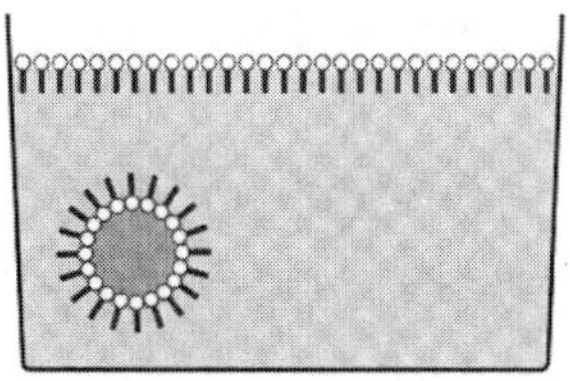

ウ

エ

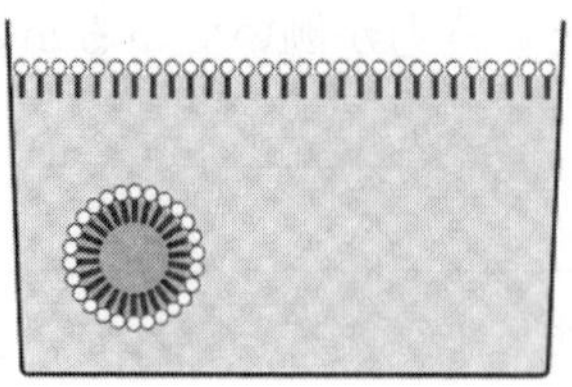

(2)　[学習メモ2]の a ， b に当てはまる語句の組み合わせとして適当なものを次より1つ選び，記号で答えなさい。

	a	b
ア	大きい	大きく
イ	大きい	小さく
ウ	小さい	大きく
エ	小さい	小さく

(3)　液体Aの1滴の体積は，水の1滴の体積の何倍ですか。小数第3位以下がある場合は，四捨五入して小数第2位まで答えなさい。

(4)　表1の(あ)，(い)に当てはまる数値を整数で答えなさい。

1gの食塩でこのスポイトを使ってできるだけ濃度《のうど》が10%に近い食塩水をつくろうとしています。1滴ずつ水を入れていたところ，途中《とちゅう》でスポイトを強く押《お》してしまい，加えていた水の量がわからなくなりました。重さをはかったところ，食塩水は9.98gになっていました。園子さんはあと1滴加えるべきか悩んでいます。水の密度を1g/cm^{3}とします。

(5)　10%の食塩水をつくるには食塩1gに対して何滴の水が必要ですか。整数で答えなさい。

(6)　この食塩水9.98gに1滴の水を加える前と後の濃度はそれぞれ何%ですか。小数第3位以下がある場合は，四捨五入して小数第2位まで答えなさい。

3　園子さんとお姉さんが呼吸について話しています。

園子さん「私たちって1分間に約20回呼吸しているんだって。」

お姉さん「呼吸の回数を数えるのは難しいよね。a数えることに集中していたら，息を止めていたみたいで，苦しくなったことがあるよ。」

園子さん「授業でb呼吸のしくみがわかる装置を見たよ。肺はたくさんの小さい袋《ふくろ》からできているのね。」

お姉さん「その袋があるおかげで表面積が大きくなるから，効率よく気体の交換《こうかん》が行えるのよね。」

園子さん「他にもc表面積と関わりがあるものってたくさんありそうだね。」

(1)　下線部aに関連して，正しいものを次より1つ選び，記号で答えなさい。

ア．ふだんは無意識のうちに呼吸をくり返しており，自分の意思でも調節することができる。

イ．ふだんは自分の意思で呼吸をくり返しており，他のことに集中すると呼吸は止まってしまう。

ウ．ふだんは無意識のうちに呼吸をくり返しており，自分の意思では調節することはできない。

エ．ふだんは自分の意思で呼吸をくり返しており，無意識では呼吸を調節することはできない。

(2)　ヒトが呼吸するのは，空気中の気体Ａを取り込《こ》み，気体Ｂを排出《はいしゅつ》するためです。気体Ａと気体Ｂの性質を正しく説明しているものを，次より１つずつ選び，それぞれ記号で答えなさい。

ア．水に溶かし，赤色リトマス紙につけると青色に変わる。

イ．鼻をさすようなにおいがする。

ウ．石灰水に通すと白くにごる。

エ．温度を下げると，水になる。

オ．ものを燃やすのを助けるはたらきがある。

(3)　次のア～カより，ヒトの呼吸に関わるものをすべて選び，取り込まれた気体が通る順に並べたときに，２番目になるのはどれか。次より１つ選び，記号で答えなさい。

ア．胃　　　　イ．えら　　ウ．気管

エ．気管支　　オ．気門　　カ．肺胞《はいほう》

(4)　右図は正面から見たヒトの心臓の断面です。心臓につながっている血管のうち，気体Ａが多く含《ふく》まれている血液が流れている管の組み合わせとして適当なものを次より１つ選び，記号で答えなさい。

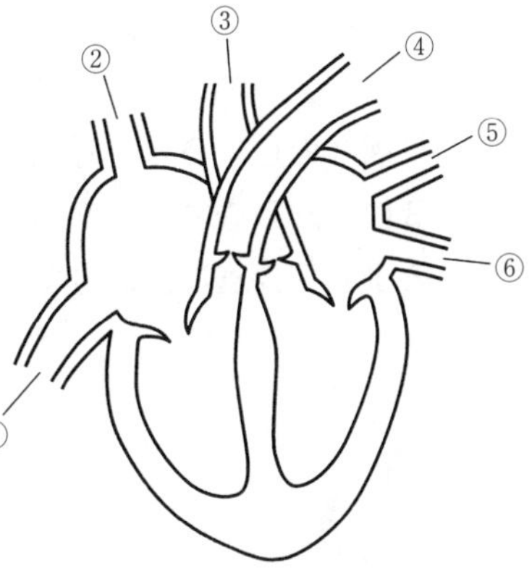

ア．①，②

イ．③，④

ウ．①，⑥

エ．①，②，④

オ．③，⑤，⑥

カ．②，③，④，⑤

(5)　園子さんは，下線部ｂを作り，次の実験を行いました。

【実験】

図１のような底を切ったペットボトルを用意し，切った部分にしっかりとゴム膜《まく》を付け，ゴム風船を取り付けたガラス管をゴム栓《せん》とともに固定した。ゴム風船のようすを観察した結果をあとの表に示した。

操作１　図１の状態から図２のようにゴム膜を手でひっぱった。

操作２　操作１のあと，ひっぱる力を弱めて，ゴム膜を図１の状態に戻《もど》した。

図１

図２

		ゴム風船のようす
操作１	前	しぼんでいる。
	後	ふくらんだ。
操作２	前	操作１後と同じ大きさのまま。
	後	しぼんだ。

①　ヒトのからだにおいて，この装置のゴム膜と同じはたらきをする部分の名称《めいしょう》を答えなさい。

②　ペットボトルの外側の気圧をX，ペットボトルの内側で，ゴム風船の外側の気圧をYとして，操作１，２の前後に，X，Yの部分の気圧の大きさを比べた。次のｄ，ｅのとき，X，Yの関係を正しく示しているものをア～ウより１つずつ選び，それぞれ記号で答えなさい。ただし，同じ記号を答えてもよいものとします。

ｄ：操作１でゴム膜をひっぱる前

ｅ：操作１でゴム膜をひっぱりはじめ，ゴム風船がふくらみつつある間

ア．X＞Y　　イ．X＝Y　　ウ．X＜Y

③　図３のC，Dは，呼吸をしているときの胸の内部のようすを表している。図１，２は，図３のC，Dのいずれかの状態にあたるものである。図２の状態を正しく説明したものを，あとより１つ選び，記号で答えなさい。

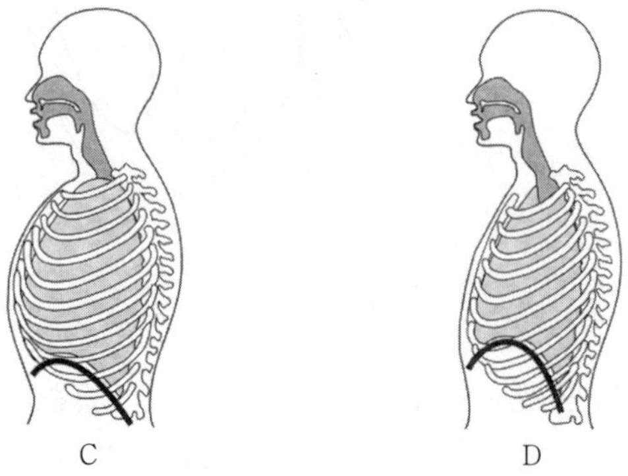

図３

ア．図２はCにあたるもので，息を吸った状態を表している。

イ．図２はDにあたるもので，息を吸った状態を表している。

ウ．図２はCにあたるもので，息をはいた状態を表している。

エ．図２はDにあたるもので，息をはいた状態を表している。

(6)　下線部ｃに関連して，ベルクマンの法則が知られています。この法則は，同種や近い種の恒《こう》温《おん》動物では高緯度《こういど》に生息しているものほど，体が大きく，体重が重くなる傾向《けいこう》がある，というものです。たとえばニホンジカのなかまのオスの体重を比べると，エゾシカは70～140kg，ホンシュウジカは50～80kg，ヤクシカは25～50kgです。この現象を説明したものとして適当なものを次より１つ選び，記号で答えなさい。

ア．体重１kgあたりの体表面積が小さくなると，天敵に見つかりにくくなり，生き残りやすいから。

イ．体重１kgあたりの体表面積が大きくなると，行動範囲《はんい》が広くなり，生き残りやすいから。

ウ．体重１kg あたりの体表面積が小さくなると，体の熱が逃《に》げにくくなるから。
エ．体重１kg あたりの体表面積が大きくなると，体の熱が逃げにくくなるから。

4 春分の日に，園子さんはお父さんと旅行で兵庫県の六甲《ろっこう》山（北緯《ほくい》34度46分，東経135度15分，標高 931m）に出かけました。図１は10時10分に見たお父さんのうで時計の文字盤です。

図１

お父さん「父さんのうで時計を使って，方位を調べてみようか。」
園子さん「その時計でそんなことができるの？」
お父さん「太陽が見えればおよその方位が分かるよ。まず，うで時計の文字盤を水平にして，短針が太陽の方を向くように持ってごらん。今はちょうど正午だから，文字盤の [a] 時の方向が南になるね。」
園子さん「短針を太陽の方向に合わせれば，いつでも文字盤の [a] 時の方向が南になるのかな。」
お父さん「それはどうだろう。時計の短針の動く速さと太陽の動く速さを比べてみようか。」
園子さん「今から１時間後に，短針は今の位置から時計回りに [b] 度動き，太陽は [c] へ [d] 度動くよね。つまり，短針の回転の速さは太陽のおよそ [e] 倍だね。ということは短針が正午の位置から動いた角度の [f] 分の１の角度の方向が南になるのね。」

(1) 文中の [a] ～ [f] に当てはまる数値や語句を入れなさい。数値は整数で，また，[c] には東・西・南・北のいずれかの方位を答えなさい。

(2) 下線部について，このときの太陽の高度として最も近いものを，次より１つ選び，記号で答えなさい。

ア．23度　　イ．35度　　ウ．45度　　エ．55度
オ．67度　　カ．79度　　キ．113度

(3) 翌朝，園子さんがうで時計を見ると図２のようになっていました。前日と同様に考えると，南は文字盤の何時の方向ですか，整数で答えなさい。

図２

(4) この方法は，場所によって誤差が生じます。高尾《たかお》山（北緯35度37分，東経139度14分，標高 599m）で用いたときは六甲山のときよりも誤差は大きくなります。この理由を説明しなさい。ただし，うで時計を水平にする，短針を太陽の方向に合わせるなどの動作による誤差は無視できるものとします。

(5) 園子さんは，夜の太陽が見えない時間帯に方位を調べる方法も考えてみました。

① 夜空には方位を確認するのに便利な，一晩中見える方向がほぼ変化しない星があります。その名称を答えなさい。

② 星の高度をはかる際，分度器，おもり，糸を組み合わせた図３のような装置を使います。

星の高度を示しているものとして適当なものを図3のア～ウより1つ選び，記号で答えなさい。

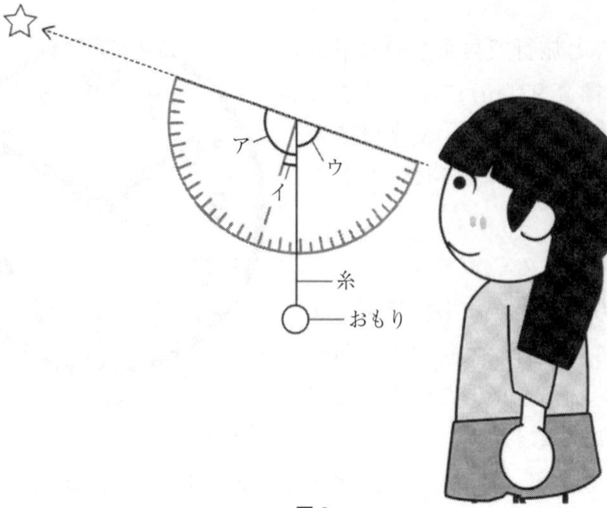

図3

③　六甲山で①の星を観察したとすると，星の高度として最も近いものを，次より1つ選び，記号で答えなさい。

ア．23度　　イ．35度　　ウ．45度　　エ．55度　　オ．67度　　カ．79度　　キ．113度

④　春分の日の真夜中，南の方向に見える星座として適当なものを，次より1つ選び，記号で答えなさい。

ア．ふたご座　　イ．いて座　　ウ．おとめ座　　エ．うお座　　オ．おおぐま座

い。

問六 [A]・[B]に入れる語として最もふさわしいものを次の**ア**〜**カ**の中から一つ選び、記号で答えなさい。（ただし記号はそれぞれ一回ずつ使用します。）

ア ペコペコ　**イ** きっぱり　**ウ** フラフラ
エ げっそり　**オ** ズルズル　**カ** がっくり

問七 (一) **Ⅰ** [Ⅰ]に入る漢字二字を書き、「はっきり言わないでおいた」（「[Ⅰ]を濁《にご》した」）という意味の表現を完成させなさい。

Ⅱ [Ⅱ]にひらがな二字を書き、「手抜《ぬ》かりや無駄《むだ》がなくこなせる」（「[Ⅱ]なくこなせる」）という意味の表現を完成させなさい。

Ⅲ [Ⅲ]にひらがな一字（漢字でもよい）を書き、「なるほどと思えない」（「[Ⅲ]に落ちない」）という意味の表現を完成させなさい。

(二) [a]には、「誇《ほこ》らしげに、得意そうにふるまう様子」という意味の四字熟語が入ります。正しい四字熟語を、次の**ア**〜**オ**の中から一つ選び、記号で答えなさい。

ア 我田引水　**イ** 馬耳東風　**ウ** 美辞麗句《れいく》
エ 意気揚々《いきようよう》　**オ** 唯一《ゆいいつ》無二

(三) 次のb〜dの意味説明にあたる四字熟語を、それぞれの空欄《くうらん》に正しい漢字を書き、完成させなさい。一つの四字熟語内の□には同じ漢字は入りません。

b　言葉に出さなくても気持ちが通じ合っていること。
＝（「□心□心」）

c　細かいところは違《ちが》っているが、大体は同じであること。
＝（「□同□異」）

d　大いに飲み食いすること。
＝（「□飲□食」）

問八 本文の内容に合うものを、次の**ア**〜**エ**の中から一つ選び、記号で答えなさい。

ア 香山は、足の速かった中学一年生の時、体育教師に目をかけられて厳しい陸上の練習をさせられ、耐《た》えきれずに辞めてしまって以後は、本気で走るのが怖《こわ》くなって周囲に気づかれない程度に流して走るようになった。

イ 梨木は、他人の心を読むという自分の能力が周囲から認められた時、三雲さんが初の登校で席に着きにくそうにしていた中学三年生の頃《ころ》を思い出してみたが、それもただの偶然《ぐうぜん》かも知れないと考えるようになった。

ウ 香山は、以前梨木が体育館で自分を励ましてくれて、それをきっかけにこれまで二回もマラソンを走れたことがとても特別なことに思えてきたので、やはり普通にすることで気づけることもある、と梨木を励ました。

エ 梨木は、香山の持っている陸上に関する経験のすべてが香山本人の特別なものであり、やはり自分には特徴がないと悩んでいたが、香山からはむしろ梨木こそ特別な存在だと言われ、悩みが解消されたように感じた。

わる。梨木との連絡《れんらく》は数回程度だったが、大学進学を決める時、どうしても梨木と同じ大学に通いたいと強く思っていた。大学では明朗快活に過ごしている。

問一 ――(1)「とんでもないことをしてしまった」とありますが、「香山」にとっては、どういうことが「とんでもないこと」にあたりますか。文末を「…こと。」という形にして三行以内で説明しなさい。

問二 ――(2)「香山は声に出して笑った。」とありますが、このときの「香山」の心情を説明したものとして最もふさわしいものを次の**ア**～**エ**の中から一つ選び、記号で答えなさい。

ア 楽しむことを中心とするサークル活動の空気になじめなくなったのは、走ることを真剣《しんけん》にやってみたいと決意したからであるが、いまさらそれに気づいても遅《おそ》いと、自分の情けなさを笑っている。

イ 辞《や》めずに続けていれば陸上選手になれたかという質問から、必死に練習を重ねても思うような記録は出せない陸上界の現実を梨木はわかっていないと、心の中で苦々しく感じながらも笑っている。

ウ 本気で走ろうと思ったことは、この間のマラソン大会まではなかったので、梨木に会ってから急に走りたくなった自分の軽《けい》率《そつ》さが恥《は》ずかしく、同時に、夢を諦《あきら》めない自分を励《はげ》まそうと笑っている。

エ 楽しむだけのサークル活動を物足りなく感じ、辞めてしまった陸上を今度こそ真剣にやって自分の力を試してみたいと思うものの、今さらそのことに気づいても遅いと自分の愚《おろ》かさを笑っている。

問三 ――(3)『でもさ、梨木と走ってよかった。』とありますが、ここで「香山」と「梨木」は、お互いに感謝しています。それぞれの心情を、主体(誰《だれ》がか)を明示して二行以内で説明しなさい。文末は「…心情。」としなくてよい。

問四 ――(4)『ぼくはさ、中学三年生の時、他人の心が読める能力があるかもって』とありますが、ここで「梨木」が「香山」に語った内容をまとめたものとして最もふさわしいものを次の中から一つ選びなさい。

ア 人の心が読めることは、共に時間を重ねれば誰にでもある程度はできることなのに、普通《ふつう》で何の特徴《とくちょう》もないことに悩《なや》んでいた梨木は、そんな当たり前のことを特別な力だと信じ込《こ》ませなければ進めないくらいに、何も持っていないと思い込んでいた。

イ 不登校だった三雲さんを助けた時、周りからエスパーだとはやし立てられたことがきっかけで、自分には人の心を読む力があると信じ込んできた梨木は、特別な能力を持ちながらも、それらを真剣に認めてこなかった家族に原因があると思っていた。

ウ 人の心を完全に読むことはできないが、当たり外れはあるもののある程度はできるようになっていた梨木だったが、香山にとっての陸上のように、特別な力を信じて真剣に取り組もうとする強い意志を持つことはできずに終わったことに悩んでいた。

エ 運動も勉強も普通で特徴がないことに悩んでいた梨木は、人の心が読めるという自分の特別な力を頼《たよ》るあまり、相手が何を考えているのか、どんな気持ちでいるのかという、ごく普通の配慮《はいりょ》に対しては何もしてこなかったことを後悔《こうかい》していた。

問五 ――(5)「香山の他意が含《ふく》まれない笑顔は、見ているだけで胸のつかえを取ってくれる。」とありますが、ここでの「梨木」の心情を三行以内で説明しなさい。文末は「…心情。」としなくてよ

「そっか。それで、梨木、体育館で俺に声かけてくれたんだ。速く走れるよりよっぽどすごい」

香山は真顔で感心してくれた。

「ただの偶然《ぐうぜん》。それを一人で特別な力だって信じこもうと必死で」

「そうなの？」

「そう。ぼくは、本当にごく普通の平均ど真ん中のやつでさ。ほら、今日も二十五位だっただろう」

「何でも［Ⅱ］なくこなせるって、いいじゃん」

そう言う香山に、ぼくは首を横に振《ふ》った。

「長所もないんだよ。運動も勉強もなにもかも、とにかく普通でさ。特徴《とくちょう》ゼロ。そんな自分をずっとどうにかしたかったんだ」

「できないんじゃなくて、それなりにできるんだろう。それってそんなに悩まないといけないことか？」

香山は［Ⅲ］に落ちない顔をする。

「そう言われたらそうかもしれないけど、でも、ぼくの家は親も姉もみんな何かができて、そのせいか、平凡《へいぼん》なことがものすごくつまらなく感じて。だから、人の心が読めるって言われた時、ようやく何か特別なものを与《あた》えられたようで、それに飛びついてた」

中学や高校の時のぼくは、走るのを辞めた時の香山と同じように無知で、自分の能力を信じこめる力があった。

「だけど、多少は他人のことがわかるんだろう？　俺に声かけてくれた時も、あたってたよ」

「誰だって人の心ぐらい読めることあるよ。もちろん、当たりはずれもあるだろうけどさ。その程度のものに、自分の個性だってしがみついて、特別な力だと自分自身に言い聞かせてた。ぼくは人の心がわかる。人とは違う部分があるって」

「人の心が読める」そんなの、共に時間を重ねれば、誰でもできることだ。完全に正しく他人をわかることは不可能だ。けれど、一緒にいれば相手が何を考えているのか、どんな気持ちでいるのか、気づけることだってある。そんなごく当たり前のことを、自分の力だと信じないと進めないくらいに、ぼくは何も持っていなかった。

「普通って何がだめなの？」

香山は眉《まゆ》をひそめた。

そう言えるのは、香山が自分だけのものを持っているからだ。人より速い走力も、それを放棄した後悔《こうかい》も、真剣さを捨てられない今の自分も、香山だけのものだ。

「もしさ、普通がありきたりでつまらないって意味なら、梨木は普通じゃないから」

「そうかな」

「そう。普通とか平凡とかよくわかんないけど、少なくとも俺にとっては普通じゃない。だってさ、突然体育館で俺のこと励《はげ》ましだしたかと思ったら、二回も一緒にマラソン大会出てるんだぜ。これのどこが普通？」

香山はそう笑った。(5)香山の他意が含《ふく》まれない笑顔は、見ているだけで胸のつかえを取ってくれる。

「しかも、お互い勝手にエントリーされてるしな」

ぼくも笑った。

（瀬尾まいこ『掬えば手には』）

★三雲さん…小学校時代から中学三年まで不登校だった生徒で、梨木とは小学校からの同級生。中学三年の十月、初めての教室で緊張《きんちょう》している三雲さんに、梨木は夏服で登校したことを気にしているのだろうと思って、自分なんか学ランの中はTシャツのままであると言ってその場を和《なご》ませ、三雲さんは緊張がほぐれた。この三雲さんが現在の河野さん。通信制の高校に通い、高校二年生の時、河野姓《せい》に変

「そのままやってたら、香山、陸上選手になってたかな」

「それは無理だな。何年間必死で走っても、よくて県大会入賞ぐらいだろうと思うよ。それでも、真剣にやってみたいと思う」

「すごいな」

「すごくないよ。それに気づいたの、大学に入ってからだもん。サークル活動して、『楽しもう』がモットーの空気にどこかしっくりいかなくて。ああ、そっか、俺、真剣にやりたいんだって、初めて気づいたよ。遅《おそ》すぎだろう」

(2)香山は声に出して笑った。十時を過ぎ、日が少し高くなって風は和《やわ》らいでいる。

「今でも時々本気で走りたくなるんだ？」

「どうだろう。走ったのなんて、こないだのマラソン大会が久しぶりだからな。体育館で梨木に会って、あのころの気持ちがよみがえって、こいつとだったら一緒に走れそうって、思い立ったんだよな」

あの時は河野さんに頼まれて、適当に香山の機嫌がよくなりそうな言葉を並べただけだ。ぼくは「熱心に運動してたわけでもないくせに、なんだかんだ言っちゃったな」と肩《かた》をすくめた。

「走ってみて自分の実力を思い知ったよ。想像していた以上にたいしたことないって　**B**　きた」

それであのレース後の香山はどこか浮《う》かなかったのか。ぼくは「そんなことないだろうけど」とつぶやいた。

(3)「でもさ、梨木と走ってよかった。あのレースで終わりだと思ってた。自分の走力がわかって、もう十分だなって。それなのに、こんなふうに続きがあったなんてさ」

「だったらよかった」

走ることを手放してしまった香山は、何か大事なものを失ったのだろうか。光が射《さ》す道からそれてしまったのだろうか。それはわからない。けれど、陸上にまったく興味がなかったぼくを、走らせたじゃないか。そして、走るのがこんなにも気持ちがいいことを教えてくれたじゃないか。それを伝えたいと思ったけれど、どう話せばいいかわからなかった。

「梨木は？」

迷っていると、香山に言われた。

「え？」

「梨木の話も開かせてよ」

「ぼくの話？」

「そう。いろいろあっただろ。単純明快に暗いところゼロで十代をやり過ごしているやつなんていないもんな」

香山はそう言った。

香山の打ち明け話はかっこいい。走ることを放棄《ほうき》したことは、淀《よど》んだまま香山の中に残っているのかもしれない。だけど、速く走れるという才能があったのだ。能力があるものは、挫折《ざせつ》すら輝《かがや》きがある。

「つまらないことしかないけどさ」

ぼくはそう言い訳をしてから、言葉を続けた。

(4)「ぼくはさ、中学三年生の時、他人の心が読める能力があるかもって」

「何それ？　すごい話じゃん」

香山は目を見開いた。香山はいつもまっすぐにぼくの話に乗りこんでくれる。

「すごくないよ。不登校だった女の子がいて、その子が教室に入ってきた時なんだけど」

ぼくは名前を上げずに、★三雲さんが席に着きにくそうにしていた時フォローしたこと、それで、周りからエスパーだとはやし立てられたこと、高校生になってからの吉沢のことなどを話した。

「それが十二歳《さい》の俺にはさっぱりわからなくてさ。しかも、バスケ部の先輩《せんぱい》には『陸上ばっかでこっち手抜《ぬ》くなよ』と言われるし、陸上部の先輩にもにらまれるし、新井は怖《こわ》いし。もう心身ともにボロボロ」

「それは想像できるな。突然来た一年に追い抜かされたら先輩はたまんないもんな」

「だろう。とにかく次の大会までは耐《た》えようってがんばったんだ。そこでも優勝を果たして、これで解放されるって喜んだら、次は県大会だぞと言われて。そこで、これはやばいって思った。このままだと俺、走り続けることになるって」

そこまで話すと、香山は足を伸《の》ばして座りなおした。ぼくもなんとなく同じ姿勢をとる。

「先生が怖くて従ってただけで、俺は走るのが好きなわけじゃないと思ったんだ。スポーツは好きだ。でも、それはバスケや野球が好きなだけで、こつこつ練習して記録を上げていく陸上が好きなんじゃないって。中学一年生の俺は、速く走ることや、記録を出すことに意味を見出してなかったんだ」

「もしかして辞《や》めちゃったの?」

ぼくはそう聞いた。

「そう。どうしてこんなしんどい思いをしないといけないのだろうって疑問でさ。新井に辞めたいって必死で訴《うった》えた」

「辞めさせてくれないだろう。そんなの」

「ああ、だから捻挫《ねんざ》したって嘘《うそ》ついて、練習サボって。二学期からは体育の授業でも気づかれない程度に流して走るようになった。11秒台だったのを12秒台後半で走るように調節してさ。そのうち、先生も諦《あきら》めたのか見損《みそこ》なったのか声かけてこなくなった。今思うとすごいばかだけど」

「もったいないような気もするけど、でも、まあ、そういうのもありのような」

もったいない。そう言い切ってしまうと、今の香山を否定するようで、ぼくは［ I ］を濁《にご》した。

「まあな。新井は二年生になっても時々声をかけてくれたけど、三年になると誰《だれ》にも陸上のこと言われなくなったな。そこで初めて、(1)とんでもないことをしてしまったのかもって思うようになった」

「だけど、本気で走ればまだ速かったんだろう? もう一度走ろうって思わなかったの?」

「本気で走るのが怖かったんだ。全力で走ったところで、もう前みたいに走れなくなってることを知るのが怖かった。ずっと練習せずに体を甘《あま》やかしてて、いい記録が出るわけないって、三年生になった俺はわかってたし」

香山はそう言うと、

「ま、そもそも、こんな根性《こんじょう》だから、そのまま陸上やってたとしても、二年三年と重ねるうちに、たいしたことなくなってただろうけどさ」

と笑った。

スポーツで上位をキープしている人は、身体能力だけじゃなく、精神的にも強い。逃げ出そうとしていた香山がそのまま続けていたとしても、どこかで躓《つまず》いていた可能性は高い。だけど、もしも。もしも真《しん》剣《けん》にやっていたとしたら、どうなっただろう。自分が歩んでいたかもしれない道を想像したくなる気持ちはわかる。何もわからず判断していた無知だった自分を、悔《く》やみたくもなるだろう。

「もし、中学一年生の時に戻《もど》れたらどうする?」

「そりゃ、もう一度チャンスがあったら走りたいよ。辞めずに続けて、自分の力を試してみたい」

香山は迷いなく答えた。

った。梨木は「お互《たが》い順位以外は満足だろう」と笑った。

「梨木の走り、マジでよかったぜ」

「ありがとう。香山もなって、すれ違《ちが》った時しか見てないけど」

参加賞のスポーツ飲料とタオルを受け取ると、ぼくたちは川沿いに座《すわ》り込《こ》んだ。走り終えた人たちがストレッチをしたり、寝転《ねころ》がったりしている。

「小学校のころの香山って、走り速かったんだよな」

ぼくがスポーツ飲料を一口飲んでそう言うと、

「何、突然《とつぜん》？」

と、汗《あせ》をぬぐっていた香山はぼくのほうに顔を向けた。

会話にはタイミングがある。特にまじめな話だと、適した場所や状況《じょうきょう》、相手の気持ちの盛り上がり。いろんな要素が必要だ。だけど、タイミングなんて待っていたら、知ることができないものがたくさんある。ぼくはかまわず話を続けた。

「前、話しかけてただろう。小学校の時走ってたって」

「ああ、こないだのマラソン大会の後？」

香山もあの日、話しきれてないことがどこかで気になっていたのだろう。すぐにそう言い当てた。

「そう。途中《とちゅう》になっちゃってたからさ。小学校の時、香山どんなふうに走ってたの？」

「えっと、俺《おれ》さ、めちゃくちゃ速かったんだ」

香山はスポーツ飲料を飲み干すと、「自分で言うのもなんだけどな」と笑ってから話し出した。

「一年の時から卒業まで運動会でも負けたことなかったし、いつもクラスで一番速かったんだ。高学年のころはよく走ってて、学校では段トツだった」

「それ、かなりかっこいいじゃん」

「だろ。それで、中学一年の体育の授業で１００メートルの記録とったら、１２秒２３でさ」

陸上部でもなかったぼくには、それがどれくらいすごい記録かはいまいちピンと来なかった。

「あ、これ、相当速いんだからな。まあ、その時は俺自身もピンと来てなかったんだけど」

香山はそう笑った。

「中学の体育の教師、新井って名前だったんだけど、そいつが『練習もしてないのに、一年生で１２秒台走れるなんて、ジュニアオリンピックも夢じゃない』とか興奮してさ。なんかわからないうちに、翌日から陸上練習に参加させられたんだ。俺、バスケ部だったのにだよ。部活が終わって A の体で一時間近く陸上の練習させられてさ」

「うわ、たいへんそう」

「中一なんてまだ子どもだし、意識も低いから、嫌《いや》で嫌で。地獄《じごく》だとしか思えなかった」

「でも、部活終わりに練習つけてもらえるってことはよっぽど才能あったんだな」

ハードなのはわかるけど、うらやましかった。中学一年生。ぼくが、運動も音楽も勉強もどれだけ努力したって、そこそこにしかなりそうにないことに気づいたころだ。

「まあな。今まで何もしてなかった分、練習したらすぐ結果に結びついて、その夏に出た大会では１１秒５５で一位とったんだ。俺がこれで解放されるとほっとしてる横で、新井は『この調子ならブロック大会でも優勝狙《ねら》えるな』と a としてた。その時、俺、絶望したんだ。え？　これで終わりじゃないの？　まだ練習が続くのかって」

「期待されるのって、貴重なことだけどな」

イ　人は希望を失わずに生きるために、現代の計算可能な世界に落ちつくことができず、あらゆる信じる気持ちを失ったのだということ。

ウ　人は世界の成り立ちやしくみを理解する上で、計算可能な次元での説明では納得できず、だからこそ信仰《しんこう》が生まれるのだということ。

エ　人は物事を信じる気持ちを失ってしまったので、常に疑うという気持ちを強くして新たに世界を創《つく》り直す必要があるのだということ。

問五　――(5)「神が死んでしまった現代において信じる対象になりうるのは、やはり〔神がかつてそうであったように〕別の次元を構成しているものだ」とありますが、ここでいう「別の次元を構成しているもの」とはどういうものですか。本文の内容に沿って、三行以内で説明しなさい。

問六　[A]～[D]の中に入れる語として正しいものを次の中からそれぞれ一つ選び、記号で答えなさい。（ただし記号はそれぞれ一回ずつ使用します。）

ア　言いかえれば　**イ**　ところが

ウ　ですから　**エ**　たとえば

問七　――**ア**～**オ**のカタカナを漢字に直しなさい。

問八　本文の内容に合うものを次の**ア**～**エ**の中から一つ選び、記号で答えなさい。

ア　信仰のあり方は、昔も今も本質的には変わらないが、「神は死んだ」というニーチェの時代から現代に至るまで、信じるという行為《こうい》自体は危険なものである。

イ　むずかしいことを求めてもっと上を目指そうとする欲望は、人間本来の姿であるが、その時こそ神の存在について現代に示す機会なのだと知るべきである。

ウ　何もかもが疑わしい現代だからこそ世界をすべて計算可能なものと見なす「合理化への信仰」が芽生えてきたのであり、われわれはその点を再考すべきだ。

エ　合理化が進み、世界をすべて計算可能なものにしてしまった現代の社会であるがゆえに、私たちは新たに信じるということの意味を問い直してゆくべきだ。

二　**次の文章は、瀬尾まいこ『掬《すく》えば手には』の一節です。[これまでの主なあらすじ]を読んだ後、本文を読んで後の問いに答えなさい。**

[これまでの主なあらすじ]

主人公の梨木匠はごく普通《ふつう》の大学生で、人の心が読めることを取り柄《え》にし、その能力を必死で信じているが、他には個性と言えるようなものを持っていないことに悩《なや》んでいる。大学サークルには所属していなかったが、ある時、友人の河野さんから、スポーツサークルのバスケットボールの試合に負けて怒《おこ》っている香山の機嫌《きげん》を取ってきてほしいと頼《たの》まれる。これがきっかけで、ある時香山の方からマラソン大会に一緒《いっしょ》に出ようと熱烈《ねつれつ》に誘《さそ》われる。高校時代の香山は卓球部《たっきゅうぶ》だった。このマラソン大会の結果は、梨木は百人中四十九位。香山は十一位だったが、何か納得《なっとく》のいかない表情をする。そして梨木に小学校の高学年のころよく走っていたことを言いかけてやめる。梨木はマラソン大会に参加して久しぶりに爽快《そうかい》感を味わうことができた。その後、今度は梨木の方から香山を別のマラソン大会に誘う。走るのが楽しくなったのと、香山の話の続きを聞きたかったからである。結果は、梨木は五十人中二十五位、香山は十一位だ

して生きている人たちは、単に生存している状態、つまり生物としての単なる欲求だけで生きている状態を超え出て、自分自身を高めていくことができるでしょう。それが、単なる欲求や衝動《しょうどう》に終わってしまわない欲望を持って生きるということなのです。

神が死んでしまったあと、われわれに突《つ》きつけられている真の問題とは、この確固としたものを問う困難な問題——ここでの「困難」とはエマニュエル・レヴィナス〔二〇世紀フランスのユダヤ人哲学者〕が「困難な自由」と言うときの意味でなのですが——にどう対処するか、ということなのです。みなさんも知っているでしょうが、イスラム教やユダヤ教では神のことを絵や彫像《ちょうぞう》で表すことは**エ**キンじられています。キリスト教では表してもいいのですが、ただしそのとき神はわれわれとは別の次元に示されます。「天に★まします」というように神は天、つまり高いところに描《えが》かれるのです。★いと高きところ、**オ**シコウの神という言い方をしますね。そのように呼ぶことでもわかるように、一神教の神というのは、ここにコップがあると言うのと同じ意味で「ある」わけではないのです。神は自然の中にいるわけではないし、時間の中にもいないし、空間の中にもいない。なのに神は、時間と空間の中に生きる存在にとって不可欠なものなのです。

そして、(5)神が死んでしまった現代において信じる対象になりうるのは、やはり〔神がかつてそうであったように〕別の次元を構成しているものだと私は思うのです。

（ベルナール・スティグレール『向上心について——人間の大きくなりたいという欲望』メランベルジェ眞紀 訳）

★新プラトン主義…三世紀ごろプロティノスという哲学者がプラトンの教説を受け継《つ》ぎ、創始したと言われる思想。
★無神論…神の存在を否定する考え方。
★教条主義…権威《けんい》者の述べたことをうのみにし、それに基づいて判断、行動する態度。
★啓示…人間の理解を越えたことがらについて教え示すこと。
★旧約聖書…キリスト出現以前の神の古い約束を告げた聖書。ユダヤ教の聖典。キリスト教の経典。
★福音書…キリストの教訓や一生を記した新約聖書の冒頭《ぼうとう》の四巻のこと。
★コーラン…イスラム教の聖典。
★昇華…心理学の用語。満たされない欲求や葛藤《かっとう》を、社会的に認められている価値ある行動に変えて自己実現を図ろうとすること。
★マックス・ウェーバー…ドイツの哲学者、社会学者、経済学者〔一八六四〜一九二〇〕。
★合理化…ここでは、すべてを計算可能とみなす、という意味。
★まします…古語。「いらっしゃる」という意味。
★いと…古語。頂点に達する様子。とても、非常に、という意味。

問一 (1)に入れる言葉を五字以内で書きなさい。

問二 ——(2)「宗教への回帰〔そう呼ばれているのが正しいかどうかはともかく〕という現象が起こっている」とありますが、本文によれば、これはどういう「現象」ですか。三行以内で説明しなさい。

問三 ——(3)「この合理化によって、あらゆる信じる気持ちが破壊《はかい》されてしまい」とありますが、これはどういうことですか。本文の内容に沿って、三行以内で説明しなさい。

問四 ——(4)「本当に信じられるのは計算できないことだけなのです。」とありますが、この表現が意図している内容の説明として正しいものを、次の**ア**〜**エ**の中から一つ選び、記号で答えなさい。

ア 人は合理化によって世の中を知りたいと思うようになるが、何を信じるかの対象はもともと計算できないものだけなのだということ。

なくなるというのは、すべてが計算の対象となってしまうからです。まず欲望が、そしてとりわけ小さな子どもたちの、学びたい、新しいことを知りたいという欲望が、計算の対象になってしまうのです。でも欲望を計算で測ろうとすれば、その欲望は欲望ではなくなってしまうでしょう。そして私はいつも言うのですが、それでは子ども時代がイダイナしになるのです。つまりむずかしいこと、大変なことを好んでやる気持ちが失われてしまい、個人の欲望を社会的なものに変えていくことができなくなっていってしまうのです。なぜならそのような社会化は、むずかしいことを好んで求め、それによってもっともっと上を目指していく★「昇華《しょうか》」に基《もと》づいているからです。

　このように、欲望を持ってそれを高めていくことができなくなるという背景があって、(2)宗教への回帰(そう呼ばれているのが正しいかどうかはともかく)という現象が起こっているのかも知れません。私たちはもう何も信じられないという時代に生きています。今はもう神も、社会のウハッテンも、技術や科学の進歩も信じられず、何もかもが疑わしい時代です。ところが資本主義の世界はまさに「信じる」ということを必要としているだけに、問題はよりいっそう深刻なのです。なにしろ資本主義は「信用(クレジット)」のうちに成り立つのですから。資本主義は信用を前提としていますが、でも信用というものがあるためには、未来を信じなければなりません。なのに今の世界にはもう未来を信じる気持ちがなくなってきていますから、そういうわけで昔の信仰に戻《もど》ろうとする人たちがいるのです。昔の信仰というのは資本主義以前の信仰のかたちということで、ドイツの哲学者であり社会学者でもあった★マックス・ウェーバーが言う★合理化への信仰のことではありません。

　まさに(3)この合理化によって、あらゆる信じる気持ちが破壊《はかい》されてしまい、もうみなさんおわかりのようにあらゆる希望が失われてしまったのですから。

　宗教的なかたちを取る信仰が何よりまず示そうとするのは、すべてを計算に切りつめることなどできないということです(それを示してこそ、信仰の意味があるはずです)。そして(4)本当に信じられるのは計算できないことだけなのです。計算によってわかってしまえるようなことを人は信じたりしません。でも、理解したり知ることができないようなこともこの世にはあります。［B］「美」とか「正義」のように。そして欲望が向かう対象とはそもそもこのように計算できないものなのです。計算しえない対象、つまりあらゆる計算を超《こ》えてしまうようなものだからこそ、それを求めることができるのです。

［C］、信じることができないときには、欲望というものはありえません。信じる気持ちを破壊すれば、結局欲望も破壊されてしまいます。そして欲望を奪《うば》ってしまえば、信じる気持ちも失われるのです。

［D］、ニーチェも言ったとおり、今や「あらたな信仰」つまり信じるということのあらたなかたちを創始すべきときなのです。

(中略)

目下私は、『無信仰と不信』というシリーズの本を書いています。そこで私が主張しているのは次のようなことです。哲学者とか政治家、科学者とか芸術家とか宗教家など、世界をもう一度みんなが望むような世界に立て直したい、つまり計算に切りつめられてしまうことのない豊かな世界(計算できないってことは、単純でない「むずかしい」ということです)を作りたいと願う人たちなら誰《だれ》でも、「確固としたもの」が今必要なのだということを考えなければなりません。確固としたものと私が呼んでいるのは、今ここに見えるようなかたちでは存在しないのに、それでいて、今ここにいる人たちの生き方によって成り立ち、内実を持っているもののことです。そのものとして存在してはいないのに、生に手応《てごた》えを与《あた》えてくれるような確固としたものを考慮《こうりょ》

2024年度

洗足学園中学校

【国　語】〈第一回試験〉（五〇分）〈満点：一〇〇点〉

【注意】・字数制限のない問題について、一行分の解答らんに二行以上解答してはいけません。
・記号・句読点がある場合は字数に含《ふく》みます。

［一］ **次の文章は、フランスの十歳《さい》〜十五歳の子どもたちに向けたある哲学者《てつがく》の講演記録で、「現代社会における宗教や、何かを信じることについて、哲学はどのような立場をとっているのか、また道徳心や道徳は今どこにあるのか」という聴衆《ちょうしゅう》の子どもからの質疑に応答してこの哲学者が語ったものです。これを読んで後の問いに答えなさい。**

宗教と哲学の関係は、歴史的にみると複雑です。ソクラテスは他の多くのギリシャ哲学者同様に、敬虔《けいけん》でないことを咎《とが》められました。というのも彼《かれ》はある種の信仰《しんこう》を問題視したからです。だからといってソクラテスが敬虔でなかったということではありません。敬虔というのは正確には宗教的ということではないのです。プロタゴラス〔古代ギリシャの哲学者、ソフィストと呼ばれた弁論の専門家〕をはじめ多くの人が、同じ理由で国外に追放されました。

私は、当時のギリシャ人に宗教という観念があったとは思いません。宗教というものは一神教〔神は唯一《ゆいいつ》であるとし、その神をあがめる信仰のかたち〕と共に始まったと私は考えるからです。でもいずれにせよ、哲学者というのはある意味で、敬虔さとか信心とか宗教といった観念をひっくるめた信仰の世界にとっての**ア**テキとみなされてきました。その一方ではまた、プラトン〔ソクラテスの弟子であった古代ギリシャの哲学者〕とソクラテスによって、存在論的神学、つまり存在というものを神から考えようとする哲学上の大きな流れが始まったとも言われるのですよ。たとえギリシャ哲学が聖なるものの世界との断絶によって始まったとしても、それはすぐさま神学、すなわち神と宗教に関する理論を作り上げることにつながったのです。

こうして★新プラトン主義から始まってカント〔一八世紀ドイツの哲学者〕に至るまで、つまり一八世紀の最後の最後までずっと、哲学といえば神学、つまり神についての学問であり、哲学は宗教と堅《かた》く結びついたものでした。もっとも毎度のことながら、そこにも例外はありました。たとえばディドロ〔一八世紀フランスの思想家。無神論者として投獄《とうごく》されたりした〕です。

ディドロが主張したような★無神論が現れたのは、ですから哲学の歴史の中ではずいぶん後になってからでした。それ以前に教会の★教条主義を拒否《きょひ》した哲学者たちも（その人たちは科学者でもあったのですが）、無神論者だったわけでは全《まった》くなかったのですから。［　A　］一九世紀の初めになって、哲学では突然《とつぜん》、神は死んだと主張し始めたのです。そしてニーチェ〔一九世紀ドイツの哲学者〕は、一九世紀の終わりに、こう付け加えました。「神は死んだ。そしておまえたちが、神を殺したのだ」と。「おまえたち」というのは、つまり［　(1)　］のことです。ニーチェの言葉が意味していたのは、もう人間社会は聖書の★啓示《けいじ》のままには動いていかないということです。聖書というのは★旧約聖書や★福音書《ふくいんしょ》や★コーランのことです。なぜなら今や新しい信仰が、これまでの信仰や啓示に取って代わったからです。その新しい信仰とは、人間の進歩を信じるということでした。でもニーチェは、それによって人間は結局もう何も信じられなくなるだろうと言い、そのことをニヒリズムと名付けました。何も信じられ

2024年度

洗足学園中学校　▶解説と解答

算　数　＜第１回試験＞（50分）＜満点：100点＞

解　答

[1] (1)　13　(2)　$5\frac{2}{5}$　[2] (1)　4000円　(2)　(21，63)，(13，65)　(3)　8 ： 9　(4)　4 ： 3　[3] (1)　１割引き　(2)　4 ：23　(3)　23分20秒後　(4)　0.25倍　[4] (1)　3 ： 1 ： 2　(2)　２時間５分　(3)　12分間　[5] (1)　20分後　(2)　３時間５分　(3)　10分後

解　説

[1] 四則計算，逆算

(1)　$\left(2\frac{2}{3}-0.5\right)\times\left(2.8+3\times5+1\frac{1}{25}\right)\div3.14=\left(\frac{8}{3}-\frac{1}{2}\right)\times(2.8+15+1.04)\div3.14=\left(\frac{16}{6}-\frac{3}{6}\right)\times18.84\div3.14=\frac{13}{6}\times6=13$

(2)　$0.84\times\left(0.75-\frac{1}{28}\right)=\frac{21}{25}\times\left(\frac{3}{4}-\frac{1}{28}\right)=\frac{21}{25}\times\left(\frac{21}{28}-\frac{1}{28}\right)=\frac{21}{25}\times\frac{20}{28}=\frac{3}{5}$，$14\div\left(1.02-\frac{5}{6}\right)=14\div\left(\frac{51}{50}-\frac{5}{6}\right)=14\div\left(\frac{153}{150}-\frac{125}{150}\right)=14\div\frac{28}{150}=14\div\frac{14}{75}=14\times\frac{75}{14}=75$より，$\frac{3}{5}\div\square\times9+75=76$，$\frac{3}{5}\div\square\times9=76-75=1$，$\frac{3}{5}\div\square=1\div9=\frac{1}{9}$　よって，$\square=\frac{3}{5}\div\frac{1}{9}=\frac{3}{5}\times\frac{9}{1}=\frac{27}{5}=5\frac{2}{5}$

[2] 相当算，条件の整理，調べ，水の深さと体積，相似

(1)　はじめに持っていた金額を１，最初の店で買った後の残りの金額を①，２番目の店で買った後の残りの金額を$\boxed{1}$として図に表すと，右の図１のようになる。図１から，$\boxed{1}-\boxed{\frac{1}{4}}=\boxed{\frac{3}{4}}$にあたる金額が600円とわかるから，$\boxed{1}$にあたる金額は，$600\div\frac{3}{4}=800$(円)となる。

図１

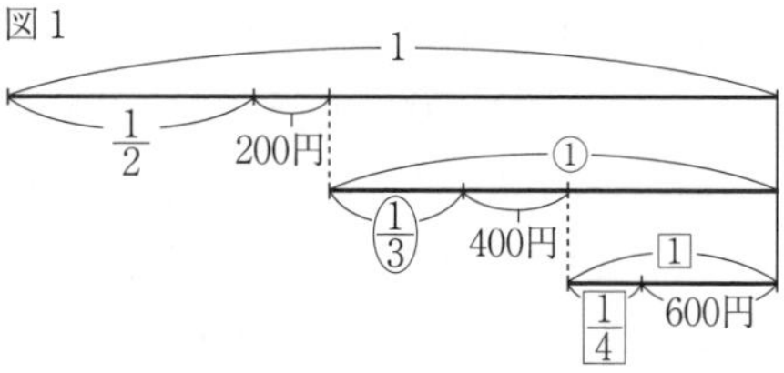

すると，①$-\frac{1}{3}=\frac{2}{3}$（丸囲み）にあたる金額が，$400+800=1200$(円)になるので，①にあたる金額は，$1200\div\frac{2}{3}=1800$(円)と求められる。さらに，$1-\frac{1}{2}=\frac{1}{2}$にあたる金額が，$200+1800=2000$(円)になるから，比の１にあたる金額，つまりはじめに持っていたお金は，$2000\div\frac{1}{2}=4000$(円)とわかる。

(2)　一の位として考えられるのは{1，3，5，7}である。一の位が１と３の場合，大きい方の数は小さい方の数を３倍していると考えられる。このとき，残りの数字は{2，4，5，6，7}なので，$21\times3=63$より，２つの整数の組は(21，63)とわかる。また，一の位が３と５の場合，大きい方の数は小さい方の数を５倍していると考えられる。このとき，残りの数字は{1，2，4，6，7}だから，$13\times5=65$より，２つの整数の組は(13，65)とわかる。ほかにはないので，考えられる奇数《きすう》の組は，(21，63)，(13，65)である。

(3)　下の図２で，Ａのアの部分の水は毎分１Ｌ(＝1000mL)の割合で増え，Ａのイの部分の水は毎分，$1000-200=800$(mL)の割合で増える。この比は，$1000:800=5:4$だから，Ａのアとイの部

分に入れるのにかかった時間の比は，$\frac{1}{5}$：$\frac{1}{4}$＝４：５とわかる。よって，Ａのアの部分に入れている間にＢに入った水をア′，Ａのイの部分に入れている間にＢに入った水をイ′とすると，Ｂのア′とイ′に入れるのにかかった時間の比も４：５なので，ア′とイ′の高さの比も４：５とわかる。この比を用いると容器の高さを，４＋５＝９と表せるから，アの部分の高さは，９÷２＝4.5となる。つまり，アの部分とア′の部分は，体積が等しく高さの比が，4.5：４＝９：８なので，ＡとＢの底面積の比は，$\frac{1}{9}$：$\frac{1}{8}$＝８：９と求められる。

図２

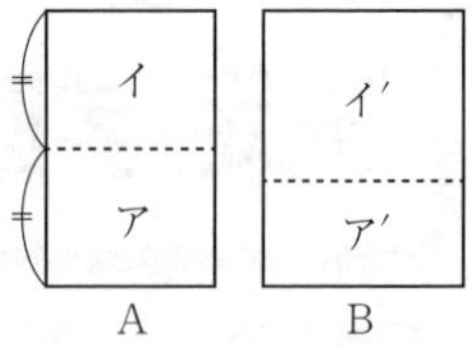

⑷　右の図３で，ABとDCが平行だから，●印をつけた角の大きさは等しく，BEとFDが平行なので，○印をつけた角の大きさは等しい。また，○印と角ABEの大きさの和，○印と角CDFの大きさの和はどちらも90度だから，角ABEと角CDFの大きさは等しいことがわかる。よって，三角形ABGと三角形CDFは合同なので，三角形CDFと三角形FDHの面積の比を求めればよい。さらに，CDとFHは平行だから，この２つの三角形の面積の比はCD：FHと等しくなる。次に，三角形AGEと三角形CGBは相似で，相似比は，AE：CB＝４：（４＋８）＝１：３なので，AG＝FC＝１，GC＝３とすると，GF＝３－１＝２と求められる。また，三角形ACDと三角形AFHは相似で，相似比は，AC：AF＝（１＋３）：（１＋２）＝４：３なので，CD：FH＝４：３とわかる。したがって，三角形ABGと三角形FDHの面積の比も４：３である。

図３

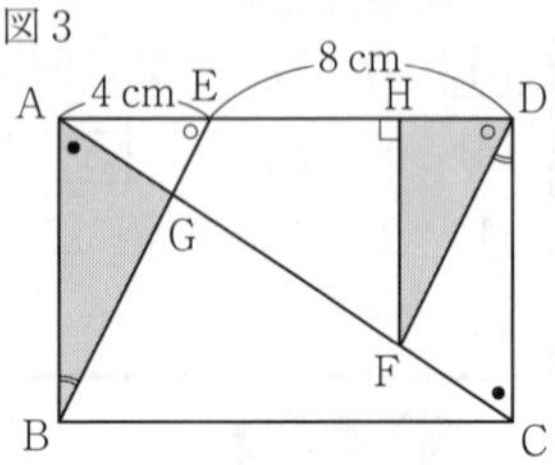

3　売買損益，分割，辺の比と面積の比，速さと比，旅人算，ニュートン算

⑴　仕入れ値の合計は，50×1500＝75000(円)だから，予定の利益は，75000×0.4＝30000(円)である。すると，実際の利益は，30000×0.86＝25800(円)となるので，実際の売り上げは，75000＋25800＝100800(円)と求められる。また，１個の定価は，50×（１＋0.4）＝70(円)であり，定価で売った個数は，1500×（１－0.4）＝900(個)だから，定価で売った分の売り上げは，70×900＝63000(円)とわかる。よって，割り引いて売った分の売り上げは，100800－63000＝37800(円)となる。さらに，割り引いて売った個数は，1500－900＝600(個)なので，割り引いて売った分の１個の売り値は，37800÷600＝63(円)と求められる。したがって，割り引いた金額は，70－63＝７(円)だから，７÷70＝0.1より，定価の１割引きで売ったことがわかる。

⑵　立方体の１辺の長さを12とする。右の図１で，ＰとＱ，ＱとＧは結ぶことができる。また，QPと平行な直線GS，GQと平行な直線STを引くと，切り口は五角形PQGSTになる。さらに，この五角形と立方体の辺を延長して三角形XYZを作る。このとき，３つの三角形XAP，QBP，QFYは相似であり，相似比は，XA：QB：QF＝２：６：６＝１：３：３なので，XP：PQ：QY＝１：３：３となる。同様に，３

図１

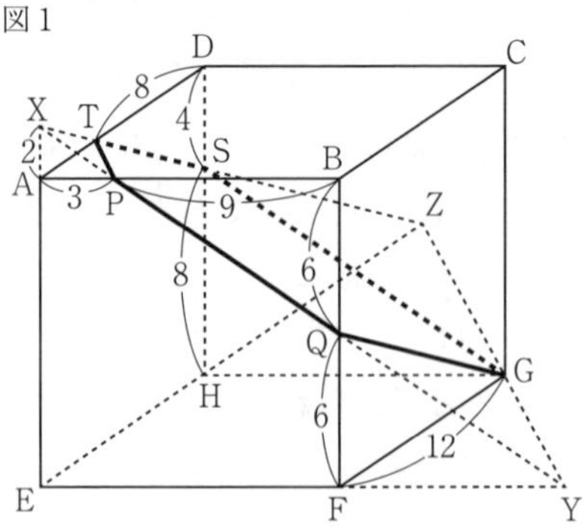

図２

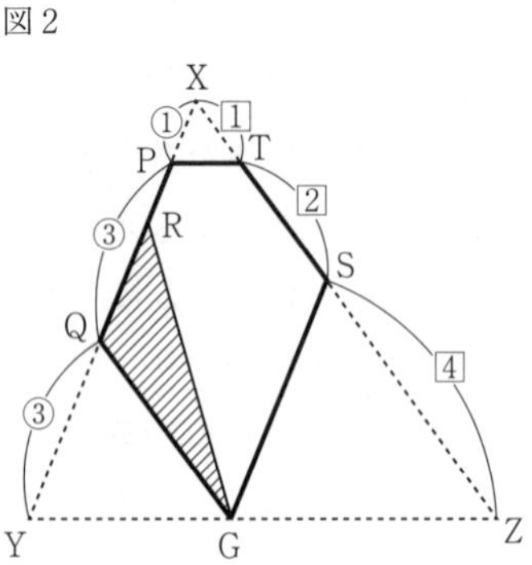

つの三角形XAT，SDT，SHZも相似であり，相似比は，XA：SD：SH＝２：４：８＝１：２：４だから，XT：TS：SZ＝１：２：４とわかる。よって，切り口は上の図２のようになる。図２で，４つの三角形XPT，QYG，SGZ，XYZは相似であり，相似比は１：３：４：７なので，面積の比は，（１×１）：（３×３）：（４×４）：（７×７）＝１：９：16：49とわかる。そこで，三角形XPTの面積を１とすると，切り口の面積は，49－（１＋９＋16）＝23になるから，三角形RQGの面積は，$23\times\frac{1}{3}=\frac{23}{3}$と求められる。したがって，三角形RQGと三角形QYGの面積の比は，$\frac{23}{3}$：９＝23：27なので，RQ：QY＝23：27となり，PR：RQ＝(27－23)：23＝４：23と求められる。

(3)　３人の進行のようすをグラフに表すと，右の図３のようになる。Aが６km走る間にCは，14－６＝８(km)走るから，AとCの速さの比は，６：８＝３：４とわかる。また，AとBの速さの比は５：４なので，右上の図４のように比をそろえると，BとCの速さの比は，12：20＝３：５とわかる。次に，BとCは43分45秒で合わせて14km走るから，BとCの速さの和は毎分，$14\div43\frac{45}{60}=\frac{8}{25}$(km)である。よって，Bの速さは毎分，$\frac{8}{25}\times\frac{3}{3+5}=\frac{3}{25}$(km)なので，Bがゴールするまでの時間は，$14\div\frac{3}{25}=116\frac{2}{3}$(分)と求められる。さらに，AとBの速さの比は５：４だから，Aの速さは毎分，$\frac{3}{25}\times\frac{5}{4}=\frac{3}{20}$(km)となり，Aがゴールするまでの時間は，$14\div\frac{3}{20}=93\frac{1}{3}$(分)とわかる。したがって，Bがゴールしたのは Aがゴールしてから，$116\frac{2}{3}-93\frac{1}{3}=23\frac{1}{3}$(分後)，$60\times\frac{1}{3}=20$(秒)より，23分20秒後となる。

図３

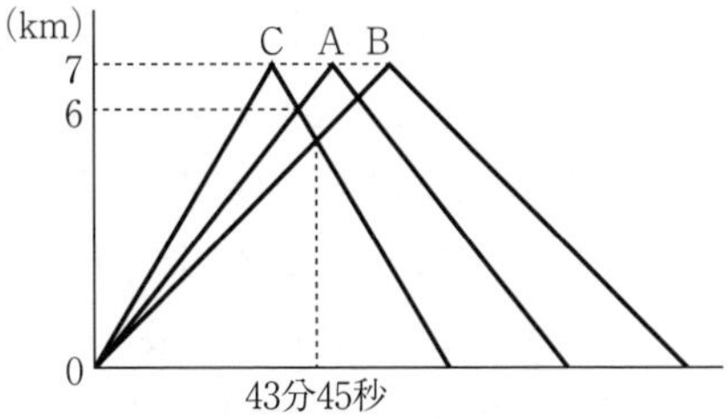

図４

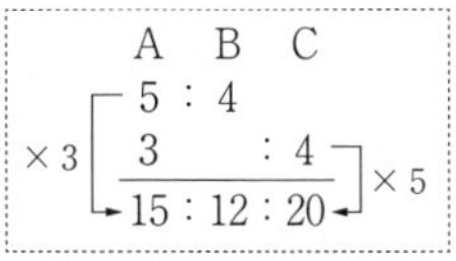

(4)　右の図５の計算から，350と450の最小公倍数は，10×５×７×９＝3150とわかるので，満水の量を3150とする。また，１分間に流れ込《こ》む水の量を①，１台のポンプが１分間に排出《はいしゅつ》する量を$\boxed{1}$とする。６台のポンプを使って排出するとき，１分間に($\boxed{6}$－①)の割合で水が減るから，$\boxed{6}$－①＝3150÷350＝９となる。同様に，５台のポンプを使って排出するとき，１分間に($\boxed{5}$－①)の割合で水が減るので，$\boxed{5}$－①＝3150÷450＝７とわかる。よって，上の図６の式を作ることができ，$\boxed{6}$－$\boxed{5}$＝９－７より，$\boxed{1}$＝２とわかる。さらに，これをあてはめると，①＝$\boxed{6}$－９＝２×６－９＝３と求められる。次に，５台のポンプで排出するとき，通常では450分かかるから，後半の半分にかかった時間は，450÷２＝225(分)，前半の半分にかかった時間は，435－225＝210(分)とわかる。また，満水の半分の量は，3150÷２＝1575なので，前半は１分間に，1575÷210＝7.5の割合で水が減ったことになる。一方，通常では１分間に，２×５－３＝７の割合で水が減るから，１分間に，7.5－７＝0.5の割合で水がもれたことがわかる。したがって，もれる水の量はポンプ１台の排出量の，0.5÷２＝0.25(倍)と求められる。

図５

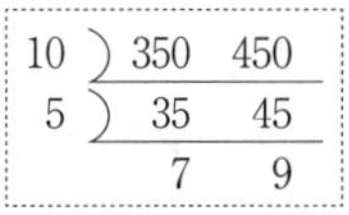

図６

$\boxed{6}$－①＝９
$\boxed{5}$－①＝７

4　仕事算，周期算，つるかめ算

(1)　②の場合は最後にAが２分して終わり，③の場合は最後にAが，６－２＝４(分)して終わるから，①～③の作業をまとめると下の図１のようになる。次に，A，B，Cが１分間に作る枚数をそ

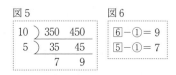

れぞれⒶ枚，Ⓑ枚，Ⓒ枚として①と②の最後の部分を比べると，Ⓐ×6＋Ⓑ×6＝Ⓑ×6＋Ⓒ×6＋Ⓐ×2より，Ⓐ×4＝Ⓒ×6となり，Ⓐ：Ⓒ＝$\frac{1}{4}$：$\frac{1}{6}$＝3：2とわかる。また，②と③の最後の部分を比べると，Ⓑ×6＋Ⓒ×6＋Ⓐ×2＝Ⓒ×6＋Ⓐ×4より，Ⓑ×6＝Ⓐ×2になり，Ⓐ：Ⓑ＝$\frac{1}{2}$：$\frac{1}{6}$＝3：1となる。よって，Ⓐ：Ⓑ：Ⓒ＝3：1：2と求められ，6分間に作る枚数の比も3：1：2になる。

図1

① ABC/ABC/…/ABC/A（6分）B（6分）
② BCA/BCA/…/BCA/B（6分）C（6分）A（2分）
③ CAB/CAB/…/CAB/C（6分）A（4分）

(2) (1)より，A，B，Cが1分間に作る枚数をそれぞれ3，1，2とすると，AとBが6分で作る枚数の合計は，（3＋1）×6×0.8＝19.2となる。同様に，BとCが6分で作る枚数の合計は，（1＋2）×6×0.8＝14.4，CとAが6分で作る枚数の合計は，（2＋3）×6×0.8＝24となるので，④の作業は，6×3＝18(分)で，19.2＋14.4＋24＝57.6の枚数をくり返し作ることになる。また，3時間8分は，60×3＋8＝188(分)だから，188÷18＝10余り8より，この作業を10回くり返し，さらに8分作業をしたときに終わることがわかる。最後の8分は，「AとBで6分」と「BとCで2分」なので，この8分で作る枚数は，19.2＋（1＋2）×2×0.8＝24となり，予定枚数の合計は，57.6×10＋24＝600と求められる。また，A，B，Cの3人で作業をすると1分間に，（3＋1＋2）×0.8＝4.8の枚数を作ることができるから，作業が終わるまでの時間は，600÷4.8＝125(分)とわかる。125÷60＝2余り5より，これは2時間5分となる。

(3) 1時間48分は，60×1＋48＝108(分)なので，(2)の値を用いると，はじめの1時間48分で作った枚数は，4.8×108＝518.4であり，残りの枚数は，600－518.4＝81.6とわかる。また，このときにかかった時間の合計は，2時間5分＋19分＝2時間24分だから，残りの81.6の枚数を作るのにかかった時間は，2時間24分－1時間48分＝36分となる。さらに，C1人だと1分間に2，BとCの2人だと1分間に，（1＋2）×0.8＝2.4の枚数を作ることができるので，残りの作業についてまとめると右上の図2のようになる。BとCの2人で作業を36分すると，2.4×36＝86.4の枚数を作ることができるから，実際よりも，86.4－81.6＝4.8多くなる。BとCの2人で作業するかわりに，C1人ですると，1分あたり，2.4－2＝0.4少なくなるので，C1人で作業をした時間は，4.8÷0.4＝12(分間)と求められる。

図2

C1人（1分間に2）　｝合わせて
BとC（1分間に2.4）｝36分で81.6

5 速さと比，つるかめ算

(1) 花子さんの方がD地点に早く着いたことから，花子さんにとっては上り坂よりも下り坂の方が長いことになる。そこで，CD間の途《と》中《ちゅう》に，AB＝CEとなる地点Eをとると，登山コースは右の図1のようになる(Pは2人が出会った地点)。はじめに，「よし子さんがD→C→Bと進むのにかかる時間」と「花子さんがA→B→Cと進むのにかかる時間」の差を求める。このうち，「よし子さんのE→C→Bの時間」と「花子さんのA→B→Cの時間」は同じなので，求める差の時間は，「よし子さんのD→Eの時間」に等しいことがわかる。次に，上りと下りの速さの比は，1.5：2＝3：4だから，DE間の上りと下りにかかる時間の比は，$\frac{1}{3}$：$\frac{1}{4}$＝4：3とわかる。この差が5分なので，比の1にあたる時間は，5÷(4－3)＝5(分)となり，「よし子さんのD→Eの時間」は，5×4

図1

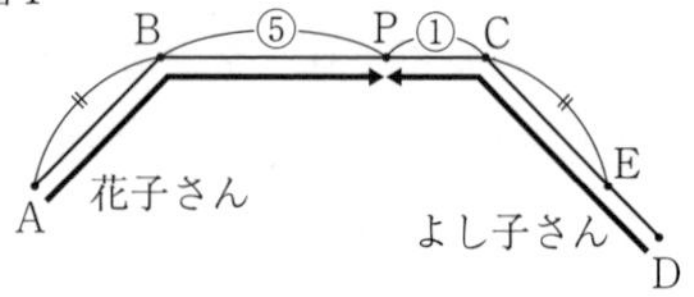

＝20(分)と求められる。したがって，よし子さんがＢ地点に着いたのは，花子さんがＣ地点に着いてから20分後である。

(2)　「花子さんのＡ→Ｂ→Ｐの時間」と「よし子さんのＤ→Ｃ→Ｐの時間」が同じである。このうち「花子さんのＡ→Ｂの時間」と「よし子さんのＤ→Ｃの時間」の差は20分だから，「花子さんのＢ→Ｐの時間」と「よし子さんのＣ→Ｐの時間」の差も20分になる。また，「花子さんのＢ→Ｐの時間」を[5]とすると，「よし子さんのＣ→Ｐの時間」は[1]になるので，[5]－[1]＝20(分)より，[1]＝20÷(５－１)＝５(分)と求められる。よって，「花子さんのＢ→Ｐの時間」は，５×５＝25(分)だから，「花子さんのＡ→Ｂの時間」は，１時間45分－25分＝１時間20分とわかる。さらに，同じ距《きょ》離《り》の上りと下りにかかる時間の比は４：３なので，「花子さんのＣ→Ｅの時間」は，１時間20分×$\frac{3}{4}=1\frac{1}{3}$時間×$\frac{3}{4}$＝１時間，「花子さんのＥ→Ｄの時間」は，20分×$\frac{3}{4}$＝15分となり，「花子さんのＡ→Ｂ→Ｃ→Ｄの時間」は，１時間45分＋５分＋１時間＋15分＝３時間５分となる。

(3)　通常の速さで平らな道BC間を進むのにかかる時間は，25分＋５分＝30分だから，「よし子さんのＡ→Ｂ→Ｃの時間」は，１時間20分＋30分＝１時間50分である。また，通常の「Ｃ→Ｄの時間」は，１時間＋15分＝１時間15分であり，下り坂を進む速さを$\frac{5}{4}$倍にすると，かかる時間は，$1\div\frac{5}{4}=\frac{4}{5}$(倍)の，１時間15分×$\frac{4}{5}=1\frac{1}{4}$時間×$\frac{4}{5}$＝１時間となる。そこで，よし子さんが帰りにかかった時間は，１時間50分＋１時間＝２時間50分と求められる。一方，帰りの「花子さんのＣ→Ｂの時間」は通常の，$1\div\frac{6}{5}=\frac{5}{6}$(倍)の，30分×$\frac{5}{6}$＝25分だから，帰りの「花子さんのＣ→Ｂ→Ａの時間」は，25分＋１時間＝１時間25分となり，帰りの「花子さんのＤ→Ｃの時間」は，２時間50分－１時間25分＝１時間25分とわかる。また，DC間の距離は，$2\times1\frac{15}{60}$＝2.5(km)であり，花子さんがDC間を進むときの速さは時速1.5kmと時速，$1.5\times\frac{6}{5}$＝1.8(km)なので，花子さんのDC間の進み方をまとめると右の図２のようになる。時速1.8kmで１時間25分進んだとすると，$1.8\times1\frac{25}{60}$＝2.55(km)進むから，実際よりも，2.55－2.5＝0.05(km)長くなる。時速1.8kmのかわりに時速1.5kmで進むと，進む距離は１時間あたり，1.8－1.5＝0.3(km)短くなるので，時速1.5kmで進んだ時間は，0.05÷0.3＝$\frac{1}{6}$(時間)，60×$\frac{1}{6}$＝10(分)より，雨が降り始めたのは出発してから10分後とわかる。

図２

時速1.5km｝合わせて
時速1.8km｝１時間25分で2.5km

社　会　＜第１回試験＞（理科と合わせて60分）＜満点：75点＞

解　答

[1]　**問１**　(1)　フォッサマグナ　(2)　D　**問２**　(1)　B　(2)　D　**問３**　(1)　C　(2)　D　(3)　E　**問４**　(1)　C　(2)　(例)　糸魚川・静岡構造線に沿って谷地形が形成されており，その谷に向かって高温乾燥の南風が吹きおりてくる。　[2]　**問１**　B　**問２**　A　**問３**　新井白石　**問４**　(例)　通行料である関銭の徴収を禁止することによって，流通や交通を活発化させるため。　**問５**　C　**問６**　A　**問７**　C　**問８**　D　**問９**　D

[3]　**問１**　C　**問２**　習近平　**問３**　インド　**問４**　A　**問５**　南南　**問６**　K　**問７**　WHO　**問８**　D　**問９**　**X**　ワーク　**Y**　ライフ　**Z**　バランス　**問10**　F　**問11**　(例)　自分にとって関心のない情報を見る機会が失われることにより，他の意見の存在に

気が付かない。

解　説

1 日本における主要な地溝帯・断層線を中心とした国土についての問題

問１　(1)　日本列島を地質学的に東北日本と西南日本の２つに大きく分けている大地溝帯をフォッサマグナ(中央地溝帯)といい，糸魚《いとい》川市(新潟県)と静岡市を結んだ線はその西縁にあたる。　(2)　大井川は，赤石山脈の間《あい》ノ岳《だけ》(静岡県，山梨県)を源流とし，静岡県中部を南に流れる川である。なお，諏訪湖から流れ出ている川は天竜川で，長野県中央部を南に流れて静岡県に入り，静岡県西部の浜松市で太平洋に注ぐ。

問２　(1)　［地図２］の(ア)は新潟県を示している。［資料］のＡは人口が最も少ないことから島根県，Ｄは製造品出荷額等が最も多いことから，鹿島臨海工業地域があり重化学工業が発達している茨城県とわかる。残ったＢとＣのうち，Ｂは耕地面積が大きいことから，面積が大きく稲作《いなさく》がさかんな新潟県であり，一方のＣは鹿児島県となる。　(2)　新潟県は米の生産額が日本で最も多いので，③となる。また，比較《ひかく》的米の生産量が多く，生産単価の高いりんごなどの果樹栽培《さいばい》のさかんな青森県が，生産農業所得も米の生産額も高い②であり，岐阜県は残った①であると判断できる。

問３　(1)　諏訪湖は，地殻《ちかく》が引き裂《さ》かれて生じた断層湖で，中央高地に位置していて湖面標高が高いので，Ｃに当てはまる。なお，Ａは田沢湖(秋田県)，Ｂは浜名湖(静岡県)，Ｄは琵琶湖(滋賀県)である。　(2)　長野県では，諏訪盆地《ぼんち》周辺で情報通信機械や電子部品の生産がさかんなので，③に当てはまる。工業製品出荷額に占《し》める鉄鋼《てっこう》の割合が大きい②には，原料の鉄鉱石や石炭の輸入に便利な海沿いに位置し，大きな製鉄所を有する福山市のある広島県が当てはまり，群馬県は残った①と判断できる。　(3)　長野県は，山がちで降雪量が多いためスキー場が多い。また，フォッサマグナ地域に存在する火山の地熱を利用した温泉施設《しせつ》も多いので，②に当てはまる。兵庫県と千葉県では，北部の日本海側で降雪量の多い兵庫県がスキー場のある③に当てはまり，冬でも温暖で山地のない千葉県が，スキー場のない①に当てはまると判断できる。

問４　(1)　［資料１］には方位記号があり，上が北(N)を示しているとわかる。火元から北の方角に向かって焼損《しょうそん》した範囲《はんい》が広がっていることが読み取れるので，南の方角から強い風が吹《ふ》いていたことになる。　(2)　［資料３］から，糸魚川・静岡構造線に沿うように大きな谷地形(断層による浸食《しんしょく》)が形成され，その谷地形に沿って「蓮華《れんげ》おろし」という風が糸魚川市に向かって吹いているとわかる。また，［資料４］より，12月22日の最高気温は20.5℃と季節外れの高温になっていることから，南からの湿《しめ》った空気が，山を越《こ》えて高温で乾燥《かんそう》した風となって日本海側に吹きおろすフェーン現象が生じていたと推測できる。

2 富士山を題材とした歴史についての問題

問１　縄文時代には，動物や魚の骨，角などを加工してつくった骨角器，網《あみ》を用いた漁が行われていた(Ｂ…○)。なお，打製石器を用いてナウマンゾウなどを捕《とら》えていたのは旧石器時代である(Ａ…×)。縄文時代につくられた女性をかたどった土製の人形は土偶である(Ｃ…×)。稲作《いなさく》が伝わったころは木製の農具が用いられていて，やがて鉄製のものも使われるようになっていった。青銅器は，主に祭りの道具として使われた(Ｄ…×)。

問２　下線部をふくむ文より，延暦《えんりゃく》の噴火《ふんか》が起きたのは８世紀末から９世紀初めとわかる。最澄は，９世紀の初めに仏教を学ぶために唐《とう》(中国)にわたり，帰国すると比叡《ひえい》山に延暦寺を開いて天台宗を伝えた(A…○)。なお，Bの湯島聖堂が建立されたのは江戸時代の17世紀である。Cの平清盛は12世紀に厳島神社を崇敬《すうけい》した。Dの平等院は11世紀に藤原頼通によって創建された。

問３　［資料１］の「生類憐《あわれ》みの令」を出したのは，江戸幕府の第５代将軍徳川綱吉である。次の第６代・第７代将軍に仕えた新井白石は，正徳の治と呼ばれる政治改革の中で，物価高を抑《おさ》える目的で貨幣《かへい》の質を元に戻《もど》した正徳小判をつくり，金銀の流出を防ぐために長崎貿易を制限した。

問４　［資料］より，関所を通過するさいに庶民《しょみん》や商人が支払《しはら》っていることから，関銭は通行料であることが読み取れる。しかし，織田信長は関所を撤廃《てっぱい》し，関銭の徴収《ちょうしゅう》を禁止しており，自身の領国における商品の流通や交通を活発にするためにこの政策を実施《じっし》したと考えられる。

問５　1575年の長篠の戦いにおいて織田・徳川の連合軍が破ったのは，武田信玄の子である武田勝頼である。

問６　『万葉集』は，天皇，歌人，防人《さきもり》などさまざまな身分の人々がよんだ歌が約4500首が収められている，現存する日本最古の歌集で，８世紀に大伴家持《おおとものやかもち》を中心に編さんされたといわれる。なお，Bの『古今和歌集』は10世紀，Cの『新古今和歌集』は13世紀に成立した。Dの『古事記伝』は18世紀に書かれた，『古事記』の注釈書である。

問７　鎌倉幕府は源氏の将軍が３代で途絶《とだ》えたのち，京都の公家や皇族から将軍を迎《むか》え入れ，執権である北条氏が幕府の実際の運営を担《にな》った。

問８　Aは奥州街道，Bは中山道，Cは甲州街道，Dは東海道を示したものである。資料１の中に「東海道」「品川」の文字が見えることから，東海道周辺の風景を描《えが》いたものとわかる。東海道は，江戸の日本橋を起点に，太平洋沿いを進んで京都の三条大橋に至る街道である。

問９　自由民主党(自民党)は，1955年に自由党と日本民主党が合流して誕生し，初代総裁に鳩山一郎が就任した(①…正)。第一次石油危機は第四次中東戦争の影響《えいきょう》で1973年に起こった(②…誤)。阪神・淡路大震災《あわじだいしんさい》は1995年に発生した(③…誤)。

3　世界の人口を題材とした現代社会についての問題

問１　国際連合憲章は，国際連合の目的や主要機関などについて規定した国際条約で，1945年６月にサンフランシスコ会議で採択《さいたく》され，10月に発効した。

問２　中華人民共和国(中国)は，1949年に毛沢東《もうたくとう》率いる中国共産党によって建国されて以来，共産党による一党独裁体制であり，国家主席の任期は５年である。2013年，習近平が第12期全国人民代表大会(全人代)で国家主席に就任し，2023年の第14期全人代で３期連続の選出となった。

問３　2023年７月，それまで人口が世界第２位であったインドの人口が約14億2860万人となり，少子化により人口が減少に転じた中国の約14億2570万人を上回って世界第１位となったことを，国連人口基金が発表した。

問４　日本国憲法第66条では，「内閣は，(…)その首長たる総理大臣及《およ》びその他の国務大臣でこれを組織する」と定められ，第68条１項では，「内閣総理大臣は国務大臣を任命する」と定められている(A…○)。なお，閣議は原則非公開である(B…×)。内閣は最高裁判所長官を指名し，その他の裁判官を任命する(C…×)。憲法改正の発議をすることができるのは国会である(D…×)。

問５　南半球に多く位置する発展途上国において，工業化が進んだ国や産油国などのように豊かになった国がある一方で，経済発展が進まず貧困から抜《ぬ》け出せないままの国がある。この発展途上国間で生じている経済格差のことを南南問題という。

問６　中国は一次エネルギーの中心が自国で採れる石炭であるので④，フランスは原子力大国として知られているので②である。なお，石油の割合が最も大きい①は日本，天然ガスの割合が最も大きい③はロシアである。

問７　WHO(世界保健機関)は，世界の人々の健康の増進を目的として，1948年にスイスのジュネーブを本部として設立された国際連合の専門機関である。感染症《かんせんしょう》予防や被災地への緊急《きんきゅう》医療《いりょう》支《し》援《えん》などを行っている。

問８　社会保険は，病気・けがのときに安い費用で治療《ちりょう》を受けられる健康保険，高齢《こうれい》になったときに２か月に１回一定額を受け取れる年金保険，失業したときに一定期間保険金を受け取れる雇用《こよう》保険，仕事による病気・けがのときに保険金が受け取れる労働者災害補償《ほしょう》保険，介護《かいご》が必要になった高齢者がサービスを受けられる介護保険からなる(Ｄ…○)。なお，Ａの公衆衛生は，生活環《かん》境《きょう》の改善や感染症の予防など，Ｂの公的扶助《ふじょ》(生活保護)は，生活に困っている人々に対する援助《えんじょ》，Ｃの社会福祉は，障がい者や高齢者，子どもなど社会的に弱い立場になりやすい人々の援助を行う仕組みである。

問９　仕事と生活の調和を図ることをワーク・ライフ・バランスといい，誰《だれ》もがやりがいや充実《じゅうじつ》感を覚えながら働くことができるとともに，家庭や地域において健康で豊かな生活を送ることができる社会が目指されている。

問10　地方公共団体に適用される独自の決まりを条例(Ｘ)という。地方自治法に定められた住民の直接請求《せいきゅう》の条件によれば，条例の制定を求める場合，「ある地方都市」の有権者数150000人の50分の１にあたる3000人(Ｙ)の署名を集め，首長(Ｚ)に請求することが必要となる。なお，選挙管理委員会が請求先となるのは，議会の解散または首長や議員の解職請求を行う場合である。

問11　資料に「見たい情報が優先的に表示され，利用者の観点に合わない情報からは遠ざけられる」とあるので，自分とは異なる意見やさまざまな視点を目にする機会が減り，自分の考えが固定化される危険性があると考えられる。

理　科　＜第１回試験＞（社会と合わせて60分）＜満点：75点＞

解　答

1　(1)　30　(2)　**実験１－２**…2.6cm　**実験１－３**…2.1cm　(3)　(例)　L_1とおもりＣの重さをかけたものが，L_2とおもりＤの重さをかけたものに等しい。　(4)　30　(5)　①　**F**　40ｇ　**G**　80ｇ　**H**　30ｇ　②　**F**　54ｇ　**G**　108ｇ　**H**　51ｇ　(6)　**う**　60　**え**　25　**2**　(1)　ウ　(2)　エ　(3)　0.6倍　(4)　**あ**　80　**い**　67　(5)　180滴　(6)　**前**　10.02％　**後**　9.97％　**3**　(1)　ア　(2)　**A**　オ　**B**　ウ　(3)　エ　(4)　オ　(5)　①　横かく膜　②　**d**　イ　**e**　ア　③　ア　(6)　ウ　**4**　(1)　**a**　12　**b**　30　**c**　西　**d**　15　**e**　2　**f**　2　(2)　エ　(3)　10　(4)　(例)　高尾山の方が六甲山より日本の標準時子午線からの経度のずれが大きく，正午と南中時刻のずれが大きくなるから。　(5)　①　北極星　②　イ　③　イ　④　ウ

解　説

1　てこのつりあいについての問題

(1)　実験１―１では，角Ａと角Ｂがどちらも０度なので，棒はまっすぐになっている。支点を中心としたてこのつりあいは，(つるしたおもりの重さ)×(おもりと支点との距離《きょり》)で求められるモーメントで考えることができ，左回りのモーメントと右回りのモーメントが等しいときにてこはつりあう。よって，実験１―１では，おもりＣの重さを□ｇとすると，□×３＝15×６が成り立つから，□＝15×６÷３＝30(ｇ)と求められる。

(2)　**実験１―２**…角Ａは30度なので，図２の三角形の辺の長さの比より，$L_1=3\times\frac{1.7}{2}=2.55$より，2.6cmである。　**実験１―３**…角Ａは45度なので，図２の三角形の辺の比から，$L_1=3\times\frac{1}{1.4}=2.14\cdots$より，2.1cmとなる。

(3)　実験１―１～実験１―３では，角Ａと角Ｂの大きさが等しいので，L_1，L_2の長さの比は，棒の長さの比，３：６＝１：２に等しい。これに対して，おもりＣ，おもりＤの重さの比は，いずれも２：１になっているから，棒が静止している(つりあっている)とき，「おもりと支点の水平方向の距離」の比が「おもりの重さ」の比の逆比に等しく，「おもりと支点の水平方向の距離」と「おもりの重さ」の間には反比例の関係が成り立つことがわかる。したがって，L_1とおもりＣの重さをかけあわせた値とL_2とおもりＤの重さをかけあわせた値が等しいときに，棒は静止するといえる。なお，実験１―４でも，$L_2=6\times\frac{1}{2}=3$(cm)より，３×10＝３×10となるので，成り立つ。

(4)　実験１―５で，$L_1=3\times\frac{1}{2}=1.5$(cm)だから，1.5×51＝$L_2$×15が成り立ち，$L_2$＝1.5×51÷15＝5.1(cm)となる。よって，６：5.1＝２：1.7より，角Ｂは30度とわかる。

(5)　①　右下の棒において，左右の「おもりと支点の水平方向の距離」が等しいから，おもりＨの重さは右につるしたおもりと同じ30ｇになる。つぎに，上の棒のつりあいを考えると，右の糸に，30＋30＝60(ｇ)の力がかかっていて，角度が等しいから，(左の糸にかかる力)＝$60\times\frac{2}{1}=120$(ｇ)とわかる。さらに，左下の棒についても角度が等しいので，(おもりＦの重さ)：(おもりＧの重さ)＝１：２となる。よって，おもりＦの重さは，$120\times\frac{1}{1+2}=40$(ｇ)，おもりＧの重さは，120－40＝80(ｇ)と求めることができる。　②　右下の棒において，(おもりＨと支点の水平方向の距離)＝$4.5\times\frac{1}{2}=2.25$(cm)，(右につるしたおもりと支点の水平方向の距離)＝$4.5\times\frac{1.7}{2}=3.825$(cm)なので，(おもりＨの重さ)×2.25＝30×3.825が成り立つから，(おもりＨの重さ)＝30×3.825÷2.25＝51(ｇ)である。つぎに，上の棒において，右の糸に，51＋30＝81(ｇ)の力がかかるから，(左の糸にかかる力)＝$81\times\frac{2}{1}=162$(ｇ)とわかる。さらに，左下の棒について，(おもりＦの重さ)：(おもりＧの重さ)＝１：２だから，おもりＦの重さは，$162\times\frac{1}{1+2}=54$(ｇ)，おもりＧの重さは，$162\times\frac{2}{1+2}=108$(ｇ)と求められる。

(6)　**う**　円盤《えんばん》の中心を支点とした力のつりあいを考えると，20×(おもりＫと支点の水平方向の距離)＝10×10が成り立つから，(おもりＫと支点の水平方向の距離)＝10×10÷20＝５(cm)である。L_3の長さが10cmなので，５：10＝１：２より，角Ｉは，90－30＝60(度)になる。　**え**　円盤の中心を支点とした力のつりあいの関係から，(おもりＫの重さ)×$\left(8\times\frac{1.7}{2}\right)$＝17×10が成り立つ。よって，(おもりＫの重さ)＝17×10÷(４×1.7)＝25(ｇ)とわかる。

2　表面張力についての問題

⑴　水面にある洗剤《せんざい》の粒子《りゅうし》は，水になじまない部分が水に触《ふ》れないように，水になじむ部分を下にして並ぶ。また，油と水の境目では，油になじむ部分が油側に向く。よって，ウが選べる。

⑵　スポイトからはみ出した液体の重さを表面張力が支えるのだから，表面張力が大きいほど１滴《てき》の体積が大きくなり，表面張力が小さいほど１滴の体積が小さくなる。さらに，表１のように，同じ体積の液体をためるためにスポイトから落とした数は，液体Ａの方が水よりも多いから，１滴あたりの体積は，洗剤を入れた液体Ａの方が小さい。よって，洗剤は表面張力の大きさを小さくすると考えられる。

⑶　液体Ａの１滴の体積は，３÷100＝0.03(cm^3)，水の１滴の体積は，３÷60＝0.05(cm^3)である。よって，液体Ａの１滴の体積は，水の１滴の体積の，0.03÷0.05＝0.6(倍)である。

⑷　**あ**　⑶より，水の１滴の体積は0.05cm^3だから，水を４cm^3ためるには，４÷0.05＝80(滴)が必要となる。　**い**　⑶から，液体Ａの１滴の体積は0.03cm^3だから，２÷0.03＝66.6…より，２cm^3を超《こ》えるには，少なくとも67滴落とす必要がある。

⑸　食塩１ｇで10％の食塩水をつくると，全体の重さは，１÷0.1＝10(ｇ)となる。このとき必要な水の重さは，10－１＝９(ｇ)なので，スポイトで，９÷0.05＝180(滴)落とすとよい。

⑹　食塩水9.98ｇに１ｇの食塩が溶《と》けているので，その濃度《のうど》は，１÷9.98×100＝10.020…より，10.02％である。また，食塩水9.98ｇに１滴の水を加えた後の食塩水の重さは，9.98＋0.05＝10.03(ｇ)になるので，その濃度は，１÷10.03×100＝9.970…より，9.97％となる。

3　ヒトの呼吸についての問題

⑴　呼吸は，脳の呼吸中枢《ちゅうすう》とよばれるところで制御《せいぎょ》されていて，寝《ね》ている間や意識を失っているときでも止まることはない。また，声を出すときや泳ぐときなどには，自分の意思で調節することもできる。

⑵　**Ａ**　呼吸のときに体内に取り込《こ》む気体は酸素で，酸素にはものを燃やすのを助けるはたらき(助燃性)がある。また，においがなく，水にほとんど溶けない。　**Ｂ**　呼吸で排出《はいしゅつ》される二酸化炭素(気体Ｂ)は，石灰水を白くにごらせる。においはなく，水に溶けると酸性を示す。

⑶　ヒトの口や鼻から取り込まれた空気は，気管→気管支→肺胞《はいほう》の順に通り，肺胞で酸素と二酸化炭素が交換《こうかん》される。

⑷　全身からもどってきた二酸化炭素を多く含《ふく》む血液は，大静脈(①，②)から心臓に入り，肺動脈(④)を通って肺に入る。肺で二酸化炭素を排出し，酸素を吸収すると，肺静脈(⑤，⑥)から心臓にもどり，大動脈(③)を通って再び全身に送られる。

⑸　①　図１の装置では，ゴム膜《まく》が横かく膜，ゴム風船が肺(肺胞)，ガラス管が気管や気管支と同じはたらきをする。　②　**ｄ**　ゴム風船に圧力がかかっていないから，ゴム風船の中と外で気圧の差はない。　**ｅ**　ゴム膜をひっぱると，ペットボトル内の体積が増えて，Ｙの気圧が下がる。ゴム風船の中の気圧はＸと同じで変化しないので，Ｘ＞Ｙとなって，ゴム風船がふくらむ。　③　図２では，ゴム膜が下がり，ゴム風船がふくらんでいる。これと同じ状態なのは，横かく膜が下がり，肺が大きくなっているＣで，このとき肺に空気が入ってくる。

⑹　肺は，小さい袋《ふくろ》(肺胞)の集まりとすることで，表面積を大きくしている。ふつう，体が大きくなると，体重１kgあたりの体表面積が小さくなるため，体表面から熱が逃《に》げにくくなり，体温を保ちやすい。よって，緯度《いど》の高い地域の冬の寒さに耐《た》えられるようになる。

4 太陽や星の見え方についての問題

⑴　a　正午にうで時計の短針は12時を指し，太陽は南の空にある。したがって，文字盤の12時の方向が南になる。　b　短針は12時間で１周するので，１時間に動く角度は，360÷12＝30(度)である。　c，d　地球は西から東に向かって，１日に１回自転しているので，太陽は東から西へ向かって１日に１周するように見える。このとき１時間に動く角度は，360÷24＝15(度)である。e　短針は１時間に30度，太陽は１時間に15度動くので，短針の回転の速さは太陽の，30÷15＝２(倍)である。　f　eより，太陽は，文字盤の12時から短針が動いた角度の２分の１の位置にある。つまり，短針と文字盤の12時の真ん中が南にあたる。

⑵　春分の日の太陽の南中高度は，90－(観測地点の緯度)で求められる。六甲山《ろっこうさん》の北緯は約35度なので，この日の南中高度は，およそ，90－35＝55(度)になる。

⑶　図２の文字盤の８時を太陽に向けると，文字盤の12時とのちょうど真ん中の文字盤の10時の方向が南にあたる。

⑷　日本の標準時子午線は東経135度で，兵庫県明石市を通る。高尾山《たかおさん》(東経139度14分)は六甲山(東経135度15分)より東に位置していて，正午(12時)の太陽の位置は真南から西にずれる。そのため，標準時に合わせた時計を使うと，方角のずれが大きくなる。

⑸　①　北極星は，地球の地軸《ちじく》の延長線上にあるので，ほとんど動いていないように見える。
②　図３において，イ＋ウ＝90(度)である。星の高度は，(90－ウ)度で表せるから，イと等しくなる。　③　北極星の高度は，観測地点の緯度と等しい。六甲山の北緯は約35度なので，北極星の高度も約35度となる。　④　春分の日の真夜中に南の空に見えるのは，おとめ座である。なお，ふたご座は冬至のころ，いて座は夏至のころ，うお座は秋分のころの真夜中に，南の空に見える。また，おおぐま座は北の空に見える星座で，その一部のひしゃくの形にならぶ７つの星を北斗《ほくと》七星とよぶ。

国語　＜第１回試験＞（50分）＜満点：100点＞

解答

一　**問１**　(例)　私たち人間　**問２**　(例)　信用を前提とする資本主義社会でありながら，何もかも信じられなくなった現代に，資本主義以前の宗教的な信仰のあり方が取り戻そうとされる現象。　**問３**　(例)　人間の進歩を信じ，すべてを計算可能とみなすことで，欲望までも計算の対象となった結果，計算を超えたものを信じ求める気持ちが失われるということ。　**問４**　ウ　**問５**　(例)　計算に切りつめられないものとして，時間や空間を超えて目に見えないかたちで存在しながら，私たちの生に手応えを与えてくれる，確固としたもの。　**問６**　A　イ　B　エ　C　ア　D　ウ　**問７**　下記を参照のこと。　**問８**　エ　二　**問１**　(例)　速く走る才能を見込まれていたのに，目の前の練習の厳しさに嫌気がさして本気で向き合うことができず，せっかくの機会をふいにしたこと。　**問２**　エ　**問３**　**香山**…(例)　香山は，梨木と出会ったおかげで再び走りたいと思え，大会に二度も出場して今の自分の実力も知れたことに感謝している。　**梨木**…(例)　梨木は，陸上に興味がなかった自分を香山が大会に誘ってくれたおかげで，走る楽しさを知れたことに感謝している。　**問４**　ア　**問５**　（例）長年自分の平凡さに悩んできたが，香山から自分の存在は特別であるとまっすぐに伝えられ，苦しかった心が癒されるような気持ち。　**問６**　**A**　ウ　**B**　カ　**問７**　㈠　Ⅰ　言葉　Ⅱ　そつ　Ⅲ　ふ（腑）　㈡　エ　㈢　**b**　以伝　**c**　大小　**d**　牛馬　**問８**　エ

●漢字の書き取り

□一 **問7**　ア　敵　イ　台無　ウ　発展　エ　禁　オ　至高

解　説

□一 **出典：ベルナール・スティグレール著／メランベルジェ眞紀《まき》訳『向上心について―人間の大きくなりたいという欲望』**。筆者は，「神は死んだ」という主張が哲学《てつがく》で現れた前後の信仰《しんこう》のあり方を比《ひ》較《かく》しながら論じている。

問１　筆者は，「おまえたち」が「神を殺したのだ」というニーチェの言葉を引用したうえで，この言葉は「人間社会」がもはや聖書の教えのままには動いていかないということを指すと説明している。よって，「おまえたち」とは「人間社会」に相当し，空欄《くうらん》に入るように言いかえれば“私たち人間”となる。

問２　続く部分で筆者は，「技術や科学の進歩」も「未来」も「何も信じられない」時代で，「資本主義」の前提である信用も成り立たなくなった今，「資本主義以前の信仰のかたち」に戻《もど》ろうとする動きがあると述べている。「宗教への回帰」とは，こうした資本主義以前へのあり方への回帰であるとわかる。

問３　前の部分では，「合理化への信仰」すなわち「人間の進歩」を信じることにより，すべてが計算可能とみなされると，「新しいことを知りたい」という欲望さえも「計算の対象」となること，しかし計算しようとすると「その欲望は欲望ではなく」なり，「大変なことを好んでやる気持ち」も失われることが書かれている。この結果が「人間は結局もう何も信じられなくなる」と言い表されていると考えられる。

問４　前後の部分には，「宗教的なかたちを取る信仰」がまず示すのは「すべてを計算に切りつめることなどできないということ」であり，計算で「わかってしまえるようなこと」を人は信じないと書かれている。宗教的な信仰において世界を理解するためには，計算では測りしれない部分が必要であるということだと考えられるので，ウが選べる。

問５　前の部分では，キリスト教では神は「われわれとは別の次元」，すなわち天高いところにいるものとして描《えが》かれ，「時間」や「空間」の中には存在しないものとされると述べられている。また，筆者は現代のあらたな信仰のために必要なものとして，「今ここに見えるようなかたちでは存在しない」が，「生に手応えを与《あた》えてくれるような確固としたもの」をあげ，それは「計算に切りつめられてしまうことのない」豊かさや難しさのあるものだと説明している。

問６　**A**　筆者は，「無神論者」がいなかった状態から，一九世紀の初めに突然《とつぜん》「神は死んだ」という主張が哲学で現れたと説明している。よって，前のことがらを受けて，期待に反することがらを導く「ところが」が合う。　**B**　計算によって理解できないことの例として，「美」や「正義」があげられている。よって，具体的な例をあげるときに用いる「たとえば」がよい。　**C**　筆者は，本当に信じられるものは「計算できないもの」であり，「欲望が向かう対象」もそうした「計

算できないもの」であると主張したうえで，信仰がなければ欲望もないと説明している。よって，前に述べたことを別の言葉で言いかえるときに用いる「言いかえれば」がふさわしい。　**D**　筆者は，人間が「もう何も信じられなくなる」というニーチェの主張を説明したうえで，だからこそ「あらたな信仰」の創始が必要だと強調している。よって，前のことがらを理由・原因として，後にその結果をつなげるときに用いる「ですから」が正しい。

問７　**ア**　戦うべき相手。　**イ**　「台無し」は，よさや価値が失われた状態。　**ウ**　今以上のものに進化すること。　**エ**　「禁じる」は，何かをしてはいけないと命じること。　**オ**　このうえなく素晴《すば》らしいこと。

問８　筆者はニーチェの論に基《もと》づき，現代社会ではすべてが計算可能だとみなされるようになったと述べたうえで，今や信仰の「あらたなかたち」を創始すべきだと主張している。よって，エが正しい。なお，筆者は信じるという行為《こうい》を危険なものだとは主張していないので，アは合わない。神の存在について現代に示す機会については書かれていないので，イも正しくない。現代に芽生えてきたのは，合理化への信仰ではなく宗教への回帰なので，ウもふさわしくない。

二　**出典：瀬尾《せお》まいこ『掬《すく》えば手には』**。知人の香山からの誘《さそ》いがきっかけでマラソンを走るようになった大学生の梨木は，あるマラソン大会を終えた後，今まで知らなかったお互《たが》いの過去を語り合う。

問１　前の部分で香山は，足の速さを体育教師に見こまれて中学一年生のころから陸上練習に参加していたが，怒《おこ》られながら結果を追い求めることや各部活の先輩《せんぱい》との関係性などに疲《つか》れて「心身ともにボロボロ」になり，嘘《うそ》をついて辞《や》めてしまったと明かしている。香山は，当時の自分が「期待される」ことの「貴重」さも理解しないまま，才能を伸《の》ばす機会をふいにした事実を「とんでもないことをしてしまった」と言い表していると考えられる。

問２　前の部分で香山は，大学で始めたサークル活動で「楽しもう」という空気になじめなかったとき，初めて自分は「真剣《しんけん》に」走りたいのだと気づいたと話している。中学生のときはチャンスから逃《に》げ出してしまったのに，何年もたってようやく自分の気持ちを理解した自分自身のことを香山は笑っているとわかる。よって，エが合う。

問３　前の部分で香山は，梨木と出会ったことで「あのころの気持ちがよみがえ」り，梨木とならら「一緒《いっしょ》に走れそう」だと思えたと話している。また，一度走って「自分の実力を思い知」り，「もう十分だ」と思っていたが，梨木がマラソン大会に誘ってくれたおかげで「続き」を知れたとも語っている。これに対し梨木は，香山が「陸上にまったく興味がなかった」自分に声をかけて走るきっかけをくれたこと，そして走ることの気持ちよさを「教えてくれた」ことを「伝えたい」と考えている。

問４　続く部分で梨木は，中学三年生のときから自分には他人の心を読む「特別な力」があると考えるようになったが，それは自分の「平凡《へいぼん》」さに悩《なや》むあまりそう信じたかっただけで，そもそも人は誰《たれ》かと「共に時間を重ねれば」ある程度相手の気持ちがわかるのである。よって，アがふさわしい。

問５　前の部分で香山は梨木に対し，「普通《ふつう》」であることの「何がだめ」なのかと尋《たず》ねたうえで，自分にとって梨木は「ありきたりでつまらない」人などではなく，突然励《はげ》ましてきたあげく二度も一緒にマラソンを走った特別な人だと伝えている。梨木は，香山のまっすぐな言葉や態度によって，長年こだわってきたことから解放されるような気持ちになっていると想像できる。

問6　**A**　香山が部活動を終え，体力を使い果たした状態を形容する言葉なので，足元がおぼつかないさまを表す「フラフラ」が合う。　**B**　マラソン大会で久しぶりに走った香山が，思ったような結果を出せず拍子《ひょうし》抜《ぬ》けした気持ちを形容する言葉なので，失望で気落ちするさまを表す「がっくり」がよい。

問7　(一)　Ⅰ　梨木が「今の香山を否定」しないよう，あいまいな言葉で断言を避《さ》けたさまを表すので，「言葉を濁《にご》した」が合う。　Ⅱ　梨木がどんなこともほどほどにできたさまを表すので，「そつなくこなせる」がよい。　Ⅲ　梨木の悩む理由を，香山が納得《なっとく》できずにいるさまを表すので，「腑《ふ》に落ちない」が合う。　(二)　香山の大会の成績に，教師が手応えを感じて勢いづくさまを表すので，「意気揚々《ようよう》」がふさわしい。　(三)　**b**　「以心伝心」は，言葉にしなくても心が通じているさま。　**c**　「大同小異」は，細部は異なるが大筋は同じであること。　**d**　「牛飲馬食」は，おびただしい量を飲み食いすること。

問8　本文の前半で，香山は中学一年生のときに足の速さを体育教師に見こまれ陸上練習に参加するようになったが嫌《いや》になってしまい，体育の授業でも本気で走らず「流して走るようになった」と話している。「本気で走るのが怖《こわ》く」なったのは，そうやって体を甘《あま》やかし，年月を経た中学三年生のころのことなので，アは正しくない。また，梨木は，中学三年生のとき三雲さんをフォローしたことで周囲から「他人の心が読める能力がある」のではないかとはやし立てられたのであって，「他人の心を読むという自分の能力が周囲から認められたとき，三雲さんが初の登校で席に着きにくそうにしていた」わけではない。よって，イも誤り。さらに，香山は梨木に対し，「どこが普通」なんだと発言してはいるが，普通にすることで気づけることもあるとは言っていないので，ウも合わない。

2024年度　洗足学園中学校

【算　数】〈第２回試験〉(50分)〈満点：100点〉

【注意】 円周率は3.14として計算してください。

1 次の問いに答えなさい。

(1) 次の計算をしなさい。

$$40-3\div\left(\frac{1}{3}+\frac{3}{4}\times0.6-0.2\right)\times5\frac{1}{4}$$

(2) □にあてはまる数を答えなさい。

$$\left\{(12+\square)\div1\frac{2}{3}-0.4\right\}\times\left\{0.25+\frac{1}{9}\times\left(1-\frac{1}{8}\right)\right\}=3.75$$

2 次の問いに答えなさい。

(1) 容器A，Bには同じ体積の水が入っています。また，容器Aに入っている水の７割の量の水が容器Cに入っています。まず，容器Aから60Lを容器Bに移しました。次に，容器Bに入っている水の一部を容器Cに移したところ，容器A，B，Cに入っている水の量の比は5：6：7になりました。容器Aにはじめに入っていた水の量は何Lですか。

(2) 右の図のように正三角形と正五角形が重なっています。㋐の大きさは何度ですか。

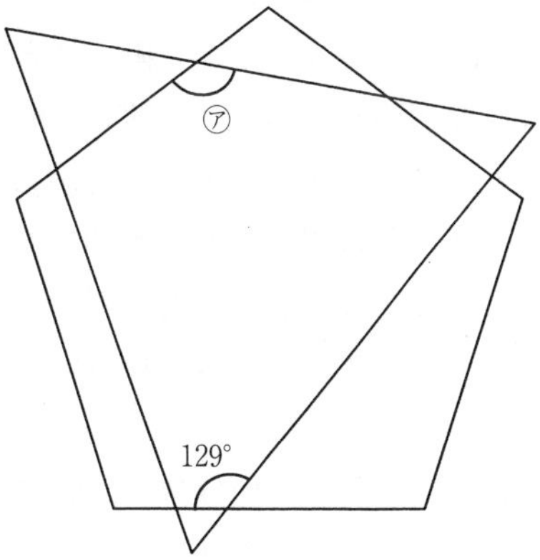

(3) 160人を余る人がいないように３人，４人，７人のいずれかの人数の班に分けたところ，全部で40班できました。すべての７人の班から２人ずつ選びだし，その人たちを集めて新たに３人の班に分けたところ余る人はなく，３人，４人，５人の班は全部で44班になりました。４人の班は何班ありますか。

(4) 下の表は，クラスの生徒20人が50点満点のテストを受けたときの点数の結果を表したものです。中央値が27.5，平均値が29であったとき，ア×イ＋ウ÷エを計算しなさい。

点数(点)	0	5	10	15	20	25	30	35	40	45	50	合計
度数(人)	0	0	2	1	4	ア	4	イ	ウ	エ	1	20

3 次の問いに答えなさい。

(1) 一定の速度で走る電車Pがあります。図のように，長さ328ｍの橋と，橋のＢ地点から1800ｍ先に長さ696ｍのトンネルのＣ地点があります。電車Ｐが橋のＡ地点を通過し終わってからトンネルのＤ地点に差しかかるまでにかかる時間より，電車Ｐが橋のＢ地点を出始めるときからトンネルのＤ地点を通過し終わるまでにかかる時間の方が11秒短くなります。また，電車Ｐと同じ速度で走る同じ長さの電車Ｑがあります。電車ＰがＡ地点に，電車ＱがＤ地点に同時に差しかかってからすれ違《ちが》い終わるまでに１分33秒かかります。このとき，電車の長さは何ｍですか。

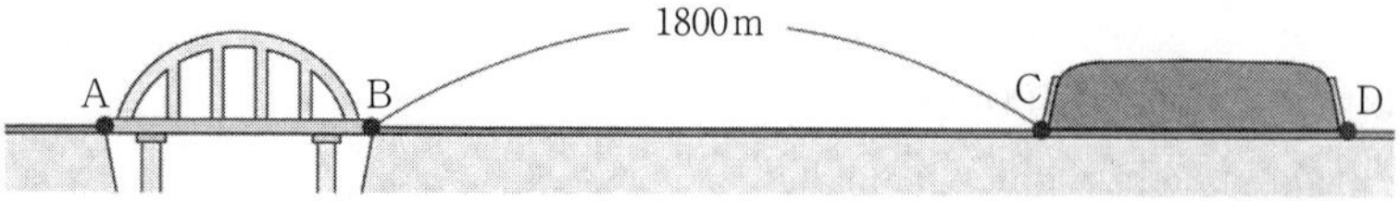

(2)　右の図のように，長方形ABCDを直線で面積の等しい５つの図形に分けました。BCの長さが13cmのとき，AFの長さは何cmですか。

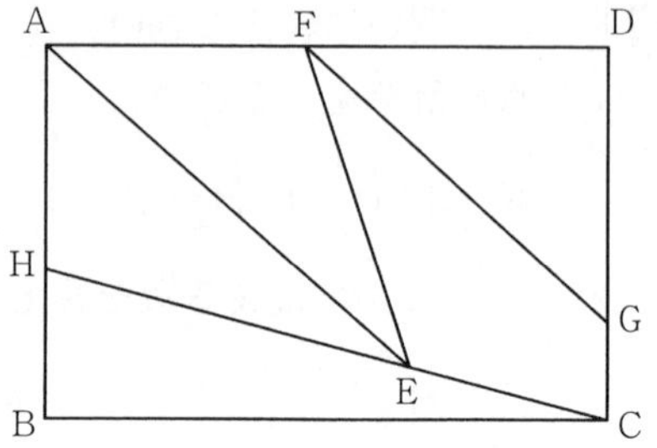

(3)　Ａさん，Ｂさん，Ｃさんがある仕事を行います。Ａさんは１日おきに，Ｂさんは２日おきに，Ｃさんは３日おきに働きます。最初の日に３人同時に働いた後，３人が同時に働く日が８回目の日にちょうど仕事が終わりました。この仕事はＣさんが休まずに１人で働くとちょうど87日で終わります。また，Ｂさん１人が１日に行う仕事量は，ＡさんとＣさんの２人が１日に行う仕事量に等しいです。この仕事をＢさんが休まずに１人で働くとちょうど何日で終わりますか。なお，この問題は解答までの考え方を表す式や文章・図などを書きなさい。

(4)　川に沿《そ》って下流から上流に向かって，順にＡ町，Ｂ町，Ｃ町があります。静水時に進む速さが一定のエンジン付きボートでＡ町を出発してＣ町に向かいました。上りはＡ町からＢ町まで80分かかります。Ｂ町を過ぎると同時に，ボートの速さを静水時の1.5倍にしました。下りは，静水時でのボートの速さを元に戻《もど》してＣ町を出発してＡ町に向かいました。Ｂ町を過ぎると同時に，エンジンを12分動かし30分止めることを繰《く》り返しました。このとき，上りも下りもＢ町とＣ町の間にかかる時間は同じでした。川の流れの速さが時速２kmであるとき，下りでＢ町からＡ町にかかった時間は何時間何分ですか。なお，この問題は解答までの考え方を表す式や文章・図などを書きなさい。

4　１を超《こ》えない分数を，分母が１であるものから順に，分子も小さい順になるように並べると，以下のようになります。

$\frac{1}{1}$，$\frac{1}{2}$，$\frac{2}{2}$，$\frac{1}{3}$，$\frac{2}{3}$，$\frac{3}{3}$，$\frac{1}{4}$，$\frac{2}{4}$，$\frac{3}{4}$，$\frac{4}{4}$，$\frac{1}{5}$，……

このとき，次の問いに答えなさい。

(1)　分母が455であるような既《き》約分数（それ以上約分できない分数）は何個ありますか。なお，この問題は解答までの考え方を表す式や文章・図などを書きなさい。

(2)　はじめから455番目の分数を答えなさい。

(3)　はじめから455番目までの分数の和はいくつですか。

5　右の図のような底面が正六角形で高さが54cmの正六角柱の密閉された容器があります。この容器に水が2160cm^3入っています。いま，この容器を辺BC，FEが水平な床《ゆか》に対して垂直になるように手で支えると，水面が長方形BFLHとなりました。このとき，次の問いに答えなさい。

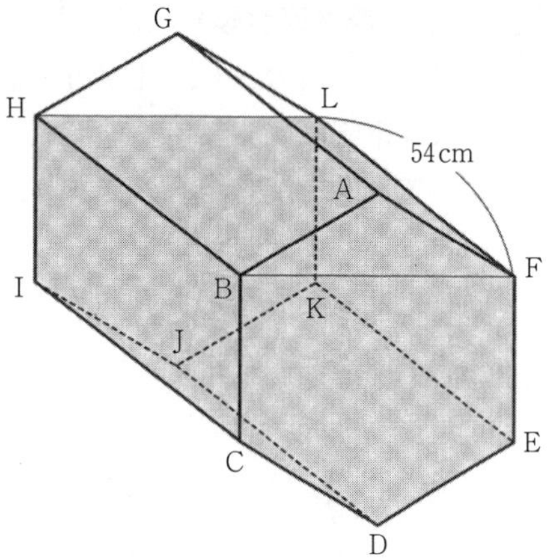

(1)　底面の正六角形の面積は何cm^2ですか。

(2)　水平な床に辺IJがくっつくように容器を傾《かたむ》けて，水面を四角形CDKHにするためには，水を何cm^3捨てればよいですか。

(3)　水平な床から点Jが離《はな》れないように容器を傾けて，水面が３点D，H，Lを通る平面になるようにするためには，(2)の状態から水を何cm^3加えればよいですか。なお，この問題は解答までの考え方を表す式や文章・図などを書きなさい。

【社　会】〈**第２回試験**〉（理科と合わせて60分）〈満点：75点〉

1　日本の都市のうち，札幌市・仙台市・広島市・福岡市の４都市は地方中枢《ちゅうすう》都市ともよばれ，三大都市圏《けん》に次ぐ都市圏《けん》を形成しています。次の［**地図１**］～［**地図４**］は，これら４都市が位置する道・県を示したものであり，［**地図**］中の（**ア**）～（**エ**）は札幌市・仙台市・広島市・福岡市のいずれかです。これらを見て，あとの問いに答えなさい。なお，［**地図１**］～［**地図４**］の縮尺は同一ではありません。

［**地図１**］

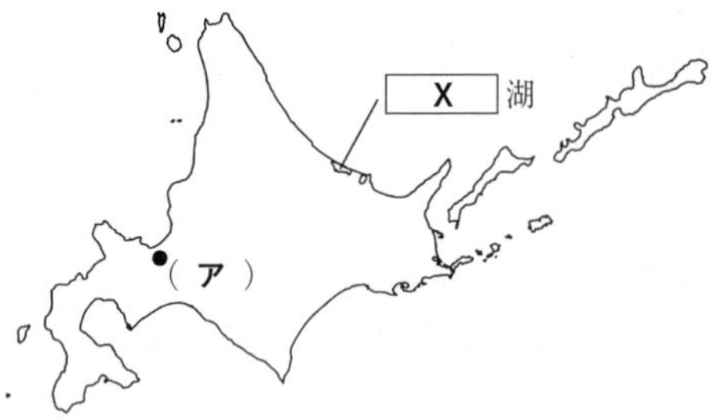

［**地図２**］

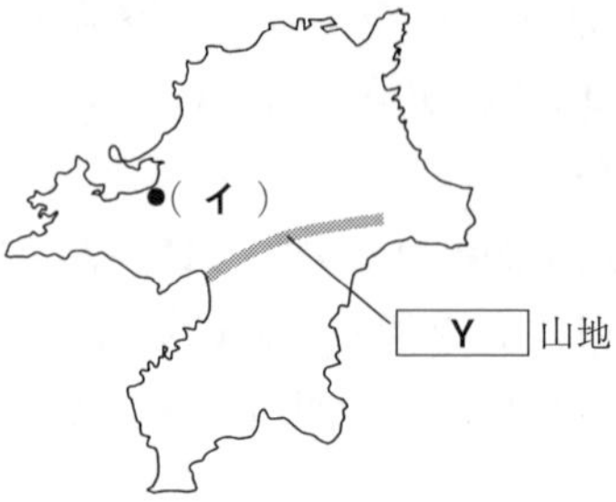

［**地図３**］

［**地図４**］

問１　［**地図１**］～［**地図４**］で示された道・県について，次の(**1**)～(**4**)にそれぞれ答えなさい。

(**1**)　［**地図１**］～［**地図３**］中の空欄《くうらん》 **X** ～ **Z** にあてはまる地名の組み合わせとしてふさわしいものを，次の**A**～**H**の中からひとつ選んでアルファベットで答えなさい。

A　**X**－サロマ　**Y**－九州　**Z**－北上
B　**X**－サロマ　**Y**－九州　**Z**－阿武隈
C　**X**－サロマ　**Y**－筑紫　**Z**－北上
D　**X**－サロマ　**Y**－筑紫　**Z**－阿武隈
E　**X**－十和田　**Y**－九州　**Z**－北上
F　**X**－十和田　**Y**－九州　**Z**－阿武隈
G　**X**－十和田　**Y**－筑紫　**Z**－北上
H　**X**－十和田　**Y**－筑紫　**Z**－阿武隈

(**2**)　次の［**資料**］**A**～**D**は，［**地図１**］～［**地図４**］における米・野菜・果実・畜産の農業産出額(2020年)を示したものです。［**地図２**］を示したものを，次の［**資料**］**A**～**D**の中からひとつ選んでアルファベットで答えなさい。

［**資料**］

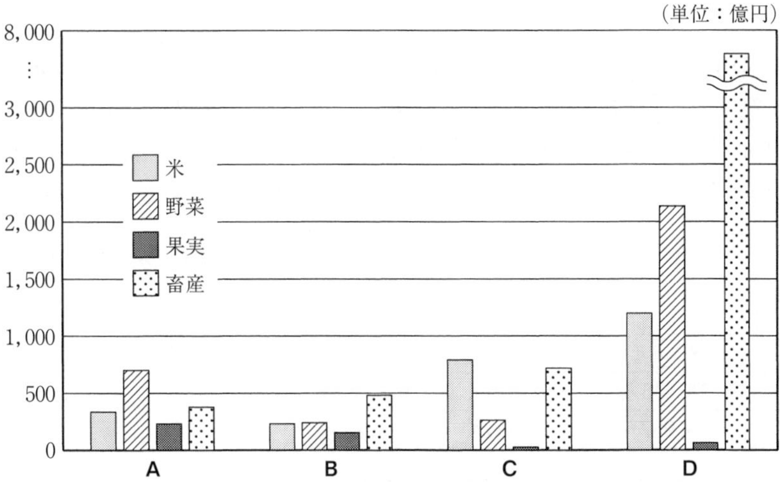

(矢野恒太記念会『データでみる県勢』より作成)

(**注**) 「野菜」には，いちご・スイカなどの果実的野菜も含《ふく》む。

(**3**) 右記［**資料**］は，ホタテ・カキ・真珠のいずれかについて，都道府県別養殖生産量の上位(2022年)を示したものです。［**資料**］①～③は，ホタテ・カキ・真珠のいずれかを示しています。①～③と水産物の組み合わせとして正しいものを，次の**A**～**F**の中からひとつ選んでアルファベットで答えなさい。

［**資料**］

	①		②		③	
1位	［**地図４**］	968t	長崎	52t	［**地図１**］	855kg
2位	［**地図３**］	257t	愛媛	41t	青森	779kg
3位	岡山	147t	三重	28t	［**地図３**］	68kg

(農林水産省「海面漁業生産統計調査」より作成)

A　①―ホタテ　②―カキ　③―真珠　　**B**　①―ホタテ　②―真珠　③―カキ
C　①―カキ　②―ホタテ　③―真珠　　**D**　①―カキ　②―真珠　③―ホタテ
E　①―真珠　②―ホタテ　③―カキ　　**F**　①―真珠　②―カキ　③―ホタテ

(**4**) 下記［**資料**］は，［**地図１**］～［**地図４**］における食料品と鉄鋼の製造品出荷《しゅっか》額等(2020年)を示したものです。［**地図４**］を示したものを，次の［**資料**］中の**A**～**D**の中からひとつ選んでアルファベットで答えなさい。

［**資料**］

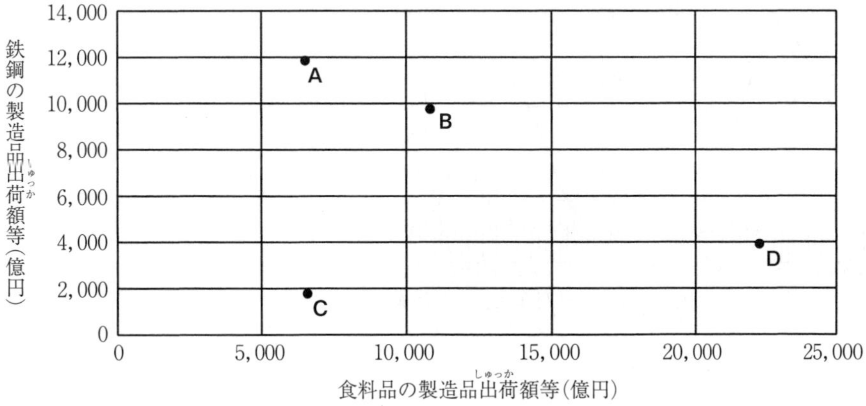

(矢野恒太記念会『データでみる県勢』より作成)

問２　［**地図１**］～［**地図４**］中の（**ア**）・（**イ**）・（**エ**）で示された都市について，次の**(1)**・**(2)**にそれぞれ答えなさい。

(1)　下記［**資料**］は，2010年・2015年・2020年における，（**ア**）・（**イ**）の総人口と在留外国人の人口を示したものです。［**資料**］中の①・②は（**ア**）・（**イ**）のいずれかの都市，X・Y は2010・2020のいずれかがあてはまります。①にあてはまる都市と空欄《くうらん》X にあてはまる数字の組み合わせとしてふさわしいものを，あとの**A**～**D**の中からひとつ選んでアルファベットで答えなさい。

［**資料**］

	①		
	X 年	2015年	Y 年
総人口	1,913,545人	1,952,356人	1,973,395人
在留外国人の人口	9,957人	10,655人	14,235人

	②		
	X 年	2015年	Y 年
総人口	1,463,743人	1,538,681人	1,612,392人
在留外国人の人口	24,119人	30,312人	38,368人

（総務省「国勢調査」，
出入国在留管理庁「在留外国人統計」各年版より作成）

A　①－（**ア**）　X－2010

B　①－（**ア**）　X－2020

C　①－（**イ**）　X－2010

D　①－（**イ**）　X－2020

(2)　下記［**資料１**］①・②は，（**ア**）・（**エ**）の月別平均気温と降水量を示したものです。また，あとの［**資料２**］③・④は，（**ア**）・（**エ**）の日照時間の月別平年値と年間日照時間を示したものです。（**ア**）について示した組み合わせとしてふさわしいものを，あとの**A**～**D**の中からひとつ選んでアルファベットで答えなさい。

［**資料１**］

①　　　　　　　　　②

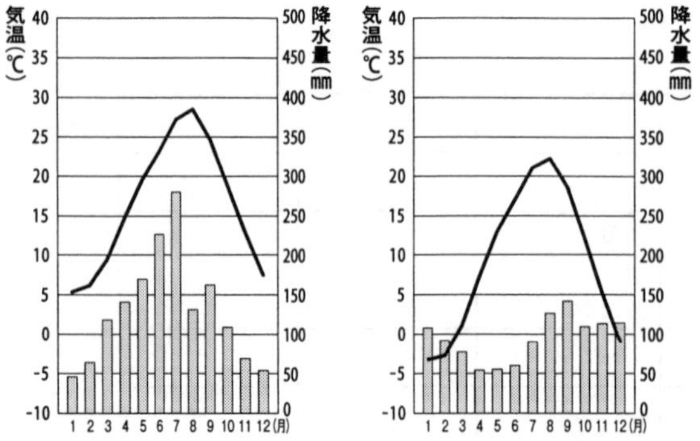

（国立天文台『理科年表』より作成）

［**資料２**］（単位：時間）

	③	④
１月	90.4	138.6
２月	103.5	140.1
３月	144.7	176.7
４月	175.8	191.9
５月	200.4	210.8
６月	180.0	154.6
７月	168.0	173.4
８月	168.1	207.3
９月	159.3	167.3
10月	145.9	178.6
11月	99.1	153.3
12月	82.7	140.6
年間	1718.0	2033.1

（国立天文台『理科年表』より作成）

A　［**資料１**］—①　［**資料２**］—③
B　［**資料１**］—①　［**資料２**］—④
C　［**資料１**］—②　［**資料２**］—③
D　［**資料１**］—②　［**資料２**］—④

問３　［**地図１**］〜［**地図４**］中の(**ア**)〜(**エ**)で示された都市またはその周辺に位置する空港と港湾《こうわん》について，次の(**1**)・(**2**)にそれぞれ答えなさい。

(**1**)　下記［**資料**］は，東京国際空港(羽田空港)・大阪国際空港(伊丹《いたみ》空港)と，新千歳《しんちとせ》空港・仙台空港・広島空港・福岡空港を結ぶ国内路線(直行便)における旅客数(2022年)を示したものです。福岡空港を示したものを，次の［**資料**］**A**〜**D**の中からひとつ選んでアルファベットで答えなさい。

［**資料**］（単位：人）

	東京国際空港(羽田空港)との路線における旅客数	大阪国際空港(伊丹《いたみ》空港)との路線における旅客数
A	6,652,765	958,073
B	6,613,071	546,883
C	1,252,430	(**注２**)—
D	(**注１**)1,263	662,902

（国土交通省「航空輸送統計調査」より作成）
(**注１**)　通常は定期便が運航されていない。
(**注２**)　定期便が運航されていないことを意味している。

(**2**)　次の［**資料**］は，苫小牧港・仙台塩釜《しおがま》港・広島港・博多港における，国内海上貨物量と国外海上貨物量(2021年)を示したものです。広島港を示したものを，次の［**資料**］**A**〜**D**の中からひとつ選んでアルファベットで答えなさい。

［**資料**］　　　　　　　　　　　　　　　　（単位：ｔ）

	国内海上貨物量		国外海上貨物量	
	（注１）移出量	（注２）移入量	輸出量	輸入量
A	44,236,806	44,505,980	991,082	15,042,927
B	11,802,358	14,883,005	1,311,326	10,914,856
C	4,978,456	10,695,731	8,368,395	10,256,965
D	2,227,310	4,564,295	3,876,221	1,487,106

（国土交通省「港湾統計年報」より作成）

（**注１**）　移出量とは貨物を国内の他所へ送り出す量を意味する。
（**注２**）　移入量とは貨物を国内の他所から取り入れる量を意味する。

問４　下記［**地図**］は，［**地図１**］～［**地図４**］中の（**ア**）～（**エ**）で示された都市のいずれかです。これら４都市のうち，３都市の形成過程には共通点があり，１都市の形成過程だけ異なります。形成過程が異なる都市を挙げて，その他の３都市の共通点を，解答欄《らん》にあわせて文章で説明しなさい。

［**地図**］

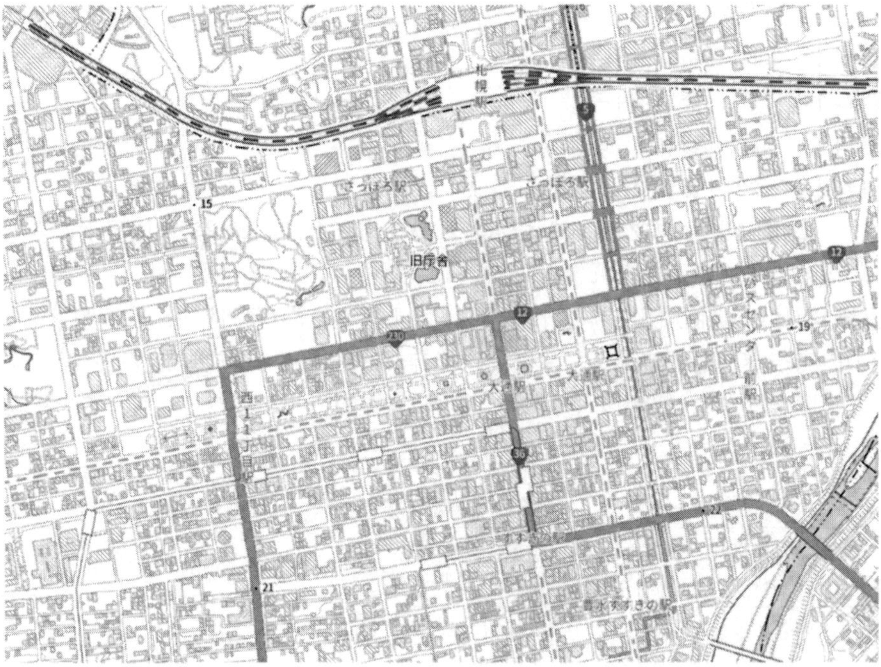

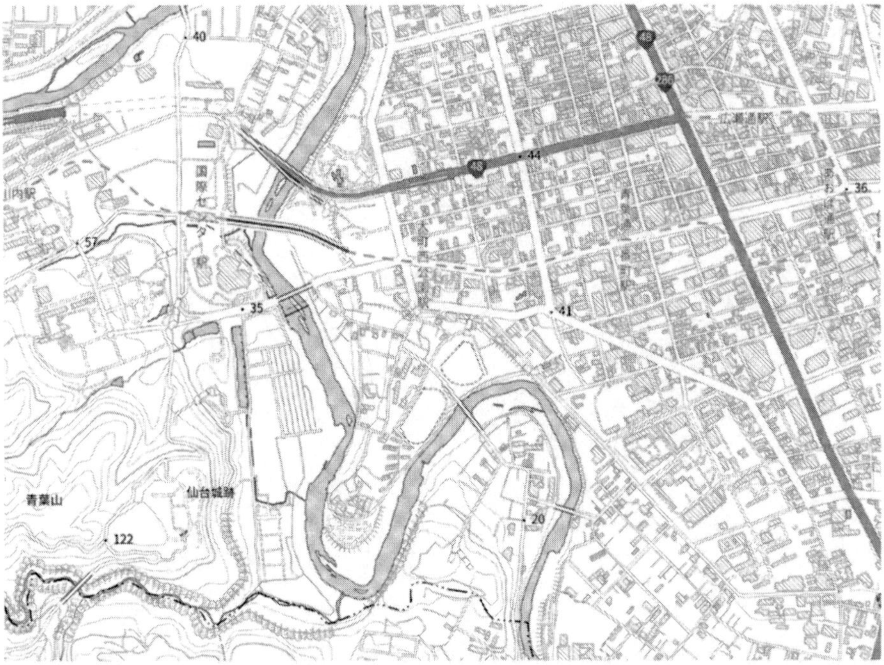
40
44
広瀬通駅
36
57
35
41
青葉山
仙台城跡
122
20

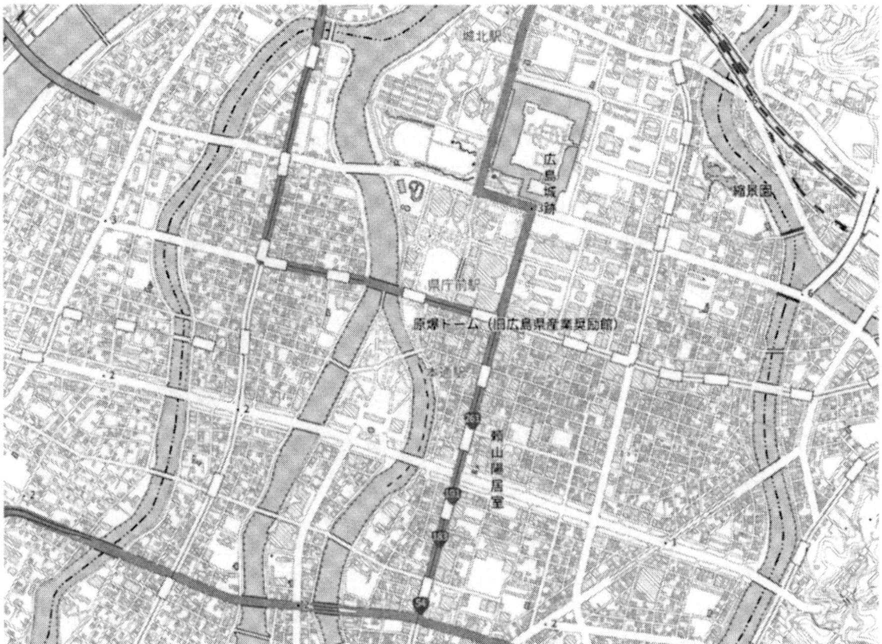
城北駅
広島城跡
縮景園
県庁前駅
原爆ドーム（旧広島県産業奨励館）
頼山陽居室

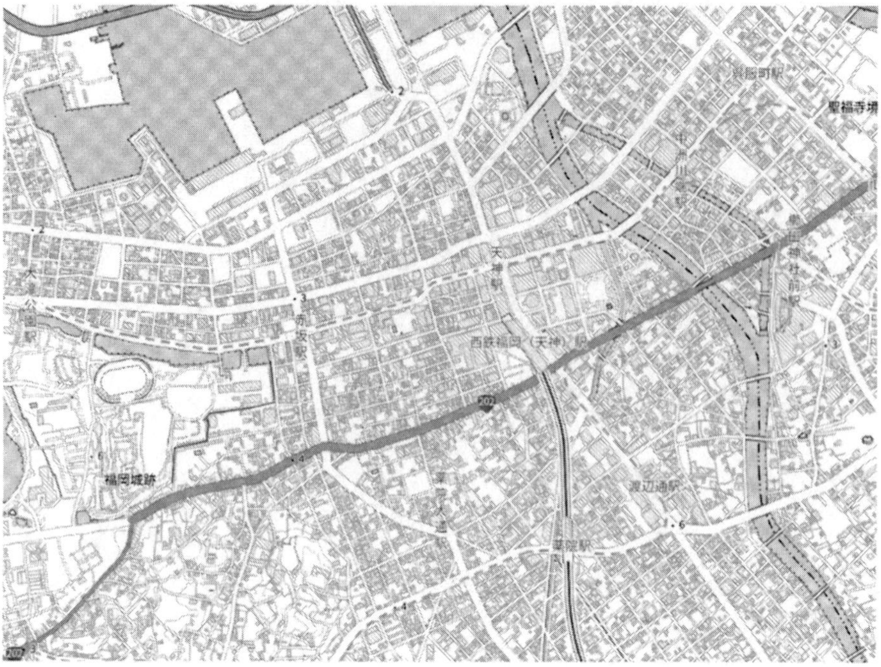

（いずれも地理院地図より作成）

2　次の各文章は，東京都内にある護国寺《ごこくじ》とその周辺の史跡《しせき》を見学した教員が，気づいたことなどをメモしたものです。これを読んで，あとの問いに答えなさい。

> 護国寺《ごこくじ》駅を降りると，大学とその附属《ふぞく》教育機関などの敷地《しきち》が広がっていた。地図を見ると，［　(ア)　］には大学などの教育機関や研究機関が他にも数多く設置されていた。なるほど，区名の文字が持つ意味の通りだ。

> 駅から歩いてすぐに護国寺《ごこくじ》の表門「仁王《におう》門」が見えた。門をくぐって進むと「不老」の文字を掲《かか》げた門があった。護国寺《ごこくじ》の説明によると，この「不老門」は，(イ)京都の鞍馬寺《くらまでら》の門の様式をもとに設計され，1938年に建立《こんりゅう》されたものだそうだ。額面の文字は徳川家達《いえさと》のもの。徳川家達《いえさと》といえば，「十六代様」とよばれた人物であり，［　(ウ)　］に代わって徳川宗家《そうけ》の相続を政府より許可された人物だ。護国寺《ごこくじ》が五代将軍［　(エ)　］によって建立《こんりゅう》されたものであることは事前に調べていたが，幕末から昭和にかけても徳川家と関わりがあったのは興味深い。門をくぐると，「月光殿《げっこうでん》」という建物が見えた。重要文化財であり，［　(オ)　］の(カ)三井寺《みいでら》の日光院の客殿《きゃくでん》を1928年に移築したものだそうだ。三井寺《みいでら》は，日本遺産「琵琶湖とその水辺景観―祈《いの》りと暮らしの水遺産」の構成文化財として登録されている寺院のひとつだ。かつて琵琶湖を彩《いろど》った景観の一部が，なぜ都心部にあるのだろうか。移築の経緯《けいい》を後日調べてみよう。さらに歩を進めて，本堂である観音堂の前に立った。観音堂も境内もとても大きい。都心部にこれだけの面積を持つ寺院はそれほど多くないだろう。

観音堂周辺の墓所も立ち入りが可能とのこと，場所も場所であるため気を遣《つか》いながら歩を進めた。いずれも立派なお墓ばかりだ。その中に「大隈重信」の文字を発見した。(キ)自由民権運動の中心的人物のひとり，そして［ (ク) ］大学の前身である東京専門学校の設立者，として知られている人物だ。1890年代後半と(ケ)第一次世界大戦期の2度にわたって首相を務めた政治家でもある。さらに進むと，鳥居とともに一際《ひときわ》立派なお墓があった。［ (コ) ］派の代表的な公家として知られた三条《さんじょう》実美《さねとみ》のものであった。(サ)1870年代に［ (シ) ］を大使とする使節団が海外に派遣《はけん》された際には，政府において中心的な役割を担《にな》った人物だ。すぐ近くには各国務大臣を歴任した鳩山邦夫《くにお》のお墓，さらに進むと［ (ス) ］のお墓があった。［ (ス) ］は，長州藩出身の軍人・政治家であり，初めて帝国議会が開かれた際には首相を務めていた人物である。いずれも思わず一礼してしまう人物ばかりだ。他にも著名人たちのお墓がたくさんあったようだが，気づかずに通り過ぎてしまったようだ。後日，再訪するとしよう。

護国寺《ごこくじ》をあとにして15分程度歩くと，洋館「鳩山会館」に着いた。鳩山邦夫《くにお》の祖父であり，1950年代に首相を務めた人物として知られる(セ)鳩山一郎が，友人の設計により1924年に建てたものだそうだ。西洋風の建物と庭園が印象的だった。

そこからさらに10分ほど歩いて庭園「椿山荘《ちんざんそう》」に到着《とうちゃく》した。この一帯は，椿《つばき》が自生することから，(ソ)南北朝時代にはすでに「つばきやま」とよばれていたそうだ。西南戦争が終戦したのち，その鎮圧《ちんあつ》の功績に対する恩賞として与《あた》えられた年金や，自身の資産を元手に［ (ス) ］がこの一帯を購入《こうにゅう》して作庭したとのこと。広大すぎて，すべてを見学するには時間が足りない。こちらも後日あらためて見学するとして，家路に就《つ》くことにした。

帰宅後，［ (ア) ］のホームページを閲覧《えつらん》した。区域からは貝塚が複数発見されているそうだ。今日の散策では上り坂をたびたび見かけた印象を受けたが，貝塚が発見された地域はかつては［ (タ) ］付近だったということになる。散策した印象からは想像できない。また，経路上，逆方向だったため，今日は見学先としなかったが，［ (ア) ］には「［ (チ) ］式土器発掘《はっくつ》ゆかりの地」と記された碑《ひ》があるとのこと。1884年に向《むこう》ヶ《が》丘《おか》［ (チ) ］町において土器が発見され，その地名がのちに土器や時代区分の名称《めいしょう》とされたのは有名なお話だ。貝塚とあわせて，考古学をテーマにした散策コースも計画できそうだ。再訪したい場所も含《ふく》めて，今後の計画を立てることとする。

問1　空欄《くうらん》［ (ア) ］・［ (ウ) ］・［ (エ) ］にあてはまる語句・人物の組み合わせとして正しいものを，次のA～Fの中からひとつ選んでアルファベットで答えなさい。

A　(ア)―千代田区　(ウ)―徳川慶喜　(エ)―徳川家光
B　(ア)―千代田区　(ウ)―徳川家康　(エ)―徳川吉宗
C　(ア)―文京区　(ウ)―徳川家茂　(エ)―徳川家光
D　(ア)―文京区　(ウ)―徳川慶喜　(エ)―徳川綱吉
E　(ア)―大田区　(ウ)―徳川家康　(エ)―徳川吉宗
F　(ア)―大田区　(ウ)―徳川家茂　(エ)―徳川綱吉

問2　下線部(イ)は，[X]が預けられた寺としても知られています。「牛若丸」の幼名でも知られる[X]は，後白河上皇による[Y]政権内部の権力争いにともなう[Z]にて，父である義朝が敗死しましたが，助命されて，この寺に預けられました。空欄《くうらん》[X]～[Z]にあてはまる人物・語句の組み合わせとして正しいものを，次の**A**～**F**の中からひとつ選んでアルファベットで答えなさい。

A　**X**—源頼朝　**Y**—平氏　**Z**—平治の乱
B　**X**—源頼朝　**Y**—院政　**Z**—保元の乱
C　**X**—足利義政　**Y**—摂関　**Z**—応仁の乱
D　**X**—足利義政　**Y**—摂関　**Z**—保元の乱
E　**X**—源義経　**Y**—院政　**Z**—平治の乱
F　**X**—源義経　**Y**—平氏　**Z**—応仁の乱

問3　空欄《くうらん》[(オ)]・[(ク)]・[(コ)]にあてはまる語句の組み合わせとして正しいものを，次の**A**～**F**の中からひとつ選んでアルファベットで答えなさい。

A　(オ)—近江　(ク)—早稲田　(コ)—尊王攘夷
B　(オ)—近江　(ク)—東京　(コ)—公武合体
C　(オ)—三河　(ク)—津田塾　(コ)—倒幕
D　(オ)—三河　(ク)—早稲田　(コ)—倒幕
E　(オ)—河内　(ク)—東京　(コ)—公武合体
F　(オ)—河内　(ク)—津田塾　(コ)—尊王攘夷

問4　下線部(カ)は園城寺《おんじょうじ》の別称《べっしょう》です。この別称《べっしょう》は，この寺に涌《わ》く泉の水が[X]・[Y]兄弟，[Z]の三代の天皇の誕生の際の産湯《うぶゆ》として使われたことから「御井《みい》の寺」と言われていたものが転じた，と伝えられています。[Z]は，[X]の娘であり[Y]の皇后でもあった人物です。空欄《くうらん》[X]～[Z]にあてはまる天皇の組み合わせとして正しいものを，次の**A**～**F**の中からひとつ選んでアルファベットで答えなさい。

A　**X**—文武天皇　**Y**—天武天皇　**Z**—聖武天皇
B　**X**—文武天皇　**Y**—天智天皇　**Z**—元明天皇
C　**X**—天智天皇　**Y**—天武天皇　**Z**—持統天皇
D　**X**—天智天皇　**Y**—文武天皇　**Z**—元明天皇
E　**X**—天武天皇　**Y**—天智天皇　**Z**—聖武天皇
F　**X**—天武天皇　**Y**—文武天皇　**Z**—持統天皇

問5　下線部(キ)に関連して述べた文として誤っているものを，次の**A**～**D**の中からひとつ選んでアルファベットで答えなさい。

A　征韓論が事実上否決されたため，板垣退助は下野した。
B　自由民権運動は，日清戦争終戦後に始まった。
C　自由民権運動の一環《いっかん》として，政府に対して国会の設立が要求された。
D　大隈重信を党首として，立憲改進党が結成された。

問6　下線部(ケ)における出来事について述べた文としてふさわしいものを，次の**A**～**D**の中からひとつ選んでアルファベットで答えなさい。

A　日本は，シベリア出兵に参加した。

B　日本は，ドイツ・イタリアと軍事同盟を締結した。

C　ソ連は，日本と中立条約を結んだ。

D　ソ連は，日本に宣戦布告し，満州・朝鮮に侵攻《しんこう》した。

問７　下線部(サ)について，派遣《はけん》が実施《じっし》された主な目的を，次の語句を用いて文章で説明しなさい。

〔予備交渉《こうしょう》　　幕末〕

問８　空欄《くうらん》［(シ)］にあてはまる人物を，姓名《せいめい》ともに漢字で答えなさい。

問９　空欄《くうらん》［(ス)］・［(タ)］・［(チ)］にあてはまる人物・語句の組み合わせとして正しいものを，次の**A**～**F**の中からひとつ選んでアルファベットで答えなさい。

A　(ス)―坂本龍馬　(タ)―台地　(チ)―縄文

B　(ス)―坂本龍馬　(タ)―平野　(チ)―古墳

C　(ス)―西郷隆盛　(タ)―海岸線　(チ)―弥生

D　(ス)―西郷隆盛　(タ)―台地　(チ)―古墳

E　(ス)―山県有朋　(タ)―平野　(チ)―縄文

F　(ス)―山県有朋　(タ)―海岸線　(チ)―弥生

問10　下線部(セ)に関連して，鳩山一郎内閣が政権を担当していた時期の出来事としてふさわしいものを，次の**A**～**D**の中からひとつ選んでアルファベットで答えなさい。

A　日ソ共同宣言が調印された。

B　東西ドイツが統一された。

C　ソビエト社会主義共和国連邦が解体された。

D　日本において，消費税率が５％に引き上げられた。

問11　下線部(ソ)について述べた文として誤っているものを，次の**A**～**D**の中からひとつ選んでアルファベットで答えなさい。

A　建武の新政政権崩壊《ほうかい》ののち，南北朝時代が始まった。

B　足利尊氏は，後醍醐天皇に代わって新たな天皇を即位《そくい》させた。

C　後醍醐天皇は，足利尊氏が即位《そくい》させた天皇を正統な天皇とは認めなかった。

D　北朝が南朝に吸収されるかたちで，南北朝の合体が実現した。

3　次の文章は，2023年５月に広島で開催《かいさい》されたG7サミットにあたって外務省が作成したパンフレットの一部を抜粋《ばっすい》したものです。これを読んで，あとの問いに答えなさい。なお，一部ふりがなをつけた部分があります。

G7とは？

　フランス，米国，英国，ドイツ，日本，イタリア，カナダ(議長国順)の７か国および欧州連合(EU)が参加する枠組《わくぐ》みのことで，参加国７か国の総称《そうしょう》として「Group of Seven《グループ オブ セブン》」を意味しています。G7の会議には，G7メンバー以外の招待国や(ア)国際機関などが参加することもあります。

(イ)G7サミットの特徴《とくちょう》

　G7サミットでは，世界(ウ)経済，地域情勢，(エ)様々な地球規模課題を始めとするその時々の国際社会における重要な課題について，自由，(オ)民主主義，(カ)人権などの基本的価値を共有するG7各国の首脳が自由闊達《かったつ》な意見交換《こうかん》を行い，その成果を文書にまとめ，公表します。基本的価値を共有するG7首脳のリーダーシップにより，G7は国際社会の重要な課題に効果的に対応してきています。

議題となるテーマ
世界経済
地域情勢
気候変動・エネルギー
開発
保健
女性　など

日本での開催
日本はこれまで６回議長国を務め，今回，７回目となります。
●1979年：東京サミット
●1986年：東京サミット
●1993年：東京サミット
●2000年：九州・沖縄サミット
●2008年：北海道洞爺湖サミット
●2016年：(キ)伊勢志摩サミット

問１　下線部(ア)に関連して，国際連合の専門機関および関連機関について述べた文として誤っているものを，次の**A**～**D**の中からひとつ選んでアルファベットで答えなさい。

A　IAEAは，原子力の平和利用の促進《そくしん》と軍事利用の防止に取り組む機関である。

B　WTOは，貿易障壁《しょうへき》を減らして自由化をはかり，経済の発展を目指す機関である。

C　ILOは，世界の労働者の労働条件の改善に取り組む機関である。

D　IMFは，難民の国際的な保護と，問題の解決に取り組む機関である。

問２　2023年５月に広島で開催《かいさい》された下線部(イ)に参加した，G7に該当する国の大統領または首相を，次の**A**～**D**の中からすべて選んでアルファベットで答えなさい。

A

尹錫悦《ユンソンニョル》大統領

B

バイデン大統領

C

ゼレンスキー大統領

D

スナク首相

問３　下線部(ウ)に関連して，日本には海外から多くの外国人が訪れます。外国人が国内を訪れる旅行のことや，国内を訪れる外国人旅行客のことを[X]と言います。人口が減少に転じて成長市場が限られている日本経済において，この[X]需要《じゅよう》は重要であると言われています。空欄《くうらん》[X]にあてはまる語句を，カタカナで答えなさい。

問４　下線部(エ)に関連して，地域の活性化や雇用《こよう》等を含《ふく》む，人・社会・環境に配慮《はいりょ》した消費活動について述べた文としてふさわしくないものを，次の**Ａ**～**Ｄ**の中からひとつ選んでアルファベットで答えなさい。

Ａ　均質な製品の生産や出荷《しゅっか》を促《うなが》すために，傷のない野菜や果物を積極的に購入《こうにゅう》する。

Ｂ　輸送中に排出《はいしゅつ》される二酸化炭素の量を少なくするために，地元で生産された野菜や果物を購入《こうにゅう》する。

Ｃ　発展途上国の生産者や労働者の安定した生活を支えるために，発展途上国で生産された商品や原料を適正な価格で継続《けいぞく》的に購入《こうにゅう》する。

Ｄ　水の使用量を少なくするために，綿花の栽培過程における水の使用量を抑《おさ》えた綿を使用した衣料品を購入《こうにゅう》する。

問５　下線部(オ)に関連して，次の(**1**)・(**2**)にそれぞれ答えなさい。

(**1**)　次の**Ａ**～**Ｄ**はいずれも日本国憲法前文の一部です。リンカン大統領がゲティスバーグにておこなった演説の一部である「人民の，人民による，人民のための政治」という言葉と同様の意味をもつ日本国憲法前文として最も適当なものを，次の**Ａ**～**Ｄ**の中からひとつ選んでアルファベットで答えなさい。

Ａ　日本国民は，恒久《こうきゅう》の平和を念願し，人間相互《そうご》の関係を支配する崇高《すうこう》な理想を深く自覚するのであつて，平和を愛する諸国民の公正と信義に信頼《しんらい》して，われらの安全と生存を保持しようと決意した。

Ｂ　われらは，いづれの国家も，自国のことのみに専念して他国を無視してはならないのであつて，政治道徳の法則は，普遍《ふへん》的なものであり，この法則に従ふことは，自国の主権を維持《いじ》し，他国と対等関係に立たうとする各国の責務であると信ずる。

Ｃ　そもそも国政は，国民の厳粛《げんしゅく》な信託《しんたく》によるものであつて，その権威《けんい》は国民に由来し，その権力は国民の代表者がこれを行使し，その福利は国民がこれを享受《きょうじゅ》する。

Ｄ　われらは，全世界の国民が，ひとしく恐怖《きょうふ》と欠乏《けつぼう》から免《まぬ》かれ，平和のうちに生存する権利を有することを確認する。

(**2**)　現在の日本では，国民の意見を政治に反映させるしくみのひとつとして選挙があります。選挙制度のうち，小選挙区制では「死票」が多く，大選挙区制では「死票」が少ない傾向にあります。小選挙区制では大選挙区制と比べて「死票」が多くなるのはなぜですか。「死票」が何かを明らかにして，文章で説明しなさい。

問６　下線部(カ)に関連して，国民の権利かつ義務として，日本国憲法において規定されているものを，次の**Ａ**～**Ｅ**の中からひとつ選んでアルファベットで答えなさい。

Ａ　納税　　**Ｂ**　教育を受ける　　**Ｃ**　勤労　　**Ｄ**　公務員の選定　　**Ｅ**　裁判を受ける

問７　下線部(キ)が開催《かいさい》された年に参議院議員通常選挙がおこなわれました。参議院議員通常選挙について述べた文として正しいものを，次の**Ａ**～**Ｄ**の中からひとつ選んでアルファベットで答えなさい。

Ａ　G7北海道洞爺湖サミットが実施《じっし》された年からG7伊勢志摩サミットが実施《じっし》された年の

間に，参議院議員通常選挙が一度おこなわれた。

B　G7伊勢志摩サミットが実施《じっし》された年からG7広島サミットが実施《じっし》された年の間に，参議院議員通常選挙が一度おこなわれた。

C　G7伊勢志摩サミットが実施《じっし》された年の参議院議員通常選挙における有権者は，満18歳《さい》以上の男女である。

D　G7伊勢志摩サミットが実施《じっし》された年の参議院議員通常選挙実施《じっし》後に最初に開かれた国会は，通常国会である。

【理　科】〈第２回試験〉（社会と合わせて60分）〈満点：75点〉

1　次の問いに答えなさい。空気抵抗《ていこう》や摩擦《まさつ》の影響《えいきょう》はないものとします。

Ⅰ．くぎの先端《せんたん》をかたさの一様な板にさしたものを用意し，そのくぎにおもり（金属製の球）をぶつけて，くぎが板にささる深さを比べる実験を行いました。ただし，板の厚さはくぎの長さよりも長いものとします。

【実験１】

図１のように，くぎの先端を１cmさした板を床《ゆか》に固定し，様々な高さでおもりから静かに手をはなし，くぎにぶつけた。

【実験２】

図２のように，くぎの先端を１cmさした板をレールの先に固定し，おもりをレール上に置き，様々な速さですべらせてくぎにぶつけた。

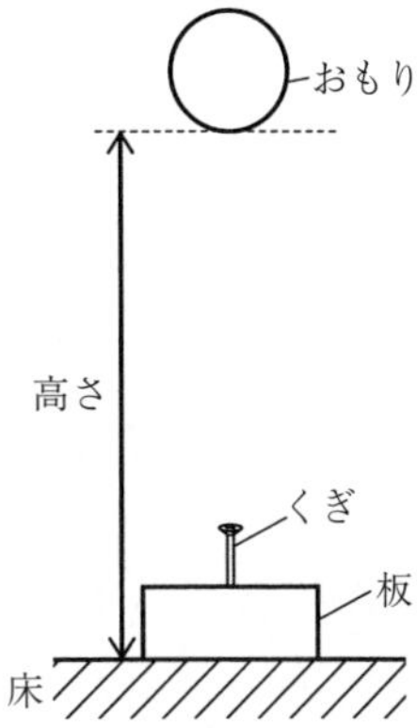

図１

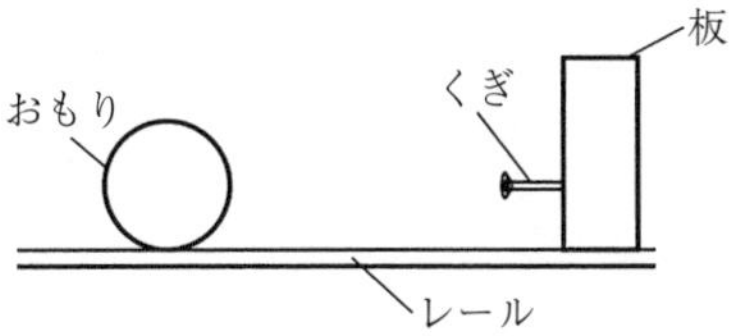

図２

(1)　【実験１】において，くぎが最も深くささる組み合わせを次より１つ選び，記号で答えなさい。

	おもりの重さ〔g〕	高さ〔cm〕
ア	50	10
イ	50	50
ウ	100	10
エ	100	50

(2)　【実験２】において，くぎが最も深くささる組み合わせを次より１つ選び，記号で答えなさい。

	おもりの重さ〔g〕	速さ
ア	50	秒速５m
イ	50	秒速10m
ウ	100	秒速５m
エ	100	秒速10m

Ⅱ．高いところにある物体や動いている物体は，他の物体に力をくわえて動かすことができます。他の物体に力をくわえて動かすことができるものはエネルギー（単位はジュール〔J〕）をもっています。高いところにある物体や動いている物体のもつエネルギーについて以下のことがわかっています。

［学習メモ］

・高いところにある物体がもつエネルギーは位置エネルギーと呼ばれている。
・物体の地面からの高さが２倍，３倍になると，その物体がもつ位置エネルギーは２倍，３倍になる。
・動いている物体がもつエネルギーは運動エネルギーと呼ばれている。
・物体の速さが２倍，３倍になると，その物体がもつ運動エネルギーは４倍，９倍になる。

図３のように，Ａ点で静かに手をはなし，空中をまっすぐに落下するおもりのもつエネルギーについて園子さんと先生が話しています。Ａ点から地面までを等間隔《かんかく》に区切った点をＢ～Ｄ点とします。

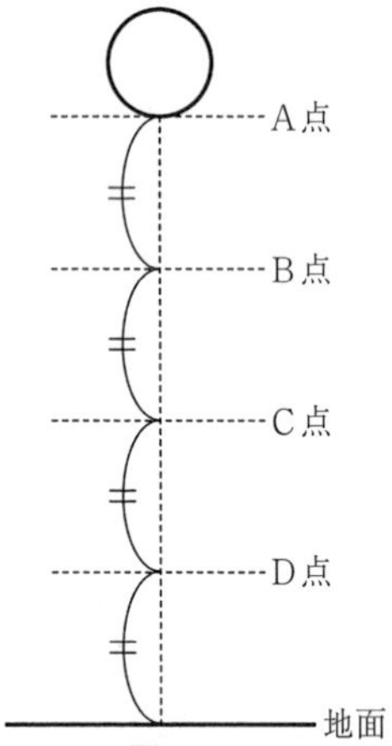

図３

園子さん「Ａ点ではおもりの速さは秒速０ｍでした。つまりＡ点での運動エネルギーは０Ｊになります。このおもりが落下していくときにエネルギーがどのように変化していくのでしょうか。」

先　　生「Ｂ点での位置エネルギーは，Ａ点の位置エネルギーに比べて減少します。例えば，Ａ点での位置エネルギーが100Ｊであったとすると，Ｂ点での位置エネルギーは［　Ｘ　］Ｊ，Ｃ点の位置エネルギーは［　Ｙ　］Ｊになりますね。」

園子さん「減少した分のエネルギーはどうなるのでしょうか。」

先　　生「減少した分のエネルギーは運動エネルギーとなります。今回のように空気抵抗の影響がない場合，各点での位置エネルギーと運動エネルギーを足したものは常に一定になります。」

園子さん「なるほど。ということはＤ点での運動エネルギーは［　Ｚ　］Ｊになりますね。」

先　　生「そうです。下にいくほど運動エネルギーは大きくなり速さが速くなりますね。この運動エネルギーと位置エネルギーの関係は摩擦のないレール上を物体がすべるときも成り立ちます。」

⑶　会話文中の［Ｘ］～［Ｚ］に当てはまる数値を答えなさい。小数第１位以下がある場合は，四捨五入して整数で答えなさい。

⑷　図３のＢ点での速さが秒速５ｍでした。地面に到着《とうちゃく》するときのおもりの速さは秒速何ｍですか。小数第１位以下がある場合は，四捨五入して整数で答えなさい。

(5)　縦軸《たてじく》に運動エネルギー，横軸《よこじく》に地面からの高さをとったグラフはどのようになりますか。次より１つ選び，記号で答えなさい。

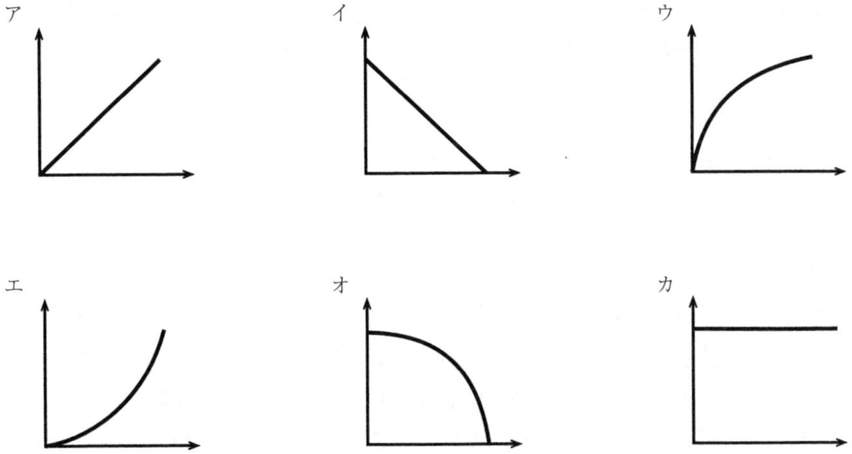

(6)　次のア～ウのように同じ長さで摩擦のないレールを３本用意しました。Ｅ点からＦ点までは全く同じ形状で，Ｆ点からＧ点が異なるコースをつくりました。おもりをＥ点から静かにすべらせたときＧ点へ到着するのが一番はやいレールはどれか，次より１つ選び，記号で答えなさい。ただし，３コースともＦ点とＧ点の地面からの高さは同じとし，物体は運動中にレールから離《はな》れることはありませんでした。

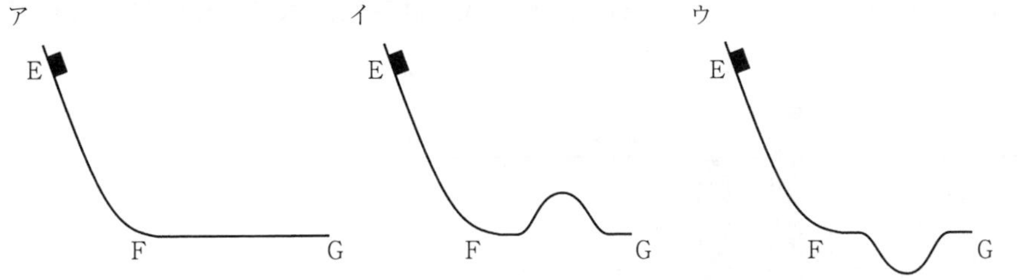

(7)　図４のような形状のレールのＨ点から物体を静かにすべらせ，物体の運動エネルギーを調べました。縦軸に物体の運動エネルギー，横軸にＨ点からの水平方向の距離《きょり》をとったグラフはどのようになりますか。次より１つ選び，記号で答えなさい。ただし，物体は運動中にレールから離れることはありませんでした。

図４

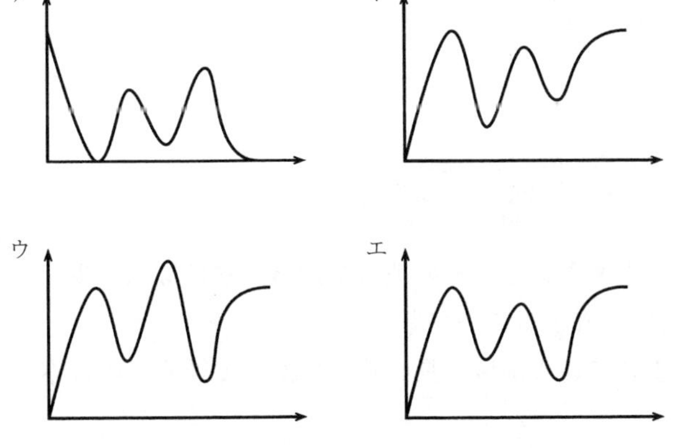

2　水の硬度《こうど》について園子さんと先生が話しています。

園子さん「先日，温泉に行ってきました。せっけんの泡《あわ》立ちが悪かったので，調べてみたら，水には硬度というものがあることを知りました。水の硬度について教えてください。」

先　　生「水１Ｌ(1000mL)中に溶《と》けているカルシウムとマグネシウムの量を表した指標を『硬度』というんだよ。

(硬度〔mg/L〕)＝(１Ｌ中に溶けているカルシウム量〔mg〕×2.5) ＋(１Ｌ中に溶けているマグネシウム量〔mg〕×4.1)

で表すことができるんだよ。」

園子さん「硬度が違《ちが》うと味も違ったりするのですか。」

先　　生「WHOの飲料水水質ガイドラインでは，硬度が60mg/L未満の水を「軟水《なんすい》」，60以上120mg/L未満の水を「中程度の軟水」，120以上180mg/L未満の水を「硬水《こうすい》」，180mg/L以上の水を「非常な硬水」と分類しているよ。日本の水道水はおいしさの面から目標値が10以上100mg/L未満に設定されているよ。」

園子さん「わかりました。国や地域による水の硬度の違いについて調べてみます。」

［学習メモ１］

・図１は，日本全国における水道水の水源となっている表流水(地表を流れる水)と地下水の硬度ごとの割合を示した棒グラフである。水道水の硬度は，水源の種類に大きく影響される。

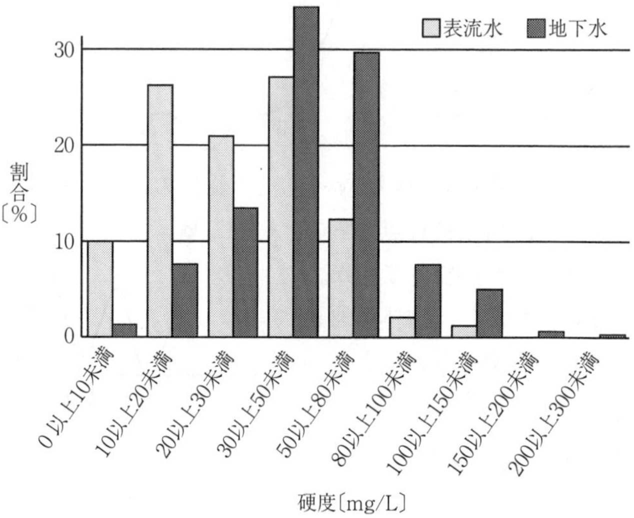

図１

(出典：東京都水道局「水の硬度」
(http://www.waterworks.metro.tokyo.lg.jp/suigen/topic/02.html)
を加工して作成)

・地層には石灰岩が多く含《ふく》まれている場所がある。その地層を通った水には，カルシウムが多く含まれ，鍾乳石《しょうにゅうせき》や鍾乳洞《しょうにゅうどう》を形成することがある。

・ヨーロッパの水は石灰岩が多く含まれている地域を長い時間をかけて通るため日本の水に比べると，硬度は高い。

・硬水でせっけんを使用すると泡立ちが悪く，洗浄《せんじょう》しにくい。

(1)　２人の会話と[学習メモ１]より考えられることを，次より２つ選び，記号で答えなさい。

ア．カルシウムは鍾乳石の形成に関わらない。

イ．地下水の方が表流水に比べ，カルシウムやマグネシウムの濃度《のうど》は高い傾向《けいこう》がある。

ウ．日本の水道水の水源には，WHO の基準で「非常な硬水」と分類される水はない。

エ．ヨーロッパの水は日本の水と比べて軟水の割合が大きい。

オ．園子さんが行った温泉の水は硬度が高い。

(2)　石灰岩について述べたものとして正しいものを，次より１つ選び，記号で答えなさい。

ア．石灰岩を水に溶かした水溶液《すいようえき》に二酸化マンガンを加えると酸素が発生する。

イ．石灰岩を水に溶かした水溶液に BTB 液を加えると黄色になる。

ウ．石灰岩は水酸化ナトリウム水溶液に溶けて，水素を発生する。

エ．石灰岩は塩酸に溶けて，二酸化炭素を発生する。

オ．石灰岩は非常に硬《かた》く，金属の切断などに使用される。

園子さんはさらに，硬度を調べる方法としてキレート滴定《てきてい》実験というものがあることを知りました。そこで，キレート滴定実験について調べ，[学習メモ２]にまとめ，実験を行いました。

[学習メモ２]

１．キレート滴定実験には，試薬Ａと試薬Ｂを使用する。

２．試薬Ａはアルカリ性の水溶液に入れると青色になる。水溶液中のカルシウムやマグネシウムとくっつくと赤色になる。

３．試薬Ｂはアルカリ性の水溶液に入れても無色である。水溶液中のカルシウムやマグネシウムとくっついても無色のままである。

４．水溶液中のカルシウムやマグネシウムは，それぞれ試薬Ａや試薬Ｂとくっつく際に互《たが》いに影響を及ぼさない。

５．試薬Ａ，試薬Ｂはどちらも水溶液中のカルシウムやマグネシウムとくっつき，試薬を加えることで水溶液の液性(酸性，中性，アルカリ性のこと)が変わることはない。また，液性によって水溶液中のカルシウムやマグネシウムの量が変わることはない。

硬水をアルカリ性にして，試薬Ａを混ぜると赤色になるが，そこに試薬Ｂを少しずつ加えていくと徐々《じょじょ》に色が変化し，青色になる。このことを利用して，水溶液中のカルシウムやマグネシウムの量を知ることができる。

【実験１】

さまざまな量のカルシウムを溶かした水溶液を 10mL ずつ入れた試験管を２本ずつ用意し，それぞれ１本目には①，２本目には②の操作を行い，結果を表１にまとめた。

表１

カルシウム〔mg〕	0.6	1.2	2.0	3.0
①試薬Ｂの量〔mL〕	1.5	3.0	（ あ ）	7.5
②沈殿《ちんでん》の重さ〔mg〕	2.04	4.08	6.80	（ い ）

①　水溶液をアルカリ性にしてから試薬Ａを十分に入れ，混ぜた。その後，試薬Ｂを加え，水溶液が青くなるまでに加えた試薬Ｂの量をはかった。

② うすい硫酸《りゅうさん》を十分に加えて沈殿《ちんでん》を生じさせた。それぞれの沈殿をろ過し，乾燥《かんそう》させ，重さをはかった。

【実験２】

【実験１】と同様の実験をカルシウムの代わりにマグネシウムを用いて行った。その結果を表２に示した。

表２

マグネシウム〔mg〕	0.3	0.6	（ う ）	2.4
①試薬Ｂの量〔mL〕	1.25	2.5	5.0	10
②沈殿の重さ〔mg〕	0	0	0	0

(3) 表１，表２の(あ)～(う)に当てはまる数値を求めなさい。小数第２位以下がある場合は，四捨五入して小数第１位まで答えなさい。

(4) 【実験１】①の実験は試薬Ａと試薬Ｂの違いを利用しています。どのような違いですか。「水溶液中のカルシウムやマグネシウムは」に続く文を完成させなさい。

【実験３】

硬水の温泉水Ｃを10mLずつ入れた試験管を２本用意した。１本目に【実験１】①の実験を行ったところ，試薬Ｂの量は6.5mLとなった。２本目に【実験１】②の実験を行ったところ，沈殿の重さは6.12mgとなった。

(5) 温泉水Ｃ10mLの中に含まれているカルシウムの量は何mgですか。小数第３位以下がある場合は，四捨五入して小数第２位まで答えなさい。

(6) 温泉水Ｃ10mLの中に含まれているマグネシウムの量は何mgですか。小数第３位以下がある場合は，四捨五入して小数第２位まで答えなさい。

(7) 温泉水Ｃの硬度は何mg/Lですか。小数第２位以下がある場合は，四捨五入して小数第１位まで答えなさい。

(8) 温泉水Ｄを調べたら，硬度が406mg/L，カルシウム〔mg/L〕：マグネシウム〔mg/L〕＝3：1と書かれていました。1Ｌの温泉水Ｄに含まれるカルシウム，マグネシウムの量は何mgですか。それぞれ小数第１位以下がある場合は，四捨五入して整数で答えなさい。

3 「家畜《かちく》伝染病予防法」では，養鶏場《ようけいじょう》で鳥インフルエンザに感染したニワトリがみつかると，その養鶏場で飼われているニワトリをすべて殺処分すると定めています。そのため，これまでも様々な場所で，ニワトリの殺処分が行われてきました。園子さんは，なぜ殺処分をしなくてはならないのか，調べた結果を[学習メモ]にまとめました。

[学習メモ]

・インフルエンザには，鳥インフルエンザや豚《ぶた》インフルエンザ，ヒトインフルエンザがある。インフルエンザウイルスは基本的にヒトからヒトへというように同種の生物間で感染する。

・感染する個体が多いほど，インフルエンザウイルスの変異する（性質が変わる）可能性が大きくなる。

・インフルエンザウイルスは変異することにより鳥からブタ，ブタからヒトと種をこえて感染するようになることがある。

・ヒトが鳥インフルエンザに感染しただけでは新型インフルエンザの出現とは言わない。それがヒトからヒトに感染するようになったら，「新型インフルエンザが出現した」と言われるようになる。

・2009年に新型インフルエンザとして広がったウイルスは，鳥インフルエンザウイルスとヒトインフルエンザウイルスの両方に感染してしまったブタの体内で変異してできたと考えられている。

・鳥インフルエンザのウイルスは感染した鳥の糞《ふん》やだ液などから広がる。そのため，養鶏場に出入りする野生動物や人，車などを介《かい》して広がってしまう可能性がある。

以上のことより，国は鳥インフルエンザの感染拡大による変異を防ぐために殺処分を行う方針をとっていることがわかった。

(1)　日本では，鳥インフルエンザは例年秋から春にかけて発生します。この理由を正しく説明しているものを次より１つ選び，記号で答えなさい。

ア．ヒトインフルエンザウイルスが，養鶏場ではたらいている人から鳥に感染するため。

イ．渡《わた》り鳥が渡りをするため。

ウ．ニワトリが，冬眠に向けて体温を下げるため。

エ．ニワトリが集団行動をとるようになり，濃厚接触《のうこうせっしょく》の機会が増えるため。

(2)　私たちは鶏卵《けいらん》(ニワトリの卵)を食用とするだけではなく，インフルエンザウイルスを入れて増やし，インフルエンザワクチンを作っています。

①　ヒトのからだには病気からからだを守るためのシステムがあります。これを何といいますか。

②　インフルエンザワクチンについて正しく述べているものを次より１つ選び，記号で答えなさい。

ア．鶏卵で増やしたインフルエンザウイルスをそのまま注射する。

イ．インフルエンザが治ったらすぐにワクチンを注射する。

ウ．インフルエンザに感染したらすぐにワクチンを注射する。

エ．インフルエンザワクチンに鶏卵の成分がほんの少し入るので，鶏卵で強いアレルギー反応を起こしたことがある人は注意が必要である。

オ．インフルエンザワクチンを１回注射すると，一生効果が続く。

(3)　近年，環境《かんきょう》DNAに注目が集まっています。環境DNAとは水中や土壌《どじょう》中などの環境中に存在している，生物そのものや生物の排泄物《はいせつぶつ》などに由来するDNAのことで，その環境中にどのような生物が生息しているのかを調べることができます。

DNAとは細胞《さいぼう》の中にある，からだに必要なタンパク質の設計図にあたるもので，親から子に受け渡されます。地球上の生物のからだは，たくさんの種類のタンパク質からできています。タンパク質は，複数のアミノ酸がつながったものです。生物のからだで使われているアミノ酸は20種類(Ａ～Ｔとする)で，アミノ酸の数や並び順を指定しているのがDNAです。DNAには，４種類の物質(ａ～ｄとする)が多数並んでいます。

DNA	abc	dab	cda	bcd	abc	dab
アミノ酸	Q	R	S	T	Q	R

図１

例えば，図１のような「abcd」がくり返されているDNAがあったとします。左端《ひだりはし》から「abc」，「dab」，「cda」…のように３つずつ区切ると，「abc」がアミノ酸Ｑを，「dab」がアミノ酸Ｒを指定します。また，同じDNAでも，左から２番目(「bcd」，「abc」，「dab」…)や３番目から区切ることもあります。DNAでアミノ酸を指定している３つの物質の並び順が同じときは，同じアミノ酸を指定します。

DNAの並び順と指定されるアミノ酸の関係を調べた実験とその結果をまとめました。なお，DNAはすき間なく３つずつ区切ることとします。

【実験１】

abがくり返されたDNAからは，アミノ酸ＬとＭが交互《こうご》にくり返しつながっているタンパク質が作られた。

【実験２】

aabがくり返されたDNAからは，アミノ酸Ｌのみがつながっているタンパク質，アミノ酸Ｎのみがつながっているタンパク質，アミノ酸Ｏのみがつながっているタンパク質の３種類のタンパク質が作られた。

① ２つの実験から考えられることをまとめた次の文中の［ i ］～［ vi ］に適するものをア～クより１つずつ選び，記号で答えなさい。ただし，同じ記号を複数回選んでもよいものとします。また，［ ii ］～［ iv ］の答える順は問いません。

【実験１】より，abがくり返されたDNAでアミノ酸を指定している３つの物質の並び順はabaか，［ i ］であり，このどちらかがアミノ酸Ｌを指定し，もう一方がアミノ酸Ｍを指定している。

また，【実験２】より，aabがくり返されたDNAでアミノ酸を指定している３つの物質の並び順は［ ii ］か，［ iii ］か，［ iv ］であり，これらがアミノ酸Ｌ，アミノ酸Ｎ，アミノ酸Ｏのいずれかを指定している。

以上のことから，［ v ］がアミノ酸Ｌを，また［ vi ］がアミノ酸Ｍを指定していると考えられる。

ア．aaa　　イ．bbb　　ウ．aab　　エ．aba
オ．baa　　カ．abb　　キ．bab　　ク．bba

② ウイルスは生物ではありませんが，環境DNAを調べることで，存在が確認できるウイルスもあります。このことからどのようなことが考えられるか。次より１つ選び，記号で答えなさい。

ア．すべてのウイルスはDNAをもっていない。
イ．すべてのウイルスはアミノ酸をもっていない。
ウ．すべてのウイルスはタンパク質をもっていない。
エ．DNAをもっているウイルスもある。

4 洗足学園のある川崎《かわさき》市にはいくつもの川が流れており，川の近くには平らな土地が広がっています。川から離れる方向へ歩いて行くと崖《がけ》が見られ，その崖を上がるとまた平らな土地が広がっています。このような a川とほぼ並行に階段状に発達する地形は川の働きによってできた地形です。

平野を流れている川は，土地が　b　したときや，海面水位が　c　したとき，土地と海水面との高低差が　d　なるために流れが速くなり，下の方向(川底の方向)へと侵食《しんしょく》が起こります。その後，川の位置が蛇行《だこう》により移動し，周辺全体が侵食されると崖を境目として，もとの川原より一段低い川原ができます。これがくり返されると，川とほぼ並行に階段状の地形が作られます。

(1)　下線部 a の地形を何といいますか。漢字4字で答えなさい。

(2)　文中の　b　～　d　に入る語句の組み合わせとして適当なものを，次より1つ選び，記号で答えなさい。

	b	c	d
ア	隆起《りゅうき》	上昇《じょうしょう》	大きく
イ	隆起	上昇	小さく
ウ	隆起	下降	大きく
エ	隆起	下降	小さく
オ	沈降《ちんこう》	上昇	大きく
カ	沈降	上昇	小さく
キ	沈降	下降	大きく
ク	沈降	下降	小さく

(3)　図1は川の蛇行の様子を上から見た模式図です。

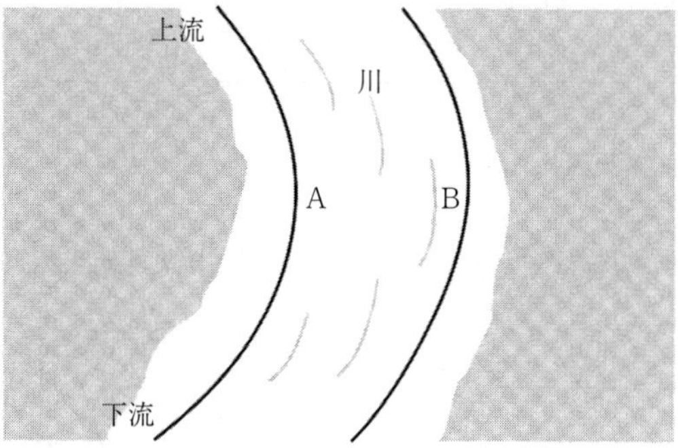

図1

①　図1の川の形は，洪水《こうずい》などが起こらなかった場合，どのように変化していくと考えられますか。次より1つ選び，記号で答えなさい。ただし，川の水の量は大きく変わらないものとします。

ア　A側の岸がけずられ，B側の岸に土砂がたまり，川がまっすぐになる。

イ　A側の岸に土砂がたまり，B側の岸がけずられ，川がより曲がる。

ウ　両側の岸がけずられ，川幅《かわはば》が広くなる。

エ　両側の岸に土砂がたまり，川幅が狭《せま》くなる。

②　蛇行している川では洪水などが起こって川の流れが変わり，川の曲がった部分がとり残されて，湖になることがあります。このような湖を何といいますか。

(4)　1971年以降に観測された世界平均海面水位の上昇の主要な原因は，人間の影響である可能性が非常に高いことが示されています。

①　人間の影響の1つとして，人間の活動により温室効果ガスの排出《はいしゅつ》量がこの数十年で大きく増加していることが挙げられます。温室効果ガスのうち，人間の影響による排出量が最も多い気体を答えなさい。

②　地球の寒冷化が起こると海面水位が下降します。このしくみを，海水量の変化の理由も含めて説明しなさい。

のを、《語群》の中から一つずつ選び、それぞれ記号で答えなさい。（ただし記号はそれぞれ一回ずつ使用します。）

・彼《かれ》はいつも威張《いば》っているのに、自分より偉《えら》い人の前では［ B ］頭を下げている。

・彼女《かのじょ》は不満に思うことがあるらしく、いつまでも［ C ］と文句を言っていた。

・悲しい小説を読んで、涙《なみだ》が［ D ］と落ちてきて本がすっかり濡《ぬ》れてしまった。

《語群》

ア　ぶらぶら　**イ**　すらすら　**ウ**　ぐずぐず

エ　ぺこぺこ　**オ**　はらはら　**カ**　むかむか

キ　よろよろ　**ク**　さらさら

問九　本文の表現の特徴《とくちょう》や効果を説明したものとして最もふさわしいものを次の**ア**～**エ**の中から一つ選び、記号で答えなさい。

ア　インスタグラムのＤＭから始まった編集者篠宮《しのみや》さんとのやりとりの描写《びょうしゃ》は、メールの最後に付けられたポッドキャストの番組によって、その後のプロセスがスムーズに運ばれていくことを予感させるものとなっている。

イ　細かい字をたどっているせいで目の乾《かわ》きに悩《なや》まされる「私」が、やや強い刺激《しげき》のある目薬を買い、点眼して潤《うるお》いを与えようとする箇所《かしょ》からは、アクセサリー作りがあまりはかどっていないことが暗示される。

ウ　夫剛志と口論になる場面では、「羽根のようにふわふわと舞《ま》い上がっていた心」、「重く沈《しず》んでいく」という比喩《ひゆ》が用いられており、それによってせっぱ詰《つ》まってお互いに感情的になってしまう状況《じょうきょう》が鮮明《せんめい》になっている。

エ　物語内に挿入《そうにゅう》される「タケトリ・オキナ」の語りは、美しい地球の表の部分と裏の部分を考えさせるもので、華々《はなばな》しい世界に憧《あこが》れつつ、身近なところでは辛《つら》い思いをしている「私」の生き方を象徴《しょうちょう》している。

問十　本文の内容に合うものを次の**ア**～**エ**の中から一つ選び、記号で答えなさい。

ア　篠宮さんとのやりとりの後、帰宅した「私」は、本の出版の話をすれば夫剛志も自分の仕事に興味を持ってくれるかもしれないと期待していた。

イ　帰宅した後「私」は、久しぶりに手の込《こ》んだ煮込《にこ》み料理を作ったが、それは夫からせめて「おめでとう」の一言を言ってほしかったからである。

ウ　「私」が本の出版の話をしたとき、夫剛志は少し驚《おどろ》いて興味を示したので、畳《たた》みかけるように語り、急がなければならない事情を強く訴《うった》えた。

エ　夫に傲慢《ごうまん》な態度をとってしまった「私」は反省するとともに、せめて自分を讃《たた》えてくれさえすれば、謙虚《けんきょ》になることができるのにと夫に伝えた。

そう思いながら私は家を出て、アトリエに向かった。

（青山美智子『月の立つ林で』）

★『地球の出』…アポロ8号ミッション中の一九六八年、宇宙飛行士ウィリアム・アンダースが撮影した地球の写真のこと。「史上最も影響力のあった環境写真」として知られている。

問一 ㈠ **Ⅰ** に入れる漢字一字を書きなさい。

㈡ **Ⅱ** には、「あってもしかたがないものや、よけいなつけ足し。」という意味の言葉が入ります。漢字二字、またはひらがな三字で書きなさい。

㈢ **Ⅲ** には、体の部分を表す言葉が入り、「いやそうな顔をした。」（＝**Ⅲ** をひそめた）という意味の慣用句になります。漢字一字、またはひらがな二字で書きなさい。

問二 ――**⑴**「なかなか、言うことが深い。」とありますが、「タケトリ・オキナ」はどういうことを言ったのですか。三行以内で説明しなさい。

問三 ――**a**「屈託《くったく》なく」・**b**「取り繕《つくろ》った」の意味としてふさわしいものを、それぞれ**ア**～**エ**の中から一つ選び、記号で答えなさい。

a「屈託なく」

ア わだかまりがとけることもなく

イ 何かを気にしたりすることなく

ウ もどかしくてはがゆい心もなく

エ 思いや考え方を変えることなく

b「取り繕った」

ア その時だけなんとかうまくごまかした

イ 努力してわざとそのように形づくった

ウ きらわれないように配慮《はいりょ》の行き届いた

エ 相手の気持ちをよい方向にみちびいた

問四 ――**⑵**「私は急に開けてきた新しい世界に胸をときめかせながら」とありますが、このときの「私」の心情を三行以内で説明しなさい。

問五 ――**⑶**「こんなみっともない自分」とありますが、この場面では、どういうことが「みっともない」のですか。三行以内で説明しなさい。

問六 ――**⑷**「私はその夢を人々にささげよう。」とありますが、ここでの「私」の心情の説明として最もふさわしいものを次の**ア**～**エ**の中から一つ選び、記号で答えなさい。

ア かりに才能や夫がいる生活があったとしても、世の中を生きる上では不必要なことだから、全てを人々と共有しようと強く決意する気持ち。

イ たとえ夫婦生活がうまくいかなくなったとしても、人々に喜びを与《あた》えるアクセサリー作家として高みを目指していこうと強く決意する気持ち。

ウ もしも剛志《つよし》と分かり合えることがあるならば、今までの生活を割り切り、順風満帆《じゅんぷうまんぱん》で理想的な夫婦関係を演じるだけだと強く決意する気持ち。

エ 万一、自分のアクセサリー作品が人々から愛されなくなったとしても、夢を与え続ける作家として生涯《しょうがい》を送っていこうと強く決意する気持ち。

問七 **⑸** に入れる八字の表現を本文から抜き出して答えなさい。

問八 ㈠ **A** に入れる語として最もふさわしいものを次の**ア**～**オ**の中から一つ選び、記号で答えなさい。

ア するすると　**イ** ずるずると　**ウ** ゆるゆると

エ のろのろと　**オ** きらきらと

㈡ 次の表現の **B** ～ **D** に入れる語として最もふさわしいも

「ごきげんだね」

私は鍋《なべ》をかきまわしながら、ゆっくりと告げる。

「あのね、出版社から連絡《れんらく》があって」

「出版社？」

うん、と私はうなずき、鍋の蓋《ふた》を閉じて剛志に向き直る。

「私の本を出しましょうって、オファーがあったの」

「へえ」

剛志は短く答えると、ちょっとだけ目を見開いた。

さすがに少し驚いている様子だったけど、彼からそれ以上のコメントはない。私は畳《たた》みかけた。

「初心者でも作りやすい方法とか、教えるページがあるの。新作も載せてもらえるみたいだし、できれば春に出したいって言うから、急がないと」

剛志はネクタイに手をかけながら、［Ⅲ］をひそめた。

「大丈夫《だいじょうぶ》なの？　いいかげん働きすぎじゃない」

そう言われて、上がりっぱなしだったテンションが一気に下がった。羽根のようにふわふわと舞《ま》い上がっていた心が、萎《な》えて重く沈《しず》んでいく。

「……なにそれ」

私はシンクの縁《ふち》に置いた手をぎゅっとにぎった。

「おめでとうぐらい、なんで言えないの？」

自分でもびっくりするような低い声が出ていた。

剛志は私をなだめるかのように片手を上げる。

「いや、それはそう思うけど。根詰《つ》めすぎじゃないの」

「だって、せっかくこんないい話がきたのに。今がんばらなきゃ、忘れられていっちゃうじゃない」

「だからって、体を壊《こわ》したら元も子もないだろ」

「たいした趣味も持たないあなたにはわからないだろうけど、アクセサリー作家なんて星の数ほどいるの。その中からこんなふうに認めてもらえて求められるって、本当にすごいことなのよ！」

すごいことなのよ、と口からこぼれ出た言葉に羞恥《しゅうち》の気持ちがまとわりつく。自分でこんなこと、言いたくなかった。剛志が讃《たた》えてくれさえすれば、みんなのおかげだと謙虚《けんきょ》になることができるのに。

剛志は黙《だま》ってしまった。私も黙る。

「……シチュー、作ったから適当に食べて。私、今日もこれからアトリエに行くわ」

私はキッチンを出た。

もうだめかもしれない。私たち夫婦は。

分かり合うことなど、できないのかもしれない。

剛志といると、(3)こんなみっともない自分が顔を出してしまう。悲しかった。

才能があって売れっ子で旦那さんがいて、いいなあ、と私をうらやましがった篠宮さんのことを思い出す。

月から見える地球は、さぞかし美しいだろう。タケトリ・オキナの言うように、月に生物がいたら、あの青い星はどんな素晴らしい世界なんだろうと憧れるに違いない。

でも実際には、この地球はどこもかしこも汚《よご》れて破壊《はかい》されている。意味のない戦いは止まず、わけのわからない病がはびこって、いつも誰かが傷ついて泣いている。

遠いから、知らないから、きれいなことしか想像しないですむのだ。それはそれでいいじゃないか、という気がした。だとしたら(4)私はその夢を人々にささげよう。ただ美しい世界を。篠宮さんの言う、［(5)］を。

そのためにも、私にはあえて孤独《こどく》が必要なのだ。

それが本心かは、正直わからない。リップ・サービスみたいなものかもしれなかった。私は**b**取り繕《つくろ》った笑顔で話題を変えた。

「このたびは、お声がけいただきありがとうございます」

篠宮さんは「いえいえ、こちらこそ」と手をぱたぱたと振《ふ》る。

「ｍｉｎａさんのワイヤー・アクセ、愛があるんですよねえ。私、すごく好きです」

篠宮さんが持ちかけてくれた本の企画はムックと呼ばれる雑誌のような形態の書籍《しょせき》で、この出版社ではハンドメイドシリーズとして人気らしかった。

これまで発行されたいくつかの既刊《きかん》がテーブルに並んでいる。刺《し》繍《しゅう》、ビーズ、とんぼ玉、羊毛フェルト。モノづくりを愛する人のための本たちだ。それぞれに、人気作家が初心者でもトライできそうなノウハウをレクチャーしている。

しかしその後半部分は作品集となっていて、それは本人にしか生み出せないであろうと思われる高度なものばかりだった。私が驚《おどろ》いていると、篠宮さんは言った。

「読者にとって、これなら自分にもできるんじゃないかと思えるページと同じぐらい、自分にはとうてい及《およ》ばないと敬意を抱けるような非現実的なページも必要なんです。ただ憧《あこが》れるっていう、その喜びが至福だったりするんですよ」

そして彼女はさらに、手前にあった一冊を私のほうに向けた。

「たとえばこのリリカさんって、私が担当したんですけど」

切り絵の表紙だ。

手に取って開くと美しい紙細工がたくさん現れて、私は目を奪《うば》われた。花、動物、建物、街。本を開くと飛び出してくる仕掛《しか》けのアートも載っている。

紙一枚で、こんなにも豊かな表現ができるのか。繊細《せんさい》であったりダイナミックであったり、ワイヤー・アクセにも通ずる無限の可能性が広がっていた。

「……素敵」

私がつぶやくように言うと、篠宮さんは言った。

「リリカさん、ホントにすごい方なんです。イギリスのアートコンクールで賞も取ってらっしゃるんですよ。ああ、来週、都内で展示会があるんですけど、ご一緒《いっしょ》しませんか」

「ええ、ぜひ！」

私はいつになく前のめりになった。作品を直接見てみたいと思ったのだ。そしてできることなら、この人に会ってみたいと。

「それじゃ、リリカさんが在廊《ざいろう》されているお時間をうかがっておきますよ。少しでもお話しできたら、ｍｉｎａさんの本の参考になるかもしれないですし」

篠宮さんはそう言って、手帳にあれこれと書き込んでいる。

……ｍｉｎａさんの本の参考に。

そう言われてあらためて、この出版企画がリアルに感じられた。

(2)私は急に開けてきた新しい世界に胸をときめかせながら、リリカさんの切り絵アートをじっくりと眺めた。

ｍｉｎａの名前で、本が出る。

出版社を出てからも、それは私を高揚《こうよう》させ続けた。作品が売れることとはまた違う喜びだった。

帰宅後、私は食卓《しょくたく》に小さな花を飾《かざ》り、久しぶりに手の込んだ煮込《にこ》み料理を作った。自分への祝いのつもりで。

そして、もうひとつ、淡《あわ》い期待があった。普段《ふだん》私のアクセサリー作りに興味のない剛志でも、本の出版となれば喜んでくれるだろう。

剛志は定時で帰ってきた。私が「おかえり」と言うと、コートを脱《ぬ》ぎながら笑った。

性の声が流れてきた。

「竹林からお送りしております、タケトリ・オキナです。かぐや姫《ひめ》は元気かな」

なるほど、竹取物語を下地にしているのだ。私は耳を傾《かたむ》けた。軽い雑談のあと、タケトリ・オキナはしみじみと語り出した。

「最近よく、思うんです。僕《ぼく》たちがいつも月を見ているのと同じように、月にいたら地球を見ているんだろうなって」

うっとりするように、彼《かれ》は言う。

「アポロ８号が撮影《さつえい》した★『地球の出』の画像を見たことがある人も多いと思います。月の地平線の向こうに地球が浮《う》かび上がっている、あれです。月から見る地球は、地球から見る月の四倍で、かなりの大きさで見ることができるんです。ご存じの通り、地球って青々としていますよね。それはもう、たとえようのない美しさで。たとえば月に文明を持たない生物がいて、地球がどんなところかわからなくて、ただこの青い星を眺めているだけだったら何を思うでしょう？　地球とはいったい、どんな美しい世界なんだろうって、ただポジティブなイメージしか抱《いだ》かないような気がします。平和で、見目麗《みめうるわ》しい女神がいて、何もかもが満たされている楽園のような」

そこでタケトリ・オキナは深く息をついた。

「遠く離《はな》れているから、わからないから、良い想像だけで夢見ることができるっていうところもあるのかもしれませんね。もちろん、わかっていても、やっぱり『地球の出』って見てみたいなと思うけど。外から自分の星を俯瞰《ふかん》したらまた違《ちが》うことを感じるのかもしれないし」

(1)なかなか、言うことが深い。月に関する豆知識も面白いし、彼の着眼点も興味深かった。「エピソード」として一覧になっている配信リストを見ると、タケトリ・オキナは毎朝七時、十分間の配信を続けているようだった。もう二百ほどになっている配信を私は少しずつたどり、その声を聴きながらパソコンであまり得意ではない事務作業をした。

細かい字をたどっているせいで、目が乾《かわ》いてきている。最近、ドライアイに悩《なや》まされていた。苦手な目薬を買ってみたが、どうもしみる。なるべくソフトなものを選んだつもりだけど、私にはちょっと刺激《しげき》が強いらしい。

それでも潤《うるお》いを与《あた》えなければと点眼をし、私はぎゅっと、目を閉じた。

翌週、出版社を訪れた。

編集者の篠宮さんは巻き髪《がみ》の可愛《かわい》らしい女性で、二十四歳だといった。

メールの文面に輪をかけて、快活でアクティブだった。

「ｍｉｎａさんって、本名がミナってお名前なんですか」

名刺交換《めいしこうかん》をしたあと、彼女はa屈託《くったく》なくそう言った。

「いえ、旧姓の南沢から取ってるんです。結婚したら北島になりました」

「あら、じゃあ、南から北へ」

篠宮さんは何やらウケて笑っている。私も、そうなんですと笑った。

「ご結婚されてどれくらいなんですか」

篠宮さんはさらに食いついてくる。

「三年です」

そう答えると、篠宮さんは大げさなくらいに「いいなあ」と言ってのけぞった。

「それぐらいがいちばんいいじゃないですか。夫婦として安定してきたってところで。うらやましいですよ。私も早く結婚したいんですけど、ぜんぜん出会いがなくて。ｍｉｎａさん、才能があって、売れっ子で、旦那《だんな》さんがいて、いいなあ」

二 **次の文章は、青山美智子『月の立つ林で』の一節です。[これまでの主なあらすじ]を読んだ後、本文を読んで後の問いに答えなさい。**

[これまでの主なあらすじ]

北島(旧姓《きゅうせい》南沢)睦子《むつこ》は食品メーカーに勤めていたが、三年前に二十五歳《さい》で同僚《どうりょう》(剛志《つよし》)と結婚《けっこん》して会社を辞める。もともとアクセサリー作りが趣味《しゅみ》の睦子は、作ったものを友人にプレゼントしたり、フリーマーケットで販売《はんばい》したりするのが好きだった。やがて睦子は週に三日ほどのパートタイムの仕事をしながら、ゆとりができたときには、ハンドメイド通販《つうはん》サイト「ラスタ」に「mina」というブランド名で出店するようになる。三ヵ月ほど経ったとき、急に注文が殺到《さっとう》し始め、大きな会場を使ったハンドメイドのイベントや展示販売にも声がかかるほどになった。睦子の作品は勢いに乗っていた。

数日後、インスタグラムのDMを通して問い合わせがあった。

私の作品を気に入ってくださった出版社から、ワイヤー・アクセの作り方を本にしませんかというオファーだった。まさか。[Ⅰ]信[Ⅰ]疑ですぐには喜べなかった。

そのあとメールアドレスを交換《こうかん》し、やりとりをした。メールをくれた編集者は篠宮《しのみや》さんという女性だった。彼女《かのじょ》の企画《きかく》書は実によく練り込《こ》まれていて、私の作品のどんなところに惹《ひ》かれたか、読者さんに何を伝えたいかが熱く語られていた。

そしてもしよろしければ、一度お会いしてお打ち合わせしたいとのリクエストがあった。

私は企画書を三度ほど熟読したあと、ぜひお会いしたいですと返信を打った。するとそのまた返信がすぐに来て、スケジュールの打診《だしん》をされた。仕事が早い。熱意を感じて好感が持てた。

日程が決まると、篠宮さんの文面がだいぶくだけてきた。メールの最後に「[Ⅱ]ですが、編集部のスタッフの持ち回りで、ポッドキャストの番組を配信しています。もしよろしければお聴《き》きくださ い」と追伸《ついしん》が書かれている。

アプリを入れたりしなくてもパソコンから「グーグル・ポッドキャスト」でネット視聴《しちょう》できると補足説明があり、URLが載《の》っていた。

クリックすると、『編集女子のありがトーク』というタイトルが現れた。「エピソード」として配信の一覧が並んでおり、それぞれに三十分程度でしゃべっているようだった。

ポッドキャストの存在は知っていたけど、実際に耳にするのは初めてだった。篠宮さんであろう編集女子の楽し気なトークを興味深く聴いたあと、他にはどんな番組があるのだろうと、私は「番組を探す」のバーをクリックした。

トップに「話題」があり、その下には、多種多様なジャンルがカテゴリー分けされている。社会、文化、教養、アート、ビジネス、テクノロジー、フィットネス……。配信は誰《だれ》でも無料でできるらしい。あらゆる方面で、こんなにも話したがっている人がいるのだ。

その中で比較的《ひかくてき》関心がある「サイエンス」のカテゴリーを開いた。天文、気象、植物、生物。講座っぽいもの、漫画《まんが》チックなもの、あきらかにふざけているもの、配信のカラーはさまざまだ。[A]眺《なが》めていて、ふとひとつのタイトルに目が留まった。

『ツキない話』。配信者はタケトリ・オキナとある。

ネイビーブルーの無地に真っ白な手書きの文字というジャケットのシンプルさが、逆に印象的だった。タイトルと配信者名の組み合わせにもなんとなく惹かれて一番上の配信をクリックすると、穏《おだ》やかな男

ことはできなかったから。

エ　日本の翻訳語は、ラテン語という共通のベースがないために、「society」の元の意味にまで遡《さかのぼ》ったり、「individual」や「contract」といった他の関連語と合わせて考えたりすることには限界があるから。

問四　――(4)「西洋の文物がすべて日本語の中に取り込《こ》まれて、誰《だれ》もが『国語』のうちで全智識《ちしき》にあたることができるようになった。」とありますが、そうしたことはどのようなことによって「できるようになった」のですか。文末を「…こと。」にして、三行以内で説明しなさい。

問五　――(5)「ではなぜ、他のところではできなかったのに、日本では翻訳ができたのか。」とありますが、筆者はこれに対してどのように答えていますか。文末を「…から。」という形にして三行以内で説明しなさい。

問六　[A]～[D]に入れる語としてふさわしいものを、次の**ア**～**エ**の中からそれぞれ一つ選びなさい。（ただし記号はそれぞれ一回ずつ使用します。）

ア　ところが　**イ**　それに　**ウ**　あるいは　**エ**　だから

問七　――**ア**～**オ**のカタカナを漢字に直しなさい。

問八　国語の授業で、【文章Ⅰ】と【文章Ⅱ】を合わせて読み、意見を述べ合う活動がありました。先生の説明を聞いた後、発言したAさん～Dさんのうち、本文の筆者の考えを正しく理解していないと思われる一人は誰ですか。次の**ア**～**エ**の中から一つ選び、記号で答えなさい。

先　生　本文の筆者は、西洋の思想や制度が本質的にどういうものかを丁寧《ていねい》に説明しつつ、その上で日本の近代化の中心がどういう所にあったのかをわかりやすく述べています。特に筆者は、【文章Ⅰ】では西洋の政治制度の思想的な側面と、明治期の日本の政治的状況《じょうきょう》を述べ、【文章Ⅱ】では日本が近代化を果たした大きな要因は何だったのかを述べています。皆《みな》さんは、どういう感想を持ちましたか。

ア　Aさん　明治期の日本が西洋的な国家間秩序の中に関係づけられたという考え方は、例えば「日清戦争」「日露《にちろ》戦争」などの「戦争」という語に見られると思いました。「応仁の乱」や「関ヶ原の戦い」のような「乱」や「戦《いくさ》・合戦」のイメージとは明らかに異なります。

イ　Bさん　『解体新書』を例に、日本がすでに西洋の言葉も翻《ほん》案《あん》転記できるようになっていたという見方は、当時の日本が置かれていた医学事情が大きいと思いました。日本が急激に近代化し、やがて戦争に敗れていく背景には、江戸《えど》時代の医学事情の変化もあったのでしょう。

ウ　Cさん　ポルトガル人が初めて日本に来た時、日本人は彼《かれ》らのことを克明《こくめい》に描《えが》き出す力があったという捉《とら》え方に大変興味を持ちました。例えば、彼らの持っていた見慣れぬ火器に興味を持ち、製法を学び、自分たちで鉄砲《てっぽう》を作れるようになっていったことがそれにあたります。

エ　Dさん　幕末の頃《ころ》に最も流布《るふ》したのが『万国《ばんこく》公法』というアメリカの国際法の教科書だったという筆者の指摘《してき》は、他者との関係性を理解しようとする日本の姿勢を語っていると思いました。日本はこのおよそ千年前に、中国(唐《とう》)に学び、関係性を理解しようとしていましたから。

リカの国際法の教科書です。このことも、この膨大《ぼうだい》な翻訳作業が何であったかを、端的《たんてき》に示しているといえるでしょう。他者として受け止めて、自分たちで国際ルールから理解共有しようとする意識があったということです。

（西谷　修『私たちはどんな世界を生きているか』）

★西周…日本の啓蒙《けいもう》思想家（一八二九～一八九七）。
★つとに…早くから、以前から。
★柳父章…翻訳語研究者・比較《ひかく》文化論研究者（一九二八～二〇一八）。
★西田幾多郎…日本の哲学者（一八七〇～一九四五）。
★イ・ヨンスク…社会言語学者（一九五六～）。
★智識…「知識」と同じ。
★ポルトガル人が初めて日本に来たとき…一五四三年、ポルトガル人を乗せた中国船が種子島に漂着《ひょうちゃく》したことを指す。鉄砲《てっぽう》（火縄銃《ひなわじゅう》）の技術が伝わった。

問一　――(1)「それまで宙吊《ちゅうづ》りの権威《けんい》にされていた天皇」とありますが、「天皇」が「それまで宙吊りの権威にされていた」とはどういうことですか。三行以内で説明しなさい。

問二　――(2)「近代国家の特徴《とくちょう》とは、基本的には国民がベース、そしてその国民は原則的に対等だということです。そして、そういう条件を抱《かか》えて、それぞれの国は対外的には主権の相互承認秩序《そうごしょうにんちつじょ》に従い、ひとつの国として振《ふ》る舞《ま》います。」とありますが、このことを言い換《か》えた説明として最もふさわしいものを、次の**ア**～**エ**の中から一つ選び、記号で答えなさい。

ア　領土国家の基盤《きばん》はそこに住んでいる人間であると見なす。国家の現実的な力は国王の代表者である国民が持つというフィクションを構築する。また、国家間同士の関係は、相互に定められたルールに基づいて契約《けいやく》を結ぶ。

イ　国家のベースは国民にある。従ってその国家に国王がいても国事の決定には何らかの形で国民が参加をする。この主権国家は、対外的には市場を舞台《ぶたい》として展開される相互交渉《こうしょう》の過程を経て国家間秩序の中に編成される。

ウ　国家とは主権国家のことである。それは一定の領土とその領土を一括《いっかつ》統治する同じ一つの法権力の下にある国家のことで、主権者はその領民である国民となる。そして主権国家は、国際的な相互承認関係の中で成り立つ。

エ　国民国家は国家と市民社会の間に挿入《そうにゅう》されるフィクションを前提とする。その上で対等な立場の個人がそれぞれのルールに基づいた契約主体となる。このように、相互交渉の結果、多国間で国際的な承認が得られていく。

問三　――(3)「だから『社会』と言われても、そのまま society を写せるわけではない。」とありますが、その理由を説明したものとして最もふさわしいものを、次の**ア**～**エ**の中から一つ選び、記号で答えなさい。

ア　「society」や「individual」や「contract」を日本語に置き換えることは、どうしても無理があるため、それまで日本に流通していた概念《がいねん》をうまく当てはめ、学問として成り立たせるしかなかったから。

イ　西洋語の「society」を一対一で日本語に翻訳《ほんやく》する場合、「individual」や「contract」といった関連語があり、それらの影響《えいきょう》により、「世の中」という理解をベースにして人々の間で考えられていくから。

ウ　漢学や蘭学《らんがく》の素養のあった人たちは、西洋の知識と言葉を持ち、大学で教えるようになるものの、「society」を「individual」や「contract」などの関連語と結びつけて考える

語で行われるものを学生は必死に理解しようとした。その学生たちは留学して、一生懸命《いっしょうけんめい》勉強して、西洋の言葉と知識を持ち帰ってきて教師になる。そうなる頃には、日本語で教育を行えるようになります。夏目漱石《なつめそうせき》もそうして教師になりますが、そのために今度は外国人教師が失職するのですね。

　哲学で言うと、明治四四(一九一一)年に★西田幾多郎《にしだきたろう》が『善の研究』を出します。これは日本語で哲学した最初の本で、まさに同時代の西洋哲学の核心《かくしん》にもふれています。それが、四〇年間かけて日本語の大**ウ**カイゾウをやってきた成果の現れだといってもいいでしょう。日本語の大カイゾウにはもうひとつ「国語」形成というのがありますが、そのあたりは★イ・ヨンスクさんたちの業績(『「国語」という思想』他)を参照してみてください。

　ともかく(4)西洋の文物がすべて日本語の中に取り込《こ》まれて、誰もが「国語」のうちで全★智識《ちしき》にあたることができるようになった。これは他に類のない日本近代の特徴です。

　(5)ではなぜ、他のところではできなかったのに、日本では翻訳ができたのか。

　たとえばアフリカでは西洋各国語の浸透は広範《こうはん》で、多くの地域で**エ**コウヨウ語になっています。地図で見ても、英語圏《けん》やフランス語圏に分かれていますね。それは、もともとこの地域が基本的に無文字社会だったからです。何かの蓄積《ちくせき》が書き物として残っていない。歴史化されていないということです。集団の記憶《きおく》を担《にな》う役割の人たちはいますが、その人たちが死に絶えれば蓄積はなくなります。文字を書いて残しておくと、後の人はそれを足場にしていろいろな制度のベースがつくれます。

　書かない文明にも、ダンスのように書くこととは別の刻み方があったりしますが、どうしても書く文明の蓄積に潰《つぶ》されるところがある。事実上、書いたものを頼《たよ》りに強い信仰《しんこう》体系ができて、自分たちの正しさを信じられるところは圧倒的《あっとうてき》に強くて、アメリカ(という名前をつけて消された世界)も、アフリカもそれで潰され、浸透されてしまいます。

　日本の場合は、早くから中国から漢字が入っていました。その漢字を通して中国を知ると同時に、それを自分たち流に活用して記録を残すことまでしていたのです。だから、そのおかげで、西洋の言葉も翻《ほん》案《あん》転記できるようになっていた。すでに江戸時代の初めから、蘭学がせまい範囲《はんい》だけれども重要な学問になっていて、『解体新書』という医書も訳されていました。そのための道具として、漢学使用の蓄積があったのです。

　それからもう一つ。★ポルトガル人が初めて日本に来たとき、日本には南蛮図屏風《なんばんびょうぶ》のように、どんな人たちが来たのかを克明《こくめい》に描《えが》き出す作業がありました。つまり、向こうから「異人」が来たとき、単に見られ観察される対象になるのではなく、他者を他者として認知し、把《は》握《あく》しようという姿勢があったわけです。

　たとえばアメリカ大陸の先住民たちを見てみると、海の向こうから白い神が来て、自分たちは滅《ほろ》びるといった伝承はあったようだけれども、コロンブスたちがどんな船でどんなふうに来たかを描いたものはありません。逆に、西洋人たちは、上陸やその**オ**シンテンチ、先住民のことを、自分たちのイメージに合わせて——たとえばギリシア・ローマの神話風に——描いたりしています。

　日本の場合は克明に描き出す力があった。古くから中国経験があり、東アジア関係があったからでしょう。それで西洋人が何を考えているのかを自分たちの間で共有するために、日本語で汲《く》み取り、吸収し、分かち合おうとした。

　実際、幕末の頃にもっとも流布《るふ》したのが『万国《ばんこく》公法』という、アメ

が、薩長にしても攘夷《じょうい》を主張してもできないから、まあ同じことでしょう——不平等条約を受け入れざるを得なかった。それが当時の西洋諸国のやり方です。

（西谷　修『私たちはどんな世界を生きているか』）

★草莽…官職に就かず、民間に留まっている人のこと。「草深いところ」という意味で、幕藩体制が動揺《どうよう》する頃に、政治的主張をする民間知識人や脱藩浪士《だっぱんろうし》たちが自らを称《しょう》して言った。

★よりしろ…神霊《しんれい》が寄り憑《つ》く対象物のこと。

★レジティメイトする…合法化・正当化する、道理に合ったものにする、という意味。

★ホッブズ…イギリスの哲学者（一五八八～一六七九）。

★社会契約論的な考え方…人間は自己保存のための自然権を持っているが、万人がそれを行使する（万人の万人に対する闘争《とうそう》）と、争いが絶えなくなり危険だから、自然権を放棄《ほうき》し主権者に委《ゆだ》ねるとともに政治機構を作り、社会を安定させるという考え方。ここでは、人々の自由は国家に預け、国家が人々の自由を保障する、といった意味。

★ヘーゲル…ドイツの哲学者（一七七〇～一八三一）。

★主人と奴隷の弁証法…ヘーゲル哲学において最も多く論じられた主題の一つ。「主人」の生活は「奴隷」の労働に依存しているから、やがて「奴隷」は自立を果たし、「主人」は自立を喪失《そうしつ》する。そのように両者の関係は入れ替《か》わる。こうした過程を通じて人間の諸関係は形成され、改変されていくという論理のこと。

【文章Ⅱ】

日本はあらゆる形で翻訳《ほんやく》語をつくりました。それまでの日本語にない言葉を、漢字二字を組み合わせて何とか対応する日本語をつくる。その造語は、初めは人びとに馴染《なじ》まないけれど、学校教育が始まったので、そこで教えることで日本の通常語のなかに入ってゆきます。こうして、西洋由来のあらゆることがらが日本語で普通に語れるようになったのです。

たとえば「社会」という言葉。それまで日本には society なんていう観念はなかった。けれども、訳者たちがいろいろ考えて、「人が集まっているということだよな。でも集まるといっても、ヨーロッパには教会があるだろう。そうか、日本には社《やしろ》があるじゃないか。ならば、人が集まっているというのは『会』でどうだ」とか言ってつくります。それをやったのは漢学や蘭学《らんがく》の素養があった人たちで、★西周《にしあまね》はその代表です（これについては、★つとに有名な★柳父章《やなぶあきら》という人の『翻訳語成立事情』という本があります）。

でも西洋語の society には individual（個人）とか contract（契約）とかの関連語があります。(3)だから「社会」と言われても、そのまま society を写せるわけではない。なんじゃ、それは、と言われて説明するときには、「まあ世の中ってことかな」とか言わざるを得ないから、そうか、とりあえず、というのでたいていは「世の中」という理解をベースに、「社会」というのが考えられるようになる。

それで、社会という言葉も、society の元の意味とか、他の言葉との関連よりも、「世の中」というイメージのほうが浸透《しんとう》していく。だから日本語で「社会」と言ったときに、今では正確に society の訳語か、一対一で対応するのかと言ったら、「どうかなあ？」ということになるわけです。翻訳とは言っても、西洋諸語同士のようにラテン語を共通のベースにしているといった条件がないので、これは避《さ》けがたいことです。

ただ、ともかく西洋概念《がいねん》を全部日本語で置き換《か》えられるようにおびただしい訳語をつくった。そのために西洋の知の イ コンカンだった哲学や科学も、全部日本語でできるようになる。明治の初め頃は、大学の教師のほとんどは、お雇《やと》い外国人です。法学はドイツ語やフランス

れを支えるのは、領民がひとつの権力の下に同じ法制度に従って統治されるような国法制度です。

主権は王権がモデルになっていますが、その頃《ころ》ヨーロッパではキリスト教の神が正統性の根拠でした。けれども、領土国家の基盤《きばん》は実はそこに住んでいる人間ですから、その民は単なる領民ではなくて、国民になります。王権でさえ、国民の持つ力を基盤に立っているということです。

そうなると、国は国民が支えているということで、国民主権という考えが出てきます。国民が主権者だと言ったときには、無数の人びとが関わるわけだから、法的なフィクションになりますけれど、理念的には国家の原理は国民にあることになる。

すると、たとえ国王のいる国であっても、その国王は国民の代表であって、統治権力の正統性の元は国民にあると論理化される。それが近代国家です。そしてそういう論理に現実的な力を持たせていったのが、商工業の発達のような経済的活動であって、それが社会や地域の富を生み出す基盤になって、政治権力さえそれに支えられるようになる。

もちろんそこに、★ホッブズ以来の★社会契約《けいやく》論的な考え方が、国民主権を根拠づけるものとして準備されていました。経済活動は、いわゆる市場を場として展開されるから、それぞれの個人の活動を自由にしないと活発になりません。だから、個人の自由を尊重するとか、[A]その自由を国が支えるといった捉《とら》え方、考え方になっていくわけです。

そして国家主権というときにも、王制下で内と外に対して無制約な生殺与奪《せいさつよだつ》の権限を振《ふ》るうということよりも、ナショナルなユニットとしての一元制を体現することと、対他関係を代表するというのが主権の役割になります。

というのも、まさに近代日本がそうしてできたように、主権国家は国際的な相互《そうご》承認関係の中でしか成り立ちませんから。

国民が国家のベースになると、国王がいても代表民主制のような制度を導入せざるを得なくなる。そして国事の決定に何らかの形で国民が参加する体制になります。正統性の観点から見れば、それが民主制ということです。

★ヘーゲルの哲学《てつがく》はそれを代弁しています。★主人と奴隷《どれい》の弁証法のように、王がアクンリンしているように見えながら、実は王は何も生産できないから、奴隷に依存《いぞん》せざるを得ない。[B]実質的には奴隷が主なのだといった論理で、国家と市民社会を繋ぎました。

(2)近代国家の特徴《とくちょう》とは、基本的には国民がベース、そしてその国民は原則的に対等だということです。そして、そういう条件を抱《かか》えて、それぞれの国は対外的には主権の相互承認秩序に従い、ひとつの国として振《ふ》る舞《ま》います。そして外に出て異邦《いほう》に出会うと、まず自分たちのルールで契約主体になれと要求する。まずは交渉《こうしょう》ができて、その交渉結果をお互《たが》いが法として守る。そういう秩序の主体であれということです。

[C]当時の日本の場合、西洋諸国はどこと交渉すればいいのかわからない。幕府と交渉しろというが、どうもまとまっていなくて長州藩や薩摩《さつま》藩は別の態度をとる。それでは、信用が置けないから、対等の交渉相手とは認められない、ということで、日本に不平等条約を押《お》しつけてくる。

なにが不平等かと言うと、通商するにしても関税をこちらでは決められない。[D]西洋人の行動に対して日本には裁判権がない。居留地を与《あた》えたらそこは日本の法が適用されない。治外法権というものですね。その条件を呑《の》まないと、植民地にして「文明化」するしかない、ということになります。それで日本は——というより幕府です

2024年度

洗足学園中学校

【国　語】〈**第二回試験**〉（五〇分）〈満点：一〇〇点〉

【注意】・字数制限のない問題について、一行分の解答らんに二行以上解答してはいけません。
・記号・句読点がある場合は字数に含《ふく》みます。

一　**次の【文章Ⅰ】【文章Ⅱ】は、どちらも西谷修『私たちはどんな世界を生きているか』（二〇二〇年）の一節で、「明治一五〇年の日本の国の形成と変容」というテーマの、主に日本の近代化の過程について論じたものです。これを読んで後の問いに答えなさい。**

【文章Ⅰ】

まず、明治期の変化の根本は、国際化だということですね。開国と言いますが、それ以後、日本で起こることは世界と繋《つな》がるようになったということです。

それを西洋的な国家間秩序《ちつじょ》からすると、日本を世界秩序の中の一主体というか、プレーヤーにするということです。

そのために日本は、幕藩《ばくはん》体制のような形ではなく、一国としてまとまる中央集権国家を作らざるを得なかった。そのときに、何が国を一本化する軸《じく》になるかと言うと、天皇しかなかったということですね。

他の可能性もあったかもしれません。フランス革命に学べば、百《ひゃく》姓一揆《しょういっき》や★草莽《そうもう》自立のやり方で、そのまま共和制国家を作る道がないわけではなかった。けれども、それまでの武士中心の身分制社会だとか、どういう力の結集が幕府を解消できるかとか、現実の条件の中で、いろいろな利害確執《かくしつ》をまとめて、一元的な国の★よりしろになりうるものが、結局、(1)それまで宙吊《ちゅうづ》りの権威《けんい》にされていた天皇しかなかったということです。

一つの政治権力というのは、単に力（暴力）だけではできなくて、力がつくる状況《じょうきょう》を安定させ、あるいはそれを秩序として支えるのは、まずは正統性の論理です。統治を★レジティメイトする、根拠《こんきょ》づける、そして人びとを納得させるものは何か？　ということです。

だからこのときも、日本で一元権力をつくるために担《かつ》がれたのが天皇家だったということです。

権力が持続的に維持《いじ》されるためには、正統性が必要です。その正統性は、たいていその社会に通用する物語に支えられていて、ヨーロッパだと長い間、その役割をキリスト教あるいはローマ教会が果たしてきました。江戸《えど》時代まで天皇は実際の統治には関与《かんよ》しておらず、権威としては京都の簾《すだれ》の内でまったく形骸化《けいがいか》していたけれども、それでも徳川将軍を誰《だれ》が承認《しょうにん》するのか、誰が将軍の権力の裏打ちになるのかと言ったら、形式的にでも帝《みかど》によって、征夷《せいい》大将軍（蝦夷征伐《えみしせいばつ》の武人）に任命されるという形をとってきたわけです。それによって、この国の統治を任されるという形をとることが、幕府の正統性の論理でした。

だから幕府を倒《たお》すという暴力（戦）の正当化も、皇室に政治権力を戻《もど》す（大政奉還《ほうかん》）という大義で、天皇を中心とする国ができることになった。「錦《にしき》の御旗《みはた》」と言いますね。「官軍」です。それが実は、国際状況の、国際関係の中で要請《ようせい》された西洋型国家になるということに対する、日本のある意味では逆説的な対応だったわけです。国際情勢への対応というのは、まずは中央集権国家になるということ。そしてその集権国家が、西洋型の主権国家であって、同時に国民国家だということです。

主権国家とは、一定の領土を持ち、その領土を一括《いっかつ》統治する法権力のもとにある国家です。その権力は、国内で最高の権力であって、そ

2024年度

洗足学園中学校　▶解説と解答

算　数　＜第２回試験＞（50分）＜満点：100点＞

解　答

1 (1)　13　(2)　$6\frac{2}{3}$　**2** (1)　240 L　(2)　135度　(3)　16班　(4)　0.25　**3** (1)　76m　(2)　6 cm　(3)　58日　(4)　１時間36分　**4** (1)　288個　(2)　$\frac{20}{30}$　(3)　239　**5** (1)　48cm²　(2)　1584cm³　(3)　336cm³

解　説

1 **四則計算，逆算**

(1)　$40-3\div\left(\frac{1}{3}+\frac{3}{4}\times0.6-0.2\right)\times5\frac{1}{4}=40-3\div\left(\frac{1}{3}+\frac{3}{4}\times\frac{3}{5}-\frac{1}{5}\right)\times\frac{21}{4}=40-3\div\left(\frac{1}{3}+\frac{9}{20}-\frac{1}{5}\right)\times\frac{21}{4}=40-3\div\left(\frac{20}{60}+\frac{27}{60}-\frac{12}{60}\right)\times\frac{21}{4}=40-3\div\frac{35}{60}\times\frac{21}{4}=40-3\times\frac{12}{7}\times\frac{21}{4}=40-27=13$

(2)　$0.25+\frac{1}{9}\times\left(1-\frac{1}{8}\right)=\frac{1}{4}+\frac{1}{9}\times\left(\frac{8}{8}-\frac{1}{8}\right)=\frac{1}{4}+\frac{1}{9}\times\frac{7}{8}=\frac{1}{4}+\frac{7}{72}=\frac{18}{72}+\frac{7}{72}=\frac{25}{72}$より，$\left\{(12+\square)\div1\frac{2}{3}-0.4\right\}\times\frac{25}{72}=3.75$，$(12+\square)\div1\frac{2}{3}-0.4=3.75\div\frac{25}{72}=3\frac{3}{4}\div\frac{25}{72}=\frac{15}{4}\times\frac{72}{25}=\frac{54}{5}$，$(12+\square)\div1\frac{2}{3}=\frac{54}{5}+0.4=\frac{54}{5}+\frac{2}{5}=\frac{56}{5}$，$12+\square=\frac{56}{5}\times1\frac{2}{3}=\frac{56}{5}\times\frac{5}{3}=\frac{56}{3}$　よって，$\square=\frac{56}{3}-12=18\frac{2}{3}-12=6\frac{2}{3}$

2 **比の性質，角度，条件の整理，つるかめ算，表とグラフ，平均とのべ**

(1)　はじめにＡ，Ｂ，Ｃに入っている水の量の比は，１：１：0.7＝10：10：７(和は27)であり，最後にＡ，Ｂ，Ｃに入っている水の量の比は５：６：７(和は18)である。ここで，Ａ，Ｂ，Ｃに入っている水の量の和は変わらないから，これを27と18の最小公倍数の54にそろえると，はじめの比は，10：10：７＝20：20：14，最後の比は，５：６：７＝15：18：21となる。すると，Ａに入っている水の量は，20－15＝５減り，これが60Ｌにあたるので，比の１にあたる水の量は，60÷５＝12(Ｌ)とわかる。よって，はじめにＡに入っていた水の量は，12×20＝240(Ｌ)である。

(2)　(N角形の内角の和)＝180×(N－２)(度)で求められるから，五角形の内角の和は，180×(５－２)＝540(度)であり，正五角形の１つの内角の大きさは，540÷５＝108(度)となる。また，右の図１で，×印の角の大きさは，180－129＝51(度)なので，○印の角の大きさは，360－(51＋108×２)＝93(度)，●印の角の大きさは，180－(93＋60)＝27(度)とわかる。よって，かげをつけた三角形に注目すると，㋐の角の大きさは，27＋108＝135(度)と求められる。

図１

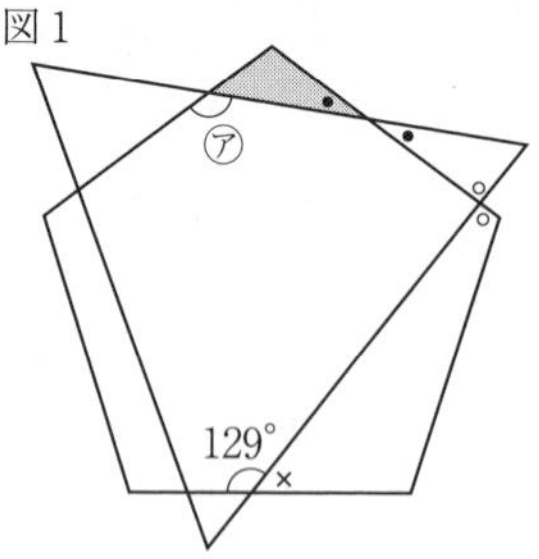

(3)　７人の班から２人ずつ選びだして３人の班を作ると，４人の班と７人の班の数は変わらず，３人の班の数が，44－40＝４(班)増える。よって，７人の班から選びだした人数は，３×４＝12(人)だから，７人の班の数は，12÷２＝６(班)とわかる。これを除いて考えると，はじめに作った３人の班と４人の班は，

図２

３人の班　４人の班｝合わせて34班で118人

班の数の合計が，40－６＝34(班)，人数の合計が，160－７×６＝118(人)となるので，上の図２のようにまとめることができる。３人の班が34班あるとすると，人数の合計は，３×34＝102(人)となり，実際よりも，118－102＝16(人)少なくなる。３人の班と４人の班を交換《こうかん》すると，１班あたり，４－３＝１(人)多くなるから，４人の班の数は，16÷１＝16(班)と求められる。

(4)　人数の合計が20人の場合，10番目の人と11番目の人の点数の平均が中央値になる。これが27.5なので，25点以下の人数の合計と30点以上の人数の合計がそれぞれ10人ずつとなり，ア＝10－(２＋１＋４)＝３，イ＋ウ＋エ＝10－(４＋１)＝５とわかる。また，20人の平均値が29だから，20人の合計点は，29×20＝580(点)となる。このうち，イ，ウ，エを除いた人の合計点は，10×２＋15×１＋20×４＋25×３＋30×４＋50×１＝360(点)なので，イ，ウ，エの５人の合計点は，580－360＝220(点)と求められる。ここで，45点の人だけが５人いたとすると，この５人の合計点は，45×５＝225(点)となるから，この状態から，225－220＝５(点)低くすればよい。そのためには，45点の人を１人減らし，かわりに40点の人を１人増やせばよい。つまり，イ＝０，ウ＝１，エ＝４とすればよいので，ア×イ＋ウ÷エ＝３×０＋１÷４＝0.25と求められる。

3　通過算，辺の比と面積の比，相似，仕事算，周期算，流水算

(1)　下の図１のように，㋐，㋑，㋒の３通りの進み方を考える。電車の長さを□mとすると，㋐で電車Ｐが進む長さは，328＋1800＋696－□＝2824－□(m)，㋑で電車Ｐが進む長さは，1800＋696＋□＝2496＋□(m)となるから，㋐と㋑で電車Ｐが進む長さの差は，(2824－□)－(2496＋□)＝328－□×２(m)とわかる。また，電車Ｐと電車Ｑは長さも速さも同じなので，㋒で電車Ｐと電車Ｑがすれ違《ちが》い終わるのはAD間の真ん中になる。よって，このとき電車Ｐが進む長さは，(328＋1800＋696)÷２＋□＝1412＋□(m)となる。そこで，電車の速さを秒速△mとすると，下の図２の(a)，(b)の式を作ることができる。さらに，(b)の式の等号の両側を２倍してから２つの式を足すと，△×11＋△×186＝△×197にあたる長さが，328＋2824＝3152(m)となるから，△＝3152÷197＝16と求められる。つまり，電車の速さは秒速16mなので，㋒で電車Ｐが進む長さは，16×93＝1488(m)となり，□＝1488－1412＝76(m)とわかる。

図１

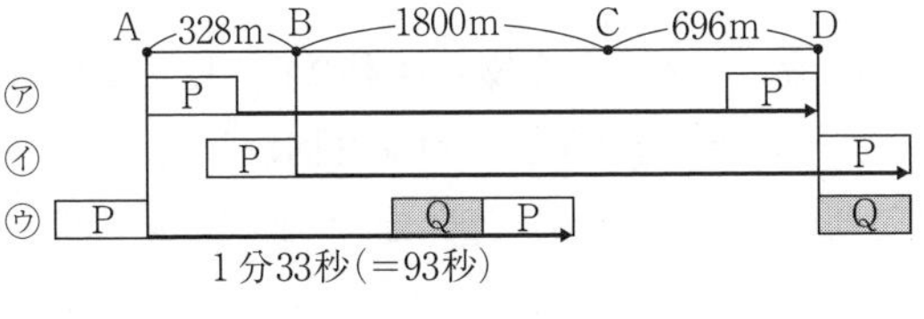

図２

$$\begin{cases} \triangle\times 11=328-\square\times 2 & \cdots(a) \\ \triangle\times 93=1412+\square & \cdots(b) \end{cases}$$

⇩

$$\begin{cases} \triangle\times 11=328-\square\times 2 & \cdots(a) \\ \triangle\times 186=2824+\square\times 2 & \cdots(b)\times 2 \end{cases}$$

(2)　右の図３で，三角形BCHの面積を１とすると，長方形ABCDの面積は５，三角形ABCの面積は，５÷２＝2.5となる。よって，三角形AHCと三角形BCHの面積の比は，(2.5－１)：１＝３：２なので，AH：HB＝３：２とわかる。次に，DAとCHをそれぞれ延長して交わる点をＩとすると，三角形AIHと三角形BCHは相似になる。このとき，相似比は，AH：BH＝３：２だから，IA＝13×$\frac{3}{2}$＝19.5(cm)と求められる。また，三角形AIHと三角形BCH

図３

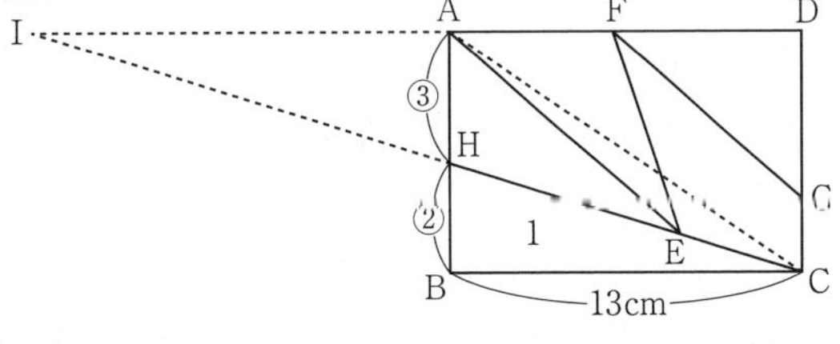

の面積の比は，（3×3）：（2×2）＝9：4なので，三角形AIHの面積は，$1\times\frac{9}{4}$＝2.25になる。さらに，三角形AHEと三角形AEFの面積も1だから，三角形IEAと三角形AEFの面積の比は，(2.25＋1)：1＝13：4となり，IA：AF＝13：4とわかる。したがって，AF＝$19.5\times\frac{4}{13}$＝6（cm）と求められる。

(3)　Aさんは，1＋1＝2（日）に1回，Bさんは，1＋2＝3（日）に1回，Cさんは，1＋3＝4（日）に1回働くので，2と3と4の最小公倍数である12日を周期として考える。すると，3人が8回目に同時に働くのは，8－1＝7（回目）の周期を終えた次の日だから，12×7＋1＝85（日目）となる。また，上の図4から，1つの周期の中で働く日数は，Aさんは6日，Bさんは4日，Cさんは3日とわかるので，85日の中で働く日数は，Aさんは，6×7＋1＝43（日），Bさんは，4×7＋1＝29（日），Cさんは，3×7＋1＝22（日）となる。よって，Aさん，Bさん，Cさんが1日にする仕事の量をそれぞれⒶ，Ⓑ，Ⓒとすると，この仕事全体の量は，Ⓐ×43＋Ⓑ×29＋Ⓒ×22と表すことができる。ここで，Ⓑ＝Ⓐ＋Ⓒだから，この式は，Ⓐ×43＋（Ⓐ＋Ⓒ）×29＋Ⓒ×22＝Ⓐ×43＋Ⓐ×29＋Ⓒ×29＋Ⓒ×22＝Ⓐ×72＋Ⓒ×51となる。さらに，仕事全体の量は，Ⓒ×87と表すこともできるので，Ⓐ×72＋Ⓒ×51＝Ⓒ×87，Ⓐ×72＝Ⓒ×36，Ⓐ×2＝Ⓒ×1より，Ⓐ：Ⓒ＝$\frac{1}{2}$：$\frac{1}{1}$＝1：2とわかる。そこで，Ⓐ＝1，Ⓒ＝2とすると，Ⓑ＝1＋2＝3となる。また，仕事全体の量は，2×87＝174となるから，Bさんが休まずに1人で働くときにかかる日数は，174÷3＝58（日）と求められる。

図4

Aさん	○	×	○	×	○	×	○	×	○	×	○	×	○	…
Bさん	○	×	×	○	×	×	○	×	×	○	×	×	○	…
Cさん	○	×	×	×	○	×	×	×	○	×	×	×	○	…

(4)　右の図5で，BC間の上りと下りにかかった時間が同じなので，このときの上りと下りの速さは等しい。また，はじめの静水時の速さを時速$\boxed{1}$kmとすると，BC間を上るときの静水時の速さは時速$\boxed{1.5}$km，下るときの静水時の速さは時速$\boxed{1}$kmとなるから，$\boxed{1.5}$－2＝$\boxed{1}$＋2より，$\boxed{1}$にあたる速さは時速，（2＋2）÷（1.5－1）＝8（km）と求められる。よって，AB間の距離《きょり》は，$(8-2)\times\frac{80}{60}$＝8（km）である。次に，BA間を下るとき，12分で，$(8+2)\times\frac{12}{60}$＝2（km）下り，30分で，$2\times\frac{30}{60}$＝1（km）流されることを繰《く》り返すので，12＋30＝42（分）で，2＋1＝3（km）進むことを繰り返す。8÷3＝2余り2より，これを2回繰り返し，さらに2km下ってA町に着くから，BA間にかかった時間は，42×2＋12＝96（分）となる。96÷60＝1余り36より，これは1時間36分である。

図5

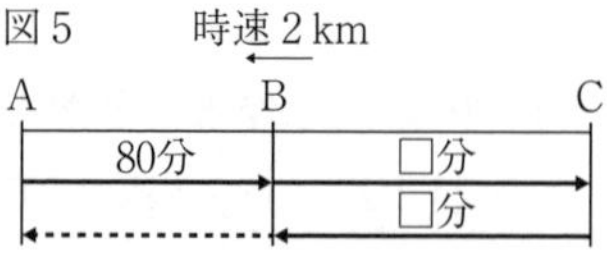

4 数列

(1)　455＝5×7×13だから，右の図1のクの部分に入る整数の個数を求めればよい。5の倍数は，455÷5＝91（個），7の倍数は，455÷7＝65（個），13の倍数は，455÷13＝35（個）ある。また，5と7の公倍数（35の倍数）は，455÷35＝13（個），5と13の公倍数（65の倍数）は，455÷65＝7（個），7と13の公倍数（91の倍数）は，455÷91＝5（個），5と7と13の公倍数（455の倍数）は，455÷455＝1（個）ある。ここで，ア～キの部分に入る整数の個数は，ア＋イ＋ウ

図1

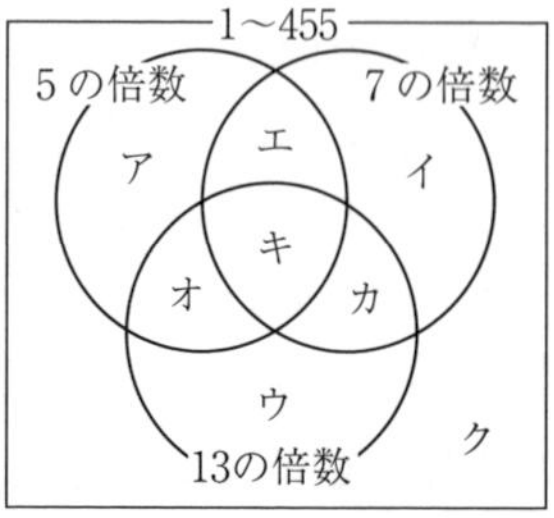

＋エ＋オ＋カ＋キ＝(ア＋エ＋オ＋キ)＋(イ＋エ＋カ＋キ)＋(ウ＋オ＋カ＋キ)－(エ＋キ)－(オ＋キ)－(カ＋キ)＋キで求めることができるので，91＋65＋35－13－７－５＋１＝167(個)となる。よって，クの部分に入る整数の個数は，455－167＝288(個)だから，分母が455の既《き》約《やく》分数の個数は288個である。

(2)　右の図２のように組に分けると，N組の分数の分母はNで，個数はN個になるから，１＋２＋…＋N＝(１＋N)×N÷２の値が455に近くなるNの値を求める。N＝29とすると，(１＋29)×29÷２＝435，N＝30とすると，(１＋30)×30÷２＝465となるので，29組までの個数の合計が435個，30組までの個数の合計が465個とわかる。よって，455番目の分数は30組の，455－435＝20(番目)の分数だから，$\frac{20}{30}$である。

図２

１組	$\frac{1}{1}$	和１
２組	$\frac{1}{2}$，$\frac{2}{2}$	和$1\frac{1}{2}$
３組	$\frac{1}{3}$，$\frac{2}{3}$，$\frac{3}{3}$	和２
４組	$\frac{1}{4}$，$\frac{2}{4}$，$\frac{3}{4}$，$\frac{4}{4}$	和$2\frac{1}{2}$

(3)　各組に並ぶ分数の和は$\frac{1}{2}$ずつ増えるので，29組に並ぶ分数の和は，$1+\frac{1}{2}\times(29-1)=15$となり，１組から29組までに並ぶ分数の和は，$1+1\frac{1}{2}+\cdots+15=(1+15)\times29\div2=232$と求められる。また，30組の20個の分数の和は，$\frac{1}{30}+\frac{2}{30}+\cdots+\frac{20}{30}=\left(\frac{1}{30}+\frac{20}{30}\right)\times20\div2=7$だから，はじめから455番目までに並ぶ分数の和は，232＋７＝239となる。

5　立体図形─水の深さと体積

(1)　右の図１のかげの部分の面積は，2160÷54＝40(cm^2)である。また，正六角形は図１のように合同な６個の二等辺三角形に分けることができるから，正六角形の面積はかげの部分の面積の$\frac{6}{5}$倍であり，$40\times\frac{6}{5}=48$(cm^2)とわかる。

図１

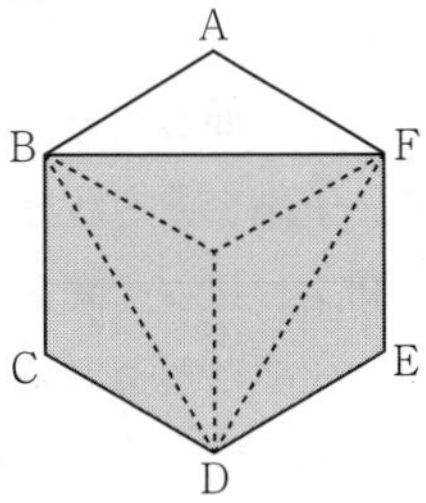

図２

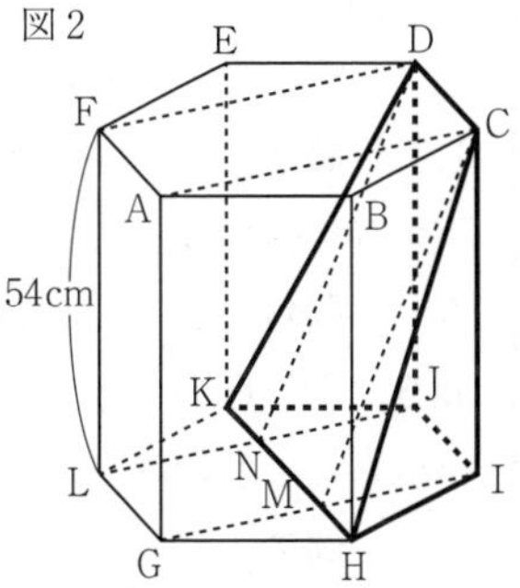

(2)　水が入っているのは右の図２の太線で囲んだ部分である。これは，体積が等しい２つの三角すいC－HIM，D－KJNと，中央の三角柱CMI－DNJに分けることができる。はじめに，三角形HIMの面積は，48÷６÷２＝４(cm^2)なので，三角すいC－HIMの体積は，４×54÷３＝72(cm^3)とわかる。また，三角柱CMI－DNJの体積は，直方体ACDF－GIJLの体積の，$\frac{1}{2}\times\frac{1}{2}=\frac{1}{4}$(倍)である。ここで，長方形ACDFの面積は，$48\times\frac{4}{6}=$32(cm^2)だから，直方体ACDF－GIJLの体積は，32×54＝1728(cm^3)となり，三角柱CMI－DNJの体積は，$1728\times\frac{1}{4}=432$(cm^3)と求められる。よって，入っている水の体積は，72×２＋432＝576(cm^3)なので，2160－576＝1584(cm^3)捨てればよい。

(3)　水が入っているのは下の図３の太線で囲んだ部分である。これは，三角すいD－JRQから，体積が等しい２つの三角すいO－IHQ，P－KLRを取り除いたものである。また，図３を真上から見ると下の図４のようになる。図４で，三角形IHQと三角形IHLは合同だから，三角形IHQの面積は，$48\times\frac{2}{6}=16$(cm^2)である。また，五角形JKLHIの面積は図１のかげの部分の面積と等しく40cm^{2}なので，三角形JRQの面積は，40＋16×２＝72(cm^2)とわかる。よって，三角すいD－JRQの体積は，72×54÷３＝1296(cm^3)と求められる。次に，図３で，三角形DJQと三角形OIQは相似で，図４から，JI：IQ＝JI：IL＝１：２とわかるから，相似比は，JQ：IQ＝(１＋２)：２＝３：２となり，

OI＝54×$\frac{2}{3}$＝36(cm)と求められる。したがって，三角すいO－IHQの体積は，16×36÷３＝192(cm^3)なので，入っている水の体積は，1296－192×２＝912(cm^3)となり，加える水の体積は，912－576＝336(cm^3)とわかる。

図３

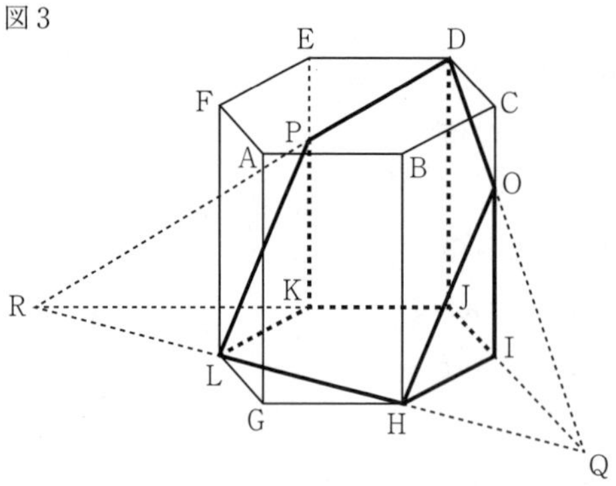

図４

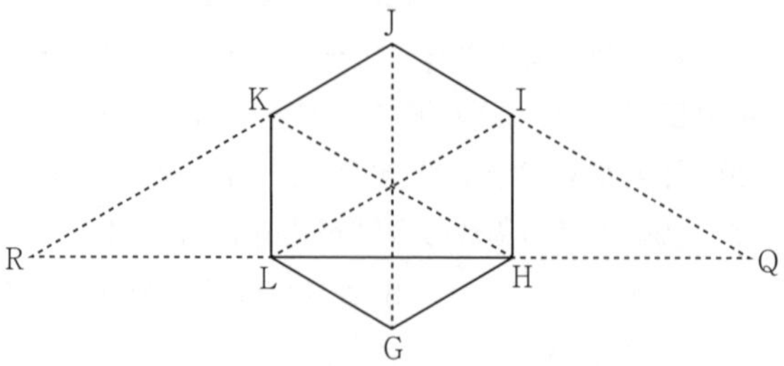

社　会　＜第２回試験＞（理科と合わせて60分）＜満点：75点＞

解　答

1 **問１** (1) D　(2) A　(3) D　(4) A　**問２** (1) A　(2) C　**問３** (1) B　(2) D　**問４** 札幌／(例) 城下町としての歴史をもつ　**2** **問１** D　**問２** E　**問３** A　**問４** C　**問５** B　**問６** A　**問７** (例) 幕末に各国と結ばれた不平等条約の改正について，予備交渉を行うこと。　**問８** 岩倉具視　**問９** F　**問10** A　**問11** D　**3** **問１** D　**問２** B，D　**問３** インバウンド　**問４** A　**問５** (1) C　(2) (例) 死票は落選者に投じられた票のことである。小選挙区制は１つの選挙区から１名のみ当選する選挙制度であり，落選者が多くなるため，死票が多くなる。　**問６** C　**問７** C

解　説

1　４つの地方中枢《ちゅうすう》都市についての問題

問１ (1)［地図１］は北海道で(ア)は札幌市，［地図２］は福岡県で(イ)は福岡市，［地図３］は宮城県で(ウ)は仙台市である。Xは北海道の北東部に位置しているのでサロマ湖，Yは福岡県の中央部に位置しているので筑紫《つくし》山地，Zは福島県から宮城県の南部に流れこんでいるので阿武隈《あぶくま》川である。なお，十和田湖は青森県と秋田県にまたがる湖，九州山地は九州地方の中央部に位置する山地，北上川は岩手県から宮城県の北部に流れこむ河川である。　(2)［地図４］は広島県で(エ)は広島市である。［資料］のDは畜産《ちくさん》の産出額がきわめて多いうえに，野菜や米も多いことから北海道であるとわかる。A～Cのうち，Cは米と畜産の産出額が多いので宮城県，Aは野菜の産出額が多いのでいちごなどの栽培《さいばい》がさかんな福岡県，Bは残った広島県と判断できる。　(3) ①は，広島県の養殖《ようしょく》生産量が最も多いのでカキである。②は，リアス海岸の発達した長崎県，愛媛県，三重県でさかんであるため真珠《しんじゅ》である。③は，北海道と青森県が生産量第１位と第２位であるのでホタテである。　(4) 食料品の製造品出荷額等が日本で最も多い北海道は，Dに当てはまる。福岡県は北九州市，広島県は福山市に大規模な製鉄所があるが，福岡市をふくむ北九州工業地域では食料品工業も発達しているため，Ｂが福岡県，Ａが広島県と判断できる。残ったＣは宮城県である。

問２ (1) 東京を除いた都市の人口は，横浜市(神奈川県)，大阪市，名古屋市(愛知県)，札幌市，福岡市の順に多い。よって，どの年をみても人口の多い①が(ア)の札幌市，②が(イ)の福岡市である。東京を除いた都市の在留外国人の人口は，大阪市，横浜市，名古屋市，神戸市(兵庫県)，川崎市(神奈川県)，京都市，川口市(埼玉県)，福岡市の順に多いことからも判断できる。また，①，②ともにＸよりもＹのほうが在留外国人の人口は増えているので，Ｘには2010年が当てはまる。 (2) 札幌市((ア))は北海道の気候に属し，梅雨がなく冬の気温が０℃を下回るので，［資料１］の②が当てはまる。また，札幌市は，冬は降雪により日照時間が広島市((エ))に比べて少なくなるので，［資料２］は③が選べる。

問３ (1) 距離《きょり》が比較《ひかく》的近い空港どうしでは，定期便が運航されていないと考えられる。よって，東京国際空港(羽田空港)との間で通常は定期便が運航されていないＤは仙台空港，大阪国際空港(伊丹《いたみ》空港)との間で定期便が運航されていないＣは広島空港とわかる。新千歳《ちとせ》空港(北海道)と福岡空港はいずれも旅客数が多いが，大阪国際空港との路線で比べたとき，Ａの方が旅客数が多いので，Ａは大阪から遠い距離に位置する新千歳空港，Ｂが福岡空港と判断できる。 (2) Ａは，国内海上貨物量が移出量，移入量ともに多いことから，国内貨物の輸送が海上輸送となる北海道の苫小牧《とまこまい》港である。Ｃは，国外海上貨物量のうち輸出量が特に多いことから，距離の近いアジア各国への輸出の拠点《きょてん》となっている福岡県の博多港となる。ＢとＤを比べると，Ｄは輸入量より輸出量の方が多いことから，自動車の生産がさかんで輸出も多い広島県の広島港と判断できる。残ったＢが仙台塩《しお》釜《がま》港である。

問４ ２番目の地図には仙台城跡《あと》，３番目の地図には広島城跡，４番目の地図には福岡城跡が見られるので，この３都市は城下町として発展したと考えられる。一方，１番目の地図の札幌市は，明治時代の初めに開拓使《かいたくし》が設置され，北海道開拓の拠点として都市が形成されていった。

2 護国寺とその周辺の史跡《しせき》についての問題

問１ (ア)について，文京区にある護国寺駅を降りると，お茶の水女子大学とその附属《ふぞく》小学校，中学校，高等学校や，筑波大学附属中学校，高等学校などがある。文京区の区名は，1947年に旧小石川区と旧本郷区が合併《がっぺい》するさいに，「文教の府」のイメージに合うことから採用された。(ウ)について，徳川宗家を継《つ》いだ徳川家達《いえさと》が「十六代様」と呼ばれていたことから，江戸幕府最後の将軍で第15代の徳川慶喜《よしのぶ》とわかる。(エ)について，江戸幕府の第５代将軍は徳川綱吉である。なお，徳川家康は初代，徳川家茂《いえもち》は第14代，徳川家光は第３代，徳川吉宗は第８代将軍である。

問２ 後白河上皇が院政を行う中，政権内部の権力争いにともない，平清盛と源義朝との間で勢力争いが激しくなり，1159年に義朝は京都で挙兵したが，清盛の反撃《はんげき》にあって敗れた(平治の乱)。義朝の子である義経は京都の鞍馬《くらま》寺に預けられた後，平泉(岩手県)の藤原秀衡《ひでひら》のもとで成長し，1185年３月に壇ノ浦の戦い(山口県)で平氏を滅《ほろ》ぼした。なお，源頼朝は義朝の子で，平治の乱の後に伊豆(静岡県)に流された。足利義政は室町幕府の第８代将軍で，将軍家のあと継ぎ問題をきっかけに応仁の乱(1467～77年)を招いた。保元の乱は，1156年に起きた後白河天皇と崇徳《すとく》上皇の争いである。

問３ (オ)について，本文より，三井寺は琵琶《びわ》湖の周辺にあることがわかるので，近江《おうみ》(滋賀県)が当てはまる。(ク)について，大隈重信は，1882年に早稲田大学の前身である東京専門学校と立憲改進党を設立した。(コ)について，天皇を敬い，天皇中心の政府をつくろうとすることを尊王といい，外国勢力を排除《はいじょ》し，外国人を日本から追い払《はら》うことを攘《じょう》夷《い》という。幕末にこの2つの考え方が結びついて尊王攘夷論となり，三条実美《さねとみ》はその考えを支持する代表的な公家として知られた。なお，三河は現在の愛知県東部，河内は現在の大阪府南東部にあたる。東京大学は1877年に官立の大学として設立され，津田塾大学は津田梅子が1900年に設立した女子英学塾を前身としている。公武合体とは，幕府と朝《ちょう》廷《てい》の結びつきを強めることで幕府の権威《けんい》を高めようとする運動のことである。

問4　XとYは兄弟，ZはXの娘《むすめ》でYの皇后《こうごう》であることから，Xは天智天皇，Yは天武天皇，Zは天智天皇の娘で天武天皇の皇后となった持統天皇である。なお，天武天皇と持統天皇の娘が元明天皇，その息子が文武天皇，文武天皇の息子が聖武天皇である。

問5　1874年に板垣退助らは国民に選ばれた議員からなる国会開設を求める意見書(民撰《みんせん》議院設立建白書)を政府に提出し，その後，それを支持する自由民権運動が全国に広がっていった。なお，1894年に始まった日清戦争が終結したのは1895年である。

問6　1918年(第一次世界大戦期の終わりごろ)，ロシア革命によって樹立されたソビエト政権を倒《たお》して社会主義の広がりを防ぐため，チェコ軍の救出を口実として，日本はシベリア出兵に参加した。なお，Bは1940年(日独伊三国同盟)，Cは1941年(日ソ中立条約)，Dは1945年(ソ連参戦)のことで，いずれも第二次世界大戦期における出来事である。

問7，問8　1871年，幕末に欧米《おうべい》諸国と結んだ不平等条約の改正に関し，その予備交《こう》渉《しょう》を行い，各国を視察するため，右大臣の岩倉具視を大使，大久保利通，木戸孝允，伊藤博文，山口尚芳《ますか》を副使とする使節団が派遣《はけん》された。

問9　(ス)について，山県有朋《やまがたありとも》は，長州藩(山口県)出身の政治家で，近代的な軍制の基礎《きそ》を確立し，陸軍卿《きょう》や内務卿を歴任したのち1889年に内閣総理大臣(首相)となり，1890年に第1回帝国議会が開かれた。(タ)について，貝塚は，縄文時代の人々のごみ捨て場であり，貝がらが見つかっていることから近くに海があったと考えられ，当時の海岸線を知ることができる。(チ)について，1884年に現在の東京都文京区弥生で発見されたことから，弥生式土器と名づけられている。なお，坂本龍馬は土佐藩(高知県)，西郷隆盛は薩摩藩(鹿児島県)の出身である。

問10　1956年10月，鳩山《はとやま》一郎首相がソビエト社会主義共和国連邦(ソ連)の首都モスクワを訪れ，日ソ共同宣言に調印した。これにより，ソ連との国交が回復し，12月に日本は国際連合への加盟が認められた。なお，Bは1990年(東西ドイツ統一)，Cは1991年(ソ連解体)，Dは1997年(消費税率5%に引き上げ)の出来事である。

問11．室町幕府の第3代将軍足利義満は，1392年に後亀山《かめやま》天皇を説得して皇位の象《しょう》徴《ちょう》である三種の神器を北朝の後小松天皇に譲《ゆず》らせ，事実上南朝を解消した。これにより，およそ60年にわたって分裂《ぶんれつ》していた朝廷は統一し，南北朝の合体が実現した。

3 サミットについての問題

問1　IMF(国際通貨基金)は，経済危機を未然に防ぎ，国際通貨体制を安定させることを主な役割とした国際連合の専門機関である。紛争《ふんそう》や迫害《はくがい》によって母国を追われた難民を保護し，自由な帰国や他国への定住を助ける国際連合の機関は，UNHCR(国連難民高等弁務官事務所)である。

問2　2023年5月19日から21日にG7広島サミットが開催《かいさい》され，G7首脳であるフランスのマクロン大統領，アメリカのバイデン大統領，イギリスのスナク首相，ドイツのショルツ首相，日本の岸田首相，イタリアのメローニ首相，カナダのトルドー首相が出席した。なお，韓国の尹錫悦《ユンソンニョル》大統領やウクライナのゼレンスキー大統領も参加したが，Ｇ７に該当《がいとう》する国ではない。

問３　外国人が訪れる旅行のことや，外国人旅行客のことをインバウンドという。訪日外国人旅行客数は近年著しく増加し，2023年の訪日外国人旅行客数は約2500万人，インバウンド消費は過去最高の5.3兆円であった。しかし，同時に観光公害（オーバーツーリズム）が問題にもなっている。

問４　均質な製品を出荷し，傷のない野菜や果物を積極的に購入《こうにゅう》すると，生産や流通の過程において廃棄《はいき》される商品が多くなると推測できるので，環境《かんきょう》に配慮《はいりょ》するためには，ふぞろいな野菜や果物でも進んで買うようにしたほうがよい。

問５　(1)　アメリカのリンカン大統領が南北戦争中の1863年に行った演説の一部について，「人民の政治」が日本国憲法前文の「その権威《けんい》は国民に由来し」，「人民による政治」が「その権力は国民の代表者がこれを行使し」，「人民のための政治」が「その福利は国民がこれを享受《きょうじゅ》する」に，それぞれ対応すると考えられる。　(2)　小選挙区制は，１つの選挙区から１名の代表者だけが当選する選挙制度であり，当選者以外に投票した票は有権者の意思が反映されないという意味で「死票」といわれる。また，上位１名しか当選しないため，大政党に有利で，小さな政党や無所属の候補者が当選しにくいという特徴《とくちょう》がある。

問６　日本国憲法第27条では「すべて国民は，勤労の権利を有し，義務を負う」と定められている（Ｃ…○）。なお，Ａの納税は第30条に定められた国民の義務である。Ｂは教育を受ける権利（第26条），Ｄは公務員を選定する権利（第15条），Ｅは裁判を受ける権利（第32条）として憲法に定められている。

問７　Ｇ７伊勢志摩サミットは2016年に開催された。この年の６月19日，前年に成立した改正公職選挙法が施行《しこう》され，７月10日に実施《じっし》された参議院議員通常選挙では満18歳《さい》以上の男女が有権者となった（Ｃ…○）。なお，参議院議員通常選挙は３年ごとに実施されるため，2008年から2016年の間には，2010年と2013年の二度，2016年から2023年の間には，2019，2022年の二度行われた（Ａ，Ｂ…×）。参議院議員通常選挙後に最初に開かれた国会は臨時国会（臨時会）である。通常国会（通常会）は毎年１月に開かれるが，参議院議員通常選挙は1956年以降，６，７月に実施されている（Ｄ…×）。

理　科　＜第２回試験＞（社会と合わせて60分）＜満点：75点＞

解　答

1　(1)　エ　(2)　エ　(3)　**X**　75　**Y**　50　**Z**　75　(4)　秒速10m　(5)　イ　(6)　ウ　(7)　エ　2　(1)　イ，オ　(2)　エ　(3)　**あ**　5.0　**い**　10.2　**う**　1.2　(4)　（例）　（水溶液中のカルシウムやマグネシウムは）試薬Ａよりも試薬Ｂとくっつきやすいというちがい。　(5)　1.8mg　(6)　0.48mg　(7)　646.8mg/Ｌ　(8)　**カルシウム**…105mg　**マグネシウム**…35mg　3　(1)　イ　(2)　①　免疫　②　エ　(3)　①　**i**　キ　**ii〜iv**　ウ，エ，オ　**v**　エ　**vi**　キ　②　エ　4　(1)　河岸段丘　(2)　ウ　(3)　①　イ　②　三日月湖　(4)　①　二酸化炭素　②　（例）　地上の氷が増えると，海水量が減少するから。

解　説

1　位置エネルギーと運動エネルギーについての問題

(1)，(2)　おもりの重さが重く，くぎにぶつかったときの速さが速いものが，くぎが最も深くささる組み合わせである。おもりをはなす位置が高いほど，落下した位置でのおもりの速さは速い。

(3)　**X**　学習メモより，物体の高さと位置エネルギーは比例する。Ｂ点の高さは，Ａ点の高さの$\frac{3}{4}$倍だから，Ｂ点での位置エネルギーは，$100\times\frac{3}{4}=75$（Ｊ）である。　**Y**　Ｃ点の高さは，Ａ点の高さの，$\frac{2}{4}=\frac{1}{2}$（倍）だから，Ｃ点での位置エネルギーは，$100\times\frac{1}{2}=50$（Ｊ）とわかる。　**Z**　Ａ点での物体の運動エネルギーは０Ｊであるから，位置エネルギーと運動エネルギーを足したものは，$100+0=100$（Ｊ）で，この値は各点で常に一定である。よって，Ｄ点での位置エネルギーは，$100\times\frac{1}{4}=25$（Ｊ）なので，Ｄ点での運動エネルギーは，$100-25=75$（Ｊ）と求められる。

(4)　Ａ点での位置エネルギーが100Ｊのとき，(3)より，Ｂ点での位置エネルギーは75Ｊ，運動エネルギーは，$100-75=25$（Ｊ）となる。また，地面では位置エネルギーが０Ｊだから，地面での運動エネルギーは100Ｊである。Ｄ点の運動エネルギーはＢ点の，$100\div25=4$（倍）なので，$4=2\times2$より，地面に到着《とうちゃく》したときのおもりの速さはＢ点の２倍の秒速，$5\times2=10$（m）とわかる。

(5)　学習メモより，位置エネルギーは地面からの高さに比例する。おもりの高さが高くなると位置エネルギーが大きくなり，その分だけ運動エネルギーが小さくなるから，イのグラフが適当である。

(6)　アのレールでは，Ｆ点からＧ点まで，おもりの速さは変化しない。イのレールでは，Ｆ点から１度高くなってからＧ点の高さにもどっている。この間，すべる速さはいったんおそくなり，再びもとの速さにもどるから，平均の速さはアよりおそい。また，ウのレールでは，Ｆ点から１度低くなってからＧ点の高さにもどっているので，すべる速さはいったん速くなってから，もとの速さにもどる。このため，平均の速さはアより速くなる。どのコースも，EF間にかかる時間は同じなので，FG間の平均の速さが速いウが，最も到着がはやい。

(7)　位置エネルギーと運動エネルギーを足したものは常に一定だから，高さが低くなって位置エネルギーが小さくなると，その分だけ運動エネルギーが大きくなる。逆に，高さが高くなると位置エネルギーが大きくなって，運動エネルギーが小さくなる。よって，図４と増減が逆の，エのグラフが選べる。

2　水の硬度《こうど》についての問題

(1)　石灰岩の地層を通った水には，カルシウムが多く含《ふく》まれ，鍾乳《しょうにゅう》石や鍾乳洞《どう》を形成することがあるとあるので，アはまちがい。図１では，硬度が高いほど，表流水より地下水の割合が大きくなっているから，イは正しい。ウについて，図１で硬度が200以上300未満の地下水も存在するので，正しくない。さらに，ヨーロッパの水は，日本の水に比べると，硬度は高いとあるので，エもあやまり。オに関して，「硬水でせっけんを使用すると泡《あわ》立ちが悪く，洗浄《せんじょう》しにくい」とあり，園子さんが行った温泉では，せっけんの泡立ちが悪かったので，正しいといえる。

(2)　二酸化マンガンを加えると酸素が発生するのは過酸化水素水だから，アはまちがい。石灰岩は水にほとんど溶《と》けないので，イも適当でない。石灰岩はアルミニウムなどのように，水酸化ナトリウム水溶液《すいようえき》に溶けたり，水素を発生したりしないので，ウも正しくない。石灰岩に含まれる炭酸カルシウムが塩酸と反応すると，二酸化炭素が発生するから，エは正しい。石灰岩は鉄よりやわらかく，鉄くぎできずがつくので，オはあやまりである。

⑶　**あ**　表１で，水溶液が青くなるときの試薬Ｂの体積は，溶かしたカルシウムの重さと比例している。よって，$1.5\times\frac{2.0}{0.6}=5.0$(mL)となる。　**い**　表１から，うすい硫酸《りゅうさん》を十分に加えたときに生じる沈殿《ちんでん》の重さは，溶かしたカルシウムの重さと比例している。よって，$2.04\times\frac{3.0}{0.6}=10.2$(mg)である。　**う**　表２で，水溶液が青くなるときの試薬Ｂの体積は，溶かしたマグネシウムの重さと比例しているから，$0.3\times\frac{5.0}{1.25}=1.2$(mg)とわかる。

⑷　学習メモ２より，試薬Ａや試薬Ｂは水溶液中のカルシウムやマグネシウムとくっつく性質があり，試薬Ａがくっついたときには赤色になるが，試薬Ｂでは無色のままである。実験１の①で，試薬Ａがカルシウムとくっついて赤色になった後に，試薬Ｂを入れると青色になったのは，カルシウムが試薬Ａからはなれて試薬Ｂとくっついたからと考えられる。これはマグネシウムのときも同様である。

⑸　表１の②の結果より，沈殿が6.12mgできたときのカルシウムの重さは，$0.6\times\frac{6.12}{2.04}=1.8$(mg)である。

⑹　表１の①の結果より，カルシウム1.8mgとくっつく試薬Ｂの体積は，$1.5\times\frac{1.8}{0.6}=4.5$(mL)だから，実験３でマグネシウムとくっついた試薬Ｂの体積は，$6.5-4.5=2.0$(mL)である。よって，表２から，2.0mLの試薬Ｂとくっつくマグネシウムの重さは，$0.3\times\frac{2.0}{1.25}=0.48$(mg)とわかる。

⑺　⑸，⑹より，10mLの温泉水Ｃに含まれているカルシウムの重さは1.8mg，マグネシウムの重さは0.48mgなので，１Ｌ＝1000mLより，温泉水Ｃの硬度は，$1.8\times\frac{1000}{10}\times2.5+0.48\times\frac{1000}{10}\times4.1=646.8$(mg/Ｌ)である。

⑻　１Ｌの温泉水Ｄに含まれるカルシウムの重さを[3]，マグネシウムの重さを[1]とすると，[3]×2.5＋[1]×4.1＝406が成り立つ。これより，[11.6]＝406，[1]＝406÷11.6＝35(mg)と求められるから，マグネシウムの重さは35mg，カルシウムの重さは，35×３＝105(mg)とわかる。

[3] ウイルス，DNAについての問題

⑴　鳥インフルエンザは，鳥から鳥へ感染する。日本で殺処分などして根絶してもくり返し発生するのは，渡《わた》り鳥が感染拡大地域を通ったときに感染して，渡ってくるからである。

⑵　①　外部から体内に入ってきた細菌《さいきん》やウイルスなどを異物と認識して，攻撃《こうげき》したり排除《はいじょ》したりすることで，からだを病気から守るシステムを免疫《めんえき》という。　②　インフルエンザワクチンは，インフルエンザにかかりにくくしたり，かかっても重症《じゅうしょう》化しにくくしたりするために，流行する季節の前に接種する。インフルエンザワクチンは，弱毒化したインフルエンザウイルスを鶏卵《けいらん》で増やした後，調整したものをワクチンとして用いている。そのため，鶏卵に強いアレルギー反応が出る場合は，接種に注意が必要である。また，インフルエンザウイルスは変異しやすいため，１回の注射で一生効果が続くとはいえない。

⑶　①　**ⅰ**　abがくり返されたDNAでは，abaとbabが交互《こうご》につながっている。　**ⅱ**～**ⅳ**　aabがくり返されるDNAでは，アミノ酸を指定している並び順は，aab，aba，baaの３通りである。　**ⅴ**，**ⅵ**　実験１と実験２で共通した並び順はabaだから，これがアミノ酸Ｌとわかる。よって，実験１のもう一方のbabは，アミノ酸Ｍといえる。　②　水中や土壌《どじょう》中などに存在している環境《かんきょう》DNAを調べることで，存在が確認できるウイルスもあると述べられているので，環境中に生息し

ているウイルスの中にはDNAをもっているものもいると考えられる。

4 流水のはたらき，地球温暖化についての問題

(1) 川の流れにそって，崖《がけ》と平らな土地が階段状にできている地形のことを河岸段丘《だんきゅう》という。

(2) 土地が隆起《りゅうき》したり，海面が下降したりすると，上流から下流にむけて高低差が大きくなって川の流れが速くなる。川の流れが速くなると，侵食《しんしょく》作用がさかんになり川底がけずられる。

(3) ① 川の蛇行《だこう》している部分では，蛇行の内側（Ａ側）の川の流れがおそいため，堆積《たいせき》作用がさかんになって川原ができる。また，蛇行の外側（Ｂ側）は流れが速いので，侵食作用によって岸がけずられ崖となる。これによって，川がより曲がることになり，蛇行が進む。　② 大きく蛇行している川で洪水《こうずい》などが起こると，新しいまっすぐな流れができて，曲がった部分がとり残されることがある。こうしてできた湖を三日月湖という。

(4) ① 温室効果ガスの一つである二酸化炭素は，化石燃料の大量消費など，人間の活動によって排出量が増えている。　② 地球上の水は，陸から海へ，陸や海の表面から大気中へ，大気中から陸や海へと循環《じゅんかん》する。地球の寒冷化が起こると，陸上にある水の一部がこおってとどまり，海へと流れなくなるので海面水位が低下する。なお，海水の温度が下がり体積が小さくなることも，原因の一つにあげられる。

国　語　＜第２回試験＞（50分）＜満点：100点＞

解　答

一 **問１**（例） 江戸時代まで天皇は国の統治には直接的に関与せず，将軍の権力の正統性を裏打ちするのみで，権威が形骸化した存在だったということ。　**問２** ウ　**問３** エ　**問４**（例） 西洋の概念を造語も含めた日本語に置き換え，そうした翻訳語を学校教育により「国語」として日本人の間で定着させたこと。　**問５**（例） 早くから中国の文化を受け入れ，漢字を取り入れた経験があったので，西洋も他者として受け止める姿勢や力があったから。　**問６** **A** ウ　**B** エ　**C** ア　**D** イ　**問７** 下記を参照のこと。　**問８** イ

二 **問１** (一) 半　(二) 蛇足（だそく）　(三) 眉（まゆ）　**問２**（例） 月から見た地球がただ美しい世界にしか見えないように，外から俯瞰で見た印象は実態とは異なるということ。　**問３** **a** イ　**b** ア　**問４**（例） 篠宮さんの出版企画がきっかけで，活躍中のクリエイターにも会えることになり，ハンドメイド作家として世界が広がっていくことにわくわくしている。　**問５**（例） 本を出すことになっても夫から「おめでとう」の一言もなく，声をかけられて出版できることの何がすごいかを自分で説明していること。　**問６** イ　**問７** 非現実的なページ　**問８** (一) ウ　(二) **B** エ　**C** ウ　**D** オ　**問９** エ　**問10** ア

●漢字の書き取り

一 **問７** ア 君臨　イ 根幹　ウ 改造　エ 公用　オ 新天地

解　説

一 **出典：西谷《にしたに》 修《おさむ》『私たちはどんな世界を生きているか』。**筆者は，明治期の日本が西洋諸国とかかわる中で経験した変化や，当時の翻訳《ほんやく》事情について説明している。

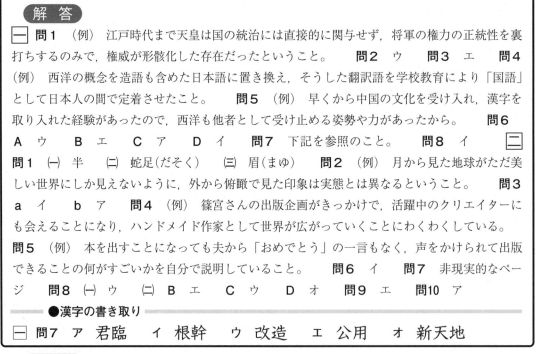

問１　続く部分には，江戸時代まで天皇は「実際の統治には関与《かんよ》しておらず」，「権威《けんい》」としては「形骸化《けいがいか》」していたこと，「形式的に」徳川将軍の「権力」を「裏打ち」する存在だったことが書かれている。このように，天皇が統治の中心とならず形式的な存在だった状態を，筆者は「宙吊《ちゅうづ》りの権威」と表現していると考えられる。

問２　前の部分には，「西洋型の主権国家」は法権力のもとで「一定の領土」を「一括《いっかつ》統治」するもので，領民は「ひとつの権力の下」で「同じ法制度に従って統治される」とある。さらに，領土国家の基盤《きばん》は「そこに住んでいる人間」であり，それは単なる領民ではなく国民であるとも筆者は説明している。また，主権国家は「国際的な相互承認《そうごしょうにん》関係」の中でしか成り立たないとも述べられているので，ウがふさわしい。

問３　続く部分で筆者は，「社会」が「society」に「一対一で対応する」正確な訳語とはいえない理由として，日本語と英語には「西洋諸語同士」のようにラテン語という「共通のベース」があるわけではないことや，「社会」が「society」という言葉の「元の意味」や「individual」「contract」といった「他の言葉との関連」まで反映しきれていないことなどをあげている。よって，エが合う。

問４　【文章Ⅱ】のはじめに，近代日本において西洋概念《がいねん》が日本語で定着していった過程が書かれている。筆者は，漢字二字を組み合わせるなど「あらゆる形で」翻訳語がつくられ，「学校教育」を通じて浸透《しんとう》していった結果，「西洋由来のあらゆることがら」が日本語で当たり前に語れるようになったと説明している。

問５　続く部分では，日本には「早くから中国から漢字が入って」きており，漢字を使って「中国を知」ったり漢字を「自分たち流に活用して記録を残」したりできていたことから，「西洋の言葉」も「翻案転記」できる下地があったと説明されている。また，ポルトガル人のような外国人が来日すると，どんな人たちかを「克明《こくめい》に描《えが》き出す」姿勢や力があったとも書かれている。このため，明治期にも日本人は西洋諸国を「他者として受け止め」，日本語で理解しようとしたと筆者は述べている。

問６　**A**　「近代国家」の根拠《こんきょ》として，「個人の自由を尊重する」または「その自由を国が支える」という二通りの考え方が紹介《しょうかい》されている。よって，同類のことがらを並べ立て，いろいろな場合があることを表す「あるいは」がよい。　**B**　王が自分では何も生産できず「奴隷《どれい》に依存《いぞん》」しているという状態により，「実質的には奴隷が主」であるという論理が成り立つと述べられている。よって，前のことがらを理由・原因として，後にその結果をつなげるときに用いる「だから」が合う。　**C**　明治時代において，近代国家は「ひとつの国」として振《ふ》る舞《ま》い，外国と交渉《こうしょう》するという原則があったのに対し，「当時の日本」はまとまりがなく，西洋諸国から見て交渉先が不明だったことが書かれている。よって，前のことがらを受けて，後に対立することがらを述べるときに用いる「ところが」が正しい。　**D**　日本が外国から押《お》しつけられた不平等条約として，関税を「決められない」，そして「西洋人の行動」に対する「裁判権」がないという二つの例があげられている。よって，前のことがらを受けて，さらにつけ加える意味を表す「それに」がふさわしい。

問７　**ア**　圧倒的《あっとうてき》な存在として権力をおよぼすこと。　**イ**　物事の根本。　**ウ**　物をつくりかえること。　**エ**　「公用語」は，公の場で使われるものとして決められた言語。　**オ**　新しい世界や環境《かんきょう》。

問８　本文において『解体新書』は，日本に西洋の言語を翻訳する下地があったことの例として触《ふ》れられているが，当時の医学事情や戦争との関連については述べられていない。よって，イが正しくない。

二 **出典：青山美智子《あおやまみちこ》『月の立つ林で』**。ハンドメイド作品をつくって販売している睦子《むつこ》は，編集者から持ち込《こ》まれた本の出版企画の話に心を躍《おど》らせていたが，夫・剛志《つよし》から期待通りの反応が得られなかったことで気持ちが沈《しず》んでしまう。

問１　(一)　自分の作品が出版社から気に入られた事実を，睦子がにわかに信じられず，喜べずにいるさまを表す。「半信半疑」は，信じる気持ちと疑わしく思う気持ちが混じり合っているさま。　(二)　篠宮《しのみや》さんがメールの最後につけ足した，本題ではない内容を謙遜《けんそん》して言い表した言葉なので，「蛇足《だそく》」が合う。　(三)　妻の話を聞きながら，「働きすぎ」ではないかと剛志が難色を示す場面である。「眉《まゆ》をひそめる」は，表情をゆがめて不快感や心配の感情を見せること。

問２　タケトリ・オキナは「月から見る地球」が「青々として」たとえようもなく美しいことにふれ，「地球がどんなところか」知らない月の生物は，「どんな美しい世界」なのだろうと「ポジティブなイメージしか抱《いだ》かない」はずだと話している。このような，「外から」自分を俯瞰《ふかん》したときの印象は実態とは異なるという話に睦子は「興味深」いという感想を持っている。

問３　**a**　篠宮さんが睦子に何の気兼《きが》ねもなく明るく話しかけてくるさまを表す。　**b**　睦子が表向きは笑顔で心のうちを隠《かく》しているさまを表す。

問４　前の部分で睦子は，すでに本を出版している切り絵作家のリリカさんについて篠宮さんから教わり，睦子の「本の参考になるかもしれない」のでリリカさんと話す機会をつくると言われている。篠宮さんを介《かい》して，活躍《かつやく》中のクリエイターにも会えることになり，新たに見え始めた華々《はなばな》しい世界や，自分もその一員になれるという予感に，睦子が期待をふくらませていることが読み取れる。

問５　前の部分で睦子は，本を出版することになったと話しても一緒《いっしょ》に喜ぶこともなく，「おめでとう」も言わない夫の剛志に対し，いらだちをあらわにしている。睦子は，夫の反応が悪いために，アクセサリー作家が数いる中から「認め」られ，「求め」られるのがどれだけすごいことか「自分で」説明しなければならないありさまに，みじめさを感じていることが読み取れる。

問６　月から見れば美しく見える地球が，実際には「どこもかしこも汚《よご》れて破壊《はかい》されている」のと同様に，はたから見ると，「才能があって売れっ子で旦那《だんな》さんがいて，いいなあ」とうらやましがられる自分たちの夫婦関係も，実は「もうだめかもしれない」と睦子は思っている。しかし，たとえそうだとしても，自分は人々に「憧《あこが》れ」を抱《いだ》かせるようなアクセサリー作家として高みを目指し，「美しい世界」を見せ続けていこうと決意したのだから，イがふさわしい。

問７　実態はわからないが手の届かないところからは「美しい世界」にしか見えないものとして，本文ではほかに，“本の中の「ただ憧れる」ためのページ”が篠宮さんの説明で登場する。篠宮さんは，初心者にとっては高度な作品ばかりが載《の》っている「非現実的なページ」は，読者が「自分にはとうてい及《およ》ばない」と敬意を抱ける部分であり，そうしたページも必要なのだと説明している。

問８　(一)　睦子が目的もなく漫然《まんぜん》とウェブページを見るさまを表すので，「ゆるゆると」が合う。
(二)　**B**　頭を何度も深く下げるさまを表すので，「ぺこぺこ」がよい。　**C**　あきらめが悪く文句を言い続けるさまを表すので，「ぐずぐず」がふさわしい。　**D**　静かに涙《なみだ》を流し続けるさまを表すので，「はらはら」が合う。

問９　問６でみたように，タケトリ・オキナの「月から見る地球」の話に対し，睦子は表向きは結《けっ》婚《こん》もしてハンドメイド作家としても少しずつうまくいきながら，実際には夫との関係に悩んでいるという自分の生活を重ねている。よって，エがふさわしい。

問10　出版社から帰宅した睦子は，普段《ふだん》は自分のアクセサリーづくりに興味のない夫も出版の話は「喜んでくれる」はずだと「淡《あわ》い期待」を抱いている。よって，アがふさわしい。睦子は「煮込《にこ》み料理」を「自分への祝い」のつもりでつくっているので，イは正しくない。睦子が夫に強く訴《うった》えたのは，急ぐべき事情というよりも出版を持ちかけられることのすごさなので，ウも合わない。睦子は，夫に対し「せめて自分を～謙虚《けんきょ》になることができるのに」と思ったものの，本人に伝えてはいないので，エも正しくない。

2024年度 洗足学園中学校

【算　数】〈第３回試験〉（50分）〈満点：100点〉

【注意】円周率は3.14として計算してください。

1 次の問いに答えなさい。

（１）次の計算をしなさい。

$$\left(1+\frac{1}{2}\times\frac{1}{3}\right)\div\frac{1}{4}\div\left(\frac{1}{5}-\frac{1}{6}\right)\times\frac{1}{7}$$

（２）$\boxed{}$ にあてはまる数を答えなさい。

$$35\div\left\{3\frac{5}{6}\times\left(5.52\div46-0.09\right)+135\div\boxed{}\right\}=200$$

2 次の問いに答えなさい。

（１）A，B，Cはすべて２桁《けた》の数で，AをBで割ると割り切れて，商は２の倍数になります。BをCで割ると割り切れて，商は３の倍数となります。また，Cは７で割り切れます。このとき，A＋B＋Cを計算しなさい。

（２）学区がA市とB市だけの中学校があります。A市から通学している生徒とB市から通学している生徒の人数の比は13：7でした。３月に中学３年生が267名卒業しますが，そのうちA市から通学している生徒が192名です。中学３年生が卒業すると，中学１，２年生のうちA市から通学している生徒とB市から通学している生徒との人数の比は８：５となります。中学１，２年生の生徒の人数の合計は何人ですか。

（３）下の図のように同じ大きさの正六角形の紙を 37 枚重ねて並べました。このとき，37 枚重ねてできた図形全体の面積は，正六角形の紙１枚の面積の何倍ですか。

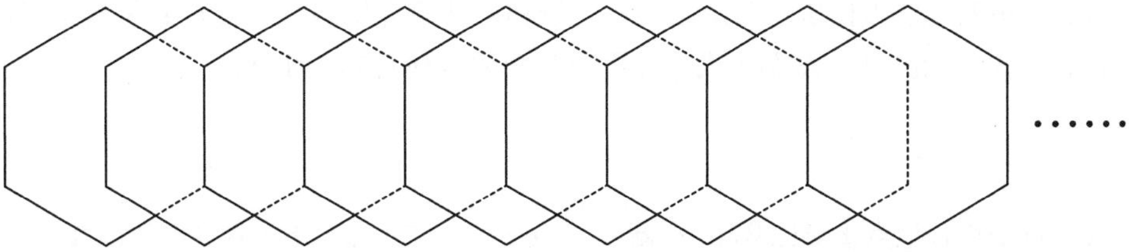

（４）ある中学校のバスケットボール部がクリスマス会を行います。１年生，２年生，３年生にそれぞれ 200 円，300 円，500 円のプレゼントＡ，Ｂ，Ｃを用意し，さらに，全員に 250 円のお菓《か》子を用意します。全員分のお菓子とプレゼントＣの合計金額は合わせて 15750 円で１年生と２年生が１人 525 円ずつ出して買い，プレゼントＡとＢは３年生が１人 700 円ずつ出して買います。１年生は全部で何人ですか。ただし，部員が支払《はら》った金額はすべて使用するものとします。

3 次の問いに答えなさい。

（１）右の図は正方形の各辺の真ん中の点を結び，正方形を作ることを４回繰《く》り返したものです。図のように白い部分と斜《しゃ》線部分とに分け，赤色と黄色の絵の具を混ぜて色をつけました。使った赤色と黄色の絵の具の量の比は，白い部分では２：５，斜線部分では４：３でした。使った赤色の絵の具が全部で 18g であったとき，使った黄色の絵の具は全部で何gですか。

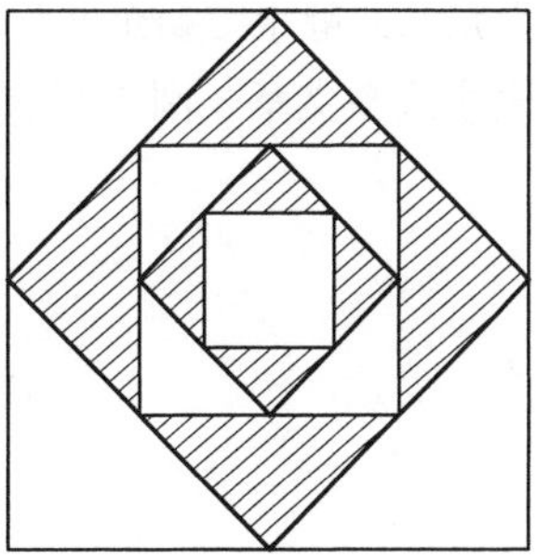

（２）ある仕事をＡさんが１人でするとちょうど48日，ＡさんとＢさんが２人でするとちょうど30日かかります。この仕事をＡさんとＢさんが２人でちょうど何日か行った後，Ａさんが途《と》中で抜《ぬ》けてしまいました。そこで次の日から毎日Ｂさんが1.4倍の仕事をしたところ，最初に仕事を始めてからちょうど49日で終わりました。Ｂさんが１人で仕事をしたのは何日間ですか。

（３）Ａ地点からＢ地点までは2700m離《はな》れています。姉と妹の歩く速さの比は３：２で，自転車に乗ると移動する速さがそれぞれ３倍になります。はじめは妹が自転車に乗った状態で，２人が同時にＡ地点を出発し，ＡＢ間を何往復かします。ただし，姉と妹が会う度に自転車を歩いている方に受け渡《わた》します。２回目に妹が自転車を受け渡すのは，Ａ地点から何m離れたところですか。なお，この問題は解答までの考え方を表す式や文章・図などを書きなさい。

（４）花子さんは，川の下流にあるＡ地点から上流にあるＢ地点を往復する船に乗りました。この船は，Ｂ地点の600ｍ手前のＸ地点で上りも下りも２分間停泊《はく》します。花子さんは，Ｂ地点に向かう船がＸ地点を再出発するときに川に帽《ぼう》子を落としてしまい，帽子は川の下流に向かって流されていきました。Ｂ地点に着いた船は，10分後にＡ地点へ向かい，Ｘ地点から下流に1400ｍ進んだ地点で帽子に追いつきました。Ａ地点に向かう船がＢ地点から帽子に追いつくまでの時間は，Ｂ地点に向かう船がＸ地点を出発してからＢ地点に着くまでにかかる時間より，６分長くかかりました。このとき，川の流れの速さは毎分何mですか。ただし，静水で船が進む速さは一定です。なお，この問題は解答までの考え方を表す式や文章・図などを書きなさい。

4 容器Ａと容器Ｂに濃《のう》度がそれぞれ15％，10％の食塩水が入っています。容器Ａと容器Ｂに入っている食塩水の量の比は２：７です。このとき，次の問いに答えなさい。

（１）容器Ａから10gの食塩水を取り出し，容器Ｂから50gの食塩水を取り出しました。その後，容器Ａから取り出した10gの食塩水は容器Ｂに，容器Ｂから取り出した50gの食塩水は容器Ａに入れました。その結果，容器Ａと容器Ｂに入っている食塩水の量の比は１：２となりました。はじめに，容器Ａに入っていた食塩水の量は何gですか。

（２）（１）の操作の後，食塩または水のいずれかを追加することによって，容器Ｂの食塩水の濃度を10％に戻《もど》します。次の文章において，食塩または水の適切な方に○をつけ，□に入る数字を答えなさい。

（　食塩　・　水　）を　□g入れればよい。

（３）（２）の操作の後，容器Ａに190gの水を加えます。そして，下のルールに従って容器ＡとＢから食塩水を取り出し，それらを容器Ｃに入れてちょうど200gの食塩水を作ります。

ルール

・容器Ａまたは容器Ｂのどちらか一方から20gの食塩水を取り出す操作をＰとし，もう一方から30gの食塩水を取り出す操作をＱとする。
・操作Ｐと操作Ｑはそれぞれ２回以上行う。また，操作を繰《く》り返すときは同じ容器を選ぶ。

このとき，作ることができる食塩水のうち，もっとも濃度が低い食塩水の濃度は何％ですか。なお，この問題は解答までの考え方を表す式や文章・図などを書きなさい。

5 右の図は縦12cm，横6cmの長方形25個をすき間なくしきつめたものです。点Pは図の点Eを出発して一定の速さで長方形の辺に沿《そ》って移動します。２つのグラフはそれぞれ点Pが点Eを出発してからの時間と三角形ＰＡＢ，三角形ＰＣＤの面積との関係を表したものです。このとき，次の問いに答えなさい。

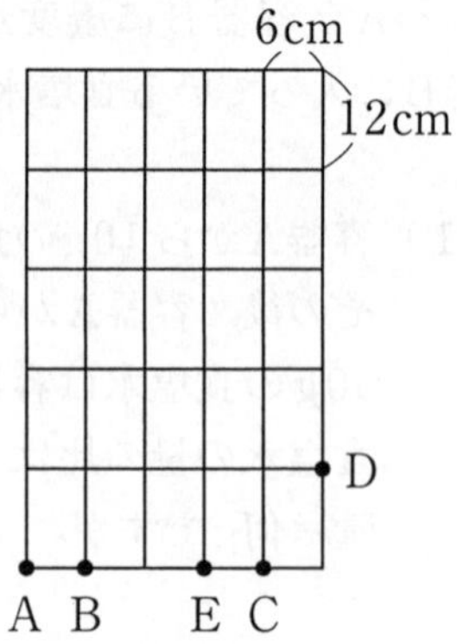

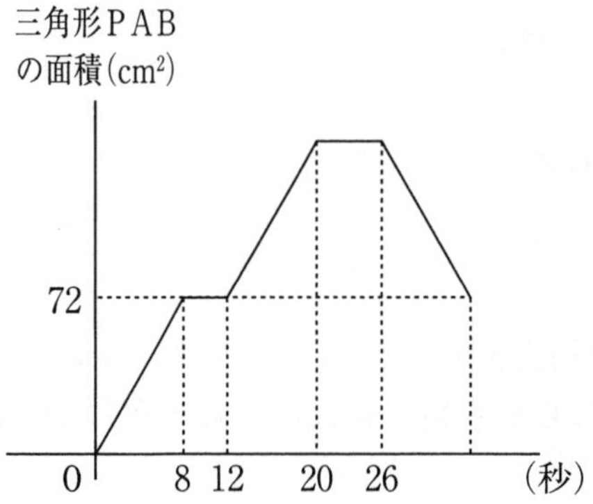

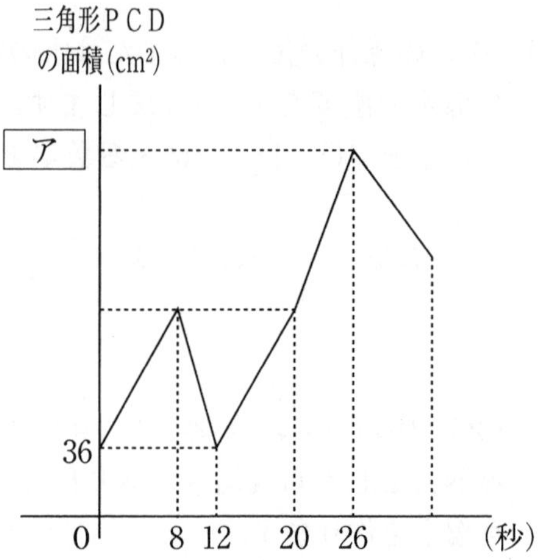

（１）点Ｐの速さは秒速何cmですか。

（２）グラフの ア にあてはまる数を答えなさい。なお，この問題は解答までの考え方を表す式や文章・図などを書きなさい。

（３）三角形ＰＡＢと三角形ＰＣＤの面積の和が324cm^{2}になるのは何秒後と何秒後ですか。

【社　会】〈第３回試験〉（理科と合わせて60分）〈満点：75点〉

1　次の［地図］を見て、あとの問いに答えなさい。

［地図］

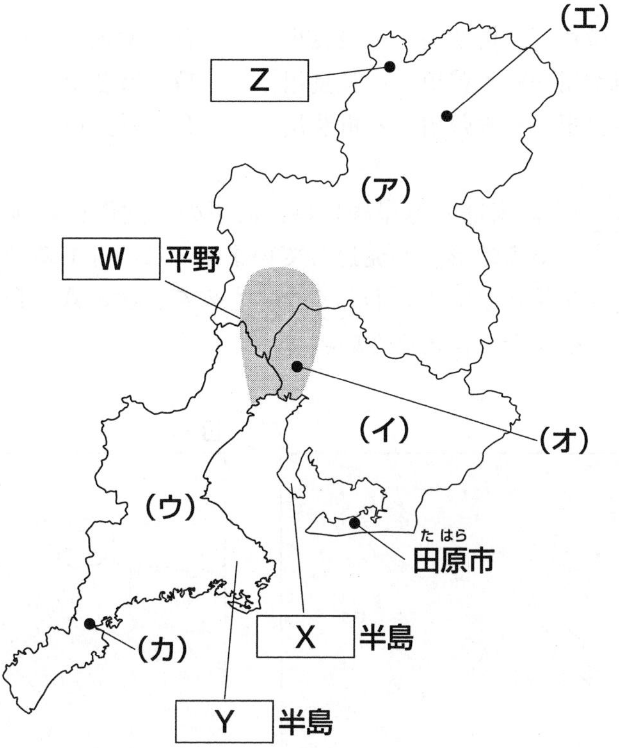

問１　［地図］中で示された　W　平野・　X　半島・　Y　半島について、次の⑴～⑶にそれぞれ答えなさい。

⑴　空欄《くうらん》　W　～　Y　にあてはまる地名の組み合わせとしてふさわしいものを、次のA～Hの中からひとつ選んでアルファベットで答えなさい。

A	W－濃尾	X－渥美	Y－志摩
B	W－濃尾	X－渥美	Y－大隅
C	W－濃尾	X－知多	Y－志摩
D	W－濃尾	X－知多	Y－大隅
E	W－庄内	X－渥美	Y－志摩
F	W－庄内	X－渥美	Y－大隅
G	W－庄内	X－知多	Y－志摩
H	W－庄内	X－知多	Y－大隅

(2)　W　平野の西部には一級河川が流れており、それらを総称《そうしょう》して「木曽三川」とよびます。東海道新幹線を利用して東から西へと木曽三川を越《こ》えた場合、通過する河川の順番として正しいものを、次のA～Fの中からひとつ選んでアルファベットで答えなさい。

A　木曽川 → 揖斐川 → 長良川
B　木曽川 → 長良川 → 揖斐川
C　揖斐川 → 木曽川 → 長良川
D　揖斐川 → 長良川 → 木曽川
E　長良川 → 木曽川 → 揖斐川
F　長良川 → 揖斐川 → 木曽川

(3)　Y　半島南部の海岸線には、河川の侵食作用と海水面の変動によって形成された「ある地形」が発達しています。この「ある地形」が典型的に発達している海岸線としてふさわしくないものを、次のA～Dの中からひとつ選んでアルファベットで答えなさい。

A
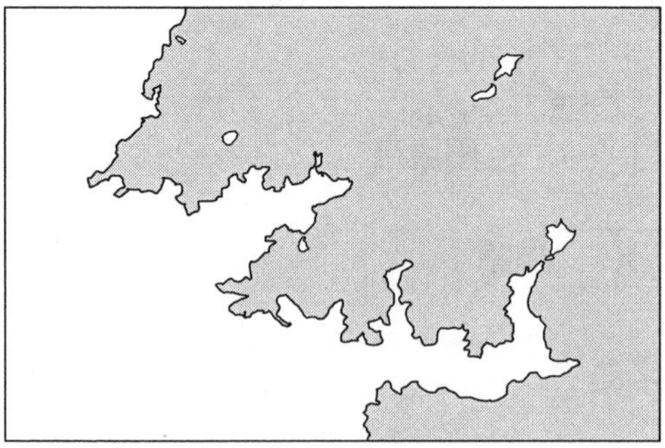
大分県の佐伯《さえき》湾周辺

B
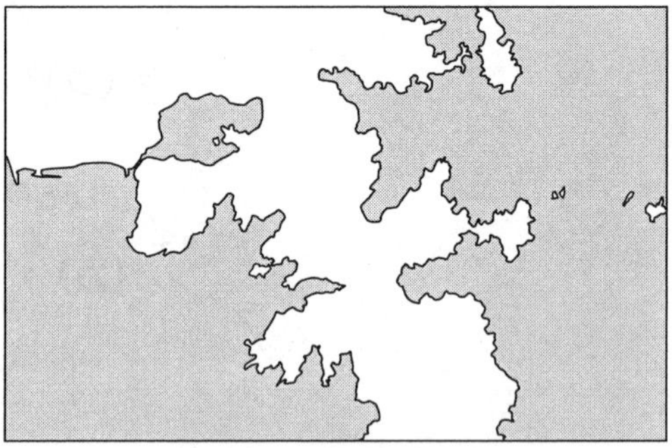
宮城県の牡鹿《おしか》半島周辺

C
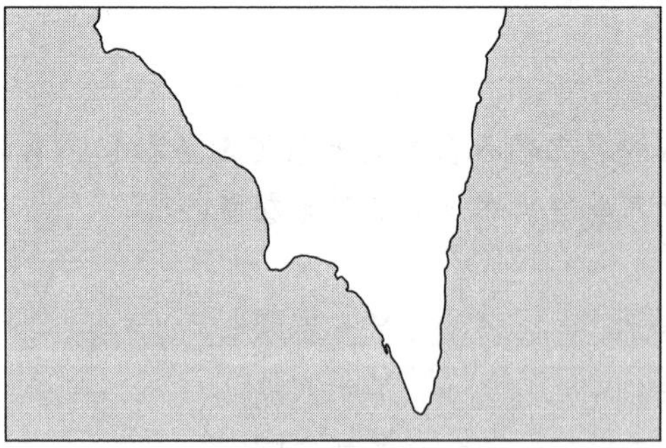
高知県の室戸岬周辺

D
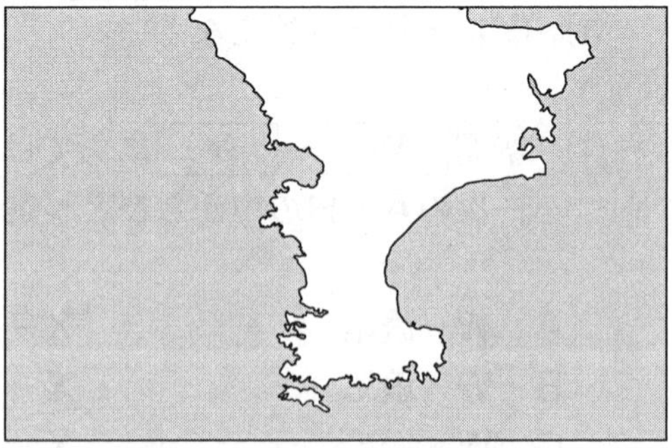
神奈川県の三浦半島周辺

（地理院地図により作成）

問2　**[地図]** 中の **(ア)** ～ **(ウ)** で示された県について、次の(1)・(2)にそれぞれ答えなさい。

(1)　下記 **[資料]** ①～③は、**(ア)** ～ **(ウ)** の消費部門別電力消費量 (2019年) を示しています。①～③と **(ア)** ～ **(ウ)** の組み合わせとして正しいものを、次の **A** ～ **F** の中からひとつ選んでアルファベットで答えなさい。

[資料]

(単位：100万kWh)

	製造業	第三次産業	家庭	その他	合計
①	24,225	17,136	14,357	419	56,137
②	10,289	3,983	3,402	142	17,816
③	5,632	4,544	3,878	136	14,190

(資源エネルギー庁「都道府県別エネルギー消費統計」より作成)

A　①－**(ア)**　②－**(イ)**　③－**(ウ)**
B　①－**(ア)**　②－**(ウ)**　③－**(イ)**
C　①－**(イ)**　②－**(ア)**　③－**(ウ)**
D　①－**(イ)**　②－**(ウ)**　③－**(ア)**
E　①－**(ウ)**　②－**(ア)**　③－**(イ)**
F　①－**(ウ)**　②－**(イ)**　③－**(ア)**

(2)　下記 **[資料]** は、**[地図]** 中の **(エ)** ～ **(カ)** で示された都市の月別平均気温と降水量を示したものです。**[資料]** ①～③と都市の組み合わせとして正しいものを、次のページの **A** ～ **F** の中からひとつ選んでアルファベットで答えなさい。

[資料]

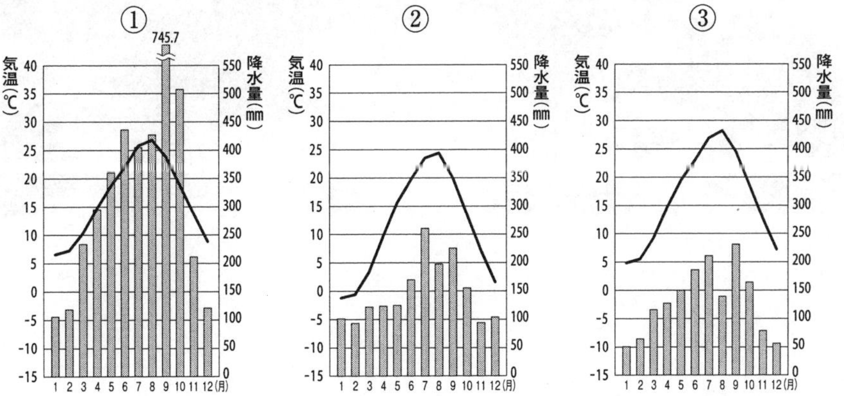

(国立天文台『理科年表』より作成)

A　①－(エ)　②－(オ)　③－(カ)
B　①－(エ)　②－(カ)　③－(オ)
C　①－(オ)　②－(エ)　③－(カ)
D　①－(オ)　②－(カ)　③－(エ)
E　①－(カ)　②－(エ)　③－(オ)
F　①－(カ)　②－(オ)　③－(エ)

問３　**[地図]** 中の[Z]は、「[Z]・五箇山《ごかやま》の合掌造《がっしょうづく》り集落」の構成資産の一部として世界遺産に登録されています。[Z]について、次の(1)・(2)にそれぞれ答えなさい。

(1)　空欄《くうらん》[Z]にあてはまる語句を、漢字３字で答えなさい。

(2)　[Z]には、下記 **[資料]** で示したような家屋があります。これらの家屋の屋根の傾斜《けいしゃ》が大きく設計されている理由を、文章で説明しなさい。

[資料]

問４　[地図] 中に示した田原《たはら》市は、市町村別農業産出額が全国２位（2021年）です。このことについて、次の⑴・⑵にそれぞれ答えなさい。

⑴　下記 **[資料]** は、日本の市町村別農業産出額の上位の市町村と上位部門の産出額（2021年）を示したものであり、**[資料]** 中の①～③は米・豚・野菜のいずれかを示しています。①～③と部門の組み合わせとして正しいものを、次の**Ａ**～**Ｆ**の中からひとつ選んでアルファベットで答えなさい。

[資料]　（単位：億円）

順位	市町村（都道府県）	農業産出額	上位部門の産出額			
			１位部門		２位部門	
			部門	産出額	部門	産出額
1	都城《みやこのじょう》市　（宮崎県）	901.5	①	281.7	肉用牛	215.4
2	田原《たはら》市　（**（イ）**）	848.9	花卉《かき》	331.8	②	304.4
3	別海《べつかい》町　（北海道）	666.4	乳用牛	633.9	肉用牛	20.5
4	鉾田《ほこた》市　（茨城県）	641.4	②	339.5	いも類	152.7
5	弘前市　（青森県）	523.6	果実	467.0	③	26.4
6	新潟市　（新潟県）	509.8	③	276.3	②	135.7
7	浜松市　（静岡県）	506.9	果実	160.6	②	127.1
8	熊本市　（熊本県）	460.7	②	241.6	果実	84.7
9	鹿屋《かのや》市　（鹿児島県）	458.3	肉用牛	185.3	①	109.3
10	那須塩原《なすしおばら》市　（栃木県）	455.7	乳用牛	232.5	鶏卵《けいらん》	83.4

（農林水産省「農林水産統計」より作成）

（注１）「野菜」には、いちご・スイカなどの果実的野菜も含《ふく》む。

（注２）[資料] 中の **（イ）** と、**[地図]** 中の **（イ）** は、同じ県を示している。

Ａ　①－米　②－豚　③－野菜
Ｂ　①－米　②－野菜　③－豚
Ｃ　①－豚　②－米　③－野菜
Ｄ　①－豚　②－野菜　③－米
Ｅ　①－野菜　②－米　③－豚
Ｆ　①－野菜　②－豚　③－米

(2)　田原《たはら》市の１位部門は「花卉《かき》」であり、その多くを菊が占《し》めています。田原《たはら》市でおこなわれている、特徴《とくちょう》的な菊の栽培方法と、その栽培方法がおこなわれている目的を「出荷《しゅっか》」という語句を用いて、文章で説明しなさい。

2　次の **[人物１]** ～ **[人物４]** についての文章を読んで、あとの問いに答えなさい。

[人物１] は、邪馬台国の中心的な存在とされる人物です。当時の中国王朝のひとつ、［　（ア）　］に使者を送り、［　（イ）　］の称号《しょうごう》と金印、銅鏡などを授かったとされています。邪馬台国の位置については、「近畿説」と「九州説」があります。それらの説を明らかにするであろう、**[人物１]** の墓は特定されておらず、その形状についても (ウ) 古墳型とする説や墳丘《ふんきゅう》墓《ぼ》型とする説など、現在も議論が続いています。

[人物２] は、藤原不比等・県犬養《あがたのいぬかいの》三千代《みちよ》のもとに生まれ、のちに聖武天皇の皇后となりました。母の県犬養《あがたのいぬかいの》三千代《みちよ》は、天武天皇の時代以降、女官《にょかん》を務めた人物とされ、一説には、平城京に遷都《せんと》した［　（エ）　］に仕えたと考えられています。**[人物２]** は、仏教を深く信仰《しんこう》し、国分寺の建立《こんりゅう》や東大寺大仏の造営について積極的に勧《すす》めたといわれています。また、庶民《しょみん》を救済するために、悲田院や (オ) 施薬院の創設に力を尽《つ》くしました。

[人物３] は、伊豆の豪族北条時政の娘《むすめ》であり、平治の乱における敗戦後、伊豆に流された源頼朝の妻となりました。鎌倉幕府二代将軍頼家《よりいえ》と三代将軍実朝の母でもあります。夫の死後には出家し、幕府の政治に関与《かんよ》しました。実朝が暗殺されると、摂関家から幼い将軍を迎《むか》え入れ、自ら後見人となりました。後鳥羽上皇が挙兵した［　（カ）　］の乱の際には御家人を説得して団結を訴《うった》えたとされ、(キ) 武家政権の確立に大きな影響《えいきょう》力を持ちました。

[人物４] は、1886年に東京で生まれ、日本女子大学校（のちの日本女子大学）にて学びました。卒業後の文筆活動のなかで、1911年、女性による (ク) 文芸雑誌『青鞜』を発刊しました。彼女《かのじょ》がその創刊号に寄せた「元始、女性は実に太陽であつた」という言葉は、今日《こんにち》でも広く知られています。その後、市川房枝らとともに新婦人協会を設立し、女性の政治結社への加入および政治演説会などへの参加を禁止した治安警察法《ちあんけいさつほう》の改正に向けた運動を展開しました。こうした運動は、女性の (ケ) 参政権獲得《かくとく》運動へと引き継《つ》がれていきました。

問１　空欄《くうらん》**（ア）**・**（イ）**にあてはまる中国王朝・称号《しょうごう》の組み合わせとして最もふさわしいものを、次の**A**～**F**の中からひとつ選んでアルファベットで答えなさい。

A　**（ア）**－魏　　　**（イ）**－王
B　**（ア）**－魏　　　**（イ）**－皇帝
C　**（ア）**－前漢　　**（イ）**－王
D　**（ア）**－前漢　　**（イ）**－皇帝
E　**（ア）**－後漢　　**（イ）**－王
F　**（ア）**－後漢　　**（イ）**－皇帝

問２　下線部**（ウ）**に関連して、古墳時代前期と古墳時代中・後期に埋葬《まいそう》された人物は、それぞれどのような権威《けんい》によって人々を支配していたと推測されますか。下記**［資料］**を参考にして、解答欄《らん》にあわせて文章で説明しなさい。

［資料］

古墳時代前期における 主な副葬《ふくそう》品	古墳時代中・後期における 主な副葬《ふくそう》品
銅鏡、勾玉《まがたま》など	馬具、鉄製武器など

（注）「銅鏡」や「勾玉《まがたま》」は、宗教的・呪術《じゅじゅつ》的な儀式《ぎしき》などに用いられたと考えられている。

問３　空欄《くうらん》**（エ）**にあてはまる天皇を、解答欄《らん》にあわせて漢字２字で答えなさい。

問４　下線部**（オ）**に関連して、日本の医療《いりょう》に関する出来事①～③を、古いものから年代順に正しく並べたものを、次の**A**～**F**の中からひとつ選んでアルファベットで答えなさい。

①　**［人物２］**の発願《ほつがん》によって、施薬院が創設された。
②　小石川養生所が設置された。
③　ドイツ人医師のシーボルトが、長崎に鳴滝塾を開いた。

A　①→②→③　　**B**　①→③→②　　**C**　②→①→③
D　②→③→①　　**E**　③→①→②　　**F**　③→②→①

問５　空欄《くうらん》［（カ）］にあてはまる年号を、漢字で答えなさい。

問６　下線部（キ）に関連して、下記［史料］は鎌倉時代に定められた武家法を現代語に訳したものです。下記［史料］について述べた文として正しいものを、次のＡ～Ｄの中からひとつ選んでアルファベットで答えなさい。

［史料］

一、諸国の守護の職権の事
源頼朝公の時に定められた守護の職権は、大番役《おおばんやく》の動員と謀反《むほん》人・殺害人等の逮捕《たいほ》などである（後略）

一、支配を認められた文書を所持しているが、実際に支配をおこなわずに、年数を経た所領の事
実際に支配して二十年を経過すれば、頼朝公の先例により、ことの当否を問わず、その所領を取り上げることはしない（後略）

一、女性が養子をむかえる事
律令の趣旨《しゅし》からすれば許可されないことだが、頼朝公の時代から今日《こんにち》まで、子のいない女性が所領を養子に譲《ゆず》り与《あた》えることは、かわることのない先例であり、数えきれないほどの事例が存在する（後略）

（注）「大番役《おおばんやく》」は、皇居などの警備にあたる職務であり、御家人が交代して担当した。

Ａ　この［史料］は、三代執権北条泰時らを中心に制定された、武家諸法度の一部である。
Ｂ　守護の職権として、大番役《おおばんやく》の動員や犯罪者の逮捕《たいほ》などが定められている。
Ｃ　所領の支配が幕府により文書にて認められていれば、実際に支配していたか、または支配の年数などの事実に関係なく、所領の支配は認められる。
Ｄ　律令による規定と同様に、子のいない女性が養子に所領を譲《ゆず》ることは、認められている。

問７　［人物４］は誰ですか、答えなさい。

問８　下線部（ク）に関連して、日本文学について述べた文として誤っているものを、次のA～Dの中からひとつ選んでアルファベットで答えなさい。

A　平安時代中期ごろ、随筆《ずいひつ》『枕草子』が著された。
B　鎌倉時代前期ごろ、『平家物語』がつくられ、民間にも普《ふ》及《きゅう》していった。
C　江戸時代前期に相当する文化・文政期には、上方を中心として文学が発展した。
D　元禄時代に、浮世草子『世間胸算用』が刊行された。

問９　下線部（ケ）に関連して述べた文として正しいものを、次のA～Dの中からひとつ選んでアルファベットで答えなさい。

A　尾崎行雄によって普通選挙制の導入と民本主義が提唱された。
B　男性の普通選挙の実施《じっし》を要求する、民撰議院設立建白書が政府に提出された。
C　原敬内閣のもとで、25歳《さい》以上のすべての男性に選挙権が与《あた》えられた。
D　2016年に改正公職選挙法が施行され、選挙権年齢《ねんれい》は「18歳《さい》以上」に引き下げられた。

3 次の文章は、2023年６月29日の朝日新聞（朝刊）に掲載《けいさい》された記事です。これを読んで、あとの問いに答えなさい。なお、一部ふりがなをつけた部分があります。

2022年度の (ア) 国の一般会計の税収が前年度より約４兆円増え、71兆円強となる見通しであることが分かった。70兆円台は初めてで、３年連続で過去最高を更新《こうしん》する。コロナ禍《か》からの企業《きぎょう》の業績回復のほか、物価高の影響《えいきょう》が大きく、主要な３税である (イ) 消費税、(ウ) 所得税、［　（エ）　］がいずれも増える。

税収は19年10月に消費税率を10％に引き上げた効果などで20年度に60.8兆円と過去最高を記録、21年度はそれを上回る67.0兆円だった。(オ) 政府は22年度の税収を68.3兆円と見込《みこ》んでいたが、上振《うわぶ》れする。

所得税は前年度の21兆円から増えて、22兆円台となる見通し。背景には物価高の影《えい》響《きょう》がある。22年度分の毎月勤労統計調査では、物価を考慮《こうりょ》した働き手１人あたりの「実質賃金」は前年度比で1.8％減ったものの、「名目賃金」は1.9％増えた。物価高や人手不足を背景とした賃金の引き上げや、株主への配当増加などが所得税の増加につながったとみられる。

モノやサービスの値上げに伴《ともな》い、消費税は前年より１兆円以上増えて過去最高の23兆円台になる見込《みこ》み。資源価格の高騰《こうとう》に記録的な (カ) 円安も重なり、輸入品に関わる消費税が増えているという。コロナ禍《か》からの企業《きぎょう》業績の回復によって［　（エ）　］も増え、14兆円台を見通す。

ただ、22年度の (キ) 補正予算も含《ふく》めた予算規模は139兆円で、税収が増えても (ク) 赤字国債に頼る構図は変わらない。今後、少子化対策や防衛力強化など歳出《さいしゅつ》増につながる政策が控《ひか》えており、財政再建にはほど遠い。

問１ 下線部 **（ア）** に関連して、下記 **［資料］** は、2023年度の国の一般会計歳出《さいしゅつ》予算の項目《こうもく》別割合を示したものです。次の⑴・⑵にそれぞれ答えなさい。

［資料］

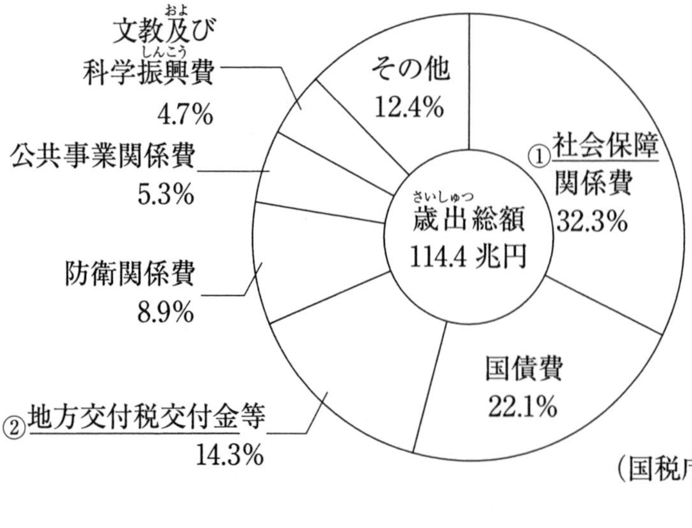

（国税庁ホームページより作成）

⑴ **［資料］**中の下線部①に関連して、現在の日本の社会保障制度について述べた文として正しいものを、次の**A**～**D**の中からひとつ選んでアルファベットで答えなさい。

A 社会保障制度は、日本国憲法に定められている生存権を保障するための制度である。

B 病院にて提示を求められる場合のある、いわゆる「保険証」は、年金保険に加入していることを証明するものである。

C 介護保険の保険料は、原則、20歳《さい》以上の国民が支払《しはら》わなければならない。

D 社会福祉とは、子どもや高齢者などが健康で過ごせるように、上下水道の整備や感染症《かんせんしょう》対策をおこなうことである。

⑵ **［資料］**中の下線部②について説明した文として正しいものを、次の**A**～**D**の中からひとつ選んでアルファベットで答えなさい。

A 地方税の収入の格差を縮めるために、国が使いみちを定めずに地方公共団体に支給する補助金のことを指す。

B 地方税の収入の格差を縮めるために、国が使いみちを定めて地方公共団体に支給する補助金のことを指す。

C 国の仕事の一部を実施《じっし》してもらうために、国が使いみちを定めずに地方公共団体に支給する補助金のことを指す。

D 国の仕事の一部を実施《じっし》してもらうために、国が使いみちを定めて地方公共団体に支給する補助金のことを指す。

問2 下線部**（イ）**に関連して、次の⑴・⑵にそれぞれ答えなさい。

⑴ 下線部**（イ）**について述べた文として正しいものを、次の**A**～**D**の中からひとつ選んでアルファベットで答えなさい。

A 消費税は、実際に税金を負担する人と税金を納める手続きを義務付けられる人が一致《いっち》する、直接税である。

B 消費税は、実際に税金を負担する人と税金を納める手続きを義務付けられる人が異なる、直接税である。

C 消費税は、実際に税金を負担する人と税金を納める手続きを義務付けられる人が一致《いっち》する、間接税である。

D 消費税は、実際に税金を負担する人と税金を納める手続きを義務付けられる人が異なる、間接税である。

⑵　下記**［資料］**は買い物をした際に発行されたレシートの一部です。消費税率が10％に引き上げられると同時に、政府が軽減税率制度を導入した理由を、**［資料］**から読み取って、その内容を含《ふく》めて、文章で説明しなさい。

［資料］

○○スーパー

領収書

2023.8.1

牛乳		＊200円
たまご		＊250円
入浴剤《ざい》		250円
ろうそく		150円
小計	８％対象額（税抜）	450円
	消費税８％	36円
小計	10％対象額（税抜）	400円
	消費税10％	40円
合計		926円
お預かり		950円
おつり		24円

〔＊〕マークは軽減税率対象品目です

問３　下線部**（ウ）**に採用されている、課税所得金額などが大きくなるにつれて、税率が高くなる制度を、解答欄《らん》にあわせて、漢字で答えなさい。

問４　空欄《くうらん》［　（エ）　］にあてはまる税を、漢字で答えなさい。

問５　下線部**（オ）**に関連して、日本において、税金が適切に使われているか調査したり、国の収入支出の決算が適切であるかを確認したりする、内閣から独立して設置されている行政機関を漢字で答えなさい。

問6　下線部（**カ**）に関連して、外国為替《かわせ》相場の変動とその影響《えいきょう》について述べた文①・②の内容の正誤の組み合わせとして正しいものを、次の**A**～**D**の中からひとつ選んでアルファベットで答えなさい。

①　為替《かわせ》相場において、1ドル＝100円から1ドル＝80円に変化した場合、「円安になった」という。
②　円安になると、一般《いっぱん》的に、外国からの輸入製品への支払《しはら》い金額が増えるため、輸入製品の日本国内における販売《はんばい》価格が引き上げられる。

A　①－正　②－正　　**B**　①－正　②－誤
C　①－誤　②－正　　**D**　①－誤　②－誤

問7　下線部（**キ**）は例年、臨時国会で審議《しんぎ》されます。臨時国会について述べた文①～③の内容の正誤の組み合わせとして正しいものを、次の**A**～**H**の中からひとつ選んでアルファベットで答えなさい。

①　衆参いずれかの議院の総議員の3分の1以上の要求があった時に開かれる。
②　衆議院の解散による総選挙後、30日以内に開かれる。
③　年に1回以上、必ず開かなければならない。

A　①－正　②－正　③－正　　**B**　①－正　②－正　③－誤
C　①－正　②－誤　③－正　　**D**　①－正　②－誤　③－誤
E　①－誤　②－正　③－正　　**F**　①－誤　②－正　③－誤
G　①－誤　②－誤　③－正　　**H**　①－誤　②－誤　③－誤

問8　下線部（**ク**）に関連して、今後も日本政府により国債が発行され続けることが想定されています。国債を発行し続けることによりもたらされる問題について述べた文として誤っているものを、次の**A**～**D**の中からひとつ選んでアルファベットで答えなさい。

A　国債の発行が増え続けることによって、国際的な信用の低下につながる。
B　国債の返済や利子の支払《しはら》いのための費用が増える。
C　国債を発行した分だけ、日本銀行が貨幣《かへい》を発行することにより、物価が下がる。
D　将来世代に負担を先送りすることになり、増税する可能性が高まる。

【理　科】〈第３回試験〉（社会と合わせて60分）〈満点：75点〉

1　音について、次の問いに答えなさい。

Ⅰ．物体の振動《しんどう》が周囲の空気を振動させ、振動が空気中を次々と伝わり、私たちの耳に届くことで音が聞こえます。音の発生源となる物体を発音体と呼びます。「オシロスコープ」を用いると空気の振動している様子を波形として観察することができます。おんさＡをたたいて発生させた空気の振動の様子は、図１の実線のようになりました。これよりも弱くたたいたときの波形は図１の点線のようになりました。音の高さは、１秒あたりの振動回数である振動数（単位はヘルツ〔Hz〕）で表します。高い音ほど振動数は大きくなります。太線でなぞった部分が１回分の振動を表します。

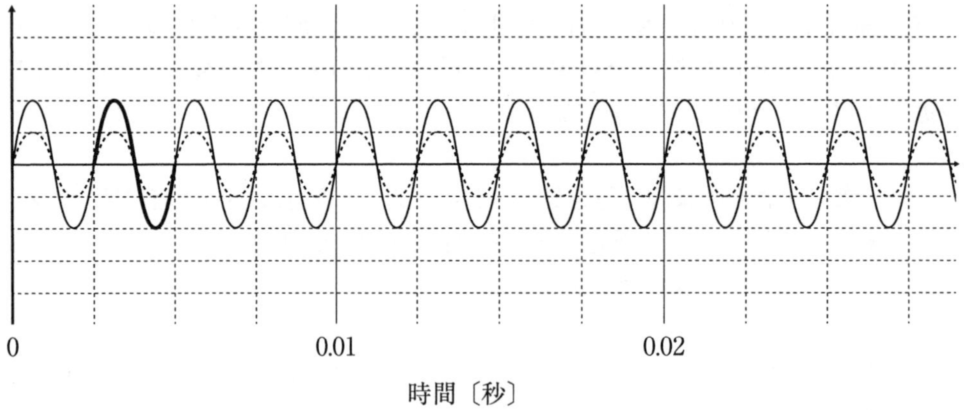

図１

（１）　おんさＡの振動数は何Hzですか。小数第１位以下がある場合は、四捨五入して整数で答えなさい。

（２）　図１の実線が表す音よりも高くて大きな音をオシロスコープで観察したときの波形を次より１つ選び、記号で答えなさい。目盛りの間隔《かんかく》は図１と同じものとします。

ア

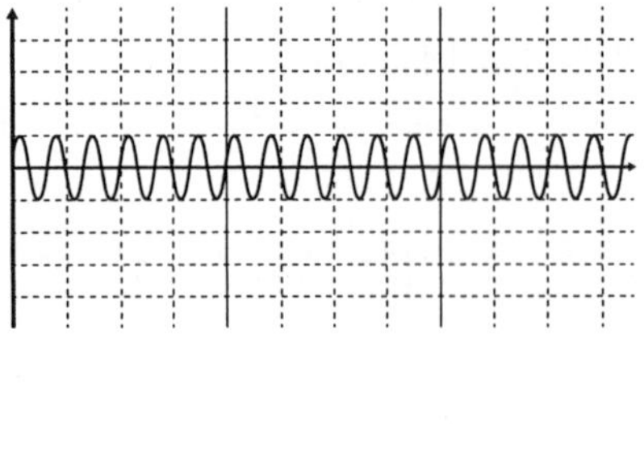

イ

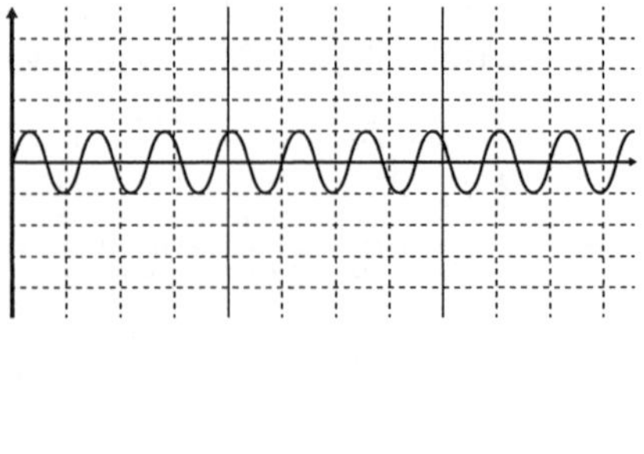

ウ

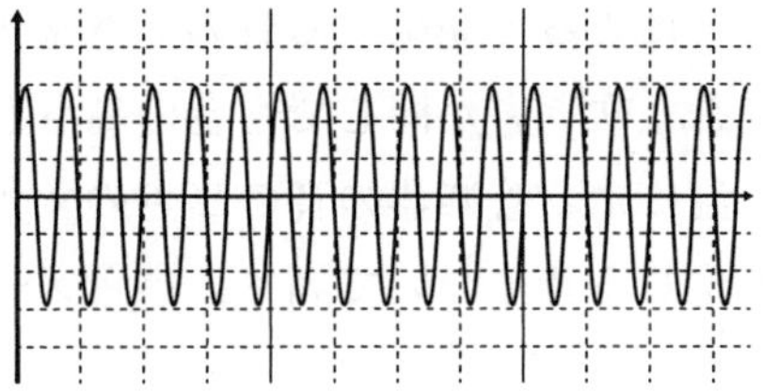

エ

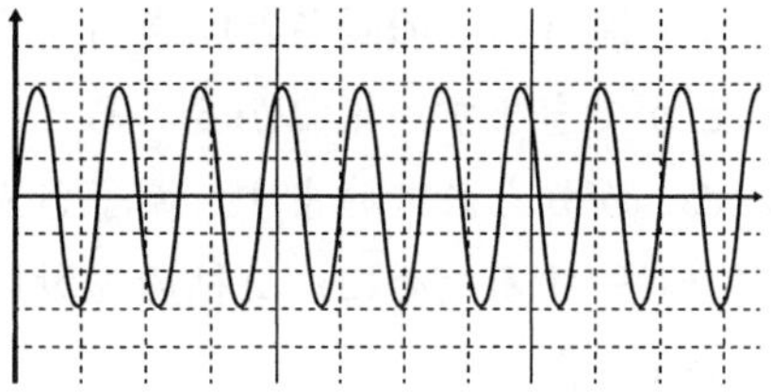

(３)　図２のように、おんさＡの主な振動部である「うで」の部分におもりを付けたところ、わずかに音が低くなりました。これを説明した次の文中の a と b に当てはまる語句の組み合わせとして適当なものを次より１つ選び、記号で答えなさい。

うでにおもりを付けるとおんさが a なるので、振動数が b したと考えられます。

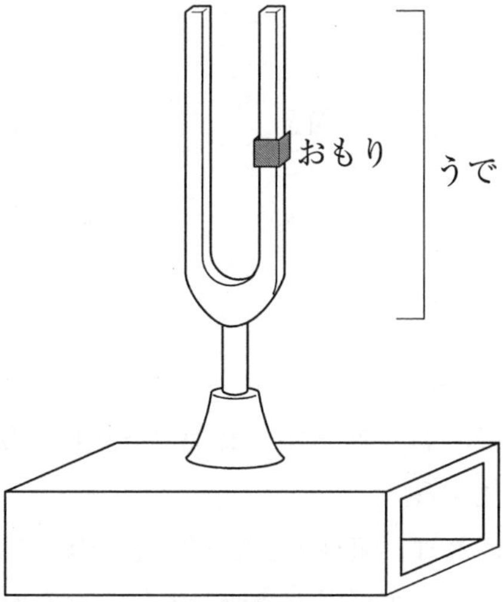

おんさＡ

図２

	a	b
ア	振動しやすく	増加
イ	振動しやすく	減少
ウ	振動しにくく	増加
エ	振動しにくく	減少

Ⅱ．図3のトロンボーンは、気柱（管の中の空気）を振動させ音を発生させる管楽器です。図3のLの長さと吹《ふ》き方を変えることによって発生する音の高さを変えることができます。気温が変わると、Lの長さと吹き方が同じでも音の高さが変わることが知られています。園子さんは、気温による管楽器の音の高さの変化の原因を考察するために、気柱の振動によって生じる音について調べ、学習メモにまとめました。

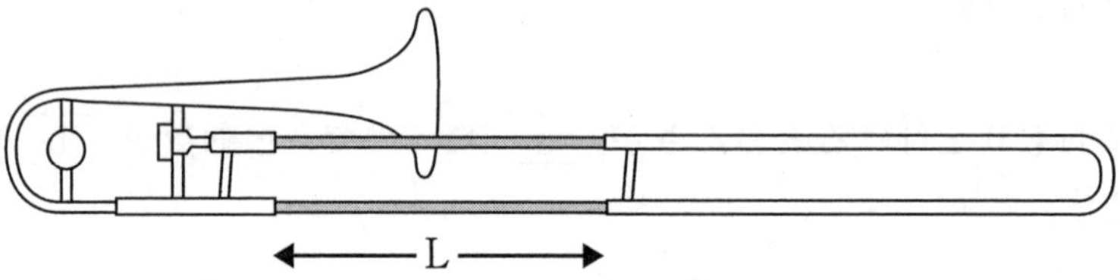

図3

［学習メモ］

●気柱の振動によって生じる音は、空気中の音速（空気中を伝わる音の速さ）と気柱の長さに対応して変化する。

・空気中の音速が変わらなければ、気柱の長さが[c]ほど低い音が生じる。

・気柱の長さが変わらなければ、空気中の音速と生じる音の振動数は比例する。

●気温が変わることによって変化するのは、空気中の音速と管そのものの長さである。

・気温が1℃高くなるごとに空気中の音速は秒速約0.6mずつ[d]なる。気温が15℃のときの音速を秒速340mとすると16℃のときの音速は元の音速の[e]分の1程度[d]なる。

・気温が1℃高くなると管楽器の全長は数万分の1程度長くなる。

以上から、気温による管楽器の音の高さの変化の原因として影響《えいきょう》がより大きいのは、気温によって[f]が変わることであるといえるのではないか。

（４）　学習メモの［ c ］、［ d ］、［ f ］に当てはまる語句の組み合わせとして適当なものを次より１つ選び、記号で答えなさい。

	c	d	f
ア	長い	速く	空気中の音速
イ	長い	速く	管の長さ
ウ	長い	遅く	空気中の音速
エ	長い	遅く	管の長さ
オ	短い	速く	空気中の音速
カ	短い	速く	管の長さ
キ	短い	遅く	空気中の音速
ク	短い	遅く	管の長さ

（５）　学習メモの［ e ］に入る数値に最も近いものを次より１つ選び、記号で答えなさい。

ア．5　　イ．20　　ウ．600　　エ．5000　　オ．60000

（６）　ビーカーを机に置き、ふちをガラス棒でたたいて音を聞きました。その後、ビーカーに水を入れて、ふちをガラス棒でたたくと聞こえる音が低くなることがわかりました。水を入れたときに聞こえる音が低くなる現象を、発音体が何であるかにふれて説明しなさい。

2　園子さんは食塩と砂糖の水への溶《と》け方が違《ちが》うことに気づき、物質の水への溶けやすさを調べてみることにしました。操作の途《と》中《ちゅう》で水の重さは変化しないものとします。小数第２位以下がある場合は、四捨五入して小数第１位まで答えなさい。

［学習メモ］

- ある物質が水100gに溶ける限界の重さ〔g〕をその物質の「溶解《ようかい》度」という。また、限界まで物質が溶けている状態を飽和《ほうわ》しているという。
- 水の重さが２倍、３倍になると、飽和するまでに溶ける物質の重さも２倍、３倍となる。
- 溶解度は温度によって変化する。
- 溶解度を超《こ》える量の物質を加えると、溶解度を超えた分だけその物質が沈殿《ちんでん》する。２種類以上の物質が沈殿するときは混ざった状態で沈殿する。

園子さんは10℃と60℃の100gの水に、食塩と砂糖をそれぞれ限界まで溶かして溶解度を調べ、その結果を表１にまとめました。

表１

	10℃	60℃
食塩〔g〕	35	37
砂糖〔g〕	190	287

（１）　食塩水と砂糖水について、正しく述べているものを次より１つ選び、記号で答えなさい。

ア．食塩水も砂糖水も青色リトマス試験紙を赤くする。
イ．食塩水は電気を通すが、砂糖水は通さない。
ウ．砂糖水は電気を通すが、食塩水は通さない。
エ．砂糖水はにおいがあるが、食塩水はにおいがしない。
オ．食塩水も砂糖水もアルカリ性である。

（２）　10℃の飽和した食塩水を100g作るとき、食塩は何g必要ですか。

（３）　食塩と砂糖の混合物が500gあります。この混合物の中に食塩は５％含《ふく》まれています。この混合物を60℃の水にすべて溶かし、その水溶液《すいようえき》を10℃に冷やして、できるだけ多くの砂糖を得るために、必要な水は何gですか。ただし、食塩と砂糖の溶解度は互《たが》いに影響せず、それぞれ溶解度を超えた分だけが沈殿するとします。

（4）　（3）のとき、得られる砂糖は何gですか。

園子さんはさらに他の物質の溶解度も調べてみました。図1は、ミョウバン、硝酸《しょうさん》カリウム、塩化ナトリウム、ホウ酸の溶解度と温度の関係を表しています。

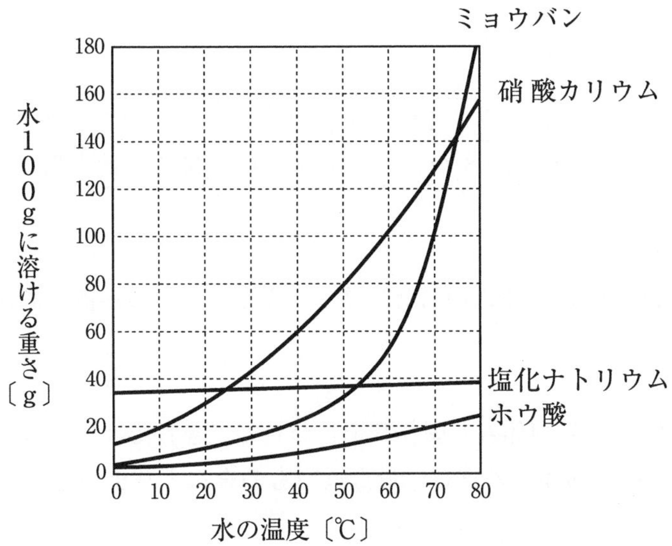

図1　各物質の溶解度と温度の関係

（5）　60℃でミョウバン、硝酸カリウム、塩化ナトリウム、ホウ酸のうち2つの物質が飽和している混合水溶液を考えます。この混合水溶液を10℃まで冷やしたとき、最も純度の高い沈殿ができる物質の組み合わせとして適当なものを次より1つ選び、記号で答えなさい。ここで、「純度の高い沈殿」とは1種類の物質の割合が多いことを表しています。ただし、溶解度は物質ごとに互いに影響せず、それぞれ溶解度を超えた分だけが沈殿するとします。

ア	ミョウバン	硝酸カリウム
イ	ミョウバン	塩化ナトリウム
ウ	ミョウバン	ホウ酸
エ	硝酸カリウム	塩化ナトリウム
オ	硝酸カリウム	ホウ酸
カ	塩化ナトリウム	ホウ酸

園子さんは混合物の溶解度についてさらに調べてみたところ、性質の似ている物質同士の場合には互いの溶解度に影響を与《あた》えることもあることがわかりました。お互いの溶解度に影響を与えることが知られている固体Aと固体Bがあります。80℃の水100gに様々な重さの固体Aを溶かしたときに、ともに溶かすことができる固体Bの最大の重さを表２にまとめました。

表２

固体A〔g〕	0	3	6	9	12	15	18	21	24	27	30	33	36	39
固体B〔g〕	58	55.6	53.2	50.8	48.4	46	43.6	41.2	38.8	36	27	18	9	0

（６）　80℃の水100gに固体Aが17g溶けているとき、この溶液に固体Bは何g溶かすことができますか。

（７）　80℃の水100gに固体Aと固体Bを合わせてできるだけ多くの量を溶かしたとき、溶けている固体Aの重さに最も近いものを次より１つ選び、記号で答えなさい。

ア．0g　　イ．9g　　ウ．18g　　エ．27g　　オ．36g

（８）　80℃の水100gに対して、表２からわかることとして正しく述べているものを次より１つ選び、記号で答えなさい。

ア．固体Aのみを溶かしたときと固体Bのみを溶かしたときでは、固体Aの方が固体Bより溶かすことができる重さが大きい。

イ．固体Aの10%水溶液に溶かすことができる固体Bの重さは、固体Bの10%水溶液に溶かすことができる固体Aの重さより大きい。

ウ．固体Aの溶けている重さが増えると、そこに溶かすことができる固体Bの重さは常に一定の割合で減っていく。

エ．固体Aを40g溶かすには固体Bを少し溶かせばよい。

3 園子さんはお父さんと一緒《いっしょ》に、ヒトの心臓と血管のつくりとはたらきについて調べました。

園子さん　「この本に載《の》っている心臓の断面図は何だか見慣れない感じがするの。」

お父さん　「そうだね。ふだん見慣れている心臓の断面図は、正面から見た図だけど a この本に載っている断面図は、背面から見た図になっているね。」

園子さん　「そういうことね。ところで、心臓はどのようにして血液を送り出しているのかな。」

お父さん　「この本では、心臓が血液を送り出すしくみは、3段階に分けて説明されているね。」

園子さん　「血液が静脈から心臓に流れ込《こ》むのが［段階1］、血液が心房《しんぼう》から心室に流れ込むのが［段階2］、そして心臓から動脈に血液が送り出されるのが［段階3］なのね。心臓では、［段階1］と［段階3］が同時におこっているよね。」

お父さん　「それぞれの段階での心房や心室、弁の動きを表1にしてまとめてみようか。」

表1

	心房の大きさ	心房の出口の弁	心室の大きさ	動脈の入り口の弁
［段階1、3］				
［段階2］				

園子さん　「できたよ。心房と心室の大きさは、それぞれの段階の始めと終わりで比べた結果を書いてみたよ。こうして表にしてみると、血液が順序よく流れていくためには、弁のはたらきが大切だということがよくわかるね。」

お父さん　「図1には、心臓や血液についてのおおよそのデータがまとめられているね。」

心臓の大きさ：握《にぎ》りこぶし位の大きさ
心臓の質量：250g
1回の拍動《はくどう》で心臓から送り出される血液の量（安静時）：75 cm^3
心拍数（安静時）：70回/分
血液の量：体重の13分の1

図1

お父さん　「このデータのうち、いくつかの値を使うと、心臓から出た血液が全身をめぐって心臓に戻《もど》ってくるまでの時間を計算することができるね。例えば、父さんの体重を65kgとすると…。」

園子さん　「お父さんの場合は、心臓から出た血液が全身をめぐって心臓に戻ってくるまでに[b]秒かかるのね。」

お父さん　「その通り。ところで、次の図２は、安静時に心臓から送り出された血液がからだの各部分にどのくらい流れていくかを示した図だよ。また、図３は運動時の心臓と血流量の変化についてまとめられているよ。」

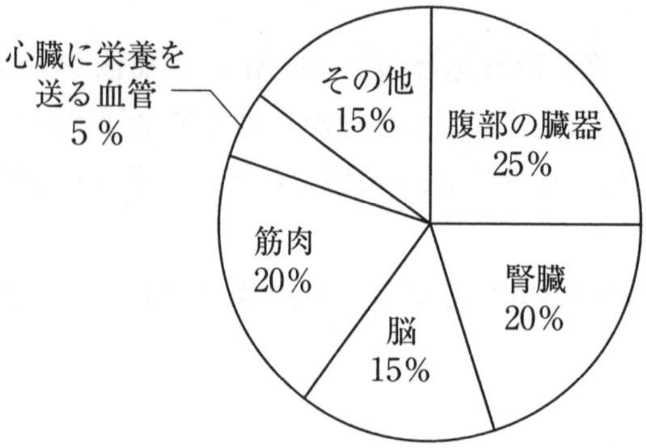

図２

＜運動時の心臓と血流量の変化＞

心拍出量《しんはくしゅつりょう》（※１）：安静時の５倍

筋肉への血流量：安静時の20倍

最大心拍数（※２）：220－年齢（歳《さい》）

※１　１分間に心臓から全身に送り出される血液の量

※２　運動中に心臓が最もさかんに拍動したときの心拍数

図３

お父さん　「運動中に心臓が最もさかんに拍動しているとき、１回の拍動で心臓から送り出される血液の量は、安静時の何倍になるかわかるかな。父さんが40歳だとして計算してごらん。」

園子さん　「ええと…。[c]倍だね。図２と図３から考えると、運動時には、心臓から送り出された血液の[d]％が筋肉に流れていくことになるんだね。」

（1）　下線部 a について、背面から見たヒトの心臓の断面図として適当なものを、次より１つ選び、記号で答えなさい。

ア　　　　イ　　　　ウ　　　　エ

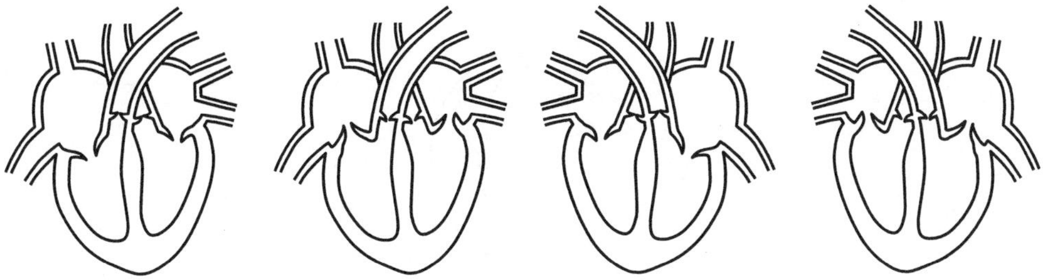

（2）　表１の［段階１、３］、［段階２］のそれぞれに当てはまるものの組み合わせとして適当なものを次より１つ選び、記号で答えなさい。

	心房の大きさ	心房の出口の弁	心室の大きさ	動脈の入り口の弁
ア	大きくなる	閉じている	大きくなる	閉じている
イ	大きくなる	閉じている	小さくなる	開いている
ウ	大きくなる	閉じている	小さくなる	閉じている
エ	大きくなる	開いている	大きくなる	開いている
オ	大きくなる	開いている	小さくなる	閉じている
カ	小さくなる	閉じている	大きくなる	開いている
キ	小さくなる	閉じている	大きくなる	閉じている
ク	小さくなる	閉じている	小さくなる	閉じている
ケ	小さくなる	開いている	大きくなる	閉じている
コ	小さくなる	開いている	小さくなる	開いている

（3）　会話中の[　b　]に入る数値は何ですか。なお、血液１ cm^3 を１ g とします。小数第１位以下がある場合は、四捨五入して整数で答えなさい。

（4）　会話中の[　c　]に入る数値は何ですか。小数第２位以下がある場合は、四捨五入して小数第１位まで答えなさい。

（5）　会話中の[　d　]に入る数値は何ですか。小数第１位以下がある場合は、四捨五入して整数で答えなさい。

4 園子さんとお父さんは、ある晴れた日の夕方に、とても明るい星が西の空の低い位置に輝《かがや》いていることに気がつき、この星を川崎市の自宅の庭から天体望遠鏡で観察しました。その結果、図1のような姿を観察することができました。この天体望遠鏡で観察できる像は、肉眼で観察したときと向きが変わらないものとします。

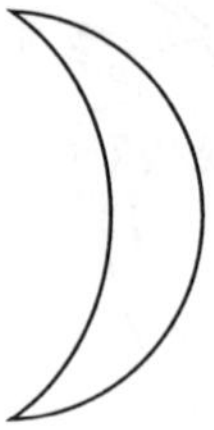

図1

園子さん　「肉眼で観察しているとわからないけれど、天体望遠鏡で観察すると、三日月形に欠けているんだね。」

お父さん　「この星は何か、わかるかな。」

園子さん　「三日月形に欠けていることや、空の低い位置でとても明るく輝いているから、宵《よい》の明星とも呼ばれている[a]だと思う。」

お父さん　「その通りだよ。b[a]は、地球から見たときの明るさが変化するんだけど、今はここ最近で最も明るく見えているんだ。」

園子さん　「そうなんだ。ところで、今、[a]は欠けて見えるけれど、もし[a]から地球を観察したら、どのように見えるのかな。」

お父さん　「実際には、[a]の地表は厚い雲におおわれているので、太陽でさえもぼんやりとしか見えないようだよ。でも、仮に地球の夜空と同じように星が見えたとして、[a]の北半球からこの天体望遠鏡で地球を観察すると、c今日ならこのように見えるのではないかな。」

園子さん　「なるほどね。星って面白いね。」

お父さん　「d何年か前に起こった木星の衛星の間に見られた現象も面白いぞ。」

（1）　[a]に当てはまる星の名前を答えなさい。

（２）　下線部ｂについて、次の図２は、ある年の１月１日から２年後の１月１日までの［ａ］の明るさを示したものです。園子さんたちが観察を行った日もこの期間内でした。

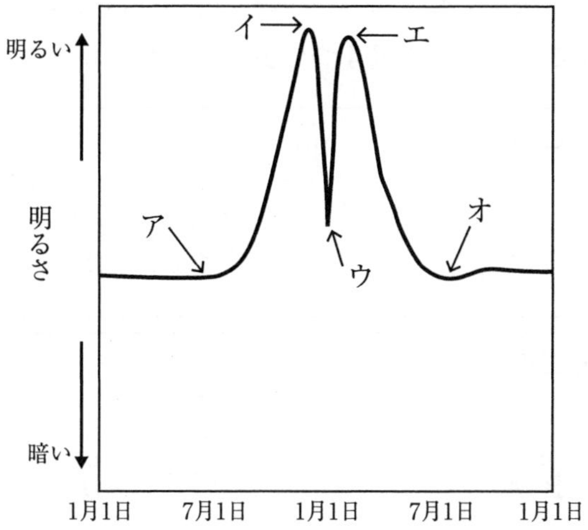

図２

① 地球から見たときの［ａ］の明るさが変化する理由を答えなさい。

② 図２において、園子さんとお父さんが観察しているときの［ａ］の明るさを、ア～オより１つ選び、記号で答えなさい。

（３）　下線部ｃについて、最も適当なものを次より１つ選び、記号で答えなさい。

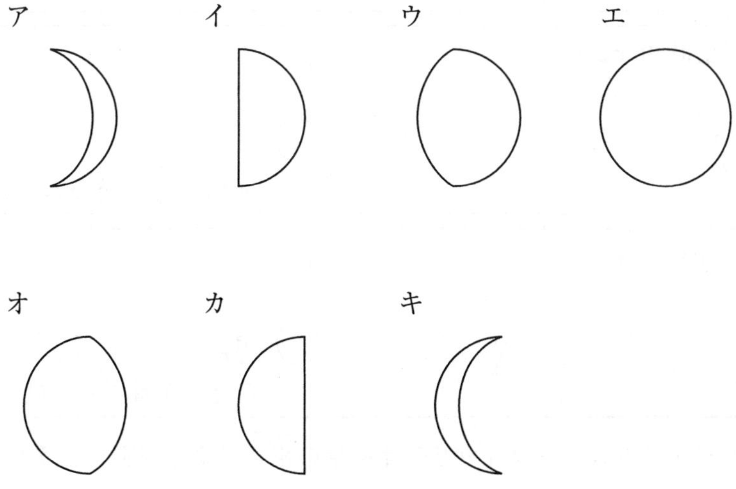

（4）　下線部ｄについて、次の図３は、ある年の５月から６月にかけて、木星と、その代表的な衛星４つ（A、B、C、D）を地球から観測した様子を示したものです。この期間、地球ではこれら４つの衛星の公転軌道面を真横から見ています。図の上が木星の北極方向で、これらの衛星はすべて、木星の北極方向から見て反時計回りに公転しています。外側を公転している衛星ほど公転周期が長いことが知られています。衛星４つの公転軌道が交わることはありません。

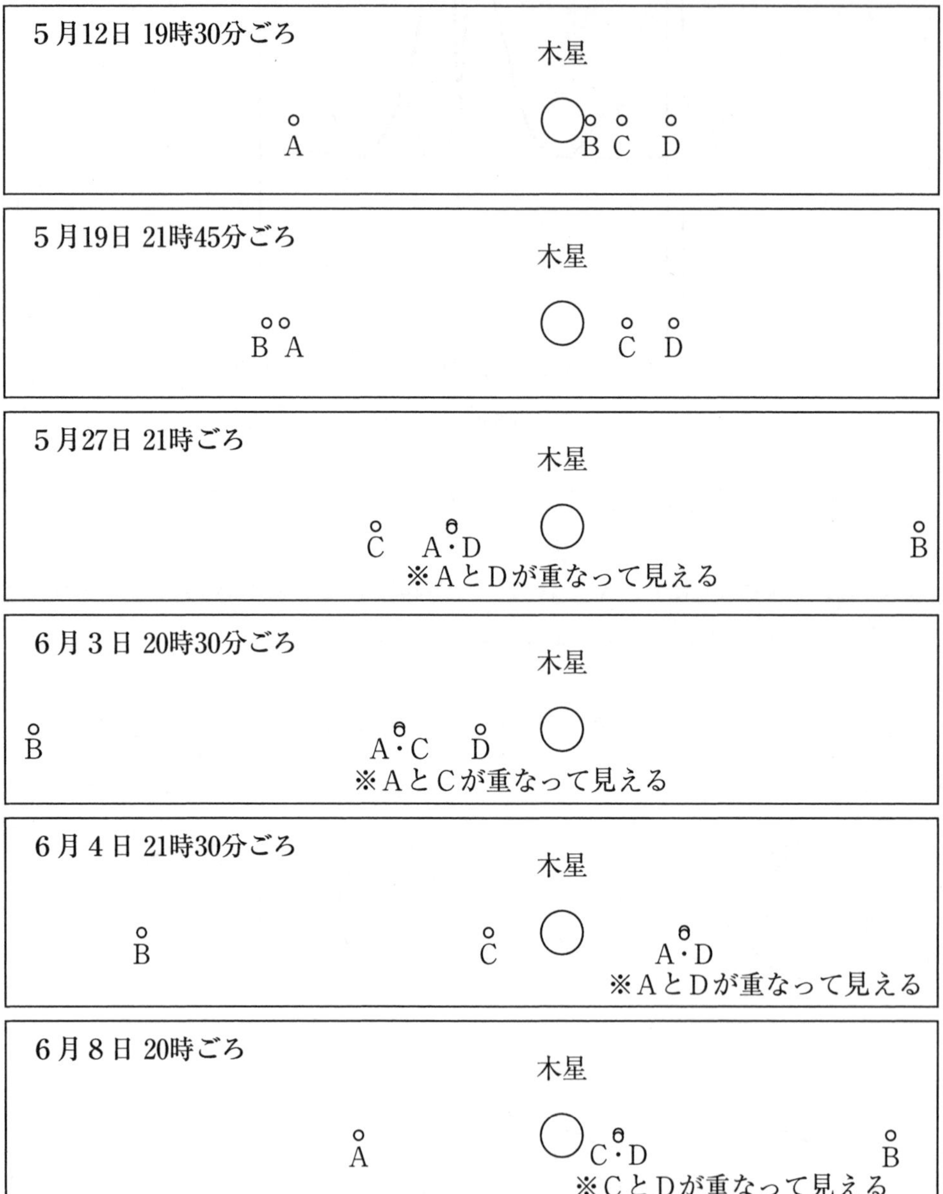

出典：株式会社アストロアーツ「ガリレオ衛星の相互《そうご》現象を観測しよう」
(https://www.astroarts.co.jp/special/2015jupiter/satellites-j.shtml) を加工して作成

図３

表１は、木星の代表的な衛星４つの公転周期をまとめたものです。

表１

衛星	公転周期
イオ	約 1.8日
エウロパ	約 3.6日
ガニメデ	約 7.2日
カリスト	約16.7日

① イオ、エウロパ、ガニメデ、カリストは、図３のＡ～Ｄのいずれかです。イオ、エウロパ、カリストはどれか、それぞれＡ～Ｄより１つ選び、記号で答えなさい。

② 図３の５月27日の衛星ＡとＤ、６月４日の衛星ＡとＤ、６月８日の衛星ＣとＤは重なって見えます。それぞれについて、地球側にある衛星の組み合わせとして適当なものを次より１つ選び、記号で答えなさい。

	より地球側にある衛星		
	５月27日	６月４日	６月８日
ア	A	A	C
イ	A	A	D
ウ	A	D	C
エ	A	D	D
オ	D	A	C
カ	D	A	D
キ	D	D	C
ク	D	D	D

同じところへ視線を落とした。」とありますが、この時の祐治が「同じところへ視線を落とした」のはなぜですか。四行以内で説明しなさい。

問六 Ⅰ に入る身体の部位に当たる漢字一字を書きなさい。また、次の三つの慣用句においてⅡ～Ⅳに入る身体の部位を表す言葉（ひらがなでもよい）を書きなさい。

Ⅱ かじり　（親や兄弟の世話になっている人。）

Ⅲ に火をともす　（ひどくけちな様子。）

Ⅳ を巻く　（口もきけないほど感心する。）

問七 A ～ C に入れる語としてふさわしいものを次の中からそれぞれ一つずつ選び、記号で答えなさい。（ただし記号はそれぞれ一回ずつ使用します。）

ア あっさりと　**イ** すらりと　**ウ** からからに
エ ぴたりと　**オ** どんよりと　**カ** ごくりと
キ どっしりと　**ク** ちらほらと　**ケ** そうそうに
コ かんかんに　**サ** むっつりと　**シ** ぴかぴかに

問八 次に示すのはこの文章を国語の授業で読んだ後、生徒が話し合った感想です。Aさん～Dさんの中で明らかに本文の内容や特《とく》徴《ちょう》に合わない一人は誰《だれ》ですか。次の**ア**～**エ**の中から一つ選び記号で答えなさい。

ア Aさん　祐治は身内の不幸を数々抱えながらも、必死に生きていこうとしているね。でも、なにかそこには希望というものが感じられない気がするな。

イ Bさん　それは祐治の奥さんがなくなったり、再婚相手もすぐに離婚したりで、いいことがなかったからそうなるのも当たり前かもしれないね。

ウ Cさん　それにしても明夫はなぜ体調が悪いのに密漁などするのだろう。この部分ではその理由はわからないけれど、きっと深いわけがあるんだろうね。

エ Dさん　おそらく、それは祐治に対する憎《にく》しみが背景にあるね。六郎も祐治に対しては冷たい態度をとっていることからそれがわかるよ。

問九 この作品は二〇二二年に発表された小説です。背景には二〇一一年三月に発生した東日本大震災《だいしんさい》の津波《つなみ》被害《ひがい》という社会問題があります。この視点を加えて本文を読み直したとき、この小説の批評文として最もふさわしいものを次の**ア**～**エ**の中から一つ選び記号で答えなさい。

ア　震災がもたらした被害が地域の産業や経済を崩壊《ほうかい》させ、その影響《えいきょう》が人々の生活を苦しめているという現状を客観的な事実をあげながら述べているので説得力がある。

イ　震災がもたらした被害は、震災直後のみならず一〇年以上たった今に至るまで現在進行形の形で存在しており、それは目には見えない人々の生き方にまで及《およ》んでいることが描かれている。

ウ　震災がもたらした悲劇は時とともに風化し忘れ去られて行っているが、被災《ひさい》地では全く別の問題が発生しているという事実を読者に告発する目的が行間から読み取れる。

エ　震災がもたらした人々への影響は深刻で歳月《さいげつ》を重ねても薄《うす》れることはないので、今後同様なことが起きたときにはどのようにふるまうべきなのかを教訓として残そうという意図が感じられる。

ある。

知らせを聞いた翌日、祐治は六郎を訪ねた。

家にあがると、六郎は縁側《えんがわ》の籐椅子《とういす》に座っていた。祐治は挨拶《あいさつ》して畳《たたみ》に胡座《あぐら》をかいた。奥《おく》さんがせんべいが入った漆《うるし》の器と一緒に茶を持ってきた。(5)六郎の視線は庭のハナミズキに注がれていて、祐治も同じところへ視線を落とした。

「今は入院してる、すっかり検査してもらって治療《ちりょう》のやり方決めるって」

近々専門医のいる仙台《せんだい》の厚生病院で改めて検査をしてもらおうという矢先の事件だった。★岩沼《いわぬま》の病院に搬送された明夫は厚生病院に移ってそのまま検査入院となった。

庭の奥で黒猫《くろねこ》がうずくまって雨宿りをしている。

六郎は「どれどれ」と腰をあげ、玄関《げんかん》に常備してあるキャットフードを取りにいった。黒猫はツバキの下でしばらく前足を舐《な》めていたが、六郎が表へ出ていく前に垣根《かきね》を越《こ》えて向こう側に消えてしまった。

（佐藤厚志『荒地の家族』）

★亘理…宮城県の太平洋沿岸の町名。

★カーボン…杖などの軸に使われる軽い素材。

★岩沼…宮城県岩沼市、亘理町に隣接《りんせつ》する。

問一 ――(1)「俺にしても死ぬ順番を待つ大行列のひとりに過ぎない。」とありますが、この時の祐治の心情を説明したものとして最もふさわしいものを、次の**ア**～**エ**の中から一つ選び、記号で答えなさい。

ア 自分の身の回りで起きた数々の不幸な出来事を考え、生きていても仕方がないので早く死にたいと考えている。

イ 自分の記憶に残るつらい出来事がたびたび鮮明《せんめい》に思い出されてつらいのでこのまま生きていても仕方がないと考えている。

ウ 自分の周囲の人がさまざまな理由でこの世を去ったことを自分の人生にも当てはめ、いつの日か分からないが自分も死ぬことになるのだと考えている。

エ 自分の仕事は辛《つら》く厳しいものなので思い通りにならない人生を続けていくより、どのように死ぬべきなのかを考えている。

問二 ――(2)「ふと、なぜこんなことをしている、と考えた。」とありますが、祐治はなぜだと考えていますか。二行以内で説明しなさい。

問三 ――(3)「春の陽気から一転、季節が巻き戻ったように空気が冷えた。」という表現がこの小説の中でどのような効果をもたらしているのか説明した次の文章の中で、最もふさわしいものを一つ選び記号で答えなさい。

ア 小説で描《えが》かれている時間が冬と春が移り変わるころのことであることを示し、明るさの中にも厳しさが含《ふく》まれている状況《じょうきょう》を表現している。

イ 春の陽気が安定せず冬の寒さが戻ることを描くことで、祐治の心身が深刻な悩《なや》みを抱《かか》えており、疲労《ひろう》が重なっている状態であることを暗示している。

ウ 冬から春への確実な季節の移り変わりを描くことで、ここまで長く続いてきた話がいったん終わり、別の話になることを読者に示している。

エ 東北の早春がいかに厳しいものであるのかを読者に印象付け、そこに暮らす人々の心も同様に厳しく冷たいものであることをほのめかしている。

問四 ――(4)「言うべき言葉がひとつも浮かばない。」とありますが、それはなぜですか。二行以内で説明しなさい。

問五 ――(5)「六郎の視線は庭のハナミズキに注がれていて、祐治も

祐治は、杖をついて横をすり抜《ぬ》けていこうとする明夫を「待てよ」と押《お》し戻して「俺でさえ現場見てんだ、日頃《ひごろ》から見張ってる漁師連中に気づかれねえわけねえ」と言った。

「お前に関係ねえだろ」

明夫は興奮して祐治の襟元《えりもと》のあたりを睨《にら》んだ。

「六郎さんのために言ってんだよ」

祐治は顔を近づけた。

明夫は視線を泳がせた。

不摂生《ふせっせい》のせいか強い口臭《こうしゅう》が漂ってきた。

祐治はわずかに顔を背《そむ》けた。

明夫はそれに気づいて、臭うか、と聞いた。

祐治は黙《だま》った。

「カビだよ、口が乾くんだ、薬の副作用で口が［C］乾いてカビが生えんだ」明夫は言った。

「ひどそうじゃねえか」

祐治は言った。

「うるせえ」

明夫、と祐治は言った。

祐治の気遣《きづか》わしげな態度が癪《しゃく》だったようで、明夫は「どけ」と祐治を突《つ》き飛ばすように体をぶつけて押し通ろうとした。

明夫の体はふくよかな柔《やわ》らかさはなく、ごつごつとして骨張った感《かん》触《しょく》だった。

祐治は背後から明夫の腕を摑んだ。

すると明夫は激高して祐治の手から逃《のが》れようとして「触んな」と狂《くる》ったように怒鳴《どな》った。

「俺に触んな、お前に何がわかんだよ」

とっさに祐治は手を放した。

そのあるかなしかの一瞬《いっしゅん》、明夫の表情が燃えたぎる怒《いか》りから失望の色に変わるのを見た気がした。

買い物客が見ていた。エプロン姿のスーパーの男性店員が様子を見にくる。

明夫は祐治がついてきていないか、後ろを気にしながらカゴを持ってレジの列に加わった。

後味が悪かった。明夫と話したかったが、(4)言うべき言葉がひとつも浮かばない。明夫の味わった艱難辛苦《かんなんしんく》が重くのしかかってくる。捨て鉢《ばち》になって一刻も早くこの世から逃れたいというように酒を買い物カゴに詰《つ》め込む様子が頭を巡《めぐ》り、結局「なぜ明夫が」という考えに戻った。

スーパーの駐車場《ちゅうしゃじょう》でぼんやりと考えていると雨粒《あまつぶ》がぽつぽつとフロントガラスについた。彼方《かなた》まで隙間《すきま》なく覆《おお》う黒い雲が山から海のほうへ動き、地面がずれ動いているような錯覚《さっかく》を覚える。

店から出てきた明夫は黒い雲を気にする様子もなく、傷だらけの白い改造車に乗り込んでエンジンをふかすと、乱暴に走り去った。ぶるぶる震《ふる》える太いマフラーから垂れた排液《はいえき》が、明夫の通った軌道《きどう》上に黒い血のように滴《したた》って残った。

数日後、明夫が捕《つか》まったという連絡《れんらく》を河原木から受けたのは、朝飯を食って家を出ようという時だった。張り込んでいた漁師らに取り押さえられ、連れの男とともに警察に突き出されたという。

明夫が不調を訴《うった》えたせいで、潜らずに海から引き返すところだった。連れの男が明夫を病院へ運ぼうとしている所で、早まった漁師連中が飛び出してきたのだ。下腹部を押さえてもがくようにしていた明夫はともかく病院に搬送《はんそう》された。

明夫と連れの男は任意の取り調べを受けたが、潜水具を持っていただけだったので放免《ほうめん》となった。ゴムボートの隠《かく》し場所も不明のままで

庭を立体的にするのに、塀《へい》側に土を盛り、自然石を乱積みにして土留めを作る。ラグビーボールくらいの石からショートケーキくらいの石まで、具合のいいのを選別して積みあげていく。仕上がりに荒々《あらあら》しさが漂うので祐治は乱積みを好んだ。

半日を費やして、まだ三分の一も進んでいない。祐治は焦《あせ》らず、一定のペースで石を積んだ。前屈《まえかが》みか、中腰《ちゅうごし》か、しゃがんだ姿勢で重い石を扱《あつか》う。全身に負担がかかり、体力を激しく消耗《しょうもう》した。膝《ひざ》や腰《こし》の関節が痛み、背中の筋肉が張る。石をひとつひとつ吟味《ぎんみ》し、傾《かたむ》けたり回転させたりして［A］合えばハンマーで叩《たた》いてはめ込《こ》む。うまく嚙《か》まない場合はノミと金槌《かなづち》で石を削《けず》る。

同じ形状が二つとない石の山から祐治はひとつ摑《つか》んだ。集中し、感覚が研ぎ澄《す》まされ、次に積むのに具合がいい石をすぐに引き当てた。一度ではまらなくても、触《ふ》れていると石のどの部分をどれだけ削ればいいか、皮膚《ひふ》感覚でわかった。やればやるほどうまくなった。石積みは繊細《せんさい》で、地味で、きつかった。

(2)ふと、なぜこんなことをしている、と考えた。造園が好きではなかった。苦ではないという程度だった。始めた時の気持ちは忘れたが、これでやっていくと［I］を決めた。明日死ぬとわかっていてもその日の工程をこなすと思った。

その日の作業を終えると、とてつもなく体が重かった。脱力《だつりょく》感と倦怠《けんたい》感に襲《おそ》われた。心なしか、腕《うで》が細くなった気がした。

空に分厚い雲が垂れこめて［B］暗く、一度降り出したら容易にやまない雨が予感された。(3)春の陽気から一転、季節が巻き戻《もど》ったように空気が冷えた。

現場の帰り、スーパーの酒売場で祐治は明夫を見かけた。夜明け前のコンビニで明夫に声をかけてから二週間経っていた。明夫はひとりだった。左手に買い物カゴを持ち、右手で★カーボンの杖《つえ》をついていた。杖を陳列棚《ちんれつだな》に立てかけると、銘柄《めいがら》をこだわらずに缶《かん》ビールをカゴに放り込んでいる。

明夫はちらと祐治に視線をくれたが、すぐに酒の並ぶ棚に向き直った。無視するならそれもいいが、俺の顔を見る度に舌打ちしたり、ため息を漏《も》らしたり、あからさまに逃《に》げたりしやがる。

明夫の態度に祐治は腹が立った。背の小さいごつい男につき従い、こそこそと潜水《せんすい》スーツを着込み、重たい空気ボンベを背負い、暗黒の海に潜《もぐ》る明夫の姿を想像する。そんな危険なまねをしていったい何を探している。

肺に宿り、肝臓《かんぞう》、腎臓《じんぞう》に転移したという病に蝕《むしば》まれる明夫の体を祐治は思った。

明夫は具合が悪そうだった。少し前まで膨《ふく》れていた頰《ほほ》の肉はそげ落ち、皮膚にたるみができている。目は落ちくぼみ、頰骨の下が黒ずんでいた。

帰るところだった祐治は買い物袋《ぶくろ》をぶらさげたまま、スナック菓子《がし》を物色している明夫の横に立って「明夫」と呼びかけた。

返事をせずに背中を向けようとするので、もう一度「明夫」と呼ぶと、明夫は半身で振り返り、祐治のつま先に目を落として「なに」と返事をした。

「お前、やめとけよ」

「何がだよ」

「釣《つ》りだ」

「あ」

「ばれてんだよ」

「だから何がだっつってんだよ」

明夫はみるみる顔を赤くして言った。

「海、潜ってんだろ」

の中からそれぞれ一つ選びなさい。（ただし記号はそれぞれ一回ずつ使用します。）

ア　つまり　**イ**　しかし　**ウ**　なぜなら　**エ**　そして

問八　――**ア**～**オ**のカタカナを漢字に直しなさい。

問九　本文の内容に合うものを次の**ア**～**エ**の中から一つ選び、記号で答えなさい。

ア　支配階級と被《ひ》支配階級の間の対立という従来の階級闘争ではなく、ＰＣに賛同することでエリート意識を持つ人々と賛同しないことで無教養だと思われる人々の間の対立であるということが、ずらされた階級闘争ということである。

イ　イギリスのＥＵ離脱とトランプの大統領選勝利という予想外の投票の結果が出た問題には、多くの人たちが声高《こわだか》に支持を表明していた側ではない方に、実は隠れた支持者が数多くいたという共通点がある。

ウ　クリントン支持者には反金融資本主義者やＬＧＢＴを応援する人々などあらゆる立場の人が含まれていたが、選挙以前からクリントン側の考えには入らない人の存在が指摘されていた。

エ　移動の自由の実現には段階があり、まずは情報が地球上で自由に動き回り、次に商品が自由に流通できるようになって、その後で人間が好きなところで暮らせる自由が実現すると考えられている。

二

次の文章は『荒地《あれち》の家族』の一節で、舞台《ぶたい》は阿武隈《あぶくま》川河口付近の宮城《みやぎ》県《けん》逢隈《おおくま》（亘理《わたり》町）です。【これまでの主なあらすじ】をよく読んで、本文を読み、後の問いに答えなさい。

【これまでの主なあらすじ】

造園業を自営する祐治は妻の晴海を病気でなくし、残された息子の啓太と二人暮らしだった。その後、知加子と再婚《さいこん》するが、まもなく離婚《りこん》した。父と仲が良かった六郎の子、明夫は祐治と同級生であり、かつてはよく一緒《いっしょ》に遊んでいたが、大人になってからは疎遠《そえん》になっていた。最近、祐治は明夫が重病にかかっていることや密漁を続けていることを耳にして心配していた。

新築家屋の壁《かべ》を背にして祐治は石を積んでいた。現場は海に近かった。定年近い施主《せしゅ》夫婦は広い庭が欲しくて★亘理に家を建てたという。畑や更地《さらち》が辺りを占《し》めていたが、ぽつぽつと新築の家屋が建っていた。積む石を選んでいると、晴海や知加子の腹の中で成長をとめた子を思った。浮《う》かんでは消える想念に祐治はこだわらなかった。死んだ人間に寄りかかっていたら、自分も半死半生だと思った。それでも何度も立ち止まって死者を思い、自分に何ができて何ができなかったかを考えてやりきれなくなる。人を思い出す時、ひと続きの記憶《きおく》が現れるわけではない。その時に味わった感情、手触《てざわ》り、痛み、苦しさが点々として残りかすのようにあるだけだった。

(1)俺《おれ》にしても死ぬ順番を待つ大行列のひとりに過ぎない。生きている間にどうにか飯を食って啓太を育てるだけだ。

背中に当たる午後の強烈《きょうれつ》な日差しが暑く、全身に汗《あせ》が滲《にじ》んだ。石を載《の》せたビニールシートから高温で溶《と》けたプラスチックのような臭《にお》いが漂《ただよ》ってくる。梅雨の前で湿気《しっけ》はなく、乾《かわ》いていた。

れぞれ作文を発表しました。そこで元子さんはその二つの作文と本文の筆者の主張との間には関係があると考えました。どのような点で関係があると言えますか。文末を「…という点。」という形にして、三行以内で説明しなさい。【生徒Aさん】と【生徒Bさん】の作文は次の通りです。

【生徒Aさん】

ディズニーが二〇二三年に公開した映画『リトル・マーメイド』は、一九八九年に同社が公開したアニメ映画の実写版だが、そのキャスティングをめぐって反発の声が上がった。主人公アリエルはアニメ版では赤毛で青い目を持つ白人のような容姿であるが、実写版ではアフリカ系の俳優が起用されたのである。インターネット上では「黒人のアリエルはアリエルではない」との声が上がり、「Not My Ariel（私のアリエルではない）」というフレーズが多く投稿《とうこう》された。一方で、「人魚やプリンセスは白人である」という固定観念を打破したことや、主演キャストが白人ばかりであった今までのハリウッド映画のあり方を変えようとしたことが、ポリティカル・コレクトネスに配慮《はいりょ》した作品であるとして評価する声もある。このようにアメリカ国内では次第に受け入れる動きも出てきたなか、注目したいのは東アジアの国の人々の反応である。東アジアの国々では黒人のアリエルに強い反発を覚える声が多かったのである。なかにはアリエルが黒人であることによって映画が「台無し」になったとのレビューもあった。根底には、これまでのディズニープリンセスの多くが白人であったことがあると考えられる。『白雪姫《しらゆきひめ》』に始まり『シンデレラ』『美女と野獣《やじゅう》』などのプリンセスは全て白人であり、有色人種のプリンセスが登場するのは一九九二年の『アラジン』が初めてであった（しかしこれも描《えが》き方が中東系のステレオタイプであると批判されている）。欧米《おうべい》諸国の根強い人種差別の解決と同様に、欧米諸国の作品によって東アジアなどの国々に刷り込まれた古いイメージの刷新も課題である。

【生徒Bさん】

アメリカの人気着せ替《か》え人形を題材にした映画『バービー』のキャンペーン活動をめぐり、日本国内から批判の声が多く上がった。発端《ほったん》は『バービー』のアメリカの配給会社が運営するキャンペーン用公式SNSアカウントが、ある画像の投稿に対して好意的な反応をしたことだ。アメリカでは『バービー』と同日に「原《げん》爆《ばく》の父」と呼ばれる人物の伝記映画『オッペンハイマー』が公開されることをきっかけにして、ファンたちが二つの映画を合わせて「バーベンハイマー」と呼び、二つの映画のイメージを掛《か》け合わせた画像が人気を集めてインターネットに多数投稿されている。そのなかの一つであったバービーたちの背景で原爆が爆発《ばくはつ》している画像の投稿に『バービー』の公式アカウントが「忘れられない夏になる」と好意的なコメントをしたのだ。それ以前からきのこ雲などをポップにモチーフとするなどしていた「バーベンハイマー」の動きに対しては日本国内から疑問視する声があったが、公式アカウントが半ば「容認」したことでさらに大きな批判となった。日本の配給会社はアメリカの公式アカウントの反応を「配慮に欠けた反応」と批判、抗議《こうぎ》する文書を発表した。今回の問題は、ナチスによる虐殺《ぎゃくさつ》や九・一一と違い、原爆に関するアメリカ社会の当事者意識のなさが露呈《ろてい》したものだという批判もあった。『バービー』という映画自体は、性別による生きづらさを主題にするなどポリティカル・コレクトネスに配慮した映画であると話題になっていた。

問七 [A]～[D]に入れる語としてふさわしいものを、次の**ア**～**エ**

の略で、性的少数者の総称《そうしょう》。

★アップル社…アメリカのテクノロジー企業《きぎょう》。代表的な商品はiPhone、Macなど。

★ＣＥＯ…最高経営責任者。

★シャープ…日本の電気機器メーカー。

★マルクス主義…マルクス（一八一八〜一八八三）およびエンゲルス（一八二〇〜一八九五）によって確立された科学的社会資本主義思想の体系。資本主義の矛盾《むじゅん》を分析《ぶんせき》し、労働者階級による社会主義社会の実現を主張する。

★エスタブリッシュメント…社会的に確立した体制や制度、またそれらを代表する支配階級のこと。

問一 ――(1)「そうした現実の社会に対する構想力を鍛えるためには、普通の現実よりも、むしろフィクションを題材にしたほうがいい。」とありますが、「現実の社会に対する構想力」を鍛えるために「フィクションを題材にしたほうがいい」のはなぜですか。三行以内で説明しなさい。

問二 ――(2)「しかし、それなのにトランプが勝ってしまった。」とありますが、なぜトランプが勝ったと筆者は述べていますか。次の**ア**〜**エ**の中から、最もふさわしいものを一つ選び、記号で答えなさい。

ア クリントン側は人種や性別の区別もなく寛容に人々を受け入れる多文化主義的共存を支持しているが、存在を無視された多文化主義共存を容認できない多くの人たちが反発し、対抗《たいこう》するトランプを支持したから。

イ 二〇一六年の大統領選は階級闘争であったのに、クリントン側は人種や民族、ＬＧＢＴのことなど理想ばかり語っていたため、現実を見ていないと感じた多くの人々がトランプに賛同したから。

ウ クリントンを支持する人たちが多文化主義的共存を掲《かか》げていながら一方で労働力を搾取していたり雇用《こよう》を奪ったりしていることに疑問を持った多くの人々が、トランプ支持に回ったから。

エ クリントン側はポリティカル・コレクトネスの立場をとりながら暗黙のうちにＰＣに反対する人々への優越《ゆうえつ》感を持っており、見下されたと感じたＰＣに反対する多くの人々がトランプ側に賛同したから。

問三 ――(3)「何を目指してＥＵはつくられたのか。」とありますが、ＥＵはどのようなことを目指してつくられたと筆者は述べていますか。三行以内で説明しなさい。

問四 ――(4)「日本人の感覚で言うと、そんなに困るのならば受け入れなければいい、となる。」とありますが、なぜそう言えるのですか。次の**ア**〜**エ**の中から、最もふさわしいものを一つ選び、記号で答えなさい。

ア 日本は島国なので、陸続きのヨーロッパと違《ちが》い移民が入ってくることが少なく、移民の問題に対して真剣《しんけん》に考えられないから。

イ 日本にはヨーロッパと違い、人間の移動の自由を理想と掲げる考えがなく移動を制限することに抵抗《ていこう》がないから。

ウ 日本は伝統的に集団の調和を優先する心性があり、移民よりも自分たちの集団が困らないようにしようと考えるから。

エ 移民の問題を抱《かか》えるヨーロッパは西にある地域であり、東の端にある日本にとっては移民の問題は重要ではないから。

問五 [(5)]に入る五字以内の表現を本文から抜き出して答えなさい。

問六 元子さんのクラスでは国語の授業で最近話題になった映画についての作文を書く課題があり、【生徒Ａさん】と【生徒Ｂさん】がそ

いるわけです。

ＬＧＢＴの味方をするのもいいだろう。同性愛者であることに対する偏見《へんけん》を持つべきではないと言うのもいいだろう。

Ｄ　、そう言いつつ、おまえの会社は、極端《きょくたん》な低賃金で働いているアジアの労働者を大量に搾取《さくしゅ》している。それと同時にアメリカの労働者から仕事を奪《うば》っている。そうした状況《じょうきょう》に、何かとんでもないアンバランスを感じるわけです。

トランプが勝ったあの大統領選挙は、昔、★マルクス主義者がよく使っていた言葉を使えば、階級闘争《とうそう》でした。

一方に★エスタブリッシュメントの人たちがいる。他方で白人の、本当は超貧乏《びんぼう》というわけではないのですが、やや恵《めぐ》まれていない労働者がいる。この両者の階級闘争なのです——、というようなことは、誰でも語る。

問題は、この階級闘争がずらされていること。このことに気づくのが、一番重要です。

クリントン側は、階級のことなど、何も語っていない。さまざまな民族や人種、宗教の共存、さまざまなアイデンティティの承認など、むしろ文化的なことを中心に語っています。だからどこにも階級闘争の要素はないのですが、どこか胡散臭い。

つまり、クリントン支持者は、ＰＣに則って、ＬＧＢＴの応援をする。それは暗黙《あんもく》のうちに、では、その主張を認めない人、性的マイノリティに冷たい人、あるいはフェミニズムに対して冷たい人は、遅《おく》れていて無教養の奴《やつ》だ、という印象をもたらしていた。

つまり多文化主義的な主張をする人は、暗黙のうちに自分たちはエリートで、教養があって、進んでいる、という自己イメージを持ち、それを態度で示している。これについていけない奴は、伝統的で、保守的で、遅れている。無教養で、不寛容で、下層階級だ。そうしたイメージです。

ＰＣは、かっこいい。しかしそれについていけない人は、下層階級で、教養がないというイメージを裏腹に持っている。そこに暗黙の **(5)** があるのです。

隠《かく》れトランプはいるのに、隠れクリントンはなぜいないのか。なぜかというと、トランプ支持だと公言すると、自分は遅れていて、無教養で、不寛容で、保守的だと見られるからです。逆に言うと、クリントンを支持していると言うだけで、どこかエリートで、進んでいて、かっこいい。ここに、階級的なものがあるのです。ずらされた階級闘争です。

この講義は、このような問題を乗り越えるための、イマジネーションの訓練なのです。

（大澤真幸『サブカルの想像力は資本主義を超えるか』）

★サブカルチャー…ある社会を支配する正統的・伝統的な文化に対し、その社会の一部の特定の人々だけの独特の文化。若者文化、大衆文化など。

★『君の名は。』…二〇一六年公開のアニメ映画。

★『デスノート』…二〇〇三年から二〇〇六年に連載《れんさい》された少年漫画《まんが》。

★『シン・ゴジラ』…二〇一六年公開の怪獣《かいじゅう》映画。

★トランプ…アメリカ共和党の政治家・実業家、ドナルド・トランプ（一九四六～）。

★クリントン…アメリカ民主党の政治家、ヒラリー・クリントン（一九四七～）。

★ウォールストリート…アメリカのニューヨーク市にある、株式取引所・証券会社・銀行・商社などが集中する世界金融の中心地。

★フェミニスト…女性解放論者。

★ＬＧＢＴ…レズビアン・ゲイ・バイセクシャル・トランスジェンダー

(4)日本人の感覚で言うと、そんなに困るのならば受け入れなければいい、となる。しかしそうではないのです。

難民を受け入れる、受け入れないは、オトウカな選択肢《せんたくし》ではない。もともとは、受け入れたいという気持ちがあった上で、しかし現実的な問題があって、議論が行われている。

人間に移動の自由を保障する。好きな場所で、好きなように仕事ができる。そうした社会を目指している。今のところは域内のメンバーだけにそれを認めていますが、いずれは、すべての人に認めなければならないはずだ、という気持ちが、一応はある。

そのことを忘れてはいけない。だからこそ、イギリスの離脱にインパクトがあるのです。本来であればＥＵの試みの先に未来のユートピアがあるはずが、それが難民問題どころか、コアメンバーの中で否定されてしまった。

イギリスが離脱すると、かつてのようにイギリスに移動することは、難しくなる。ＥＵのメンバーでさえも、再び国境を戻《もど》したわけです。[C]、一〇〇年ぐらいの先に垣間《かいま》見えていたユートピアが、一番コアな部分で否定されてしまった。

グローバルな資本主義とは、情報とモノと人の移動がグローバルに自由になることです。しかし実際には、一番簡単に地球上を動き回るのは、情報です。情報は、すでに移動の自由をほぼ獲得《かくとく》している。その次が商品です。商品についてはまだまだ問題がありますが、しかし世界中で、さまざまな商品が手に入るようになりました。

しかしそれらに比べると、人間の移動の自由はかなり小さい。だからＥＵとは、言ってみれば、商品が享受《きょうじゅ》しているのと同じ移動の自由を、人間そのものに与《あた》えようとしている。それこそが、最も理想的な、自由な社会ではないか、という構想です。

しかしその構想が、一番コアのところで否定されてしまった。イギリスの離脱とは、そうした問題です。

さて、もう一度、トランプの問題についても話しておきます。

先ほど話したように、クリントンを支持する側は、すべての立場の人が入っていた。

クリントン側の政治的立場を要約すると、多文化主義的共存です。どんな立場の人たちも、共に仲良く、お互《たが》い許し合って、共存しようといった考え方です。

こうした多文化主義的共存を許す姿勢のことを、アメリカではＰＣ、ポリティカル・コレクトネスと言う。日本語で言えば、政治的公正性です。

人種の区別もなく、男女の区別もなく、どんな宗教の人も、移民も含めて、寛容《かんよう》に、多文化的に共存する。これほど結構な思想はない。だから結構なことを言う人は、クリントンを支持するしかないわけです。

しかしこの結構な思想が、どこか胡散臭《うさんくさ》いぞという感覚があった。具体的な例を挙げると、★アップル社の★ＣＥＯ、ティム・クックが、自分が同性愛者であることをカミングアウトして、その上で、いわゆる性的マイノリティ、ＬＧＢＴの人たちを応援《おうえん》するための手記を公表した。そのことはメディアで話題となり、世間にも称賛《しょうさん》されました。多文化主義的です。ＰＣです。何の文句もないです。正しい。正しすぎるが、しかし、どこか胡散臭い。

彼《かれ》は、超《ちょう》エリートでアップル社のＣＥＯ。そのアップル社の製品をつくっているのは、★シャープを買い取ったことで有名になった、鴻《ホン》海《ハイ》という、台湾《たいわん》の会社です。そこの工場が、アップル社の製品の多くをつくっている。

なぜ鴻海でつくるのかというと、アメリカから見れば労働力が滅茶《めちゃ》苦茶《くちゃ》安いからであり、はっきり言うと、超低賃金の労働者を働かせて

題をすくい上げる構想力が大幅《おおはば》に欠けている感じがするのです。だから構想力をふくらまそうということなのです。

ＥＵについても同じことが言えます。ＥＵに関しては、イギリスの離脱が決まった結果、様々な議論がありました。

中でも「イギリスはバカな選択《せんたく》をした。これからイギリスは困ることになるぞ」という議論は多い。しかし、その「困る」ということが、もし経済の問題であるならば、イギリスはそれほど困らない。イギリス国内一国の事情として見れば、それほど大きなソン失はなく、困るのはむしろＥＵのほうであると、僕は感じます。

イギリスにとって得であるか、イソンであるか、経済の詳細《しょうさい》については他に任せることにして、一番大事なことだけを述べると、「ＥＵという試みそのものにかけられているユートピア的構想力にとって、イギリスの離脱はダメージが大きい」。僕はそう考えます。

ＥＵとは何か。(3)何を目指してＥＵはつくられたのか。もちろんもとをただせば、ドイツとフランスの間にある石炭産出地のウキゾク問題のようなことから始まっていた。しかし、そうした細かいことを抜《ぬ》きに、この試みにある一番の理想を考えると、「移動の自由」が挙げられると思います。

この場合の移動の自由とは、どこにでも旅行に行けるというような意味ではなく、好きなところに住むことができる自由。好きなところに行き、そこで働いて、暮らすことができるという意味での自由です。

好きなところに、好きなように住むことができる。これは人間の自由の中でも、表現の自由などと並んで、特に重要な自由の一つです。

実際には、われわれはまだ、完璧《かんぺき》な移動の自由は持っていない。そこで大きなエショウガイブツになっているのは、国籍《こくせき》です。その国籍の制限があるために、勝手に外国で仕事をして、自由に住み着いたりすることはできない。

しかしその制限をできるだけゆるくして、国境を越《こ》えて、移動の自由を確保する。それがＥＵの理念の、一番重要な部分ではないでしょうか。

それはヨーロッパの話だろう、我々、東アジアの端《はし》にいる日本には関係がないと感じる人もいるかもしれません。しかし、このように考えてみてください。

ＥＵは実際、域内のメンバーに対し移動の自由を確保しています。国境を越えて移動し、そこで仕事をすることができるのです。

ＥＵはもともと数カ国のコアな国から始まって、どんどん大きくなってきたものです。すでにかなり大きくなって、もうロシアの手前まで行っている。では、これをもしグローバルに拡張できたら、どうでしょう？

そうしたら、地球規模で移動の自由が実現する。もう国籍など関係なしに、好きなところで働き、暮らすことができるようになるのです。

これこそ、人類が目指すべき理想の社会。だからＥＵとは、言ってみれば、人類が最終的に目指す理想を、先取りして、部分的に実験している試みでもあったわけです。だからこそＥＵは重要なのです。

ここで実験されているのは、ユーラシア大陸の西の端のローカルな問題ではない。もしいつの日か地球規模で実現した時、自由な、ユートピア的な世界が生まれる。そうした試みです。

なぜそのＥＵが今、難民問題で苦戦しているかというと、背景として、ＥＵの人々の中に「門戸を閉ざすとは言っても、本来は受け入れるべき」という感覚が、どこかにあるからです。

門戸を閉ざすべきだと言っている人も、あくまで必要悪として、仕方がない、と考えている。閉ざすことが理想的だと主張しているわけではない。

逆にもっと、どんどん受け入れてもいいんだという人もいる。

2024年度 洗足学園中学校

【国　語】〈第三回試験〉（五〇分）〈満点：一〇〇点〉

【注意】・字数制限のない問題について、一行分の解答らんに二行以上解答してはいけません。
・記号・句読点がある場合は字数に含《ふく》みます。

一　次の文章を読んで後の問いに答えなさい。

ここで、なぜこうした講義を行っているのか、そのことを話しておきたいと思います。

僕《ぼく》がなぜ皆《みな》さんに、★サブカルチャーを題材にして話をしているのか。その狙《ねら》いは、想像力の訓練です。

想像力の訓練とは、別に皆さんに、アニメや映画をつくるためや、マンガを描《か》いてもらうためのイマジネーションをア ヤシナってもらうよう、様々なフィクションの話をしているという意味ではありません。例えば★『君の名は。』は、つくり話で、荒唐無稽《こうとうむけい》と言えば、まったく荒唐無稽の話。★『デスノート』は、さらにもっと荒唐無稽です。よりリアリズムに則《のっと》っている、★『シン・ゴジラ』でも、もちろん現実にあるような話ではない。

ただのつくり話ですが、しかしそうしたつくり話は、われわれの現実の社会のあるべき姿、あってほしい姿、あるいはこういうことになりうるだろうという予想、そうした現実に対する想像力が込《こ》められている。

この想像力について、僕はもう少し難しく、「構想力」という言葉を使うことを好みます。英語ではどちらもイマジネーションです。

(1)そうした現実の社会に対する構想力を鍛《きた》えるためには、普通《ふつう》の現実よりも、むしろフィクションを題材にしたほうがいい。

二〇一六年という年は、世界的に見ると二つの予想外の投票がありました。その二つの投票は、後に振《ふ》り返って見ると、大きな歴史の転《てん》換《かん》点の始まりだった、と受け止められるような出来事だったのかもしれません。

その一つはもちろん、六月にあったイギリスのＥＵ離脱《りだつ》問題です。British と exit。それで、ブレグジット Brexit と呼ばれます。その結果は相当意外で、離脱派が支持されるとは思わなかった。

Ａ　この投票のおよそ半年後、今度はアメリカで★トランプが大統領に選ばれました。出馬した当時では、こんな結果は誰《だれ》も予想していませんでした。投票以前は、ほとんどすべての人が、★クリントンを支持しているように見えていた。　Ｂ　、クリントンの支持者には、どんな「主義者」も含《ふく》めて、すべての立場の人が入っているのです。

★ウォールストリートでバリバリ働いているエリートも入るし、逆に「オキュパイ・ウォールストリート」と言って、金融《きんゆう》資本主義を批判するような運動家も、入っている。もちろん★フェミニストも入るし、反人種差別主義的な人たちも入っている。★ＬＧＢＴの人もいる。もうすべての人が入っていて、最後には共和党の重鎮《じゅうちん》ですら、クリントンを支持するようになるわけです。

そうすると、もうトランプの取り分はない。(2)しかし、それなのにトランプが勝ってしまった。これはどうしてなのでしょうか。

われわれが今持っている、「こうした社会になってほしい」という構想力は、結局、全部、クリントン支持の立場の中にあったわけです。ところが、クリントンは負けた。ということは、この構想力から漏《も》れている何かがある。

つまり、われわれの構想力は、現実に完全に負けていた。現実の問

2024年度

洗足学園中学校 ▶解　答

※　編集上の都合により，第３回試験の解説は省略させていただきました。

算　数　＜第３回試験＞（50分）＜満点：100点＞

解　答

[1] (1)　20　(2)　2250　[2] (1)　140　(2)　533人　(3)　22倍　(4)　13人　[3] (1)　30 g　(2)　40日間　(3)　$428\frac{4}{7}$ m　(4)　毎分50m　[4] (1)　80 g　(2)　水を５g　(3)　6.5%　[5] (1)　秒速３cm　(2)　216　(3)　24秒後，28秒後

社　会　＜第３回試験＞（理科と合わせて60分）＜満点：75点＞

解　答

[1] **問１**　(1)　C　(2)　B　(3)　C　**問２**　(1)　D　(2)　E　**問３**　(1)　白川郷　(2)　(例)　屋根に降り積もった雪を自然落下させ，雪の重さで家屋が押しつぶされるのを防ぐため。　**問４**　(1)　D　(2)　(例)　電照菊という栽培方法を用いることにより，開花の時期を調整し，年中安定して出荷できるようにすること。　[2] **問１**　A　**問２**　**前期**…(例)　宗教的・呪術的な権威によって人々を支配していたと推測される。　**中・後期**…(例)　武力・軍事力によって人々を支配していたと推測される。　**問３**　元明　**問４**　A　**問５**　承久　**問６**　B　**問７**　平塚らいてう(平塚雷鳥)　**問８**　C　**問９**　D　[3] **問１**　(1)　A　(2)　A　**問２**　(1)　D　(2)　(例)　食料品などに軽減税率を適用することによって，所得の低い家庭に対する，消費税引き上げの影響を緩和するため。　**問３**　累進課税　**問４**　法人税　**問５**　会計検査院　**問６**　C　**問７**　H　**問８**　C

理　科　＜第３回試験＞（社会と合わせて60分）＜満点：75点＞

解　答

[1] (1)　400Hz　(2)　ウ　(3)　エ　(4)　ア　(5)　ウ　(6)　(例)　水を入れると発音体であるビーカーが振動しにくくなるので，振動数が減少した。　[2] (1)　イ　(2)　25.9 g　(3)　165.5 g　(4)　160.6 g　(5)　エ　(6)　44.4 g　(7)　エ　(8)　イ　[3] (1)　ウ　(2)　**[段階１，３]**…イ　**[段階２]**…ケ　(3)　57　(4)　1.9　(5)　80　[4] (1)　金星　(2)　①　(例)　金星と地球の距離が変化するとともに，満ち欠けをするから。　②　イ　(3)　オ　(4)　①　**イオ**…D　**エウロパ**…C　**カリスト**…B　②　ア

国 語 ＜第３回試験＞（50分）＜満点：100点＞

解 答

一 **問１** （例） いまわれわれの構想力を上回るような現実が起きているが，つくり話には現実に対する理想の姿や予想，想像力がこめられており，現実に対応するための構想力の訓練になるから。 **問２** エ **問３** （例） 地球規模で国籍に関係なく好きなところに住んだり好きなところで働いたりする移動の自由を手に入れるようになるという，人類が最終的に目指す理想を先取りして実験すること。 **問４** イ **問５** 階級闘争 **問６** （例） ポリティカル・コレクトネスへの配慮はある一方で，考える人自身の身近な範囲にしか適用されておらず，遠く離れた国や民族の問題にまで配慮が及ばない現状があるという点。 **問７** **A** エ **B** ウ **C** ア **D** イ **問８** 下記を参照のこと。 **問９** ア 二 **問１** ウ **問２** （例） 造園の仕事は好きではなかったが苦ではなく，さまざまな悩みを抱えていても仕事は続けていくと決めたから。 **問３** イ **問４** （例） 明夫の味わっているつらい経験が一刻も早くこの世を逃れたいと思うほど重いものなのでなぐさめる方法がわからないから。 **問５** （例） 明夫が密漁の疑いで取り調べを受けたり，持病が悪化して病院に搬送されたりしたことを祐治は知り，父親の六郎のもとに訪れ，六郎に寄りそいなぐさめようとしたがどう言葉をかけてよいかわからなかったから。 **問６** Ⅰ 腹 Ⅱ 脛(すね) Ⅲ 爪(つめ) Ⅳ 舌(した) **問７** **A** エ **B** オ **C** ウ **問８** エ **問９** イ

●漢字の書き取り

一 **問８** ア 養 イ 損 ウ 帰属 エ 障害物 オ 等価

2023 年度　洗足学園中学校

【算　数】〈第１回試験〉（50分）〈満点：100点〉

【注意】 円周率は3.14として計算してください。

1 次の問いに答えなさい。

(1) 次の計算をしなさい。

$\{(50-2)\times13-3\times(4\times6+2)\}\div39-7$

(2) $\square$ にあてはまる数を答えなさい。

$$\left(2\frac{2}{5}+1.2\times4\frac{2}{3}-\square\div0.7\right)\div3.6\times\frac{1}{2}=1$$

2 次の問いに答えなさい。

(1) 2023を2023回かけ算したときの一の位の数字はいくつですか。

(2) 正方形の折り紙を，右の図のように，辺とAが重なるように折りました。DF：FC を最も簡単な整数の比で表しなさい。

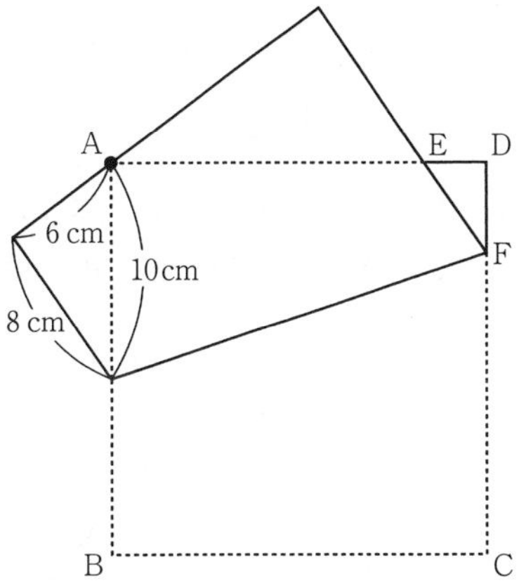

(3) アメ７個とチョコレート２個を買うと410円で，アメ20個とチョコレート３個を買うと915円でした。ただし，アメを10個以上買うとアメの１個あたりの代金はすべて１割引きになります。チョコレートは１個あたり何円ですか。

(4) 父，母，３人姉妹の５人家族がいます。現在の全員の年齢《れい》の合計は110歳《さい》で，父は母より２歳年下です。姉は双子《ふたご》で，姉妹は３歳はなれています。５年後には父母の年齢の合計が子どもたちの年齢の合計の２倍になります。現在の姉の年齢は何歳ですか。

3 次の問いに答えなさい。

(1) 10％の食塩水1.8kg を運んでいたところ，このうちの５％をこぼしてしまったため同じ重さの水を加えました。ここに食塩を加えてはじめの濃度《のうど》と同じにしたいとき，何ｇの食塩を加えればよいですか。

(2) 次のように，白と黒のカードを並べていきます。

１番目　２番目　３番目　４番目

20番目のときの，白と黒の枚数の差は何枚ですか。

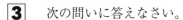

(3)　３日間の文化祭でのバザー企画でノートを販売することにしました。仕入れにかかるお金は生徒会から借り，バザー終了後に返金することになっています。ノートの売り値は，仕入れ値の２割の利益を見込んで決めました。利益はその日の売上からその日に売った冊数分の仕入れ値を引いたものとし，日ごとに集計して利益の全額を募金します。１日目は仕入れた冊数の８割が売れ，２日目は残った冊数の４割を新たに仕入れて，１日目の残りのノートと合わせて売ったところ75％が売れました。３日目はこれまでの残りのノートを売り値の１割引きですべて売り切りました。はじめの２日間の募金額の合計が12625円だとすると，３日目の募金額は何円ですか。なお，この問題は解答までの考え方を表す式や文章・図を書きなさい。

(4)　ある仕事をＡが１人で行うと，ちょうど36日かかります。この仕事をＡとＢの２人で行うと，27日では少し残ってしまい，28日目に余《よ》裕《ゆう》をもって終わらせることができます。この仕事をＢが１人で行うと，何日以上何日以下かかると考えられますか。なお，この問題は解答までの考え方を表す式や文章・図を書きなさい。

4　ＡさんとＢさんは，山を越《こ》えてとなり町まで歩きます。ＡさんはＸ町を出発し頂上で30分の休《きゅう》けいをとってＹ町へ，ＢさんはＡさんが出発した１時間後にＹ町を出発し，頂上で30分の休けいをとってＸ町へ行き，ＢさんはＡさんがＹ町へ着く前にＸ町に着きました。ＡさんとＢさんは，上り道でも下り道でもそれぞれ一定の速さで歩き，上り道では下り道の $\frac{3}{4}$ 倍の速さで歩きます。次のグラフは，Ａさんが出発してからの時間とＡさんとＢさんの間の道のりを表しています。このとき，下の問いに答えなさい。

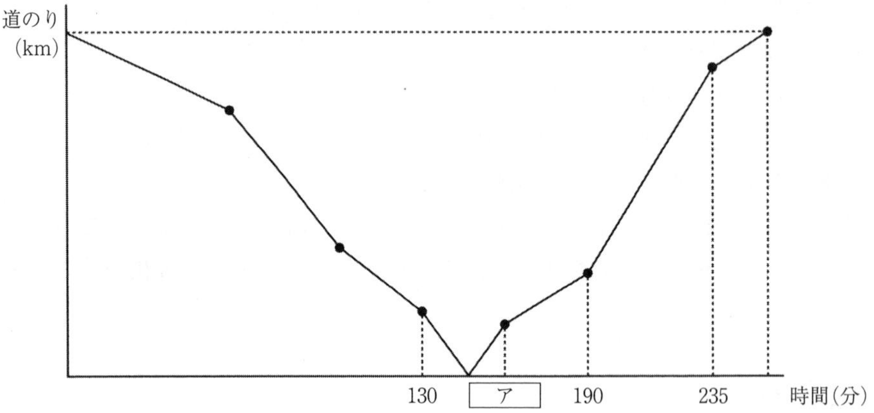

(1)　グラフの［ア］にあてはまる数を答えなさい。

(2)　ＡさんとＢさんの上り道を歩く速さの比を，最も簡単な整数の比で答えなさい。

(3)　ＡさんとＢさんがすれ違《ちが》った場所をＺ地点とするとき，Ｘ町からＺ地点とＹ町からＺ地点の道のりの比を，最も簡単な整数の比で答えなさい。なお，この問題は解答までの考え方を表す式や文章・図を書きなさい。

5　図のように，高さが異なる３つの直方体[あ]，[い]，[う]を下から順に重ね，１つの直方体を作ります。

この直方体の表面および辺と頂点の上を動く２つの点P，Qがあり，PとQを結ぶ直線で直方体を切っていきます。P，Qを次のように動かすとき，次の問いに答えなさい。

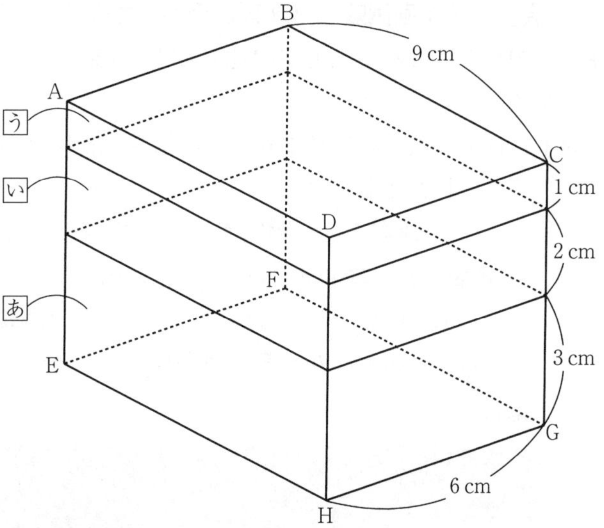

(1)　はじめ，Pは頂点Aに，Qは頂点Hにあります。P，Qを①→②の順番に動かします。

①　PをAからBまで真っすぐに動かします。

②　QをHからGまで真っすぐに動かします。

このとき，直方体[い]は２つの立体図形に分けられます。このうち，面ABFE側にある方を立体[え]とします。立体[え]の体積は何 cm³ ですか。

(2)　(1)に続けて，P，Qを③→④の順番に動かします。

③　QをGから再びHまで真っすぐに動かします。

④　PをBからFまで真っすぐに動かします。

このとき，立体[え]は２つの立体図形に分けられます。このうち，面ADHE側にある方を立体[お]とします。立体[お]の体積は何 cm³ ですか。なお，この問題は解答までの考え方を表す式や文章・図を書きなさい。

(3)　(2)に続けて，PをFからAまで真っすぐに動かします。このとき，立体[お]は２つの立体図形に分けられます。このうち，面ADHE側にある方を立体[か]とします。立体[か]の体積は何 cm³ ですか。

【社　会】〈第１回試験〉（理科と合わせて60分）〈満点：75点〉

1　2022年は日本で鉄道が開通してから150年を迎《むか》えた年でした。これに関する次の問いに答えなさい。

問１　日本の鉄道のはじまりは，明治時代初期にさかのぼります。これについて，次の**(1)**・**(2)**にそれぞれ答えなさい。

(1)　次の[**地図１**]～[**地図４**]は，1872年に日本で開業した新橋駅と横浜駅の周辺について，[**地図１**]と[**地図３**]は明治時代に測量された地形図を，[**地図２**]と[**地図４**]は近年発行された地形図を示したものです。これらの[**地図**]について説明した文としてふさわしくないものを，あとの**Ａ**～**Ｆ**の中からすべて選んでアルファベットで答えなさい。

［**地図１**］

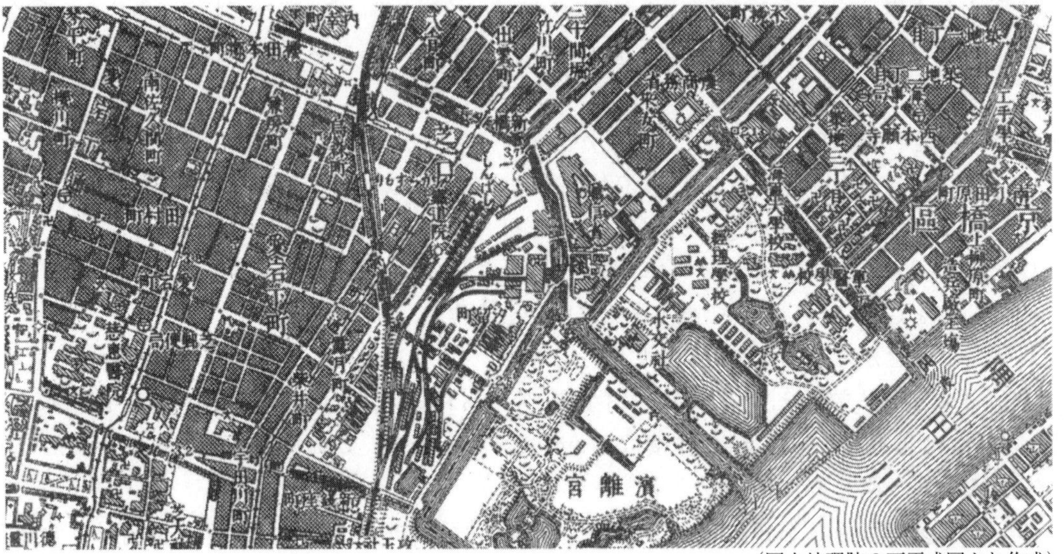

（国土地理院２万正式図より作成）

［**地図２**］

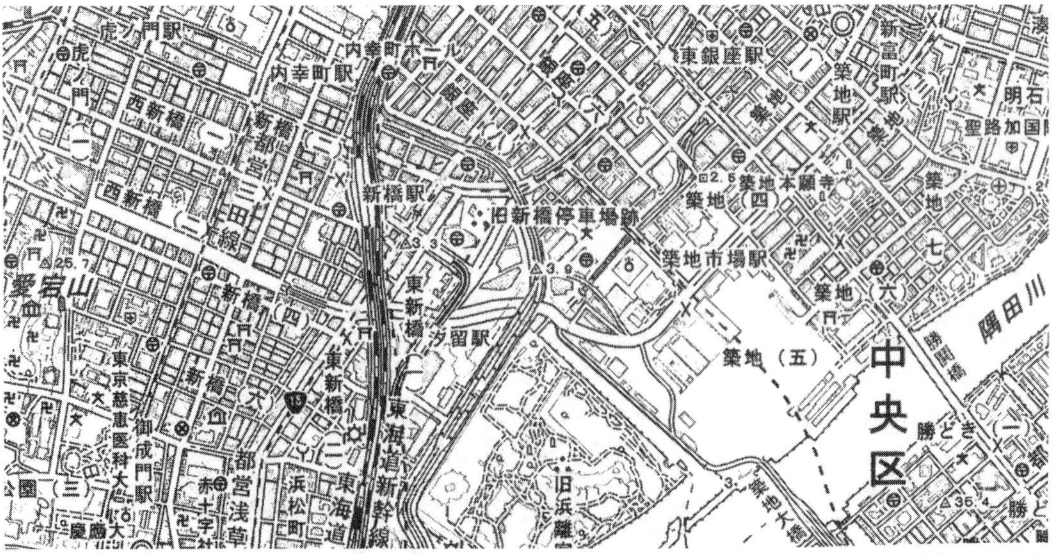

（国土地理院２万５千分の１地形図より作成）

［**地図３**］

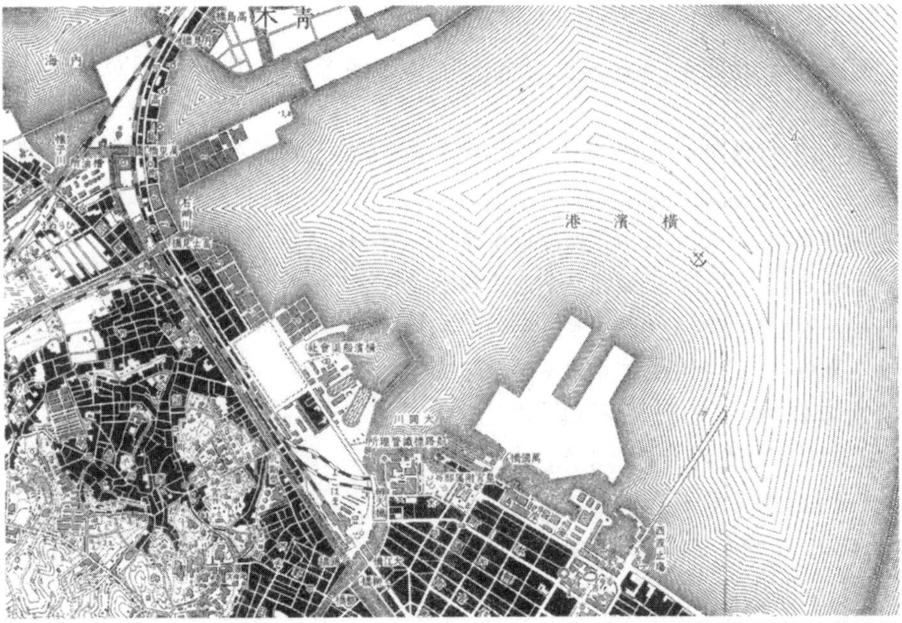

（国土地理院２万正式図より作成）

［**地図４**］

（国土地理院２万５千分の１地形図より作成）

A　［**地図１**］と［**地図２**］をみると，現在の「新橋」駅とかつての「しんばし」駅の場所は変化していないことがわかる。

B　［**地図１**］と［**地図２**］をみると，「経理学校」や「海軍大学校」の跡地《あとち》付近に，「築地市場」駅がつくられたことがわかる。

C　［**地図１**］と［**地図２**］をみると，「隅田川」に橋がかかるようになり，対岸への移動がしやすくなったことがわかる。

D　[**地図３**]と[**地図４**]をみると，現在の「横浜」駅の西側周辺は，かつて内海が広がっていたことがわかる。

E　[**地図３**]と[**地図４**]をみると，「大桟橋」ふ頭が整備され，大型船が着岸しやすくなったことがわかる。

F　[**地図３**]と[**地図４**]をみると，かつて水田であったところが開発され，「臨港パーク」などがつくられたことがわかる。

(2)　鉄道開業当初，日本では蒸気機関車が運行されていました。蒸気機関車は「ある化石燃料」を燃やした熱で水を沸騰《ふっとう》させ，そのとき発生する蒸気の力を利用して車輪を動かしました。次の**(あ)**・**(い)**の文は，２種類の化石燃料の特徴《とくちょう》を述べたものです。また，右の[**資料**]は，その「ある化石燃料」について，現在の日本の主な輸入先(2021年)を示したものです。「ある化石燃料」の特徴と[**資料**]中の①・②の国の組み合わせとして正しいものを，あとの**A**～**L**の中からひとつ選んでアルファベットで答えなさい。

[**資料**]

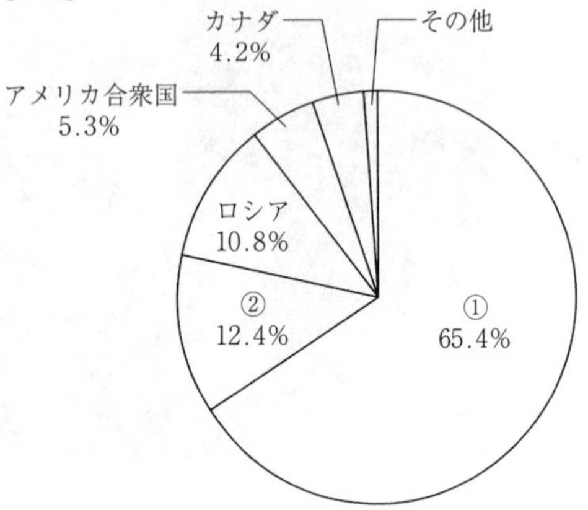

(矢野恒太記念会『日本国勢図会』より作成)

(あ)　地中に堆積《たいせき》した古代の植物が，地中の圧力や地熱の影響《えいきょう》を受けて分解・炭化したものであり，運搬《うんぱん》しづらく，エネルギー効率も悪く，二酸化炭素排出《はいしゅつ》量も多いが，資源量が豊富で供給も安定的である。

(い)　燃焼時に発生する二酸化炭素や窒素《ちっそ》酸化物が少なく，硫黄《いおう》酸化物も含《ふく》まないので，環境負荷が少ないクリーンエネルギーといわれる。

A　特徴―**(あ)**　①―オーストラリア　②―サウジアラビア
B　特徴―**(あ)**　①―オーストラリア　②―インドネシア
C　特徴―**(あ)**　①―サウジアラビア　②―オーストラリア
D　特徴―**(あ)**　①―サウジアラビア　②―インドネシア
E　特徴―**(あ)**　①―インドネシア　②―オーストラリア
F　特徴―**(あ)**　①―インドネシア　②―サウジアラビア
G　特徴―**(い)**　①―オーストラリア　②―サウジアラビア
H　特徴―**(い)**　①―オーストラリア　②―インドネシア
I　特徴―**(い)**　①―サウジアラビア　②―オーストラリア
J　特徴―**(い)**　①―サウジアラビア　②―インドネシア
K　特徴―**(い)**　①―インドネシア　②―オーストラリア
L　特徴―**(い)**　①―インドネシア　②―サウジアラビア

問２　1889年には東海道本線が全線開通となり，新橋・神戸間が鉄道で結ばれました。次の[**地図**]は，現在の東海道本線の一部と周辺の鉄道路線について，その路線や主要な駅，沿線の地形の起伏《きふく》を示したものです。これについて，あとの**(1)**・**(2)**にそれぞれ答えなさい。

［**地図**］

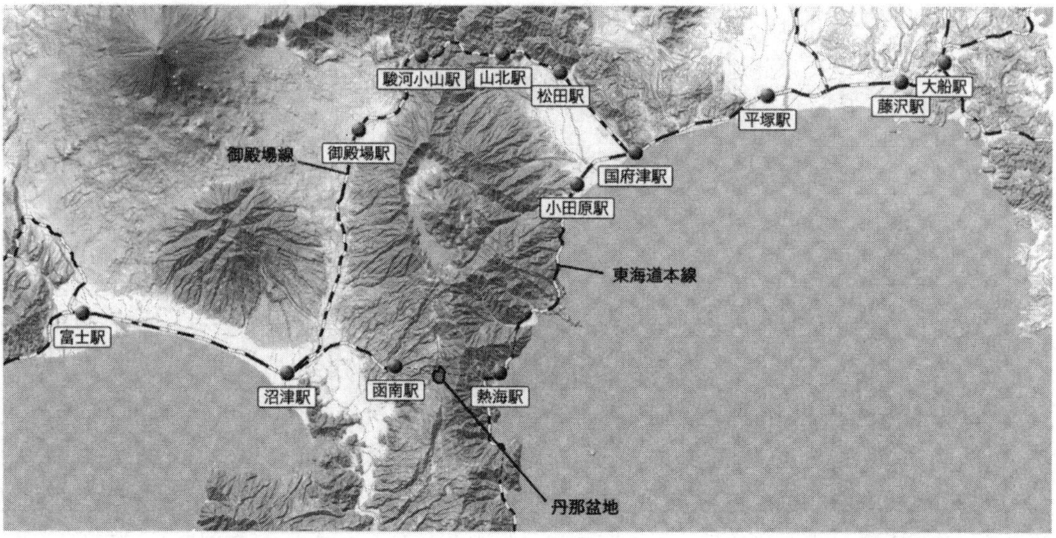

(地理院地図より作成)

(1)　あとの［**資料１**］は，明治時代に作詞された『鉄道唱歌』の第１集(東海道篇《へん》)の一部を示したものであり，これは当時の東海道本線の沿線の様子を七五調で歌ったものです。この［**資料１**］をみると，明治時代の東海道本線と，現在の東海道本線の違《ちが》いがわかります。［**地図**］を参考に，［**資料１**］中の空欄《くうらん》 (あ) ～ (う) にあてはまる地名の組み合わせとして正しいものを，次の**A**～**H**の中からひとつ選んでアルファベットで答えなさい。

A　(あ)―平塚　(い)―富士　(う)―沼津
B　(あ)―平塚　(い)―富士　(う)―熱海
C　(あ)―平塚　(い)―箱根　(う)―沼津
D　(あ)―平塚　(い)―箱根　(う)―熱海
E　(あ)―国府津　(い)―富士　(う)―沼津
F　(あ)―国府津　(い)―富士　(う)―熱海
G　(あ)―国府津　(い)―箱根　(う)―沼津
H　(あ)―国府津　(い)―箱根　(う)―熱海

［**資料１**］

一　汽笛一声新橋を　はや我汽車は離《はな》れたり
　　愛宕《あたご》の山に入りのこる　月を帰路の友として
　　　　　(中略)
一二　 (あ) おるれば馬車ありて　酒匂《さかわ》小田原とほ《お》からず
　　箱根八里の山道も　あれ見よ雲の間より
一三　いでてはくぐるトンネルの　前後は山北小山駅
　　今もわすれぬ鉄橋の　下ゆく水のおもしろさ
一四　はるかにみえし (い) の嶺《ね》は　はや我そばに来りたり
　　雪の冠《かんむり》雲の帯　いつもけだかき姿にて
一五　ここぞ御殿場《ごてんば》夏ならば　われも登山をこころみん

高さは一万数千尺　十三州もただ一目
一六　三島は近年ひらけたる　豆相線路のわかれみち
駅には此地《このち》の名を得たる　官幣《かんぺい》大社の宮居あり
一七　（う）の海に聞えたる　里は牛伏《うしぶせ》我入道《がにゅうどう》
春は花咲《さ》く桃《もも》のころ　夏はすずしき海のそば
（後略）
（大和田建樹作詞『鉄道唱歌』より）

(2)　[**地図**]中の丹那盆地《たんなぼんち》では，かつてはわさびの栽培が盛《さか》んでしたが，現在では生産者がほとんどいなくなっています。この背景には，現在のリニア中央新幹線の工事に対して静岡県が懸念《けねん》している問題と通じる部分があります。次の[**資料２**]と[**資料３**]も参考に，東海道本線の変化と丹那盆地《たんなぼんち》でのわさび生産の衰退《すいたい》の関係性について，文章で説明しなさい。なお，[**資料２**]は1936年に当時の鉄道省がまとめた資料であり，東海道本線上で1934年に完成した「ある建造物」の工事の際に作成されたものです。[**資料３**]は静岡県がまとめた，わさびの栽培に関する資料です。

[**資料２**]

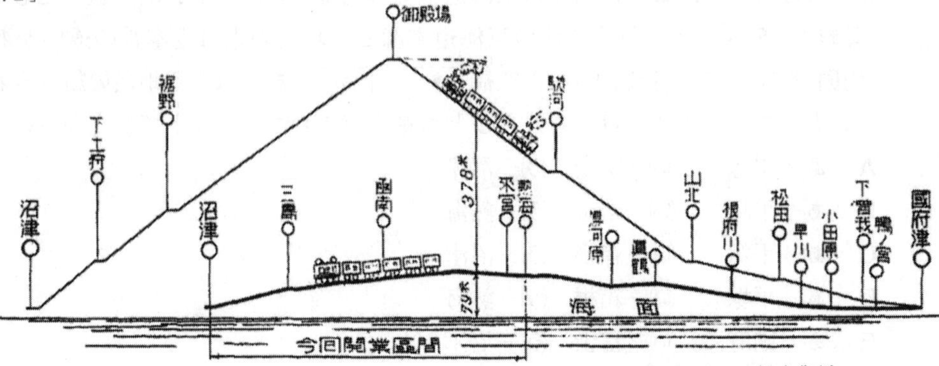

（鉄道省熱海建設事務所編『丹那隧道《たんなずいどう》工事誌』より）

[**資料３**]

静岡県は，栽培発祥《はっしょう》から現在に至るまで，わさび産地として日本一を誇《ほこ》る。(中略) 近年は，日本各地で栽培が行われているが，静岡県のわさび栽培地域は，多量の降雨や地質に恵《めぐ》まれた自然環境を有し，年間を通じて13℃前後の湧水《ゆうすい》が豊富に湧《わ》き出しているため，栽培適地として優れており，収量・品質ともに日本一の座を守り続けている。ただし，それらの背景には，人々の鋭意《えいい》努力や創意工夫があったことも明らか。その意味で，静岡水わさびの伝統栽培は，清流の恵みと人智《じんち》の結晶《けっしょう》と言えるだろう。

（「世界農業遺産・日本農業遺産 静岡水わさびの伝統栽培」ホームページより）

問３　鉄道の延伸《えんしん》が進んだことで，多くの人々が鉄道を使って様々な観光地を訪れるようになりました。次の[**資料**]中の①～③は，観光地として知られる金沢市，浜松市，松本市の月別の平均気温と降水量を示したものです。①～③の都市名の組み合わせとして正しいものを，あとの**A**～**F**の中からひとつ選んでアルファベットで答えなさい。

[**資料**]

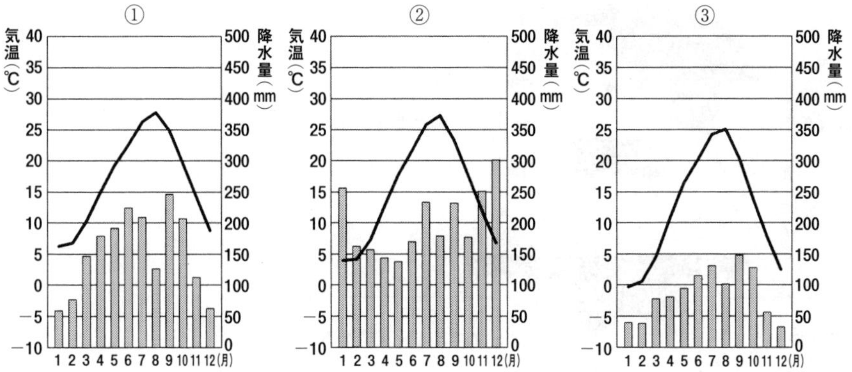

(国立天文台『理科年表』より作成)

A　①―金沢市　②―浜松市　③―松本市

B　①―金沢市　②―松本市　③―浜松市

C　①―浜松市　②―金沢市　③―松本市

D　①―浜松市　②―松本市　③―金沢市

E　①―松本市　②―金沢市　③―浜松市

F　①―松本市　②―浜松市　③―金沢市

問4　かつての日本国有鉄道は1987年に分割民営化がおこなわれ，現在では6つの旅客鉄道会社と1つの貨物鉄道会社となっています。これについて，次の**(1)**・**(2)**にそれぞれ答えなさい。

(1)　右の[**地図**]は，6つの旅客鉄道会社の営業範囲《はんい》を示したものであり，次の[**資料**]中の**A**～**D**は，そのうちの東日本旅客鉄道(JR東日本)，東海旅客鉄道(JR東海)，北海道旅客鉄道(JR北海道)，四国旅客鉄道(JR四国)について，年間旅客営業キロ数と旅客運輸収入を示したものです。北海道旅客鉄道(JR北海道)を示したものを，[**資料**]中の**A**～**D**の中からひとつ選んでアルファベットで答えなさい。

[**地図**]

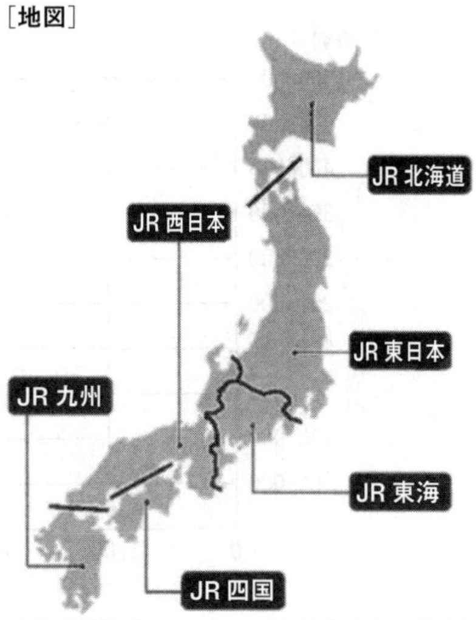

(読売新聞オンラインの資料をもとに作成)

[**資料**]

	年間旅客営業キロ数(km)	旅客運輸収入(千円)
A	7,401.7	1,792,801,567
B	1,970.8	1,365,640,845
C	2,535.9	70,607,550
D	855.2	22,402,004

※年間旅客営業キロ数とは，鉄道会社やバス会社における営業区間の距離《きょり》をキロメートル単位で表したものである。

(鉄道統計年報(令和元年度)より作成)

(2)　次の[**資料**]は，「ある取り組み」を推進するために，日本貨物鉄道(JR貨物)のホームページで示されているものです。[**資料**]中の空欄 **X** にあてはまる取り組みを，カタカナで答えなさい。

［**資料**］

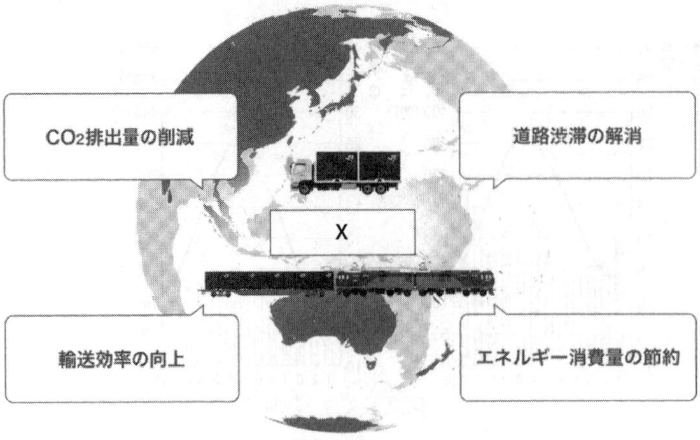

（日本貨物鉄道(JR 貨物)のホームページより）

問５　鉄道は運転時刻を定めて走行します。日本では明治時代に正確な時刻を定めるために標準時が設けられました。そして日本の標準時を設けるために，兵庫県明石市を通る東経135度線が日本の標準時子午線に定められました。兵庫県や明石市に関連して，次の**(1)**・**(2)**にそれぞれ答えなさい。

(1)　次の［**資料**］中の**Ａ～Ｄ**は，兵庫県，愛知県，徳島県，鹿児島県のいずれかの農業産出額(2018年)と製造品出荷《しゅっか》額等(2017年)を示したものです。兵庫県を示したものを，［**資料**］中の**Ａ～Ｄ**の中からひとつ選んでアルファベットで答えなさい。

［**資料**］

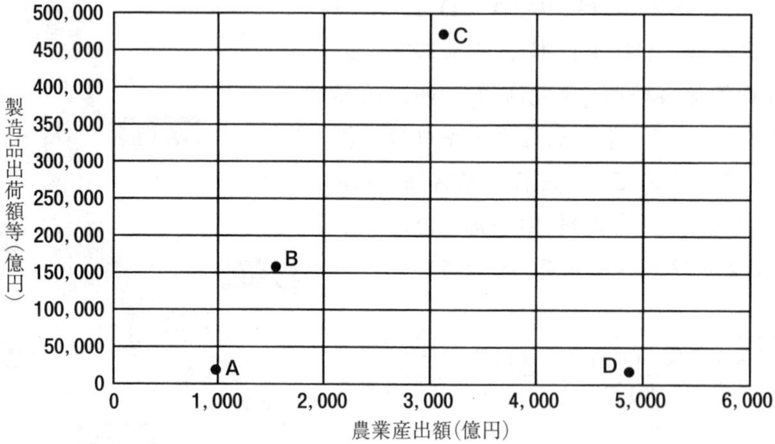

（矢野恒太記念会『日本国勢図会』より作成）

(2)　東経135度線は，兵庫県明石市を含む12市町村を通ります。次の［**地図**］は，東経135度線を表示する標識やモニュメントが建っている地点を示しています。次の［**資料**］中の①～③は，明石市，京丹後市，和歌山市の人口増減率(2020年から2021年にかけて)，65歳以上人口割合(2021年)，第１次産業就業者割合(2015年)を示したものです。①～③と都市名との組み合わせとして正しいものを，あとの**Ａ～Ｆ**の中からひとつ選んでアルファベットで答えなさい。

［地図］

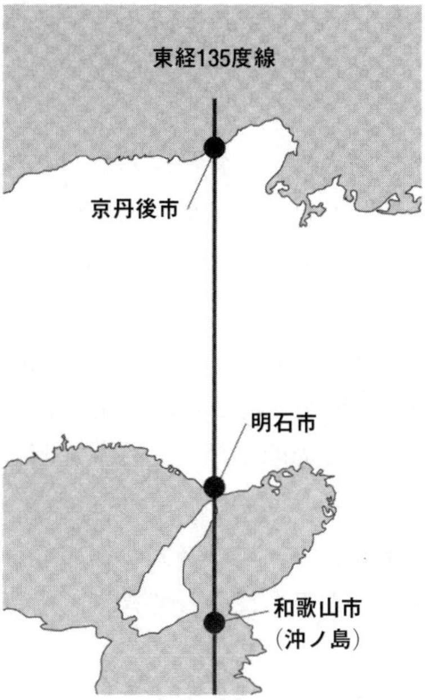

［資料］

	人口増減率(％)	65歳以上人口割合(％)	第１次産業就業者割合(％)
①	−0.48	30.5	2.0
②	−1.30	36.4	8.6
③	0.14	26.1	1.1

(矢野恒太記念会『データでみる県勢』より作成)

A　①—明石市　②—京丹後市　③—和歌山市
B　①—明石市　②—和歌山市　③—京丹後市
C　①—京丹後市　②—明石市　③—和歌山市
D　①—京丹後市　②—和歌山市　③—明石市
E　①—和歌山市　②—明石市　③—京丹後市
F　①—和歌山市　②—京丹後市　③—明石市

2　次の会話は，洗足学園の中学１年生が「世界とのつながりからみる日本の歴史」というテーマで話し合ったものです。これを読んで，あとの問いに答えなさい。

春香　日本列島と世界のつながりが分かる古い史料のひとつに，『後漢書』東夷伝が挙げられます。倭の奴国の王が漢に使者を送ったことや，(ア)当時の皇帝から金印を授かったことが記されています。

夏美　その後の隋や唐にも使節が送られて，(イ)中国を通して政治体制やさまざまな文化を受容したそうです。

秋恵　かつての中国には，自らの国家と文化を優れたものとして世界の中心であると位置づけて，周辺の国家や民族を未開・野蛮《やばん》な「夷狄《いてき》」とする考え方があったようです。古代の日本において，国家の支配に組み込《こ》まれていない東北地方の人々が政府によって［　(ウ)　］とよばれていたことも，この考え方からくるものとされています。

冬子　そのような考え方も中国の影響《えいきょう》を受けていたのですね。そういえば，唐が衰退《すいたい》して滅《ほろ》んだあとの混乱期を経て，宋が成立したのですよね。宋と日本はどのような関係だったのでしょう。

秋恵　宋とは，正式な国交は結ばれませんでしたが，民間商人による貿易はおこなわれました。平清盛によって大輪田泊が修築され，日宋貿易が発展したほか，僧侶《そうりょ》が宋に渡《わた》ってさまざまな文化を日本に持ち帰っています。宋は12世紀に一度滅ぼされています。時期によって北宋・南宋とよばれるようになりました。

春香　その後の中国大陸を支配したのは，モンゴル民族ですね。各地に兵を送って支配下におき，国号を中国風に改めて元としました。(エ)日本に元軍が襲来《しゅうらい》したことは，元寇とよばれています。漢民族による中国の統一を回復させたのは，その後の明です。(オ)日本と明との貿易は，勘合貿易としても知られています。

夏美　15世紀ごろまでは(カ)アジアとのやり取りばかりですね。ヨーロッパ人が初めて日本にやってきたのは，16世紀のことと考えられています。南蛮人が日本にやってきて，南蛮貿易が盛《さか》んにおこなわれました。

秋恵　その「南蛮」というよび方も，中華思想の影響を受けているそうですよ。

春香　そうなのですね。知らずに使っていました。ヨーロッパとのやり取りは，どのように展開したのですか。

冬子　江戸時代になると，1624年には[あ]船の，1639年には[い]船の来航が禁止されて，ヨーロッパのうち[う]だけが日本との貿易を認められました。

夏美　そのころの日本は，[う]商館長からの報告書によって，諸外国の情報を得ていたといいます。18世紀になると，(キ)洋書の輸入が緩和《かんわ》されて，西洋技術の導入が進んだそうです。漢文に翻訳《ほんやく》されていて，キリスト教に関係ない書籍《しょせき》であれば，輸入が許可されました。

冬子　江戸時代の終わりごろには，日本と外国の関係を大きく変える出来事が多数起こりました。幕府は，異国船打払令によって[え]船のモリソン号を追い払いましたが，清が[お]とのアヘン戦争に敗北すると，異国船打払令を撤回《てっかい》して薪水給与令《しんすいきゅうよれい》を出しました。その後，和親条約や通商条約が結ばれて開国しました。しばらくして幕府が倒《たお》れて明治政府が誕生しました。

秋恵　西洋に追いつこうと近代化を進めた日本では，政治制度や学問，生活に至るまで，さまざまなところで西洋の影響を受けていました。(ク)大日本帝国憲法も，ドイツの憲法を手本につくられています。

春香　長らく外国との関わりを制限してきた日本は，開国や明治維新を通して，急速に外国との関わりが広がるのですね。

秋恵　その通りです。20世紀以降も，(ケ)日本はさまざまな利害関係にもとづいて諸外国と協力や対立を繰《く》り返《かえ》していきます。

冬子　現代の社会が抱《かか》える諸課題を知るためにも，世界と日本のつながりを意識しながら学んでいきたいですね。

問1　下線部(ア)について，このときに授けられたと考えられる金印が発掘《はっくつ》された場所を示したものを，次の[**地図**]中の**A**～**H**の中からひとつ選んでアルファベットで答えなさい。

［**地図**］

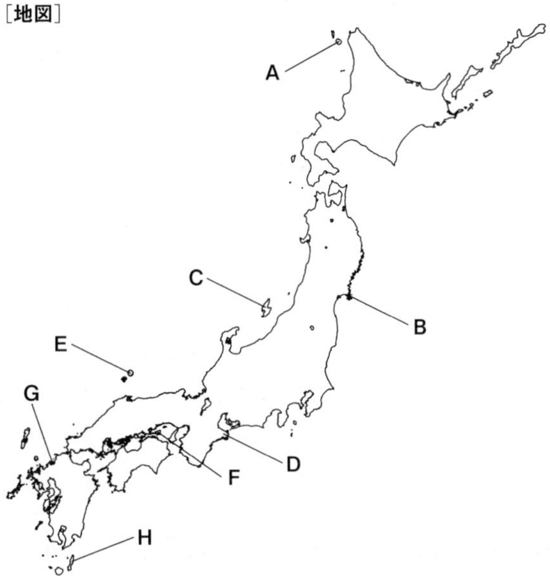

問２　下線部(イ)に関連して述べた文として誤っているものを，次の**A**～**D**の中からひとつ選んでアルファベットで答えなさい。

A　聖武天皇の遺品を納める正倉院には，西アジアなどの影響を受けた宝物も納められている。

B　『万葉集』には，漢字の音《おん》を用いて日本語を表記する，万葉仮名が使用されている。

C　行政法である律と，刑罰《けいばつ》のきまりである令にもとづく律令制をとり入れた。

D　唐から来日した僧《そう》である鑑真により，日本に戒律《かいりつ》が伝えられた。

問３　空欄《くうらん》［(ウ)］にあてはまる語句を，漢字で答えなさい。

問４　下線部(エ)は，御恩と奉公からなる，将軍と御家人の関係が崩《くず》れたきっかけのひとつであると考えられています。なぜ，元寇によって将軍と御家人の関係が崩《くず》れたのですか。次の語句を用いて文章で説明しなさい。

〔御恩　　奉公　　御家人〕

問５　下線部(オ)について，次の［**史料**］に関連して述べた文としてふさわしいものの組み合わせを，あとの**A**～**D**の中からひとつ選んでアルファベットで答えなさい。

［**史料**］

ここに汝《なんじ》，日本国王である源道義は，皇帝一族を尊敬し，皇帝を愛する誠を抱《いだ》いて，荒波《あらなみ》を越《こ》えて，使いを遣《つか》わして来朝した。（略）今，使者として道彝《どうい》と一如《いちにょ》を遣《つか》わして，（略）暦《こよみ》の使用を許可して臣下に加え，錦《にしき》と綾絹《あやぎぬ》二十匹《ひき》を与《あた》える。

建文四(1402)年二月初六日

※史料は，現代語訳・意訳し，一部省略した部分があります。

①　「源道義」とは，後醍醐天皇のことを指している。

②　「源道義」とは，足利義満のことを指している。

③　(オ)は，天皇と明の皇帝との対等な関係のもとでおこなわれた。

④　(オ)は，将軍から明の皇帝への朝貢の形式でおこなわれた。

A　①・③　　**B**　①・④　　**C**　②・③　　**D**　②・④

問６　空欄[あ]～[お]の国に関連して述べた文として正しいものを，次の**A**～**E**の中からひとつ選んでアルファベットで答えなさい。

A　織田信長は，[あ]のサン＝フェリペ号の宣教師の発言をきっかけに，バテレン追放令を出した。

B　中国の倭寇の船に乗り合わせた[い]人により，日本に鉄砲が伝わった。

C　[う]の商館は，長崎の出島から平戸に移され，その地で貿易がおこなわれた。

D　[え]との間には，和親条約は結ばれなかったが，修好通商条約は結ばれた。

E　[お]の使節であるラクスマンが根室に，レザノフが長崎に来航した。

問７　下線部(カ)に関連して，４人は朝鮮半島と日本との関係について４枚のカードにまとめました。４枚のカードのうち，内容の正しいものを，次の**A**～**D**の中からひとつ選んでアルファベットで答えなさい。

A　天武天皇のころ，白村江の戦いにおいて隋と新羅の連合軍に大敗した。これをきっかけに，九州の守りを固めるための大宰府が設けられたり，山城が築かれたりした。

B　豊臣秀吉によって朝鮮出兵がおこなわれた影響で，明治時代になるまで国交が断絶していた。江戸時代に，対馬の宗氏が交渉をおこなったが，交流はおこなわれなかった。

C　江華島事件をきっかけに，日本は朝鮮との間に日朝修好条規を結んだ。日本に一方的に領事裁判権を認めるなど，朝鮮にとって不平等な内容が含《ふく》まれていた。

D　田中角栄内閣において日韓基本条約が締結され，大韓民国を朝鮮半島の唯一の合法的な政府として国交を正常化した。その後の朝鮮戦争では，日本の経済復興のきっかけになる朝鮮特需が発生した。

問８　下線部(キ)を含む幕政改革をおこなった人物を，姓名《せいめい》ともに漢字で答えなさい。

問９　下線部(ク)について述べた文として誤っているものを，次の**A**～**D**の中からひとつ選んでアルファベットで答えなさい。

A　黒田清隆内閣のときに発布された。

B　衆議院で審議されたのち，貴族院の承認を経て発布された。

C　天皇は神聖不可侵であると規定された。

D　言論や出版の自由は，法律の範囲内で認めると規定された。

問10　下線部(ケ)に関連して述べた①～③の内容の正誤の組み合わせとして正しいものを，あとの**A**～**H**の中からひとつ選んでアルファベットで答えなさい。

①　第一次世界大戦において，日本は日英同盟を理由に，イギリスやドイツ，オーストリア側として参戦した。

②　日本は，柳条湖事件に対する国際連盟の勧告《かんこく》に反発し，国際連盟を脱退した。

③　日本は，ハワイの真珠湾を攻撃し，太平洋戦争が開戦した。

A ①―正 ②―正 ③―正
B ①―正 ②―正 ③―誤
C ①―正 ②―誤 ③―正
D ①―正 ②―誤 ③―誤
E ①―誤 ②―正 ③―正
F ①―誤 ②―正 ③―誤
G ①―誤 ②―誤 ③―正
H ①―誤 ②―誤 ③―誤

3 次の文章は，2022年5月3日の毎日小学生新聞に掲載《けいさい》された「国会で憲法議論盛《さか》んに」という記事です。これを読んで，あとの問いに答えなさい。なお，小見出しは省略し，一部ふりがなを省略した部分があります。

憲法のあり方を議論する(ア)衆議院の憲法審査《しんさ》会が，今年の通常国会で頻繁《ひんぱん》に開かれています。「新型コロナウイルスや(イ)ロシアによるウクライナ侵攻《しんこう》に，いまの憲法で対応できるのか」――。こう指摘《してき》する自民党などの国会議員が，議論を引っ張っています。憲法審査会で何がテーマになったかを振《ふ》り返《かえ》ります。

憲法審査会は2月10日から始まり，週1回程度のペースで開かれています。まず取り上げられたのは「国会でオンライン審議《しんぎ》を認めるか」でした。

コロナの影響《えいきょう》で，学校や会社のオンライン授業(または会議)が広がりましたが，オンライン審議は実施《じっし》されていません。憲法56条が，国会で「議事を開き議決すること」の前提に「(ウ)議員の出席」を定めているためです。

「(コロナや災害で)やむを得ない場合は，オンラインでも『出席』と解釈《かいしゃく》すべきだ」

憲法審査会では，こんな意見が多数を占《し》めました。自民党や立憲民主党などは3月3日，「いまの憲法でも，緊急事態の発生時は，例外的にオンライン審議ができる」などとした報告書を決定しました。報告書を受け取った議長と副議長のもとで，検討が続いています。

3月中旬《ちゅうじゅん》以降は，「大災害や戦争が起きた場合，内閣が特別な対応をとれる『緊急事態条《じょう》項《こう》』を憲法に新設するか」が主な議題になりました。

「衆議院議員の任期が切れたあと，(大災害などで)長期間選挙をできなかったらどうするのか」――。(エ)憲法54条では，衆議院議員がいない場合は，(オ)参議院が国会機能を担える「　(カ)　」を開けると規定しています。

これについて，自民党や日本維新の会などは「ずっと参議院に任せていいのか。国会の機能が維持《いじ》できるのか」と疑問視し，「緊急的に衆議院議員の任期延長をできるよう，憲法改正すべきだ」と訴えました。立憲民主党は慎重《しんちょう》な議論を求め，共産党は反対しています。結論は出ていません。

「緊急政令」を可能とすべきだとの意見もあります。大災害や戦争のときは，新たな法律や予算を国会で成立させるゆとりがないので，内閣が，緊急の政令で施策《しさく》を決めていいとの案です。

課題は，国会のチェックを経ないことです。憲法が重視する「(キ)基本的人権の尊重」などをないがしろにする施策が実施《じっし》されかねません。コロナでいえば，「外出は罰金《ばっきん》」などの施策が可能になります。自民党は議論を急ぐよう主張しますが，同じ与党の　(ク)　も慎重な姿勢を示しています。

問１　下線部(ア)に関連して，次の(1)・(2)にそれぞれ答えなさい。

(1)　下線部(ア)について述べた文①～③の内容の正誤の組み合わせとして正しいものを，あとの**A**～**H**の中からひとつ選んでアルファベットで答えなさい。

①　内閣不信任決議は衆議院のみに認められている権限である。

②　一般《いっぱん》の法律案と異なり，予算は衆議院での審議・議決が先におこなわれると決まっている。

③　現在，衆議院議員のうち約４割が女性である。

A　①―正　②―正　③―正

B　①―正　②―正　③―誤

C　①―正　②―誤　③―正

D　①―正　②―誤　③―誤

E　①―誤　②―正　③―正

F　①―誤　②―正　③―誤

G　①―誤　②―誤　③―正

H　①―誤　②―誤　③―誤

(2)　次の［**資料**］は，2022年６月に発表された衆議院議員の新たな小選挙区の区割り案により小選挙区の定数が変わる都県を示したものです。このように各都道府県の小選挙区の定数を変更《へんこう》する理由を，［**資料**］から読み取れることにふれながら文章で説明しなさい。

［**資料**］

都県	変更前→変更後
宮城県	6→5
福島県	5→4
埼玉県	15→16
千葉県	13→14
東京都	25→30
神奈川県	18→20
新潟県	6→5
愛知県	15→16
滋賀県	4→3
和歌山県	3→2
岡山県	5→4
広島県	7→6
山口県	4→3
愛媛県	4→3
長崎県	4→3

（衆議院議員選挙区画定審議会「衆議院小選挙区選出議員の選挙区の改定案についての勧告　参考資料」より作成）

問２　下線部(イ)に関連して，次の(1)・(2)にそれぞれ答えなさい。

(1)　ウクライナの位置を，次の［**地図**］中の**A**～**D**の中からひとつ選んでアルファベットで答えなさい。

［**地図**］

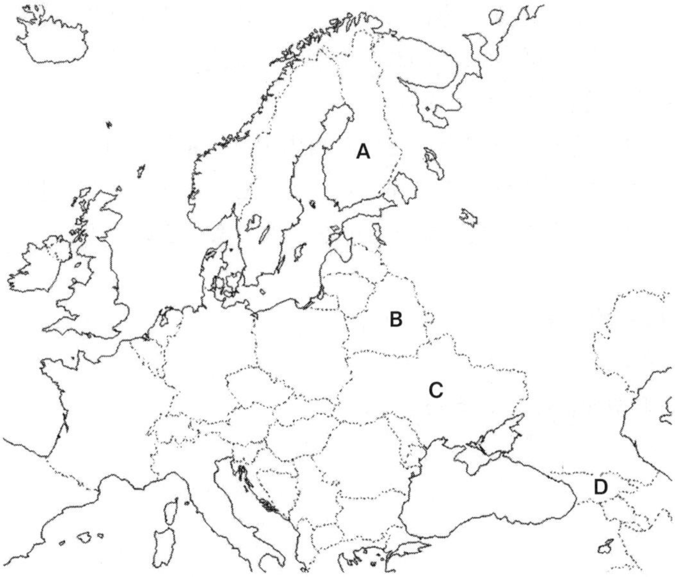

(2)　アメリカ合衆国やヨーロッパ諸国で構成される北大西洋条約機構は，ロシアから攻撃《こうげき》されたウクライナを支援《しえん》しました。この「北大西洋条約機構」の略称《りゃくしょう》を，アルファベットで答えなさい。

問３　下線部(ウ)について，国会の本会議では会議を開くために最低限必要な出席議員数(定足数)が憲法で定められています。衆議院と参議院に欠員がいない(定数を満たしている)場合，衆議院と参議院の定足数としてふさわしいものを，次の**Ａ**～**Ｈ**の中からひとつ選んでアルファベットで答えなさい。

Ａ　衆議院：155　参議院：81　　**Ｂ**　衆議院：155　参議院：83
Ｃ　衆議院：160　参議院：81　　**Ｄ**　衆議院：160　参議院：83
Ｅ　衆議院：233　参議院：121　　**Ｆ**　衆議院：233　参議院：124
Ｇ　衆議院：240　参議院：121　　**Ｈ**　衆議院：240　参議院：124

問４　次の条文は下線部(エ)第１項のものです。空欄《くうらん》[**Ｘ**]・[**Ｙ**]にあてはまる数の組み合わせとして正しいものを，あとの**Ａ**～**Ｈ**の中からひとつ選んでアルファベットで答えなさい。

> 衆議院が解散されたときは，解散の日から[**Ｘ**]日以内に，衆議院議員の総選挙を行ひ，その選挙の日から[**Ｙ**]日以内に，国会を召集しなければならない。

Ａ　**Ｘ**－三十　**Ｙ**－二十　　**Ｂ**　**Ｘ**－三十　**Ｙ**－三十
Ｃ　**Ｘ**－三十　**Ｙ**－四十　　**Ｄ**　**Ｘ**－三十　**Ｙ**－五十
Ｅ　**Ｘ**－四十　**Ｙ**－二十　　**Ｆ**　**Ｘ**－四十　**Ｙ**－三十
Ｇ　**Ｘ**－四十　**Ｙ**－四十　　**Ｈ**　**Ｘ**－四十　**Ｙ**－五十

問５　下線部(オ)に関連して，参議院議員選挙について述べた文として誤っているものを，次の**Ａ**～**Ｄ**の中からすべて選んでアルファベットで答えなさい。

Ａ　都道府県単位で選挙区が定められており，全国で47選挙区ある。
Ｂ　比例代表選挙は，各政党の議席が得票数に応じて割《わ》り振《ふ》られ，当選する順番は各政党があらかじめ決めている。

C　選挙区と比例代表のうち，どちらか一方にしか立候補することができない。

D　参議院議員通常選挙は３年に一度おこなわれ，半数ずつ改選している。

問６　空欄 (カ) にあてはまる語句を漢字で答えなさい。

問７　下線部(キ)に関連して，日本国憲法で保障されている自由権は，精神の自由，人身の自由，経済活動の自由の３つに分類することができます。次の**A**～**D**はいずれも自由権として保障されています。「信教の自由」と同じ分類になるものを，次の**A**～**D**の中からすべて選んでアルファベットで答えなさい。

A　学問の自由　　**B**　奴隷的拘束・苦役からの自由

C　表現の自由　　**D**　職業選択の自由

問８　空欄 (ク) にあてはまる政党を漢字で答えなさい。

【理　科】〈第１回試験〉（社会と合わせて60分）〈満点：75点〉

1　園子さんはボールを胸の位置から地面に対して垂直に投げ上げ，胸の位置で受け止める間にインターバルタイマー（一定時間ごとに音が鳴る装置）の音をたくさん聞いた方が勝ちというゲームをしました。答えは，小数第３位以下があるときは四捨五入して小数第２位まで求めなさい。ただし，空気の抵抗《ていこう》，摩擦《まさつ》は考えないものとします。

【実験１】

タイマーが鳴る間隔《かんかく》を調べたところ，音が鳴りはじめた瞬間《しゅんかん》から10秒後に21回目の音が鳴りはじめた。時間を測りはじめた瞬間に鳴りはじめた音を１回目とする。

【実験２】

ボールを胸の位置から地面に対して垂直に投げ上げ，胸の位置で受け止めるところまでを動画撮影《さつえい》した。0.1秒ごとにボールの中心が通ったところを点で記録し，胸の位置からの高さ2.75ｍまで，点の横に記入した（図１）。ボールの中心はＰ点まで上がり，上がっているときと落ちているときのＰ点以外の点はすべて重なった。なお，タイマーが鳴りはじめた瞬間にボールを投げ上げたとし，その瞬間を０秒とする。

図１

(1)　タイマーの音が鳴りはじめた瞬間から，次に音が鳴りはじめるまでに何秒かかりますか。

(2)　ボールがもっとも高い位置に到達《とうたつ》したとき，ボールの中心は胸の位置から何ｍの高さにありますか。

(3)　ボールがもっとも高い位置に到達したときのボールの速さは毎秒何ｍですか。

(4)　ボールを受け止めるまでに，何秒かかりましたか。

(5)　ボールを受け止めるまでに，タイマーの音の鳴りはじめを何回聞きましたか。

(6)　【実験２】と同様に，タイマーの音が鳴りはじめた瞬間にボールを投げ上げ，受け止めるまでに音の鳴りはじめを９回聞くことができたとすると，胸の位置から何ｍより高く投げ上げる必要がありますか。

園子さんは，ボールを斜《なな》めに投げたほうが，より多くのタイマーの音を聞くことができるのではないかと考え，ボールを斜めに投げた瞬間に走り出し，ボールを受け止めるという実験を行いました。

【実験３】

タイマーの音が鳴りはじめた瞬間に園子さんが走り出すと，次に音が鳴りはじめるまでにちょうど３ｍ走っていた。ただし，園子さんは走り出してから常に一定の速さでまっすぐ走り続けるものとする。

【実験４】

ボールを斜めに投げた瞬間に【実験３】と同じ速さで走り出したら，ちょうどボールを胸の位置で受け止めることができた。斜めに投げてから0.6秒までを動画撮影し，0.1秒ごとにボールの中心が通ったところを点で記録し，胸の位置からの高さを2.75ｍまで点の横に記入した（図２）。なお，タイマーが鳴りはじめた瞬間にボールを投げたとし，その瞬間を０秒とする。

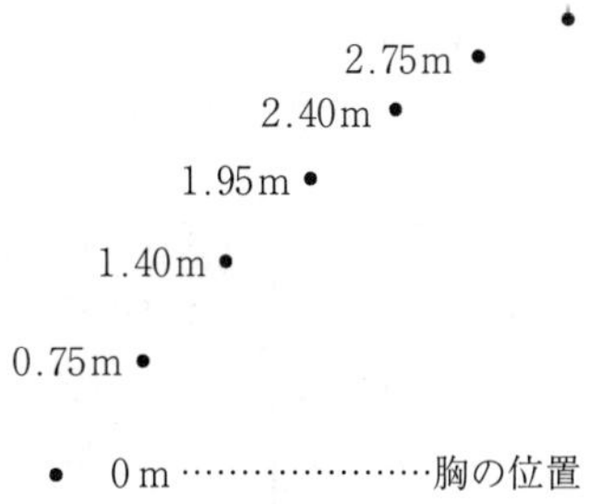

図２

(7)　園子さんは，毎秒何ｍで走りましたか。

(8)　ボールを胸の位置で受け止めるためには，園子さんは斜めに投げた位置から何ｍ走る必要がありますか。

2　園子さんは，物質には，水にのみとけるものと，油にのみとけるもの，水にも油にもとけるものがあることを知りました。水と油は混ざり合いません。油のような性質を持つ液体Ａと，水にも油にもとける性質を持つ固体Ｂについて，調べてみることにしました。答えは，小数第２位以下があるときは，四捨五入して小数第１位まで求めなさい。

［学習メモ］

・水と液体Ａは混ざり合わない。水と液体Ａは図１のように液体Ａが上に浮《う》く形で，完全に分離《ぶんり》する。
・固体Ｂは水と液体Ａのどちらにもとける。
・図２のように，固体Ｂのとけた水に，液体Ａを加えてよくかき混ぜると，水の中の固体Ｂのうち一部が，液体Ａにとけた。
・これ以上固体Ｂが液体Ａにとけていかなくなったときに，液体Ａにとけている固体Ｂの濃度《のうど》（１mL の液体Ａにとけている固体Ｂの重さ）mg/mL と水にとけている固体Ｂの濃度（１mL の水にとけている固体Ｂの重さ）mg/mL の比は一定になるという法則がある。

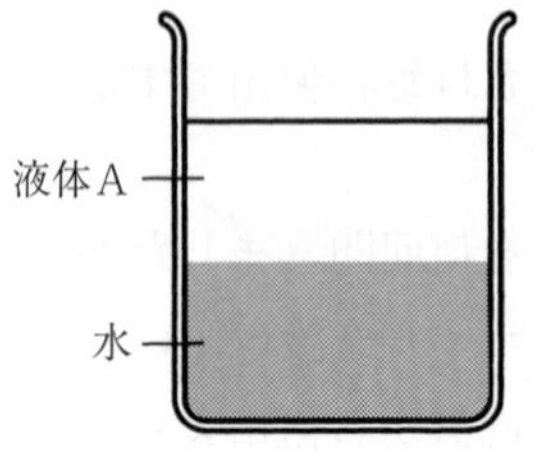

図１

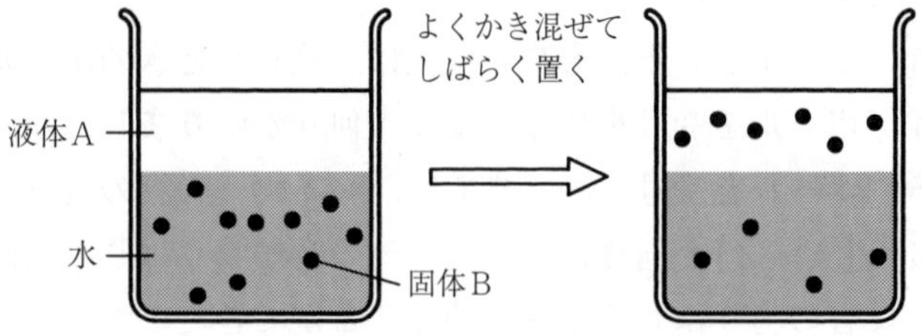

図２

園子さんは【実験１】【実験２】を行いました。ただし，すべての実験で，固体Ｂのとけ残りはないものとします。また，固体Ｂがとけても，水や液体Ａの体積は変わらないものとします。

【実験１】

ビーカーＸ，Ｙ，Ｚそれぞれに 100mL の水を入れ，表１に示した量の固体Ｂをとかし，その後，100mL の液体Ａを加えてよくかき混ぜ，これ以上固体Ｂが液体Ａにとけなくなるまで，しばらく置いた。水に残ったままの固体Ｂの重さと，液体Ａにとけた固体Ｂの重さをそれぞれ測った結果も表１に示した。

表１

	初めに水にとかした固体Ｂの重さ[mg]	水に残った固体Ｂの重さ[mg]	液体Ａにとけた固体Ｂの重さ[mg]
ビーカーＸ	100	20	80
ビーカーＹ	300	60	あ
ビーカーＺ	い	15	う

(1)　表１の あ，い，う にあてはまる数値を答えなさい。

(2)　ビーカーＹにおいて，水に残った固体Ｂの濃度は何 mg/mL ですか。

(3)　表１のビーカーＸの結果から，液体Ａにとけている固体Ｂの濃度と，水にとけている固体Ｂの濃度の比をもっとも簡単な整数の比で求めなさい。

(4)　別のビーカーに 100mL の水を入れ，固体Ｂを 468mg とかしました。ここに，液体Ａを 200mL 足して，よくかき混ぜました。これ以上固体Ｂが液体Ａにとけなくなるまで，しばらく置いた後，液体Ａにとけている固体Ｂの重さは何 mg ですか。

【実験２】

ビーカーＰ，Ｑに水を 200mL 入れ，それぞれに固体Ｂを 600mg とかした。その後，表２のような操作を行った。

表２

	操作
ビーカーＰ	液体Ａを 200mL 加え，よくかき混ぜ，これ以上固体Ｂが液体Ａにとけなくなるまで，しばらく置いた。
ビーカーＱ	液体Ａを 100mL 加え，よくかき混ぜ，これ以上固体Ｂが液体Ａにとけなくなるまで，しばらく置いた。その後，固体Ｂがとけている液体Ａをきれいに取り除いた。再度何もとけていない液体Ａを 100mL 加え，よくかき混ぜ，これ以上固体Ｂが液体Ａにとけなくなるまで，しばらく置いた。

(5)　【実験２】のビーカーＰの操作の結果，水に残った固体Ｂの重さは何 mg ですか。

(6)　【実験２】のビーカーＱの操作の結果，水に残った固体Ｂの重さは何 mg ですか。

(7)　200mL の液体Ａを 50mL ずつの４つに分け，【実験２】のビーカーＱのように，固体Ｂを何もとけていない 50mL の液体Ａにとかして，取り除く操作を４回繰《く》り返した時，最後に水に残った固体Ｂの重さは何 mg ですか。

(8)　限られた量の液体Ａを利用して，水にとけている固体Ｂをできるだけ残らないようにするには，どのような操作を行えばよいか，説明しなさい。

3　ある日の夕方，園子さんのお母さんがアサリの砂抜《すなぬ》きをしていました。

園子さん「これは何をしているの？」

お母さん「砂抜きよ。」

園子さん「砂抜き？」

お母さん「アサリを食塩水につけておいて，中の砂を出させることよ。以前，潮干狩《しおひが》りをした時にもやったけれど，忘れたかな？」

園子さん「そうそう，思い出した。アサリは吸い込《こ》んだ水をえらでこしておもに植物プランクトンを食べているのだよね。だから，砂が入っていることがあるのだよね。」

お母さん「そうね。干潟《ひがた》には，アサリもたくさんいたけれど，他にもカニとか，渡《わた》り鳥とか，いろいろな動物がいたわね。」

(1)　シジミも砂抜きをします。アサリでは約３％の食塩水を使いますが，シジミでは約１％の食塩水を使います。シジミについて述べたものとして適当なものを次より１つ選び，記号で答えなさい。

ア．水深 30m 位までの海底が岩でできた場所に生息しており，おもに海藻《かいそう》を食べている。

イ．水深30m位までの海底がサンゴ礁《しょう》でできた場所に生息しており，おもにサンゴを食べている。

ウ．水深10m位までの海底が砂や泥《どろ》でできた場所に生息しており，おもに貝を食べている。

エ．湖や川，河口など底が岩でできた場所に生息しており，おもに水草や海藻を食べている。

オ．湖や川，河口など底が砂や泥でできた場所に生息しており，おもに植物プランクトンを食べている。

(2)　図１はアサリを解剖《かいぼう》してスケッチしたものです。

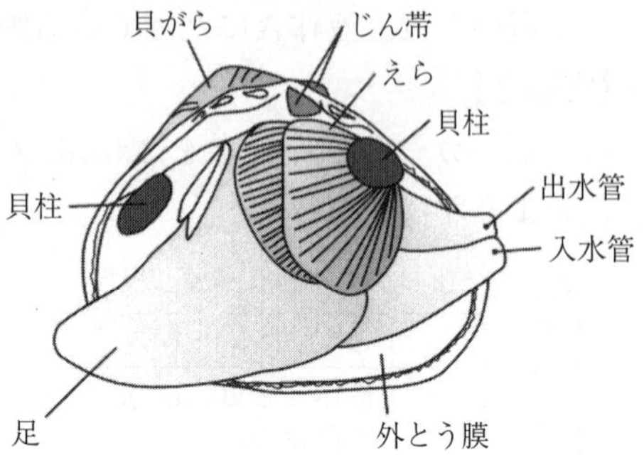

図１

①　アサリを解剖する際には，まず貝柱を切ります。貝柱はおもに何でできていますか。次より１つ選び，記号で答えなさい。

ア．軟骨《なんこつ》　　イ．筋肉　　ウ．維管束

エ．神経　　オ．脂肪《しぼう》

②　アサリの２枚の貝がらの開閉には貝柱とじん帯が関与《かんよ》しています。貝柱を切ると，貝がらは少し開いた状態になります。外側から指で貝がらを閉じても指の力を抜くとまた開きます。ところがじん帯も切ると，外側から指で貝がらを閉じた後，指の力を抜いても開かなくなります。このことからじん帯は２枚の貝がらをつなげている以外にどのようなはたらきがあると考えられますか。

(3)　アサリのもつ次のＡ～Ｄの特徴《とくちょう》のうち，①～③の生物にあてはまるものはそれぞれ何個ありますか。

Ａ．卵生である。　　Ｂ．変温動物である。

Ｃ．背骨がない。　　Ｄ．えら呼吸をしている。

①　ヒト　　②　カニ　　③　スズメ

(4)　潮干狩りは干潟で行いました。干潟を堤防《ていぼう》で仕切り，排水《はいすい》して陸地にすることを干拓《かんたく》といいます。この干拓を行うと，その周辺海域で赤潮が発生することがあります。

①　干潟について正しく述べているものを次よりすべて選び，記号で答えなさい。

ア．渡り鳥が休憩《きゅうけい》したり，えさを食べたりすることができる場である。

イ．時間帯により生えている植物が異なっている。

ウ．干潟の水の一部は生活している生物の体内を通過している。

エ．渡り鳥などにより干潟の養分の一部は，干潟から取り除かれている。

オ．川のはんらんを防ぐことができる。

②　赤潮が発生すると，そこにすんでいる魚など，多くの生物が死んでしまいます。これは大量発生したプランクトンに海水中のある物質が消費されてしまうことが理由の１つとされています。この物質として適当なものを次より１つ選び，記号で答えなさい。

ア．酸素　　　　　　イ．二酸化炭素　　ウ．ちっ素

エ．塩化ナトリウム　　オ．塩化カルシウム

(5)　渡りをする季節になると渡り鳥は，目的地に向けて長い距離《きょり》を移動します。目的地に着くために，渡り鳥には正しく方位を知るしくみが備わっています。

ホシムクドリというおもにヨーロッパとアフリカの間を行き来する渡り鳥を用いて，渡りを

する方位をどのように決めているのかを調べた実験があります。ホシムクドリは昼間に渡りを行うことが知られており，この実験では鳥が頭を向け続けた方位を渡りの方位として定めたと判断することとします。

【実験1】

天井《てんじょう》と側面をふさぎ，図2のような空の一部だけが見える窓が等間隔《かんかく》に6つ開いている円柱形の鳥かごを用意した。渡りの時期にホシムクドリをこの鳥かごに入れて野外に置いたところ，図2の矢印のように太陽光が入っていた。かごの下から鳥が頭を向ける方位を10秒ごとに記録すると，晴れた日には北西に頭を向け続けたが，くもっている日にはいろいろな方位に頭を向けて，定まることがなかった。

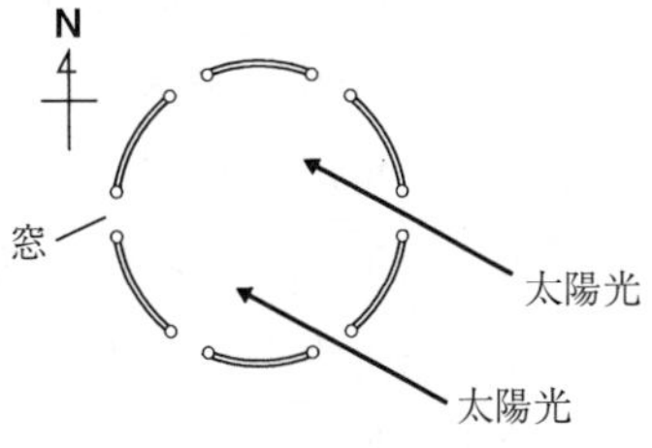

図2

【実験2】

図3のように，図2のすべての窓の外に鏡を取り付け，太陽光の方向を約90度回転させたところ，ホシムクドリは［　　　］に頭を向け続けた。

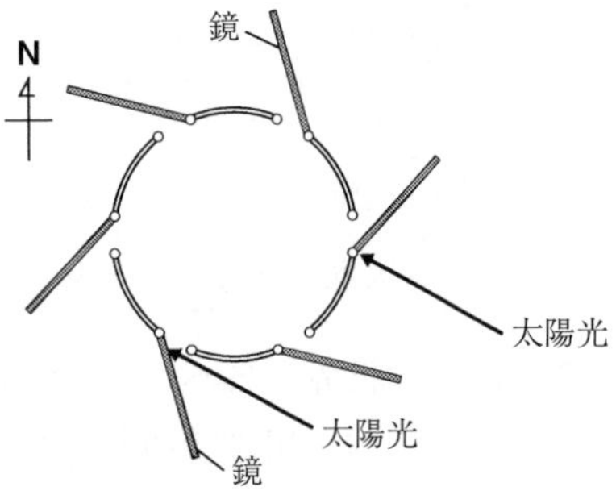

図3

① 【実験1】より，ホシムクドリは太陽光の方向から渡りの方位を決めていると考えられました。このことから，【実験2】でホシムクドリが頭を向け続けたと考えられる方位を次より1つ選び，記号で答えなさい。

ア．北　　イ．北東　　ウ．東　　エ．南東
オ．南　　カ．南西　　キ．西　　ク．北西

② 日本で見られる渡り鳥を次よりすべて選び，記号で答えなさい。

ア．オグロシギ　　イ．スズメ　　ウ．ハシブトガラス
エ．ツバメ　　オ．オオハクチョウ　　カ．ハシビロコウ

4 園子さんとお父さんが地形について話しています。

園子さん「洗足学園中学校の最寄りの鉄道駅名は『武蔵溝ノ口《むさしみぞのくち》』とか『溝の口』だけど，この『溝口』という地名の由来は何だろう？」

お父さん「溝のような幅《はば》のせまい小川が姿を現す場所，つまり溝の入り口だから，という説があるよ。溝は多摩川《たまがわ》に流れ込《こ》む平瀬川《ひらせがわ》のことらしいぞ。ちなみに，溝口周辺の土地は多摩川の［　A　］なんだよね。」

園子さん「そうなんだ。」

お父さん「日本は山が多くて降水量も多いから，大陸にある川と比べると，［　A　］や［　B　］といった特徴《とくちょう》的な地形が多く見られるね。」

園子さん「河口でみられるのが［　B　］だよね。川の流れる速さが［　C　］なることで，［　D　］が起こるのよね？」

お父さん「そうだよ。ちなみに［　B　］は比較《ひかく》的平らで土地活用がしやすいから，平らな土地がもともと少ない日本では市街地として活用されているぞ。だけど，標高(平均海水面を標高0mとした高さ)が低いから，水害のリスクが伴《ともな》うんだ。」

(1)　文中の A ～ D にあてはまる語句の組み合わせとして適当なものを次より1つ選び，記号で答えなさい。

	A	B	C	D
ア	三角州	扇状地《せんじょうち》	速く	浸食《しんしょく》
イ	三角州	扇状地	速く	運搬《うんぱん》
ウ	三角州	扇状地	速く	堆積《たいせき》
エ	三角州	扇状地	遅《おそ》く	浸食
オ	三角州	扇状地	遅く	運搬
カ	三角州	扇状地	遅く	堆積
キ	扇状地	三角州	速く	浸食
ク	扇状地	三角州	速く	運搬
ケ	扇状地	三角州	速く	堆積
コ	扇状地	三角州	遅く	浸食
サ	扇状地	三角州	遅く	運搬
シ	扇状地	三角州	遅く	堆積

(2)　図1は世界と日本のいくつかの川の標高と河口からの距離《きょり》を示したものです。世界の川と比べて，日本の川の特徴として図1から読み取れるものをあとよりすべて選び，記号で答えなさい。

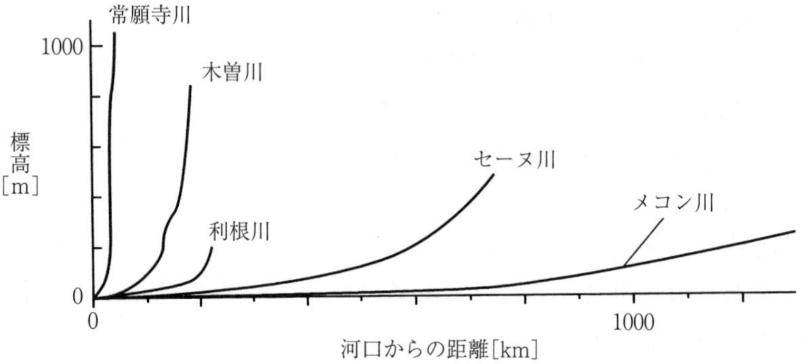

図1

ア．川の長さが長い。
イ．川の長さが短い。
ウ．川の傾《かたむ》きが急である。
エ．川の傾きがゆるやかである。
オ．川の幅が狭い。
カ．川の幅が広い。

(3)　図2は A の模式図です。

①　図2の地点X，Y，Zの土地を構成する粒《つぶ》の大きさはどのようになっていると考えられますか。大きさの関係として適当なものを次より

図2

1つ選び，記号で答えなさい。

ア．X＝Y＝Z　　イ．X＝Y＞Z　　ウ．X＝Y＜Z

エ．X＞Y＞Z　　オ．X＜Y＝Z　　カ．X＜Y＜Z

キ．X＞Z＞Y　　ク．X＝Z＞Y　　ケ．X＝Z＜Y

② A の土地はどのような作物を育てるのに向いていますか。適当なものを次より1つ選び，記号で答えなさい。

ア．この土地は水はけが良く，果樹の根腐《ぐさ》れが防げるため果実を育てるのに向いている。

イ．この土地は水はけが良く，イネの根腐れが防げるため稲作《いなさく》に向いている。

ウ．この土地は水はけが悪く，たくさんの水を必要とする果実を育てるのに向いている。

エ．この土地は水はけが悪く，水田に水をはることができるため稲作に向いている。

③ 地点Xの周辺には水無川と呼ばれる，雨が降った後や洪水《こうずい》のときだけ水が流れる川が多くあります。ふだんは水が流れていない理由を簡潔に説明しなさい。

④ A では谷底に堆積している土砂や岩石が，長雨や集中豪雨《ごうう》によって，一気に下流へ押《お》し流される現象が発生することがあります。この現象を何といいますか。次より1つ選び，記号で答えなさい。

ア．火砕流　　イ．土石流　　ウ．水蒸気爆発　　エ．津波

(4) 図3は神奈川県にある鶴見《つるみ》川流域の自然地と市街地の分布の変化を表したものです。自然地が市街地になったことで洪水のリスクが上昇《じょうしょう》したといわれています。その理由として適当なものを1つ選び，記号で答えなさい。

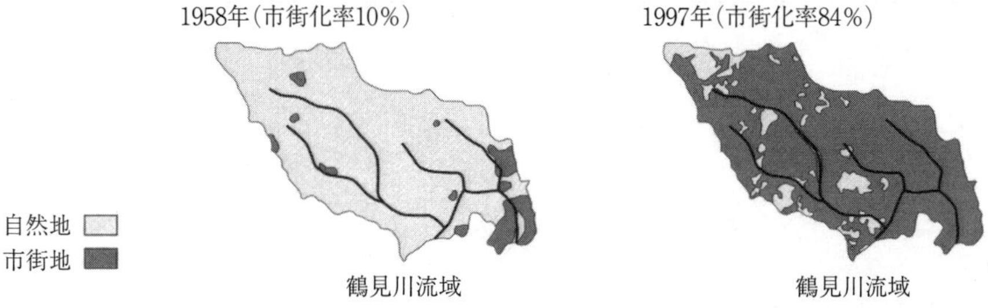

図3

出典：「河川事業概要2007」（国土交通省）
(https://www.mlit.go.jp/river/pamphlet_jirei/kasen/gaiyou/panf/gaiyou2007/)を加工して作成

ア．市街地の増加により，家庭からの大量の排水《はいすい》が直接川に流れ込むようになったから。

イ．市街地の増加により，地表面の温度が上がり，水の体積が増したから。

ウ．自然地の減少により，雨水が地下にしみこまなくなり，地表を流れるようになったから。

エ．自然地の減少により，外来種の水生生物が増え，川の水深が浅くなったから。

(5) 集中豪雨発生時によくみられる次々と発生する発達した雨雲が複数並ぶことで形成される長さ50～300km，幅20～50km程度の強い降水を伴う雨域のことを何といいますか。漢字で答えなさい。

(6) B など水を含《ふく》んだ砂の地盤《じばん》では，地震《じしん》により地盤が泥水《どろみず》のように流動化することがあります。その結果，地面から水や砂などが噴《ふ》き出したり，マンホールなど地中の軽いものが浮《う》き出たり，建造物が倒壊《とうかい》したりします。この現象を何といいますか。漢字で答えなさい。

エ　母がおそばを食べる姿は不気味に思ったが、それは「おねえちゃん」になる寧音を配慮《はいりょ》してのことだろうと推測した。

問六　――**(6)**「そう思った瞬間、胸の中がチクリとした気がした。」とありますが、このときの「寧音」の心情を二行以内で説明しなさい。文末は「…心情。」としなくてよい。

問七　[A]～[C]に入れる語としてふさわしいものを次の中からそれぞれ一つずつ選び、記号で答えなさい。（ただし記号はそれぞれ一回ずつ使用します。）

ア　ざらざら　**イ**　ねばねば　**ウ**　しくしく
エ　いらいら　**オ**　ぞろぞろ　**カ**　じめじめ
キ　ばらばら　**ク**　うきうき

問八　本文の内容に合うものを次の**ア**～**エ**の中から一つ選び、記号で答えなさい。

ア　母と父は、出産時に亡くした野乃に対する追悼《ついとう》の思いから、いつまでもテーブルの席に野乃の場所を作って寧音の悲しい気持ちを慰《なぐさ》めてくれている。

イ　寧音は、自分の経験をクラスの女の子たちに話したとき、「かわいそう」と言われて落胆《らくたん》し、それ以後、自分の経験を話すのはやめようと決めている。

ウ　母の妊娠を知った時、寧音は大変驚《おどろ》き、喜んだが、一方で今も大切に思っている野乃の存在を母はすっかり忘れてしまったのかと寂《さび》しく思っている。

エ　寧音は、空想の友だちがいるという比企さんがいじめられるのは理不尽《りふじん》であると思っており、まりもや籾山の比企さんへの態度に不満を抱《いだ》いている。

るの」
「いつ、生まれるの？」
「来年の三月ごろかな」
「まだまだ先なんだね」
そうか、それでおそばが？
妊娠《にんしん》すると食事の好みが変わるって、誰かがいっていた気がする。
「今、奈菜ちゃんのおなかを触《さわ》ったら、あかちゃんがいるって、もうわかる？」
奈菜ちゃんと正夫くんは、声をあげて笑った。
「まだまだ」
「おなかもぺったんこ」
わたしはだんだん［ C ］してきた。新しい家族ができる！　新しい家族！
奈菜ちゃんと正夫くんも、今までに見たことがないくらい、とっても幸せそうな顔をしている。
今度は本当に、「おねえちゃん」って呼ばれるんだね。
今度は本当に。
今度は本当に？
(6)そう思った瞬間《しゅんかん》、胸の中がチクリとした気がした。

（戸森しるこ『ココロノナカノノノ』）

★奈菜ちゃん…寧音の母。
★正夫くん…寧音の父。
★整体…骨格のゆがみを整える民間療法《りょうほう》。

問一　――(1)「『プライドが傷つく』っていうんだぞって、教えてくれた。寧音は『誇り高い』んだなって。」とありますが、「プライド」や「誇り」などに関する慣用句について、それぞれ（　）の意味に合わせた次の空らんに入る語を、1は漢字一字またはひらがな二字で、2、3は漢字一字で、4は漢字二字で、5はひらがな二字で書き、慣用句を完成させなさい。

1　［　　］で風を切る（得意そうにふるまう）
2　［　］を張る（誇りに思う）
3　［　］高高（たいそう得意げな様子）
4　得意［　　］（誇らしそうな様子）
5　［　　］で使う（いばった態度で人に仕事をさせる）

問二　――(2)「この話を誰にもしなくなった。」とありますが、
(一)「この話」とはどんな話ですか。四十字以内で説明しなさい。
(二)「誰にもしなくなった」のはなぜですか。四十字以内で説明しなさい。

問三　――(3)「声がものすごくちっちゃくて」とありますが、「かすかで弱々しい声」のことを意味する慣用句を書きなさい。

問四　――(4)「わたしはときどき考える。比企さんにとってのスゥは、わたしにとっての野乃みたいなものなのかもしれないって。」とありますが、「わたし」はどういうことを考えているのですか。三行以内で説明しなさい。

問五　――(5)「テーブルにはなぜかおそばが。」とありますが、このときの「寧音」の「おそば」に対する感じ方はどう変わったか。最もふさわしいものを次の**ア**～**エ**の中から一つ選び、記号で答えなさい。

ア　母がいつもは嫌いなおそばを食べていたので不気味に思ったが、妊娠して食事の好みが変わったのだろうと推測した。
イ　母はいつもおうどんを食べるので不気味に思ったが、テーブルの配置も含《ふく》めて急に気が変わったのだろうと推測した。
ウ　母は父と一緒《いっしょ》の時にはおそばを食べないので不気味に思ったが、寧音の気持ちを確かめているのだろうと推測した。

「やば！」

みんながわざわざそんなふうにいうのは、どうしてだろう。そう思うなら、比企さんを放っとけばいいのに。

(4)わたしはときどき考える。比企さんにとってのスゥは、わたしにとっての野乃みたいなものなのかもしれないって。

決定的に違《ちが》うのは、その子が現実にいたことがあるかどうか、かな。おそらくスゥは一度も存在していなかったけど、野乃は奈菜ちゃんのおなかの中でたしかに存在していた。わたしが「かわいそう」で、比企さんが「きも！」になるのは、そういう違いがあるからかもしれない。

だけど、おなかの中って「現実」なんだろうか。わたしにとっては「現実」だけど、そうは思わない人もいるかもしれない。だって実際には見えないもんね。

同じように、比企さんの「現実」は、わたしたちと少し違うというだけなんじゃないかな。

比企さんを見ていると、わたしはちょっとだけさみしくなる。わたしには見えないものを、あの子がとても大切にしているから。

家に帰ると、奈菜ちゃんと正夫くんが真剣《しんけん》な顔をして、食卓のいすに座っていた。こんな時間に、なぜ正夫くんが家に？　仕事はどうしたんだろう。正夫くんは★整体の仕事をしている。今日は休みの日じゃなかった気がするけど。

それに、(5)テーブルにはなぜかおそばが。

奈菜ちゃんが食べていたところみたい。でも変だ。奈菜ちゃんは、おそばではなく、おうどん派のはずだから。奈菜ちゃんがおそばを食べているところを、これまでに一度も見たことがない。わたしと正夫くんがおそばを食べるとき、奈菜ちゃんは必ず別のものを食べている。つまりおそばが嫌《きら》いなのだ。

「おかえり、寧音」

と正夫くんはいった。

「大事なお話があります」

と奈菜ちゃんもいった。

なんだろう。とにかく、おそばが不気味だった。いつもはそこにないはずのもの。「おそば」という名前までもが、不気味に思えてくる。おそばなんていわずに、遠くにいてくれって感じ。

奈菜ちゃんは、そんなわたしのおそばへの気持ちを見抜《ぬ》いたみたいで、

「ああ、これ？　なんだか急に食べたくなっちゃって！　びっくりよね」

なんて、のんきにいっている。

テーブルの席は、わたしと奈菜ちゃんがとなり同士で、正夫くんは奈菜ちゃんの向かい側だ。正夫くんのとなりが、野乃の席。

それなのに、その日、野乃の席には奈菜ちゃんが座っていた。

奈菜ちゃんはいった。

「実はね、寧音はおねえちゃんになるの」

「えっ」

「びっくりした？」

「……びっくりした」

びっくりはしたけど、ああでも、そういうことかぁと思った。奈菜ちゃんにあかちゃんができたのだ。

「でも、今までだって、ずっとおねえちゃんだったよ。野乃の」

わたしがそういうと、奈菜ちゃんと正夫くんは、わたしのことを見てほほ笑んだ。

「そうね、そうだね。じゃあこれからは、ふたりのおねえちゃんにな

わたしに聞いてくれる子がいたらいいなって、そう思う。

その日、学校に行くと、同じクラスの比企《ひき》さんが、教室で泣いていた。

比企さんは、(3)声がものすごくちっちゃくて、授業中に先生に指されて発言しても、口は動いているのにさっぱりなにも聞こえてこない。井上《いのうえ》くんが「聞こえませーん」とからかって、それでみんながちょっと笑って、そしたら先生がそれを注意して、「もう少し大きな声でね」と励《はげ》ます。これ、いつものパターン。

そんな比企さんが、自分の席で［A］泣いていた。比企さんの席は教室の真ん中にある。その席のまわりにだけ、誰も人がいない。教室の雰囲気は、梅雨《つゆ》時にふさわしく［B］している。

「どうして泣いてるの?」

わたしが近寄っていって聞いても、比企さんは顔を上げずに泣き続けている。

「寧音ちゃん、こっちこっち」

「おはよー」

教室のすみっこにいる、まりもと籾山《もみやま》に呼ばれた。わたしはすぐにふたりのところに行った。

「寧音ちゃん、見て。まりもの新しいノート、かわいくない?」

「今度ふたりも買おうよ。おそろいにしよ」

まりものショッキングピンクのノートはたしかにかわいかった。でも、これはピンクの似合うまりもが持っているからかわいいんであって、わたしにも、たぶん籾山にも似合わないと思う。森《もり》まりも、上から読んでも下から読んでも、もりまりもはもりまりもだ。

「ねぇ、比企さんってどうしたの? なんで泣いてるの?」

わたしが聞くと、まりもは「シーッ」と口に人差し指を当てた。

「あとで教えてあげるから」

「今じゃだめなの?」

「だからだめだって」

「なんで?」

「ちょちょちょ、寧音ちゃん空気よもうぜ」

籾山があわててそんなことをいったけど、それは、これ以上まりもの機嫌《きげん》が悪くならないように気をつけてくれ、という忠告にも聞こえた。だからわたしは黙《だま》った。

しかしわたしは混乱する。泣いている子を放っておくのは、空気をよむことだったっけ。放っておいてほしかったら、教室で泣いたりしないと思うけどね。

一時間目の理科の授業中、ふたつ後ろの席のまりもから手紙がまわってきた。

『スゥ病が出た』

なるほど、と思った。

『今日の放課後、六班で校外学習の自由行動の計画たてようって、籾山があいつにいったら、スゥと約束してるからだめだって。籾山がせっかくさそってやったのに。バカみたい』

こうしてまりもは、よく比企さんをいじめている。

たしかに比企さんは、少し変わっている子である。

比企さんには、スゥという名前の空想の友だちがいる。本当にその子がリアルにいるみたいにふるまうことがある。「スゥと一緒に遊んでいた」とか、「巨大《きょだい》パフェをスゥと半分こした」とか、「スゥの前髪《まえがみ》が伸《の》びてきた」とか、そういうことを平気でいったりする。

「そんな子、いないし!」

「うそつき!」

「きも!」

価値観から見ると同じ性格のものであるので、私たちは今、まさに両者を併《あわ》せ持つことが求められている。

二　次の文章を読んで後の問いに答えなさい。

野乃がいたら、どんなわたしだっただろう。

わたしはよく考える。想像をする。「野乃という双子《ふたご》の妹と一緒《いっしょ》に暮らしている」、そんなわたしのことを。

実際、野乃はいるのだ。

見えないけれど、わたしたちの心の中にちゃんと。

★奈菜ちゃんは食卓《しょくたく》にきちんと野乃の席を作る。わたしたちと同じようにお茶碗《ちゃわん》も並べる。クリスマスとか、わたしたちの誕生日とか、お祝い事の日には、ケーキやごちそうを野乃の席にもちょっとだけ。

ときどき、野乃の声が聞こえるような気がすることがある。

おねえちゃん、おやつ食べようよ。

おねえちゃん、もう宿題やった？

おねえちゃん、漫画《まんが》貸して。

おねえちゃん、お風呂《ふろ》入ろ。

それに、不思議なんだけど、野乃のにおいがすることがある。

家の中で、学校の廊下《ろうか》で、駅前通りで、ショッピングセンターで、プールサイドで。ふわって、なんだかちょっと泣きたくなるような、なつかしいみたいなにおい。なんのにおいか、はっきりとはわからないのに、いつかどこかで感じたことのあるにおいだって、わかる。それはきっと、わたしが奈菜ちゃんのおなかの中で感じていた、野乃のにおいなんじゃない……？

そういうとき、わたしは小さな声で呼びかけてみる。

野乃なの？

返事はないけど、わたしにはわかるの。

空気の中に野乃がいるって。

六年生のとき、クラスの女の子たちにこの話をしたら、こういわれた。

「かわいそう」

かわいそうって？　野乃が？　それともわたしが？　誰《だれ》のどこがかわいそうなの？

知りたくてしつこく聞き返したら、どうしてかその子は、泣いてしまったのである。そのときの教室の雰囲気《ふんいき》は、言葉ではいい表せない。

わたし「かわいそうがられる」のってあんまり好きじゃない。その話を奈菜ちゃんと★正夫くんにしたら、奈菜ちゃんはちょっと微妙《びみょう》な顔をしたけど、正夫くんはうれしそうにした。そういうのを(1)「プライドが傷つく」っていうんだぞって、教えてくれた。寧音は「誇《ほこ》り高い」んだなって。

だけどともかく、それからというもの、わたしは(2)この話を誰にもしなくなった。この話っていうのは、いろいろな場所で野乃のにおいがするっていう話ね。だってわかってもらえないんだもの。

でもしかたない。双子の片割れと、おかあさんのおなかの中でさよならしたことのある子なんて、そんなにたくさんはいないのだから。経験しなくちゃわからない気持ちってたくさんあるでしょ？　だから、経験した人は、経験していない人に、やさしくしてあげなくてはならない。どうしてわかってくれないの？　じゃなく、わからないならしょうがないよねって、ちょっとだけあきらめればいい。それがわたしが身につけた方法だ。

わかってもらえなくても、野乃のにおいを感じることは、わたしにとって大切なこと。

それでいいのだ。

だけど本当は、それってどういうことなの？　って、あきらめずに

★『道徳感情論』…一七五九年に出版されたアダム・スミス著作の書物。後に出版する『国富論』と内容的に関連している。
★趨勢…ある方向へと変化してゆく勢い。
★禍《わざわ》…災い。
★ルイ一六世…当時のフランス王(一七五四～一七九三)。
★空疎…外形だけで内容のない様子。
★頽廃…荒廃《こうはい》し、乱れて不健全になること。
★蔑視…さげすんだものの見方をすること。
★放蕩…遊びに耽《ふけ》って身を持ち崩《くず》すこと。
★『国富論』…一七七六年に出版されたアダム・スミス著作の書物。近代から現代に至る経済学の出発点と位置づけられる社会思想史上の古典。

問一 ――(1)「スーパーで買い物するとき」とありますが、このとき人が一般的にしていることは何ですか。最も簡潔に述べた十字以内の表現を本文から抜《ぬ》き出しなさい。

問二 ――(2)「ホモ・エコノミクスの『近代性』」とありますが、筆者はなぜ「近代性」と強調しているのですか。二行以内で説明しなさい。

問三 ――(3)「いまでは忘れ去られたこうした歴史をたどる」とありますが、これはどういうことですか。次の**ア**～**エ**の中から一つ選び、記号で答えなさい。

ア 商業の拡大によって発見された外国製品や商取引による市場化がいかにしてなくなったのかを歴史的にたどること。

イ 利子により金銭を蓄積し、資本を殖《ふ》やしていくような生の様式がいかにしてなくなったのかを歴史的にたどること。

ウ 自己利益を目指して金儲けをすることが道徳であるという考えがいかにしてなくなったのかを歴史的にたどること。

エ 金儲けは人としてよくない生き方であるという道徳的な抵抗感がいかにしてなくなったのかを歴史的にたどること。

問四 ――(4)「根本的に誤った価値観と結びついているのではないか」とありますが、そのように言えるのはなぜですか。三行以内で説明しなさい。

問五 ――(5)「一八世紀の富と徳の問い」とありますが、これについては【文章Ⅱ】で詳《くわ》しく述べられています。【文章Ⅱ】では、筆者はアダム・スミスの考えを紹介《しょうかい》していますが、それによれば、アダム・スミスはどういうことを考えていますか。【文章Ⅱ】の内容に即《そく》して、三行以内で説明しなさい。

問六 [A]～[D]に入れる語としてふさわしいものを、次の**ア**～**エ**の中からそれぞれ一つ選びなさい。(ただし記号はそれぞれ一回ずつ使用します。)

ア むしろ　**イ** しかし　**ウ** そして　**エ** しかも

問七 ――(ア)～(オ)のカタカナを漢字に直しなさい。

問八 【文章Ⅰ】【文章Ⅱ】の全体を通じて、その内容に合うものを次の**ア**～**エ**の中から一つ選び、記号で答えなさい。

ア 「合理的経済人」という意味のホモ・エコノミクスは、古くはヨーロッパのキリスト教道徳に基づく考え方から生まれたものであり、一八世紀に盛んに議論されていた。

イ 金持ちが尊敬され、貧乏人は嫌われるという、一八世紀のヨーロッパでは一般的だった考えは、アダム・スミスの業績により、二〇世紀には真剣《しんけん》に問われることはなくなった。

ウ 現代の深刻化する環境問題の解決にあたっては、もはや富と徳のあり方を根本から見直すことが不可欠であるが、その際にアダム・スミスの著作からヒントを得ることができる。

エ 富や権力のある人間と、知識や徳を持つ人間とは、道徳的な

人はあくなき競争の中に身を投じるし、社会的地位向上のために必死になる。スミスはなぜ人がこんなにも真剣に、財産や栄華《えいが》を求めて我を忘れるのかと問う。

スミスは、人は貧乏《びんぼう》人より金持ち、苦しんでいる人より幸福な人が好きだという。金持ちや権力者は見ているだけで快をもたらしてくれる存在だからだ。巨万《きょまん》の富を持つ人は自然に注目を集め、好意をもって扱《あつか》われ、ちやほやされる。他方で貧乏人は人から同情も共感もされないため、自らの状態を恥《は》じる。こうして貧乏な人の存在は世の中から無視され、置き去りにされる。これは現代にも大いに当てはまることだ。コロナ★禍《か》で女性と若者の自殺が増えているといわれても、その人たちにスポットライトが当たることはない。貧困者は自らを恥じて隠《かく》れており、不幸が嫌いで関わりたくない人たちは知らず知らず目を背《そむ》ける。スミスはこうした人間の冷酷《れいこく》さを仔細《しさい》に描写《びょうしゃ》している。

金持ちの方が貧乏人よりいい感じがするからみんなが寄り集まってくるというごくありふれた現象は、しかしスミスから見ると深刻な道徳的影響を与える。そのことによって人々は、金持ちや権力者におべっかを使い、彼《かれ》らの言いなりになって褒《ほ》めそやす。スミスは★ルイ一六世を例に挙げ、この国王が見た目の荘厳《そうごん》さで人を惹《ひ》きつけるものの、そこには大した内実は伴《ともな》っていないと辛辣《しんらつ》な指摘《してき》をしている。才能や徳の面ではとりたてて見る所のないこの王がこんなにも尊敬されたのは、その容貌《ようぼう》の優雅《ゆうが》さと美しさのためであった。

ここには、もっぱら外面を重視して人に対する態度を決める、当時の価値観が反映している。スミスはそれに疑念を抱《いだ》き、このような★空疎《くうそ》な人物評価が広まると、道徳が★頽廃《たいはい》すると警告している。一方で富者と権力者を崇めたてまつり、他方で貧者を無視し★蔑視《べっし》するこの傾向《けいこう》は、道徳的価値の重要度を取り違えていることからくる。スミスにとっては、真に敬意を受けるべきは知識と徳を持つ者である。しかしこうした人々はなんとも地味で、派手派手しく着飾《きかざ》り自己宣伝がうまい富者や権力者のようには目立たない。多くの人は見かけにだまされ、富者の権勢を真の徳と勘《かん》違いする。そのためこうした見かけ倒《だお》しの人物の不道徳は、寛容《かんよう》にも見逃《のが》される。

身なりのいい人の★放蕩《ほうとう》は、みすぼらしい人の場合に比べて軽蔑や嫌悪《けんお》にさらされる度合いがはるかに少ない。貧者の場合、節制や礼儀《れいぎ》の法にちょっと違反《いはん》するだけで激しい憤《いきどお》りを生む。だが身なりのいい人の場合は、つねにしかも公然とこうした法を蔑視していても、一般的に言ってはるかに怒りの対象になりにくい。

（*The Theory of Moral Sentiments*.p.63,『道徳感情論』124ページ）

人々は金持ちや権力者の不道徳をヒナンするどころか、彼らを賛美し、その服装やしぐさをまね、自らもその地位に少しでも近づこうとあくせく競い合う。そして醜《みにく》い手段を使って一旦《いったん》地位を手に入れたら、そのカテイで犯された不品行は忘れ去られ、人に羨まれる存在となって、いばり散らせるというわけだ。

スミスは、財産の追求と徳の追求とは両立し難いと考えていた。というより、本来両者は別のものなのだ。物質的な富と立派な人間性とを併《あわ》せ持つことは、財産が社会的な誘惑《ゆうわく》や自惚《うぬぼ》れと無縁《むえん》でありえないために困難なのである。スミスはこうした認識に立って、少数のまともな人間として徳の道を選ぶことを読者に呼びかけている。★『国富論』で自由貿易と産業による豊かさを奨励《しょうれい》したスミスは、道徳論としては富の支配に不信感を抱いていたことになる。

（重田園江『ホモ・エコノミクス――「利己的人間」の思想史』）

★スミス…アダム・スミス（一七二三〜一七九〇）。イギリスの哲学《てつがく》者・経済学者。

市場化）が起こりはじめた時代であった。

　他方でこの時代に至るまで、ヨーロッパのモラルはキリスト教道徳に従ってきた。そしてこの道徳は、金儲け、とりわけ利子を取ることによって金銭を蓄積《ちくせき》し、それを再投資して資本を殖《ふ》やしていくような生の様式を非常に嫌《きら》っていた。ここでは、自己利益を目指して行為するのは、人としてよくない生き方、貪欲《どんよく》に(エ)ジュウゾクする生ということになる。逆に言うと、厳然たる支配を保っていたキリスト教的価値観の中で、金儲けへの道徳的な抵抗感がなくならなければ、資本主義の利潤《りじゅん》獲得《かくとく》が世界を★席巻《せっけん》する現代に至る道は開けなかったのだ。

　注目すべきことに、ホモ・エコノミクスが受け入れられていく(オ)カテイは、単なる「金儲けの勝利」ではなかった。［C］そこには積極的な新しい道徳があると主張されたのである。金儲けが道徳というのは変な感じがするが、そこに商業に携《たずさ》わる人たちの新しい生活様式、そして新しい文化が見出された。では、(3)いまでは忘れ去られたこうした歴史をたどることで、何が見えてくるだろうか。

　二〇世紀は、もはや金儲けと道徳の関係を真剣《しんけん》に問うことがなくなった時代だった。科学技術やイノベーションと結びついた経済成長は生活の豊かさをもたらし、豊かさは平等と自由を生む。これは戦後の日本ではわりと真面目《まじめ》に信じられていた価値観だろう。悪いのは戦争やそれを生んだ国家の競争的野心であって、平和な経済成長はすべての人を満足させるはずだ。経済的豊かさがあらゆる問題を解決するという考えは、社会主義国を含む多くの国々で第二次大戦後には共有されていた。

　だがそこで先送りにされていた問題が一気に噴出《ふんしゅつ》する。それが二一世紀だ。成長は資源の食いつぶしであり、世界は増えすぎた人口を止めることができないでいる。ところがその人たちを養うに十分な食料を生産する土地や資源は、世界に残されていない。自然との共存どころか、人間以外の生物や環境《かんきょう》は、多くなりすぎた人間たちの生存様式のせいで悲惨《ひさん》な目に遭っている。

　富を得ることは人間の生き方、価値観、そして生活スタイルにどのような影響《えいきょう》を与《あた》えるのか。それは何を掘《ほ》り崩《くず》し、見失わせるのか。それははたして道徳的に許される生き方なのか。資本主義★黎明期《れいめいき》にあたる一六―一八世紀にこうした問題をめぐって交わされた論争は、いまの時代に再発見されるべき問いかけを含んでいる。［D］二〇世紀が置き去りにし、無視してきたものはなんだったのかを、それ以前の時代に人々が何に躊躇《ちゅうちょ》したのかを明らかにすることで、示してくれる。

　私たちはいま、人間が追い求めてきた富と豊かさ、そしてそれを追求する自己利益の主体＝ホモ・エコノミクスが、(4)根本的に誤った価値観と結びついているのではないかと問いかけねばならないほど追いつめられている。二一世紀に人はホモ・エコノミクスであってはならないのではないか。この意味で(5)一八世紀の富と徳の問いは、二一世紀に再来していると言える。

★両義的…一つの言葉に二つの意味合いがあるさま。
★貶められ…人から見下される、という意味。
★席巻…ものすごい勢いで勢力範囲《はんい》を広げること。
★黎明期…新しい時代が始まろうとする時期。

【文章Ⅱ】

　★スミスは★『道徳感情論』（初版一七五九年）第1部第3篇《へん》第2章と、第六版（一七九〇年）で追加された第3章で、世間一般に富と権力を崇《あが》める強い★趨勢《すうせい》があることについて、道徳的観点から検討している。スミスの観察によるなら、どんなに貧しい労働者であっても、虚《きょ》栄《えい》や贅沢《ぜいたく》のために賃金の大半を使おうとする。富と権力を得るために

2023年度

洗足学園中学校

【国　語】〈第一回試験〉（五〇分）〈満点：一〇〇点〉

【注意】・字数制限のない問題について、一行分の解答らんに二行以上解答してはいけません。
・記号・句読点がある場合は字数に含《ふく》みます。

一　次の【文章Ⅰ】【文章Ⅱ】は、どちらも重田園江『ホモ・エコノミクス――「利己的人間」の思想史』の一節です。これらを読んで後の問いに答えなさい。

【文章Ⅰ】

ホモ・エコノミクスは「合理的経済人」とも呼ばれ、広い意味では「自分の経済的・金銭的な利益や利得を第一に考えて行動する人」を意味している。もっと厳密な意味で使われる場合には、ここに完全に合理的で計算を間違《ちが》えないとか、自分の好みを熟知していて周囲に流されないとか、そういった条件がつけ加わる。

自分の利益を第一に考えて行動することは、現在ではごく普通《ふつう》だ。

(1)スーパーで買い物するときを思い浮《う》かべよう。値段が高めのものと安めのものの間でどちらを買うか判断するとき、私たちは品質や美味《おい》しさ、新鮮《しんせん》さ、量など、いくつかの(ア)シヒョウをもとに決定を下す。「はじめてのおつかい」の場合を除いて、買いに行く品物は一つではない。予算はだいたい決まっていて、私たちはそのなかで一番いい配分でいろいろなものを適量ずつお得に買おうとする。このとき人は、概《おおむ》ねホモ・エコノミクスとして行動している。

お得を目指すこうした行動様式は、経済行動としてはごく一般《いっぱん》的なものだ。だがそれは、近代以前にはそれほど目立った人間像ではなかった。そもそも市場に依存《いぞん》した生活様式をとっていない場所では、取引における最適行動が日常的に必要になることはない。いつもお得を考えて計算している人は、必ずしもありふれてはいないのだ。

今度は少し別の観点から、(2)ホモ・エコノミクスの「近代性」について見てみよう。いまの社会では、金持ちはなぜだか一段高いところに位置している。金持ちは尊敬されたり、そうなりたいと思われたりする。ところがこれもまた、近代以前には一般的な価値観ではなかった。現代でも、金持ちであることは★両義的な感情を呼び起こす。庶《しょ》民《みん》から金を巻き上げてうまい商売をやっているんだろうとか、投資で儲《もう》けるなんてただの運じゃないかとか、金持ちは嫉妬《しっと》とやっかみの対象になりうる。［A］、社会道徳として金持ちであることが(イ)ヒナンされたり、金儲けそのものが悪い行いであるとして★貶《おとし》められたり禁止されているわけではない。

ホモ・エコノミクスとは、言い方を変えると、行動のいちいちに経済的な無駄《むだ》を省き、できるだけ儲かるように合理的計算に基づいて意思決定する主体である。これは自己利益の主体とも呼ばれるが、ここで金儲けは肯定《こうてい》的に捉《とら》えられている。肯定的というか、人間が生きていく上で当然の行為《こうい》様式とされているということだ。そしてそれに成功した人は尊敬に値する。ホモ・エコノミクスの社会では皆《みな》が金持ちを目指し、その企《くわだ》てが成功すると多くの人に評価され羨《うらや》ましがられるのだ。

いまでは当たり前に思われるこの価値観は、実はそれほど古いものではない。［B］それはかなりの抵抗《ていこう》に遭《あ》い、すんなりとは受け入れられなかった。ヨーロッパにおける一七―一八世紀というのは、商業の拡大による新大陸をはじめとする世界各地の珍《めずら》しい外国製品の登場、また生活必需《ひつじゅ》品の商取引による市場化（主に穀物の(ウ)コウイキ

2023年度 洗足学園中学校 ▶解説と解答

算　数　＜第１回試験＞（50分）＜満点：100点＞

解　答

$\boxed{1}$ (1)　7　(2)　0.56　$\boxed{2}$ (1)　7　(2)　2：7　(3)　65円　(4)　11歳　$\boxed{3}$ (1)　10ｇ　(2)　40枚　(3)　350円　(4)　109日以上126日以下　$\boxed{4}$ (1)　160　(2)　3：5　(3)　11：13　$\boxed{5}$ (1)　$36cm^3$　(2)　$29.5cm^3$　(3)　$6.5cm^3$

解　説

$\boxed{1}$ **四則計算，逆算**

(1)　$\{(50-2)\times13-3\times(4\times6+2)\}\div39-7=(48\times13-3\times26)\div39-7=(624-78)\div39-7=546\div39-7=14-7=7$

(2)　$2\frac{2}{5}+1.2\times4\frac{2}{3}=\frac{12}{5}+\frac{6}{5}\times\frac{14}{3}=\frac{12}{5}+\frac{28}{5}=\frac{40}{5}=8$ より，$(8-\square\div0.7)\div3.6\times\frac{1}{2}=1$，$8-\square\div0.7=1\div\frac{1}{2}\times3.6=1\times\frac{2}{1}\times3.6=7.2$，$\square\div0.7=8-7.2=0.8$　よって，$\square=0.8\times0.7=0.56$

$\boxed{2}$ **周期算，相似，消去算，年齢《ねんれい》算，和差算**

(1)　一の位の数字を求めるから，３を2023回かけた数の一の位の数字を求めればよい。一の位だけを計算すると，$\underline{3}$，$3\times3=\underline{9}$，$9\times3=2\underline{7}$，$7\times3=2\underline{1}$，$1\times3=\underline{3}$，…となるので，一の位の数字は{3，9，7，1}の４個がくり返される。よって，2023÷４＝505余り３より，2023回かけたときの一の位の数字は，３回かけたときの一の位の数字と同じであり，７とわかる。

(2)　右の図１で，○印と●印をつけた角の大きさはそれぞれ等しい。よって，かげをつけた３つの三角形は相似であり，３つの辺の長さの比はすべて，６：８：10＝３：４：５になる。また，BHの長さはGHの長さと等しく８cmだから，正方形の１辺の長さは，10＋８＝18(cm)とわかる。したがって，AI＝18－６＝12(cm)，$AE=12\times\frac{5}{4}=15$(cm)，DE＝18－15＝３(cm)，$DF=3\times\frac{4}{3}=4$(cm)と求められるので，DF：FC＝４：(18－４)＝２：７となる。

図１

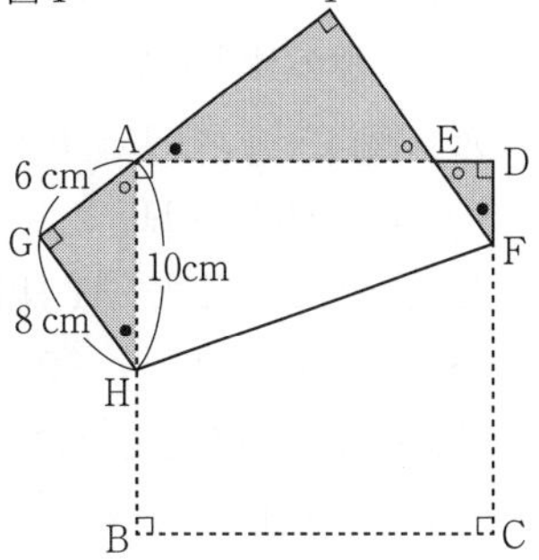

(3)　アメ１個の値段を$\boxed{1}$，チョコレート１個の値段を①とする。アメを10個以上買うときの１個あたりの値段は，$\boxed{1}\times(1-0.1)=\boxed{0.9}$だから，アメを20個買うときの代金は，$\boxed{0.9}\times20=\boxed{18}$になる。よって，右の図２のア，イの式を作ることができる。次に，アの式の等号の両側を３倍，イの式の等号の両側を２倍して２つの式の差を求めると，$\boxed{36}-\boxed{21}=\boxed{15}$にあたる金額が，1830－1230＝600(円)とわかる。したがって，$\boxed{1}$＝600÷15＝40(円)となり，これをアの式にあてはめると，①＝(410－40×７)÷２＝65(円)と求められる。

図２

$\boxed{7}$＋②＝　410(円)…ア
$\boxed{18}$＋③＝　915(円)…イ

⬇

$\boxed{21}$＋⑥＝1230(円)…ア×３
$\boxed{36}$＋⑥＝1830(円)…イ×２

(4)　現在の５人の年齢の合計が110歳《さい》なので，５年後の５人の年齢の合計は，110＋５×５＝135(歳)になる。また，このとき，「父母の年齢の合計」と「子どもたちの年齢の合計」の比が２：１になるから，５年後の子どもたちの年齢の合計は，$135\times\frac{1}{2+1}$＝45(歳)とわかる。よって，現在の子どもたちの年齢の合計は，45－５×３＝30(歳)なので，上の図３のように表すことができ，現在の姉の年齢は，(30＋３)÷３＝11(歳)と求められる。

図３

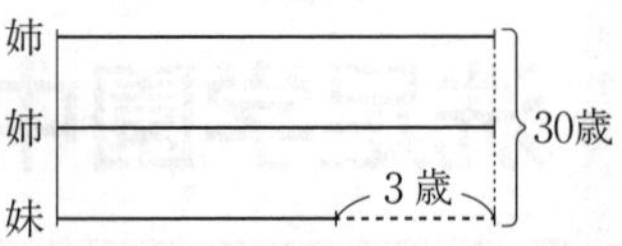

３　濃度《のうど》，方陣算，売買損益，仕事算

(1)　こぼしてしまった食塩水の重さは，1800×0.05＝90(ｇ)だから，残った食塩水の重さは，1800－90＝1710(ｇ)である。また，(食塩の重さ)＝(食塩水の重さ)×(濃度)より，残った食塩水に含《ふく》まれている食塩の重さは，1710×0.1＝171(ｇ)とわかる。ここへ水を90ｇ加えると，食塩の重さは変わらず，食塩水の重さが1800ｇにもどるので，食塩水の濃度は，171÷1800×100＝9.5(％)になる。よって，加える食塩の重さを□ｇとして図に表すと，上の図１のようになる。図１で，ア：イ＝(10－9.5)：(100－10)＝１：180だから，1800：□＝$\frac{1}{1}$：$\frac{1}{180}$＝180：１，□＝$1800\times\frac{1}{180}$＝10(ｇ)と求められる。

図１

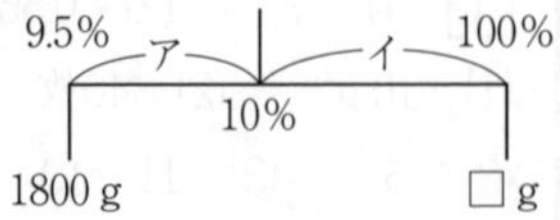

(2)　前の図形に追加するカードの色と枚数を考える。１番目は黒が１枚である。また，２番目は１番目に白を５枚追加し，３番目は２番目に黒を９枚追加し，４番目は３番目に白を13枚追加している(その結果，４番目の図形には黒が，１＋９＝10(枚)，白が，５＋13＝18(枚)使われていることになるので，白の方が，18－10＝８(枚)多くなる)。同様に考えると右上の図２のようになり，太線で囲んだ部分はすべて白の方が４枚ずつ多くなる。これが全部で，20÷２＝10(個)あるから，20番目の図形は白の方が，４×10＝40(枚)多いことがわかる。

図２

番目	1	2	3	4	5	6	…	19	20
黒	1		9		17			?	
白		5		13		21			?

(3)　１冊の仕入れ値を１とすると，１日目と２日目の売り値は，１×(１＋0.2)＝1.2，３日目の売り値は，1.2×(１－0.1)＝1.08となる。また，１日目に仕入れた数を１とすると，１日目に売れた数は，１×0.8＝0.8，その残りは，１－0.8＝0.2となる。すると，２日目に仕入れた数は，0.2×0.4＝0.08なので，２日目に売り始めたときの数は，0.2＋0.08＝0.28になる。よって，２日目に売れた数は，0.28×0.75＝0.21，３日目に売れた数は，0.28－0.21＝0.07とわかる。次に，１日目の売上は，1.2×0.8＝0.96であり，１日目に売れた分の仕入れ値は，１×0.8＝0.8だから，１日目の利益は，0.96－0.8＝0.16となる。同様に求めると，２日目の利益は，1.2×0.21－１×0.21＝0.042，３日目の利益は，1.08×0.07－１×0.07＝0.0056となるので，まとめると右上の図３のようになる。図３で，１日目と２日目の利益の合計は，0.16＋0.042＝0.202であり，これが12625円にあたるから，比の１あたりの金額は，12625÷0.202＝62500(円)と求められる。したがって，３日目の利益は，62500×0.0056＝350(円)である。なお，１日目の利益は，(1.2－１)×0.8＝0.16，２日目の利益は，(1.2－１)×0.21＝0.042，３日目の利益は，(1.08－１)×0.07＝0.0056のように求めることもできる。

図３

	仕入れた数	売り値	売れた数	利益
１日目	1	1.2	0.8	0.16
２日目	0.08	1.2	0.21	0.042
３日目	0	1.08	0.07	0.0056

⑷　全体の仕事の量を１とすると，Ａが１日に行う仕事の量は，$1\div36=\frac{1}{36}$となる。また，ＡとＢが１日に行う仕事の量の合計は，$1\div28=\frac{1}{28}$よりは多く，$1\div27=\frac{1}{27}$よりは少ないので，Ｂが１日に行う仕事の量は，$\frac{1}{28}-\frac{1}{36}=\frac{1}{126}$よりは多く，$\frac{1}{27}-\frac{1}{36}=\frac{1}{108}$よりは少なくなる。よって，Ｂが１人で行うときにかかる日数は，$1\div\frac{1}{108}=108$(日)よりは長く，$1\div\frac{1}{126}=126$(日)よりは短いから，109日以上126日以下である。

4　グラフ―速さと比

⑴　２人の進行のようすをグラフに表すと，右の図のようになる。よって，アにあてはまる数は，190－30＝160(分)である。

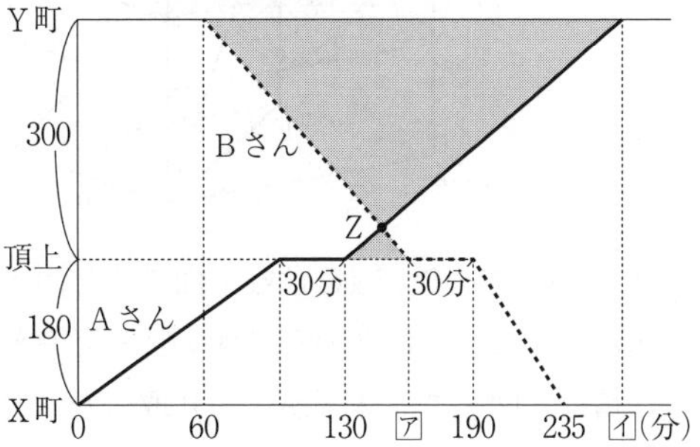

⑵　Ｂさんの上りの速さを毎分３とすると，Ｂさんの下りの速さは毎分４になる。ここで，Ｂさんが上りにかかった時間は，160－60＝100(分)だから，Ｙ町から頂上までの道のりは，３×100＝300である。また，Ｂさんが下りにかかった時間は，235－190＝45(分)なので，頂上からＸ町までの道のりは，４×45＝180とわかる。次に，Ａさんが上りにかかった時間は，130－30＝100(分)だから，Ａさんの上りの速さは毎分，180÷100＝1.8と求められる。よって，ＡさんとＢさんの上りの速さの比は，1.8：３＝３：５である。

⑶　⑵から，Ａさんの下りの速さは毎分，$1.8\times\frac{4}{3}=2.4$とわかるので，Ａさんが下りにかかった時間は，300÷2.4＝125(分)となり，イ＝130＋125＝255(分)と求められる。次に，かげをつけた２つの三角形は相似であり，底辺の比は，(255－60)：(160－130)＝13：２だから，高さの比も13：２である。この合計が300なので，Ｙ町からＺ地点までの道のりは，$300\times\frac{13}{13+2}=260$，頂上からＺ地点までの道のりは，300－260＝40とわかる。よって，Ｘ町からＺ地点とＹ町からＺ地点の道のりの比は，(180＋40)：260＝11：13と求められる。

5　立体図形―分割，体積，相似

⑴　右の図１の太線を含む平面で直方体を切断することになるから，立体えはかげをつけた四角柱になる。また，図１を正面から見ると，右の図２のようになる。図２で，AEの長さは，１＋２＋３＝６(cm)より，三角形の相似から，$ア=9\times\frac{1}{6}=1.5$(cm)，$イ=9\times\frac{1+2}{6}=4.5$(cm)とわかり，図２のかげをつけた台形の面積は，(1.5＋4.5)×２÷２＝６(cm^2)と求められる。よって，立体えの体積は，６×６＝36(cm^3)である。

図１

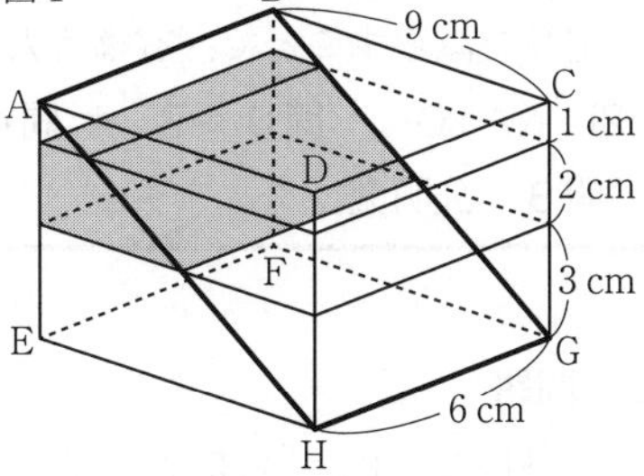

図２

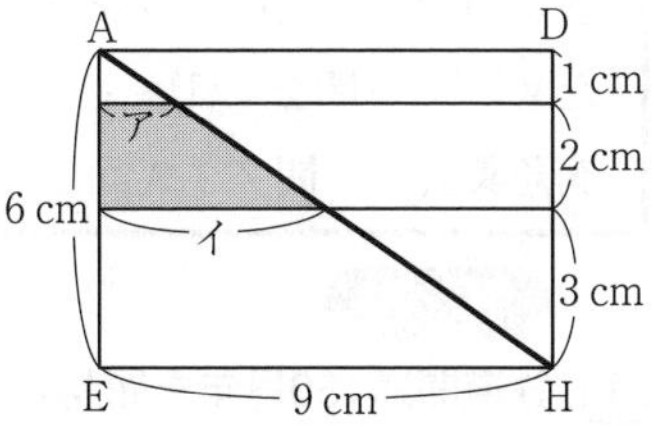

⑵　下の図３の太線を含む平面で立体えを切断することになる。このとき，三角すいB－GFHの上から１～３cmの部分の立体が立体えから切り取られる。ここで，三角すいB－GFHの上から１cmまでの部分をⓐ，上から３cmまでの部分をⓑ，上から６cmまでの部分をⓒとすると，３つの三角

すいⓐ，ⓑ，ⓒは相似な立体である。このとき，相似比は１：３：６なので，体積の比は，（１×１×１）：（３×３×３）：（６×６×６）＝１：27：216とわかる。さらに，三角すいB－GFHの体積は，９×６÷２×６÷３＝54(cm^3)だから，立体[え]から切り取られる部分の体積は，$54\times\frac{27-1}{216}=$ 6.5(cm^3)と求められる。よって，立体[お]の体積は，36－6.5＝29.5(cm^3)である。

図３

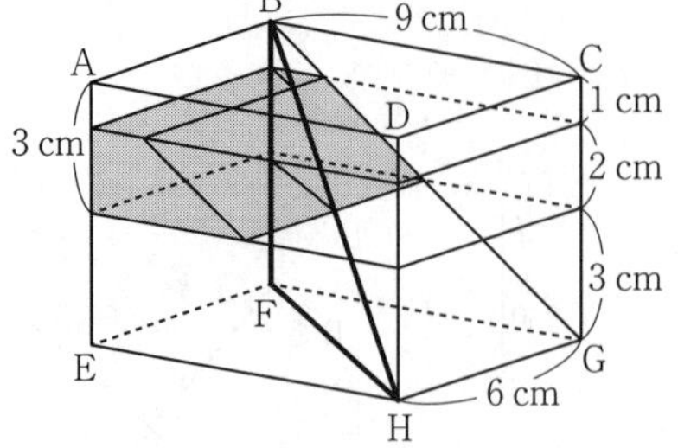

図４

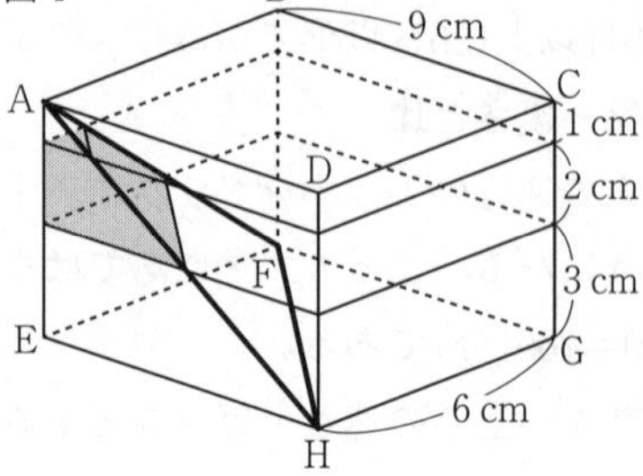

(3)　上の図４の太線を含む平面で立体[お]を切断することになるので，立体[か]はかげをつけた部分である。ここで，図３の三角すいB－GFHと図４の三角すいA－EHFの体積は等しいから，立体[か]の体積は，図３で立体[え]から切り取った部分の体積と等しく6.5cm^{3}とわかる。

社　会　＜第１回試験＞（理科と合わせて60分）＜満点：75点＞

解　答

[1] **問１**　(1)　A，F　(2)　B　**問２**　(1)　E　(2)　(例)　短時間で国府津から沼津に抜けるためにトンネルが建設され，東海道本線のルートが変更になったが，その結果としてわさび生産に必要な湧水が枯れてしまったから。　**問３**　C　**問４**　(1)　C　(2)　モーダルシフト　**問５**　(1)　B　(2)　F　[2] **問１**　G　**問２**　C　**問３**　蝦夷　**問４**　(例)　元寇は防衛戦であり，幕府は新たな領地を得ておらず，奉公した御家人に対して，御恩として土地を十分にあたえることができなかったから。　**問５**　D　**問６**　B　**問７**　C　**問８**　徳川吉宗　**問９**　B　**問10**　E　[3] **問１**　(1)　B　(2)　(例)　人口の多い都県で定数を増やし，人口の少ない県で定数を減らすことで，有権者人口と議員定数の不つり合いを正すため。　**問２**　(1)　C　(2)　NATO　**問３**　B　**問４**　F　**問５**　A，B　**問６**　緊急集会　**問７**　A，C　**問８**　公明党

解　説

[1] 鉄道開通150周年を題材とした問題

問１　(1)　資料の［地図１］と［地図２］は，「新橋駅」周辺の新旧の地形図である。近年の新地図の「新橋駅」は，明治時代の旧地図の「からすもり」駅にあたり，「しんばし」駅はそれより東に位置している。また，［地図３］と［地図４］は，「横浜駅」周辺の新旧の地形図である。新地図の「臨港パーク」の位置は，旧地図では海になっている。つまり，「臨港パーク」は，海を埋《う》め立てて造成されたのである。よって，A，Fがふさわしくない。　(2)　(あ)は「運搬《うんぱん》しづらく，エネルギー効率も悪く，二酸化炭素排出《はいしゅつ》量も多い」とあるので，石炭を指している。蒸気機関車ではおもに石炭が燃料に使われた。(い)は「燃焼時に発生する二酸化炭素や窒素《ちっそ》酸化物が少なく～環境《かんきょう》

負荷が少ないクリーンエネルギー」とあるので，天然ガスと判断できる。また，石炭も(液化)天然ガスも，日本にとって最大の輸入先はオーストラリアであるが，石炭はインドネシア，天然ガスはマレーシアが２番目になる。統計資料は『日本国勢図会』2022／23年版による。

問２　(1)［地図］の中央部で円形に広がる山地の総称《そうしょう》を箱根山といい，御殿場《ごてんば》線と東海道線が取り囲むように位置している。［資料１］の『鉄道唱歌』に御殿場線の駅名があることなどから，東海道本線が1889年に全線開通した当時は，箱根山の北側を迂回《うかい》するルート(現在の御殿場線)を通っていたことがわかる。そこで，(あ)は「酒匂《さかわ》小田原とほ《お》からず(遠からず)」とあるので，小田原に近い「国府津《こうづ》」が選べる。(い)はその前に「前後は山北小山駅」とあることから，「山北駅」「駿河《するが》小山駅」から西に望む富士山について歌っていると判断できる。(う)は「海に聞(こ)えたる」「海のそば」とあるので，海に近い「沼津《ぬまづ》」があてはまる。　(2)　東海道本線の新しいルートは箱根山の南側を通り，この新しいルートでは短時間で沼津へ抜《ぬ》けるために「丹那隧道《たんなずいどう》(トンネル)」がつくられたことが，［資料２］からわかる。［資料３］には，わさび栽培《さいばい》は豊富な湧水《ゆうすい》(湧《わ》き水)が必要なことが書かれている。これらのことから，トンネル工事の影響《えいきょう》により，丹那盆地《ぼんち》付近ではわさび生産に欠かせない湧水が枯《か》れてしまったことが想像できる。

問３　金沢市(石川県)は日本海側の気候に属しており，冬の降水量(積雪量)が多い。浜松市(静岡県)は太平洋側の気候に属しており，夏の降水量が多い。松本市(長野県)は中央高地(内陸性)の気候に属しており，年間降水量が少なく，夏と冬の寒暖の差が大きい。

問４　(1)　Ａは年間旅客営業キロ数と旅客運輸収入のいずれも最も多いので，首都圏《けん》で利用者が非常に多いJR東日本があてはまる。ＢはJR東日本についで旅客運輸収入が多いことから，東海道新幹線が通るJR東海である。残るＣとＤを比べると，年間旅客営業キロ数が大きいＣが営業範囲《はんい》の広いJR北海道と判断でき，ＤがJR四国となる。JR北海道は年間旅客営業キロ数のわりに旅客運輸収入が少ないため，赤字路線が多いことが問題となっている。　(2)　旅客を乗用車から鉄道やバス，物資を航空機やトラックから鉄道や船舶《せんぱく》に切りかえて輸送することをモーダルシフトという。二酸化炭素の排出量の少ない交通機関に切りかえることにより，環境に負担をかけないようにすることを目的としている。

問５　(1)　兵庫県は大阪府とともに阪神工業地帯を形成し，製造品出荷額等は比較《ひかく》的高い。ただし，製造品出荷額等は自動車工業のさかんな愛知県が全国第１位なので，Ｃには愛知県があてはまり，Ｂが兵庫県となる。なお，Ａは徳島県，Ｄは鹿児島県である。　(2)　②は65歳以上人口割合が最も高く，人口増減率も低いことから，人口減少(過疎《かそ》化)と高齢《こうれい》化が問題となっている日本海側に位置する京丹後《きょうたんご》市(京都府)があてはまる。③は３つの都市のうち唯一《ゆいいつ》人口増減率がプラスになっていることから，大阪市や神戸市などの大都市のベッドタウンになっている明石市(兵庫県)となり，①は和歌山市と判断できる。

2　日本の外交の歴史についての問題

問１　中国の歴史書『後漢書』東夷《とうい》伝には，紀元57年に倭《わ》(日本)の奴《な》国王が後漢(中国)に使いを送り，光武帝から「漢委奴国王《かんのわのなのこくおう》」と刻まれた金印を授けられたことが記されている。この金印は江戸時代の1784年に，Ｇの志賀《しかの》島(福岡県)で発見された。なお，Ａは利尻《りしり》島(北海道)，Ｂは牡鹿《おしか》半島(宮城県)，Ｃは佐渡《さど》島(新潟県)，Ｄは志摩半島(三重県)，Ｅは隠岐《おき》島(島根県)，Ｆは小豆《しょうど》島(香川県)，Ｈは種子島(鹿児島県)。

問２　律令制度の「律」は刑罰《けいばつ》のきまり，「令」は民法・行政法にあたる。よって，Ｃが誤っている。

問３　古代の東北地方を中心とする地域には，中央と異なる文化を持ち，朝廷の支配に抵抗《ていこう》を続ける蝦夷《えみし》とよばれる人々が住んでおり，律令制の確立とともに，しばしば朝廷から征討《せいとう》を受けるようになった。

問４　鎌倉時代の幕府(将軍)と御家人は，領地(土地)を仲立ちとした御恩《ごおん》と奉公《ほうこう》の関係で結ばれていた(封建《ほうけん》制度)。元寇《げんこう》(1274年の文永の役と1281年の弘安の役)は国土防衛戦であり，勝ったからといって新しい領土を得たわけではなく，幕府は大きな負担(奉公)を強いられた御家人に十分な恩賞(御恩)をあたえることができなかった。そのため，生活に困るようになった御家人は幕府に対して不満を持つようになり，幕府と御家人の信頼関係はしだいに崩《くず》れていった。

問５　［史料］は，室町幕府の第３代将軍足利義満が明(中国)の皇帝に送った国書である。「源道義」は義満のことで，日明貿易では明に朝貢《ちょうこう》(貢《みつ》ぎ物を差し出して臣下の礼をとること)するという形式をとった。

問６　本文中の「あ」はスペイン，「い」はポルトガル，「う」はオランダ，「え」はアメリカ，「お」はイギリスがあてはまる。1543年，中国人倭寇《わこう》の船で種子島(鹿児島県)に漂着《ひょうちゃく》したポルトガル人から鉄砲が伝来したので，Ｂが正しい。なお，Ａのバテレン追放令を出したのは豊臣秀吉。Ｃのオランダ商館は，平戸(長崎県)から長崎の出島に移された。Ｄのアメリカは江戸幕府と1854年に和親条約，1858年に修好通商条約を結んでいる。Ｅのラクスマンとレザノフはロシア使節。

問７　江華島《こうかとう》事件(1875年)をきっかけに，日本は朝鮮(李氏《りし》朝鮮)と日朝修好条規を結んで開国させ，さらに領事裁判権(治外法権)を認めさせた。よって，Ｃが正しい。なお，Ａの白村江《はくすきのえ》の戦い(663年)は中大兄《なかのおおえの》皇子(のちの天智天皇)が政治を行っていたときのことで，唐(中国)と新羅《しらぎ》の連合軍に大敗した。Ｂについて，江戸時代には朝鮮との国交が開かれ，将軍の代がわりごとに朝鮮通信使が江戸に派遣《はけん》された。Ｄの日韓基本条約(1965年)は佐藤栄作首相のときに結ばれた。また，朝鮮戦争(1950～53年)はこれより前のできごと。

問８　江戸幕府の第８代将軍徳川吉宗は，享保《きょうほう》の改革(1716～45年)を行い幕政を再建したが，この改革の中でキリスト教に関係しない実用書の輸入を解禁した。これにより，オランダ語による学問(蘭学《らんがく》)がさかんになった。

問９　大日本帝国憲法の発布は1889年のことで，衆議院と貴族院からなる帝国議会の開設はその翌年である。よって，Ｂが誤っている。

問10　①の第一次世界大戦(1914～18年)では，日本は日英同盟を理由に連合国側で参戦したが，ドイツ・オーストリアは敵対する同盟国側である。②，③は正しいので，Ｅが選べる。

3　憲法改正の議論を題材とした問題

問１　(1)　③の衆議院議員のうち，女性議員の割合は約１割しかない(2023年２月現在)。①，②は正しいので，Ｂが選べる。　(2)　［資料］を見ると，人口の多い都県は定数が増えており，逆に人口の少ない県は定数が減っていることがわかる。これは，選挙区によって議員１人あたりの有権者数に大きな開きがある問題(一票の格差)を是正《ぜせい》するためである。

問２　(1)　ロシアの侵攻《しんこう》を受けているウクライナは，黒海の北に位置している。なお，Ａはフィンランド，Ｂはベラルーシ，Ｄはジョージア。　(2)　北大西洋条約機構(NATO)はアメリカ・カナダとヨーロッパ諸国による軍事同盟で，1949年に発足した。

問３　国会で本会議の成立に必要な議員数(定足数)は，総議員の３分の１以上である。衆議院の議員定数は465人なので，その３分の１以上は(465÷３＝)155人以上，参議院の議員定数は248人なので，その３分の１以上は(248÷３＝82.6…より，)83人以上になる。

問４　衆議院が解散されると，解散の日から40日以内に総選挙が行われ，選挙の日から30日以内に特別国会が召集《しょうしゅう》される。なお，特別国会が召集されると内閣が総辞職し，内閣総理大臣の指名が行われて新しい内閣が発足する。

問５　参議院の通常選挙では，選挙区と比例代表の２つの方法で議員が選ばれる。選挙区は基本的に都道府県を単位とするが，人口の少ない鳥取県と島根県，徳島県と高知県は合区になっている。また，比例代表は政党の得票数で議席がきまり，当選者は各政党があらかじめ提出した候補者名簿《めいぼ》のうち，個人名による得票数の多い順に決まる(非拘束《ひこうそく》名簿式)。よって，A，Bが誤っている。

問６　衆議院が解散されると，国会は閉会となる。しかし，閉会中に国会の議決を必要とする緊《きん》急《きゅう》事態が生じたとき，参議院だけで緊急集会を開くことができる。

問７　日本国憲法が定める自由権のうち，信教の自由は「精神の自由」にふくまれ，学問の自由と表現の自由も同じ分類になる。なお，Bの奴隷《どれい》的拘束・苦役からの自由は「人身(身体)の自由」，Dの職業選択の自由は「経済活動の自由」にふくまれる。

問８　2023年２月現在，内閣を組織し政権を担当する「与党」は自由民主党(自民党)と公明党で，複数政党による連立政権となっている。なお，政権を批判し与党と対立する政党を「野党」という。

理　科　＜第１回試験＞（社会と合わせて60分）＜満点：75点＞

解　答

[1]　(1)　0.5秒　(2)　3.2m　(3)　毎秒０m　(4)　1.6秒　(5)　４回　(6)　20m　(7)　毎秒６m　(8)　9.6m　[2]　(1)　**あ**　240　**い**　75　**う**　60　(2)　0.6mg/mL　(3)　４：１　(4)　416mg　(5)　120mg　(6)　66.7mg　(7)　37.5mg　(8)　(例)　液体Aをできるだけ多く分けて，固体Bをとかして取り除く操作の回数をふやす。　[3]　(1)　オ　(2)　①　イ　②　(例)　２枚の貝がらを開くはたらき。　(3)　①　０個　②　４個　③　１個　(4)　①　ア，ウ，エ　②　ア　(5)　①　イ　②　ア，エ，オ　[4]　(1)　シ　(2)　イ，ウ　(3)　①　エ　②　ア　③　(例)　水はけがよいため，川の水が地下にしみこんで流れるから。　④　イ　(4)　ウ　(5)　線状降水帯　(6)　液状化(現象)

解　説

[1]　物体の運動についての問題

(1)　実験１より，タイマーの音が鳴りはじめた瞬間《しゅんかん》から10秒後に21回目の音が鳴りはじめるので，タイマーの音が鳴りはじめた瞬間から次に音が鳴りはじめるまでにかかる時間は，10÷(21−1)＝0.5(秒)である。

(2)　図１より，ボールの中心の位置の間隔《かんかく》は少しずつせまくなっている。ボールを投げ上げてからの時間，ボールの中心の胸の位置からの高さ，0.1秒ごとに動く距離《きょり》をまとめると，下の表のよう

時間(秒)	0	0.1	0.2	0.3	0.4	0.5	0.6	0.7	0.8
胸の位置からの高さ(m)	0	0.75	1.40	1.95	2.40	2.75	3.00	3.15	3.20
0.1秒間に動く距離(m)		0.75	0.65	0.55	0.45	0.35	0.25	0.15	0.05

−0.1m −0.1m −0.1m −0.1m −0.1m −0.1m −0.1m

になるから，0.1秒ごとに動く距離が0.1mずつ減っていくことがわかる。ここで，ボールの中心の胸の位置からの高さは，0.6秒のとき，2.75＋0.25＝3.00(m)，0.7秒のとき，3.00＋0.15＝3.15(m)，0.8秒のとき，3.15＋0.05＝3.20(m)となる。よって，図１より，Ｐ点は投げ上げてから0.8秒後の点だから，3.2mの高さと考えられる。

⑶　はじめはボールが上向きに動いていて，その後，もっとも高い位置に到達《とうたつ》したとき，一瞬《いっしゅん》静止して下向きに動き出す。したがって，ボールがもっとも高い位置のときの速さは，毎秒０mである。

⑷　Ｐ点以外は，落ちているときの高さの点は，上がっているときと重なるので，投げ上げてからＰ点までにかかる時間と，Ｐ点から受け止めるまでにかかる時間は同じである。ボールがもっとも高いＰ点の位置に到達するまでの時間は0.8秒なので，投げ上げてから受け止めるまでの時間は，0.8×２＝1.6(秒)となる。

⑸　⑴より，タイマーは0.5秒ごとに鳴るので，投げ上げてから受け止めるまでの1.6秒間では，1.6÷0.5＝３余り0.1より，最初の１回を入れて，１＋３＝４(回)聞くことになる。

⑹　ボールを投げ上げてから受け止めるまでタイマーの音を９回聞くことができることから，ボールが往復するまでの間に，0.5×(９－１)＝４(秒間)かかり，もっとも高い位置から胸の位置まで動くのにかかる時間は，４÷２＝２(秒)である。⑵の表より，もっとも高い位置からボールが落ちる距離は，0.1秒で0.05m，0.2秒で，0.05＋0.15＝0.2(m)，0.3秒で，0.2＋0.25＝0.45(m)，…となる。よって，0.1秒から時間が２倍，３倍，…となると，落ちる距離は，0.2÷0.05＝４(倍)，0.45÷0.05＝９(倍)，…となるので，もっとも高い位置から２秒で落ちる距離は，２÷0.1＝20より，0.05×20×20＝20(m)と考えられるから，20mより高く投げ上げればよい。

⑺　園子さんは0.5秒間に３m走っているので，３÷0.5＝６より，走る速さは毎秒６mである。

⑻　図２の点の上下方向の間隔は図１と同じなので，ボールが胸の位置まで戻ってくるのにかかる時間は，実験２と同じ1.6秒である。よって，ボールを受け止めるまでに，６×1.6＝9.6(m)走る必要がある。

2　もののとけ方についての問題

⑴　液体Ａにとけている固体Ｂの濃度《のうど》(mg/mL)と，水にとけている固体Ｂの濃度の比は一定になるので，水と液体Ａの体積が同じとき，濃度の比はとけた固体の重さの比に等しくなる。表１のビーカーＸから，水にとけた固体Ｂの重さと液体Ａにとけた固体Ｂの重さの比は，20：80＝１：４だから，「あ」は，$60\times\frac{4}{1}$＝240(mg)，「う」は，$15\times\frac{4}{1}$＝60(mg)，「い」は，15＋60＝75(mg)とわかる。

⑵　ビーカーＹは，水100mLに固体Ｂが60mgとけているので，濃度は，60÷100＝0.6(mg/mL)である。

⑶　ビーカーＸで，液体Ａにとけている固体Ｂの濃度は，80÷100＝0.8(mg/mL)，水にとけている固体Ｂの濃度は，20÷100＝0.2(mg/mL)となる。これより，(液体Ａにとけている固体Ｂの濃度)：(水にとけている固体Ｂの濃度の比)＝0.8：0.2＝４：１とわかる。なお，⑴で述べたようにと

けた固体Ｂの重さから考えることもできる。

(4)　(液体Ａにとけている固体Ｂの濃度)：(水にとけている固体Ｂの濃度)＝４：１なので，(液体Ａ200mLにとけている固体Ｂの重さ)：(水100mLにとけている固体Ｂの重さ)＝(４×200)：(１×100)＝８：１となる。はじめ，固体Ｂを468mgとかしたので，液体Ａ200mLにとける固体Ｂの重さは，$468\times\frac{8}{8+1}=416$(mg)とわかる。

(5)　ビーカーＰは，体積が同じ水200mLと液体Ａ200mLをかき混ぜているので，(液体Ａにとけている固体Ｂの重さ)：(水にとけている固体Ｂの重さ)＝４：１となる。よって，混ぜ合わせたあとに水にとけている固体Ｂは，$600\times\frac{1}{4+1}=120$(mg)とわかる。

(6)　ビーカーＱで，水200mLに液体Ａ100mLを加えてしばらく置くと，(液体Ａ100mLにとけている固体Ｂの重さ)：(水200mLにとけている固体Ｂの重さ)＝(４×100)：(１×200)＝２：１になる。よって，液体Ａを加えた１回目の操作で水200mLに残る固体Ｂは，$600\times\frac{1}{2+1}=200$(mg)で，２回目の操作で水に残った固体Ｂの重さは，$200\times\frac{1}{2+1}=66.66\cdots$より，66.7mgとなる。

(7)　水200mLに液体50mLを加えてしばらく置くと，(液体Ａ50mLにとけている固体Ｂの重さ)：(水200mLにとけている固体Ｂの重さ)＝(４×50)：(１×200)＝１：１になる。１回目の操作で，固体Ｂ600mgをとかした水200mLに液体Ａ50mLを加えると，水には，$600\times\frac{1}{1+1}=300$(mg)の固体Ｂが残る。さらに操作を繰《く》り返すと水には，２回目で，$300\times\frac{1}{1+1}=150$(mg)，３回目で，$150\times\frac{1}{1+1}=75$(mg)，４回目で，$75\times\frac{1}{1+1}=37.5$(mg)が残ることになる。

(8)　(5)～(7)より，200mLの液体Ａの量を２つより４つに分けて操作した方が，水に残る固体Ｂが少なくなることがわかる。したがって，液体Ａを少量ずつに分けて操作の回数を増やすと，水に残る固体Ｂを少なくできると考えられる。

3　干潟の生物についての問題

(1)　会話文に，アサリは干潟で生活し，吸い込《こ》んだ水をえらでこして植物プランクトンを食べているとあることから，シジミもアサリと同じように水中のプランクトンを食べていると考えられる。また，アサリの砂抜《ぬ》きには海とほぼ同じこさの３％の食塩水を使うが，シジミの砂抜きで使う食塩水は１％とうすいので，シジミの生活する場所は塩分濃度が低い，海水と淡《たん》水が混ざり合う場所と考えられるため，オが適切である。

(2)　①　アサリの貝柱は，ちぢんだりゆるんだりする筋肉でできている。　②　貝柱はちぢむことで貝がらを閉じ，じん帯は２枚の貝がらを少し開くように支えている。

(3)　①　ヒトは胎生《たいせい》の恒温《こうおん》動物で，背骨を持ち，肺呼吸をするので，あてはまるものはない。
②　カニは卵生で変温動物であり，背骨を持たず，えら呼吸をしているので，Ａ～Ｄのすべてにあてはまる。　③　スズメは卵生の恒温動物で，背骨を持ち，肺呼吸をするので，あてはまるのはＡだけである。

(4)　①　干潟は潮が引いたときにあらわれる遠浅の砂浜《すなはま》で，潮が満ちているときは海水の下になって見えなくなる。干潮時は砂の中から貝類やゴカイ，カニなどが出てくるため，それらを食べる渡《わた》り鳥のえさ場となる。川の流れによって運ばれてきた栄養分や生活排水《はいすい》のよごれなどをバクテリアが分解し，これを貝類やゴカイ，カニなどが食べる。このように，干潟にはよごれた水をきれいにするはたらきもある。以上から，ア，ウ，エが選べる。　②　赤潮とは，水中で生活する植物プランクトンが異常に増えて，水の色が赤色に変化する現象である。海水中の栄養分が増えすぎてしまうことが原因と考えられ，赤潮が発生すると海水中の酸素が大量に消費され，ほかの水生生物が十分な酸素を得られず死んでしまう。

⑸　①　実験１から，太陽光が南東の方角から入ると，ホシムクドリはこれを背にして北西の方向を向くことがわかる。実験２では，鏡の反射によって，太陽光が南西から入るので，ホシムクドリは北東を向くと考えられる。　②　オグロシギは，おもにシベリアと東南アジアを行き来する渡り鳥で，春と秋に日本に立ち寄る。ツバメは，冬は東南アジアで過ごし，夏に日本にやってきて，豊富な昆虫《こんちゅう》などをエサとして，産卵・子育てをする。オオハクチョウは，夏にシベリアなどで繁《はん》殖《しょく》し，冬を日本で過ごす。なお，スズメとハシブトガラスは一年中同じ場所に生息している留鳥，ハシビロコウはアフリカに生息する鳥で，日本では動物園などで見ることができる。

４　流れる水のはたらきと地形についての問題

⑴　A　山あいから平地に川が流れ出るときに，急に傾《かたむ》きがゆるやかになって流れが遅《おそ》くなると，上流から流されてきた石や砂などが堆積《たいせき》しておうぎを広げたような地形ができる。これが扇状《せんじょう》地で，溝口《みぞのくち》周辺は多摩《たま》川の扇状地にあたる。　B～D　河口付近でも川の流れが遅くなることで堆積が起こる。そこにできる三角形の地形を三角州とよぶ。

⑵　たとえば利根川の川のはじまり（源流）の河口からの距離はおよそ200kmであるが，セーヌ川は700km以上あるので，日本の川の長さは世界の川と比べると短い。また，常願寺《じょうがんじ》川や木曽《きそ》川は距離が短いわりに標高差が大きいことから，日本の川は傾きが急だといえる。なお，川の幅《はば》については図１から読み取ることはできない。

⑶　①　図２は扇状地の模式図で，傾きの急な山地から出たばかりの場所であるXでは，運ばれてきた大きめの岩石が見られる。これが下流にいくにつれてぶつかり合ったりけずられたりして，だんだん土地を構成する粒《つぶ》の大きさは小さくなる。　②　扇状地には粒の大きいれきや砂が堆積しているので水はけがよく，果実を育てるのに適している。　③　扇状地をつくっているれきや砂は水はけがよいので，水無川の流れはふだんは地下を流れている。　④　山や川底の土砂や岩石が，長雨や集中豪雨などによって一気に下流へ押《お》し流される現象を土石流という。火砕《かさい》流や水蒸気爆発《ばくはつ》は火山活動，津波《つなみ》は主に地震《じしん》によって起きる現象なので，選べない。

⑷　約40年の間に自然地のほとんどが市街地になり，地表がアスファルトなどでおおわれたことで，雨水が地下にしみこみにくくなっている。雨水の多くが地表を流れ，短時間のうちに川に集中するので，洪水《こうずい》のリスクが上昇《じょうしょう》したと考えられる。

⑸　積乱雲が次々と発達して列をつくり，強い雨が長時間降り続く範《はん》囲（長さ50～300km，幅20～50km程度）を線状降水帯という。

⑹　地下水を含《ふく》む砂でできた地盤《じばん》が，地震によって大きくゆさぶられると，砂などの粒が動いて液体のようになる。これを液状化（現象）といい，地下水とともに砂がふき出たり，建造物が倒壊《とうかい》したりする。

国語 ＜第１回試験＞（50分）＜満点：100点＞

解答

一 **問１** 取引における最適行動　**問２** （例） 近代以前は，自分の利益を第一に考えて行動するという価値観があまり一般的ではなかったから。　**問３** エ　**問４** （例） 経済成長が生活の豊かさを生むと捉えられた結果，二一世紀に資源のこかつや人口増，環境破壊といった問題が噴出しているから。　**問５** （例） アダム・スミスは，財産の追求と徳の追求は両立が困難だと考えており，自由貿易と産業による豊かさを奨励した一方で，人間としては富よりも徳を大切にすべきだとしていた。　**問６** A イ　B エ　C ア　D ウ　**問７** 下記を参照のこと。　**問８** ウ　二 **問１** **1** 肩(かた)　**2** 胸　**3** 鼻　**4** 満面　**5** あご　**問２** (一) （例） 生まれなかった双子の妹の声が聞こえる気がしたり，においを感じたりするという話。　(二) （例） 同級生に野乃の話をしても「かわいそう」と言われ，わかってもらえなかったから。　**問３** 蚊の鳴くような声　**問４** （例） 比企さんにとってのスゥは想像上の存在で，「わたし」にとっての野乃は母のおなかの中に確かにいた点では異なるが，「わたし」も比企さんも人から理解されない存在を現実のものとして大切にする点では似ていると考えている。　**問５** ア　**問６** （例） 新しくきょうだいができることを喜ぶ一方で，それまで大切にしてきた野乃の存在を知らず知らずのうちにないがしろにしている自分に気づき，後ろめたく思っている。　**問７** A ウ　B カ　C ク　**問８** エ

●漢字の書き取り

一 **問７** (ア) 指標　(イ) 非難　(ウ) 広域　(エ) 従属　(オ) 過程

解説

一 **出典は重田園江《おもだそのえ》の『ホモ・エコノミクス―「利己的人間」の思想史』による。** 筆者は，自分の利益を追求する価値観が近代に受け入れられた過程と弊害《へいがい》について説明し，当時の論争をいまこそ見返すべきだと主張している。

問１ 筆者はスーパーでの買い物を，人が「自分の利益を第一に考えて行動すること」の例としてあげている。買い物において，人が決められた予算の中で「一番いい配分でいろいろなものを適量ずつお得に買おうとする」行動様式を，筆者は【文章Ⅰ】の三つ目の段落で「取引における最適行動」と呼んでいる。

問２ 直前の段落で筆者は，問１でみたような「自分の利益を第一に考えて行動する」合理的な行動様式が「近代以前にはそれほど目立った人間像ではなかった」と述べている。ホモ・エコノミクスの価値観が「一般《いっぱん》的なもの」になったのは近代以降であることを，筆者は「近代性」と呼んでいることがわかる。

問３ 前の部分で筆者は，かつてヨーロッパを支配していた「キリスト教的価値観」において金儲《もう》けは「人としてよくない生き方」として嫌《きら》われていたが，ある過程を経て金儲けに対する「道徳的な抵抗《ていこう》感」がなくなったと説明している。よって，エがふさわしい。なお，一七，一八世紀に「外国製品の登場」や「生活必需品《ひつじゅひん》の商取引による市場化」が「起こりはじめた」と本文にあるので，アは合わない。また，「利子」によって「金銭を蓄積《ちくせき》」し，それを再投資して「資本を殖《ふ》や」すと

いう「生の様式」は金儲けを指しており，筆者は歴史を経てその様式が一般的なものになったと述べているので，イも正しくない。さらに，金儲けをすることは道徳と関連づけられるようになったと書かれているので，ウも誤り。

問４　前の部分で，二〇世紀には「金儲けと道徳の関係」が問われなくなり，「経済成長」が「生活の豊かさをもたら」すと考えられてきたが，その結果，二一世紀には「先送りにされていた問題が一気に噴出《ふんしゅつ》」したと論じられている。ホモ・エコノミクスという人間のあり方が本当に「道徳的に許される生き方なのか」，今あらためて問い直すべきだと筆者は主張している。

問５　【文章Ⅱ】の最後に，アダム・スミスは著作の『国富論』において「自由貿易と産業による豊かさを奨励《しょうれい》」していたとある。一方で，別の著作である『道徳感情論』においては，「金持ち」を好意的に扱《あつか》う当時の価値観に対してスミスは「道徳的観点」から疑念を示しており，「人間として」「徳の道を選ぶこと」を説いていたとある。スミスは「財産の追求と徳の追求とは両立し難い」と考え，金儲けと道徳を結びつけてはいなかったことがわかる。

問６　Ａ　現代において「金持ちであること」は「嫉妬《しっと》とやっかみの対象」になるものの，道徳的観点から否定されることはなく，「金儲け」自体も「悪い行い」とされていないと筆者は述べている。よって，前のことがらを受けて，それに反する内容を述べるときに用いる「しかし」がよい。　Ｂ　金儲けを「肯定《こうてい》的に捉《とら》え」る価値観は意外と新しいこと，その価値観は受け入れられるまでに「かなりの抵抗に遭《あ》」ったことという二つの事実が続けて説明されている。よって，前のことがらを受けて，さらに別のことを加えるときに使う「しかも」が合う。　Ｃ　近代において「金儲け」は単に肯定的に捉えられるようになっただけでなく，そこに「積極的な新しい道徳があると主張された」と筆者は述べている。よって，二つのことを並べて，前のことがらより後のことがらを選ぶ気持ちを表す「むしろ」がふさわしい。　Ｄ　「富」と「道徳」をめぐるかつての論争が，いま「再発見されるべき問いかけを含《ふく》んで」おり，かつその論争は二〇世紀に「無視」されたものを「示してくれる」という二つのことが書かれている。よって，前のことがらを受けて，さらにつけ加える意味を表す「そして」が選べる。

問７　(ア)　判断の基準となる数値。　(イ)　悪いものとしてとがめること。　(ウ)　広い地域や範《はん》囲《い》。　(エ)　下位に属するものとして従うこと。　(オ)　結果にいたるまでのなりゆき。

問８　筆者は，人が富や豊かさを追い求めてきた結果，環境《かんきょう》問題をはじめさまざまな問題が噴出している現代において，一八世紀の富と徳の関係をめぐる論争は役立つと主張している。アダム・スミスの著作もこうした論争に含まれるので，ウがよい。なお，キリスト教道徳はホモ・エコノミクスのあり方を「非常に嫌っていた」と書かれているので，アは正しくない。また，二〇世紀に真《しん》剣《けん》に問われなくなったものとして筆者があげているのは「金儲けと道徳の関係」なので，イも合わない。さらに，「物質的な富と立派な人間性とを併《あわ》せ持つこと」は「困難」だと書かれているので，エも誤り。

二　**出典は戸森《ともり》しるこの「ココロノナカノノノ」による。**本当は双子《ふたご》として生まれるはずだった「わたし」(寧音)は，中学生になっても，母のおなかで一緒《いっしょ》だった妹の存在を意識して生活している。

問１　１　「肩《かた》で風を切る」は，“いばった態度で歩く”という意味。　２　「胸を張る」は，“自信を持ち，堂々とする”という意味。　３　「鼻高高」は，見るからにつけあがっているさま。　４　「得意満面」は，自慢《じまん》げな気持ちが顔全体に表れていること。　５　「あごで使う」は，“えらそうに指図する”という意味。

問２　㈠　本文のはじめの部分では，「わたし」は生まれてこなかった双子の妹である野乃の「声」が聞こえたり，「におい」を感じたりしており，そのことを以前「クラスの女の子たち」に話したとある。　㈡　前後の部分には，「わたし」が野乃の存在を感じると「クラスの女の子たち」に話したときに「かわいそう」と言われて不本意だったことや，自分の話を「わかってもらえない」のは「しょうがない」のだと「あきらめ」るようになったことが書かれている。

問３　「蚊《か》の鳴くような声」は，聞き取れないほど小さく弱々しい声。

問４　前の部分では，「比企《ひき》さん」がスゥという空想上の友だちの話をよくしており，周囲から批判されていることが書かれている。心の中で野乃の存在を感じている「わたし」は，人からは「見えない」存在を「現実」のものとして大切にしている点で，自分と「比企さん」が似ていると感じている。一方，続く部分にあるとおり，比企さんにとってのスゥと自分にとっての野乃は，存在したことがあるかどうかという違《ちが》いがあることも認識しており，お互《たが》いにとって何が「現実」かは少し異なるとも感じている。

問５　続く部分で「わたし」は，本来は「おうどん派」の母が，嫌《きら》いなはずの「おそば」を食べていることに「不気味」さを感じていたが，母に「あかちゃんができた」ことを知ると，妊娠《にんしん》によって「食事の好みが変わ」ったためだと思い至っている。よって，アがよい。なお，「わたし」は野乃の席に母が座っていることを意識してはいるが，母が「おそば」を食べていることと関連づけてはいないので，イは合わない。また，「わたし」の母が「おそば」を食べないのは父と一緒の時だけだとは書かれていないので，ウも正しくない。さらに，「わたし」が母からの配慮《はいりょ》を感じるようすはないので，エも誤り。

問６　前の部分で「わたし」は，「新しい家族」ができる予定であることを喜び，幸せを感じると同時に，「今度は本当に，『おねえちゃん』って呼ばれるんだ」という自分の心の声に違和感《いわかん》をおぼえている。「わたし」は野乃を見えなくても確かにいる存在としてそれまで大切にしてきたが，新しい命の誕生を前に，野乃の存在が自分の中でうすれ始めたことを自覚し，後ろめたく思っていると想像できる。

問７　Ａ　「比企さん」がひとりで静かに泣いている場面なので，声をあげずに涙《なみだ》を流し続けるようすを表す「しくしく」がよい。　Ｂ　湿度《しつど》の高い梅雨《つゆ》の空気と，教室のどんよりとした雰囲気《ふんいき》の両方を描《えが》く言葉なので，しめっぽさを表す「じめじめ」が合う。　Ｃ　「新しい家族」ができるという期待に「わたし」が胸をふくらませる場面なので，心おどるさまを表す「うきうき」がふさわしい。

問８　問４でみたように，「わたし」は「比企さん」の空想の友だちである「スゥ」について，自分にとっての野乃と近いものがあると感じている。ぼう線⑷の前では，「比企さん」をいじめたりののしったりする同級生に対して「そう思うなら，比企さんを放っとけばいいのに」と考えているほか，泣いている「比企さん」を放置するまりもや籾山《もみやま》に対して無言でしたがいながらも疑問を感じている。よって，エがふさわしい。なお，本文のはじめに，母が食卓《しょくたく》に野乃の席を用意し，食器を並べていることが書かれているが，くわしい意図や思いについての記述はないので，アは合わない。また，「わたし」は野乃の話に対する同級生の反応が思ったものと異なり，質問攻《ぜ》めにして泣かせてしまったり，「しかたない」という結論を出したりしたが，落胆《らくたん》したようすはないのでイも正しくない。さらに，「わたし」が母に対し，妊娠したことで野乃の存在を忘れてしまったのかと思う描写《びょうしゃ》はないので，ウも誤り。

2023年度 洗足学園中学校

【算　数】〈第２回試験〉（50分）〈満点：100点〉

【注意】 円周率は3.14として計算してください。

1 次の問いに答えなさい。

(1) 次の計算をしなさい。

$$1.25+\left(1\frac{2}{5}\div1.2-0.8\right)\div1\frac{2}{9}$$

(2) $\square$ にあてはまる数を答えなさい。

$$\left\{\left(2\frac{2}{3}+3\frac{1}{6}\right)\div\square-4.5\right\}\times\frac{7}{22}=1\frac{1}{6}$$

2 次の問いに答えなさい。

(1) ある道のりを分速 90m で行くと，分速 75m で行くよりも12分早く着きます。道のりは何mですか。

(2) 下の図のＡ，Ｂ，Ｃ，Ｄを赤，青，黄，緑を使って，隣《とな》り合う部分は違《ちが》う色になるようにぬり分けます。このとき，ぬり方は全部で何通りありますか。ただし，４色すべてを使う必要はありません。

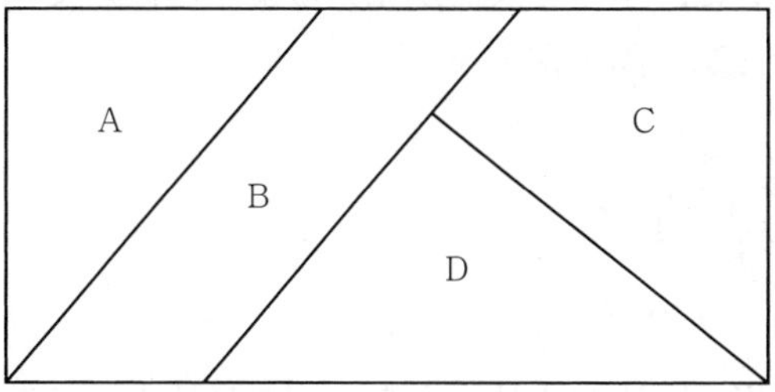

(3) あるテストにおいて，ＡとＢの合計点は126点で，Ａ，Ｂ，Ｃ，Ｄ，Ｅの５人の平均点は，Ｃ，Ｄ，Ｅの３人の平均点よりも６点低いです。Ａ，Ｂ，Ｃ，Ｄ，Ｅの５人の平均点は何点ですか。

(4) イヌかネコを飼っているかどうかを300人に調査したところ，イヌもネコもどちらも飼っていない人は110人でした。さらに，イヌを飼っている人の $\frac{1}{7}$ はネコも飼っており，ネコを飼っている人の $\frac{9}{41}$ はイヌも飼っていることがわかりました。このとき，ネコだけを飼っている人は何人ですか。

3 次の問いに答えなさい。

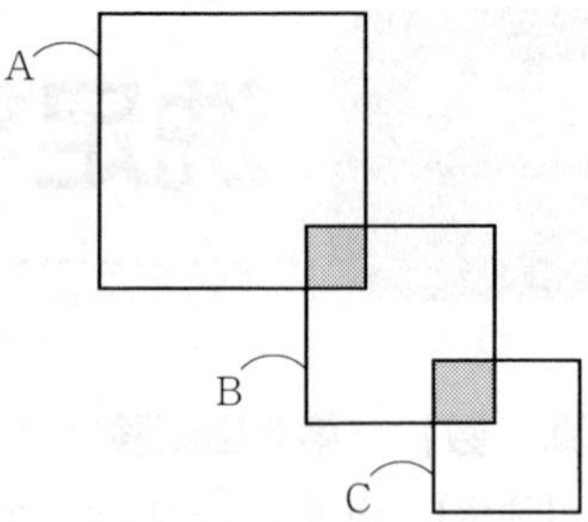

(1) １個のサイコロを何回か投げて，出た目の積が9600，和が29になりました。サイコロを投げた回数として考えられるもののうち，最も少ない回数を答えなさい。

(2) ３枚の大きさの異なる折り紙Ａ，Ｂ，Ｃがあり，面積はＡが172 cm^2，Ｂが 89 cm^2，Ｃが 52 cm^2 です。この折り紙を図のように貼《は》り合わせたところ，重なっていない部分の面積の比が11：5：3になりました。２つののりしろの部分の面積が等しいとすると，折り紙を貼り合わせた図形全体の面積は何 cm^2 ですか。

(3) 花子さんは欲しい本が３冊あり，いずれも720円ですが，現在持っているお金では１冊も買えません。ある日，持っているお金と同じ金額のお小遣《づか》いを父からもらったので，１冊目を買うことができた上に，お金が残りました。次の日，残ったお金と同じ金額のお小遣いを母からもらい，２冊目を買うことができて，またお金が残りました。さらにその次の日，残ったお金と同じ金額のお金を兄からもらうことができたので，３冊目が買えてお金は残りませんでした。花子さんがもらったお金の合計は何円ですか。なお，この問題は解答までの考え方を表す式や文章・図を書きなさい。

(4) １列に並んでいる2023個のマス目に，コインを１枚ずつ置きました。最初に，左端のコインを裏返し，右に８マス進んだ位置のコインを裏返します。このまま，８マス進んでコインを裏返すことをくり返し，端に着いたら進む向きを逆にします。ただし，８マス進む前に端に着いたら，残りの数を折り返して進みます。裏返した回数が2023回のとき，裏面が見えているコインは全部で何枚ですか。ただし，はじめにコインは，すべて表面が見えるように置きました。なお，この問題は解答までの考え方を表す式や文章・図を書きなさい。

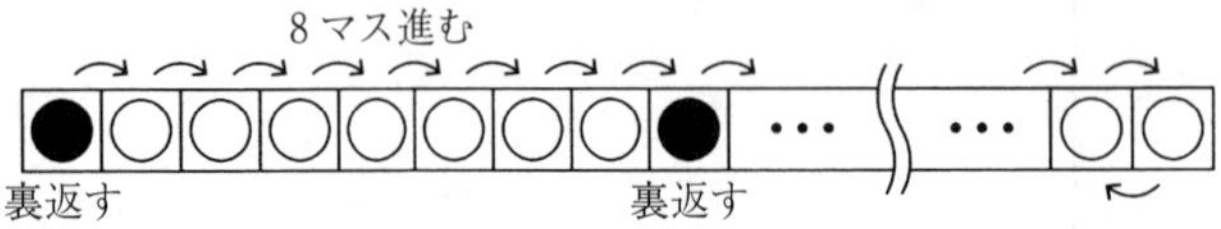

4 グループ①とグループ②の２つのグループが川の下流のＡ地点から上流のＢ地点まで進みます。船が１台ありますが，２つのグループの全員が一度に乗ることはできません。そこで，はじめに船はグループ①を乗せてＡ地点から途《と》中のＣ地点まで進み，グループ①はそこで船を降りて徒歩でＢ地点を目指します。グループ②は，グループ①の船が出発するのと同時にＡ地点を徒歩で出発します。グループ①をＣ地点で降ろして船はＡ地点の方向へ戻《もど》り，Ａ地点を出発してから56分後に，グループ②と出会い，グループ②を乗せてＢ地点まで進むことにします。すると，グループ②の船はグループ①より39分早くＢ地点に到《とう》着します。船が川を上るときと下るときの速さの比は7：9で，グループ①とグループ②の歩く速さはどちらも川の流れの速さの半分に等しいです。船の乗り降りには４分かかるものとして，次の各問いに答えなさい。

(1) 船がはじめにＣ地点に着くのはＡ地点を出発してから何分後ですか。なお，この問題は解答までの考え方を表す式や文章・図を書きなさい。

(2) グループ②がグループ①を追い越《こ》すのはＡ地点を出発してから何分後ですか。

(3) 船が途中で止まらずに，Ａ地点からＢ地点まで進むには何分かかりますか。

5 　１辺の長さが１cmの立方体を，面と面がぴったりと重なるようにいくつか積み重ねて立体を作りました。図は，真上，正面，左側，右側からそれぞれ見たときの図です。この図のようになる立体について，下の問いに答えなさい。

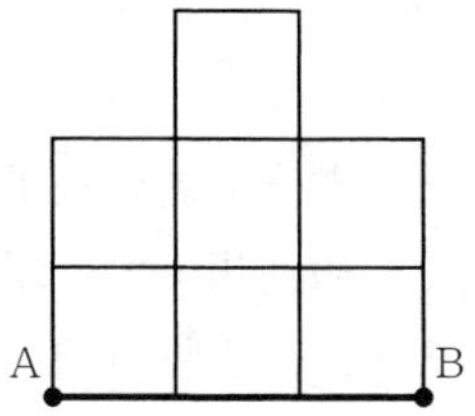

真上から

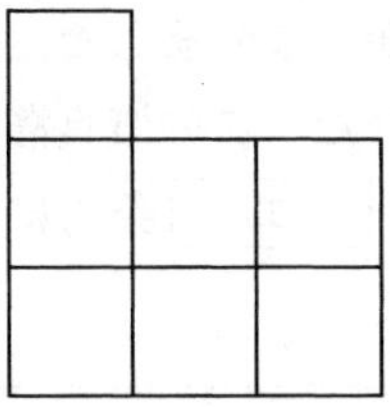
左側から

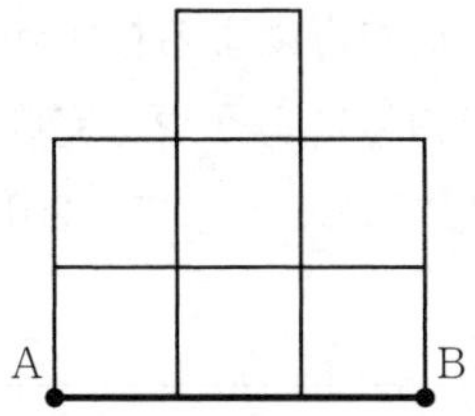

正面から

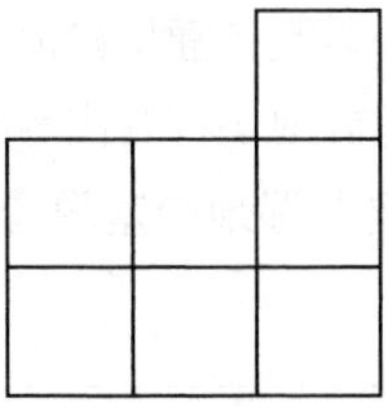
右側から

(1)　最も少ない個数でこの立体を作る場合，立方体は何個必要ですか。

(2)　(1)の立体をある平面で切り，左右から見たところ，図のように切り口の線が表れました。このとき，この平面より下側にある立体の体積は何 cm^3 ですか。

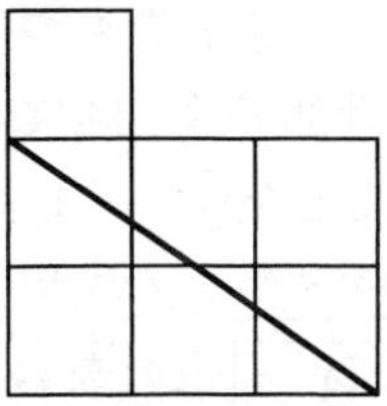
左側から

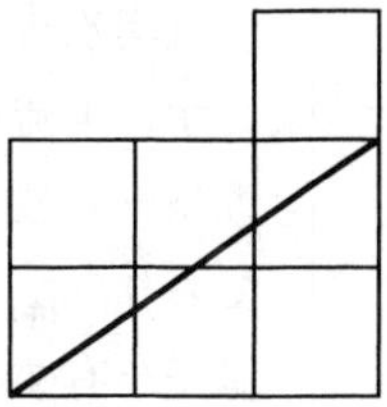
右側から

(3)　(2)の立体を，さらに，点Aと点Bを通る真っすぐな線に垂直な平面で切ったところ，分かれた２つの立体の体積が等しくなりました。また，この切断によって，AからBまでの線は２つに分かれました。短い方の線は何cmですか。なお，この問題は解答までの考え方を表す式や文章・図を書きなさい。

【社　会】〈第２回試験〉（理科と合わせて60分）〈満点：75点〉

1　日本には多くの河川が流れています。次の［**文章Ⅰ**］～［**文章Ⅲ**］は「日本三大暴れ川」とよばれる河川について述べたものです。これらについて，あとの問いに答えなさい。

［**文章Ⅰ**］
「坂東太郎」という異名をもつこの河川は，その源を群馬県利根郡みなかみ町の大水上山に発し，千葉県(ア)銚子市において太平洋に注ぐ一級河川です。現在は，(イ)関東平野をほぼ西から東に向かって流れ，太平洋に注いでいますが，近世以前においては，関東平野の中央部を南流し荒川を合わせて現在の隅田川筋から東京湾に注いでいました。1590年に徳川家康の江戸入府を契機《けいき》に付け替《か》え工事がおこなわれ，この結果，この河川は太平洋に注ぐようになりました。1890年，1896年の洪水《こうずい》を契機に，支流の(ウ)渡良瀬川下流部の洪水被害とともに，足尾銅山から渡良瀬川に流れ出した鉱毒による被害が明らかになりました。これに対し渡良瀬遊水地計画が打ち出され，1930年にようやく完成しました。この渡良瀬遊水地は，国際的に重要な湿地の基準を満たしているとして，2012年に［　(エ)　］条約に登録されました。

［**文章Ⅱ**］
「筑紫次郎」という異名をもつこの河川は，九州北部を西流し，［　(オ)　］海に注ぐ河川です。下流の平野部では，無数の［　(カ)　］とよばれる用水路が網目状《あみめじょう》に発達しており，九州一の穀倉《こくそう》地帯となっています。この河川の周辺は，たびたび自然災害に見舞《ま》われてきており，(キ)ハザードマップの活用が注目されています。河口までの区間は，国内最大の干満差を有する［　(オ)　］海の潮汐《ちょうせき》の影響《えいきょう》を受け，約23キロメートルに及《およ》ぶ長い区間が汽水域となり，河岸に干潟が形成されるなど，独特の環境を有し貴重な魚類等の生息環境を形成しています。

［**文章Ⅲ**］
「四国三郎」という異名をもつこの河川は，高知県や［　(ク)　］県を流れる河川であり，四国山地を横切る形で東流し，［　(ク)　］県で紀伊水道に流入します。流域では畑作や稲作がおこなわれてきましたが，近年では過疎化が深刻な問題となっています。［　(ク)　］県は昔から洪水が起こる地域でした。この川の両岸に大きな堤防《ていぼう》が築かれたのは昭和初期のころであり，それ以前は経済的にも技術的にも洪水を防ぐような大《だい》堤防は築くことができなかったと言われています。このため，毎年のように氾濫《はんらん》するこの川が肥沃《ひよく》な土壌《どじょう》を運んだことで，下流域では藍《あい》の栽培が盛《さか》んにおこなわれていました。この地域伝統の［　(ケ)　］からは，藍染料の流通を担い，全国を雄飛《ゆうひ》した藍商人をうかがい知ることができます。

問１　次の[**資料**]は，[**文章Ⅰ**]～[**文章Ⅲ**]が示す河川について，長さ，流域面積，流域内人口(2010年)を示したものです。[**資料**]中の①～③と文章の組み合わせとして正しいものを，あとの**A**～**F**の中からひとつ選んでアルファベットで答えなさい。

[**資料**]

	長さ(km)	流域面積(km²)	流域内人口(万人)
①	322	16,840	1,309
②	194	3,750	61
③	143	2,860	110

(各河川事務所ホームページより作成)

A　①－[**文章Ⅰ**]　②－[**文章Ⅱ**]　③－[**文章Ⅲ**]
B　①－[**文章Ⅰ**]　②－[**文章Ⅲ**]　③－[**文章Ⅱ**]
C　①－[**文章Ⅱ**]　②－[**文章Ⅰ**]　③－[**文章Ⅲ**]
D　①－[**文章Ⅱ**]　②－[**文章Ⅲ**]　③－[**文章Ⅰ**]
E　①－[**文章Ⅲ**]　②－[**文章Ⅰ**]　③－[**文章Ⅱ**]
F　①－[**文章Ⅲ**]　②－[**文章Ⅱ**]　③－[**文章Ⅰ**]

問２　下線部(ア)では，漁業が盛んです。これについて，次の[**資料**]は，銚子，釧路，焼津，境の漁港別出荷《しゅっか》量と出荷量上位３品目(2020年)を示したものです。銚子を示したものを，[**資料**]中の**A**～**D**の中からひとつ選んでアルファベットで答えなさい。

[**資料**]

	出荷量(トン)	出荷量上位３品目		
A	151,583	１位：まいわし	２位：たら	３位：するめいか
B	260,474	１位：まいわし	２位：さば類	３位：ぶり類
C	137,369	１位：かつお	２位：きはだ	３位：めばち
D	82,781	１位：まいわし	２位：ぶり類	３位：まあじ

(農林水産省「水産物流調査」より)

問３　下線部(イ)では，野菜の生産が盛んです。次の[**資料**]中の①～③は，関東平野で収穫《しゅうかく》量が多いキャベツ，きゅうり，ねぎの都道府県別収穫量の割合(2020年)を示したものです。①～③と農産物の組み合わせとして正しいものを，あとの**A**～**F**の中からひとつ選んでアルファベットで答えなさい。

[**資料**]

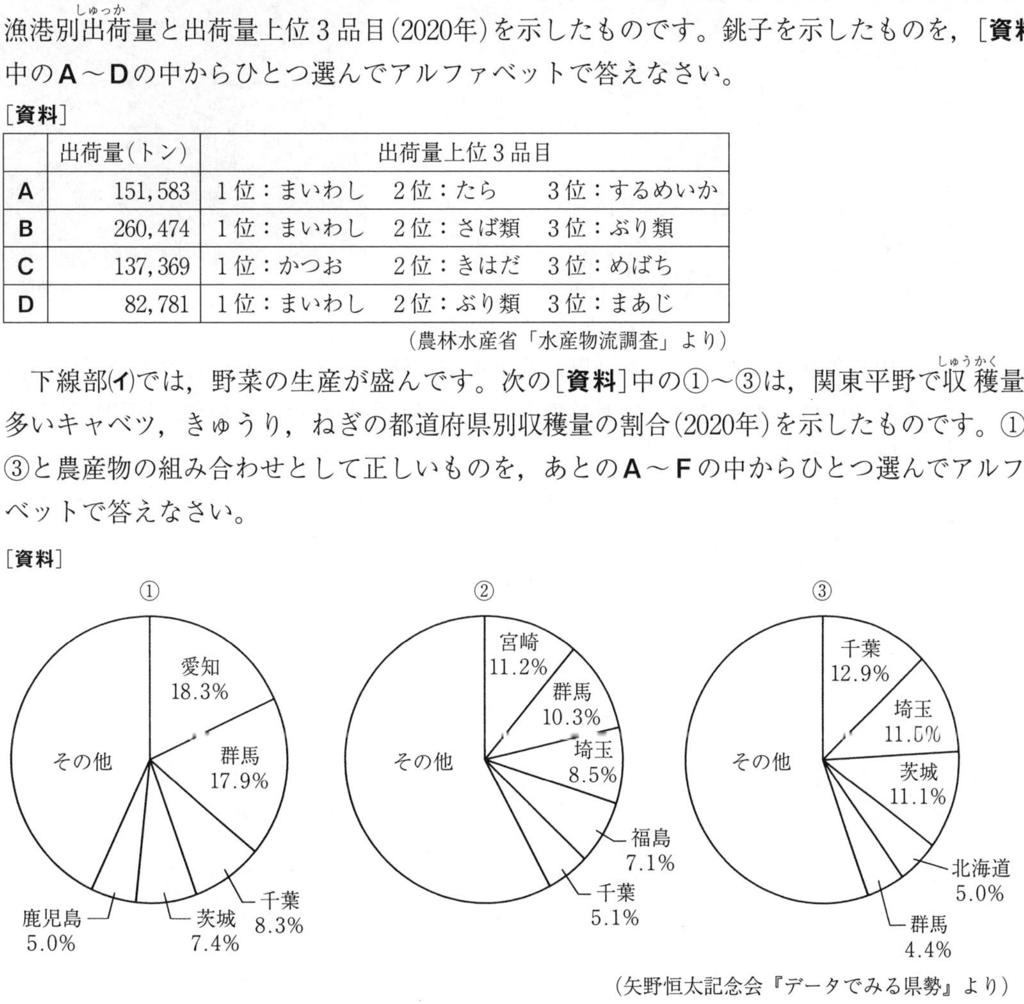

(矢野恒太記念会『データでみる県勢』より)

A　①—キャベツ　②—きゅうり　③—ねぎ
B　①—キャベツ　②—ねぎ　③—きゅうり
C　①—きゅうり　②—キャベツ　③—ねぎ
D　①—きゅうり　②—ねぎ　③—キャベツ
E　①—ねぎ　②—キャベツ　③—きゅうり
F　①—ねぎ　②—きゅうり　③—キャベツ

問４　下線部**(ウ)**に関連して，次の**(1)**・**(2)**にそれぞれ答えなさい。

(1)　次の［**資料**］は，渡良瀬川の周辺にある石碑《せきひ》について説明したものです。［**資料**］が示している石碑を表した地図記号の名称と，この地図記号が作られた理由について，解答欄《らん》にあわせて文章で説明しなさい。

［**資料**］

（地理院地図により作成）

（国土地理院より）

1947年９月，カスリーン台風が関東地方を襲い，16日未明にこの地で堤防が決壊し，ふたつの村を水底に浸して多数の人命と家屋が奪《うば》われた。その後，1950年にこの石碑が建立された。

⑵　次の［**地図１**］と［**地図２**］は，渡良瀬川の周辺の同一範囲《はんい》について示したものであり，［**地図１**］は1909年発行の50000分の１地形図，［**地図２**］は現在の様子を示した地理院地図です。これらからわかることについて述べた文①・②の内容の正誤の組み合わせとして正しいものを，あとの**Ａ～Ｄ**の中からひとつ選んでアルファベットで答えなさい。

［**地図１**］

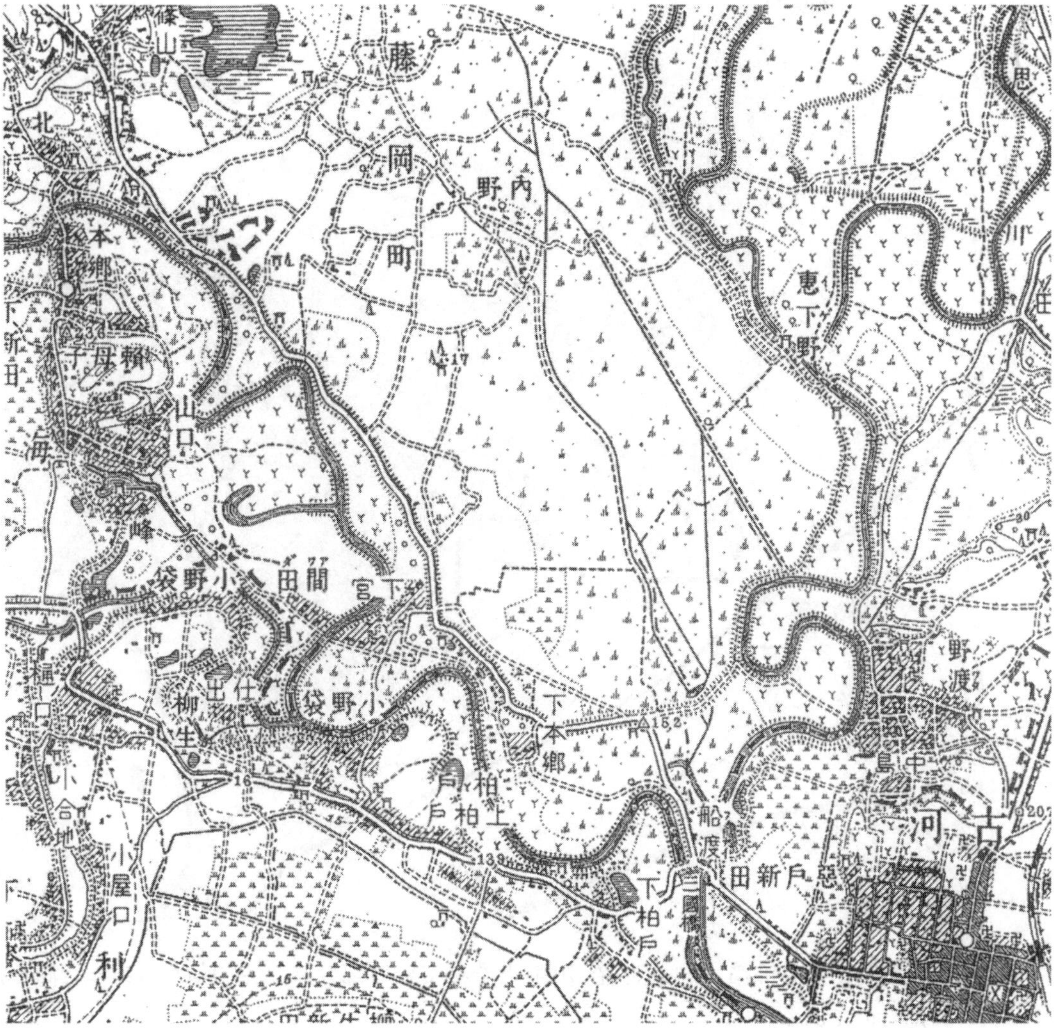

［地図２］

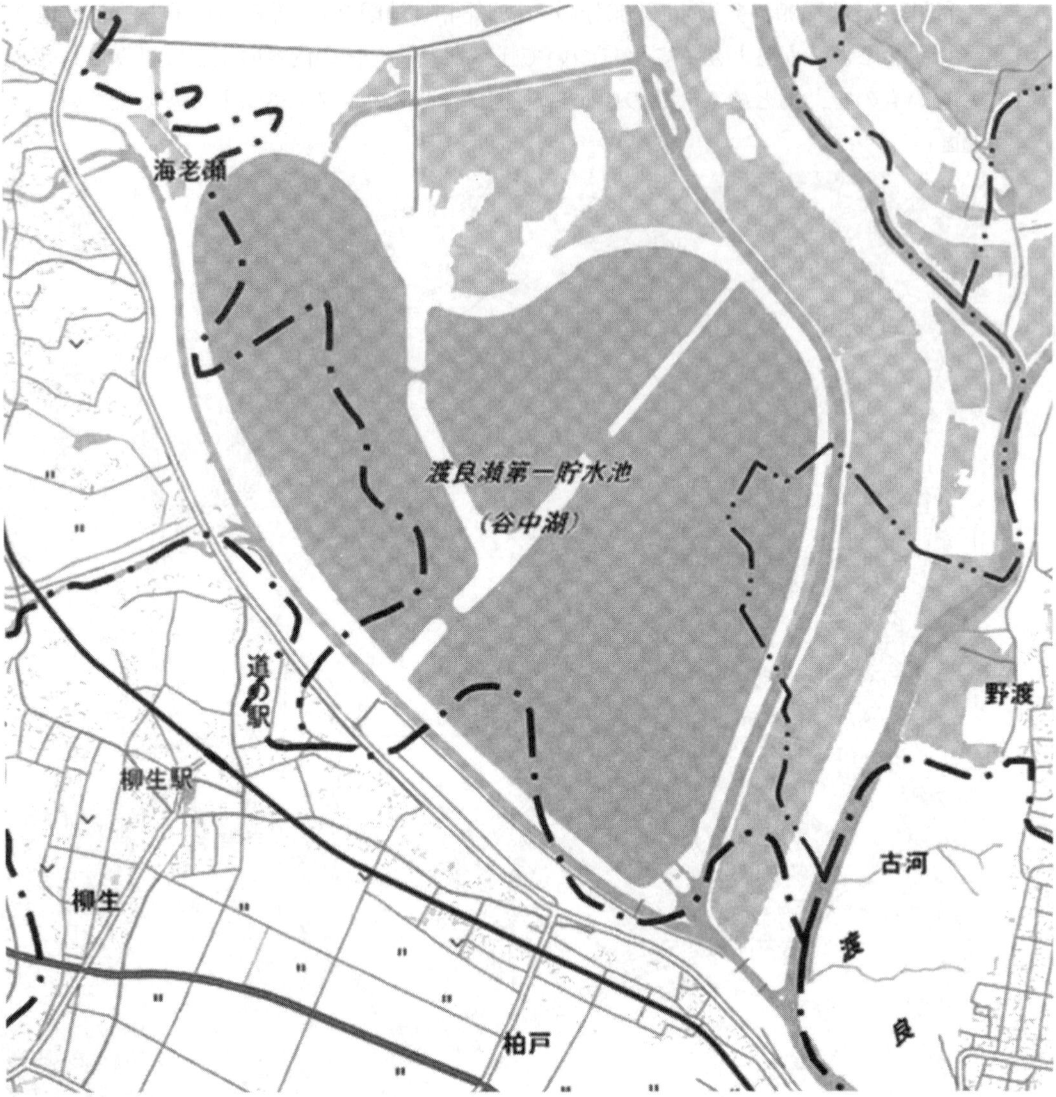

① 現在，渡良瀬第一貯水池(谷中湖)となっている部分は，1909年からあった湖を拡張したものである。

② 1909年に河川であったところの一部が，現在の行政区割りに利用されている。

A ①―正 ②―正

B ①―正 ②―誤

C ①―誤 ②―正

D ①―誤 ②―誤

問５ 空欄《くうらん》 (エ) ～ (カ) にあてはまる語句の組み合わせとして正しいものを，次の**A**～**H**の中からひとつ選んでアルファベットで答えなさい。

A (**エ**)―ラムサール (**オ**)―瀬戸内 (**カ**)―ローム

B (**エ**)―ラムサール (**オ**)―瀬戸内 (**カ**)―クリーク

C (**エ**)―ラムサール (**オ**)―有明 (**カ**)―ローム

D　(エ)—ラムサール　(オ)—有明　(カ)—クリーク
E　(エ)—ワシントン　(オ)—瀬戸内　(カ)—ローム
F　(エ)—ワシントン　(オ)—瀬戸内　(カ)—クリーク
G　(エ)—ワシントン　(オ)—有明　(カ)—ローム
H　(エ)—ワシントン　(オ)—有明　(カ)—クリーク

問6　下線部(キ)に関連して，次の[**地図1**]は，[**文章Ⅱ**]の河川の流域を地形の起伏《きふく》とともに示したものです。また，次の[**地図2**]～[**地図4**]は，[**地図1**]の範囲における土砂災害，高潮，洪水のいずれかの災害に対するハザードマップを示したものです。[**地図2**]～[**地図4**]と災害名の組み合わせとして正しいものを，あとの**A**～**F**の中からひとつ選んでアルファベットで答えなさい。

[**地図1**]

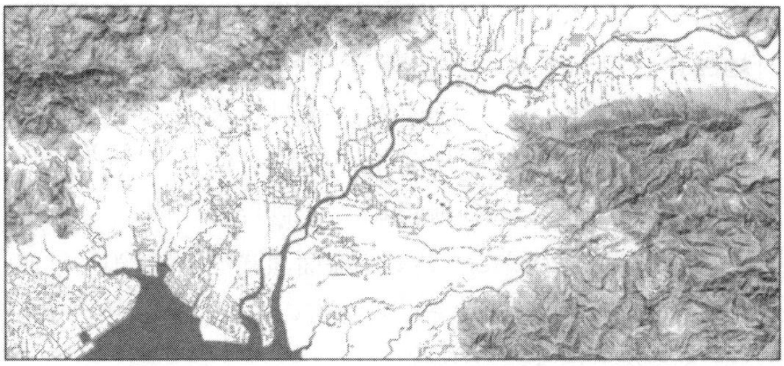

[**地図2**]

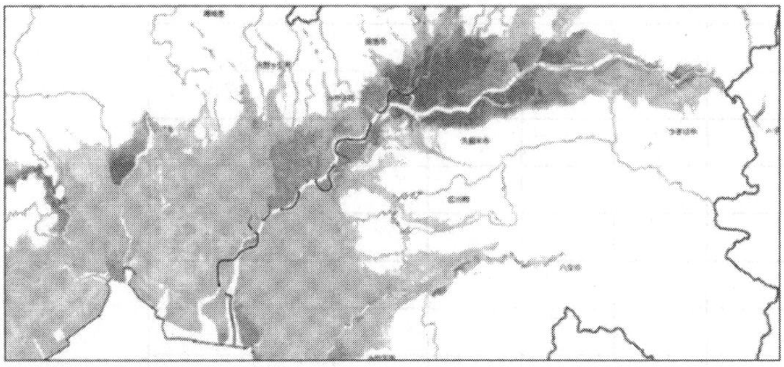

[**地図3**]

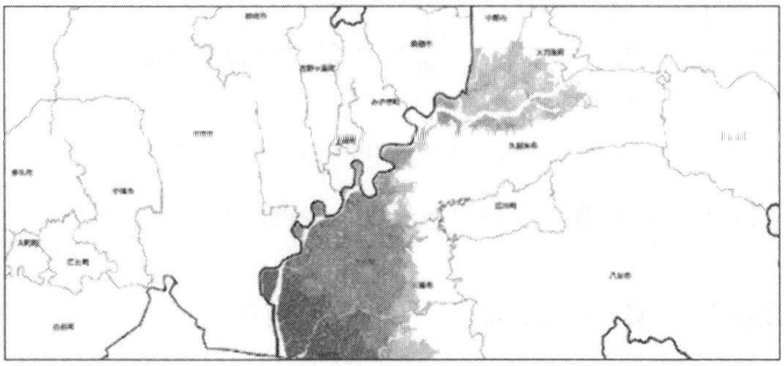

［**地図４**］

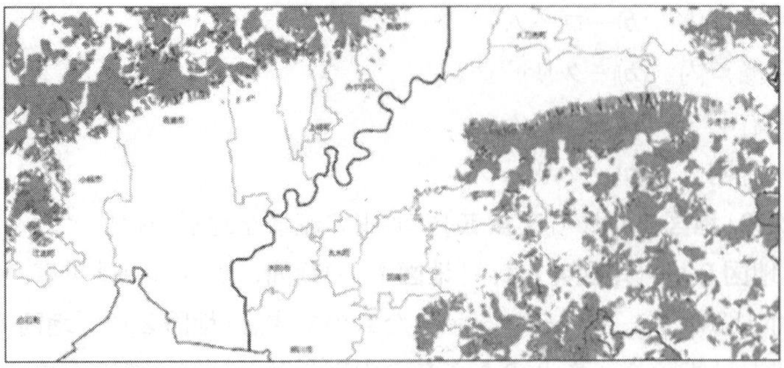

（［**地図１**］は地理院地図，［**地図２**］～［**地図４**］はハザードマップポータルサイトより）

A　［**地図２**］―土砂災害　［**地図３**］―高潮　［**地図４**］―洪水
B　［**地図２**］―土砂災害　［**地図３**］―洪水　［**地図４**］―高潮
C　［**地図２**］―高潮　［**地図３**］―土砂災害　［**地図４**］―洪水
D　［**地図２**］―高潮　［**地図３**］―洪水　［**地図４**］―土砂災害
E　［**地図２**］―洪水　［**地図３**］―土砂災害　［**地図４**］―高潮
F　［**地図２**］―洪水　［**地図３**］―高潮　［**地図４**］―土砂災害

問７　次の［**資料**］は，四国地方に位置する４つの県について，海面漁業漁獲量(2020年)と製造品出荷額等(2019年)を示したものです。［（ク）］県を示したものを，［**資料**］中の**A**～**D**の中からひとつ選んでアルファベットで答えなさい。

［**資料**］

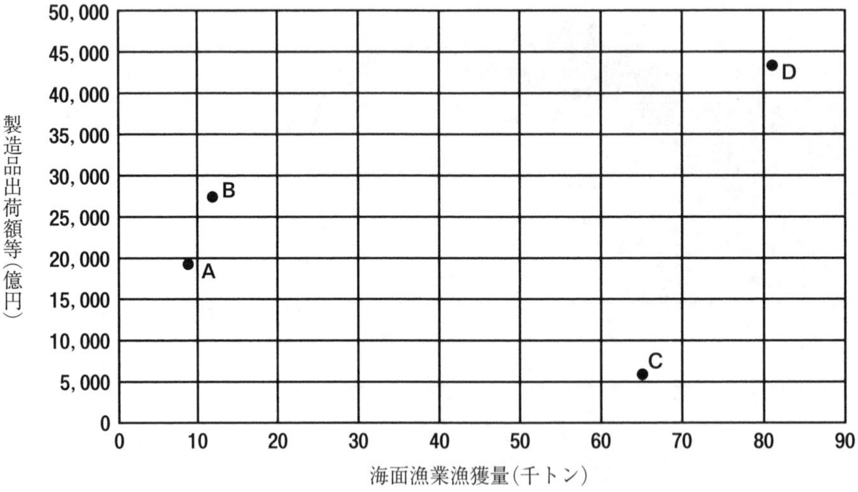

（矢野恒太記念会『日本国勢図会』より作成）

問８　空欄［（ケ）］にあてはまる語句を，次の**A**～**D**の中からひとつ選んでアルファベットで答えなさい。

A　花笠まつり　　**B**　祇園祭　　**C**　ねぶた祭　　**D**　阿波踊り

2　次の文章を読んで，あとの問いに答えなさい。

現在の堺市に相当する地域に人々が住み始めたのは旧石器時代とされており，市内の南花《みなみはな》田《だ》遺跡からは(ア)旧石器時代の打製石器が見つかっています。また四ツ池《よついけ》遺跡は近畿地方の代表的な(イ)弥生時代の遺跡のひとつであり，多くの竪穴住居跡《あと》が発掘《はっくつ》されています。(ウ)古墳時代の遺跡としては，陶邑窯跡《すえむらかまあと》群が挙げられます。この遺跡は，(エ)1960年代におこなわれた泉北《せんぼく》ニュータウンの建設に際して発掘調査が進み，日本最大の須恵器生産地であったことが判明しました。

平安時代末期以降，堺は交通の要衝《ようしょう》として発展していきます。現在の堺市内には，堺から(オ)飛鳥地方へ向かう竹内《たけうち》街道や，(カ)高野山への参詣《さんけい》に使用されたといわれる西高野《にしこうや》街道などいくつかの旧街道が残っています。そのうちのひとつである熊野街道《くまのかいどう》は，熊野詣《くまのもうで》に使用された街道です。熊野三山には，院政を始めたことで知られる［　あ　］もたびたび参詣したとされています。

堺が国際貿易都市として発展するのは，15世紀に遣明船の発着地となってからです。以後，堺は(キ)東アジア貿易で多くの富をたくわえていきました。また，［　い　］をはじめとしたイエズス会宣教師も多く訪れました。この時代の堺では，会合衆《えごうしゅう》とよばれる有力商人を中心とした自治がおこなわれました。

［　う　］は，堺を武力で屈服《くっぷく》させて直轄《ちょっかつ》領とし，(ク)鉄砲の生産を進めさせました。長篠の戦いにおいて彼《かれ》が大量の鉄砲を用いることができたのも，堺の直轄化が関係していると言われています。

その後，堺は大坂の陣で豊臣方の焼打ちにあって，壊滅《かいめつ》的な打撃《だげき》を受けたのち，明治時代を迎《むか》えるまで江戸幕府の直轄領となりました。江戸時代には鍛冶《かじ》技術を生かした包丁や鋏《はさみ》などの製造が盛《さか》んになり，享保年間以降には包丁鍛冶による(ケ)株仲間が結成されています。

明治時代以降，堺では近代工業が発達し，人口増大や交通の発達など，急速に近代化が進みました。「富国強兵」のスローガンを掲《かか》げて近代化を進めた日本は，やがて外国との戦争を経験することになります。日本を代表する歌人のひとりである［　(コ)　］は，堺市の出身です。彼女《かのじょ》は，(サ)日露戦争時には，戦場に赴《おもむ》く弟を思った詩「君死にたまふことなかれ」を発表しました。愛をうたい，女性の新しい生き方や個人主義についての意見を社会に投げかけた彼女のメッセージは，現代に生きる私たちにも大きな影響《えいきょう》を与《あた》え続けています。

問１　下線部(ア)～(ウ)に関連して述べた文としてふさわしいものを，次の**Ａ～Ｄ**の中からひとつ選んでアルファベットで答えなさい。

Ａ　下線部(ア)の時期を代表する遺跡として，野尻湖遺跡が挙げられる。

Ｂ　下線部(イ)の時期を代表する遺跡として，大森貝塚が挙げられる。

Ｃ　下線部(イ)の時期を代表する遺跡として，三内丸山遺跡が挙げられる。

Ｄ　下線部(ウ)の時期を代表する遺跡として，吉野ヶ里遺跡が挙げられる。

問２　下線部(エ)に起こった出来事についての史料としてふさわしいものを，次の**Ａ～Ｄ**の中からひとつ選んでアルファベットで答えなさい。

Ａ「国民所得倍増計画は，速やかに国民総生産を倍増して，雇用の増大による完全雇用の達成をはかり，国民の生活水準を大巾《おおはば》に引き上げることを目的とするものでなければならない。」

B 「アメリカ合衆国は，(略) 琉球諸島及《およ》び大東諸島に関し，(略) サン・フランシスコ市で署名された日本国との平和条約第三条の規定に基づくすべての権利及び利益を，この協定の効力発生の日から日本国のために放棄《ほうき》する。」

C「第一条　この法律は，環境の保全について，基本理念を定め，並びに国，地方公共団体，事業者及び国民の責務を明らかにするとともに，環境の保全に関する施策《しさく》の基本となる事項《じこう》を定めることにより，環境の保全に関する施策を総合的かつ計画的に推進し，(略)」

D 「われらは，さきに，日本国憲法を確定し，民主的で文化的な国家を建設して，世界の平和と (略) に貢献《こうけん》しようとする決意を示した。(略) ここに，日本国憲法の精神に則り，教育の目的を明示して，新しい教育の基本を確立するため，この法律を制定する。」

問3　下線部(オ)で起こった出来事①～③を，古いものから年代順に正しく並べたものを，あとの**A**～**F**の中からひとつ選んでアルファベットで答えなさい。

①　大友皇子を滅《ほろ》ぼした大海人皇子が，天武天皇として即位《そくい》した。

②　中大兄皇子や中臣鎌足によって，蘇我入鹿が滅ぼされた。

③　厩戸王によって，個人の功績に応じて冠位を与《あた》える制度が定められた。

A　①→②→③　　**B**　①→③→②

C　②→①→③　　**D**　②→③→①

E　③→①→②　　**F**　③→②→①

問4　下線部(カ)に関連して，次の[**史料**]は高野山金剛峰寺に伝わる高野山文書のひとつです。この[**史料**]に関連して述べた文①～③の正誤の組み合わせとして正しいものを，あとの**A**～**H**の中からひとつ選んでアルファベットで答えなさい。

[**史料**]

> 阿氏河 荘《あてがわのしょう》上村の百姓たちが謹《つつし》んで申し上げます。
> 一．領家へ納める材木が遅《おく》れていることについてですが，［ X ］が，上京のため，或《ある》いは急な用務のためだと言っては，多くの人夫を［ X ］のところで責め使われますので，まったくひまがありません。かり出された残りのわずかな人夫を集めて，材木切り出しのために山に出向きますと，［ X ］は「逃亡《とうぼう》者のあとの畠《はたけ》に麦をまけ」といって追《お》い戻《もど》してしまいます。「お前たちがこの麦をまかなかったならば，女・子供を追いこんで，耳を切り，鼻をそぎ，髪《かみ》を切って尼《あま》にし，縄《なわ》でしばっていじめるぞ」といわれて，いろいろ責めたて詮議《せんぎ》されますので，材木を納めることが，いよいよおそくなってしまいました。そのうえ，［ X ］は百姓らの住む家一軒《けん》をこわし奪《うば》いとってしまいました。……
>
> 建治《けんじ》元(1275)年十月二十八日

(『改訂版詳録新日本史史料集成』より)

①　[**史料**]が書かれた時代には，［ X ］のなかには，荘園領主から年貢の徴収《ちょうしゅう》を請《う》け負い，百姓を支配した者もいた。

②　[**史料**]は百姓によって作成されたもので，［ X ］が百姓を脅《おど》して労働を強制していることが記されている。

③ ［**史料**］が書かれた時代には，尾張国の［ **X** ］であった藤原元命が百姓たちから訴《うった》えられた。

A ①―正 ②―正 ③―正　**B** ①―正 ②―正 ③―誤
C ①―正 ②―誤 ③―正　**D** ①―正 ②―誤 ③―誤
E ①―誤 ②―正 ③―正　**F** ①―誤 ②―正 ③―誤
G ①―誤 ②―誤 ③―正　**H** ①―誤 ②―誤 ③―誤

問５　空欄《くうらん》［ **あ** ］～［ **う** ］にあてはまる人物について述べた文としてふさわしいものを，次の**A**～**F**の中からひとつ選んでアルファベットで答えなさい。

A　［ **あ** ］の近臣同士が対立し，平清盛が加勢して勝利した戦いを保元の乱とよぶ。
B　［ **あ** ］は，阿弥陀仏を信仰《しんこう》して，平等院鳳凰堂を建立した。
C　［ **い** ］は，土佐国に漂着《ひょうちゃく》したのち，四国地方を中心にキリスト教を広めた。
D　［ **い** ］は，天正遣欧少年使節を率いてローマを訪問した。
E　［ **う** ］は，自由な流通を促《うなが》すために，関所を廃止《はいし》した。
F　［ **う** ］は，宣教師を国外追放する禁教令を出した。

問６　下線部(キ)に関連して，当時の東アジアにおける貿易の主な輸出入品について述べた文としてふさわしいものを，次の**A**～**D**の中からひとつ選んでアルファベットで答えなさい。

A　日本から琉球への主な輸出品として，銅銭が挙げられる。
B　琉球から日本への主な輸入品として，刀剣《とうけん》が挙げられる。
C　日本から朝鮮への主な輸出品として，香辛料《こうしんりょう》が挙げられる。
D　朝鮮から日本への主な輸入品として，木綿が挙げられる。

問７　下線部(ク)は，1543年に「ある島」に漂着した中国船に乗っていた，ポルトガル人によって日本にもたらされたとされています。「ある島」を漢字で答えなさい。

問８　下線部(ケ)は，天保の改革を主導した老中により，解散が命じられました。この老中が株仲間の解散を命じたのは，株仲間が存在することによってどのような経済的問題点があると考えていたからですか。文章で説明しなさい。

問９　空欄［ (コ) ］にあてはまる人物を，姓名《せいめい》ともに漢字で答えなさい。

問10　下線部(サ)後の日本の国境をあらわしたものを，次の**A**～**D**の中からひとつ選んでアルファベットで答えなさい。

A

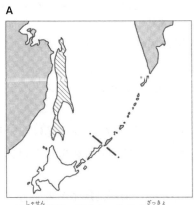

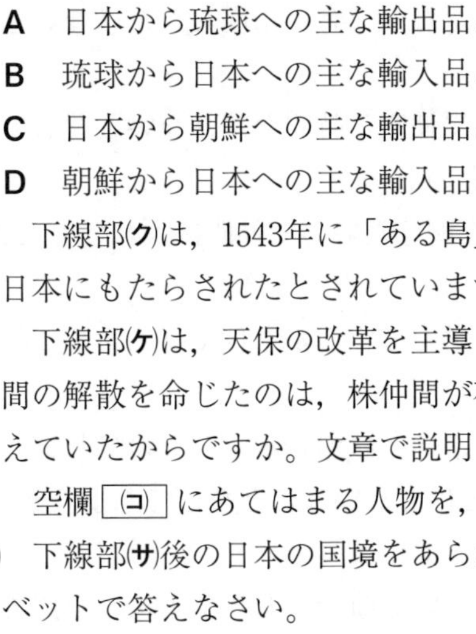

B

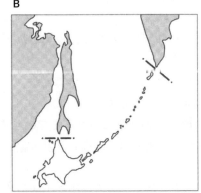

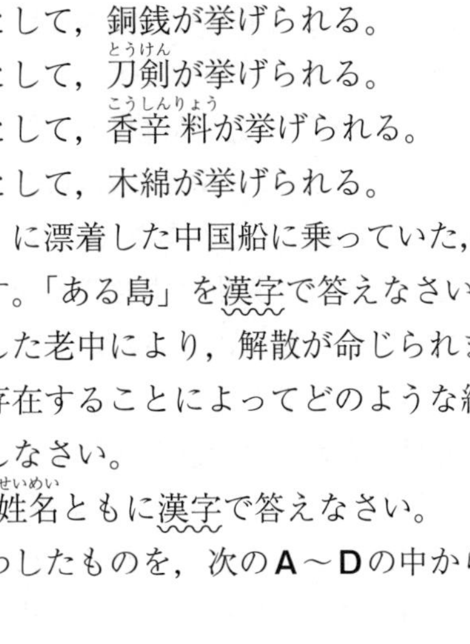

※斜線部《しゃせんぶ》は，日本とロシアの雑居《ざっきょ》

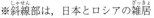

C

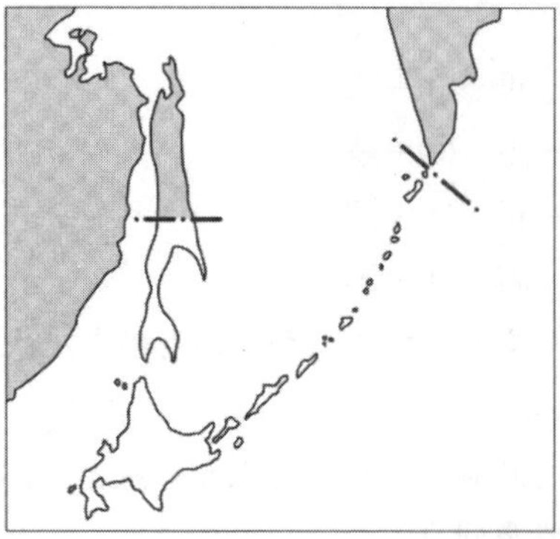

D

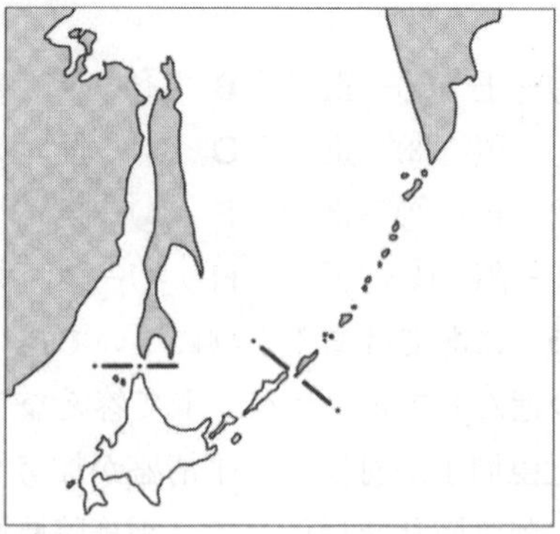

3 次の会話は，洗足学園中学校の中学1年生の教室でかわされたものです。これを読んで，あとの問いに答えなさい。

公子 この前$_{(ア)}$部活動の友達とけんかをしてしまって，少し落《お》ち込《こ》んでいるんだ。学校に行きたくないと思うときさえあるよ。

民子 そうだったんだね。どうりで不幸せそうな顔をしているなと思ったよ。

公子 え？ そう見えた？ 私は「不幸せ」ではないよ。だって食事に困ることはないし，恵《めぐ》まれた環境にいると思っているから幸せだよ。

民子 公子さんはそう考えているんだ。私は自分が好きに使える時間が足りないと感じているし，家族旅行にも行けていないから，「幸せ」とは言えないな。

先生 おや，「幸せ」の話ですか。私もみなさんの考えを聞きたいので仲間に入れてください。

公子 はい，ぜひお話しましょう。先生は幸せですか？

先生 直球で聞いてきましたね。私はみなさんが熱心に学んでいる姿を日々目にすることができていることを，とても幸せに感じています。

民子 ……なんだか少しはぐらかされた感じがします。幸せとは感じるものなのでしょうか。状態なのでしょうか。「幸せになりたい」と考えることはどういうことなのでしょうか。

公子 ……哲学的《てつがくてき》な問いで，すぐには答えられそうにないですね……。

民子 そうだ！ 日本国憲法には「幸福」について述べている箇所《かしょ》がありますね。第13条の「生命，自由及《およ》び幸福追求に対する$_{(イ)}$国民の権利については，［ (ウ) ］に反しない限り，立法その他の国政の上で，最大の尊重を必要とする」という部分ですね。

公子 そういえば，「生命，自由及び幸福追求に対する国民の権利」というフレーズ，どこかで聞いたことがあるような…。

先生 先日授業で扱《あつか》った，アメリカ独立宣言ですね。ロックの思想を背景にトマス・ジェファソンらが1776年に起草したものです。

民子 $_{(エ)}$日本国憲法の理念は20世紀にいたるまでのさまざまな憲法典の影響《えいきょう》を受けていると聞いたことがあります。18世紀の「幸福」と21世紀の「幸福」って同じものではない気がしますね。

公子 同じ時代であっても，住んでいる場所や生活環境によって，幸福に対する考え方は異なりそうです。この前，$_{(オ)}$UNICEF でインターンシップをしている卒業生の講演会がありましたね。そのときに，エチオピアの13歳の女の子が水くみに１日に７時間も費やすという動画を見ましたね。そして，世界の(カ)子どもたちの約１割が労働していて，コロナ禍《か》で増加傾向《けいこう》にあることを学びました。

民子　(キ)児童労働という言葉は聞いたことがありましたが，どこか自分とは関係のない話だと思っていました。あの動画の女の子は私と同い年で，本当に衝撃《しょうげき》を受けました。

公子　そうでしたね。(ク)あの女の子は朝６時半に家を出て，その日の初めての食事が17時前になってしまい，そのあとに学校に行っている弟から字を習うけれど，お父さんに呼ばれたら家事をする，という生活を送っているようでしたね。私たちと同い年なのに，毎日の過ごし方が違《ちが》いすぎて，何とも言えない気持ちになりました。もちろん，私たちがもつような「なりたい自分になる」なんていう夢をもつことは難しいのでしょうね。

先生　本校が掲《かか》げているような「幸福な自己実現」を目指すことができる時点で「幸せ」ということが言えるのかもしれませんね。

民子　確かにそうですね。学校に通って将来に向けて勉強できていることは，世界を考えると当たり前とは言えないのですね。

公子　「国は，すべての子どもが小学校に行けるようにしなければならない」と定めている(ケ)条約があると，授業で習いましたね。

先生　そうです。子どもの権利条約の第28条ですね。第29条には「教育は，子どもが自分のもっている能力を最大限のばし，人権や平和，(コ)環境を守ることなどを学ぶためのもの」と，教育の目的を記しています。

民子　教育はそれを受ける子どものためだけにあるのではなく，よりよい社会をつくるためのものでもあるとされているのですね。

公子　よりよい社会をつくるためにも，前向きに学校生活を送りたいですね。

問１　下線部(ア)に関連して，右の［**資料**］は，スポーツ庁が実施《じっし》した，全国の中学生の平日の部活動の活動時間についての調査結果を示したものです。［**資料**］から読み取れることとして誤っているものを，あとの**Ａ**～**Ｄ**の中からすべて選んでアルファベットで答えなさい。

［**資料**］

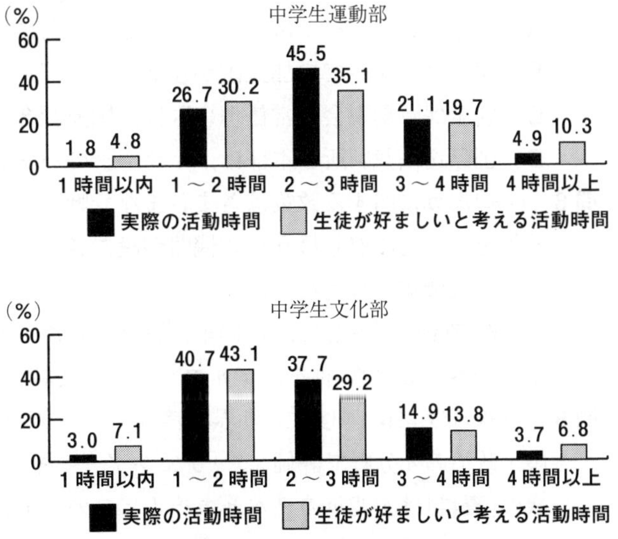

（スポーツ庁「平成29年度運動部活動等に関する実態調査　報告書」より作成）

Ａ　平日の実際の活動時間は，運動部の生徒の方が文化部の生徒よりも長い傾向《けいこう》にある。

Ｂ　平日の実際の活動時間は，運動部・文化部ともに，２～３時間と答えた生徒の割合が最も高い。

Ｃ　生徒が好ましいと考える活動時間は，運動部の生徒の方が文化部の生徒よりも長い傾向にある。

D　生徒が好ましいと考える活動時間は，運動部・文化部ともに，平日の実際の活動時間より長い傾向にある。

問２　日本国憲法では，下線部(イ)のひとつとして裁判を受ける権利を保障しています。日本における裁判に関連して述べた文として誤っているものを，次の**Ａ～Ｄ**の中からすべて選んでアルファベットで答えなさい。

A　すべての都道府県に地方裁判所と家庭裁判所が置かれている。

B　裁判を慎重《しんちょう》におこない，誤りを防ぐために，同じ事件について原則として３回まで裁判を受けることができる。

C　裁判員裁判はすべての刑事事件の第一審でおこなわれている。

D　裁判官は自らの良心に従い，憲法と法律にもとづいて裁判をおこなう。

問３　空欄《くうらん》［(ウ)］にあてはまる語句を，５字で答えなさい。

問４　下線部(エ)について述べた文①～③の内容の正誤の組み合わせとして正しいものを，あとの**Ａ～Ｈ**の中からひとつ選んでアルファベットで答えなさい。

①　憲法で定められている天皇がおこなう国事行為は，天皇自らの意思にもとづいておこなわれる。

②　憲法改正は，内閣が改正案を発議して，国民投票で過半数の賛成があれば成立する。

③　憲法は国の最高法規であり，憲法に反する法律は無効となる。

A	①―正	②―正	③―正	**B**	①―正	②―正	③―誤
C	①―正	②―誤	③―正	**D**	①―正	②―誤	③―誤
E	①―誤	②―正	③―正	**F**	①―誤	②―正	③―誤
G	①―誤	②―誤	③―正	**H**	①―誤	②―誤	③―誤

問５　下線部(オ)は国連総会によって設立された機関です。国際連合に関連して述べた文として誤っているものを，次の**Ａ～Ｄ**の中からすべて選んでアルファベットで答えなさい。

A　国際連合は，第二次世界大戦が始まる前に設立された。

B　総会は，すべての加盟国が参加し，各国が１票ずつ投票権を有している。

C　安全保障理事会の常任理事国は，国連総会で選挙により選ばれている。

D　国際司法裁判所の本部は，オランダのハーグに置かれている。

問６　下線部(カ)に関する政策はさまざまな分野にまたがっているため，日本では子どもに関する政策を一元的に取り扱う行政機関が設置される予定です。2023年４月に新たに設置される予定の行政機関を答えなさい。

問７　下線部(キ)に関連して，1919年に設立された，労働条件の改善を通して世界平和の確立を目指す国際機関の略称《りゃくしょう》を，アルファベットで答えなさい。

問８　下線部(ク)に関連して，世界経済フォーラムは，各国の男女格差の現状を経済・教育・健康・政治の４分野で評価し，「ジェンダーギャップ指数」という指標を毎年公表しています。次の［**資料**］は2022年の日本とエチオピアのジェンダーギャップ指数を示したものです。日本がエチオピアよりジェンダーギャップが大きい分野において，日本でジェンダー平等を実現するために，国や地方公共団体はどのような政策を実施《じっし》するとよいと思いますか。ふさわしいと考えられる政策を，分野を明らかにしてふたつ答えなさい。

［**資料**］

	日本	エチオピア
総合スコア	0.650	0.710
経済	0.564	0.600
教育	1.000	0.854
健康	0.973	0.971
政治	0.061	0.416

※指数は，０が完全不平等，１が完全平等を示し，数値が小さいほどジェンダーギャップが大きい。
(世界経済フォーラム「Global Gender Gap Report 2022」より作成)

問９　下線部(**ケ**)に関連して，日本における条約の締結や承認の手続きについて述べた文①・②の内容の正誤の組み合わせとして正しいものを，次の**Ａ**～**Ｄ**の中からひとつ選んでアルファベットで答えなさい。

①　事前に国会の承認を必ず得た上で内閣は条約を締結する。

②　国会において条約の承認について衆議院と参議院で意見が異なった場合，両院協議会でも意見がまとまらない場合は衆議院の議決を国会の議決とする。

Ａ　①―正　②―正　　**Ｂ**　①―正　②―誤

Ｃ　①―誤　②―正　　**Ｄ**　①―誤　②―誤

問10　下線部(**コ**)に関連して，地球規模で起きている環境問題について述べた文として誤っているものを，次の**Ａ**～**Ｄ**の中からひとつ選んでアルファベットで答えなさい。

Ａ　海を漂《ただよ》うマイクロプラスチックが海洋生物の体内に取り込《こ》まれ，その海洋生物を食べる他の生物や人間の体内に取り込まれる危険性がある。

Ｂ　工場や自動車から排出《はいしゅつ》される硫黄酸化物などが雨に溶《と》けた酸性雨が降ることで，森林を枯《か》らしたり石造りの建物を溶かしたりしている。

Ｃ　地球温暖化が進行することで，これまで熱帯地域でしかみられなかった感染症が他の地域でもみられるようになった。

Ｄ　二酸化炭素によりオゾン層が破壊《はかい》され，生物に有害な紫外線の地表に届く量が増えている。

【理　科】〈第２回試験〉（社会と合わせて60分）〈満点：75点〉

1　園子さんは，帽子《ぼうし》を買いにお店に行きました。お店では，図１のような前面に「SG」というロゴが書かれた帽子が気に入ったので試着し，図２のように全身を映すことのできる全身鏡Aで見てみました。ただし，鏡の厚さは考えないものとします。

図１

図２

(1)　鏡に映った帽子のロゴは園子さんにはどのように見えますか。適当なものを次より１つ選び，記号で答えなさい。

ア 

イ 

ウ 

エ 

オ 

カ 

キ　ロゴは見えない

(2)　図３のように，園子さんの後ろにも全身鏡Bを置いてもらいました。園子さんが全身鏡Aを見たとき，全身鏡Bに映った帽子も見えました。(1)の選択肢《せんたくし》より全身鏡Aに映った帽子のロゴをすべて選び，記号で答えなさい。

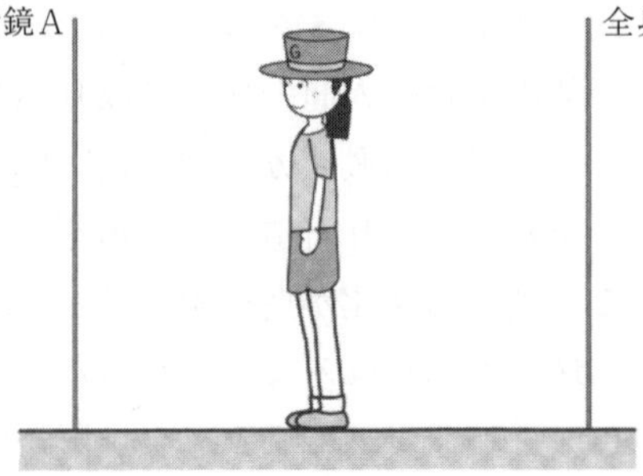

図３

(3)　図４のように，２つの鏡を垂直に置き，帽子を置きました。aの位置から２つの鏡を見ると帽子は何個見えましたか。同様にb，cの位置から見た場合，それぞれ何個見えましたか。

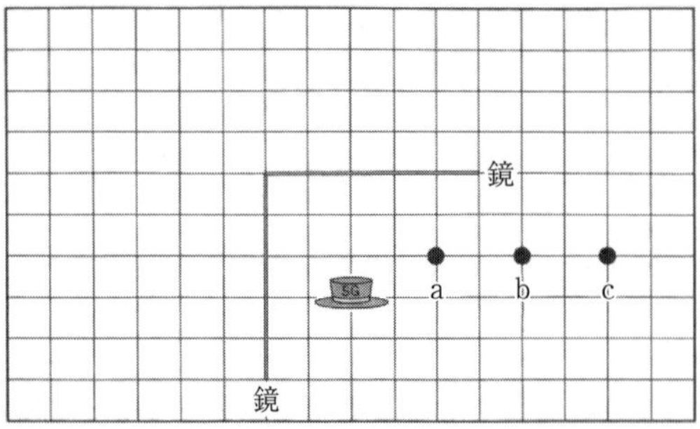

図４

図５のように園子さんは，購入した帽子を家でかぶって，鏡から60cm離《はな》れた位置から見てみましたが，立った状態で帽子の一番上の部分を見ることができませんでした。園子さんの家の鏡は長さ80cmで鏡の一番下の部分が床《ゆか》から60cmの高さにつけられています。そこで，ど

のようにしたら帽子の一番上の部分が見えるか考えるため，実験してみました。

ただし，園子さんの身長は150cm，目の位置は床から140cm，目の位置から帽子の一番上まで20cmとします。

図５

(4)　園子さんは，鏡から遠ざかってみました。図５の位置から少なくとも何cm遠ざかれば帽子の一番上の部分まで見えるようになりますか。適当なものを次より１つ選び，記号で答えなさい。

ア．20cm　　イ．40cm　　ウ．60cm

エ．80cm　　オ．遠ざかっても見えない。

(5)　次に，鏡から60cm離れた位置に戻《もど》り，鏡を上下に動かしてみました。鏡を上下どちらに少なくとも何cm動かせば帽子の一番上の部分まで見えるようになりますか。適当なものを次より１つ選び，記号で答えなさい。

ア．上に５cm　　イ．上に10cm　　ウ．下に５cm

エ．下に10cm　　オ．どれだけ動かしても見えない。

(6)　図６のように鏡の位置を元に戻し，鏡から80cm離れたところに身長170cmのお父さんが立ちました。ただし，お父さんの目の位置は床から160cmにあるとします。

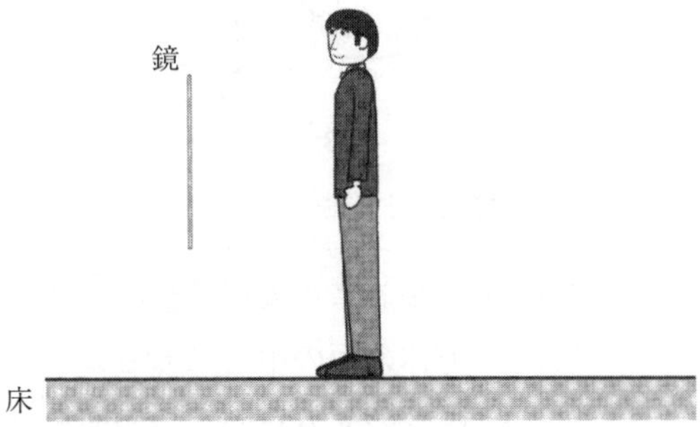

図６

①　お父さんは鏡を見ましたが，自分の全身を見ることができませんでした。見えたのは床から[　a　]cmの高さより[　b　]側でした。[a]には整数を入れ，[b]に入る語句を次より１つ選び，記号で答えなさい。

ア．頭　　イ．足

②　お父さんが自分の全身を見ることができるようにするためには，鏡の長さを最低何cmにして，鏡の下の部分を床から何cmの位置にすればよいですか。

2　次の会話を読んであとの問いに答えなさい。答えは，小数第３位以下があるときは四捨五入して小数第２位まで求めなさい。

園子さん「私たちの身の回りには，金属でできているものが多いわね。金属ってどういう構造になっているのかしら。」

お姉さん「金属は原子というほぼ球形のものが規則正しくならんでいるのよ。詳《くわ》しく見ると，金属の種類によって図１や図２のように原子が並んでいるのよ。図１の点線の部分を切り取ると，図３の立方体になるわ。同じように，図２の点線の部分を切り取ると，図４の立方体になるわ。これらの立方体が規則正しく並んで金属ができていると分かるわね。」

園子さん「これらの構造について調べて[学習メモ]にまとめるわ。」

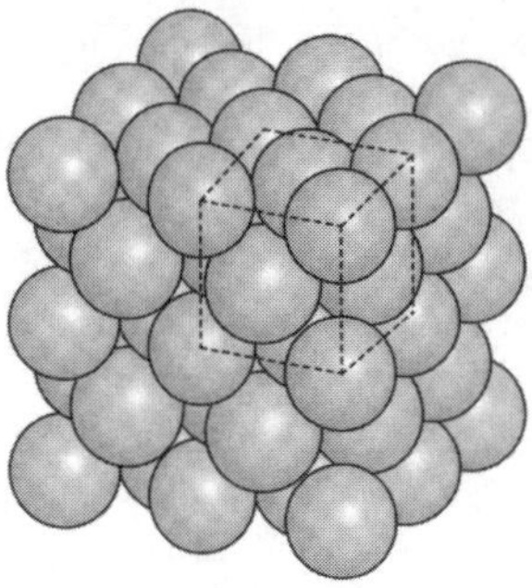

図１

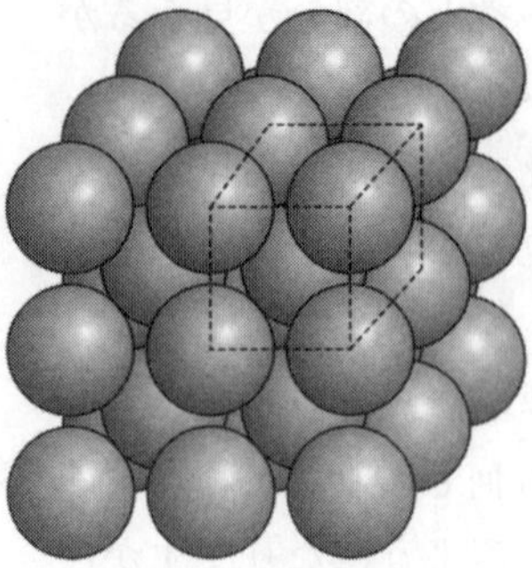

図２

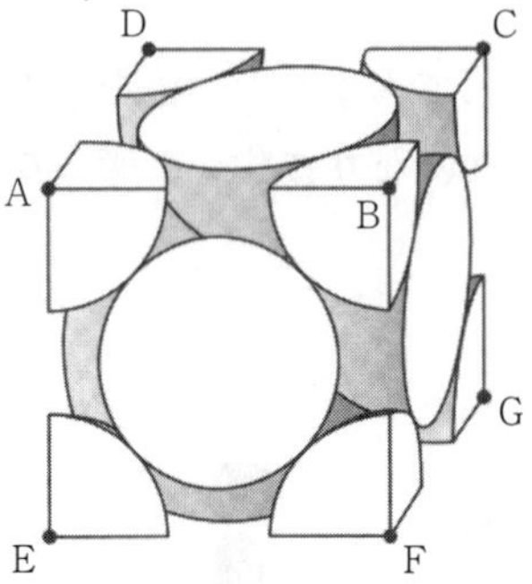

図３

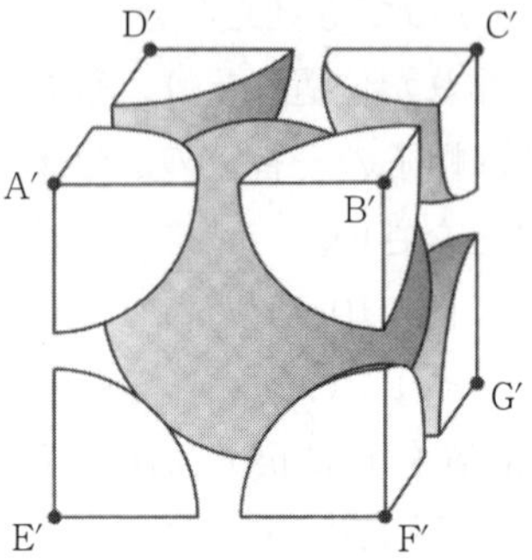

図４

［学習メモ］

・アルミニウム（常温）の構造は，図３のように原子の中心が立方体の各頂点と，立方体の面の中心にくるようにつまっている。

・図３の立方体の１つの面を見ると，図５のように原子同士が接している。

・鉄（常温）の構造は，図４のように原子の中心が立方体の各頂点と立方体の中心にくるようにつまっている。

・図４の構造を，頂点 A′，C′，G′，E′ を通る平面で切ったとき，図６のように原子同士が接している。

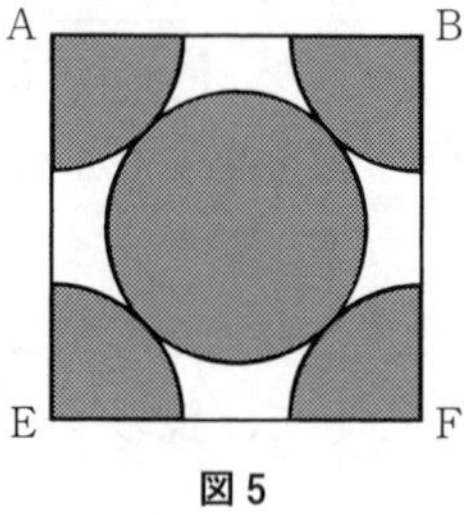

図５

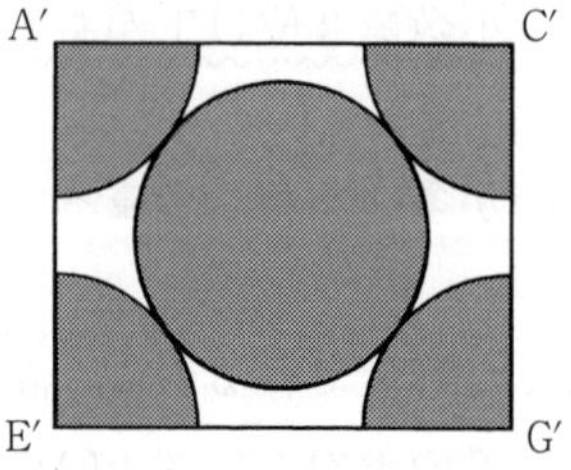

図６

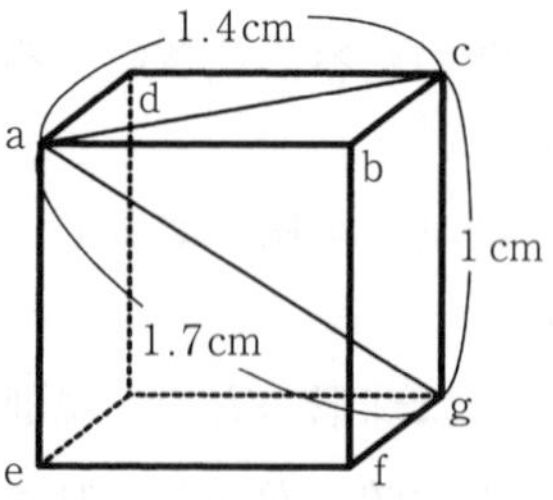

図７

・アルミニウムと鉄の立方体の１辺の長さの比は 10：7 である。

・図７のように立方体の１辺の長さを１cm とすると，ac の長さは 1.4cm，ag の長さは 1.7cm となった。

(1)　アルミニウムや鉄は缶《かん》ジュースや缶詰《かんづめ》などに利用されています。それらはリサイクルできるので，容器が何でできているかを表すマークがついています。鉄であることを表すマークを次より1つ選び，記号で答えなさい。

ア

イ

ウ

エ

オ

カ

キ

(2)　アルミニウム，鉄の構造を考えたときに，1つの立方体の中に存在する原子は球何個分ですか。

(3)　アルミニウムの構造で，1つの立方体の1辺の長さが0.4nm(ナノメートル)の時，アルミニウム原子の半径は何nmになりますか。ただし，1cmは10000000nmです。

(4)　図3の立方体の頂点A，C，Fを通る平面で切断した時の切断面は正三角形になります。この時，アルミニウム原子も切断されますが，その時の断面を解答欄《らん》に書きなさい。

(5)　鉄の構造で，1つの立方体の1辺の長さと鉄原子の半径を比べた時，鉄原子の半径は1辺の長さの何倍になりますか。

(6)　球の体積は，$\frac{4}{3}$×半径×半径×半径×円周率で求めることができます。1つの立方体の中に存在するアルミニウム原子の体積の割合は，何％になりますか。ただし，円周率は3.14を使用しなさい。

(7)　アルミニウム，鉄の1つの原子の重さの比は27：56です。鉄の密度はアルミニウムの密度の何倍になりますか。

(8)　金属でできているアイスクリーム専用スプーンを使うと，かたいアイスクリームがとけてすくいやすくなります。これは，金属のどのような性質を利用しているものだと考えられますか。

3　園子さんは鉢《はち》植《う》えにたくさん生えていた図1のようなミントでお茶をいれようと思い，約30本の茎《くき》を先端《せんたん》から5cmほどの長さで切り取りました。切り取った茎から葉をちぎり，お湯につけました。5分ほどで$_A$水が緑色になりました。思ったより葉が多かったので，何本かの茎は葉をつけたまま少量の水を入れたカップにつけておきました。

それから10日ほどたったある日，カップにつけておいた茎を見てみると，$_B$茎の下の方から根が出ていました。

図1

(1)　葉脈のはしり方がミントと同じような植物を次より1つ選び，記号で答えなさい。

ア．ツユクサ　　イ．ニラ　　ウ．ポインセチア　　エ．トウモロコシ

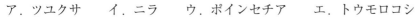

(2)　下線部Aについて，水にとけ出した色素のおもなはたらきを正しく説明しているものを次より１つ選び，記号で答えなさい。

ア．花粉を運んでもらうために虫を誘《さそ》う。

イ．蜜《みつ》を食べてもらうために虫を誘う。

ウ．デンプンを分解するために光を吸収する。

エ．酸素と二酸化炭素から水をつくるために光を吸収する。

オ．水と二酸化炭素からデンプンをつくるために光を吸収する。

(3)　下線部Aについて，お湯につけた葉の色はお湯につける前よりも薄《うす》くなりました。そのことを先生に話すと，水ではなくエタノールを使うともっと葉の色が薄くなることを教わりました。水よりエタノールの方が葉の色が薄くなる理由を，色素の性質に触れながら説明しなさい。

(4)　動物の場合は，からだの表面に傷ができると出血しますが，しばらくすると，血液が固まって出血が止まります。図２はヒトの血液をけんび鏡で観察するとみられるものをスケッチしたものです。ただし，倍率は同じではありません。

X　　　　Y　　　　Z

図２

①　図２のX～Zの説明をした次の文の空欄《くうらん》に入る語句をあとより１つずつ選び，記号で答えなさい。

　Xは，（　a　）のような運動をし，体内に入った細菌《さいきん》などを食べて，病気を予防したり，治したりするはたらきがある。Yは（　b　）といい，血液を固めるはたらきがある。またZは，円ばん状をしており，真ん中がくぼんでいる。（　c　）という赤い色素をたくさん含《ふく》んでいる。

ア．赤血球　　イ．白血球

ウ．血小板　　エ．ゾウリムシ

オ．アメーバ　　カ．ヘモグロビン

キ．メラニン　　ク．ミドリムシ

ケ．アントシアン

②　メダカの尾《お》びれはうすいので，生きているメダカで，血液の流れる様子を観察することができます。図３は，その様子をスケッチしたものです。血中の粒が血管内を流れていく速さは一定ではなく，きまったリズムで速くなったり，遅《おそ》くなったりしていました。これは何の影響を受けていると考えられますか。次より１つ選び，記号で答えなさい。

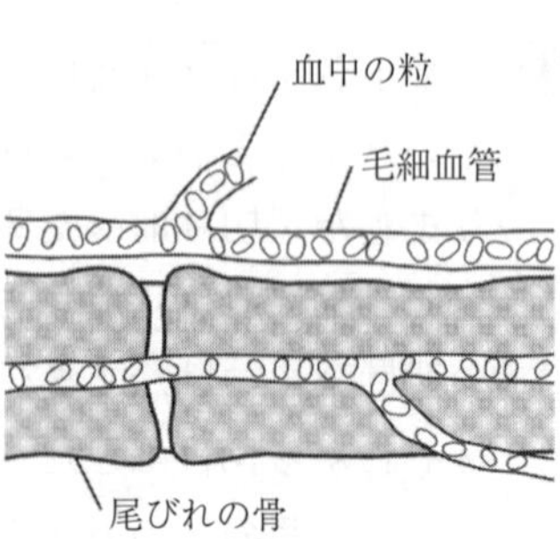

図３

ア．血管の太さ

イ．エラの開閉

ウ．心臓の拍動《はくどう》

エ．血管の弁の開閉

(5)　下線部Bについて調べたところ，切り口近くにあった細ぼうがカルスと呼ばれる特殊《とくしゅ》な細ぼうのかたまりをつくり，そのかたまりが根を作ったのだということが分かりました。植物の細ぼうのこのような能力に関係しているものを次より１つ選び，記号で答えなさい。

ア．切ってから時間がたった千切りキャベツを水にひたすと，切ったばかりのようにシャキシャキになる。

イ．鉢植えでしおれているアオジソに水をあげ，しばらく待つと葉がピンとのびる。

ウ．モヤシを日の当たるところに置いておくと，一部が緑色になる。

エ．冷蔵庫の野菜室に長い間入れていたジャガイモから芽が出る。

4　(1)　図１は，ある日の太陽，金星，地球，火星の位置関係を，北極側から見たものを模式的に表しています。川崎《かわさき》市のある地点から，金星や火星を観察したとして，次の問いに答えなさい。ただし，金星，火星の公転周期はそれぞれ，約0.6年，約２年とします。

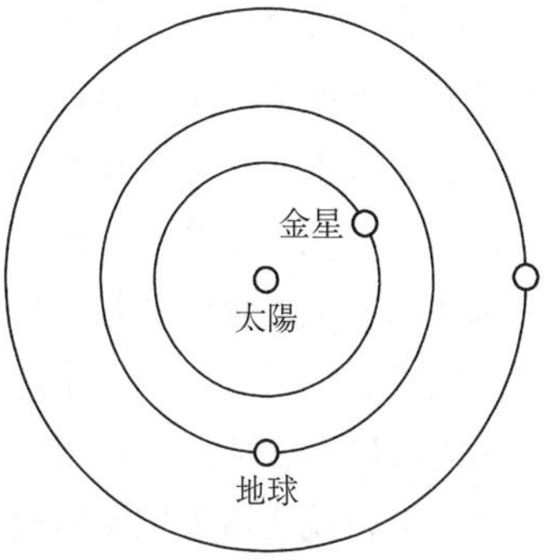

図１

①　この日の金星を望遠鏡で見たときの見え方を次より１つ選び，記号で答えなさい。

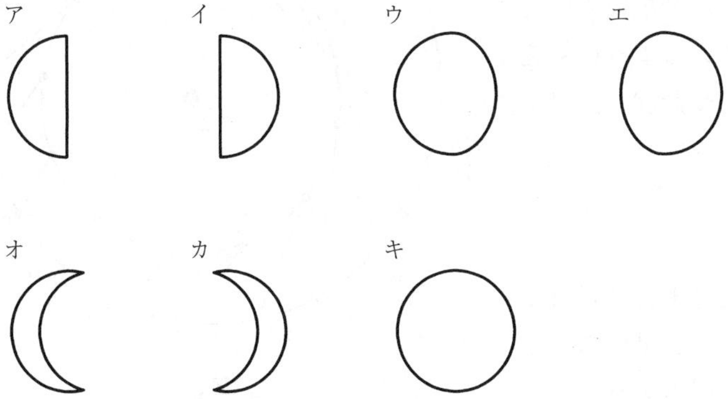

※　編集部注…学校より，**4**の(1)の①については「選択肢の中に正解に該当するものがなかったため，受験生全員を正解にした」とのコメントがありました。なお，この件による合否への影響はなかったとのことです。

②　この半年後，同じ地点から金星，火星を観察した場合，それぞれ観察できた時間帯や方位について述べたものとして適当なものを次より１つずつ選び，記号で答えなさい。

ア．明け方の西の空で観察できた。

イ．明け方の東の空で観察できた。

ウ．夕方の西の空で観察できた。

エ．夕方の東の空で観察できた。

オ．ほぼ一晩中見ることができ，真夜中には南の空で観察できた。

(2)　火星について調べていると，火星における引力は地球の約38％であると分かりました。そこで，地球上で物体Aをばねばかりと上皿天びんそれぞれで測ったところ，ばねばかりでも上皿天びんでも35gでした。答えは，小数第２位以下があるときは四捨五入して小数第１位まで求めなさい。

①　火星で物体Ａをばねばかりで測ると何ｇになりますか。

②　火星で物体Ａを上皿天びんで測ると何ｇになりますか。

図２は，太陽を中心とした地球の公転と各星座の位置を模式的に表したものです。

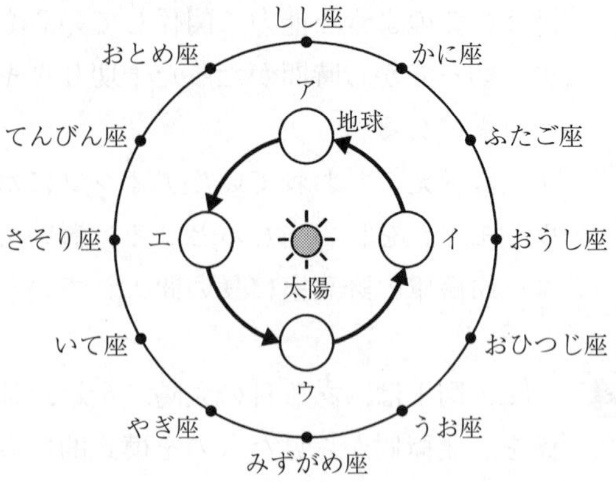

図２

(3)　川崎市で夏至のときの地球の位置として適当なものを図２より１つ選び，記号で答えなさい。

(4)　川崎市において，８月１日と９月１日の同じ時刻にみずがめ座の見える方位を観察すると位置がずれていました。みずがめ座はどの方位からどの方位に動いているように見えますか。適当なものを次より１つ選び，記号で答えなさい。

ア．西から東　　イ．東から西

ウ．南から北　　エ．北から南

図３は，ある年の各月１日の地球と火星の位置を模式的に表しています。

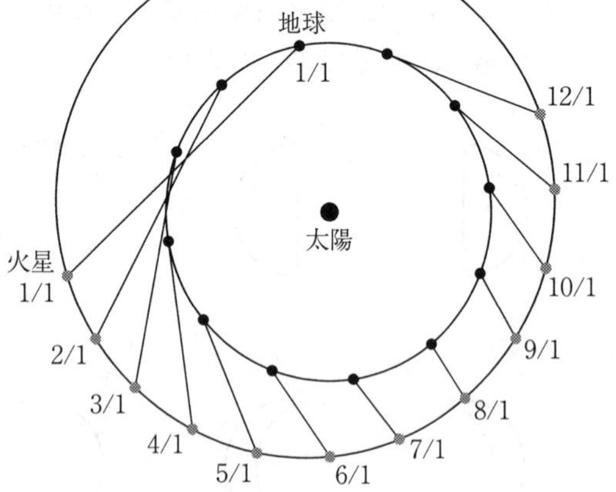

図３

(5)　川崎市において，この年の７月１日と８月１日に火星の見える方位を観察すると星座の中をどの方位からどの方位に動いているように見えますか。適当なものを次より１つ選び，記号で答えなさい。

ア．西から東　　イ．東から西

ウ．南から北　　エ．北から南

(6)　川崎市において，この年の10月１日と11月１日に火星の見える方位を観察すると星座の中をどの方位からどの方位に動いているように見えますか。適当なものを次より１つ選び，記号で答えなさい。

ア．西から東　　イ．東から西　　ウ．南から北　　エ．北から南

(7)　この観測から，裏付けされる説として適当なものを次より１つ選び，記号で答えなさい。

ア．大陸移動説　　イ．地球平面説　　ウ．地動説　　エ．天動説

(8)　探査機「はやぶさ２」はある小惑星《しょうわくせい》の表面からサンプルを回収して地球に持ち帰ることに成功しました。ある小惑星とは何ですか。

らず、一瞬周りの音が消えた気がする。」という描写から、周囲の音が聞こえなく感じるほどに、千鈴が姫乃を決定的に言い負かしてしまった衝撃が伝わってくる。

エ　188行目「ミーン、ミン、ミン、ミン、ミ――……。ツクツクオーシ、ツクツクオーシ、オーシツクツク、オーシツクツク……。」という描写から、三人がそれぞれ思いをぶつけあった後の沈黙がよくわかるとともに、大音声の蝉時雨の中にやり場のない思いが入っていくようで、途方に暮れる三人の様子がよく伝わってくる。

問七　次に示すのは、国語の授業で本文を読んだ後の先生の説明と、それに対してAさん～Dさんが感想を述べたものです。Aさん～Dさんの中で、明らかに本文の内容や特徴《とくちょう》と**合わない一人**は誰ですか。次の**ア**～**エ**の中から一つ選び、記号で答えなさい。

先　生　この物語は、新生児すり替えという事件を発端《ほったん》に、当事者の少女三人がそれぞれ別の家庭で過ごしていく体験をする中で、お互いの家族や本人の複雑な思いが描《えが》かれています。皆さんはどう感じましたか。

ア　Aさん　門倉家の娘になるかもしれない菜種は、本当は一条家でこのまま暮らしたいと考えているので、姫乃からずるいと言われてやりきれない気持ちだったと思います。

イ　Bさん　登場人物は千鈴、姫乃、菜種が中心ですが、千鈴の視点から語られています。従って姫乃と菜種の心理は千鈴から見たものであり、千鈴の内面がより深く伝わってきます。

ウ　Cさん　勢いが止まらなくなった千鈴は、姫乃を言い負かした後、すぐに言い過ぎたことを後悔しているので、千鈴は姫乃が嫌《きら》いになったのではないことを理解しました。

エ　Dさん　この物語は千鈴、姫乃、菜種、それぞれの視点から、三者三様の描き方をしたものなので、蝉時雨の効果とともに夏休みの雰囲気《ふんいき》がリアルな形で伝わってきました。

から一つ選び、記号で答えなさい。

ア　自分は一条家で過ごしたこれまでの時間は大切だと思っており、ずるいと言われても気にせずやってきたが、姫乃や菜種にまで言われるようになり、途方《とほう》に暮れている。

イ　自分は一条家の家族や大地と仲よくすることを楽しいとは感じておらず、ずるいと言われるのは心外だったが、それ以上にこれまでの計画が挫折《ざせつ》することに不安を抱《いだ》いている。

ウ　自分は一条家で何か役に立ちたいと思っているのに結局何もできないので、ただ一緒《いっしょ》の時間を過ごすだけなのだが、そのこと自体がずるいというのは心外で、困惑《こんわく》している。

エ　自分は一条家の家族になるために懸命《けんめい》に努力してきたことを褒《ほ》めてもらいたいのに、ずるいと非難されることに戸惑《とまど》い、姫乃や菜種に対して苛立《いらだ》ちをあらわにしている。

問四　――**(4)**「姫乃の表情は、とても複雑に動いた。」とありますが、この時の「姫乃」の心情を説明したものとして最もふさわしいものを、次の**ア**～**エ**の中から一つ選び、記号で答えなさい。

ア　千鈴の口から、「そうじゃない」と取り消そうとする言葉が出る瞬間、菜種から「それはありえないよ」という言葉を聞いたので、初めは驚いたが、菜種の悲しげな表情から「勝った」と思い安心する一方で、本当に門倉の娘になるのだろうかと不安にもなった。

イ　菜種の口から、門倉の父と母は姫乃のことが一番好きであると聞いて驚くとともに安心したが、同時に菜種のどこか悲しげな表情から、菜種は一条家で暮らすことが本当に嫌になったために門倉の娘になる決意をしてしまったのではないかと不安にもなった。

ウ　千鈴の口から、姫乃は勉強も家事もできる菜種に嫉妬しているのだと言われて驚くが、菜種から門倉の父と母は姫乃のことが一番好きであると聞き安心する。しかし何でも見通せる菜種にはかなわないと思い、これからは菜種には逆らえないと不安になった。

エ　菜種の口から、門倉の父と母は能力で人を見ることをしない誠実な人たちであり、彼らは姫乃を一番大事にしていると聞いて驚くとともに安心したが、同時にそれだけ家族のことをよく見ている菜種が本当に門倉の娘になりたくなったのかと不安になった。

問五　［Ａ］～［Ｄ］に入れる語としてふさわしいものを次の中からそれぞれ一つずつ選び、記号で答えなさい。（ただし記号はそれぞれ一回ずつ使用します。）

ア　ちょこちょこ　**イ**　どっしり　**ウ**　ありありと
エ　まじまじと　**オ**　じりじりと　**カ**　おずおず
キ　ぎっしりと　**ク**　ちらり、ちらりと

問六　本文では「蟬たちの声」や「蟬時雨」の描写が何度も出てきますが、そのことによる表現上の効果の説明として**ふさわしくないもの**を、次の**ア**～**エ**の中から一つ選び、記号で答えなさい。

ア　71行目「わしゃわしゃとした蟬の声は、まるで姫乃の味方をするようにすごい迫力でせまってくる。」という描写から、菜種を挑発しようとする姫乃の攻撃的な態度が大きな脅威《きょうい》として感じられるように伝わってくる。

イ　100行目「蟬時雨の中の一匹が、ジッと鳴き終わり、別の一匹が、ミーン……と、鳴き始める。」という描写から、三人のよどんでいた思いがぶつかる混乱した状況の中で、菜種の発した言葉に心から納得する千鈴の様子が伝わってくる。

ウ　162行目「蟬時雨は、大音声で降りそそいでいる。」にもかかわ

千鈴がそのことに気づいたのと、姫乃が口を開いたのは、同時だった。

「たしかにね。パパとママは、勉強ができて、家事もできる菜種のほうが、わたしよりも、好きかもね」

「ちがう、そうじゃない……」

千鈴があわてて、言葉を並《なら》べ始《はじ》めたとき。

「それは、ありえないよ」

菜種が、きっぱりとそう言った。

「あの人たちは、なにかができるとか、できないとか、そんなことで左右されるような人たちじゃない。見てれば、わかる。パパとママは、姫乃ちゃんのことが一番好きだよ」

姫乃は、驚《おどろ》いた顔で菜種を見た。

菜種は、どこか悲しい……というより、切ない表情《ひょうじょう》をしている。

(4)姫乃の表情は、とても複雑《ふくざつ》に動いた。最初は驚いて……、そして、いったん安心したような顔になったかと思うと……、今度は、不安そうな目で菜種を見て、おそるおそる聞いた。

「菜種。わたしの代わりに、うちの子になりたくなった？」

「さっきも言ったでしょ、バカなこと言わないでって。わたしは、今のまま、今の家で暮《く》らしたいから」

三人とも、泣きそうな顔になっていた。

ミーン、ミン、ミン、ミン、ミ――……。

ツクツクオーシ、ツクツクオーシ、オーシツクツク、オーシツクツク……。

沈黙が流れ、蝉の声が、いよいよ大きく聞こえてきた。

（辻みゆき『家族セッション』）

問一 ――(1)「三人はとうとう、よどんでいた気持ちをぶつけあうことになってしまった。」とありますが、本文全体を通して、次の(一)～(三)の問いに答えなさい。

(一)「姫乃」は「菜種」に対し、どのような思いをぶつけていますか。二行以内で説明しなさい。文末は「…こと。」や名詞で止めなくてよい。

(二)「菜種」は「千鈴」のことをどのように思っていますか。二行以内で説明しなさい。文末は「…こと。」や名詞で止めなくてよい。

(三)「千鈴」は「姫乃」に対し、どのような思いをどのように言いましたか。三行以内で説明しなさい。文末は「…こと。」や名詞で止めなくてよい。

問二 ――(2)「耳が勝手に声を拾う。」とありますが、「耳」を使った慣用句、また「声」や「音」に関することわざなどについて、次の**一**～**五**のそれぞれの語に関する説明を、【語群】の中から一つずつ選び、記号で答えなさい。（ただし記号はそれぞれ一回ずつ使用します。）

一 耳が痛い　**二** 寝耳に水　**三** 産声《うぶごえ》を上げる

四 猫なで声　**五** 音を上げる

【語群】

ア 人の機嫌《きげん》を取ろうとする言い方。

イ いくら言っても効果がない。

ウ 弱点を指摘《してき》されてつらい。

エ 不意の出来事におどろく。

オ うれしくて声が生き生きする。

カ 新しい物事が作り出される。

キ 困難な状況《じょうきょう》に耐《た》えられない。

問三 ――(3)「そんな、めちゃくちゃな。」とありますが、このときの「千鈴」の心情として最もふさわしいものを、次の**ア**～**エ**の中

さしくしてもらって、春馬とは、なんだかんだ言って仲よくして、口下手のユージから音楽を教えてもらって、ちゃっかり大地とまで仲よくなって。千鈴ちゃん、なんなのって思う」

「なんなのって、言われても……」

千鈴はとまどいながらも、思う。

わたしは、ふつうにしていただけだ。菜種の真似《まね》ではなく……もっとも、真似したくてもできないのだから……、なにもできないけど、しかたなく、一条家の人たちといっしょの時間を過ごしていた。ただ、それだけだ。なんなのって言いたいのは、わたしのほうだ。

わしゃわしゃわしゃ……と、全体が、大きなひとつのうねりのようになって、蟬が鳴いている。

「わたしも、菜種の気持ち、わかる」

そう言ったのは、姫乃だった。

「千鈴は、ずるい。ずるいことをしてないかもしれないけど、ずるい」

(3)そんな、めちゃくちゃな。

太陽がぎらぎらと照りつけている。

「だったら……」

千鈴は、姫乃のことを下から見上げるような目つきで言った。

「姫乃だって、ずるい。うちの家族を無視《むし》して、さんざんふり回してたくせに。今はリーダーぶって、トランプしてるんだってね」

「はあ？　バッカみたい。しかたなくやってるんだけど」

「だいたい、姫乃はなんで、うちのお父さんとお母さんのことを、おじさん、おばさん、って呼ぶのよ」

「気がついたの。わたしの親は、パパとママだけだから。あの人たちのこと、お父さん、お母さんなんて呼べませーんって」

「あの人たちなんて言い方、しないでよ。わたしの、お父さんとお母さんなんだから。うちのみんなが優《やさ》しくしてくれるからって、えらそうにしないで」

「えらそうになんて、してないってば。トランプしてるのが、そんなに気に入らないの？　も〜、嫉妬《しっと》しないでよ」

「嫉妬?!」

その言葉にはじかれたように、千鈴は言い返す。

「嫉妬してるのは、姫乃でしょ！　姫乃の言う〝ずるい〟って、ルール違反《いはん》やなにかでホントにずるいことをしたわけじゃなくて、自分の嫉妬の矛先《ほこさき》を相手に向けて、ずるいって攻撃《こうげき》してるだけだよね」

そう口にしたとたん、蟬の声が、今度は、千鈴の側についたような空気になった。

そうだ、そのとおりだ。ずるくないのに、ずるい、と思う気持ちは、相手への嫉妬だ。

千鈴は、自分で自分の言葉に、心の中でうなずいた。

勢《いきお》いのついた千鈴の口は、止まらない。

「ま、しょうがないよね。菜種が『門倉の娘』って言われてたら、そりゃあ、ムキになっちゃうよね。菜種は、あれだけ勉強ができて、あれだけ手伝いもできるんだもん。姫乃のパパとママが、菜種のほうを好きになっちゃうかもって思ったら、嫉妬もしちゃうよね」

わしゃわしゃわしゃ……。

蟬時雨は、大音声で降《ふ》りそそいでいる。にもかかわらず、一瞬周りの音が消えた気がする。

千鈴は、瞬間的《しゅんかんてき》に「勝った」と思い、でもすぐ、その直後に「しまった」と思った。後悔《こうかい》の気持ちで、大きななにかがのしかかる。ごめん、そうじゃない、そんなことあるわけない。あるわけないから、ただ言い負かすためだけに、言ってしまった。

姫乃の声に、非難《ひなん》めいた響《ひび》きがまざる。
「なんで言ってくれなかったの？」
「言ったら、大さわぎになるだけじゃない」
菜種の顔にも、 **C** 不満の色が表れていく。
「もういいじゃん。八月二十日過《す》ぎたら、終わる話なんだから」
千鈴は話をおしまいにするつもりでそう言ったけど、姫乃にとっては、そうはいかない。
「わたし、前から思ってた。菜種って、ずるい。テストでこっそりいい点とったり、大地とのことを黙ってたり。どの家に行っても、 **D** 手伝いしてるし。自分のことは黙ってて、周りには、めいっぱい点数稼《かせ》ぎ。そんなに、パパとママに気に入られたいの？」
わしゃわしゃとした蝉の声は、まるで姫乃の味方をするようにすごい迫力《はくりょく》でせまってくる。
「もしかして、わたしの代わりに、うちの子になりたくなった？」
挑発《ちょうはつ》するように言う姫乃に、菜種は抵抗《ていこう》した。
「バカなこと言わないで。やるべきことをやってるだけ。点数稼ぎなんてしてない」
「してるって。ねぇ、千鈴もそう思うでしょ？　菜種はずるいって」
「え……」
〝ずるくない〟と、千鈴は思う。たぶん菜種にとっては、ごくふつうのことなのだ。そんな言いがかりをつけるひまがあったら、姫乃も、少しは菜種を見習って、勉強や手伝いをすればいい。
でも……、姫乃の気持ちもわかる。なんでもできる菜種は、ずるい。自分の心のどこか、のぞいてはいけないどこかで、そういう声が聞こえてくる。
「ああ、そう」
姫乃は、千鈴の一瞬《いっしゅん》の沈黙《ちんもく》を、否定《ひてい》だと受け取ったようで、冷ややかにそう言った。
「そういえば、千鈴もずるいもんね。大地のこと好きじゃないって言いながら、いつのまにか仲よくなってる！」
「なんでそうなるのよ」
千鈴は怒《おこ》った。たしかに、ホームステイをするようになってから、大地とは仲よくなったけど、姫乃が勘《かん》ぐっているような気持ちではない。今のところは。
「わたし、ずるくない」
わたしだけは、ずるくない——千鈴は、本当はそう言いたかった。
ところが。ところが、だ。
「わたしも、千鈴ちゃんって、ずるいと思う」
なんと、そう言ったのは菜種だった。
蝉時雨の中の一匹《ぴき》が、ジッと鳴き終わり、別の一匹が、ミーン……と、鳴き始める。
「菜種？」
「わかってる。千鈴ちゃんは、いい子だし、ちっとも、ずるくない。でも……思うか、思わないかって言われたら、わたしはずるいと思う」
「あははっ」
おもしろくなってきたと言わんばかりに、姫乃が笑う。
「なんで？　ずるいもなにも、わたし、一条家でなんにもしてない。素《そう》麺すら、まともにゆでられなくて……」
「そこが、ずるいんだってば」
菜種は、めずらしくイライラしたようにそう言った。
「千鈴ちゃんは、なにもできない。岳とユージに迷惑《めいわく》かけて、春馬とケンカして。それなのに……、すずちゃんって呼《よ》ばれて、岳にや

とても楽しかった。日にちと曜日の感覚が薄《うす》れていくくらいに、無我夢中《むがむちゅう》の毎日だった。

そんな日々の中で、三人はそれぞれに、［ **A** ］思うことがあった。

最初は、すぐに忘《わす》れてしまうこと。いや、忘れてしまおうとすること。だけど、やっぱり忘れられないこと。たまり続けたものは、いつかはあふれだす。

八月二十日を二日後に控《ひか》えた、八月十八日、(1)三人はとうとう、よどんでいた気持ちをぶつけあうことになってしまった。

きっかけは、三人で門倉家に泊まったときの、ささいなひと言だった。

夜通しおしゃべりした、次の日。三人でショッピングモールに出かけようとしていた、その、出がけのことだった。

「じゃあ、行ってくるね」

姫乃がそう言い、

「お世話になりました」

千鈴と菜種は、その場にいた、ママとヒロ子《こ》にあいさつをした。

「また遊びに来てね」

笑顔《えがお》でそう言うママの横で、

「外でも、きちんとなさいね」

ヒロ子は、そう言った。

「門倉の娘《むすめ》なんだから」

濃《こ》く短い自分の影《かげ》を見ながら、三人は黙々《もくもく》と歩いていた。

日差しは［ **B** ］容赦《ようしゃ》なく照りつけてくるけれど、この暑さで人影もなく、不思議な静けさを味わってもいる。

門倉家からショッピングモールへ行くにはバスに乗るのだが、そのバス停《てい》まで、最短距離《さいたんきょり》で五分ほど。けれど姫乃は、その最短ルートではなく、もっと静かな裏道《うらみち》を選んだので、千鈴と菜種も、黙《だま》って、それに従《したが》った。

途中《とちゅう》で公園にさしかかる。

「ちょっと、こっち」

そう言うと、姫乃は公園へと足を向けた。

誰もいない真夏の公園は、蝉《せみ》たちの天下だ。

わしゃわしゃと聞こえる、ひとかたまりの蝉時雨《しぐれ》の中から、(2)耳が勝手に声を拾う。

ミーン、ミン、ミン、ミン、ミ――……。

ツクツクオーシ、ツクツクオーシ、オーシツクツク、オーシツクツク……。

姫乃は、大きな木のかげを選んで、立ち止まった。

「家を出てから、ずっと気になってることがあるんだけど」

蝉たちの声に負けないように、姫乃は言った。

「さっき『門倉の娘なんだから』って言ったとき……、ヒロ子さん、わたしじゃなくて、菜種に言ってたよね？」

あのとき――、姫乃と菜種は、千鈴を真ん中にして左右に分かれていた。ヒロ子は、あきらかに、菜種のほうに顔を向けて、そう言っていた。

「菜種。ヒロ子さんから『門倉の娘』って言われてるの？」

「……言われてる」

大音声《だいおんじょう》の蝉時雨の中、菜種は、やっとのこと、そう答えた。

「いつから？」

「門倉家に、はじめて行ったときから」

「そんなに前から?!」

のルールに従い、自分自身の行動や生活態度によって決まるということ。

エ　「正しさ」は、議会がある法律を定めるとき、代表者たちの意志に基づくか、権力者による強制であるかによって決まるということ。

問四　A ～ D に入れる語を次の**ア**～**エ**の中から一つずつ選び、それぞれ記号で答えなさい。（ただし記号はそれぞれ一回ずつ使用します。）

ア　それに　**イ**　つまり　**ウ**　たとえば　**エ**　もちろん

問五　――(4)「あからさまに暴力的な手続き」とありますが、誰がどうすることですか。解答らんに一行で説明しなさい。

問六　――(5)「ある法律が含んでいる暴力」とありますが、ここでの「暴力」とはどういうことですか。二行以内で説明しなさい。

問七　――(6)「分断された社会」とありますが、そのようにならないために私たちがすべきことはどういうことですか。三行以内で説明しなさい。

問八　――(ア)～(オ)のカタカナを漢字に直しなさい。

問九　本文の内容に合うものを次の**ア**～**エ**の中から一つ選び、記号で答えなさい。

ア　正しさは文化によって異なるという文化相対主義の考え方には反論できない場合が多く、より正しいことを求めていく努力を断念させる方向へ導かれてしまう。

イ　国や社会の中で決められる法律は、その手続きにおいて十分な話し合いによる合意が形成されておらず、自分が納得できないものであれば、従わなくてよい。

ウ　これまで正しいと思われてきたことに対して反論する場合、お互いに話し合いを重ねながら複数の間でよりよい正しさを作り上げていくように進めるのがよい。

エ　何が正しいかは誰にも決められないという言葉は、どんなに話し合っても全人類が合意に達することはないという真理をふまえたもので、十分説得力がある。

二　**次の文章は、辻みゆき『家族セッション』の一節です。【本文までのあらすじ】を読んだ後、本文を読んで、後の問いに答えなさい。**

【本文までのあらすじ】

桜木千鈴《さくらぎちすず》、門倉姫乃《かどくらひめの》、一条菜種《いちじょうなたね》は中学一年生。あるとき三人は、それぞれの家族から重大な事実を宣告される。出生時に病院内で新生児すり替《か》え事件に巻き込《こ》まれ、本当は、千鈴は一条家（菜種の家族）、姫乃は桜木家（千鈴の家族）、菜種は門倉家（姫乃の家族）の子であったことがわかった。そしてそれぞれの家族が弁護士を交えて集まって議論した末、いずれは本来の家族に戻《もど》ることを決める。親たちは子どもたちに新しい家族に慣れてもらおうと「ホームステイ」と名付けて週に一回、「お泊《とま》り」を実施《じっし》することになった。「ホームステイ」は順調に続き、それぞれの温かい家族に迎《むか》えられながらも、やはり納得《なっとく》できない三人は、大人たちの計画を絶対阻止《そし》しようと真剣《しんけん》に話し合っていた。

いろんなところへ行った。二泊《はく》、三泊《ぱく》のホームステイもしたし、ひとつひとつの家に、三人いっしょに、順番で泊《と》まって回ったりもした。

誰《だれ》が、どの家か――そんなことが関係なくなるくらい、行ったり来たりした。

強制するよりは、話し合ってお互《たが》いに納得して決めていく方が正しいですし、これまで正しいと思われていたことに対して、その不正を(エ)コクハツする人たちの声が聞き入れられ、改正されたときには、より正しいものになっているでしょう。そうやって、たとえば女性の権利が認められてきたわけです。

もちろん、「不正のコクハツ」それ自体が不正なものである場合もあるでしょう。自分が悪いのに、それを認めずに他人のせいにする人もいます。そうしたとき、相手を尊重するとは、単に相手の言い分を丸呑《まるの》みすることではありません。納得できないことを言っているのに「人それぞれ」といってきちんと反論しないのは、相手を尊重するどころかバカにすることです。まずは相手の言い分をよく聞き、それがもっともだと思えば従い、おかしいと思えば指摘《してき》し、相手の再度の言い分を聞く。それを繰《く》り返すことで、お互いに納得のできる合意点を作り上げていく。これが、正しさを作っていくための正しい手続きというべきでしょう。そうした手続きによって、より正しい正しさを実現するよう努力していくことが大切です。

私が「人それぞれ」という言葉にこだわるのは、そうした努力をしないで済ませる態度を(オ)ジョチョウするからです。もちろん、趣味《しゅみ》や好みなど、他人と同じにしなくてもとくに問題ないようなことについては「人それぞれ」でけっこうなのですが、そうでないこと、他人を巻き込《こ》むことについては「人それぞれ」で済ませるわけにはいきません。他人と合意を作っていかなければならないことについて、「人それぞれ」などといって十分に話し合う努力をしないでいると、社会は★分断されてしまいます。(6)分断された社会で何かを決めようとすれば、結局のところ暴力に頼《たよ》るしかなくなってしまいます。

（山口裕之『「みんな違ってみんないい」のか？ 相対主義と普遍主義の問題』）

★普遍的…広く行き渡《わた》っていて共通するところがある様子。
★日本の旧優生保護法…一九四八年〜一九九六年まで存在した法律。不良な子孫の出生を防止することなどを目的とした。
★ナチスによるユダヤ人虐殺《ぎゃくさつ》…第二次大戦中、ナチス・ドイツがおこなったユダヤ人絶滅《ぜつめつ》政策のこと。およそ六〇〇万人のユダヤ人が虐殺された。
★文化相対主義…ここでは、すべての文化の価値は尊重されるとともに優劣《ゆうれつ》をつけることはできないとする考え方のこと。
★不妊手術…妊娠《にんしん》を不可能にする外科的手術のこと。
★民法…財産や身分や人格などの権利に関する法の総称《そうしょう》。
★分断…ひとまとまりのものを切れ切れにすること。

問一 ――(1)「私たちは海外旅行に行くときに、行き先の国の刑法体系について調べておくなどということはしないでしょう。」とありますが、その理由を二行以内で説明しなさい。

問二 [(2)] に入る表現を本文から十五字以上二十字以内で抜《ぬ》き出しなさい。句読点や記号は含みません。

問三 ――(3)「『正しさ』は、ある行為に複数の人間が関わるときに、その人たちの間で合意が形成されることで成立します。」とありますが、これはどういうことですか。次の**ア**〜**エ**の中から一つ選び、記号で答えなさい。

ア 「正しさ」は、文化の特徴《とくちょう》を取り上げて皆《みな》で議論し、お互《たが》いを尊重しながらすべてを認めているかによって決まるということ。

イ 「正しさ」は、そのルールの影響を受ける人たちの間で十分な話し合いがおこなわれ、皆が納得できるかによって決まるということ。

ウ 「正しさ」は、これまで大多数の人たちが合意してきた行動

体として不正です。このように考えると、これらの法律は「ルールを正当化する手続きの正しさ」を満たしておらず、やはり不正だったというべきでしょう。

女性を劣位《れつい》に扱《あつか》う戦前の日本の★民法や選挙法についても同じことが言えます。それらの法律は帝国《ていこく》議会によって制定されましたが、戦前の日本では女性に参政権はありませんでしたから、議会の代表者はみな男性でした。［B］、女性を劣位に置く法律は女性のいないところで勝手に決められたのです。

［C］、全国民が一致《いっち》して合意するなどということは現実的に困難です。そこで、現在のほとんどの国では代議制民主主義が採用されています。この制度では、議員が普通《ふつう》選挙で選ばれる限りは、法律に従う立場の人たちの代表者が法律を制定していることになります。その点で、代議制民主主義には一定の正当性があるといってよいでしょう。

［D］、議会での議論は公開されていますから、議員以外の一般《いっぱん》市民はその様子を見聞きして、納得できるものかどうかを判断することができます。そして、納得できない主張をした議員を次の選挙で落選させることもできます。

江戸《えど》時代の日本やその他の多くの国において、かつて法律は、権力者が一方的に定めてそれに従うことを暴力で強制するものでした。あまりに人々の立場を無視した法律は大きな反感を買うでしょうから、それなりに配慮《はいりょ》したかもしれませんが、その場合でも人々の意見を直接聞いたわけではなく、権力者側が勝手に(イ)スイソクしただけだったでしょう。そしてそもそも、そうした権力者の権力自体が、支配される側の人々の合意によって正当化されたものではなく、暴力(武力)によって獲得《かくとく》されたものです。

そうした(4)あからさまに暴力的な手続きよりは、代議制民主主義の手続きはずいぶんマシなものではあります。しかしやはり、代表されていない立場の人たちも多数います。それどころか、議会においてさえ、代表者全員が納得して合意するまで話し合われないままに、強行採決によって可決されることがままあります。そのようにして定められた法律を無造作に「正しい」と見なすことは、合意していないままに従わされる人たちへの暴力を無造作に肯定《こうてい》することになります。

もちろん、自分が納得しない法律には従わなくてよいということにはなりません。しかし、納得できない法律は批判し、その改正を求めていくことはできます。また、(5)ある法律が含んでいる暴力に自分自身では気づけなくても、それに苦しめられている人の声を聞いて気づくこともあります。そうして気づいてしまったときには、たとえ他国のことや昔のことであったとしても、「正しさ」を問い返し、「より正しい正しさ」を実現するように努力していくべきでしょう。

「正しさは人それぞれ」と並んで最近よく聞く言葉に、「絶対正しいことなんてない」とか「何が正しいかなんて誰《だれ》にも決められない」などというのがあります。これらの言葉を言う人たちは、どうやら「ちょっと気の利《き》いた、よいことを言っている」と思っているようなのですが、私はこうした言葉を聞くたびに(ウ)セスジが寒くなります。こうした言葉は、より正しいことを求めていく努力をはじめから放棄《ほうき》する態度を示しているように思われるからです。そして、こうした言葉を吐《は》く人たちは、たとえば私が何も悪いことをしていないのにガス室に送られそうなとき、決して助けてくれないだろうなと思うからです。

どんなに話し合っても、国民全員が、さらには人類全員が合意することはないかもしれません。たとえいま生きている人たち全員が合意したとしても、まだ生まれていない人は合意していません。その意味では、「絶対正しいことなんてない」のかもしれません。しかし、「より正しい正しさ」はあります。一方的に決めたルールを暴力によって

2023年度

洗足学園中学校

【国　語】〈第二回試験〉（五〇分）〈満点：一〇〇点〉

【注意】・字数制限のない問題について、一行分の解答らんに二行以上解答してはいけません。
・記号・句読点がある場合は字数に含《ふく》みます。

一　次の文章は、「正しさ」について筆者が述べたものです。これを読んで、後の問いに答えなさい。

多くの社会ではルールを正当化する手続きが定められています。この手続きに従って定められたことは「正しい」のだとされます。そして、その手続きはそれぞれの社会や国ごとに定められており、手続きを実行するための機関があります。さらに、決められたルールを人々に強制するための機関も備えています。

こうしたことから、「正しさは社会により異なる」とか「国により異なる」と言いたくなるかもしれません。しかし、そうした差異も、理解不能なほどに多様なものではないのが通常です。実際問題として、現在では民主的な価値観や基本的人権が世界的に「正しい」と認められているため、多くの国の法律の内容はそれほどかけ離《はな》れたものにはなっておらず、［A］女性の参政権はごく一部の例外を除いてほとんどの国で認められています。もちろん、各国がまったく同じ法律体系になっているわけではありませんが、私たちにとって理解不可能なほど奇妙《きみょう》な法律体系になっていることはないと思っても、それほど誤りではありません。

たとえば、(1)私たちは海外旅行に行くときに、行き先の国の刑法体《けいほう》系について調べておくなどということはしないでしょう。自分の国で犯罪になることを行き先の国でもしないようにすれば十分です。自分がよかれと思ってやったことがその国では犯罪になるなどということはまずありません。行った先の礼儀《れいぎ》作法に反するふるまいを知らずにしてしまうことはあるかもしれませんが、たいていの場合、知らずにやったことはそれほど責められないことも★普遍的《ふへんてき》ですし、礼儀作法などの慣習が文化によって異なること自体がおおむね普遍的に認識《にんしき》されています。

「正しさは社会や国により異なる」などと(ア)トナえるまえに、むしろ考えなければならないことは、［(2)］についてです。

倫理《りんり》学の授業をしていると時々、★日本の旧優生保護法や★ナチスによるユダヤ人虐殺《ぎゃくさつ》について、「その時代では正しいことだったのだ」などと発言する学生さんがいて、仰天《ぎょうてん》します。たしかにいずれの場合も、当時の「ルールを正当化する手続き」にのっとって法律として定められたものです。しかし、だからといって、「それらは正しかったのだ」と即断《そくだん》してよいものでしょうか。とはいっても、正しさは文化によって異なるという★文化相対主義の立場からは、そうした発言に反論することは困難です。生徒からそのように言われて、おかしいとは思いつつ、十分に反論や議論ができなかった中学や高校の先生も多いのではないでしょうか。

しかし、考えてみましょう。障害があるなどの理由で★不妊《ふにん》手術を受けさせられた人たちは、優生保護法に合意していたのでしょうか。虐殺されたユダヤ人たちは、虐殺されることに合意していたのでしょうか。まさか。かれらがそんな目にあわされたのは、まさしく暴力による強制でした。(3)「正しさ」は、ある行為《こうい》に複数の人間が関《かか》わるときに、その人たちの間で合意が形成されることで成立します。当事者が関わらないところで勝手に決めたルールを強制することは、それ自

2023年度

洗足学園中学校

▶解説と解答

算　数　＜第２回試験＞（50分）＜満点：100点＞

解　答

1 (1) $1\frac{11}{20}$　(2) $\frac{5}{7}$　2 (1) 5400m　(2) 72通り　(3) 72点　(4) 64人　3 (1) 7回　(2) 299cm^2　(3) 1530円　(4) 1枚　4 (1) 31分後　(2) 91分後　(3) 38分　5 (1) 11個　(2) 5.5cm^3　(3) $1\frac{17}{35}$cm

解　説

1 四則計算，逆算

(1) $1.25+\left(1\frac{2}{5}\div1.2-0.8\right)\div1\frac{2}{9}=1\frac{1}{4}+\left(\frac{7}{5}\div\frac{6}{5}-\frac{4}{5}\right)\div\frac{11}{9}=\frac{5}{4}+\left(\frac{7}{5}\times\frac{5}{6}-\frac{4}{5}\right)\div\frac{11}{9}=\frac{5}{4}+\left(\frac{7}{6}-\frac{4}{5}\right)\div\frac{11}{9}=\frac{5}{4}+\left(\frac{35}{30}-\frac{24}{30}\right)\div\frac{11}{9}=\frac{5}{4}+\frac{11}{30}\times\frac{9}{11}=\frac{5}{4}+\frac{3}{10}=\frac{25}{20}+\frac{6}{20}=\frac{31}{20}=1\frac{11}{20}$

(2) $2\frac{2}{3}+3\frac{1}{6}=2\frac{4}{6}+3\frac{1}{6}=5\frac{5}{6}$より，$\left(5\frac{5}{6}\div\square-4.5\right)\times\frac{7}{22}=1\frac{1}{6}$，$5\frac{5}{6}\div\square-4.5=1\frac{1}{6}\div\frac{7}{22}=\frac{7}{6}\times\frac{22}{7}=\frac{11}{3}$，$5\frac{5}{6}\div\square=\frac{11}{3}+4.5=\frac{11}{3}+\frac{9}{2}=\frac{22}{6}+\frac{27}{6}=\frac{49}{6}$　よって，$\square=5\frac{5}{6}\div\frac{49}{6}=\frac{35}{6}\times\frac{6}{49}=\frac{5}{7}$

2 速さと比，場合の数，平均とのべ，集まり，割合と比

(1) 分速90mと分速75mの比は，90：75＝６：５だから，分速90mで行くときと分速75mで行くときにかかる時間の比は，$\frac{1}{6}:\frac{1}{5}=5:6$となる。この差が12分なので，比の１にあたる時間は，12÷(６－５)＝12(分)となり，分速90mで行くときにかかる時間は，12×５＝60(分)とわかる。よって，この道のりは，90×60＝5400(m)である。

(2) Aにぬる色の選び方は４通り，Bにぬる色の選び方は，Aにぬった色を除いた，４－１＝３(通り)，Cにぬる色の選び方は，Bにぬった色を除いた３通りある。また，Dにぬる色の選び方は，BとCにぬった色を除いた，４－２＝２(通り)ある。よって，全部で，４×３×３×２＝72(通り)と求められる。

(3) AとBの平均点は，126÷２＝63(点)だから，右の図１のように表すことができる。図１で，かげをつけた部分の面積と太線で囲んだ部分の面積は，どちらも５人の合計点を表している。よって，これらの面積は等しいので，アとイの長方形の面積も等しくなる。また，アの長方形の面積は，６×３＝18(点)にあたるから，イの長方形のたての長さは，18÷２＝９(点)となり，５人の平均点は，63＋９＝72(点)とわかる。

図１

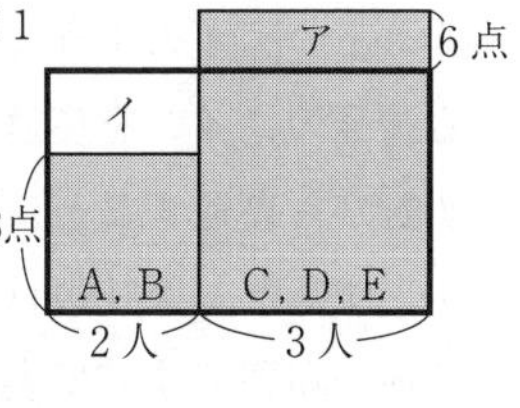

(4) (イヌを飼っている人)×$\frac{1}{7}$＝(ネコを飼っている人)×$\frac{9}{41}$と表すことができるので，イヌを飼っている人とネコを飼っている人の比は，$\frac{7}{1}:\frac{41}{9}=63:41$とわかる。よって，イヌを飼っている人を$\boxed{63}$とすると，両方を飼っている人は，$\boxed{63}\times\frac{1}{7}=\boxed{9}$となるから，上の図２のように表すことができる。図２から，$\boxed{63}+\boxed{41}-\boxed{9}=\boxed{95}$にあたる人数が，300－110＝190(人)とわかるので，$\boxed{1}$＝190

図２

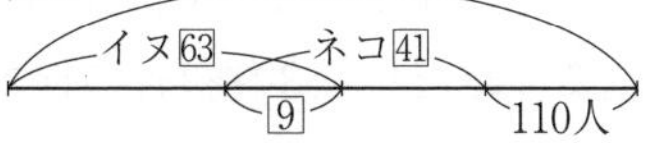

÷95＝２(人)と求められる。さらに，ネコだけを飼っている人は，[41]－[9]＝[32]だから，その人数は，２×32＝64(人)となる。

3　整数の性質，比の性質，相当算，数列，調べ

(1)　下の図１の計算から，9600＝２×２×２×２×２×２×２×３×５×５となる。これらを組にすると，(２×２)×(２×２)×(２×２)×(２×３)×５×５＝４×４×４×６×５×５となるから，４が３回，５が２回，６が１回出ると積が9600になることがわかる。このとき，和は，４＋４＋４＋５＋５＋６＝28なので，和を29にするには１の目を１回追加すればよい(１の目を追加しても積は変わらない)。よって，最も少ない回数は，３＋２＋１＋１＝７(回)である。

図１

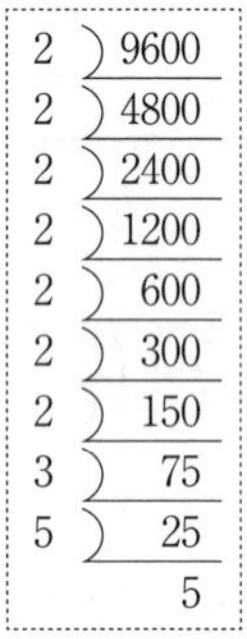

図２

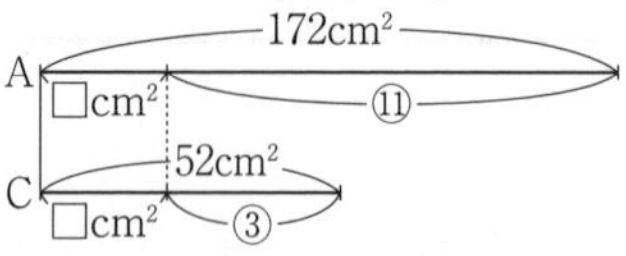

図３

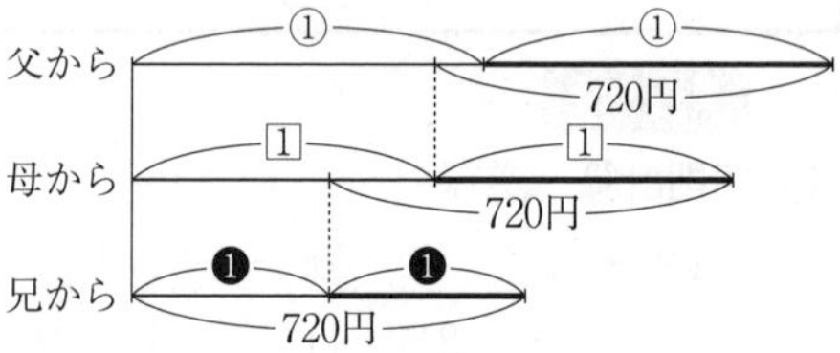

(2)　のりしろの部分の面積を□cm^{2}とすると，ＡとＣの面積は上の図２のように表すことができる。図２で，⑪－③＝⑧にあたる面積が，172－52＝120(cm^2)だから，①＝120÷８＝15(cm^2)となり，□＝172－15×11＝７(cm^2)と求められる。よって，Ａ，Ｂ，Ｃの面積の合計からのりしろ２か所の面積をひくと，この図形全体の面積は，172＋89＋52－７×２＝299(cm^2)とわかる。

(3)　父からもらった金額を①，母からもらった金額を[1]，兄からもらった金額を❶とすると，上の図３のようになる。図３から，❶＋❶＝❷にあたる金額が720円とわかるので，❶＝720÷２＝360(円)となる。すると，[1]＋[1]＝[2]にあたる金額が，360＋720＝1080(円)になるから，[1]＝1080÷２＝540(円)と求められる。さらに，①＋①＝②にあたる金額が，540＋720＝1260(円)になるので，①＝1260÷２＝630(円)とわかる。よって，もらったお金の合計は，630＋540＋360＝1530(円)である。

(4)　下の図４のように，コインに左から順番に１～2023の番号をつける。はじめは８で割ると１余る番号のコインを裏返すから，１往復目の行きの最後は2017を裏返す。すると，１往復目の帰りは2021から裏返すことになる。これは８で割ると５余る数なので，１往復目の帰りの最後は５を裏返す。すると，２往復目は５から裏返すから，２往復目は，１往復目に裏返したコインを１往復目とは逆の順番ですべて裏返すことになる。つまり，２往復目を終えるとコインはすべて表面が見えている状態になる。次に，３往復目は９から裏返すことに注意すると，３往復目と４往復目は図４のようになる。ここで，2023÷８＝252余り７より，片道で裏返す回数は，252＋１＝253(回)とわかる。ただし，３往復目の行きは１を裏返していないので，４往復目を終えるまでに裏返した回数の合計は，253×２×４－１＝2023(回)と求められる。つまり，裏返した回数が2023回になるのはちょうど４往復目を終えたときであり，このとき裏面が見えているのは１だけだから，裏面が見ている枚数は１枚である。

図4

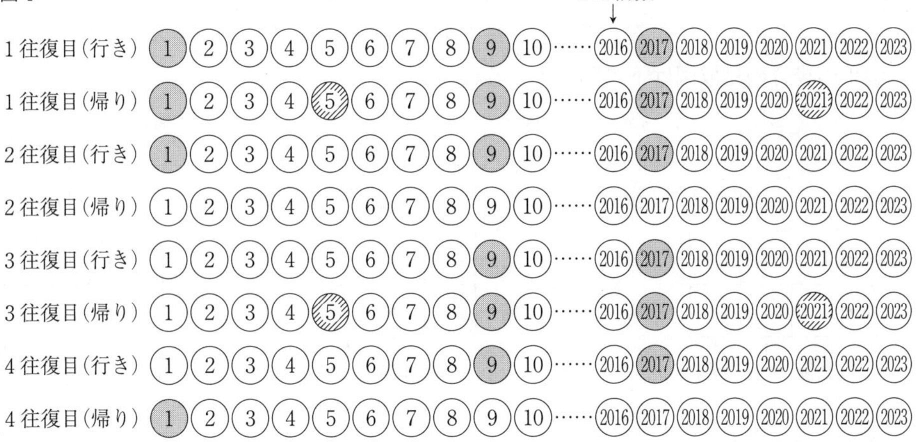

4 流水算，速さと比

(1) 船の上りの速さを毎分7，下りの速さを毎分9とすると，流れの速さは毎分，(9－7)÷2＝1だから，歩く速さは毎分，1÷2＝0.5である。すると，56分で歩く距離《きょり》は，0.5×56＝28になるので，進行のようすは右の図1のようになる。図1で，船がAを出発してからグループ②と出会うまでに注目すると，毎分7の速さで上ることと毎分9の速さで下ることを合わせて，56－4＝52(分)行い，合わせて28の距離を上ったことになるから，右の図2のようにまとめることができる。図2で，毎分7の速さで52分上ったとすると，7×52＝364上るので，実際よりも，364－28＝336多く上ることになる。毎分7の速さで上るかわりに毎分9の速さで下ると，上る距離は1分あたり，7＋9＝16短くなるから，毎分9の速さで下った時間は，336÷16＝21(分)と求められる。よって，毎分7の速さで上った時間は，52－21＝31(分)だから，船がはじめてCに着くのは31分後である。

図1

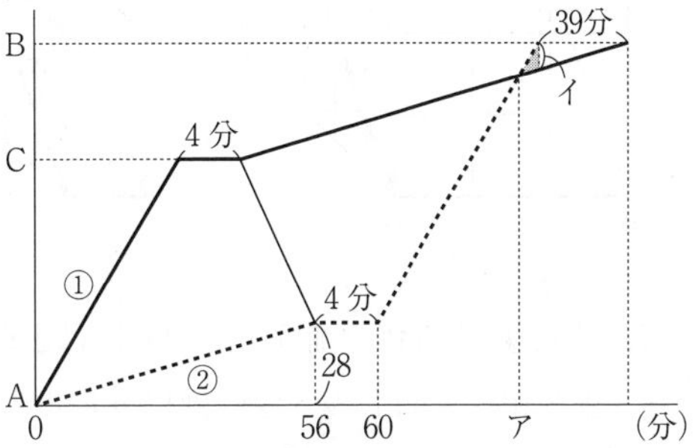

図2

上り(毎分7)
下り(毎分9) } 合わせて52分で28上る

(2) グループ①とグループ②の速さと，乗り降りにかかる時間はすべて同じなので，Aを出発してからグループ②がグループ①を追い越《こ》すまで，船に乗る時間と歩く時間は同じになる。よって，図1のアの時間までにグループ②が船に乗る時間も31分だから，グループ②がグループ①を追い越す時間は，60＋31＝91(分後)と求められる。

(3) 図1のイは毎分0.5の速さで39分で歩く距離なので，0.5×39＝19.5とわかる。また，かげの部分ではグループ①とグループ②の間の距離は毎分，7－0.5＝6.5の割合で広がるから，かげの部分の時間は，19.5÷6.5＝3(分)となる。よって，グループ②が船に乗った時間は全部で，31＋3＝34(分)なので，グループ②が船で進んだ距離は，7×34＝238となり，AからBまでの距離は，28＋238＝266と求められる。したがって，船がAからBまで進むのにかかる時間は，266÷7＝38(分)である。

5 立体図形—構成，分割，体積，長さ

(1)　真上から見た図に，その場所に積んである立方体の個数を書き入れると，最も少ない場合は下の図１または図２のようになる。よって，最も少ない個数は，$1\times 4+2\times 2+3=11$(個)である。なお，図１の場合の見取図は下の図３のようになる。

図１

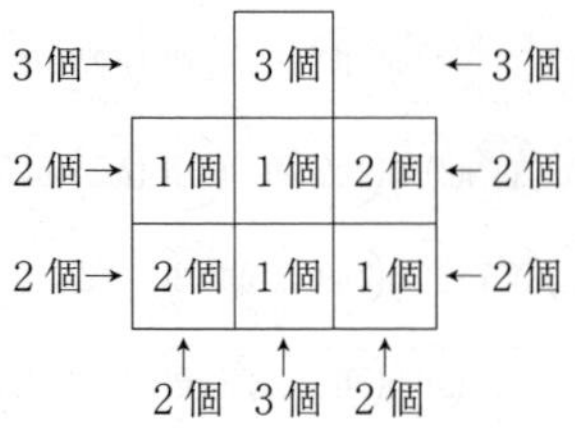

図２

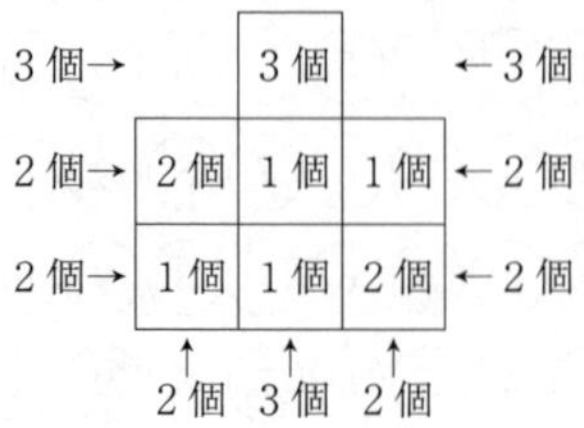

図３

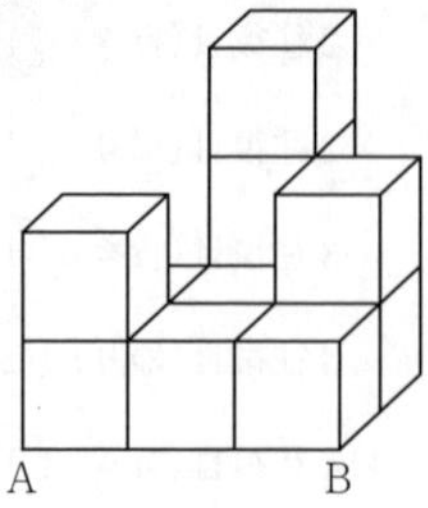

図４

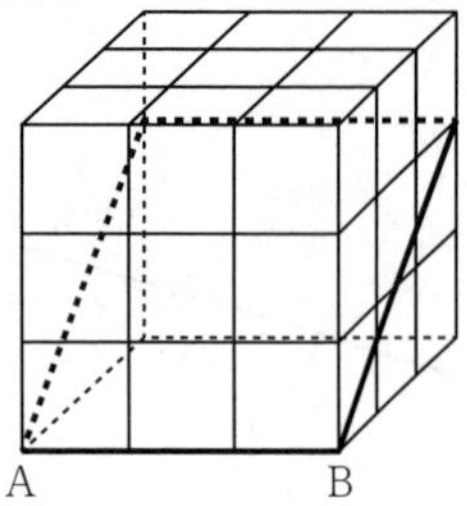

図５

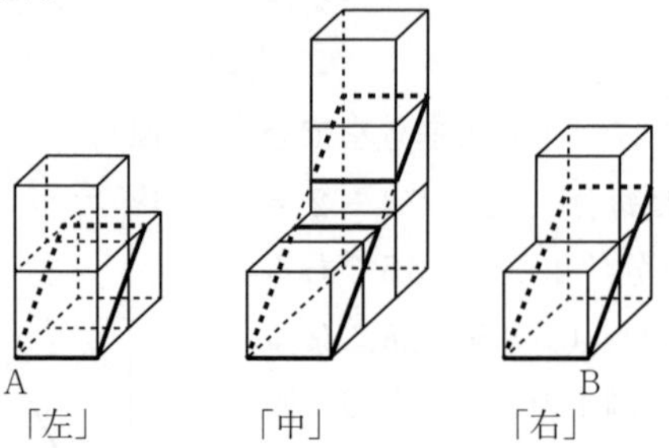

図６

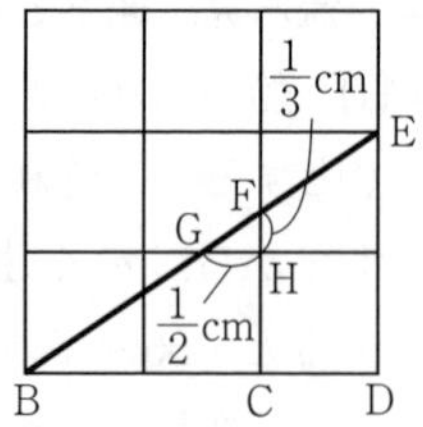

(2)　図３に立方体を補うと，切り口は上の図４の太線のようになることがわかる。よって，図３を，「左」，「中」，「右」の３つの列に分けると，それぞれ上の図５のようになる。また，図４を右横から見ると上の図６のようになる。切り口より下側の立体に注目すると，図６で，「左」の立体は台形GBCHを底面とする四角柱，「中」の立体は六角形EFHGBDを底面とする六角柱，「右」の立体は三角形FBCを底面とする三角柱である。したがって，「左」の立体の体積は，$\left(\frac{1}{2}+2\right)\times 1\div 2\times 1=\frac{5}{4}(\mathrm{cm}^3)$，「中」の立体の体積は，$\left(3\times 2\div 2-\frac{1}{2}\times\frac{1}{3}\div 2\right)\times 1=\frac{35}{12}(\mathrm{cm}^3)$，「右」の立体の体積は，$2\times\left(1+\frac{1}{3}\right)\div 2\times 1=\frac{4}{3}(\mathrm{cm}^3)$だから，切り口より下側の立体の体積は，$\frac{5}{4}+\frac{35}{12}+\frac{4}{3}=\frac{11}{2}=5.5(\mathrm{cm}^3)$と求められる。

(3)　一方の体積が，$\frac{11}{2}\div 2=\frac{11}{4}(\mathrm{cm}^3)$になるように分けている。このうち「左」の立体の体積は$\frac{5}{4}$cm^{3}なので，「中」の立体が，$\frac{11}{4}-\frac{5}{4}=\frac{3}{2}(\mathrm{cm}^3)$の部分と，$\frac{35}{12}-\frac{3}{2}=\frac{17}{12}(\mathrm{cm}^3)$の部分に分けられたことになる。この比は，$\frac{3}{2}:\frac{17}{12}=18:17$だから，「中」の立体が右から，$1\times\frac{17}{18+17}=\frac{17}{35}$(cm)のところで切られたことがわかる。よって，短い方の線の長さは，$1+\frac{17}{35}=1\frac{17}{35}$(cm)である。なお，(2)，(3)は図２の立体の場合でも同様になる。

社　会　＜第２回試験＞（理科と合わせて60分）＜満点：75点＞

解　答

[1] **問1**　B　**問2**　B　**問3**　A　**問4**　⑴　（例）　自然災害伝承碑(の地図記号であり，)過去に起こった自然災害の教訓から的確な防災行動をとれるようにするため。　⑵　C　**問5**　D　**問6**　F　**問7**　A　**問8**　D　[2] **問1**　A　**問2**　A　**問3**　F　**問4**　B　**問5**　E　**問6**　D　**問7**　種子島　**問8**　（例）　水野忠邦は，株仲間によって商品の流通が独占され，物価が上昇する原因となっていると考えたから。　**問9**　与謝野晶子　**問10**　C　[3] **問1**　B，D　**問2**　C　**問3**　公共の福祉　**問4**　G　**問5**　A，C　**問6**　こども家庭庁　**問7**　ILO　**問8**　経済／（例）　育児休業制度を充実させる。(保育園を増設する。)　政治／（例）　女性の国会議員や首長を増やす。　**問9**　C　**問10**　D

解　説

[1] 日本の河川を題材とした問題

問1　［文章Ⅰ］の利根川(全長約322km)は信濃川(全長約367ｋｍ)につぐ日本第２位の長流で，越《えち》後《ご》山脈の大水上山《おおみなかみやま》を水源とし，関東平野を南東へ向かって流れ，千葉県の銚子《ちょうし》市で太平洋に注ぐ。その流域面積(約16840km^2)は日本最大で，古くから関東第一の川として「坂東《ばんどう》太郎」(坂東は関東地方の古いよび名)の名でよばれている。［文章Ⅱ］の筑後《ちくご》川(全長約143km)は九州で最も長い川で，筑紫《つくし》平野をおおむね東から西へ向かって流れ，有明海に注ぐ。古くから「筑紫次郎」とよばれている。［文章Ⅲ］の吉野川(全長約194km)は四国山地の瓶ケ森《かめがもり》を水源とし，東流して徳島平野を流れ，徳島市で紀伊水道(太平洋)に注いでいる。古くから「四国三郎」の名で親しまれ，香川用水の水源ともなっている。また，流域内人口は関東地方を流れる利根川が最も多く，人口減少の続く高知県と徳島県を流れる吉野川が最も少ない。

問2　銚子《ちょうし》港は出荷量が日本で最も多いので，Ｂがあてはまる。なお，Ａは冷たい海に分布する「たら」や「するめいか」などが上位にあることから釧路《くしろ》港(北海道)，Ｃは「かつお」の水揚《あ》げが多い焼津《やいづ》港(静岡県)と判断でき，残るＤは境港(鳥取県)となる。統計資料は『日本国勢図会』2022／23年版，『データでみる県勢』2022年版などによる(以下同じ)。

問3　①はキャベツで，収穫《しゅうかく》量第１位は愛知県となっており，渥美《あつみ》半島での栽培《さいばい》がよく知られている。②はきゅうりで，収穫量第１位の宮崎県では，宮崎平野を中心にきゅうりやピーマンの促成《そくせい》栽培が行われている。③はねぎで，収穫量第１位の千葉県では大消費地向けの近郊農業が行われており，ねぎのほかにもキャベツやほうれんそうなどもさかんに栽培されている。

問4　⑴　［資料］に示された地図記号は，「自然災害伝承碑《ひ》」である。過去の洪水《こうずい》や津波，噴火《ふんか》などの災害について記された石碑《せきひ》やモニュメントを地形図に掲載《けいさい》することにより，防災意識を向上させることを目的としている。　⑵　1909年の［地図１］で，中央の地域は水田や荒れ地などであったのが，現在の［地図２］では，中央の地域が「渡良瀬《わたらせ》第一貯水池(谷中湖)」になっているから誤り。また，［地図１］において蛇行《だこう》した川が，［地図２］でほぼそのまま行政区割りに使われていることがわかる。よって，Ｃが選べる。

問５　「渡良瀬遊水地」は，水鳥の生息地として重要な湿地《しっち》を保護するためのラムサール条約の登録地となっている。また，筑後川は有明海に注いでおり，河口の有明海沿岸は，「クリーク」とよばれる排水《はいすい》とかんがいをかねた用水路がはりめぐらされている。

問６　「土砂災害」の被害がおよぶのはおもに山間部であるので，［地図４］が選べる。「高潮」は台風や低気圧などにともなって海面が上昇《じょうしょう》する現象で，堤防《ていぼう》をこえるような高い波が発生することがある。特に強い風が吹《ふ》く台風の東側の地域は，被害が大きくなる場合がある。よって，［地図３］では，河川の東側の低地に大きな被害が予想されているので，「高潮」に対するハザードマップと判断できる。残る［地図２］は「洪水」に対するハザードマップで，被害がおよぶ範囲《はんい》が河川流域と沿岸部になっており，特に河川の中流部の被害が大きくなることが予想されている。

問７　クは吉野川の河口に位置するので，徳島県である。四国四県のうち，漁業がさかんなのは愛媛県と高知県，工業がさかんなのは瀬戸内工業地域に属している愛媛県と香川県である。よって，徳島県はＡがあてはまる。なお，Ｂは香川県，Ｃは高知県，Ｄは愛媛県。

問８　徳島県では「阿波踊《あわおど》り」とよばれる伝統的なまつり（盆《ぼん》踊り）が毎年８月に行われており，全国的に知られている。なお，Ａの「花笠《はながさ》まつり」は山形県，Ｂの「祇園《ぎおん》祭」は京都府，Ｃの「ねぶた祭」は青森県で開催されるまつり。

２　大阪府堺《さかい》市を題材とした歴史の問題

問１　野尻湖《のじりこ》遺跡《いせき》（長野県）は旧石器時代の遺跡で，ナウマンゾウやオオツノジカの化石が発見されている。よって，Ａがふさわしい。なお，Ｂの大森貝塚（東京都）とＣの三内丸山遺跡（青森県）は縄文時代の遺跡，Ｄの吉野ケ里遺跡（佐賀県）は弥生時代の遺跡。

問２　1960年代は高度経済成長期にあたり，1960年に池田隼人《はやと》内閣が「国民所得倍増計画」を打ち出し，人々の生活がしだいに豊かになっていった。よって，Ａがふさわしい。なお，Ｂは「沖縄返還協定」で調印されたのは1971年，Ｃは「環境《かんきょう》基本法」で施行《しこう》されたのは1993年，Ｄは「教育基本法」で施行されたのは1947年のこと。

問３　①は壬申《じんしん》の乱で672年，②は乙巳《いっし》の変（大化の改新）で645年，③は冠位《かんい》十二階の制で603年のできごと。

問４　［史料］は「阿氏河荘百姓等訴状《あてがわのしょうひゃくしょうらのそじょう》」で，鎌倉時代の1275年に紀伊国（和歌山県）の阿氏河荘の農民が，地頭の横暴を荘園領主に訴《うった》えたものである。地頭は荘園や公領に置かれた幕府の役職で，荘園領主に代わり年貢《ねんぐ》の取り立てなどを行ったが，なかには農民を酷使《こくし》し，荘園を支配する地頭もいた。③の藤原元命《もとなが》は，平安時代の尾張《おわり》国（愛知県）の国司であるから誤り。

問５　「あ」は院政を始めた白河上皇，「い」はキリスト教を伝えたフランシスコ＝ザビエル，「う」は堺を武力で支配した織田信長である。信長は商工業の振興《しんこう》をはかるため，関所を廃止したほか，市場の税を免除《めんじょ》するとともに座（商工業者の同業組合）を廃止する楽市楽座を行った。よって，Ｅがふさわしい。なお，Ａの保元の乱（1156年）では，朝廷が後白河天皇方と崇徳《すとく》上皇方に分かれて対立した。Ｂの平等院鳳凰《ほうおう》堂を建てたのは藤原頼通。Ｃについて，ザビエルは鹿児島に来航し，九州一帯で布教活動を行った。Ｄの天正遣欧《てんしょうけんおう》（少年）使節をローマに派遣《はけん》したのは九州のキリシタン大名。Ｆの宣教師を国外に追放するバテレン追放令（1587年）を出したのは豊臣秀吉で，禁教令は江戸幕府の政策。

問６　堺が自治都市として発展したのは戦国時代のことで，当時の貿易では朝鮮（李氏《りし》朝鮮）から木綿が多く輸入された。よって，Ｄがふさわしい。なお，Ａの銅銭とＣの香辛《こうしん》料は輸入品，Ｂの刀剣《とうけん》は輸出品。

問７　1543年，種子島(鹿児島県)にポルトガル人が漂着《ひょうちゃく》し，鉄砲を伝えた。当時は戦国時代ということもあり，鉄砲はまたたく間に広がったが，堺は豊かな財力を背景に大量の鉄砲を生産した。信長が堺を武力で支配したのも，鉄砲を手に入れるためだったと考えられる。

問８　株仲間は江戸時代の商工業者の同業組合で，商品の流通や販売を独占《どくせん》し，大きな利益を得ていた。幕府の老中に就任した水野忠邦《ただくに》は天保の改革(1841～43年)を行ったさい，株仲間の存在が物価上昇《じょうしょう》の原因になっているとして解散させた。

問９　与謝野晶子《よさのあきこ》は明治時代から昭和時代にかけて活躍《かつやく》した詩人・歌人で，代表的歌集として『みだれ髪』がある。日露戦争(1904～05年)が起こったさい，戦場にいる弟の身を案じて雑誌「明星」に「君死にたまふことなかれ」という詩を発表した。

問10　1875年に日本とロシアの間で樺太《からふと》千島交換条約が調印され，樺太(サハリン)がロシア領，千島列島全部が日本領となった。その後，日露戦争(1904～05年)の講和条約であるポーツマス条約により，日本はロシアから樺太の南半分を譲《ゆず》り受けた。よって，Ｃがあてはまる。

3　国民の権利についての問題

問１　［資料］を見ると，実際の活動時間について「中学生運動部」は２～３時間と答えた生徒の割合が最も多いが，「中学生文化部」は１～２時間が最多である。また，生徒が好ましいと考える活動時間は，実際の活動時間より長いとはいえない。よって，Ｂ，Ｄが誤っている。

問２　国民が参加する「裁判員裁判」は，重大な刑事《けいじ》事件についての第一審(地方裁判所)で行われる。すべての刑事事件で行われるわけではないので，Ｃが誤っている。

問３　日本国憲法第13条では，「国民の権利については，公共の福祉に反しない限り～最大の尊重を必要とする」とある。「公共の福祉」とは，国民全体の幸福や利益のことで，これに反する権利の主張は認められないことがある。

問４　①について，天皇の国事行為は内閣の助言と承認により行われるので誤り。②について，憲法改正の発議を行うのは国会であるので誤り。③は憲法と法律について正しく述べられている。

問５　国際連合は第二次世界大戦(1939～45年)が終わった後の，1945年10月に発足したので，Ａは誤っている。また，安全保障理事会の常任理事国は５か国が固定され，非常任理事国(10か国)が総会で選出されるので，Ｃも誤り。なお，常任理事国はアメリカ・ロシア・イギリス・フランス・中国(中華人民共和国)で，この５か国には採決を無効にする「拒否権」が認められている。

問６　2023年４月，内閣府の外局として「こども家庭庁」が発足した。この機関は少子化対策や子育て支援《しえん》，虐待《ぎゃくたい》・いじめ防止，貧困対策などを行う。

問７　ILO(国際労働機関)は国連の専門機関の１つで，世界のすべての働く人々の労働条件の改善や生活水準の向上を目的としている。

問８　［資料］において，日本がエチオピアより「ジェンダーギャップ指数」が小さい(ジェンダーギャップが大きい)のは，「経済」と「政治」の分野である。これらの分野の改善を進めるには，「経済」では，女性が安心して働ける環境《かんきょう》を整備する必要があり，結婚・妊娠《にんしん》・出産・育児について育児休業制度を充実《じゅうじつ》させること，保育園を増設することなどが求められる。また，「政治」では，特に国会議員に占《し》める女性議員の割合が低いので，女性の国会議員を増やすこと(女性枠《わく》を設けること），地方自治体においても女性の首長を増やすことなどの施策《しさく》が求められる。

問９　①の条約について，通常は内閣の調印後，国会がそれを承認することになっているので，この文は誤り。②は条約の承認における衆議院の優越《ゆうえつ》について，正しく述べられている。

問10　オゾン層を破壊《はかい》する原因物質はフロン(ガス)で，かつては半導体の洗浄剤《せんじょうざい》，クーラーや冷蔵庫の冷媒《れいばい》，スプレー類の噴霧《ふんむ》剤などとして使われていた。よって，Ｄが誤っている。なお，フロンは現在，使用がきびしく制限されている。

理　科　＜第２回試験＞（社会と合わせて60分）＜満点：75点＞

解　答

1　(1)　ウ　(2)　ウ，キ　(3)　**a**　３個　**b**　３個　**c**　２個　(4)　オ　(5)　イ　(6)　①　**a**　120cm　**b**　イ　②　**鏡の長さ**…85cm　**床から**…80cm　2　(1)　ウ　(2)　**アルミニウム**…４個　**鉄**…２個　(3)　0.14nm　(4)　解説の図を参照のこと。　(5)　0.43倍　(6)　71.80％　(7)　3.02倍　(8)　(例)　熱を伝えやすい性質。　3　(1)　ウ　(2)　オ　(3)　(例)　緑色の色素は水よりエタノールにとけやすいため，より多くの色素がとけ出すから。　(4)　①　**a**　オ　**b**　ウ　**c**　カ　②　ウ　(5)　エ　4　(1)　①　省略　②　**金星**…ウ　**火星**…オ　(2)　①　13.3ｇ　②　35ｇ　(3)　エ　(4)　イ　(5)　イ　(6)　ア　(7)　ウ　(8)　リュウグウ

解　説

1　鏡に映る像についての問題

(1)　鏡に映る像は，上下はそのままだが，左右が逆になる。

(2)　全身鏡Ａで１回反射した像は，(1)より，ウのように見える。園子さんの後ろにある全身鏡Ｂには園子さんの背中側が映り，ロゴは映らないので，それが全身鏡Ａで反射して園子さんに見える像にもロゴは見えない。また，全身鏡Ａ→全身鏡Ｂ→全身鏡Ａと反射して見える像は，左右が３回逆になるため，ウのように左右が逆に見える。よって，ウ，キの２通りの見え方となる。

(3)　２つの鏡によってできる帽子《ぼうし》の像は，右の図の㋐～㋒の位置の３か所にある。ａ，ｂの位置からは，３個の像すべてを見ることができるが，ｃの位置からは㋒の像を見ることができない。

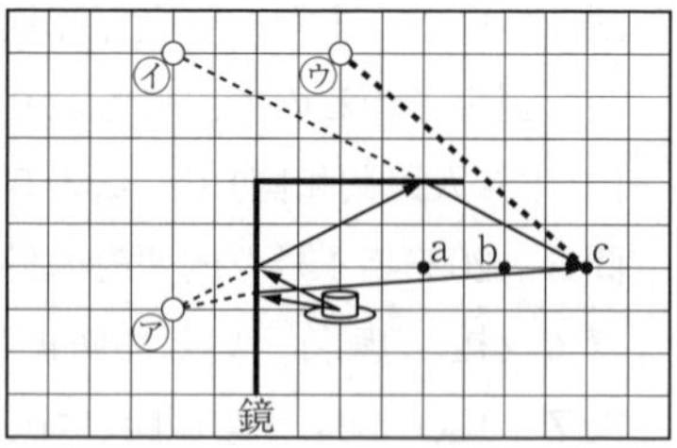

(4)　園子さんの目の位置は床《ゆか》から140cmで，鏡の一番上の部分は床から，60＋80＝140(cm)だから，目の位置と同じ高さである。そのため，園子さんがいくら遠ざかっても目より上の部分は見ることはできない。

(5)　園子さんの目の位置は床から140cmで，帽子の一番上の部分の像は床から，140＋20＝160(cm)の高さなので，鏡の一番上の部分が，この中間の，(140＋160)÷２＝150(cm)の高さになる必要がある。したがって，鏡を，150－140＝10(cm)だけ上に動かせばよい。

(6)　①　お父さんの目の位置は床から160cm，鏡の一番上の部分は床から140cmなので，鏡に映る像は高さ，140－(160－140)＝120(cm)までしか映らない。　②　お父さんの全身を鏡に映すた

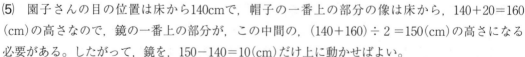

めには，少なくともお父さんの身長の半分の長さの鏡が必要である。よって，鏡の長さは最低，170÷２＝85(cm)にするとよい。また，お父さんが全身を，床から160cmの目の高さから見るには，鏡の一番上の部分の高さが，(170＋160)÷２＝165(cm)であればよいので，鏡の下の部分を床から，165−85＝80(cm)の高さにする。

2 アルミニウムと鉄の構造についての問題

(1)　アはペットボトルを除くプラスチック容器，イはアルミニウム缶《かん》，ウはスチール(鉄)缶，エは紙，オはポリエチレンテレフタラート(ペットボトルなど)，カは高密度ポリエチレン，キはポリ塩化ビニルのリサイクルマークである。

(2)　**アルミニウム**…図３の立方体には，原子の$\frac{1}{2}$が６個と原子の$\frac{1}{8}$が８個つまっているので，１つの立方体の中にある原子の数は，$\frac{1}{2}\times 6+\frac{1}{8}\times 8=4$(個)となる。　**鉄**…図４の立方体には，真ん中の原子１個と原子の$\frac{1}{8}$が８個つまっているので，１つの立方体の中にある原子の数は，$1+\frac{1}{8}\times 8=2$(個)とわかる。

(3)　図５の正方形ABEFの１辺の長さが0.4nmなので，対角線BEの長さは，0.4×1.4＝0.56(nm)である。これはアルミニウム原子の半径の４倍にあたるので，アルミニウム原子の半径は，0.56÷４＝0.14(nm)とわかる。

(4)　図３の立方体を頂点Ａ，Ｃ，Ｆを通る平面で切断すると，１辺がアルミニウム原子の半径の４倍の長さの正三角形になる。よって，断面は右の図のようにかくことができる。

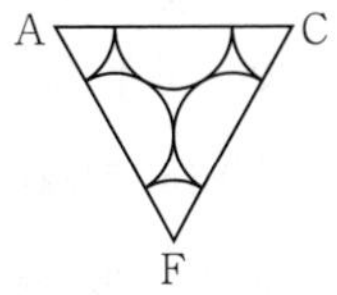

(5)　鉄の構造の１つの立方体の１辺の長さを１とすると，図６のA′E′の長さは１，対角線A′G′の長さは1.7である。対角線A′G′の長さは，鉄原子の半径の４倍なので，鉄原子の半径は，1.7÷４＝0.425より，0.43になるので，立方体の１辺の0.43倍とわかる。

(6)　アルミニウムの構造の１つの立方体の１辺の長さを１とすると，アルミニウム原子の半径は，１×1.4÷４＝0.35である。アルミニウムの立方体の体積は，１×１×１＝１，アルミニウムの立方体の中に存在する原子４個の体積は，$\frac{4}{3}\times 0.35\times 0.35\times 0.35\times 3.14\times 4$で求められるので，１つの立方体の中に存在するアルミニウム原子の体積の割合は，$\left(\frac{4}{3}\times 0.35\times 0.35\times 0.35\times 3.14\times 4\right)\div 1\times 100=71.801\cdots$より，71.80％とわかる。

(7)　アルミニウムの立方体の１辺の長さを10，鉄の立方体の１辺の長さを７とすると，アルミニウムの立方体の体積は，10×10×10＝1000で，アルミニウムの立方体に含《ふく》まれるアルミニウム原子４個の重さは，27×４＝108なので，アルミニウムの密度は，108÷1000＝0.108と表される。同じように考えると，鉄の立方体の体積は，７×７×７＝343，鉄の立方体に含まれる鉄原子２個の重さは，56×２＝112なので，鉄の密度は，$112\div 343=\frac{16}{49}$となる。以上から，鉄の密度はアルミニウムの密度の，$\frac{16}{49}\div 0.108=3.023\cdots$より，3.02倍とわかる。

(8)　金属には熱を伝えやすい性質がある。そのため，金属でできているスプーンを手で持つと，手の熱がスプーンを伝わってかたいアイスクリームをとかすので，すくいやすくなる。

3 植物や動物のからだのしくみについての問題

(1)　図１より，ミントの葉の葉脈は網目《あみめ》状になっているので，双子《そうし》葉類であることがわかる。ツユクサ，ニラ，トウモロコシは単子葉類，ポインセチアは双子葉類なので，ウを選ぶ。

⑵　葉をお湯につけるとお湯が緑色になったことから，葉の緑色の色素がお湯にとけ出したと考えられる。この色素は葉緑体に含まれていて，光合成によって水と二酸化炭素からデンプンと酸素をつくり出すはたらきをしている。

⑶　葉の緑色の色素は水よりもエタノールにとけやすいので，切り取った葉をエタノールにつけると，さらに多くの色素がとけ出し，葉の色が薄《うす》くなる。

⑷　①　Ｘの白血球は形を変えながら動くアメーバのような動きをして，体内に入った細菌《さいきん》などを食べる。Ｙの血小板は，出血したときに血液を固めて出血を止める。Ｚは赤血球で，ヘモグロビンという赤い色素が酸素と結びついたりはなれたりすることによって全身に酸素を運ぶ。　②　心臓は大きくひろがったり小さくちぢんだりをきまったリズムでくり返す(拍動《はくどう》する)ことで，血液を送り出している。この影響《えいきょう》で，血液の流れが速くなったり遅《おそ》くなったりする。

⑸　カルスは植物の傷口などにできる特殊《とくしゅ》な細ぼうのかたまりのことで，植物を再生させる能力がある。ミントの切り口から根が出てきたように，地下茎《けい》であるジャガイモはカルスをつくり，芽や根が出るようになる。なお，アとイは，与《あた》えた水が植物の細ぼうにいきわたるようす，ウは，モヤシの日の当たった部分に葉緑体ができるようすである。

4　金星，地球，火星の動きや見え方についての問題

⑴　①　省略　　②　地球は１年で太陽の周りを１回(360度)公転するので，半年(0.5年)で回転する角度は，$360\times\frac{0.5}{1}=180$(度)である。金星は約0.6年で360度公転するので，半年で，$360\times\frac{0.5}{0.6}=300$(度)，火星は約２年で360度公転するので，半年で，$360\times\frac{0.5}{2}=90$(度)動く。地球，火星，金星ともに，北極から見て反時計回りに公転することから，半年後の位置関係は，右の図Ⅰのようになる。したがって，金星は日の入り後に西の空に見える。また，火星は太陽と反対側にあるので，ほぼ一晩中見ることができ，真夜中に南中する。

図Ⅰ

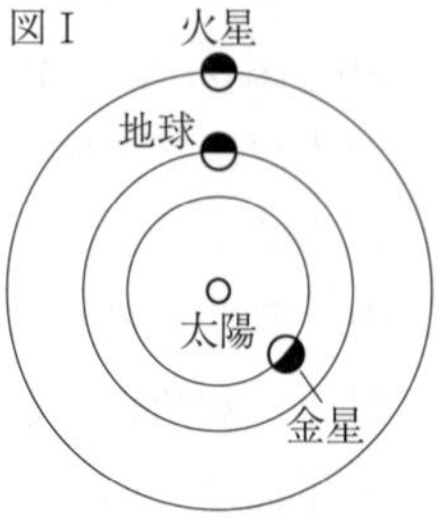

⑵　①　地球で35ｇの物体Ａは，火星では，$35\times\frac{38}{100}=13.3$(ｇ)の引力を受ける。よって，ばねばかりの示す値は13.3ｇになる。　②　地球でも火星でも，物体Ａは35ｇの分銅とつりあうので，上皿てんびんではかったときの，火星での重さも35ｇである。

⑶　川崎市で夏至のとき，真夜中にさそり座が南の空に見えるので，地球はエの位置にある。

⑷　８月１日と９月１日は，図２のエとウの間の位置である。たとえば，８月１日と９月１日の真夜中にみずがめ座を観察すると，どちらも南の空に見えるが，９月１日のほうが西に寄って見える。よって，東から西へずれているように見えるといえる。

⑸　右の図Ⅱのように，７月１日に火星が見える方向の矢印を，８月１日の地球の位置に重ねてみると，火星は東から西へ動いているように見えることがわかる。

⑹　図Ⅱのように，10月１日に火星が見える方向の矢印を，11月１日の地球の位置に重ねてみると，火星は西から東へ動いているように見える。

⑺　⑸，⑹のように，火星などの惑星《わくせい》の動きは星座の動きとはちがっているので，地球を含む惑星は太陽の周り

図Ⅱ

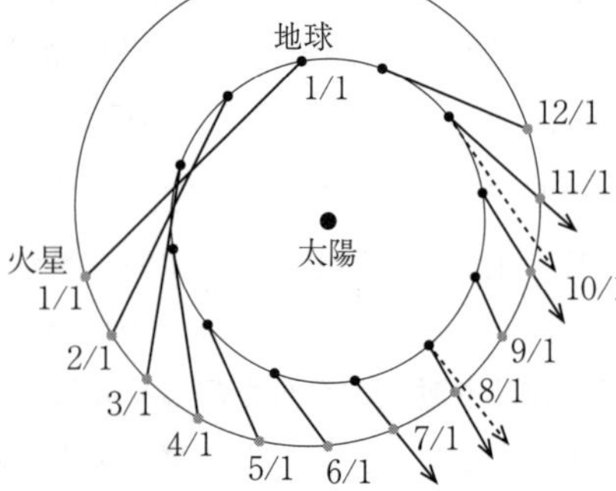

を公転していることがわかり，地動説の裏付けとなる。

⑻　はやぶさ２は小惑星リュウグウに着陸し，表面物質をカプセルに取りこみ，地球に持ち帰ることに成功した。

国　語　＜第２回試験＞（50分）＜満点：100点＞

解　答

一　**問１**　（例）　ルールを正当化する手続きに従って定められた「正しさ」は社会や国により異なるが，理解できないほどに多様ではないから。　**問２**　ルールを正当化する手続きの正しさ　**問３**　イ　**問４**　**A**　ウ　**B**　イ　**C**　エ　**D**　ア　**問５**　（例）　権力者が法律を一方的に定め，それを暴力で強制すること。　**問６**　（例）　議会で定められた法律が，代表されていない立場の人たちや法律に合意していないままに従わされる人たちを苦しめているということ。　**問７**　（例）　他人と合意を作っていかなければならないことについて「人それぞれ」といって済ませず，話し合うことでお互いに納得のできる合意点を作り上げ，より正しい正しさを実現するよう努力すること。　**問８**　下記を参照のこと。　**問９**　ウ　二　**問１**　㈠　（例）　門倉家の娘として家族に受け入れられ，菜種自身もテストでいい点をとったり手伝いをしたりして，気に入られようとしていて，ずるい。　㈡　（例）　千鈴が何かずるいことをしているわけではないが，何もできないのにみんなにやさしくしてもらって仲よくなっているのは，ずるい。　㈢　（例）　自分の家族に対してえらそうにしている姫乃に不満を感じ，姫乃が自分に向けて言った「嫉妬」という言葉を使って，姫乃が菜種をずるいということこそ嫉妬だと言って，姫乃に対して憤る思いをぶつけた。　**問２**　**一**　ウ　**二**　エ　**三**　カ　**四**　ア　**五**　キ　**問３**　ウ　**問４**　エ　**問５**　**A**　ク　**B**　オ　**C**　ウ　**D**　ア　**問６**　イ　**問７**　エ

●漢字の書き取り

一　**問８**　㋐　唱　㋑　推測　㋒　背筋　㋓　告発　㋔　助長

解　説

一　**出典は山口裕之《やまぐちひろゆき》の『「みんな違《ちが》ってみんないい」のか？―相対主義と普遍《ふへん》主義の問題』による。**

筆者は，「正しさ」について，その「正しさ」を定める手続きの段階にも注目して説明している。

問１　前の部分に注目する。本文の最初に，ルールを正当化する手続きに従って定められたことが「正しい」とされること，その手続きはそれぞれの社会や国ごとに定められていることが述べられている。次に，それぞれの正しさの差異も理解不能なほど多様ではないことが説明され，その具体例としてぼう線⑴があげられている。よって「ルールを正当化する手続きによって定められた『正しさ』は社会や国によって違うが，理解不可能なほど多様ではないから」のようにまとめる。

問２　続く部分に注目する。「日本の旧優生保護法」や「ナチスによるユダヤ人虐殺《ぎゃくさつ》」といった具体例をあげて説明した後で，それらが「ルールを正当化する手続きの正しさ」を満たしていない，不正なものだと述べられている。筆者は，「ルールを正当化する手続きの正しさ」について考えるべきだと言いたいのである。

問3　直後に「当事者が関わらないところで勝手に決めたルールを強制することは，それ自体として不正です」とあることから，「正しさ」は当事者の合意のもとで決められなければならないことがわかる。よって，イがふさわしい。

問4　**A**　直前で述べられた「多くの国の法律の内容はそれほどかけ離《はな》れたものにはなって」いないことの例として「女性の参政権はごく一部の例外を除いてほとんどの国で認められて」いることをあげているので，具体的な例をあげるときに用いる「たとえば」があてはまる。　**B**　女性を劣位《れつい》に扱《あつか》う法律は帝国《ていこく》議会によって制定されたが，議会の代表者はみな男性だったと述べた後で，「女性を劣位に置く法律は女性のいないところで勝手に決められた」と言いかえているので，前に述べた内容を“要するに”とまとめて言いかえるときに用いる「つまり」がふさわしい。　**C**　直後で「全国民が一致《いっち》して合意するなどということは現実的に困難です」と述べているので，言うまでもなく当然のことを述べるときに用いる「もちろん」が合う。　**D**　代議制民主主義では「法律に従う立場の人たちの代表者が法律を制定している」という点で一定の正当性があると述べた後で，議会での議論は公開され，一般《いっぱん》市民は納得《なっとく》できない主張をした議員を次の選挙で落選させることもできることをつけ加えているので，前のことがらを受けて，さらにあることがらをつけ加えるときに用いる「それに」があてはまる。

問5　「そうした」とあるので直前に注目すると，「かつて法律は，権力者が一方的に定めてそれに従うことを暴力で強制するもの」だったことが述べられている。よって，「権力者が，一方的に定めた法律を暴力で強制すること」のようにまとめる。

問6　直後に注目すると，「それに苦しめられている人の声を聞いて気づくこともあります」とある。つまり，法律により苦しめられている人がいるということである。それはどのような人かというと，「代表されていない立場の人たち」や「合意していないままに従わされる人たち」である。よって，「議会において定められた法律が，代表されていない立場の人たちや法律に合意していないままに従わされる人たちを苦しめているということ」のようにまとめる。

問7　直前に，「他人と合意を作っていかなければならないことについて，『人それぞれ』などといって十分に話し合う努力をしないでいると」社会が分断されてしまうとある。また，その少し前に，相手と話し合い，「お互《たが》いに納得のできる合意点を作り上げていく」ことで「より正しい正しさを実現するよう努力していくことが大切」だと述べられている。

問8　㋐　音読みは「ショウ」で，「合唱」などの熟語がある。　㋑　あることがらや情報にもとづいて見当をつけること。　㋒　背中の中心線。　㋓　悪事や不正を世間に知らせること。　㋔　ある傾向《けいこう》が進むのを助けること。

問9　問7で見たように，これまで正しいと思われていたことで自分が納得できないことについては，話し合いを重ね，お互いに納得のできる合意点を作り上げていくことが大切だと述べられている。よって，ウがふさわしい。

二　**出典は辻《つじ》みゆきの『家族セッション』による。**千鈴《ちすず》，姫乃《ひめの》，菜種《なたね》の三人は，生まれたとき新生児すり替《か》え事件に巻き込《こ》まれ，血のつながらない家族と暮らしてきた。それぞれの家族の間を行き来して過ごすうちに，三人の心の中にお互いに対する思いがつのっていく。

問1　㈠　姫乃は，菜種が「門倉《かどくら》の娘《むすめ》」と言われていると知って，テストでいい点をとったり，手伝いをしたりして気に入られようとしている菜種のことを前からずっと「ずるい」と思っていたことを話している。　㈡　姫乃の言葉に続いて菜種も「千鈴ちゃんって，ずるいと思う」と言っている。「千鈴ちゃんは，いい子だし，ちっとも，ずるくない」と言っているように，千鈴がわざとずるいことをしているのではないとわかっていながらも，なにもできないのにみんなにやさしくしてもらっていることに対して「ずるい」と感じていることをおさえる。　㈢　千鈴は，自分の家族に対してえらそうにしている姫乃に不満を感じていた。姫乃はそれを聞いて「嫉妬《しっと》」だと言ったが，千鈴は，姫乃が菜種を「ずるい」ということこそ嫉妬だと言い返している。

問２　**一**　「耳が痛い」は，“他人の発言が自分の弱点をついていて聞くのがつらい”という意味。　**二**　「寝耳《ねみみ》に水」は，“思いがけない知らせやできごとに驚《おどろ》く”という意味。　**三**　「産声《うぶごえ》を上げる」は，“新しくことが起こる”という意味。　**四**　「猫《ねこ》なで声」は，“機嫌《きげん》を取ろうとするやさしい声”という意味。　**五**　「音を上げる」は，“苦しさにたえられずに弱音をはく”という意味。

問３　前の部分に注目する。千鈴がなにかをしたというわけではなく，ただふつうに一条家の人たちと過ごしていたことに対して，「ずるいことをしてないかもしれないけど，ずるい」と千鈴にはどうしようもないことを言われて困っているのである。

問４　姫乃は直前の菜種の言葉を聞いて，驚いている。そして，「パパとママは，姫乃ちゃんのことが一番好きだよ」と言われたことに安心している。しかし，そのように言う菜種の切ない表情から，菜種が本当は門倉家の子になりたいのではないかと不安になったのだと考えられる。

問５　**A**　直後に注目する。「最初は，すぐに忘れてしまう」ようなことだったとあるので，クがふさわしい。　**B**　日差しが照りつけるようすを表す言葉なので，オが選べる。　**C**　直前の「言ったら，大さわぎになるだけじゃない」という言葉からも，菜種が不機嫌になっていることがわかる。よって，“はっきりとわかるようす”を表すウが合う。　**D**　「どの家に行っても」「手伝いしてる」とあるので，“いつも動いているようす”を表すアが選べる。

問６　空らんＤの後にある「蝉時雨《せみしぐれ》の～鳴き始める」という描写《びょうしゃ》は，菜種まで「千鈴ちゃんって，ずるいと思う」と言い出し，その意外な発言に千鈴が驚いている場面なので，「菜種の発した言葉に心から納得する千鈴の様子」というイが合わない。

問７　三人の会話の間に千鈴だけ心の内面が書かれていることから，この物語は千鈴の視点から語られていることがわかる。よって，「それぞれの視点から」描《えが》かれていると言っているエがふさわしくない。

Dr.福井の
入試に勝つ! 脳とからだのウルトラ科学

睡眠時間や休み時間も勉強!?

みんなは寝不足になっていないかな？　もしそうなら大変だ。睡眠時間が少ないと，体にも悪いし，脳にも悪い。なぜなら，眠っている間に，脳は海馬《かいば》という部分に記憶をくっつけているんだから。つまり，自分が眠っている間も頭は勉強しているわけだ。それに，成長ホルモン（体内に出される背をのばす薬みたいなもの）も眠っている間に出されている。昔から言われている「寝る子は育つ」は，医学的にも正しいことなんだ。

寝不足だと，勉強の成果も上がらないし，体も大きくなりにくく，いいことがない。だから，睡眠時間はちゃんと確保するように心がけよう。ただし，だからといって寝すぎるのもダメ。アメリカの学者タウブによると，10時間以上も眠ると，逆に能力や集中力がダウンしたという研究報告があるんだ。

睡眠時間と同じくらい大切なのが，休み時間だ。適度に休憩するのが勉強をはかどらせるコツといえる。何時間もぶっ続けで勉強するよりも，50分勉強して10分休むことをくり返すようにしたほうがよい。休み時間は，散歩や体操などをして体を動かそう。かたまった体をほぐして，つかれた脳を休ませるためだ。マンガを読んだりテレビを見たりするのは，頭を休めたことにならないから要注意！

頭の疲れに関連して，勉強の順序にもふれておこう。算数の応用問題や理科の計算問題，国語の読解問題などを勉強するときには，脳のおもに前頭葉という部分を使う。それに対して，国語の知識問題（漢字や語句など）や社会などの勉強では，おもに海馬《かいば》という部分を使う。したがって，それらを交互に勉強すると，１日中勉強しても疲れにくい。

Dr.福井（福《ふく》井《い》一成《かずしげ》）…医学博士。開成中・高から東大・文Ⅱに入学後，再受験して翌年東大・理Ⅲに合格。同大医学部卒。さまざまな勉強法や脳科学に関する著書多数。

2023年度 洗足学園中学校

【算　数】〈第３回試験〉（50分）〈満点：100点〉

【注意】円周率は3.14として計算してください。

1 次の問いに答えなさい。

（１）次の計算をしなさい。

$$\left\{\frac{1}{14}+\left(1\frac{16}{21}-1.1\right)\times 3\right\}\div\left(\frac{3}{10}-0.24\right)\div\frac{5}{7}$$

（２）□にあてはまる数を答えなさい。

$$1\frac{5}{16}\div 0.875-\left(3.5\div\square\right)\times 8\frac{1}{2}=\frac{2}{7}$$

2 次の問いに答えなさい。

（１）たくさんのアメがあります。1袋《ふくろ》に20個ずつアメをつめると18個あまります。150個のアメと１つの袋を追加して，１袋に24個ずつアメをつめると，最後の袋には４個足りませんでした。最初にアメは何個ありましたか。

（２）下の図の点線は正方形のそれぞれの辺の真ん中の点を結んでいます。このとき色のついた部分の面積は正方形全体の面積の何倍ですか。

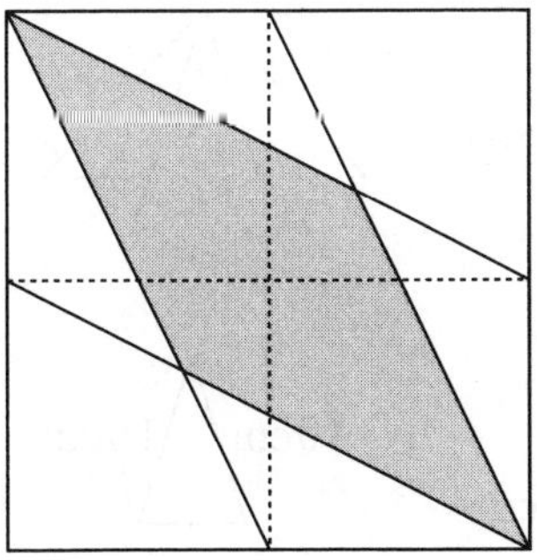

（３）２つのコップＡ，Ｂがあり，Ａには食塩水，Ｂには水がそれぞれ400gずつ入っています。いまＡからＢに100g移してよく混ぜてから，ＢからＡに100g移してよく混ぜたところ，Ａは濃《のう》度３％の食塩水になりました。はじめにＡに入っていた食塩水の濃度は何％ですか。

（４）ある市は，Ａ区，Ｂ区，Ｃ区の３つに分かれています。Ａ区，Ｂ区，Ｃ区について，人口の比は７：５：８で，面積の比は５：４：３です。この市全体の人口密度が$1km^2$あたり8800人だとすると，Ａ区の人口密度は$1km^2$あたり何人ですか。

3 次の問いに答えなさい。

（１）りんご，なし，かきの１個の値段はそれぞれ120円，135円，90円です。少なくとも１個ずつは買い，全部で15個買ったところ，代金は1770円でした。できるだけ多くりんごを買ったとすると，それぞれ何個ずつ買いましたか。

（２）正方形の紙を，以下のように順に折っていき，最後に色のついた部分を切り取って二等辺三角形をつくりました。二等辺三角形の等しい２辺の長さは10cmです。この二等辺三角形を開いたとき，できる図形の面積は何cm^2ですか。

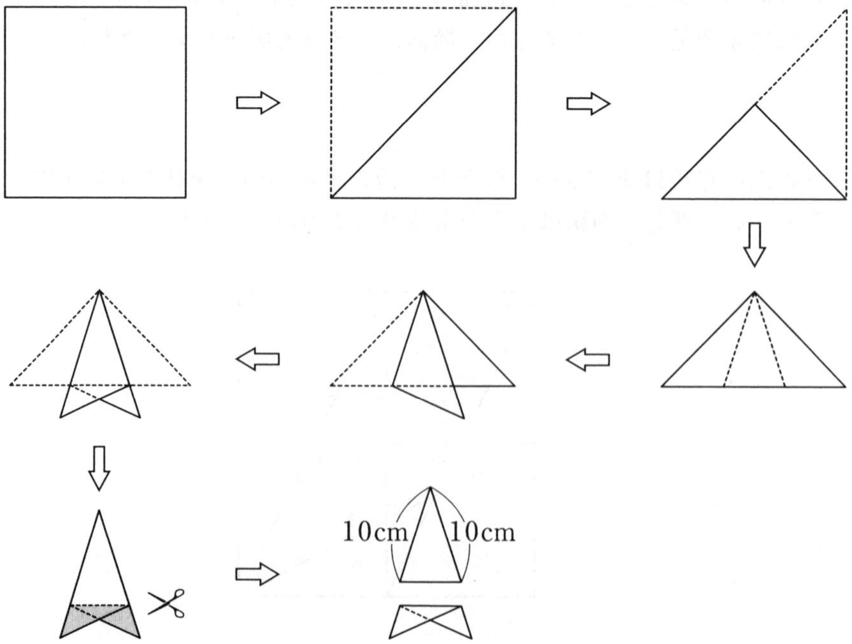

（３）$\frac{1}{1\times 3}+\frac{1}{3\times 5}+\frac{1}{5\times 7}+\frac{1}{7\times 9}+\frac{1}{9\times 11}+\frac{1}{11\times 13}$ の結果を小数で表したとき，小数第１位から小数第1013位までに４は何回現れますか。なお，この問題は解答までの考え方を表す式や文章・図をかきなさい。

（４）中心角の大きさが等しいおうぎ形Ａ，Ｂがあり，それぞれの半径は７cmと３cmです。どちらも中心はＯで，最初は下の図のように重なっています。はじめ，おうぎ形Ａは時計回りに毎秒２度，おうぎ形Ｂは反時計回りに毎秒３度の速さでＯを中心に回転します。２つのおうぎ形の中心角がぴったり重なった後は，回転の速さと回転の向きがそれぞれ入れかわります。動き始めてから２回目にぴったり重なったときまでに，おうぎ形Ａが通過した部分とおうぎ形Ｂが通過した部分の図形の面積の差は81.64cm^2でした。おうぎ形の中心角の大きさは何度ですか。なお，この問題は解答までの考え方を表す式や文章・図をかきなさい。

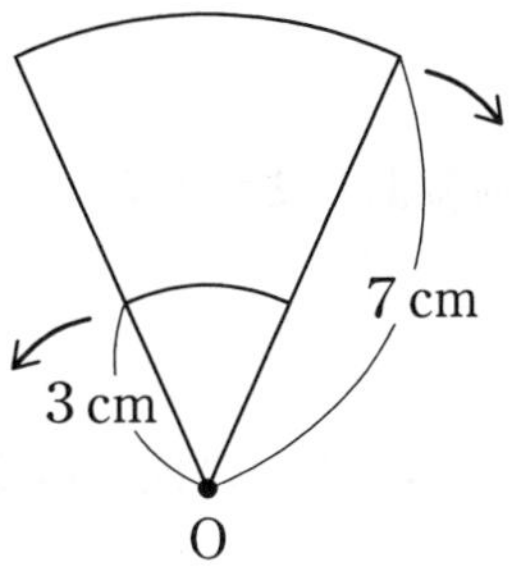

4 右の図のような噴《ふん》水を中心とした円形のコースがあり，１周は3190ｍです。ＡＢ間はウォーキングコースで，その他の区間はランニングコースです。花子さんと和子さんは，点Ｏをスタート地点とし，反対の方向に向かって，同時刻に同じ速さで走りはじめて，コースを１周しました。花子さんは，はじめの４分間走り，その後，ＢＡ間のみ歩き，再び走りました。和子さんは，はじめの12分間走り，その後，ＡＢ間のみ歩き，再び走りました。和子さんはＡＢ間の $\frac{3}{22}$ を進んだところで花子さんとすれ違《ちが》いました。２人が走る速さも，歩く速さもそれぞれ同じで，歩く速さは走る速さの $\frac{3}{7}$ です。このとき，次の問いに答えなさい。

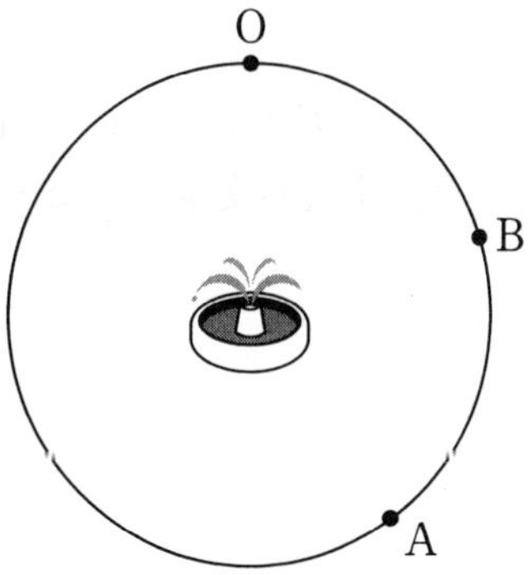

（１）花子さんと和子さんがすれ違ったのは出発してから何分後ですか。

（2）ＡＢ間のウォーキングコースの道のりは何ｍですか。

（3）花子さんと和子さんと噴水がはじめて一直線上に並ぶのは出発してから何分後ですか。なお，この問題は解答までの考え方を表す式や文章・図などをかきなさい。

5　1から777までの奇数を左から順に並べていきます。

1，3，5，7，9，11，　…　，777

このとき，次の問いに答えなさい。

（1）この中で，3桁《けた》の奇数は何個ありますか。

（2）数と数の間の ，をとりのぞき，1つの数として次のように考えます。

1357911　…　777

この数は何桁の数ですか。

（3）（2）の数の中に，1は何個含まれていますか。なお，この問題は解答までの考え方を表す式や文章・図などをかきなさい。

【社　会】〈第３回試験〉（理科と合わせて60分）〈満点：75点〉

1　**次の［地図１］～［地図４］を見て、あとの問いに答えなさい。なお、各地図の縮尺は同一ではありません。**

[地図１]

[地図２]

[地図３]

[地図４]

問１　**[地図１]**～**[地図４]** で示した各都道府県について、次の⑴・⑵にそれぞれ答えなさい。

⑴　次の **[資料]** は、**[地図１]**～**[地図４]** で示した各都道府県について、人口（2020年）と政令指定都市の数（2020年）を示したものです。**[地図４]** について示したものを、**[資料]** 中の**Ａ**～**Ｄ**の中からひとつ選んでアルファベットで答えなさい。

[資料]

	人口（千人）	政令指定都市の数
Ａ	1,238	0
Ｂ	5,135	2
Ｃ	8,838	2
Ｄ	2,578	1

（矢野恒太記念会『日本国勢図会』より）

⑵　次の **[資料]** は、**[地図１]**～**[地図４]** で示した各都道府県の都道府県庁所在地における月別平均気温と降水量を示したものです。**[地図２]** について示したものを、**[資料]** 中の**Ａ**～**Ｄ**の中からひとつ選んでアルファベットで答えなさい。

[資料]

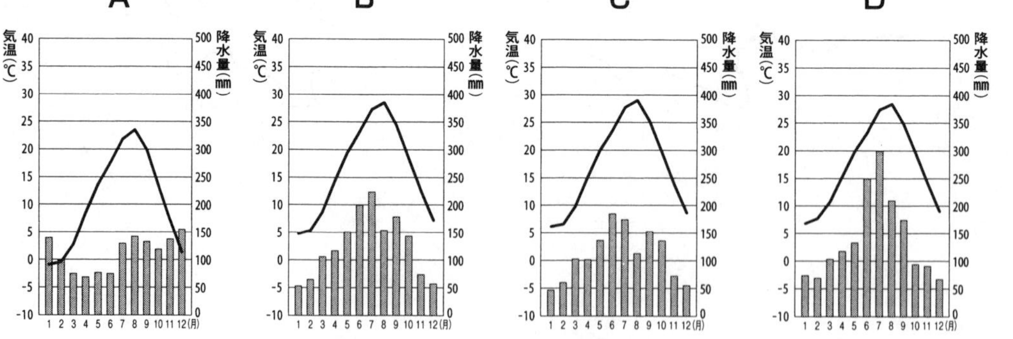

（国立天文台『理科年表』より作成）

問２　**［地図１］** について、次の⑴・⑵にそれぞれ答えなさい。

⑴　次の **［資料］** 中の①～③は、**［地図１］**、和歌山県、千葉県における総面積（2020年）と可住地面積割合（2020年）を示したものです。①～③と都道府県の組み合わせとして正しいものを、次の**Ａ～Ｆ**の中からひとつ選んでアルファベットで答えなさい。

［資料］

	総面積（㎢）	可住地面積割合（％）
①	4,725	21.4
②	5,158	65.5
③	1,905	65.8

（矢野恒太記念会『データでみる県勢』より）

※可住地面積とは、総面積から林野面積と主要湖沼面積を差し引いた、人が住み得る土地を指す。

Ａ　①－**［地図１］**　②－和歌山県　③－千葉県
Ｂ　①－**［地図１］**　②－千葉県　③－和歌山県
Ｃ　①－和歌山県　②－**［地図１］**　③－千葉県
Ｄ　①－和歌山県　②－千葉県　③－**［地図１］**
Ｅ　①－千葉県　②－**［地図１］**　③－和歌山県
Ｆ　①－千葉県　②－和歌山県　③－**［地図１］**

⑵　次の［地図］は、［地図１］の一部を拡大したものです。［地図］から読み取れることとしてふさわしくないものを、次のＡ～Ｄの中からひとつ選んでアルファベットで答えなさい。

［地図］

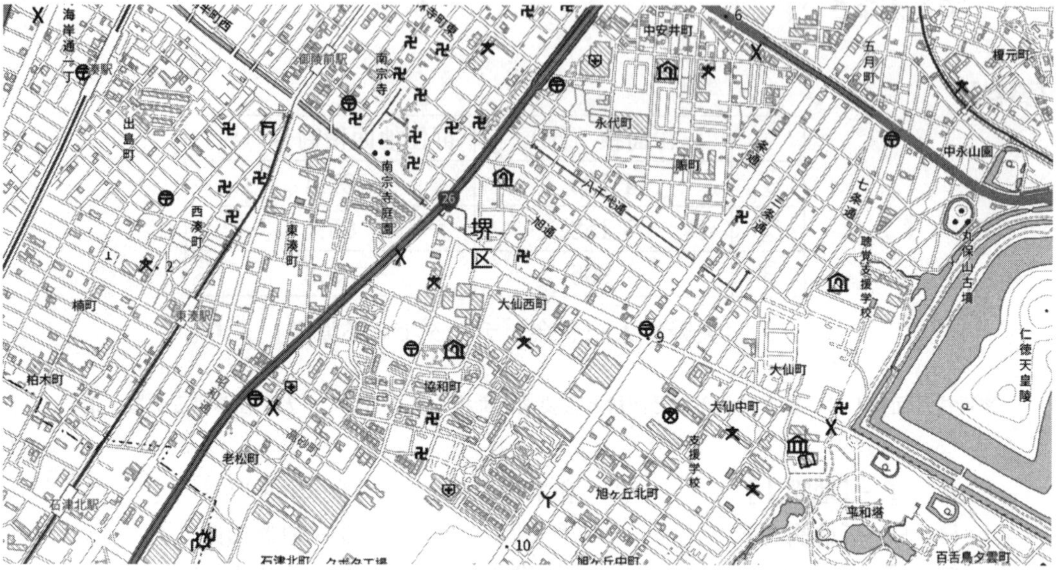

（地理院地図より作成）

Ａ　「仁徳天皇陵」の南西部には、博物館と図書館が隣接《りんせつ》して位置している。
Ｂ　「御陵前駅」の東側には、複数の神社がみられる。
Ｃ　［地図］の範囲《はんい》内には、４つの老人ホームと８つの郵便局がある。
Ｄ　「石津北駅」を出て、国道26号を越《こ》えた先には発電所がある。

問３　［地図２］について、次の⑴・⑵にそれぞれ答えなさい。

⑴　［地図２］で生産されている伝統的工芸品としてふさわしいものを、次のＡ～Ｄの中からすべて選んでアルファベットで答えなさい。

Ａ　熊野筆　　Ｂ　清水焼　　Ｃ　輪島塗　　Ｄ　西陣織

⑵　［地図２］が隣接《りんせつ》する都道府県のうち、内陸県であるものをすべて漢字で答えなさい。

問４　**［地図３］**について、次の⑴・⑵にそれぞれ答えなさい。

⑴　次の**［資料］**中の①～③は、りんご、みかん、ももの都道府県別収穫《しゅうかく》量の割合（2020年）を示したものです。①～③と果物の組み合わせとして正しいものを、次の**Ａ**～**Ｆ**の中からひとつ選んでアルファベットで答えなさい。

［資料］

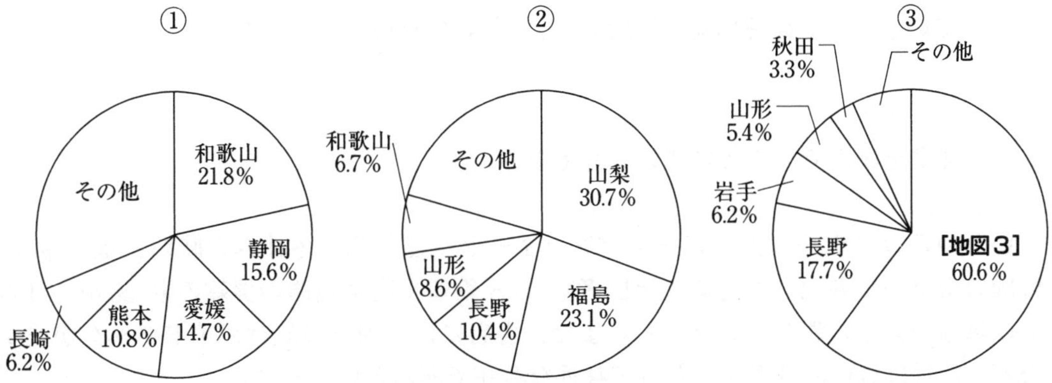

（矢野恒太記念会『データでみる県勢』より作成）

Ａ　①－りんご　②－みかん　③－もも
Ｂ　①－りんご　②－もも　③－みかん
Ｃ　①－みかん　②－りんご　③－もも
Ｄ　①－みかん　②－もも　③－りんご
Ｅ　①－もも　②－りんご　③－みかん
Ｆ　①－もも　②－みかん　③－りんご

⑵　**［地図３］**では、世界自然遺産と世界文化遺産がそれぞれみられます。**［地図３］**の都道府県でみられる世界遺産の説明としてふさわしいものを、次の**Ａ**～**Ｆ**の中からふたつ選んでアルファベットで答えなさい。

Ａ　世界有数のブナの原生林が自生し、貴重な生態系が自然のまま保たれている。
Ｂ　樹齢7200年ともいわれる縄文杉をはじめ、極めて特殊《とくしゅ》な森林植生を有している。
Ｃ　流氷が運ぶ栄養分がプランクトンを育て、豊かな生態系を育んでいる。
Ｄ　浄土思想の考え方にもとづいて造られた多様な寺院・庭園および遺跡である。
Ｅ　日本有数の豪雪《ごうせつ》に耐《た》えながら、合掌《がっしょう》造りの民家で人々の暮らしが営まれている。
Ｆ　縄文時代の人々の生活と精神文化を今に伝える貴重な遺跡である。

問５　**［地図４］**について、次の⑴・⑵にそれぞれ答えなさい。

⑴　**［地図４］**には、世界遺産に登録されている製鉄所があります。この製鉄所を漢字で答えなさい。

⑵　**［地図４］**に位置する工業地帯は、かつては四大工業地帯に数えられていたものの、近年では出荷《しゅっか》額やシェアを落とし、「工業地域」とよばれるようになっています。その理由を、「革命」という語句を用いて文章で説明しなさい。

2　次の文章を読んで、あとの問いに答えなさい。

いわゆるコロナ禍《か》以前、ゴールデンウィークや夏休み・冬休みの時期には、(ア)新幹線の乗車率や各地の空港での出国者数、(イ)鉄道や高速道路の混雑の状況《じょうきょう》が、日本では毎年のように報じられました。また、書店には国内外の旅行ガイドブックが並ぶなど、旅行は現代の日本人にとって身近な存在であるといえます。

現代のような、「遊び」・「観光」の要素が含《ふく》まれた「旅行」のルーツは、江戸時代にあると考えられています。人々は、どのような動機で、どのように旅をしてきたのでしょうか。

(ウ)縄文時代や弥生時代の場合は、資料・史料に乏《とぼ》しいために想像の域を出ませんが、食料や飲料水・農業用水の確保、より良い住処《すみか》の獲得《かくとく》などの切実な要求から移動して暮らすことがあったようです。これは、現代の日本人が思い浮かべる「旅行」とは一線を画すものであったと考えられています。

律令制下においては、(エ)民衆たちはそれぞれに税負担が課せられ、その物品を国府や都に運ぶなど、義務としての移動がおこなわれていました。また、10世紀に紀貫之が記した『［　(オ)　］日記』からは、当時の旅の様子をうかがうことができます。紀貫之は、［　(オ)　］の［　(カ)　］としての任期を終え、任地から都に帰るまでの旅を日記に記しました。

(キ)中世においても、商人による行商や運送、芸能者による興行《こうぎょう》、宗教者による修行や布教のための行脚《あんぎゃ》など、生活上・職業上の旅はおこなわれていました。しかし、中世までの旅は、あくまでも義務として、あるいは生活上・職業上の必要性から生じた移動であり、現代の日本人が思い浮かべる「旅行」とは異なるものであったといえるでしょう。

江戸時代はそれまでの時代とは異なり、百姓や町人などの一般庶民《いっぱんしょみん》までも、ある程度自由に「旅」に出ることができるようになった時代でした。江戸時代における特《とく》徴《ちょう》は、義務上あるいは生活上・職業上の移動の必要のない人々が「旅」に出たことです。一般庶民《いっぱんしょみん》による「旅」が、それまでの時代より増加したのは、幕府による

（ク） の整備をはじめとして、各地の交通網《もう》が発達したことや道中の治安が確保されたこと、食料生産が増加したことや商品経済が発展したことなどが、理由として挙げられます。

しかし、(ケ) 江戸幕府による政策をみると、幕藩体制下の領主は、百姓、とくに農民が領地から離《はな》れることを好ましく思っていなかったと推測されます。農村部においては、「旅」に出ている期間は農地が放置されることにつながります。「旅」を名目に離村《りそん》・逃亡《とうぼう》する者もいたようです。それでも療養《りょうよう》のための湯治《とうじ》や、巡礼《じゅんれい》・寺社参詣《さんけい》といった理由を申し立てられると、領主たちは許可せざるを得なかったようです。

広い世界を見聞したいという人間の想いは、今も昔も変わらないように思います。人々が「旅」に出て、さまざまなものに触《ふ》れることができる、コロナ禍《か》以前の日常がいち早く戻《もど》ることを願います。

問1　下線部（ア）に関連して、東海道新幹線が開通した1960年代の日本における出来事について述べた文としてふさわしくないものを、次のA～Dの中からひとつ選んでアルファベットで答えなさい。

A　オリンピック東京大会開催《かいさい》の影響《えいきょう》による好景気が発生した。
B　朝鮮戦争の影響《えいきょう》による特需景気が発生した。
C　安保闘争が起こるなか、新日米安全保障条約が批准された。
D　公害問題の深刻化に対応するため、公害対策基本法が制定された。

問２ 下線部（イ）に関連して、次の⑴・⑵にそれぞれ答えなさい。

⑴ 次の［地図］は、明治時代に開業したある鉄道会社の路線を示しています。この路線は、当時の日本の外貨獲得《かくとく》に大きく貢献《こうけん》しました。［地図］を参考にして、この路線が設置された主な目的を、文章で説明しなさい。

［地図］

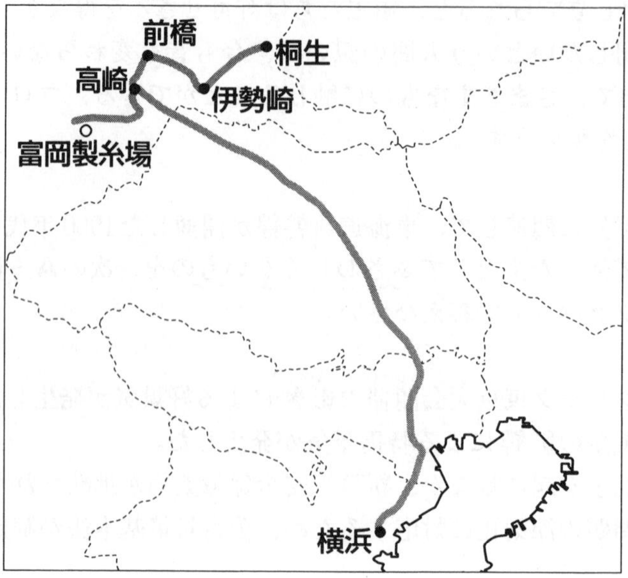

⑵ 鉄道に関連して述べた文として正しいものを、次のＡ～Ｄの中からひとつ選んでアルファベットで答えなさい。

Ａ 明治初期に民間企業が中心となって、日本で初めてとなる鉄道が新橋・横浜間に敷設《ふせつ》された。

Ｂ 日清戦争の講和条約によって日本が獲得《かくとく》した鉄道とその付属事業の経営などを目的として、南満州鉄道株式会社が設立された。

Ｃ 柳条湖において南満州鉄道の線路が爆破《ばくは》されたことをきっかけに、日本は中華民国に対して二十一カ条の要求をつきつけた。

Ｄ 中曽根康弘内閣は、電電公社・専売公社に次いで、日本国有鉄道（国鉄）の民営化をおこなった。

問３　下線部（ウ）に関連して、考古学的資料や文献《ぶんけん》的史料によって推測される縄文時代や弥生時代の様子について述べた文として誤っているものを、次のＡ～Ｄの中からひとつ選んでアルファベットで答えなさい。

Ａ　縄文時代の人々の生活様式は狩猟《しゅりょう》と採取を中心としたものであったことが分かっており、本格的な定住は一切おこなわれていなかったと考えられている。

Ｂ　九州地方などの遺跡の発掘《はっくつ》から、縄文時代晩期に稲作がおこなわれていたと考えられている。

Ｃ　中国王朝の歴史書によると、紀元前１世紀ころ、「倭人」の社会は多くの国に分かれていたとされる。

Ｄ　中国王朝の歴史書によると、「邪馬台国」では身分が存在したとされている。

問４　下線部（エ）に関連して述べた文として正しいものを、次のＡ～Ｄの中からひとつ選んでアルファベットで答えなさい。

Ａ　「租」は、口分田などの収穫《しゅうかく》から稲を納めるものであり、納められた稲は都まで運ばれた。

Ｂ　「庸」は都での労役を務めるものだが、実際は布などがその代わりとされ、納められた布は都まで運ばれた。

Ｃ　「調」は各地の特産品を納めるものであり、納められた「調」はそれぞれの国の国府へ運ばれ、たくわえられた。

Ｄ　成人男性には、納められた物品を都まで運ぶ「雑徭」の義務が課せられていた。

問５　空欄《くうらん》［（オ）］にあてはまる律令制下の国と、空欄《くうらん》［（カ）］にあてはまる官職を、それぞれ漢字２字で答えなさい。

問６　下線部（キ）について述べた文として正しいものを、次のＡ～Ｄの中からひとつ選んでアルファベットで答えなさい。

Ａ　移動しながら商品を販売《はんばい》する行商人が活躍《かつやく》し、鎌倉時代には常設の店舗《てんぽ》はみられなかった。

Ｂ　鎌倉時代には各地で月６回開かれた定期市は、応仁の乱とその後の各地の治安の悪化により、そのほとんどは月３回の開催《かいさい》に縮小された。

Ｃ　世阿弥は、子の観阿弥と各地で興行《こうぎょう》するとともに、足利義政の保護を受けた。

Ｄ　一遍は、太鼓《たいこ》や鉦《かね》などに合わせて踊《おど》りながら念仏を唱える「踊念仏」によって、各地で布教をおこなった。

問7　空欄《くうらん》**（ク）**にあてはまる語句を、次の**A**～**E**の中からひとつ選んでアルファベットで答えなさい。

A　五街道　　**B**　条坊制　　**C**　条里制　　**D**　山陽道　　**E**　山陰道

問8　下線部**（ケ）**について述べた文①～③の正誤の組み合わせとして正しいものを、次の**A**～**H**の中からひとつ選んでアルファベットで答えなさい。

① 享保の改革では、村から離《はな》れて町に移住する百姓から米100石を献上《けんじょう》させる、上げ米が実施《じっし》された。
② 田沼意次が幕政を主導した時期には、江戸に流入した百姓の帰村を強制する、人返しの法が出された。
③ 寛政の改革では、江戸に流入した百姓の帰村を奨励《しょうれい》する、旧里帰農令が出された。

A　①－正　②－正　③－正　　**B**　①－正　②－正　③－誤
C　①－正　②－誤　③－正　　**D**　①－正　②－誤　③－誤
E　①－誤　②－正　③－正　　**F**　①－誤　②－正　③－誤
G　①－誤　②－誤　③－正　　**H**　①－誤　②－誤　③－誤

3　次の文言は、いずれも2022年に朝日新聞の朝刊または夕刊の１面に掲載《けいさい》された記事のタイトル（見出し）です。これを読んで、あとの問いに答えなさい。なお、一部ふりがなをつけた部分があります。

「コロナ最優先」 (ア) 首相施政《しせい》方針演説　(イ) 国会開会
（2022年1月18日朝刊）

過去最大の (ウ) 予算案、午後衆院通過
（2022年2月22日夕刊）

（エ）流、各国への訴え　ウクライナ大統領　きょう日本で国会演説
（2022年3月23日夕刊）

「キエフ」表記、「キーウ」へ　日本政府もウクライナ語尊重、脱（オ）化
（2022年3月31日夕刊）

コロナ下に、電子図書館どっと増え　導入 (カ) 自治体、1年で倍増

（2022年4月16日夕刊）

［（キ）］年、「平和の島」達成されず　続く過重な基地負担　沖縄 (ク) 知事、式典で訴え

（2022年5月16日朝刊）

海外から投票不可「(ケ) 違憲」 最高裁裁判官の国民審査権「選挙権と同じ」 最高裁判決

（2022年5月26日朝刊）

(コ) NPT会議、再び決裂《けつれつ》　最終文書、［（オ）］が反対　核軍縮の機運しぼむ恐《おそ》れ

（2022年8月28日朝刊）

問1　下線部（ア）に関連して、日本の内閣総理大臣について述べた文①～③の内容の正誤の組み合わせとして正しいものを、次のA～Hの中からひとつ選んでアルファベットで答えなさい。

①　内閣総理大臣は国会の指名にもとづいて天皇が任命する。
②　内閣総理大臣は文民であり、かつ国会議員でなければならない。
③　戦後、日本の内閣総理大臣を女性が務めたことはない。

A	①－正	②－正	③－正	B	①－正	②－正	③－誤
C	①－正	②－誤	③－正	D	①－正	②－誤	③－誤
E	①－誤	②－正	③－正	F	①－誤	②－正	③－誤
G	①－誤	②－誤	③－正	H	①－誤	②－誤	③－誤

問2　下線部（イ）に関連して、日本は三権分立を採用していますが、日本国憲法において、国会は「国権の最高機関」であると規定されています。その理由を、「国民」という言葉を用いて文章で説明しなさい。

問3　下線部（ウ）に関連して、次の［資料］は、1990年から2020年までの消費税、所得税、法人税の税収の推移を示したものです。［資料］中の①～③と税の種類の組み合わせとして正しいものを、次のA～Fの中からひとつ選んでアルファベットで答えなさい。

［資料］

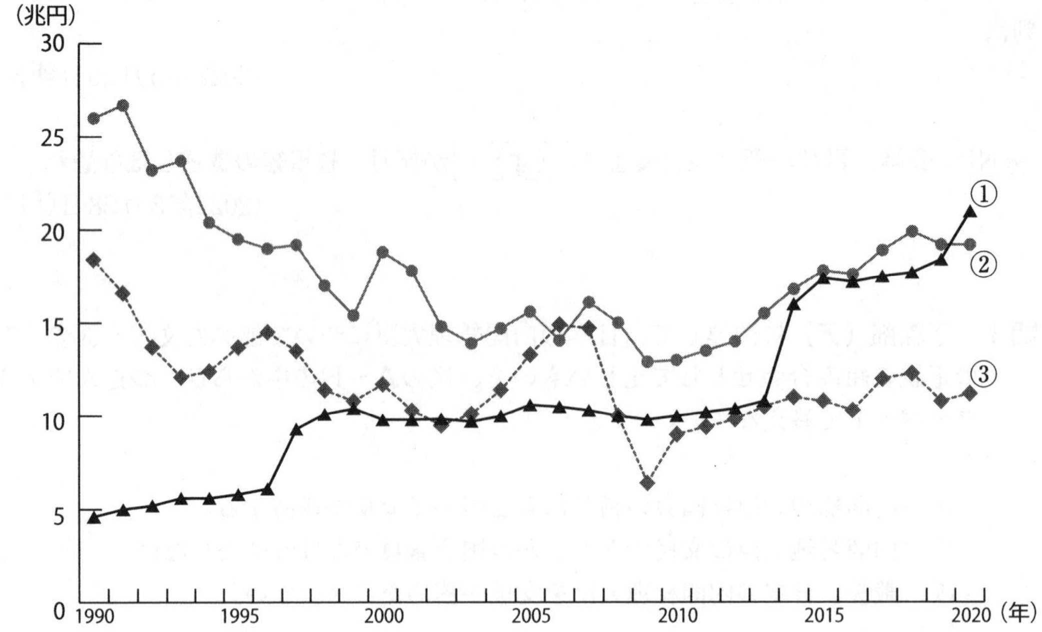

（財務省ホームページ「一般会計税収の推移」より作成）

A　①－消費税　②－所得税　③－法人税
B　①－消費税　②－法人税　③－所得税
C　①－所得税　②－消費税　③－法人税
D　①－所得税　②－法人税　③－消費税
E　①－法人税　②－消費税　③－所得税
F　①－法人税　②－所得税　③－消費税

問4　空欄《くうらん》［（エ）］にはウクライナの大統領の名前があてはまります。ウクライナの大統領の名前を答えなさい。

問5　空欄《くうらん》［（オ）］にあてはまる国を答えなさい。

問６　下線部**（カ）**に関連して、地方自治について述べた文として誤っているものを、次の**A**～**D**の中からすべて選んでアルファベットで答えなさい。

A　地方議会が制定する条例は、憲法や法律の範囲《はんい》内で定められている。
B　地方議会の解散や地方議会議員の解職には住民投票による同意が必要である。
C　住民による条例の制定や改廃の直接請求をおこなう際には、有権者の50分の１以上の署名を集め、地方議会に提出しなければならない。
D　国庫支出金は、地方公共団体間の財政格差をおさえるために国から交付される補助金である。

問７　空欄《くうらん》**（キ）**にあてはまる数として正しいものを、次の**A**～**F**の中からひとつ選んでアルファベットで答えなさい。

A　30　　**B**　40　　**C**　50　　**D**　60　　**E**　70　　**F**　80

問８　下線部**（ク）**について説明した次の文章中の空欄《くうらん》**X**・**Y**・**Z**にあてはまる数・語句の組み合わせとして正しいものを、次の**A**～**H**の中からひとつ選んでアルファベットで答えなさい。

　都道府県知事は、住民の直接選挙により選ばれる。任期は**X**年で、被《ひ》選挙権は**Y**歳以上である。また、都道府県議会に対して、予算案などの議案を提出する権利や議会の議決を拒否する権利が**Z**。

A　**X**－4　**Y**－25　**Z**－ある　　**B**　**X**－4　**Y**－25　**Z**－ない
C　**X**－4　**Y**－30　**Z**－ある　　**D**　**X**－4　**Y**－30　**Z**－ない
E　**X**－6　**Y**－25　**Z**－ある　　**F**　**X**－6　**Y**－25　**Z**－ない
G　**X**－6　**Y**－30　**Z**－ある　　**H**　**X**－6　**Y**－30　**Z**－ない

問９　下線部**（ケ）**に関連して、日本の裁判所は、法律や政令、条例などが憲法に違反していないかどうかを判断する権限をもっています。この権限を、漢字７字で答えなさい。

問10　下線部**（コ）**は核軍縮に関する条約です。この条約の日本語の名称《めいしょう》として最もふさわしいものを、次の**A**～**D**の中からひとつ選んでアルファベットで答えなさい。

A　包括的核実験禁止条約　　**B**　核拡散防止条約
C　中距離核戦力全廃条約　　**D**　核兵器禁止条約

【理　科】〈第３回試験〉（社会と合わせて60分）〈満点：75点〉

1　園子さんが携帯扇風機《けいたいせんぷうき》を使用していると、突然壊《とつぜんこわ》れてしまいました。携帯扇風機がどのように回っていたのか気になったので、分解しました。分解すると、モーターと電池が入っていました。携帯扇風機が回る仕組みは、電流や磁石のはたらきによるものだと考え、いくつかの実験をしました。ただし、地球によって生じる磁力の大きさは磁石や電流によって生じる磁力の大きさより十分小さく、無視できるものとします。

【実験１】

図１のように、棒磁石のまわりの①～③に方位磁針を置き、方位磁針の針がさす向きを調べた。

【実験２】

図２のように、厚紙の中央に導線を通し、導線に電流を下から上向きに流した。導線のまわりの④～⑥に方位磁針を置き、方位磁針の針がさす向きを調べた。

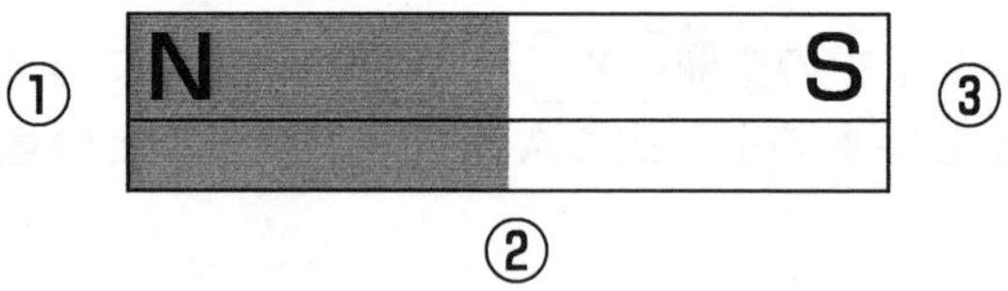

図１

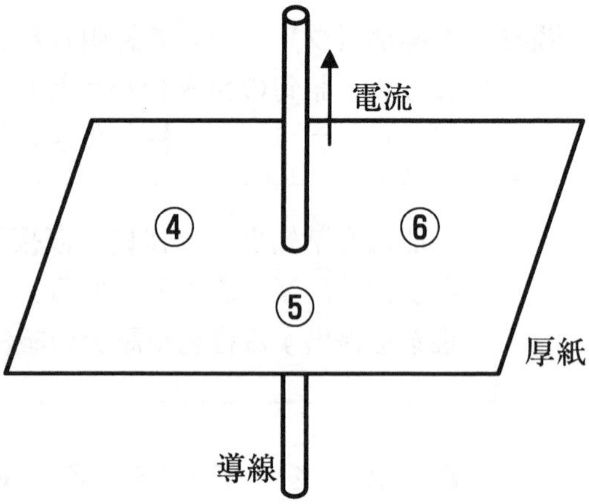

図２

（１）　図１の①～③に置いた方位磁針を真上から見ると、どのようになっていますか。適当なものをそれぞれ次より１つずつ選び、記号で答えなさい。ただし、黒く塗《ぬ》りつぶされている針がＮ極とし、同じ記号を選んでもよいとします。

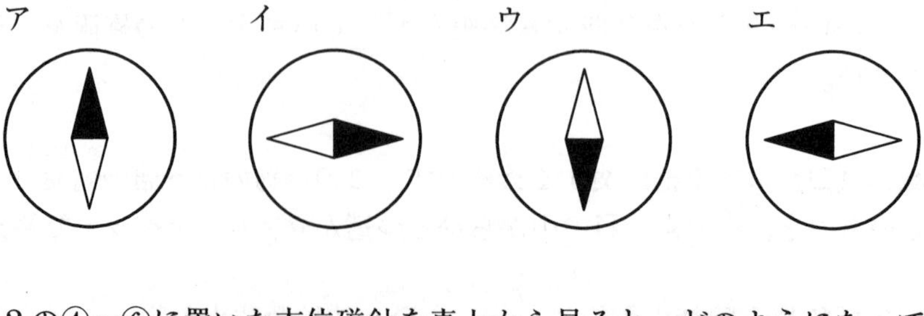

（２）　図２の④～⑥に置いた方位磁針を真上から見ると、どのようになっていますか。適当なものをそれぞれ（１）の選択肢《せんたくし》より１つずつ選び、記号で答えなさい。

(3)　図3のように、図2の導線の両側に棒磁石を置き、電流を下から上向きに流したときに力がどのようにかかるか考え、〔レポート〕にまとめました。〔レポート〕の空らんにあてはまる語句として適当なものを次の【選択肢】より1つずつ選び、記号で答えなさい。

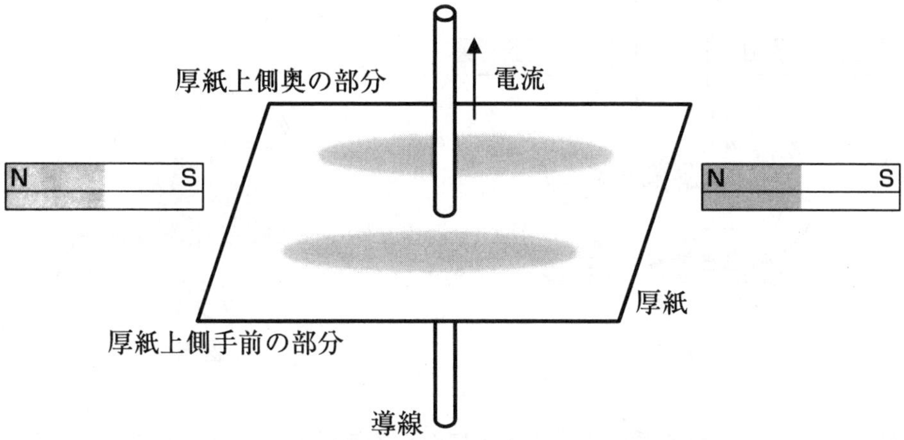

図3

〔レポート〕

棒磁石による磁力線の向きは導線付近では、［ a ］である。導線を流れる電流による磁力線の向きは、厚紙上側から見ると、［ b ］である。よって、図3の厚紙上側奥《おく》の部分は、棒磁石と電流によって生じる磁力が［ c ］。図3の厚紙上側手前の部分は、棒磁石と電流によって生じる磁力が［ d ］。磁力が強めあう方から弱めあう方に電磁力という力がかかるので、導線には［ e ］に力がかかる。

【選択肢】

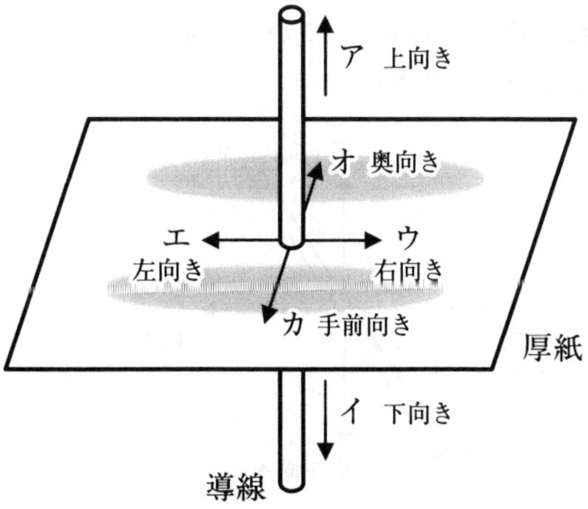

キ．時計回り　　ク．反時計回り　　ケ．強めあう　　コ．弱めあう

（4）　図４のように、棒磁石、導線でできたコイルを設置し、スイッチを入れました。図５は整流子、ブラシの部分を拡大しています。ブラシは固定されており、整流子とコイルは一緒に回転しはじめます。

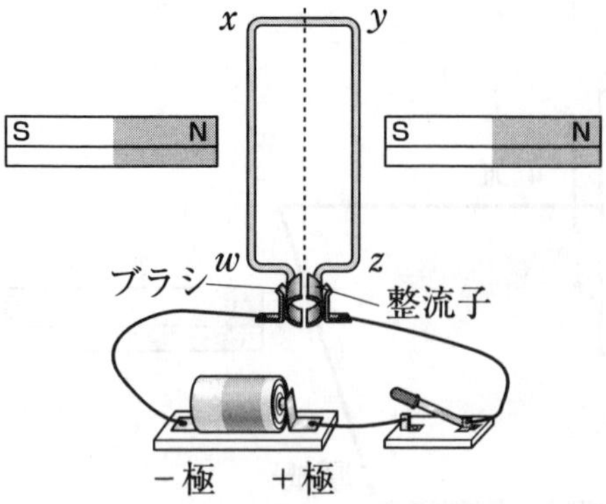

図４

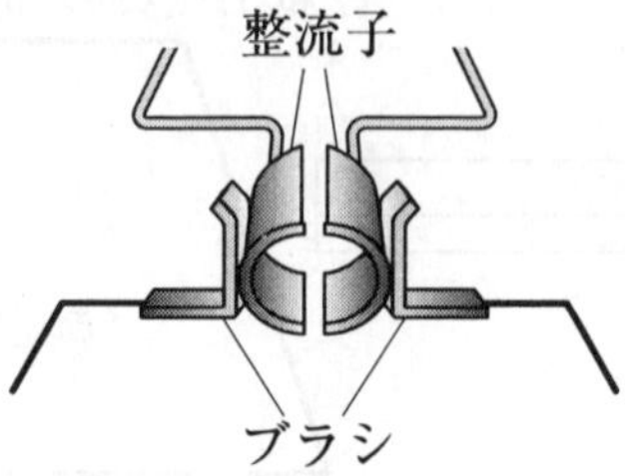

図５

① スイッチを入れた瞬間《しゅんかん》の導線 *wx* にかかる電磁力の向きとして、適当なものを１つ選び、記号で答えなさい。

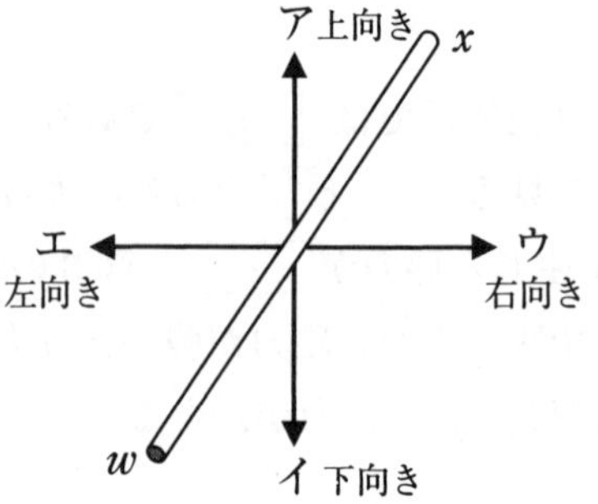

② スイッチを入れた瞬間の導線 *yz* にかかる電磁力の向きとして、適当なものを１つ選び、記号で答えなさい。

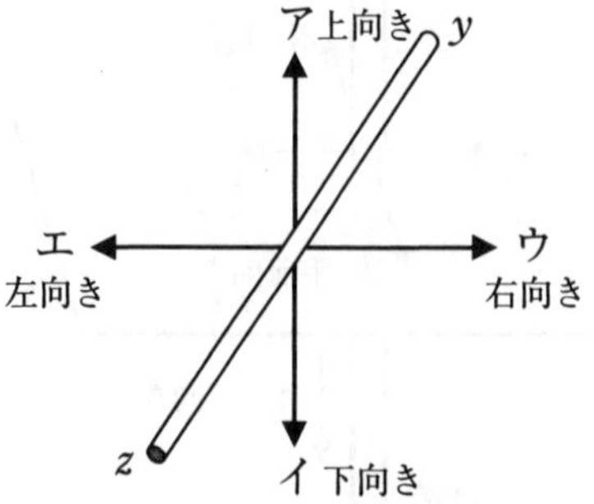

③ 図５のようにブラシ側から見て、コイルはどちらに回転しはじめますか。適当なものを次より１つ選び、記号で答えなさい。

ア．時計回り　　　　イ．反時計回り

（５）　コイルの回転を速くする工夫として適当なものを次よりすべて選び、記号で答えなさい。

ア．１つの棒磁石のＮ極とＳ極を逆にする。
イ．２つの棒磁石をより強いものに変える。
ウ．電池を２つにして、直列につなぐ。
エ．電池を２つにして、並列につなぐ。

（６）　次のＡ、Ｂ、Ｃそれぞれの操作のみをしたとき、コイルの回転方向は、操作をする前の回転方向に対してどのように回転しますか。組み合わせとして正しいものを次より１つ選び、記号で答えなさい。

Ａ　２つの棒磁石のＮ極とＳ極を逆にする。
Ｂ　電池の＋極と－極を入れ替える。
Ｃ　２つの棒磁石のＮ極とＳ極を逆にし、電池の＋極と－極を入れ替える。

	A	B	C
ア	同じ向き	同じ向き	同じ向き
イ	同じ向き	同じ向き	反対向き
ウ	同じ向き	反対向き	同じ向き
エ	同じ向き	反対向き	反対向き
オ	反対向き	同じ向き	同じ向き
カ	反対向き	同じ向き	反対向き
キ	反対向き	反対向き	同じ向き
ク	反対向き	反対向き	反対向き

（７）　整流子はどのような役割をしているか導線 wx に注目して説明しなさい。

（８）　電池のかわりに、発光ダイオードをつないで、手でコイルを一方向に回転させました。発光ダイオードはどのようになりますか。適当なものを次より１つ選び、記号で答えなさい。

ア．点灯し続ける。　　イ．点滅《てんめつ》する。　　ウ．つかない。

2 園子さんは学校で『さび』について学びました。金属のさびは、金属と酸素が結びついたものであると知りました。さびを酸素と分離《ぶんり》させて金属に戻《もど》す方法がないのか先生に聞いたところ、「銅と酸素が結びついた酸化銅と炭の粉（炭素）とを混ぜて加熱すると、炭素が酸化銅から酸素をうばって結びつき、二酸化炭素になり、酸化銅は銅になるよ。」と教えてくれました。

そこで、園子さんは次の実験をすることにしました。特に指示がない場合は、答えは、小数第２位以下がある場合は、四捨五入して小数第１位まで求めなさい。

【実験】

試験管８本に、酸化銅を4.0gと炭素を0.1g、0.2g、0.3g、0.4g、0.5g、0.6g、0.7g、0.8gをそれぞれ加えて混ぜ合わせ、試験管ごとに図１のように十分に加熱した。

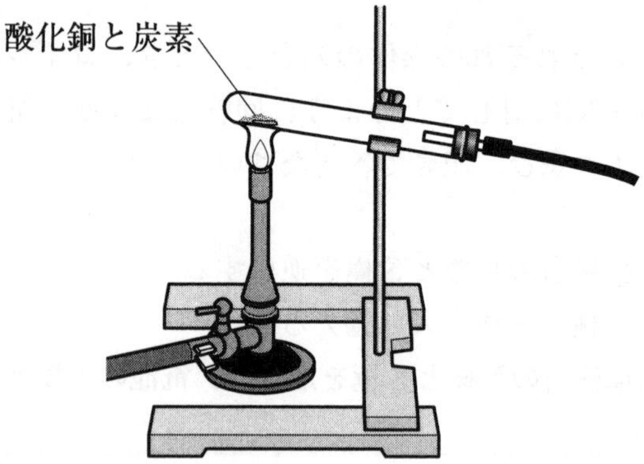

図１

図２は実験で加えた炭素の重さと、加熱後に試験管に残った固体すべての重さの関係を表したグラフです。

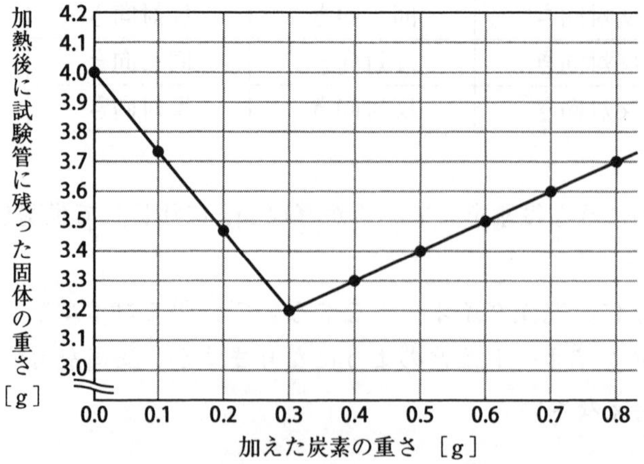

図２

（1）　二酸化炭素の性質として正しいものを次よりすべて選び、記号で答えなさい。

ア．火のついた線香《せんこう》を近づけると激しく燃える。
イ．石灰水を白く濁《にご》らせる。
ウ．水にとけてアルカリ性を示す。
エ．空気より軽い。
オ．消毒に用いられる。
カ．温室効果がある。

（2）　0.3gの炭素を入れて加熱した後の試験管内の様子として正しいものを次より１つ選び、記号で答えなさい。

ア．銅のみが残っている。
イ．酸化銅のみが残っている。
ウ．酸化銅と銅が混ざっている。
エ．銅と炭素が混ざっている。
オ．酸化銅と銅と炭素が混ざっている。

（3）　加えた炭素の重さと発生した二酸化炭素の重さとの関係を表したグラフの形として適当なものを次より１つ選び、記号で答えなさい。ただし、グラフの横軸《じく》は加えた炭素の重さ［g］、縦軸は発生した二酸化炭素の重さ［g］を表します。

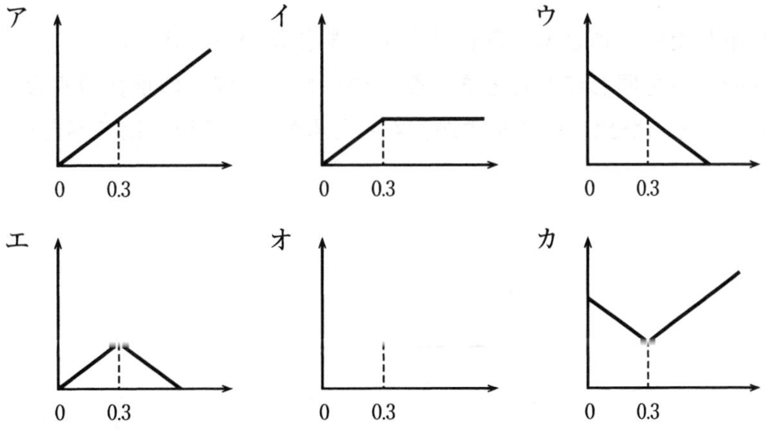

（4）　実験で、加えた炭素の重さが0.3gのとき、発生した二酸化炭素の重さは何gですか。

（５）　加える炭素の量を0.15gとした場合、加熱後に試験管に残る酸化銅の重さは何gになりますか。

（６）　実験に使った酸化銅に結びついている酸素の重さの割合は酸化銅全体の何％と考えることができますか。答えは、小数第１位以下がある場合は、四捨五入して整数で求めなさい。

園子さんは鉄棒などについている「さび」でも同じことができるのではないかと思い、酸化銅の代わりに4.0gの酸化鉄を使用し同様の実験を行いました。

その結果、グラフにすると、0.45gの炭素のときに、加熱後、試験管に残った固体の重さは2.8gで、最小となりました。

（７）　酸化銅の実験と酸化鉄の実験からわかることとして適当なものを次より１つ選び、記号で答えなさい。

ア．同じ重さの銅、鉄を得るときに必要な酸化銅、酸化鉄は同じ重さである。
イ．酸化銅と酸化鉄の同じ重さに対して、十分な量の炭素を加えたとき、発生する二酸化炭素の重さは酸化鉄の方が重い。
ウ．酸化銅と酸化鉄を同じ重さで、炭素を0.5g入れて今回の実験を行うと、反応後の試験管に残った固体の重さは酸化鉄の方が重い。
エ．酸化銅と酸化鉄を同じ重さで混ぜたものに十分な量の炭素を加えて今回の実験を行うと２種類の金属の重さが１：１の割合でできる。

（８）　今回使用した酸化銅と酸化鉄に関して、酸化銅からできる銅と、酸化鉄からできる鉄の重さを同じにしたとき、結びついている酸素の重さの割合を銅と鉄で比べると、どんな比になりますか。もっとも簡単な整数の比で答えなさい。

3　ある夜、園子さんのお母さんが夕飯に鳥の唐《から》揚《あ》げを食べ過ぎてしまったようで、胃がもたれたと困っていました。

胃もたれとは、食事のあとなどに胃が重く感じられる症状《しょうじょう》のことを言います。食べ過ぎや年齢《れい》、ストレスなどの影響《えいきょう》により、胃の運動や消化機能が低下することによりおこりやすくなると考えられています。

園子さんはダイコンが消化に良いという話を聞き、興味を持ちました。調べてみると、ダイコンにはさまざまな消化を助ける物質が含《ふく》まれていることがわかりました。その１つがだ液にも含まれているアミラーゼだとわかったので、だ液の実験を行ってみました。

【実験１】

① 試験管Ａ～Ｄにデンプン溶液《ようえき》を、試験管Ｅ、Ｆに水をそれぞれ５mLずつ入れた。

② 試験管Ａ、Ｂ、Ｅ、Ｆにはだ液を、試験管Ｃ、Ｄには水をそれぞれ１mLずつ入れてよく混ぜた。

③ 試験管Ａ～Ｆを (a) 約40℃のお湯につけて、10分間あたためた。

④ 試験管Ａ、Ｃ、Ｅには薬品Ｘを加え、色の変化をみた。

⑤ 試験管Ｂ、Ｄ、Ｆには薬品Ｙを加え、ガスバーナーで (b) 加熱した後に、色の変化をみた。

《結果》　　（＋：色の変化が見られた。－：色の変化が見られなかった。）

試験管	Ａ	Ｂ	Ｃ	Ｄ	Ｅ	Ｆ
反応前後の色の変化	－	＋	＋	－	－	－

（１）　おもに茎《くき》を食べている野菜を次よりすべて選び、記号で答えなさい。

ア．ダイコン　　イ．レンコン　　ウ．ジャガイモ
エ．サツマイモ　　オ．アスパラガス　　カ．タケノコ

（２）　下線部 (a) において、約40℃のお湯につけた理由は何ですか。「アミラーゼ」に続く文を完成させなさい。

（３）　下線部 (b) について、適当な操作方法を次より１つ選び、記号で答えなさい。

ア　　イ　　ウ　　エ

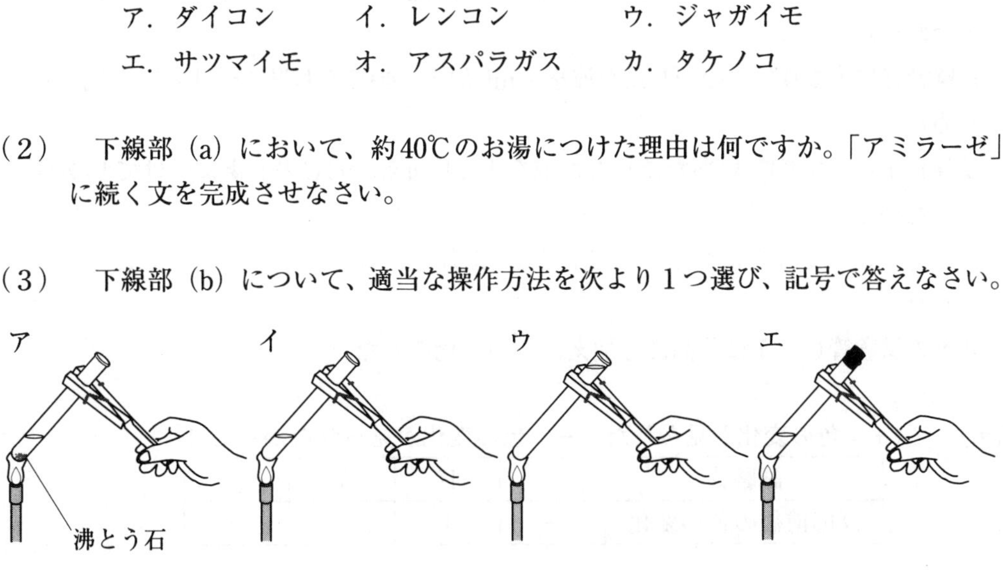

（４）　薬品ＸとＹはそれぞれ何か。正しく組み合わせてあるものを次より１つ選び、記号で答えなさい。

	X	Y
ア	ヨウ素液	フェノールフタレイン液
イ	フェノールフタレイン液	ヨウ素液
ウ	ヨウ素液	ベネジクト液
エ	ベネジクト液	石灰水
オ	石灰水	フェノールフタレイン液

（５）　試験管ＢとＣでは、加えた薬品の色は反応の前後でどのように変化したか。適当なものを次よりそれぞれ１つずつ選び、記号で答えなさい。

	前	後		前	後
ア	紫《むらさき》色	褐《かっしょく》色	イ	青紫色	無色
ウ	無色	赤色	エ	無色	白色
オ	褐色	無色	カ	褐色	青紫色
キ	褐色	白色	ク	青色	無色
ケ	青色	青紫色	コ	青色	赤褐色

【実験２】

①　２本の試験管にだ液を入れ、一方は約90℃のお湯、もう一方は０℃の氷水を入れたビーカーに１時間つけた。

②　４本の試験管Ｇ～Ｊにデンプン溶液を５mLずつ入れた。

③　試験管Ｇに①で90℃にあたためただ液を１mL加え、40℃のお湯につけて10分間あたためた。

④　試験管Ｈに①で０℃に冷やしただ液を１mL加え、40℃のお湯につけて10分間あたためた。

⑤　試験管Ｉに①で90℃にあたためただ液を１mL加え、90℃のお湯につけて10分間あたためた。

⑥　試験管Ｊに①で０℃に冷やしただ液を１mL加え、０℃の氷水につけて10分間冷やした。

⑦　４本の試験管Ｇ～Ｊに薬品Ｚを加え、色の変化をみた。

《結果》　（＋：色の変化が見られた。－：色の変化が見られなかった。）

試験管	G	H	I	J
反応前後の色の変化	－	＋	－	－

(６)　薬品Ｚは薬品Ｘか、薬品Ｙのどちらかです。どちらを用いたか、記号で答えなさい。ただし、薬品Ｙを加えた場合は加えた後、加熱し、色の変化をみました。

(７)　【実験２】の結果からわかることをまとめた次の文の[c]～[e]にあてはまるものを、それぞれの選択肢《せんたくし》より１つずつ選び、記号で答えなさい。

試験管Ｇ～Ｊのうち、デンプンが分解されたのは、試験管[c]とわかる。試験管ＧとＩの結果は同じなので、だ液に含まれるアミラーゼは[d]とわかる。また、試験管ＨとＪの結果は異なるので、だ液に含まれるアミラーゼは[e]とわかる。

[c]の選択肢

ア．Ｇ　　イ．Ｈ　　ウ．Ｉ　　エ．Ｊ
オ．ＧとＩ　　カ．ＨとＪ　　キ．ＧとＩとＪ　　ク．ＨとＩとＪ

[d]の選択肢

ア．90℃にあたためると、その後40℃にしても90℃にしてもはたらくことができる
イ．90℃にあたためても、その後40℃にすればはたらくことができる
ウ．90℃にあたためても、その後90℃にすればはたらくことができる
エ．90℃にあたためると、その後40℃にしても90℃にしてもはたらくことはできない

[e]の選択肢

ア．０℃に冷やすと、その後０℃にしても40℃にしてもはたらくことができる
イ．０℃に冷やしても、その後０℃にすればはたらくことができる
ウ．０℃に冷やしても、その後40℃にすればはたらくことができる
エ．０℃に冷やすと、その後０℃にしても40℃にしてもはたらくことはできない

（8） 調べたところ、ダイコンには脂肪《しぼう》を分解する物質も含まれていることがわかりました。ヒトの体内で脂肪の消化に関わっている液の組み合わせとして正しいものを、次より１つ選び、記号で答えなさい。

ア．胃液、だ液　　イ．胃液、たん汁《じゅう》　　ウ．すい液、たん汁
エ．だ液、腸液　　オ．すい液、腸液

（9） ダイコンには、さらにタンパク質を分解する物質も含まれていることがわかりました。これらの消化を助ける物質が実験でたしかめられただ液のアミラーゼと同じ性質を持っているものとします。次にお母さんが胃もたれをおこす量の鳥の唐揚げを食べた場合、胃もたれを防ぐ可能性がもっとも高いと考えられるものを次より１つ選び、記号で答えなさい。

ア．大根を入れた豚汁《とんじる》　　イ．人参と大根のきんぴら
ウ．ぶり大根　　エ．生大根のサラダ
オ．おでんの大根　　カ．切り干し大根の煮物《にもの》

4　園子さんは気持ちよく日向ぼっこをしていたときに、気温が上がり続けることなく、毎年平均すると、だいたい同じ温度であることを不思議に思いました。そこで、地球に出入りするエネルギーについて調べてみました。

［学習メモ1］

・地球が太陽から吸収するエネルギーは、太陽からの光と地表面がつくる角度によって変わるので、緯《い》度によって大きく異なる。
・地球全体では、地球が太陽から吸収するエネルギーと地球が放出するエネルギーがほぼ等しくつり合っているが、地域ごとではつり合っていない。図1は地表面が一定の面積につき太陽から吸収するエネルギーと地表が放出するエネルギーを緯度ごとに調べたものである。

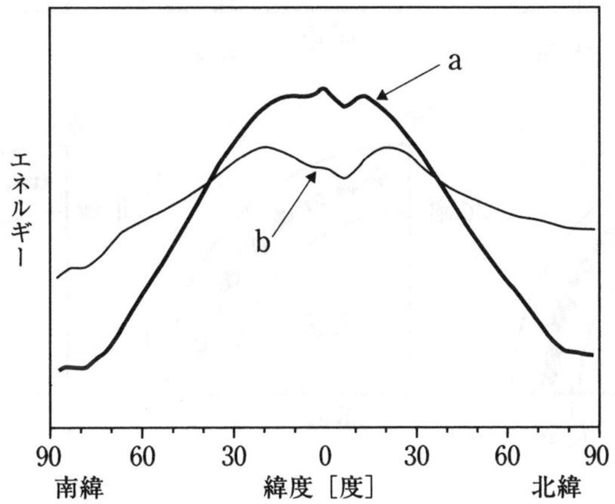

図1

・太陽からのエネルギーは地球全体で平均すると、1 m^2あたり、1秒間に0.081 kcalのエネルギーが入ってきている。しかし、雲などにより、このエネルギーの約30%が反射され、約20%が大気や雲に吸収され、約50%は地表に吸収されると考えられている。
・1 calのエネルギーは1 gの水を1℃温めることができる熱量にあたります。

（1）　地表が太陽から1時間に吸収する熱は1 m^2あたりに平均約何kcalですか。答えは、小数第1位以下がある場合は四捨五入して整数で求めなさい。

（2）　図1のグラフで、地球が放出するエネルギーはa、bどちらですか。1つ選び、記号で答えなさい。

(３)　地域ごとのエネルギーの吸収と放出が等しくないことを解消するために、大気は循環《じゅんかん》し、熱を南北に運びます。放出より吸収するエネルギーが大きい方が大気はあたたまります。逆に、吸収より放出するエネルギーが大きいと、大気は冷たくなります。その境目がもっとも熱が多く移動すると考えられます。このことから考えると、地球の大気の熱がどのように移動しますか。適当なものを次より１つ選び、記号で答えなさい。ただし、熱が矢印の方向に動き、矢印の大きさによって熱の移動の量が多いことを示しています。

ア
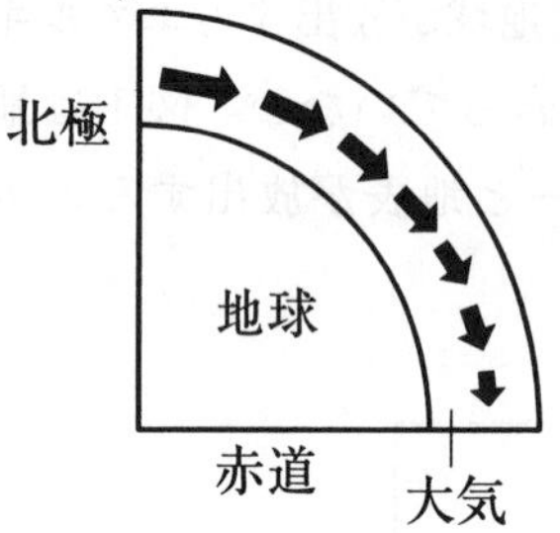

イ
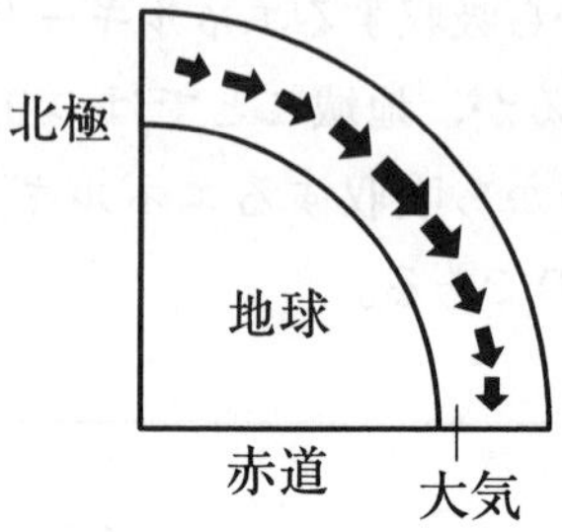

ウ
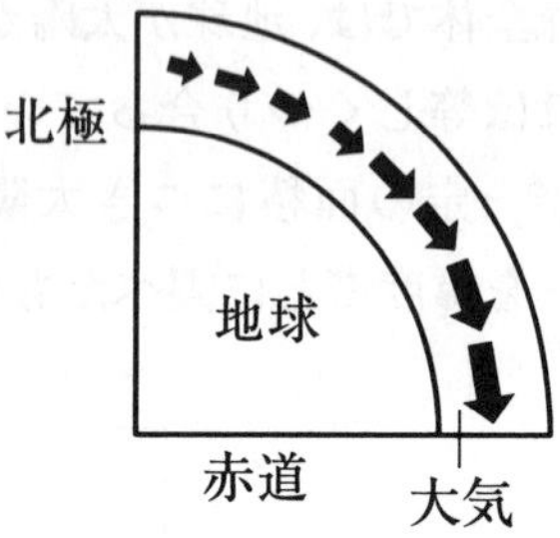

エ
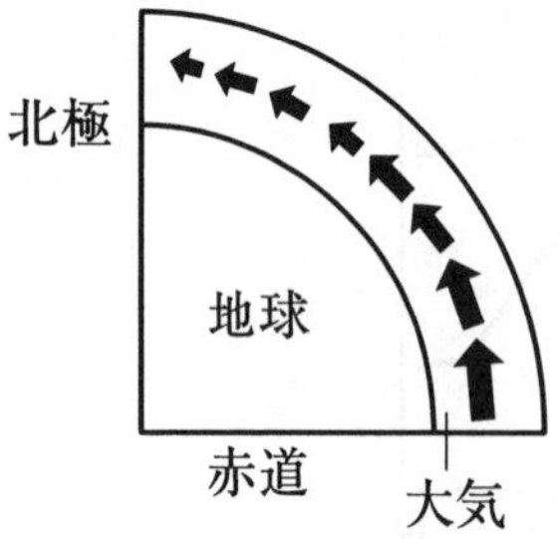

オ
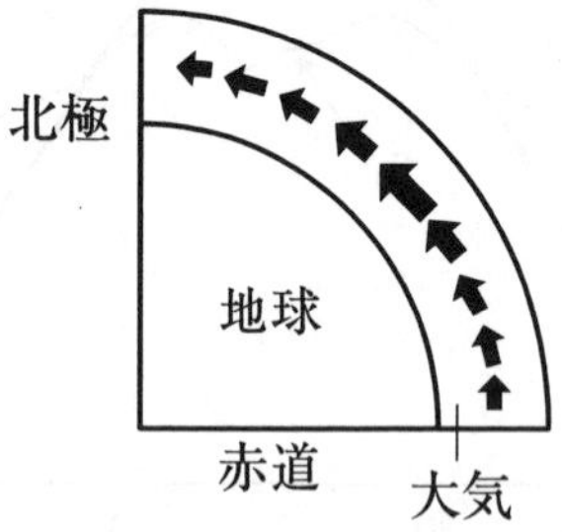

カ
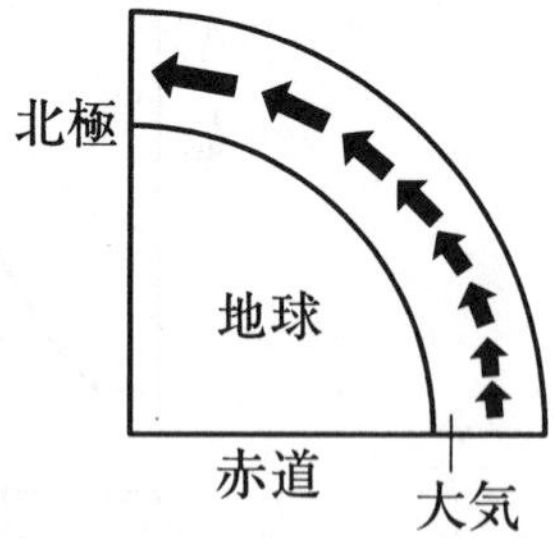

園子さんは次に、北半球の中緯度周辺において、海面を通して海洋に出入りするエネルギーの１年間の変化を調べ、その模式図を図２に示しました。このようなエネルギーの出入りによって、海面付近では、温められた水の層と冷たい水の層が対流によってかき混ぜられることにより、海面付近の水温に変化があることがわかりました。表１は中緯度周辺での海面付近の季節ごとの平均水温です。

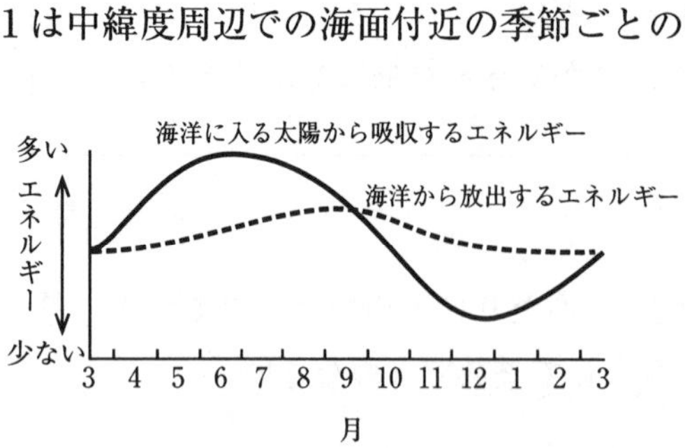

図２

表１

月	①	②	③	④
水温	10.1	13.2	17.9	24.1

（4）　表１の①～④にあてはまる月の組み合わせとしてもっとも適当なものを次より１つ選び、記号で答えなさい。

	①	②	③	④
ア	12月	9月	3月	6月
イ	6月	3月	9月	12月
ウ	9月	6月	12月	3月
エ	3月	12月	6月	9月

（5）　海面でのエネルギーの出入りに関して述べた文としてもっとも適当なものを次より１つ選び、記号で答えなさい。

ア．海洋から放出するエネルギーが１年間あまり変化がないため、年々、海水の平均温度は下がる。

イ．１年間を通してみると、中緯度周辺では、海洋が太陽から吸収するエネルギーは海洋から放出するエネルギーとほぼ等しい。

ウ．海水が蒸発することにより、海面の温度が上昇《じょうしょう》する。

エ．海洋に入る太陽から吸収するエネルギーと、海洋から放出するエネルギーが正比例している。

園子さんはさらに、地球上での水の循環について調べてみました。

［学習メモ２］

・地球の水のうち、約97.5％は海水で、残りの大部分は雪や氷、地下水、湖水や河川水として陸地に存在する。大気中には、総量の約0.001％が存在している。
・図３のように、地球上の水は状態を変えながら循環している。

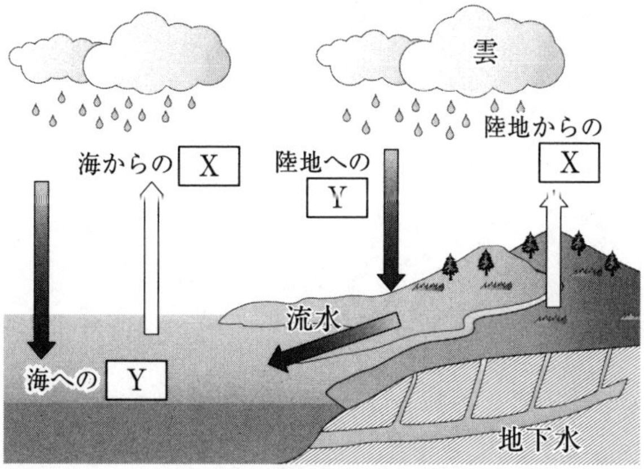

図３

・図４は水が循環している様子を模式的に表したもので、数字は海からの X を100としたときの値を示している。

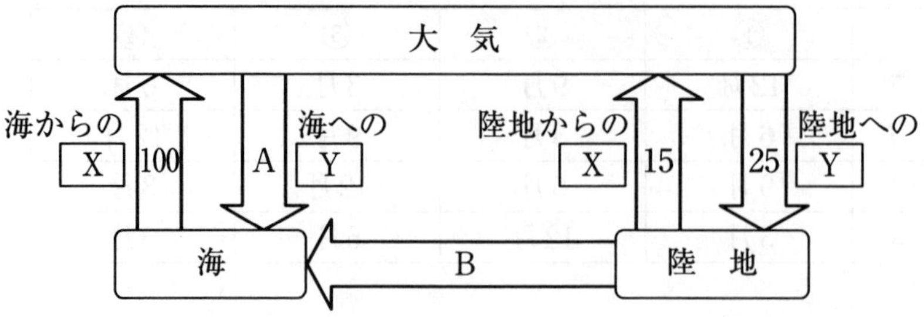

図４

(６)　地球に存在する水の総量は、約14億km^3です。大気中に存在する水分は約何億ktあると考えられますか。ただし、水は$1.0g/cm^3$とし、１ktは1000000kgです。

(７)　X 、Y にあてはまる適当な言葉を次より１つずつ選び、記号で答えなさい。

ア．蒸散　　イ．蒸発　　ウ．溶解《ようかい》　　エ．分離《ぶんり》　　オ．発生
カ．降水　　キ．気流　　ク．分解

(８)　地球上の水の循環において、海、大気、陸地に存在している水の量はそれぞれで一定に保たれていると考えられます。このことから、図４のA、Bに適する値を整数で求めなさい。

以内で説明しなさい。文末は「心情」や名詞で止めなくてよい。

問五 ――(5)「いい子いい子。」とありますが、この時の涼万の心情としてふさわしいものを次の**ア**～**エ**の中から一つ選び、記号で答えなさい。

ア 音心よりも自分の方が早紀を理解していると思い悔《くや》しがっている。

イ 音心が早紀を見下し子ども扱《あつか》いしたのを思い出して憤《いきどお》っている。

ウ 音心の早紀に対する親密な態度を思い出して嫉妬《しっと》にかられている。

エ 音心が早紀の偽善《ぎぜん》的なところを見抜《ぬ》いてからかったことに腹を立てている。

問六 次の文は、本文のどこに入りますか。あとの**ア**～**カ**の中から一つ選び、記号で答えなさい。

> 壁を挟《はさ》んで、涼万もまったく音心の言う通りだとひとりうなずいた。

ア《Ⅰ》　**イ**《Ⅱ》　**ウ**《Ⅲ》
エ《Ⅳ》　**オ**《Ⅴ》　**カ**《Ⅵ》

問七 **A**～**D**に当てはまる語を**ア**～**ク**の中から一つ選び、記号で答えなさい。（ただし記号はそれぞれ一回ずつ使用します。）

ア ざわざわ　**イ** ブクブク　**ウ** がらがら
エ ドスドス　**オ** ドキドキ　**カ** ずんずん
キ もくもく　**ク** ぶんぶん

問八 本文の内容に合うものを次の**ア**～**エ**の中から一つ選び、記号で答えなさい。

ア 音心は、素晴《すば》らしい歌声を持っている早紀が歌わないのは非常にもったいないと思っており、指揮者をあきらめてもらうために、クラスメイトのことを悪く言っている。

イ 早紀は、音心が自分の才能を過信するあまりクラスメイトに批判的になりがちなことを心配しており、彼《かれ》がクラスの中で孤《こ》立《りつ》してしまわないよう心を砕《くだ》いている。

ウ 涼万は、晴美が急に女の子らしい仕草で朝練習に出席するよう頼《たの》んできたことに驚《おどろ》き、今まで見過ごしていた晴美の可愛らしさに気がついて恋心《こいごころ》を感じ始めている。

エ 晴美は、他の組が真剣《しんけん》に練習していることに焦《あせ》りを感じており、涼万が部活ではなく合唱の朝練習に来てくれれば、他のクラスメイトのいい刺激《しげき》になると考えている。

涼万はくちびるをとがらせて、学校の方を振り返った。夕焼けをバックに古びた校舎がそびえている。

まだ音楽室にいるのかな。

見えないと分かっているのに、三階の奥の方に目をこらした。

――(5)いい子いい子。

井川のやつ……。

鼻の両穴が膨《ふく》らみ、首筋がカッと熱くなった。

「ね、涼万、どしたの？　変だよ、さっきから上の空で。返事もしないし」

晴美の声に我に返った。

「いや、別に」

晴美の怪訝《けげん》そうな目を振り切るように、涼万は歩き出した。涼万は[C]前を歩き、晴美はその後ろを小走りでついてきた。

しばらくして、後ろから足音が聞こえないことに気づいて、涼万が振り返ると、少し離れた四つ角のところで晴美が立っていた。

「あ、ごめん。速すぎた？」

涼万が首をすくめながら晴美のところまで戻《もど》ると、

「ううん」

晴美は少しうつむいて小さく首を振った。らしからぬ乙女《おとめ》っぽい仕草に、涼万はどぎまぎして目を泳がせた。

「わたしんち、ここ曲がるから。涼万、明日の朝練、本当にお願い。涼万たちが来ると、クラスのみんなもやる気になると思うんだ。だから、考えといて」

「……ん」

一語で返すと、晴美はからりとした笑顔を作った。

「じゃぁねー」

元気な声で両手を[D]振ると、くるりと背を向けて道を曲がった。後ろ姿でも、がに股で闊歩《かっぽ》しているのが分かる。足音まで聞こえてきそうだ。

やっぱり、キンタだな。

晴美の後ろ姿はあっという間に小さくなった。

（佐藤いつ子『ソノリティ　はじまりのうた』）

問一　――(1)「今度は反射的に首を引っ込めて、壁に身を隠した。」とありますが、この時の涼万の心情を解答らんに合うように二行以内で説明しなさい。文末は「心情」や名詞で止めなくてよい。

問二　――(2)「涼万の眉間がしぼられた。」とありますが、涼万がそのようにふるまったのはなぜですか。解答らんに二行以内で説明しなさい。

問三　――(3)「腑に落ちない」とありますが、内臓に関することばを使った次の**一**～**五**の成句の意味を、後の［意味］**ア**～**オ**の中から一つずつ選び、記号で答えなさい。

一　肝《きも》を冷やす
二　肝が据《す》わる
三　はらわたが煮《に》えくり返る
四　はらわたがちぎれる
五　心臓が強い

［意味］
ア　腹が立って、がまんできない。
イ　あつかましく、ずうずうしい。
ウ　たえられないほど、悲しくてつらい。
エ　落ち着いてどっしりしている。
オ　危ない目にあってひやっとする。

問四　――(4)「笑い声は涼万の耳をつっかえながら通っていった。」とありますが、この時の涼万の心情を解答らんに合うように三行

「あ、ごめん。えっと、先生が残っている生徒がいないか見回ってたから」

涼万の目がうろうろ泳いだ。

「そうなんだ。じゃ、早く校門出ようよ」

晴美は一瞬《いっしゅん》(3)腑《ふ》に落ちないような表情を見せたが、すぐにまた駆け降りだした。階段を一段飛ばしで降りながら、晴美はひそひそ声で続けた。

「涼万が教室に弁当箱取りに行ったって、岳から聞いたから。しばらく待ってたんだけど、なかなか来ないからさ」

「なんで俺待ってたの？」

「んー。まずは、学校出よ」

「おう」

ふたりは手早く下駄《げた》箱に上履《うわば》きをしまうと、校門を一気に駆け抜けた。

「キンタ、足はえーな」

涼万が弾《はず》む息を整えながら言うと、

「わたし、学年で一番足速いし」

晴美が得意気《とくいげ》に眉《まゆ》を上げた。

「さすが女《じょ》バスだな」

「まぁね。涼万だって速いじゃん。一番じゃないの？」

「いや、岳の方が速いんじゃね。ってか、なんで俺のこと待ってたんだっけ？」

涼万は横を歩く晴美に、ちらりと視線を送った。晴美は間を取るように、ショートカットの髪《かみ》を右手でくしゃっとつかんだ。

「合唱コンのことだよ」

「へ？」

喉《のど》の奥から変な声が出た。

「明日の合唱コンの朝練のこと。岳のやつ、涼万と俺は部活の朝練に行くからって、言い張ってたんだけど、ねっ、そうなの？」

「んぐっ」

また変な声、というより音が出た。それを肯定《こうてい》と取ったのか、晴美は突然《とつぜん》歩みを止め、顔の前で両手を合わせた。

「涼万、お願い。合唱コンの朝練に来てよ」

「な、なんでお前、そんな急にやる気になってんの？」

今日の音楽の時間、水野が声かけたとき、最初はシカトしてたくせに。

という続きの言葉は飲み込んだ。

「だってさ、わたし負けたくないんだよ。他の組、結構マジで練習してるらしい」

晴美の顔がバスケのときみたいに、急に戦闘《せんとう》モードになった。

「ふーん」

「ふーんってさ。うちのクラス、井川もめちゃ伴奏《ばんそう》うまいしさ。今からでも頑張《がんば》れば、結構いけるんじゃないかって思うんだよね」

井川、という名前は涼万の胸をプスッと刺《さ》した。

「指揮者の水野さんがさー、もうちょっと仕切ればいいんだけどね。あの子じゃねー。やだ、指揮者が仕切るとかって、ダジャレじゃん」

黙《だま》っている涼万をよそに、晴美は笑い声を立てた。(4)笑い声は涼万の耳をつっかえながら通っていった。

「あの子、ふだんから影薄《うす》いから」

晴美が嘆《なげ》くように顔をしかめた。思わず晴美を横目で睨《にら》んだ。

「いや、水野は……」

言いかけて、何を言えばいいのか分からなくなって、口をつぐんだ。早紀が影が薄いのは、本当のことかも知れない。でも、何か弁護するようなことを言ってやりたかったのだが。

「そっか、気配ね」

《Ⅳ》

音心はフッと笑ってから続けた。

「それにしても合唱コン、早紀は歌わないと本当にもったいないな。指揮者じゃね」

《Ⅴ》

「……そうかな」

早紀の声がくもる。

「でもこのクラスで振れるのは、早紀くらいしかいないか。あいつらがもっと真面目《まじめ》に歌ってくれればな」

《Ⅵ》

投げやりな感じで音心が言った。岳《がく》いわく「ただのオタク」に見えた音心が、クラスメイトのことを「あいつら」よばわりしていることに、涼万は小さなショックを受けた。

「わたしの指揮がよくないんじゃないかな」

「そんなことないよ。えっ、まさかそれで指揮の練習？　どんなにうまく振ったって、ムダな気がするけど。あいつら、どうせ音楽なんて分かってないっしょ」

(2)<u>涼万の眉間《みけん》がしぼられた。</u>

音楽が分かってるなんて、俺にはとうてい言えっこないけど、その言い方はあんまりじゃね。

歌声をこっそり聴いていたときの清々《すがすが》しい気持ちが、一気に吹《ふ》っ飛んだ。腹の奥からむかむかが肥大していく。早紀は音心の言葉をスルーして、

「あ、今日はありがと」

と、話題を変えた。

「なんだっけ？」

「ピアノの即興《そっきょう》演奏。音心、またピアノの腕《うで》上がったね」

「最近、ジャズに興味があるんだ」

「へぇ。確かに音心はジャズが向いているかも知れないね。あのとき、音心の即興にみんないっせいに注目したよ。だから……」

「だから？」

「うーん、うまく言えないけど、音楽が分かるとか分からないとかは、理屈《りくつ》じゃなくて……。いいものは誰の心にも届くんだよ」

「早紀はいい子だね」

音心は少し間を置いて、

「いい子いい子」

と、続けた。それはまるで、頭をなでながら言っているようなそんな間合いで、またしても勝手に映像が浮《う》かんでしまった。胸が **A** 騒《さわ》ぎ出す。

どんな物音も聞き逃《のが》すまいと、涼万は壁際《かべぎわ》に耳をさらに数センチ近づけた。教室の中をのぞいてみたい気持ちと、のぞいてはいけない気持ちが交錯《こうさく》しだす。

そのとき、廊下《ろうか》の奥からひょいと人影《ひとかげ》が現われた。

顔ははっきり見えなくても、少しがに股《また》で **B** 向かってくるミニ丈《たけ》のスカート姿で、一発で晴美だと分かった。涼万は晴美の方に向かって、足音に気をつけてダッシュした。

晴美は駆《か》け寄ってくるのが涼万だと分かると、パッと顔を明るくさせて何か言おうとした。が、涼万はそれを制するように口もとに人差し指を立てると、晴美の腕をいきなりつかんで階段の方に走り続けた。そして、一階と二階のあいだの踊《おど》り場までくると、ようやく腕を離した。

「ど、どしたの？　涼万」

晴美はつかまれていた腕のあたりをさすった。

二 **次の文章を読んで後の問いに答えなさい。**

涼万《りょうま》は音楽室の入口のすぐそばまできた。ドアは開いている。手前で立ち止まった。壁《かべ》に身を寄せ、軽く目を閉じた。清らかな歌声は、まるで心の澱《おり》を洗い流すように、涼万の胸の奥《おく》まで押《お》し寄せてはよどみなく流れていった。

ずっと聴《き》いていたい。もっと近くで聴いてみたい。

首だけ伸《の》ばして中をのぞいてみた。

早紀《さき》はいつもの指揮者が立つ位置で、指揮棒を振《ふ》りながら歌っていた。

涼万は目を見開いた。

早紀の指先につながった指揮棒は、まるで体の一部のようになめらかに表情豊かに動く。目の前には誰《だれ》もいないのに、合唱隊形に並んだ生徒たちがいるみたいだ。

水野がこんな透明《とうめい》な声で歌うなんて、誰も知らない。そのことを知っているのは、俺《おれ》だけだ。うん、たぶん、きっと。

指揮棒を振りながら上体を揺《ゆ》らして歌う早紀の姿から目が離《はな》せなくなった。指先がじんじんしてきた。三度目の繰《く》り返しのフレーズが始まった。もう歌が終わってしまう。

――はじめはひとり孤独《こどく》だった
ふとした出会いに希望が生まれ
新しい本当のわたし
未来へと歌は響《ひび》きわたる

次の「la《ラ》la《ラ》la《ラ》」が続くところで、早紀は最初の「la la」でぷつんと歌うのをやめた。涼万の心臓がぼっこんと動いた。本当に何センチか前に飛び出したかと思った。

……気づかれた。

サッと逃《に》げようと思えば逃げられたのに、意思とは反対に体はこちんとフリーズした。おのずと呼吸も止まっていた。でも早紀はドアがある左側を向くのではなく、ゆっくり右奥を振り返った。

そこには壁と同化したような、音楽倉庫に続く扉《とびら》がある。しばらくして、その白い扉がぎっと音を立てて開いた。さらに間をおいて、音心《そうる》がバツが悪そうに首をすくめながら出てきた。

涼万の心臓がまたしてもぼっこんと動いた。そして(1)今度は反射的に首を引っ込《こ》めて、壁に身を隠《かく》した。汗《あせ》がどっと噴《ふ》き出したのに、指先は冷たい。

「音心だったの？　びっくりさせないでよ。倉庫に人がいるなんて思っていなかったから」

《Ⅰ》

中から早紀の声が聞こえる。

音心って、呼び捨てかよ。水野、井川とそんなに仲いいわけ？

なんだか胸がざらっとした。

「ごめん。使っていない古いティンパニーが倉庫の奥にあるって先輩《せんぱい》から聞いたから、探《さが》してたんだ。そしたら、早紀の歌声が聞こえてきたからさ」

《Ⅱ》

「やだ、聴かれてたんだ」

早紀の照れるような声に、こそばゆい気分になった。どんな風にはにかんでいるのだろうか。見たい。おでこのあたりが熱くなった。

「最後まで歌を聴いてから倉庫を出ようと思ったのに、気づかれちゃったみたいだね」

《Ⅲ》

「なんか、気配感じたの」

けようとしてはいけない。「この愛に共感できないあなたはこころの冷たい人だ」なんて罪悪感で人を動かしはじめたりしたら、まったく目も当てられない。人間は利己的で、いいところもわるいところもある。それを率直に認めたうえで、僕らにできることを考えていこう。

（伊勢武史『２０５０年の地球を予測する
—科学でわかる環境の未来』）

★放漫…でたらめでしまりのないこと。
★腐心…心をくだくこと。

問一 ――**⑴**「環境保全について考えるとき、僕らは『平等』という倫理上の概念に直面する。」とありますが、ここでいう「平等」とはどのようなことですか。解答らんに二行以内で説明しなさい。

問二 ――**⑵**「ＮＩＭＢＹは、僕らが考えるべき倫理上の問題だ。」とありますが、どういうことですか。次の**ア**～**エ**の中から一つ選び、記号で答えなさい。

ア　ごみ問題を考えるとき人間がごみを出すことが環境問題の根源であり、そのことを無視することはできないということ。

イ　葬儀場や原子力発電所を自分の家の近くには建てたくないからといって人口の少ない地方に押《お》し付けてはならないということ。

ウ　暮らしに必要なものであるのに自分の住まいの近くには置きたくないと考えるのは自分の感情ばかり優先しているということ。

エ　環境保全について考える際には人々の権利や利益を考えるべきであり、地域の格差はそれに基づいて考える必要があるということ。

問三 ――**⑶**「僕ら人間個人には人権があり、それはとても大事なものである。」とありますが、筆者は環境保全に対しどのような考え方を持っていますか。「人権」という語を用いてその内容を解答らんに二行以内で説明しなさい。

問四 **⑷** に当てはまる一語を文中から抜《ぬ》き出して答えなさい。

問五 ――**⑸**「悲観的楽観主義者」とありますが、これは環境問題に関してはどのような考え方をする人ですか。解答らんに三行以内で説明しなさい。

問六 **A** ～ **D** に当てはまる語を次の**ア**～**エ**の中から一つずつ選び、記号で答えなさい。（ただし記号はそれぞれ一回ずつ使用します。）

ア　だから　**イ**　しかし　**ウ**　さて　**エ**　つまり

問七 ――㋐～㋔のカタカナを漢字に書き直しなさい。

問八 本文の内容に合うものを次の**ア**～**エ**の中から一つ選び、記号で答えなさい。

ア　地球環境について考えるときには「平等」という概念が必要であり、すべての人が等しい幸福を得られるように社会制度や政治のしくみを変えていかなくてはならない。

イ　自然を守るためにはあまりに悲観的になりすぎてはいけないのであり、人間がそれぞれの人権を尊重しながら幸せになるために今できることを続ける必要がある。

ウ　環境保全のためには一部の人の負担ではなく、すべての人が責任を果たすことで利益を生むビジネス化がうまれ、実質的にその目的を果たすことができる。

エ　人間が自然と共存していくためには人間が本来持つ一見欠点にも思える性質を冷静に理解し、それを生かして地球環境を保全するための方法を考えていく必要がある。

これは、人間同士の関係性にも似ている。(3)僕ら人間個人には人権があり、それはとても大事なものである。しかし、人権を持っているのは世界で僕ひとりではない。世界じゅうの人間がみな、人権を持っているのである。だから僕ひとりが幸せになるようなわがままはダメだ。みんなが幸せになるように、ときにはがまんしなければならないこともある。これは幼稚園《ようちえん》で習うようなごくごく基本的な考え方である。

　これと同様に、自然も人間もなんらかの権利を持っていて、それらは絶対的なものではない。だから、状況《じょうきょう》に応じて、自然や人間がお互《たが》いを尊重し、ときには譲《ゆず》り合いながら共存していくべきなのである。まさに、人権の考え方を自然物にまで広げるというやり方である。お互いに敬意があると人間関係がうまく行きやすいように、自然と人間の関係性にもリスペクトがあるといい。必要な時は自然を使わせてもらうこともあるけれど、必要以上に破壊することはないし、いつか元に戻《もど》すことが可能な方法で使わせてもらうように心がける。

　D、環境保全をするとなると、そのために人間はなんらかのアクションを行う必要が生じる。それはしばしば、自然を守るために人間が犠牲《ぎせい》を払うというかたちを取る。自然を守るために税金を上げるとか、レジ袋《ぶくろ》を有料化するとか、ある場所を立ち入り禁止にするとか。これは、生態学でいうところの、「プラス－マイナス」の関係である。自然にとってプラスであり、人間にとってマイナスなのだ。となると人間は、できることなら不利益をこうむりたくないと考えるようになり、自然保護に対する反感も生まれてきたりする。

　これをなんとかして「プラス－(4)」の関係にできないだろうか。僕はこのために★腐心《ふしん》している。イソギンチャクとクマノミのようにおたがいにメリットがあるなら、人間はこころから自然を愛し、自然を守るようになるだろう。そのための手法として「ビジネス化」がある。

　ビジネスとはすなわち「お金儲《もう》け」。自然保護を「ネタ」に人間がお金を稼《かせ》げるなら、自然と人間はお互いにメリットのある共存関係にいたれるのである。これまでは、自然保護はビジネスの敵、自然保護のために経済を規制するのは反対、みたいな論調が大きかったが、だんだんと、自然保護することでお金を儲けていいんだよ、実際に儲かるんだよ、みたいな仕組みができ始めているのである。

　そもそも、お金儲けは罪ではない。現代に生きる僕らは、大人になるとみんな何かのかたちでお金を稼いで生活するようになる。お金儲けを否定するということは、人間が生きるのを否定することとさえ言えるだろう。環境保全側の人間もこれをしっかり認めたうえで、自然保護に役立つお金の儲け方を提案するというのが前向きなやり方なのである。

　このような考え方を持つ人のことを、環境科学の基礎《きそ》を形づくった研究者のひとりE．F．シューマッハは「(5)悲観的楽観主義者」と呼んだ。ただの楽観主義者は、負の側面に目をふさぎ、根拠《こんきょ》なく「人間はすばらしいから、自然は偉大《いだい》だから、環境を守れる」というようなことを言う。ただの悲観主義者は、「人間は利己的だから、環境保全なんてできるわけがない」などと言う。環境保護を実現するには、楽観主義者でもだめ、悲観主義者でもだめ。ものごとの負の側面を厳然たる事実として受け止めたうえで、それでも僕らは問題解決のために努力し続けると決意するのだ。これが楽観的悲観主義者の考え方である。

　「愛で地球環境を救いましょう」なんてキャッチフレーズを掲《かか》げるのは、単なる楽観主義者だと思う。確かに環境を守るには、愛などのポジティブなモチベーションは不可欠だけど、それだけですべてを片づ

2023年度

洗足学園中学校

【国　語】〈第三回試験〉（五〇分）〈満点：一〇〇点〉

【注意】・字数制限のない問題について、一行分の解答らんに二行以上解答してはいけません。
・記号・句読点がある場合は字数に含《ふく》みます。

一　次の文章を読んで後の問いに答えなさい。

(1)環境《かんきょう》保全について考えるとき、僕《ぼく》らは「平等」という倫理《りんり》上の概念《がいねん》に直面する。たとえば、先進国に住む僕らと発展途上《とじょう》国の人びととの平等。現代の地球の総人口のかなりの部分は発展途上国が占《し》めている。発展途上国では、一人当たりの二酸化炭素排出《はいしゅつ》量が少ない。日本やアメリカのような先進国と違《ちが》って、自家用車やエアコンなどがあまり普及《ふきゅう》していないからだ。もし発展途上国が発展し、僕ら日本人とおなじような生活(ア)スイジュンを持つに至ったらどうなるだろう。そのときは地球全体の二酸化炭素排出量がさらに増加し、地球温暖化はさらに深刻さを増してしまう。それならば発展途上国に経済援助《えんじょ》をするのをやめて、彼《かれ》らには貧しいままでいてもらうのがよいのだろうか。

平等については、世代間の平等という概念も必要だ。いま僕らは、化石燃料をガンガン燃やして豊かな暮らしを享受《きょうじゅ》している。しかしこのような人間の★放漫《ほうまん》な暮らしは、いつまでも続けられるわけではない。世界の環境収容力には(イ)ゲンカイがあるからだ。僕らが資源をどんどん使い環境を汚染《おせん》してしまうと、次の世代の人たちが僕らのツケを払《はら》わざるを得なくなり、その暮らしは悲惨《ひさん》なものになってしまうかもしれない。そう考えると果たして僕らは、次世代のことを考えずに好き勝手わがままに暮らしていいのだろうか。これが世代間の平等の問題である。これは「持続可能な発展」という概念との関係が深い。僕らは豊かな暮らしを追い求める人間の性《さが》を持っているけれど、それが持続可能か、 A 次の世代も、その次の世代も、この(ウ)チョウシで暮らして良いかどうか考える必要がある。

倫理の話題をもうひとつ。アルファベットでＮＩＭＢＹと書く問題だ。これは「Not In My Backyard」の頭文字を取ったもの。日本語に直すと「僕の裏庭(backyard)はゴメンだ」みたいな意味になる。これはごみ問題を考えるときのキーワードだ。僕ら人間が生きていると、どうしてもごみが出てくる。 B 、そのごみ処理場が自分のうちの近所にできるとなると、住民は反対運動を行ったりする。葬儀《そうぎ》場や原子力発電所なんかもそうだ。僕らの暮らしにはそれらの施設《しせつ》が必要なのに、自分の家の近くにあることには反対してしまう。 C 東京電力が原発は人口密度の低い場所に立地していることが多い。東京電力が原発を東北地方の福島県につくったのはそういうことだ。関西電力の原発は北陸地方の福井《ふくい》県に立地している。(2)ＮＩＭＢＹは、僕らが考えるべき倫理上の問題だ。環境破壊《はかい》も環境保全も、それにかかわる人びとの気持ちが強く関わってくるのである。

僕は環境科学の研究者であるが、自然保護至上主義者ではない。自然保護には価値があるが、その価値は(エ)ソウタイ的なものであると思っている。「世界中の全ての自然を保全しよう、一木一草たりとも切ってはいけない」なんてことになると人間は生きていくことはできない。人間が生きるということは必ず自然の(オ)カイヘンをともなう。自然破壊をゼロにすることは無理だ。考えるべきなのは、どの程度の自然破壊を許容し、どの程度の自然保護を行うかという程度の問題である。

2023年度

洗足学園中学校 ▶解　答

※　編集上の都合により，第３回試験の解説は省略させていただきました。

算　数　＜第３回試験＞（50分）＜満点：100点＞

解　答

1 (1)　48　(2)　24.5　2 (1)　758個　(2)　$\frac{1}{3}$倍　(3)　3.75％　(4)　7392人　3 (1)　**りんご**…11個，**なし**…２個，**かき**…２個　(2)　$300cm^2$　(3)　169回　(4)　18度　4 (1)　13.5分後　(2)　726m　(3)　5.65分後　5 (1)　339個　(2)　1112桁　(3)　168個

社　会　＜第３回試験＞（理科と合わせて60分）＜満点：75点＞

解　答

1 **問１**　(1)　B　(2)　B　**問２**　(1)　D　(2)　B　**問３**　(1)　B，D　(2)　滋賀県，奈良県　**問４**　(1)　D　(2)　A，F　**問５**　(1)　八幡製鉄所　(2)　(例)　石炭・鉄鉱石の輸入先が距離的に遠いオーストラリアとなり，またエネルギー革命も進展したことで，かつての中心産業であった鉄鋼業が衰退したため。　2 **問１**　B　**問２**　(1)　(例)　富岡製糸場や北関東でつくられた生糸を，沿岸部に運んで輸出するため。　(2)　D　**問３**　A　**問４**　B　**問５**　**オ**　土佐　**カ**　国司　**問６**　D　**問７**　A　**問８**　G　3 **問１**　A　**問２**　(例)　国会議員は，主権者である国民が直接選挙によって選んだから。　**問３**　A　**問４**　ゼレンスキー　**問５**　ロシア　**問６**　B，C，D　**問７**　C　**問８**　C　**問９**　違憲立法(法令)審査権　**問10**　B

理　科　＜第３回試験＞（社会と合わせて60分）＜満点：75点＞

解　答

1 (1)　①　エ　②　イ　③　エ　(2)　④　ウ　⑤　イ　⑥　ア　(3)　**a**　エ　**b**　ク　**c**　ケ　**d**　コ　**e**　カ　(4)　①　ア　②　イ　③　ア　(5)　イ，ウ　(6)　キ　(7)　(例)　コイルを一定方向へ回転させるため，導線wxに流れる電流の向きを変える役割。　(8)　イ　2 (1)　イ，カ　(2)　ア　(3)　イ　(4)　1.1g　(5)　2.0g　(6)　20％　(7)　イ　(8)　7：12　3 (1)　イ，ウ，オ，カ　(2)　(例)　(アミラーゼ)がもっともよくはたらく温度だから。　(3)　ア　(4)　ウ　(5)　**B**　コ　**C**　カ　(6)

薬品Ｙ　⑺　**c**　イ　**d**　エ　**e**　ウ　⑻　ウ　⑼　エ　**４**　⑴　146kcal　⑵　b　⑶　オ　⑷　エ　⑸　イ　⑹　140億kt　⑺　**X**　イ　**Y**　カ　⑻　**A**　90　**B**　10

国　語　＜第３回試験＞（50分）＜満点：100点＞

解　答

一　**問１**　（例）　先進国と発展途上国といった地域間での平等や，現代の人びとと次世代の人びとなどの世代間での平等。　**問２**　イ　**問３**　（例）　人間に人権があるように自然にも権利があるので，お互いが尊重し合い，譲り合いながら共存すべきだという考え方。　**問４**　プラス　**問５**　（例）　自然保護のためにお金もうけをすることを否定せず，自然保護に役立つお金もうけを前向きにとらえて問題解決をはかろうといった考え方をする人。　**問６**　**A**　エ　**B**　イ　**C**　ア　**D**　ウ　**問７**　下記を参照のこと。　**問８**　エ　**二**　**問１**　（例）　早紀の歌を聴いていたのを気づかれたと思ってあせったが，音心もまたかくれて早紀の歌を聴いていたと知り，驚いている。　**問２**　（例）　他のクラスメイトは音楽が分かっていないから早紀が指揮の練習をしてもムダだ，という音心の発言を不快に感じたため。　**問３**　**一**　オ　**二**　エ　**三**　ア　**四**　ウ　**五**　イ　**問４**　（例）　涼万がひそかに思いを寄せる早紀に対し，指揮者がもう少しリーダーシップを発揮すべきなのに早紀はできないと，晴美が批判するのを不愉快に感じている。　**問５**　ウ　**問６**　オ　**問７**　**A**　ア　**B**　エ　**C**　カ　**D**　ク　**問８**　エ

●漢字の書き取り

一　**問７**　㋐　水準　㋑　限界　㋒　調子　㋓　相対　㋔　改変

Memo

Memo

2022年度　洗足学園中学校

〔メール〕 ao@jh-staff.senzoku.ac.jp
〔所在地〕 〒213-8580　神奈川県川崎市高津区久本２―３―１
〔交　通〕 JR南武線―「武蔵溝ノ口駅」より徒歩８分
東急田園都市線―「溝の口駅」より徒歩８分

【算　数】〈第１回試験〉（50分）〈満点：100点〉

【注意】 円周率は3.14として計算してください。

1　次の計算をしなさい。

(1)　$46-16\div24\div3+3\times9-6$

(2)　$0.875-0.025\div\left(2\frac{2}{5}-1.6\right)+\frac{1}{6}\div2\frac{2}{3}$

2　次の問いに答えなさい。

(1)　縮尺 $\frac{1}{25000}$ の地図上で20cmの道のりを，実際に時速４kmで歩くと何分かかりますか。

(2)　A，B，Cの３人が，それぞれお金を持っていました。AがBに500円をわたし，BがCに300円をわたし，CがAに450円をわたしたので，３人の持っている金額が同じになりました。はじめにAが900円持っていたとすると，Cははじめにいくら持っていましたか。

(3)　縦15cm，横18cmの長方形の形の紙がたくさんあります。この紙を同じ向きにのりで貼《は》り合わせて縦40cm，横200cmの長方形をつくります。最も少ない枚数で貼り合わせるとき，紙が重なっていない部分の面積の合計は何cm^2ですか。

(4)　２つの直線が垂直に交わっており，２つの長方形AとBが，図のような位置から同時に出発して，それぞれの直線に沿《そ》って矢印の方向に一定の速さで進みます。長方形Aの速さが毎秒２cmのとき，下の文章の［ア］，［イ］にあてはまる数を答えなさい。

２つの長方形AとBが重ならないのは，長方形Bの速さが，毎秒［　ア　］cmより速いときか，毎秒［　イ　］cmよりおそいときです。

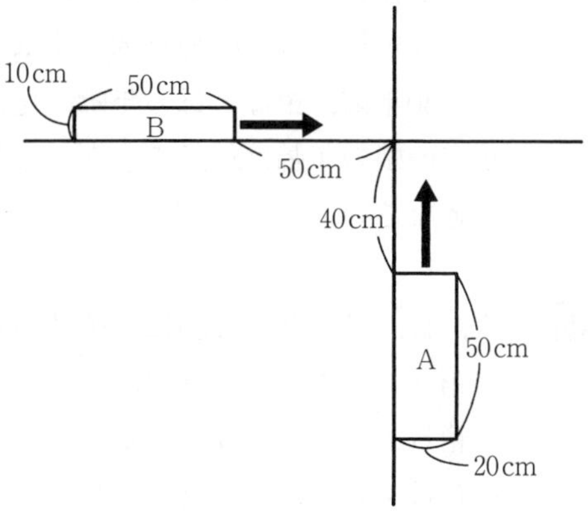

3　次の問いに答えなさい。

(1)　A，B，C，Dの４人のうち１人だけ赤い帽子《ぼうし》をかぶり，残りの３人は白い帽子をかぶっています。この４人が縦に１列に並んで次のような発言をしました。

A「私のすぐ後ろの人は赤色の帽子だ。」
B「Dは私より前にいる。」
C「私の帽子は白色だ。私より前の人は全員白色の帽子だ。」
D「私のすぐ後ろの人は白色の帽子だ。」

この発言がすべて正しいとき，４人の並んでいる順を前から順に答えなさい。

(2)　下の図１は，正方形から４つの同じ形で大きさの等しい直角三角形を切り取ってつくった八角形です。この八角形の面積は265cm^{2}で，８辺のうち４辺の長さは10cmでした。図２のように，八角形の10cmではない辺のそれぞれの真ん中の点を結んで四角形をつくったとき，この四角形の面積は何cm^{2}ですか。

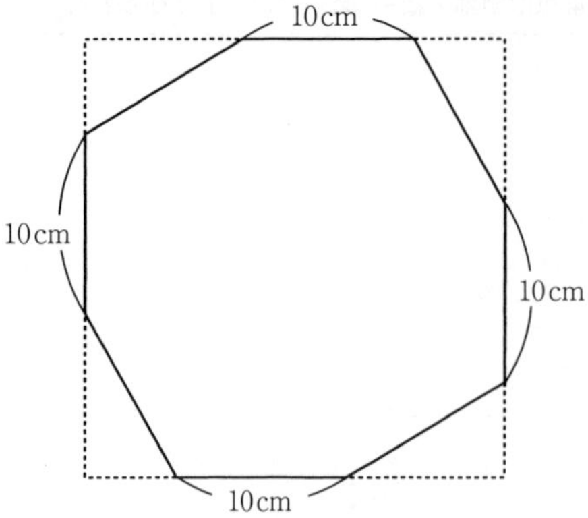

図１

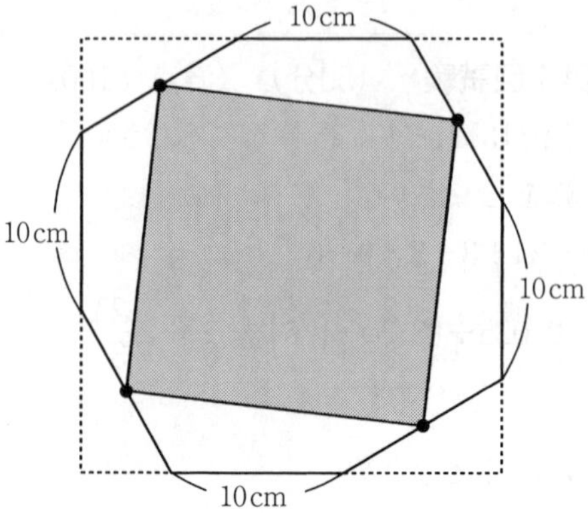

図２

(3)　ある品物を500個作る仕事を，ＡとＢの２人が毎日行うと56日目に終了します。同じ仕事をＡとＣの２人が毎日行うと46日目に終了し，ＢとＣの２人が毎日行うと42日目に終了します。Ａ，Ｂ，Ｃはそれぞれ１日に何個の品物を作りますか。ただし，Ａ，Ｂ，Ｃが１日に作る品物の個数はそれぞれ一定で，整数であるとします。なお，この問題は解答までの考え方を表す式や文章・図などを書きなさい。

(4)　祖母，母，娘の３人の年齢《れい》について，以下のことが分かっています。

・現在の３人の年齢の合計は120歳《さい》

・３年後，母と娘の年齢の比は３：１

・30年前，祖母と母の年齢の比は３：１

現在の娘の年齢は何歳ですか。なお，この問題は解答までの考え方を表す式や文章・図などを書きなさい。

4　Ａ，Ｂ，Ｃの３つの箱に，整数の書かれたカードが以下のように入っています。

箱Ａ：１から５が書かれたカードが１枚ずつ，計５枚

箱Ｂ：１，３，５が書かれたカードが１枚ずつ，計３枚

箱Ｃ：０から９の書かれたカードが１枚ずつ，計10枚

３つの箱からカードを１枚ずつ取り出して，Ａから取り出したカードの数を百の位，Ｂから取り出したカードの数を十の位，Ｃから取り出したカードの数を一の位とした３桁《けた》の整数Xをつくります。このとき，次の問いに答えなさい。

(1)　Xが４の倍数となる取り出し方は何通りありますか。

(2)　Xが３の倍数となる取り出し方は何通りありますか。なお，この問題は解答までの考え方を表す式や文章・図などを書きなさい。

(3)　Xが12の倍数となる取り出し方は何通りありますか。

5　ボートを使って川下のＡ地点から川上のＢ地点に向かいます。ボートにはメインエンジンとサブエンジンがついていますが，メインエンジンのみでＡ地点からＢ地点に向かう予定でした。予定通りメインエンジンのみでＡ地点を出発したところ，出発して30分後にメインエンジンが故障して止まってしまいました。修理に25分かかった後，再びメインエンジンのみでＢ地点に向けて動き出したところ，予定より35分おくれてＢ地点に到《とう》着しました。もし，メインエンジンを修理せず，故障してすぐにサブエンジンのみに切りかえていれば，予定よりも25分おくれるだけですみました。また，サブエンジンのみでＡ地点からＢ地点まで向かえば予定よりも40分おくれて到着します。このとき，次の問いに答えなさい。

(1)　川の流れの速さとメインエンジンのみで動かしたボートの静水時の速さの比を，最も簡単な整数の比で答えなさい。

(2)　メインエンジンのみで動かしたボートとサブエンジンのみで動かしたボートの静水時の速さの比を，最も簡単な整数の比で答えなさい。なお，この問題は解答までの考え方を表す式や文章・図などを書きなさい。

(3)　はじめからメインエンジンとサブエンジンの両方を使用してＡ地点からＢ地点まで向かうとします。どちらのエンジンも故障しなかったとしたら，出発してから到着するまで何分かかりますか。

【社　会】〈第１回試験〉（理科と合わせて60分）〈満点：75点〉

1　次の［**地図**］を見て，あとの問いに答えなさい。

［**地図**］

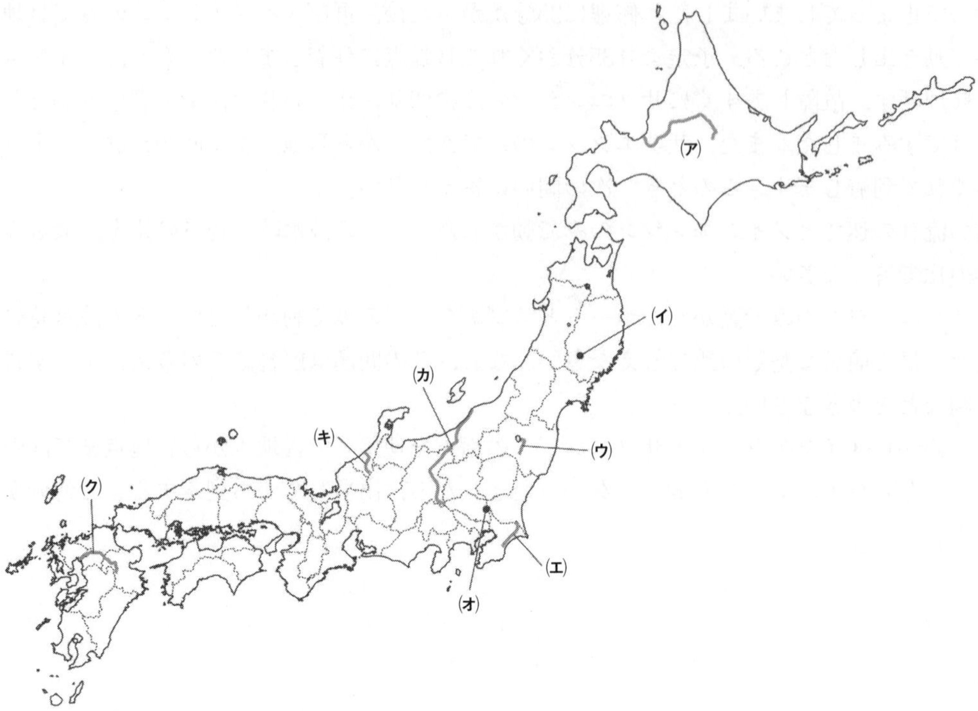

問１　［**地図**］中の(ア)・(カ)・(ク)の河川について，次の(**1**)・(**2**)にそれぞれ答えなさい。

(**1**)　次の①～③は，［**地図**］中の(ア)・(カ)・(ク)の河口付近に位置する都市の月別平均気温と降水量を示したものです。①～③と(ア)・(カ)・(ク)の組み合わせとして正しいものを，下の**A**～**F**の中からひとつ選んでアルファベットで答えなさい。

①　②　③

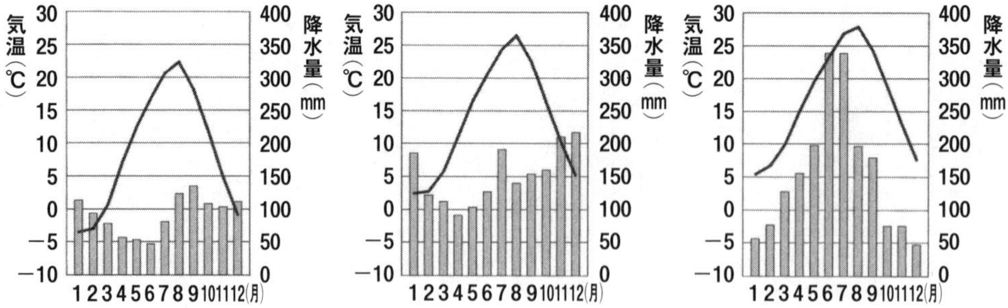

（国立天文台『理科年表』より作成）

A　①―(ア)　②―(カ)　③―(ク)

B　①―(ア)　②―(ク)　③―(カ)

C　①―(カ)　②―(ア)　③―(ク)

D　①―(カ)　②―(ク)　③―(ア)

E　①―(ク)　②―(ア)　③―(カ)

F　①―(ク)　②―(カ)　③―(ア)

⑵　次の①～③は，［**地図**］中の**㈠**・**㈥**・**㈧**の流域でおこなわれている農業について述べたものです。①～③と**㈠**・**㈥**・**㈧**の組み合わせとして正しいものを，下の**A**～**F**の中からひとつ選んでアルファベットで答えなさい。

①　クリークとよばれる水路がつくられており，米と麦類の二毛作がおこなわれている。

②　日本有数の水田単作地帯であり，暗渠排水《あんきょはいすい》をおこなって湿田《しつでん》の乾田《かんでん》化をしてきた。

③　農業に不向きな泥炭地が広く分布していたが，客土をおこなったことにより日本有数の米作地帯となった。

A　①―**㈠**　②―**㈥**　③―**㈧**
B　①―**㈠**　②―**㈧**　③―**㈥**
C　①―**㈥**　②―**㈠**　③―**㈧**
D　①―**㈥**　②―**㈧**　③―**㈠**
E　①―**㈧**　②―**㈠**　③―**㈥**
F　①―**㈧**　②―**㈥**　③―**㈠**

問２　［**地図**］中の**㈡**には日本最大級の扇状地が広がっています。扇状地について述べた文として誤っているものを，次の**A**～**D**の中からひとつ選んでアルファベットで答えなさい。

A　河川が運んできた砂や小石が堆積《たいせき》する扇形《おうぎがた》の傾斜地《けいしゃち》である。

B　扇状地では，河川が蛇行《だこう》するため，もとの河川が取り残されてできた三日月湖がみられることが多い。

C　扇状地の中央部は水はけがよいため，果樹園や畑に利用される。

D　扇状地の末端《まったん》の低地には湧《わ》き水が出るため，水田や集落が多くみられる。

問３　河川の水を農業や工業で利用するために各地で「利水」がおこなわれてきました。［**地図**］中の**㈢**の疏水，**㈣**の用水について述べた次の文章中の空欄《くうらん》［　**X**　］・［　**Y**　］にあてはまる語句を，それぞれ漢字で答えなさい。

> 猪苗代湖を水源とする**㈢**は，［　**X**　］盆地をうるおすために明治時代に造られました。［　**Y**　］川を水源とする**㈣**は，九十九里平野をうるおしています。

問４　河川の水を発電に活用するため，河川の上流域を中心にダムの建設がおこなわれてきました。これに関連して，次の**⑴**・**⑵**にそれぞれ答えなさい。

⑴　ダム建設や水力発電について述べた文として誤っているものを，次の**A**～**D**の中からひとつ選んでアルファベットで答えなさい。

A　発電設備を大都市から遠い山間部につくるため，建設費や送電費が高くなる。

B　ダム建設によってつくられたダム湖に沈《しず》んでしまう村もあった。

C　水力発電は水が流れ落ちる力を利用して発電するため，地球温暖化につながりにくい。

D　降水量が豊富な日本では，どの発電用のダムでも年間を通して安定した電力を生み出せる。

⑵　アルミニウムの製造には大量の電力が必要であることから，水力発電所の近くにアルミニウム工場が立地することが多いです。アルミニウムの原料となる鉱石を答えなさい。

問５　河川の氾濫《はんらん》から人々を守るために，「治水」が重要になってきます。次の［**資料**］は，［**地

図]中の(**オ**)・(**キ**)でみられる治水施設《しせつ》や設備に関する写真・図です。[**資料**]について述べた下の文章中の下線部①・②の内容の正誤の組み合わせとして正しいものを，あとの**A**～**D**の中からひとつ選んでアルファベットで答えなさい。

[**資料**]

P

(関東地方整備局ホームページより)

Q

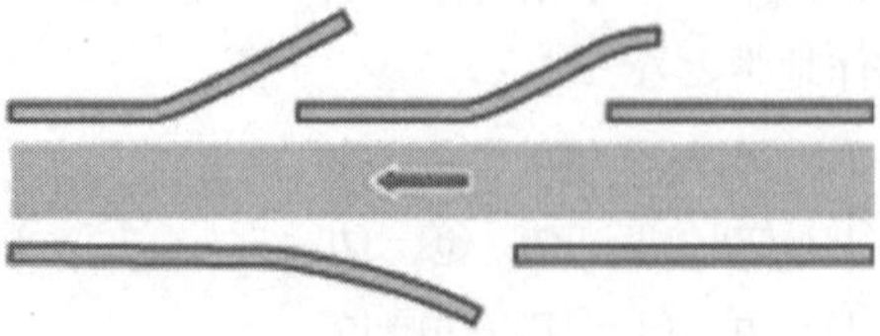

※図中の矢印は川の流れる向きを示している

(国土技術政策総合研究所ホームページより)

> **P**の写真は(**オ**)の地点にある首都圏外郭《がいかく》放水路の内部を写したものです。この放水路は①周辺地域でよく起きていた浸水被害を軽減するために建設された，世界最大級の地下放水路です。
>
> **Q**の図は(**キ**)の河川の流域でみられる霞堤《かすみてい》の模式図です。上流側の堤防と下流側の堤防が二重になるようにした不連続な堤防であり，②増水した河川の水をすみやかに下流域に流すことを目的に造られました。

A　①―正　②―正

B　①―正　②―誤

C　①―誤　②―正

D　①―誤　②―誤

問６　河川は洪水以外の災害も引き起こすことがあります。近年は各地で集中豪雨《ごうう》による土石流の発生が増えており，土石流による被害を軽減するための砂防ダムが注目されています。次の[**資料**]は，どちらも砂防ダムの写真です。従来は**Ⅰ**のような構造のダムが多くみられましたが，下流の地域への影響《えいきょう》を考えて，近年は**Ⅱ**のような構造のダムが増加しています。**Ⅱ**のような構造にすることで，どのような効果が期待できますか。ダムの構造の特徴《とくちょう》にもふれて文章で説明しなさい。

[**資料**]

Ⅰ

Ⅱ

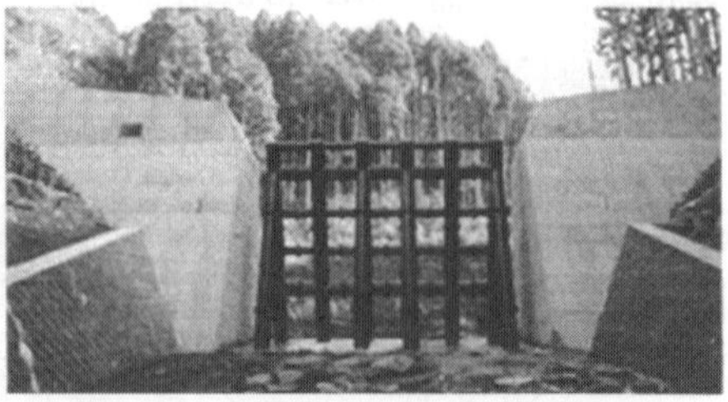

(国土交通省『平成29年度国土交通白書』より)

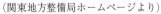

2　次の文章を読んで，あとの問いに答えなさい。

京都市上京区《かみぎょうく》にある御靈《ごりょう》神社（上《かみ》御霊《ごりょう》神社）は，病気平癒《へいゆ》や厄除《やくよ》けなどをご利益《りやく》とする神社です。この神社は「御霊信仰《ごりょうしんこう》」にもとづいて創建されました。「御霊信仰《ごりょうしんこう》」とは，(ア)怨《うら》みをもって亡くなった者の霊《れい》が天災や疫病《えきびょう》を発生させると考え，その霊《れい》を祀《まつ》ることによってその祟《たた》りから免《まぬが》れようとする思想や信仰《しんこう》のことです。

御靈《ごりょう》神社に伝わる社記によれば，［　(イ)　］十三（794）年に「崇道《すどう》天皇」をこの地に祀《まつ》ったことがこの神社のはじまりだそうです。「崇道《すどう》天皇」とは，［　(ウ)　］天皇の弟である，早良《さわら》親王のことです。早良《さわら》親王は，長岡京《ながおかきょう》造営の主導者藤原種継《ふじわらのたねつぐ》の暗殺に関与《かんよ》したとされ，現在の［　(エ)　］の一部に相当する淡路国に配流《はいる》される途中《とちゅう》で亡くなりました。その後，皇后・妃《きさき》など［　(ウ)　］天皇の近親者の病死や，疫病《えきびょう》の流行などが相次ぎ，これらの出来事は早良《さわら》親王の祟《たた》りであると考えられ，親王の名誉《めいよ》を回復して「崇道《すどう》」を追号するとともにこの地に祀《まつ》ったそうです。

同じく社記によれば，貞観《じょうがん》五（863）年，都において「御霊《ごりょう》」を鎮《しず》める祭礼である御霊会《ごりょうえ》が開《かい》催《さい》されて，早良《さわら》親王や，三筆で有名な［　(オ)　］らの供養《くよう》がおこなわれました。この御霊会《ごりょうえ》が同社の勅祭《ちょくさい》（天皇より勅使《ちょくし》が派遣《はけん》される祭祀《さいし》）のはじめとされています。その後も天皇家からの崇敬《すうけい》は篤《あつ》く，享保年間に(カ)霊元《れいげん》上皇が参詣《さんけい》した記録が残っています。そのほか，(キ)室町幕府・織田家・豊臣家・徳川家など武家からの寄進の記録や，(ク)松尾芭蕉が奉納《ほうのう》した俳句の碑《ひ》も残されています。

また，この神社の境内における畠山氏の家督《かとく》をめぐる戦闘《せんとう》が，［　(ケ)　］のきっかけとなりました。境内には，「［　(ケ)　］發端《ほったん》御靈《ごりょう》合戦舊跡《きゅうせき》」と刻まれた碑《ひ》があります。この碑《ひ》の筆をとったのは，(コ)近衛文麿《このえふみまろ》の孫にあたる(サ)細川護熙《もりひろ》元内閣総理大臣です。彼《かれ》は，［　(ケ)　］における(シ)一方の事実上の総大将の家系に連なる人物とされています。

令和初日には，同社の祭礼の神輿《みこし》が京都御苑《ぎょえん》内を巡行《じゅんこう》する等の神事が約半世紀ぶりに復活することになり注目を集めました。しかし，いわゆるコロナ禍《か》のなか，各神事や参拝はその影《えい》響《きょう》に配慮《はいりょ》したものとなりました。神事への参加者や参拝客による病気平癒《へいゆ》の祈《いの》りが届くことを願うばかりです。

問１　下線部(ア)と考えられている人物について述べた文として誤っているものを，次の**A**～**D**の中からひとつ選んでアルファベットで答えなさい。

A　菅原道真は，墾田永年私財法を制定して開墾を奨励《しょうれい》した。

B　平将門は，国司と対立して関東を占領《せんりょう》し，新皇と称《しょう》した。

C　崇徳上皇は，保元の乱において後白河天皇方に敗北した。

D　後醍醐天皇は，天皇を中心とした政治を目指し，建武の新政をおこなった。

問２　空欄《くうらん》［(イ)］・［(ウ)］にあてはまる年号・天皇の組み合わせとして正しいものを，次の**A**～**F**の中からひとつ選んでアルファベットで答えなさい。

A　(イ)―延暦　(ウ)―桓武　　**B**　(イ)―延暦　(ウ)―天武

C　(イ)―天平　(ウ)―天智　　**D**　(イ)―天平　(ウ)―桓武

E　(イ)―承平　(ウ)―天武　　**F**　(イ)―承平　(ウ)―天智

問３　空欄《くうらん》［(エ)］・［(オ)］にあてはまる府県・人物の組み合わせとして正しいものを，次の**A**～**F**の中からひとつ選んでアルファベットで答えなさい。

A　(エ)―徳島県　(オ)―坂上田村麻呂
B　(エ)―徳島県　(オ)―阿倍仲麻呂
C　(エ)―大阪府　(オ)―阿倍仲麻呂
D　(エ)―大阪府　(オ)―橘逸勢
E　(エ)―兵庫県　(オ)―橘逸勢
F　(エ)―兵庫県　(オ)―坂上田村麻呂

問４　下線部(カ)ころの幕政改革について述べた文としてふさわしいものを，次の**A**～**D**の中からひとつ選んでアルファベットで答えなさい。

A　御家人の生活を安定させるため，土倉や酒屋に，御家人の借金を帳消しにするよう命じた。

B　御家人を地頭に任命することにより，御家人の所領の支配を保障した。

C　各大名に対し，石高１万石につき100石の米を納めるよう命じた。

D　株仲間による商品流通の独占《どくせん》が，物価上昇《じょうしょう》の原因であると考え，株仲間の解散を命じた。

問５　下線部(キ)に関連して述べた文として誤っているものを，次の**A**～**D**の中からひとつ選んでアルファベットで答えなさい。

A　足利義昭が織田信長によって京都から追放され，室町幕府は事実上滅亡《めつぼう》した。

B　織田信長は，仏教勢力を抑《おさ》えるためにキリスト教を保護し，ローマに天正遣欧使節を派《は》遣《けん》した。

C　豊臣秀吉は，バテレン追放令を発して宣教師の国外退去を命じた。

D　徳川家康は，関ヶ原の戦いにおいて石田三成に勝利し，のちに大坂夏の陣において豊臣家を滅《ほろ》ぼした。

問６　下線部(ク)の代表的な作品である『奥の細道』について述べた文①・②の内容の正誤の組み合わせとして正しいものを，下の**A**～**D**の中からひとつ選んでアルファベットで答えなさい。

①　元禄期に完成した浮世草子である。

②　『古事記』についての研究をまとめたものである。

A　①―正　②―正　　B　①―正　②―誤
C　①―誤　②―正　　D　①―誤　②―誤

問７　空欄《くうらん》［(ケ)］に関連して，次の(1)・(2)にそれぞれ答えなさい。

(1)　御靈《ごりょう》神社がある京都市上京《かみぎょう》区には，「西陣」の碑《ひ》があり，その一帯は「西陣」という名《めい》称《しょう》でよばれます。この名称《めいしょう》は，下線部(シ)と対立していた「ある守護大名」がとった行動に由来しているといわれています。空欄《くうらん》［(ケ)］と「ある守護大名」を明らかにして，「西陣」の名称《めいしょう》の由来を，解答欄《らん》にあわせて文章で答えなさい。

(2)　「西陣」の碑《ひ》は，京都市考古資料館の建物の前にあります。考古学に関連して，日本における考古学的発見について述べた文として正しいものを，次の**A**～**D**の中からひとつ選んでアルファベットで答えなさい。

A　貝塚の発掘《はっくつ》や分布の調査結果によって，縄文時代当時の海面は，現在の海面より低かったと推測されている。

B　縄文時代には，埴輪がつくられ，子孫繁栄《はんえい》を祈《いの》るための道具として使用された。

C　弥生土器は，発掘《はっくつ》された場所の地名がその名称《めいしょう》の由来となった。

D　遺跡の発掘《はっくつ》・調査結果によって，弥生時代は，石器や青銅器を使用した時代であり，鉄器がまったく使用されていない時代であったと推測されている。

問８　下線部(コ)は，日中戦争開戦時に内閣総理大臣を務めた人物です。日中戦争開戦以降の日中関係について述べた文として正しいものを，次の**Ａ～Ｄ**の中からひとつ選んでアルファベットで答えなさい。

Ａ　日中共同声明によって，日本と中華人民共和国との国交が正常化した。

Ｂ　北京郊外の柳条湖において，日本軍と中華民国軍が衝突《しょうとつ》した。

Ｃ　ノモンハン事件において，日本は中華民国軍に大敗した。

Ｄ　盧溝橋事件をきっかけとして，満州事変が始まった。

問９　1993年に下線部(サ)による内閣が発足したことによってそれまで30年以上与党であった「ある政党」が政権を失いました。「ある政党」を何といいますか。漢字で答えなさい。

3　次の文章を読んで，あとの問いに答えなさい。

2021年９月５日，東京パラリンピックの閉会式をむかえ，約１か月にわたる東京オリンピック・パラリンピックはすべての競技を終えました。新型コロナウイルス感染症の影響《えいきょう》により多くの会場が無観客になるなど，当初の予定とは大きく形を変えての実施《じっし》となったのは記憶《きおく》に新しいところです。しかし，こうした困難な状況《じょうきょう》にあっても，最後まで変わらずに貫《つらぬ》かれたものがあります。それは，オリンピック・パラリンピックの基本的な理念です。

今回のオリンピック・パラリンピックが掲《かか》げていた３つの基本コンセプトのうちのひとつに「多様性と調和」があります。これは，人種・肌《はだ》の色・性別・性的指向・言語・宗教・政治・障がいの有無など，他者から見えやすいちがいからそうでないものまで，あらゆるちがいをまずは肯定《こうてい》し，受け容《い》れ，お互《たが》いに認め合うことの重要性を訴えたものです。こうした(ア)多様性の考え方は，グローバル化する世界のなかで，ますます重要になってきています。日本に暮らす(イ)外国人の数は，2020年末の時点で280万人を超《こ》えており，東京でのオリンピック・パラリンピックの開催《かいさい》が決まった2013年と比較《ひかく》すると，70万人以上も増えています。

異なる背景を持つ人と共に暮らしていくうえで重要になるのは，すべての人がひとりの個人として(ウ)きちんと権利が保障される環境を整えていくことです。自然災害の発生を例に考えてみましょう。気象庁や地方公共団体は，自然災害の発生が予見される地域に対し，(エ)避難情報をはじめとするさまざまな情報を発表します。すべての人の命を救うためには，発表した情報がすべての人に伝わらなければいけません。(オ)日本語を母語としない人に情報を伝えるための手立てとしてまず思いつくのが，英語での情報提供ではないでしょうか。しかし，日本語を母語としないすべての人が英語を得意とするわけではありません。ある調査では，日本に定住する外国人のうち，母語以外でわかる言語として「英語」と答えた人は，44.0％に留まったそうです。「英語で情報を伝えれば，すべての人に伝わる」という考え方は，幻想《げんそう》にすぎないのです。

こうした状況《じょうきょう》のなか，近年注目されているのは「やさしい日本語」による情報提供です。書くときは，文章をわかりやすく書く，漢字にルビをふるなどの工夫をします。会話をするときは，ゆっくりわかりやすい言葉で話す，相手の話をゆっくり聴《き》く，丁寧語《ていねいご》で話すなどの工夫をします。こうした少しの工夫で，情報は格段に伝わりやすくなるのです。洗足学園中学校が位置する(カ)川崎市は，2021年３月に「川崎市〈やさしい日本語〉ガイドライン」を作成し，「やさしい日本語」の活用を推進しています。

ここで注意しなければならないのは，「やさしい日本語」の活用が求められているのは，(キ)政治における権力を持つ存在だけではないということです。ごみの分別や通院といった日常生活の場面では，わたしたち一人ひとりが情報を発信する必要があります。(ク)社会を構成する一員として，日本語を母語とする人が「やさしい日本語」を使いこなせるようになることが大切です。また，「やさしい日本語」の活用は，日本語を母語としない人が情報を発信する際にも有用であるとされています。あらゆる人が情報を受け取るだけでなく，情報を発信することができる環境を整えることが，社会の多様性を実現する土台となることでしょう。

すべての人が互《たが》いを認め合い，自分らしく生きることのできる社会をめざす取り組みは，まだはじまったばかりです。オリンピック・パラリンピックという空間に響《ひび》いた「多様性と調和」というスローガンを，真の意味での「オリンピック・パラリンピックの遺産」にできるかどうかは，これからのわたしたちのふるまい方にかかっています。

問１　下線部(ア)に関連して，次の(１)・(２)にそれぞれ答えなさい。

(１)　多様性の考え方は，持続可能な社会を実現していくためにも不可欠であるとされています。持続可能な社会をめざす国際連合の取り組みについて述べた文①・②の内容の正誤の組み合わせとして正しいものを，下の**A**～**D**の中からひとつ選んでアルファベットで答えなさい。

①　2015年，極度の貧困と飢餓《きが》の撲滅《ぼくめつ》などの８つの目標を掲《かか》げたミレニアム開発目標(MDGs)が採択された。

②　2021年，核兵器の開発・実験・使用などを禁止する，核兵器禁止条約が発効した。

A　①―正　②―正　　**B**　①―正　②―誤
C　①―誤　②―正　　**D**　①―誤　②―誤

(２)　多様性の考え方は，自然環境の保護という観点においても重要です。右の［**地図**］中の(あ)～(え)は，ある環境問題が発生している主な地域を示しています。(あ)の地域で発生している環境問題として最も適当なものを，次の**A**～**D**の中からひとつ選んでアルファベットで答えなさい。

［**地図**］

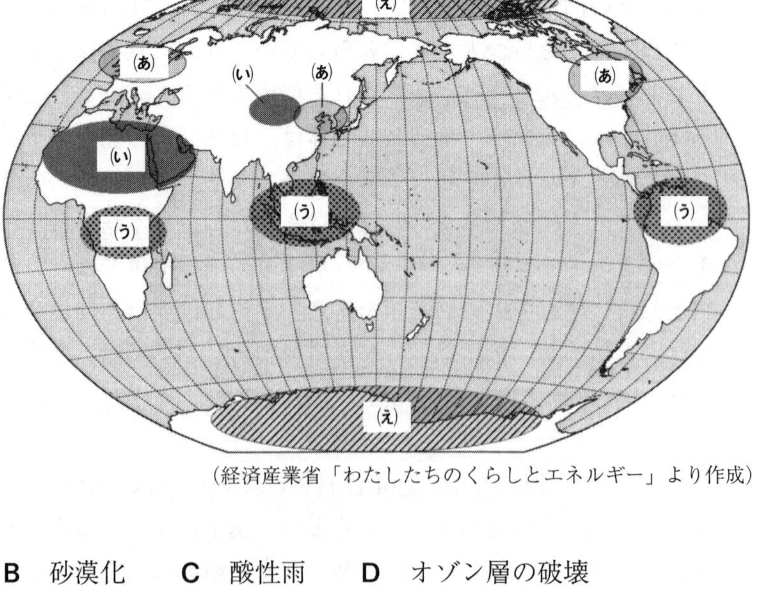

（経済産業省「わたしたちのくらしとエネルギー」より作成）

A　熱帯林の減少　　**B**　砂漠化　　**C**　酸性雨　　**D**　オゾン層の破壊

問２　下線部(**イ**)に関連して，次の［**資料**］は，神奈川県に住む主要６国籍《こくせき》の外国人数の推移を示したものです。［**資料**］から読み取れることとして正しいものを，下の**Ａ**～**Ｄ**の中からひとつ選んでアルファベットで答えなさい。

［**資料**］

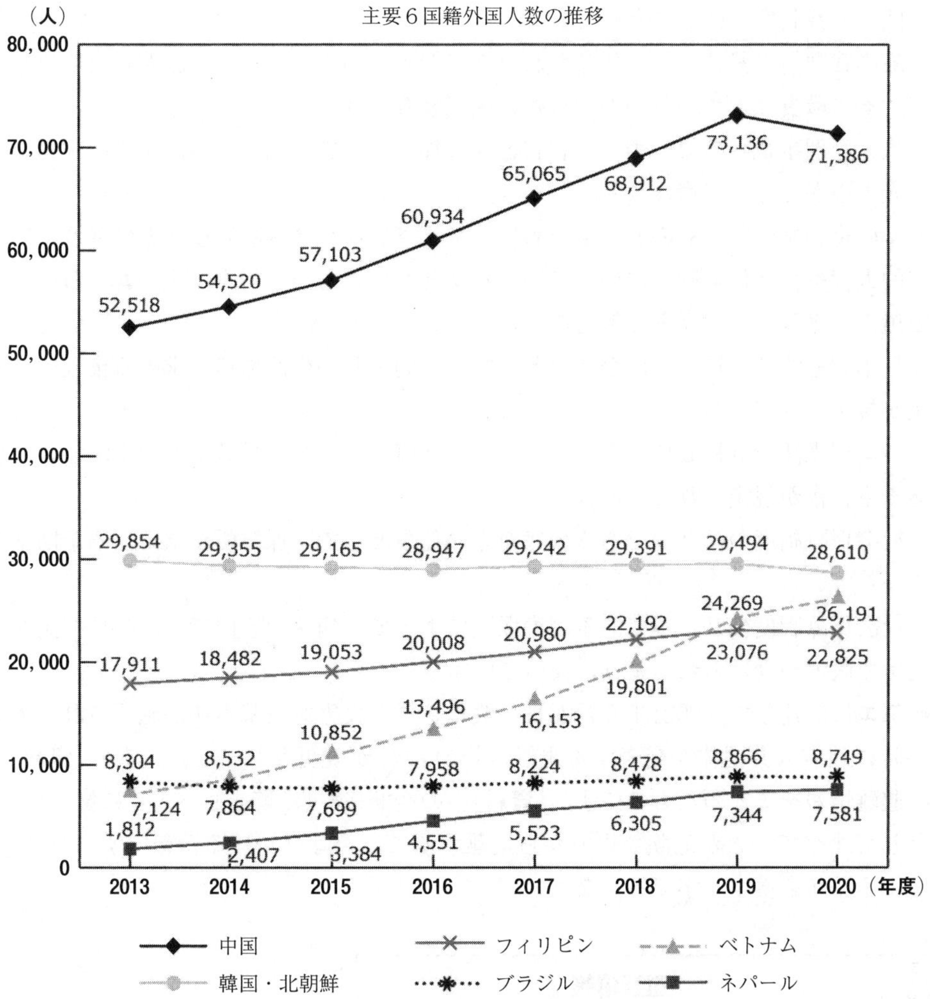

（神奈川県ホームページ「県内外国人統計(外国人登録者統計)」より作成）

Ａ　2020年度を2013年度と比較《ひかく》したとき，神奈川県に住む外国人の増加数が最も多い国は，６か国の中では中国である。

Ｂ　2020年度を2013年度と比較《ひかく》したとき，神奈川県に住む外国人数の増加率が最も高い国は，６か国の中ではネパールである。

Ｃ　2020年度を2016年度と比較《ひかく》したとき，神奈川県に住む外国人の増加数が3000人以上増えているのは，６か国中２か国である。

Ｄ　2020年度を2016年度と比較《ひかく》したとき，神奈川県に住む外国人数が1.5倍以上に増えているのは，６か国中３か国である。

問３　下線部(**ウ**)に関連して，次の(**1**)・(**2**)にそれぞれ答えなさい。

(**1**)　人々の権利を保障するためには，裁判所が適切な役割を果たすことが必要です。裁判所について述べた文として誤っているものを，次の**Ａ**～**Ｄ**の中からひとつ選んでアルファベットで答えなさい。

A　裁判所は，最高裁判所・高等裁判所・地方裁判所・家庭裁判所・簡易裁判所の５種類に分けられる。

B　裁判の当事者は，裁判の判決に不服がある場合，ひとつの事件について，原則として３回まで裁判を受けることができる。

C　最高裁判所の裁判官は，任命された後に初めておこなわれる衆議院議員総選挙において，その職責にふさわしいかどうかの国民審査を受ける。

D　重大な刑事裁判の第一審に裁判官と共に加わる裁判員は，衆議院議員の被選挙権を持つ人の中からくじで選ばれる。

(2)　人々の権利を確実なものとするために，さまざまな社会保障制度が整備されています。基本的人権や社会保障制度について述べた文として正しいものを，次の**A**～**D**の中からすべて選んでアルファベットで答えなさい。

A　日本国憲法では社会権のひとつとして，人間らしい生活環境を求める権利である環境権が規定されている。

B　日本国憲法では社会権のひとつとして，健康で文化的な最低限度の生活を営む権利である生存権が規定されている。

C　社会保障制度のひとつである公衆衛生の仕事として，保健所が感染症の予防活動をおこなっている。

D　社会保障制度のひとつである医療保険によって，病院の窓口で一部の負担金を支払うだけで医療が受けられるようになっている。

問４　下線部**(エ)**に関連して，2021年５月20日，改正された災害対策基本法が施行され，大雨などの災害時に地方公共団体が発表する避難情報の名称《めいしょう》が変更《へんこう》されました。次の［**資料**］は，改正後の避難情報をまとめたものです。［**資料**］中の空欄《くうらん》［Ｘ］は警戒《けいかい》レベル４に位置づけられ，原則としてすべての人が危険な場所から避難することを呼びかける情報です。空欄《くうらん》［Ｘ］にあてはまる語句を漢字４字で答えなさい。

［**資料**］

警戒レベル	避難情報
5	緊急安全確保
〈警戒レベル４までに必ず避難！〉	
4	X
3	高齢者等避難
2	大雨・洪水・高潮注意報（気象庁）
1	早期注意報（気象庁）

（内閣府「新たな避難情報に関するポスター・チラシ」より作成）

問５　下線部**(オ)**として，言語ではないものを用いて情報を提供する方法もあります。次の［**資料**］は，言語に頼《たよ》ることなく簡略化された図式を用いることでなんらかの情報を表現する「絵文字」の一例です。こうした「絵文字」を何といいますか。カタカナ６字で答えなさい。

［**資料**］

非常口をあらわす「絵文字」

エスカレーターをあらわす「絵文字」
（国土交通省ホームページより）

問６　下線部(**カ**)の取り組みについて述べた文として誤っているものを，次の**Ａ**～**Ｄ**の中からひとつ選んでアルファベットで答えなさい。

Ａ　川崎市は，良好な地域環境を保全・創造するため，大規模な開発をおこなう前に環境におよぼす影響《えいきょう》を調査する「環境アセスメント」に関する条例を，全国に先駆《さきが》けて制定した。

Ｂ　川崎市は，公務員の長時間労働を是正《ぜせい》するため，市長や市議会議員に代わって市政の業務を仕分けする「オンブズマン(オンブズパーソン)制度」を，全国に先駆《さきが》けて導入した。

Ｃ　川崎市は，外国人の市民が国籍《こくせき》や文化，言語のちがいなどにより不利益を受けないようにするため，外国籍《がいこくせき》の市民は地方公務員になれないとする「国籍《こくせき》条項」を一部を除いて撤廃した。

Ｄ　川崎市は，差別のない人権尊重のまちづくりを進めるため，特定の国の出身者であることのみを理由とした差別的な言動である「ヘイトスピーチ」に刑事罰《けいじばつ》を科した条例を制定した。

問７　次の［**資料**］は，ある思想家が下線部(**キ**)のあり方について述べた書物の一部を日本語訳したものです。［**資料**］のような状況《じょうきょう》になることを防ぐためにこの書物で語られている政治権力のあり方を何といいますか。漢字で答えなさい。

［**資料**］

権力をもつ者はみな，それを乱用しがちであるということは，永遠に変わらない経験である。……もし法律を定める権力と公共の決定を実行する権力，罪や私人間の争いを裁く権力が同一の人間，または……同一団体のもとに統合されるなら，自由は失われてしまうだろう。

問８　下線部(**ク**)として，市民は選挙を通して政治に参加します。しかし，選挙の他にも，さまざまな方法で市民は政治に参加することができます。選挙以外に市民の考えを政治に反映させる手段にはどのようなものがありますか。異なる観点からふたつ，文章で説明しなさい。

【理　科】〈第１回試験〉（社会と合わせて60分）〈満点：75点〉

1　(1)　真っ暗な部屋で，日光のもとでは白く見える壁《かべ》に，赤色，青色，緑色の光を図１のように当てたところ，２つの光が重なったところはそれぞれ，赤紫《あかむらさき》色，黄色，空色に見えました。３つの光が重なったところは，何色に見えますか。適当なものを次より１つ選び，記号で答えなさい。

ア．黒色　　イ．白色　　ウ．褐色《かっしょく》　　エ．灰色

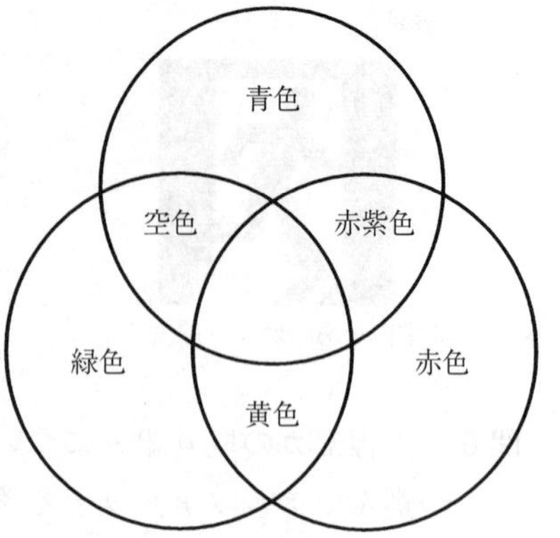

図１

(2)　真っ暗な部屋で，日光のもとでは赤く見える紙に，赤紫色の光を当てると，赤く見えました。当てる光を空色にすると，光が当たっているのに暗いままでした。

①　この結果から分かる，赤い紙の光に対する性質を説明しなさい。

②　真っ暗な部屋で，ある色の壁に色々な光を当てました。壁は，赤色の光を当てると赤色に見え，緑色の光を当てると緑色に見え，青色の光を当てると暗いままでした。この壁は日光のもとでは何色に見えると考えられますか。適当なものを次より１つ選び，記号で答えなさい。

ア．赤色　　イ．青色　　ウ．緑色
エ．赤紫色　　オ．黄色　　カ．空色

(3)　図２のように，中央に直径３mmの円形の穴をあけた厚紙を用意し，日光のもとでは白く見えるスクリーンの30cm手前に置きました。厚紙の30cm手前で穴と同じ高さから懐中《かいちゅう》電灯で赤色の光を当てると，厚紙とスクリーンに赤い部分ができました。ただし，厚紙とスクリーンは十分大きく，光がはみ出すことはないものとします。

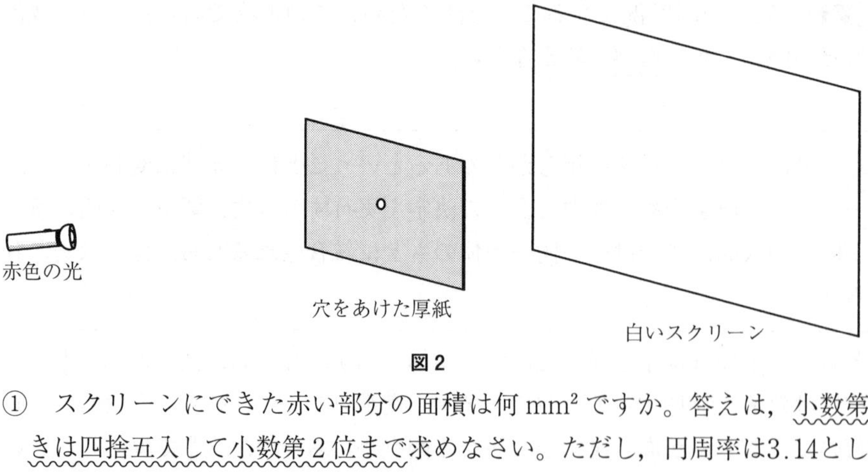

図２

①　スクリーンにできた赤い部分の面積は何mm^2ですか。答えは，小数第３位以下があるときは四捨五入して小数第２位まで求めなさい。ただし，円周率は3.14とします。

②　図２の状態から，厚紙の穴の３cm上に同じ形，大きさの穴をあけ，図３のようにその穴と同じ高さから青色の光も当てました。すると，スクリーン上には明るい部分が４か所できました。それぞれの色を上から順番に，次より１つずつ選び，記号で答えなさい。ただし，同じ記号を何度選んでも良いものとします。

ア．赤色　　イ．青色　　ウ．緑色
エ．赤紫色　　オ．黄色　　カ．空色

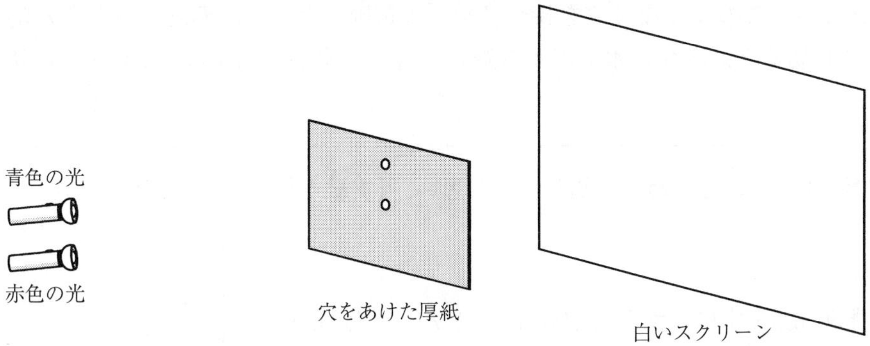

図３

③　図３の状態からさらに，厚紙のはじめの穴から３cm 下にも同じ形，大きさの穴をあけ，その穴と同じ高さから緑色の光も当てると，スクリーン上には明るい部分が７か所できました。上から２番目，７番目の色を次より１つずつ選び，記号で答えなさい。ただし，同じ記号を何度選んでも良いものとします。

ア．赤色　　イ．青色　　ウ．緑色
エ．赤紫色　　オ．黄色　　カ．空色

④　スクリーンを日光のもとでは赤く見えるものに変えて，真っ暗な部屋で③と同様に赤色，青色，緑色の光を当てると，スクリーン上に明るい部分は何か所できますか。

(4)　ヒトは３色の光の組み合わせで色を判別しており，これを３色型色覚といいます。生物によって，何色の光の組み合わせを用いているかが異なります。

①　多くのほ乳類は２色型色覚で，２色の光の組み合わせで色を判別しています。ヒトが識別できる色でも，赤色と緑色の光の組み合わせで色を判別している生物には識別できない色があります。この生物が識別できない色の組み合わせとして適当なものを次よりすべて選び，記号で答えなさい。

ア．赤色と赤紫色　　イ．赤色と黄色　　ウ．赤色と空色
エ．緑色と赤紫色　　オ．緑色と黄色　　カ．緑色と空色
キ．赤紫色と黄色　　ク．黄色と空色　　ケ．空色と赤紫色

②　ハチドリは４色型色覚です。ハチドリの色の見え方について，適当なものを次より１つ選び，記号で答えなさい。

ア．ヒトにとって真っ暗な場所は，ハチドリにとっても真っ暗である。
イ．２つの物体の色を比べる時，ヒトが識別できなければ，ハチドリにも識別できない。
ウ．ヒトが識別できる色の数よりも，ハチドリが識別できる色の数は少ない。
エ．ヒトに無地に見えていても，ハチドリには模様があるように見えるものがある。

2　園子さんは，学校で「青菜に塩」ということわざが「急に元気がなくなってしまうこと」，「うちひしがれてうなだれている状態」を意味することを学びました。青菜に塩をかけるとしおれてしまうことに由来するということを聞き，調べてみました。

[学習メモ]

細胞《さいぼう》の内側と外側を分ける「細胞膜《まく》」は水溶液《すいようえき》の一部の成分だけを通し，他の成分をほ

とんど通さない。このような性質を持つ膜を「半透膜《はんとうまく》」とよぶ。濃度《のうど》のちがう水溶液を「半透膜」で仕切ると，うすい水溶液から濃《こ》い水溶液へ水が移動する。これを「浸透《しんとう》」という。

園子さんは浸透についてくわしく知りたいと思い，【実験１】を行いました。

【実験１】

〔方法〕

① ブドウ糖 36mg を水にとかして 500mL にした。とけ残りはなかった。これを水溶液Ａとする。

② 図１のように，Ｕ字管(Ｕ字型のガラス管。どこでも断面積が等しく，左右対称《たいしょう》である。)の中央部に半透膜をつけた器具を用いて，半透膜を境として，一方に水 50mL，もう一方に水溶液Ａ 50mL を入れて静置した。

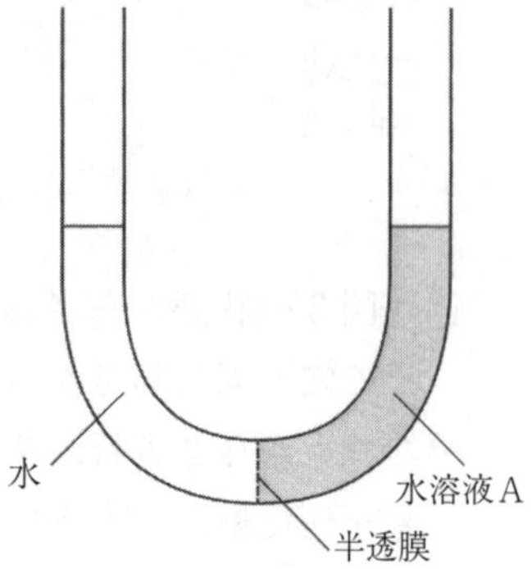

図１

(1) 【実験１】の結果として適当なものを次より１つ選び，記号で答えなさい。

ア．水側の液面が高くなり，水溶液Ａ側の液面が低くなる。

イ．水溶液Ａ側の液面が高くなり，水側の液面が低くなる。

ウ．両側の液面が高くなる。

エ．両側の液面が低くなる。

オ．両側とも液面の高さは変化しない。

次に，園子さんは，液面に力をかけると浸透を防ぐことができると考え，【実験２】，【実験３】を行いました。これらの実験では，液面をぴったりと板でおおい，液体が板の上にあふれないようにして，その上におもりをのせました。ただし，板は十分軽く，重さを無視できるものとします。

【実験２】

〔方法〕

① 水溶液Ｂ～Ｅを作った。ただし，とけ残りはなかった。

水溶液Ｂ　ブドウ糖 54mg を水にとかして 500mL にした。

水溶液Ｃ　ブドウ糖 72mg を水にとかして 500mL にした。

水溶液Ｄ　ブドウ糖 90mg を水にとかして 500mL にした。

水溶液Ｅ　ブドウ糖 108mg を水にとかして 500mL にした。

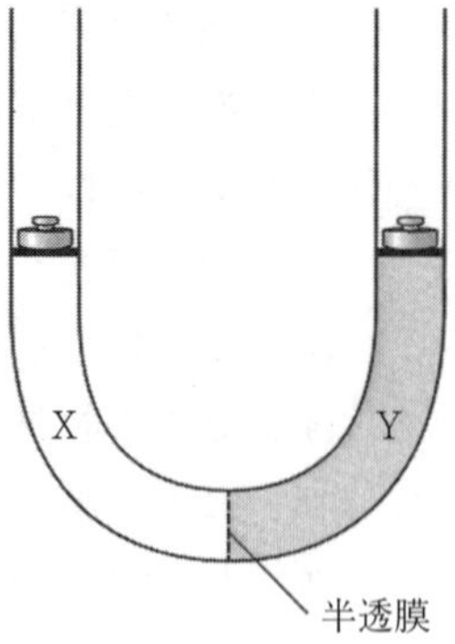

図２

② 【実験１】で使用したものと同じ器具を用いて，図２のように半透膜を境として，左側をＸ，右側をＹとした。水，水溶液Ａ～Ｅのいずれかをｘ，Ｙにそれぞれ 50mL ずつ入れ，液面の高さが同じ状態を保つのに必要なおもりの重さを調べ，その差を表１にまとめた。ただし，「おもりの差[ｇ]」はＸ側がＹ側より a[ｇ]重いとき「Ｘ：a」，Ｙ側がＸ側より b[ｇ]重いとき「Ｙ：b」，おもりの重さが同じとき「0：0」と書くこととした。

〔結果〕

表1

X	水	水	水溶液B	水溶液B	水溶液E
Y	水溶液A	水溶液B	水溶液C	水溶液D	水溶液C
おもりの差[g]	Y：10.12	Y：15.18	P	Y：10.12	Q

(2)　表1のP，Qにあてはまる記号と数値を答えなさい。答えは，小数第3位以下があるときは四捨五入して小数第2位まで求めなさい。

【実験3】

〔方法〕

①　水溶液F～Iを作った。ただし，とけ残りはなかった。

水溶液F　砂糖68.4mgを水にとかして500mLにした。

水溶液G　食塩11.7mgを水にとかして500mLにした。

水溶液H　ブドウ糖18mgと食塩2.34mgを水にとかして500mLにした。

水溶液I　砂糖17.1mgと食塩　R　mgを水にとかして500mLにした。

②　【実験2】と同様に，X，Yにそれぞれ50mLずつ入れ，必要なおもりの重さの差を調べた。

〔結果〕

表2

X	水溶液A	水溶液A	水溶液A	水溶液A
Y	水溶液F	水溶液G	水溶液H	水溶液I
おもりの差[g]	0：0	Y：10.12	X：1.012	Y：12.65

(3)　【実験3】の空らん R にあてはまる数値を答えなさい。答えは，小数第2位以下があるときは四捨五入して小数第1位まで求めなさい。

(4)　人間の体液と浸透する力がほぼ同じ食塩水を生理食塩水といいます。生理食塩水の濃度を0.936%とします。浸透する力が生理食塩水と同じブドウ糖水溶液を作るには，何gのブドウ糖を水にとかして500mLにすればよいですか。答えは，小数第2位以下があるときは四捨五入して小数第1位まで求めなさい。ただし，水溶液の密度はすべて1.0g/mLとします。

(5)　園子さんは，浸透を利用して，海水から水を作る装置を作ってみることにしました。【実験2】と同様に，Xに水を，Yに海水をそれぞれ50mLずつ入れ，液面の高さが同じになるようにおもりをのせました。海水から水を作るためのこのあとの園子さんの作業として適当なものを次より1つ選び，記号で答えなさい。

ア．Yに砂糖を加える。

イ．Yに食塩を加える。

ウ．X側，Y側両方にさらに同じおもりをのせる。

エ．X側のおもりを重くする。

オ．Y側のおもりを重くする。

(6)　ホウレンソウに砂糖をかけて静置するとどのようになると考えられますか。適当なものを次より1つ選び，記号で答えなさい。

ア．ホウレンソウが赤くなる。

イ．ホウレンソウから水が出て，その水に砂糖がとける。

ウ．ホウレンソウが砂糖を吸収する。

エ．ホウレンソウがとけてなくなる。

3 園子さんとお姉さんは，お母さんが買ってきた装置を使って，家の中でミニトマトの水耕栽《さい》培《ばい》に取り組んでいます。

園子さん「種子をまいてから $_{a}$<u>芽が出る</u>までは早かったのに，なかなか大きくならないね。」

お姉さん「そうだね。装置の説明書に，『日光が当たる窓際に装置を置いてください』とあったけど，うちの場合，窓から少しはなれていて暗いのかな。」

園子さん「昼間，少し暗いときは青色LEDライトで照らすようにしているよ。」

お姉さん「そういえば，理科の授業で，$_{b}$<u>オオカナダモの光合成実験</u>をしたときは，晴れていたから屋外に置いて短い時間で光合成が起こったよ。」

園子さん「なるほど。$_{c}$<u>LEDライトは，晴れた日の日光の強さには及ばないのかな。</u>」

お姉さん「もしかしたら，$_{d}$<u>光合成には温度も関係しているのかもしれないね。</u>」

(1) 下線部aについて，発芽した種子から最初に出る葉を何というか，名称《めいしょう》を答えなさい。

(2) 下線部bの実験についての説明を読んで，あとの問いに答えなさい。ただし，BTB溶液《ようえき》はオオカナダモの生育には影響《えいきょう》を与えないものとします。

【実験】 水道水をふっとうさせて冷ました後，BTB溶液を数滴《てき》加え，色が変化しなくなるまで呼気を十分にふきこんだ。その溶液で4本の試験管Ⅰ，Ⅱ，Ⅲ，Ⅳを満たした。試験管Ⅰ，Ⅱにはオオカナダモを入れ，試験管Ⅱ，Ⅳは全体をアルミホイルでおおった。この4本の試験管にゴム栓《せん》をして日光を当て，その後の様子を観察した。

① BTB溶液の性質について説明した次の文の空らんにあてはまる語句の組み合わせとして適当なものを下より1つ選び，記号で答えなさい。

BTB溶液を加えたうすい塩酸に，うすい水酸化ナトリウム水溶液《すいようえき》を少しずつ加えていくと，色が［ e ］色から［ f ］色に変化し，さらに［ g ］色に変化する。

	e	f	g
ア	青	黄	緑
イ	青	緑	黄
ウ	黄	青	緑
エ	黄	緑	青
オ	緑	青	黄
カ	緑	黄	青

② 試験管Ⅰでは溶液の色の変化が観察できましたが，ほかの試験管では色の変化が観察できませんでした。結果より，試験管Ⅰの溶液の色の変化はオオカナダモの光合成によると考えられます。光合成が行われると溶液の色が変化する理由を説明しなさい。

③ 試験管Ⅰ，Ⅱのみで実験した場合，試験管Ⅰの溶液の色の変化の理由として考えられることを次よりすべて選び，記号で答えなさい。

ア．オオカナダモが呼吸したから。

イ．オオカナダモが光合成したから。

ウ．BTB 溶液とオオカナダモが反応したから。

エ．BTB 溶液の色が時間の経過により変化したから。

オ．BTB 溶液の色が日光を当てたことで変化したから。

(3)　下線部 c について，図1は，ある植物における，光の強さと光合成の速さの関係を示したグラフです。図1から分かることとして適当なものを下より1つ選び，記号で答えなさい。

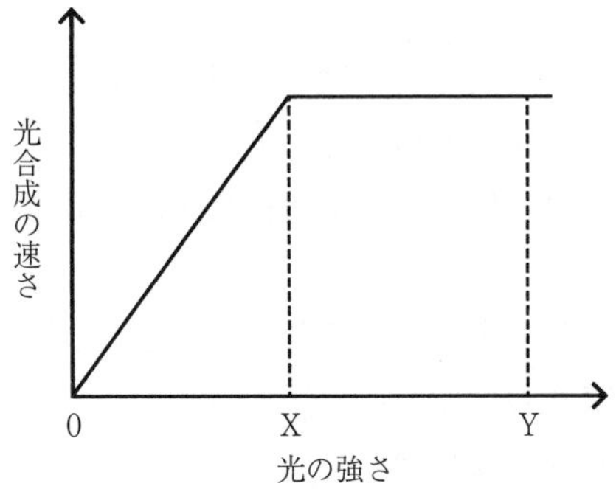

図1

ア．光の強さがXより弱いときは光が強くなるほど光合成が速くなるが，光の強さがXより強くなると光合成は行われなくなる。

イ．光の強さがXより弱いときは光が強くなるほど光合成が速くなるが，光の強さがXより強くなると光が強くなっても光合成は速くならない。

ウ．光の強さがXのときの方が光の強さがYのときよりも光合成が速い。

エ．光の強さがYのときの方が光の強さがXのときよりも光合成が速い。

(4)　下線部 c について，光の強さ以外にも，園子さんが使った青色 LED ライトでは光合成が起こりにくい理由があると考えられます。その理由として適当なものを次より1つ選び，記号で答えなさい。

ア．青色の光は植物の光合成をさまたげるから。

イ．植物の光合成には青色以外の光も必要だから。

ウ．青色 LED ライトは植物の成長をさまたげるから。

エ．青色 LED ライトが当たると植物の温度が下がるから。

(5)　下線部 d について，園子さんとお姉さんが調べたところ，植物では，十分な光があたえられているとき，光合成がもっともさかんに行われる温度があることが分かりました。温度と光合成の速さの関係を示したグラフとして適当なものを次より1つ選び，記号で答えなさい。

ア

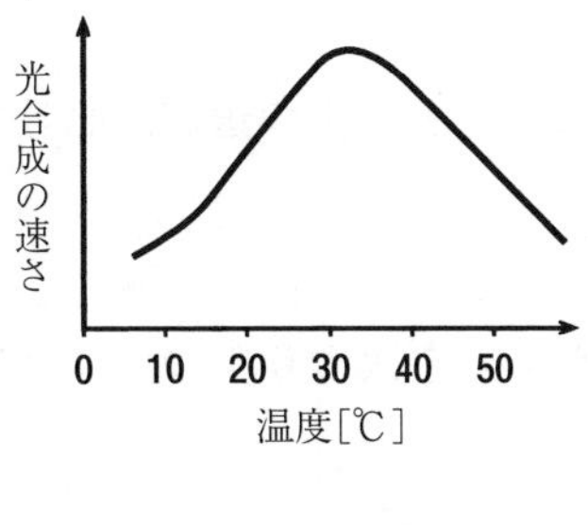

イ

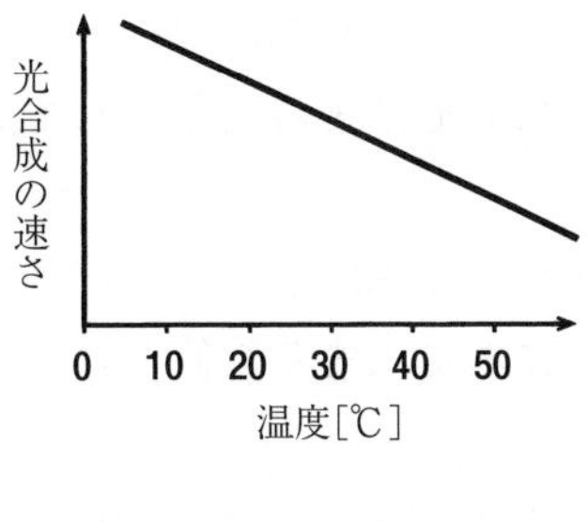

ウ

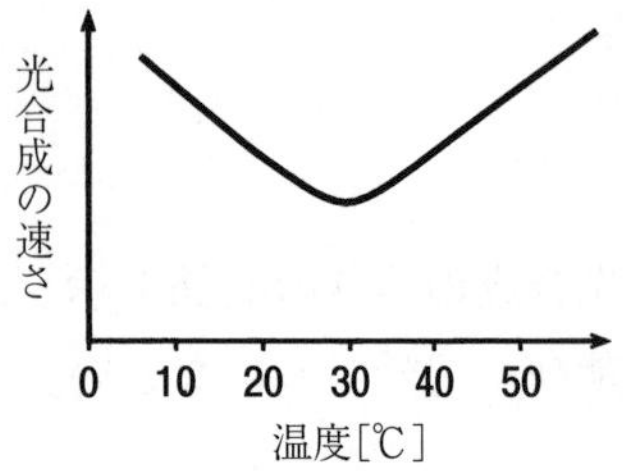

エ

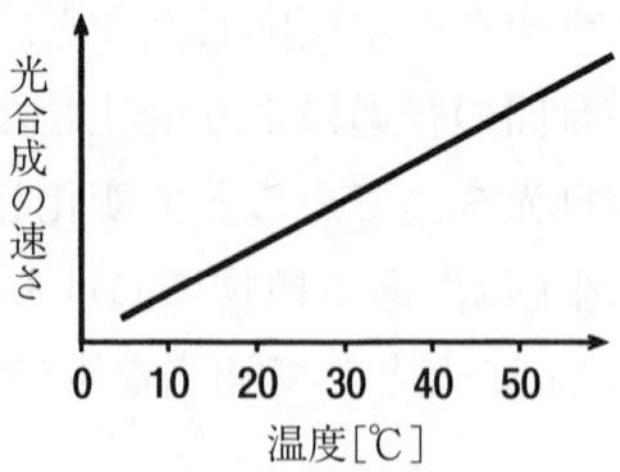

(6) ミニトマトは１つの花の中で受粉することができますが，人工的に別の品種を受粉させて雑種を作ることもできます。雑種は親の世代よりも優れた性質をもつことがあります。

① 品種Ａに品種Ｂをかけ合わせて雑種を作るために必要な作業として適当なものを次よりすべて選び，記号で答えなさい。

ア．品種Ａの花が開く前のつぼみの中からめしべとおしべをすべて取りのぞく。
イ．品種Ａの花が開く前のつぼみの中からめしべを取りのぞく。
ウ．品種Ａの花が開く前のつぼみの中からおしべをすべて取りのぞく。
エ．品種Ａのめしべに品種Ｂの花粉をつける。
オ．品種Ａのおしべに品種Ｂの花粉をつける。
カ．品種Ａのめしべに品種Ｂのめしべをつける。

② 赤色のトマトに黄色のトマトをかけ合わせるとオレンジ色のトマトを作ることができると知った園子さんは，赤色のトマトの株に咲いたすべての花に黄色のトマトをかけ合わせようと思い，①の作業をしました。その後，この株にできるトマトの色として適当なものを次より１つ選び，記号で答えなさい。

ア．すべてオレンジ色
イ．すべて赤色
ウ．すべて黄色
エ．オレンジ色と赤色
オ．オレンジ色と黄色
カ．赤色と黄色
キ．オレンジ色と赤色と黄色

4 Ⅰ．振動《しんどう》の伝わる速さは，物質によって異なります。

空気，水，鉄に同じ振動をあたえるとき，振動の伝わる速さは［ ① ］がもっともおそく，［ ② ］がもっとも速い。空気中で音の伝わる速さは秒速約［ ③ ］ｍであるが，水中で音の伝わる速さは秒速約［ ④ ］ｍである。

(1) 空らん［①］，［②］にあてはまる語句として適当なものを次より１つずつ選び，記号で答えなさい。

ア．空気　　イ．水　　ウ．鉄

(2) 空らん［③］，［④］にあてはまる数値としてもっとも適当なものを次より１つずつ選び，記号で答えなさい。

ア．1.5　　イ．34　　ウ．150　　エ．340　　オ．1500　　カ．34万

Ⅱ．図１は，１目盛りを９kmとして，ある地震《じしん》の震源《しんげん》（ ✕ ）と，地点Ａ～Ｄの位置を表しています。また，表１は，この地震による，地点Ａ～Ｄにおける震度《しんど》とゆれが始まった時刻をまとめたものです。ただし，この地震の震源の深さは無視できるほど小さいものとします。

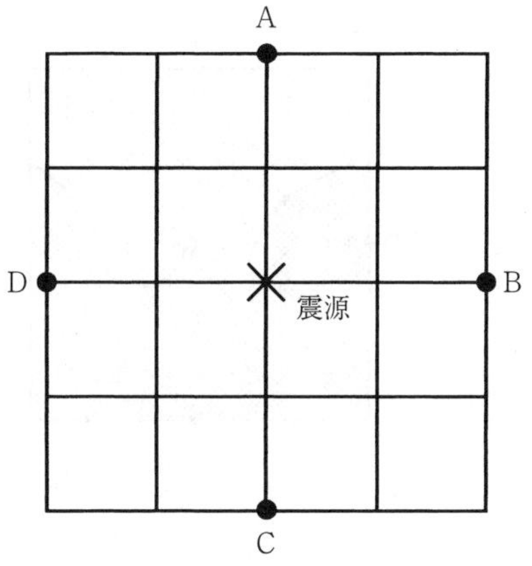

図１

表１

	震度	ゆれが始まった時刻
地点Ａ	3	8時11分4.25秒
地点Ｂ	4	8時11分4.50秒
地点Ｃ	4	8時11分5.00秒
地点Ｄ	4	

(3)　地震を観測するとき，はじめに起こる小さなゆれをなんというか，名称《めいしょう》を答えなさい。

(4)　地点Ｃの震度が地点Ａよりも大きい理由として適当なものを次より１つ選び，記号で答えなさい。

ア．地点Ｃの地盤《じばん》の方が地点Ａの地盤よりもやわらかいから。

イ．地点Ｃの方が地点Ａよりも震源から近いから。

ウ．地点Ｃの方が地点Ａよりも地震のマグニチュードが大きいから。

エ．地点Ｃが風下だったから。

(5)　震源周辺は，地盤Ｐ，Ｑからできています。震源から地点Ａ～Ｄまでの断面図は，図２のようになっています。地震のはじめのゆれが伝わる速さは，地盤Ｑでは毎秒６kmです。

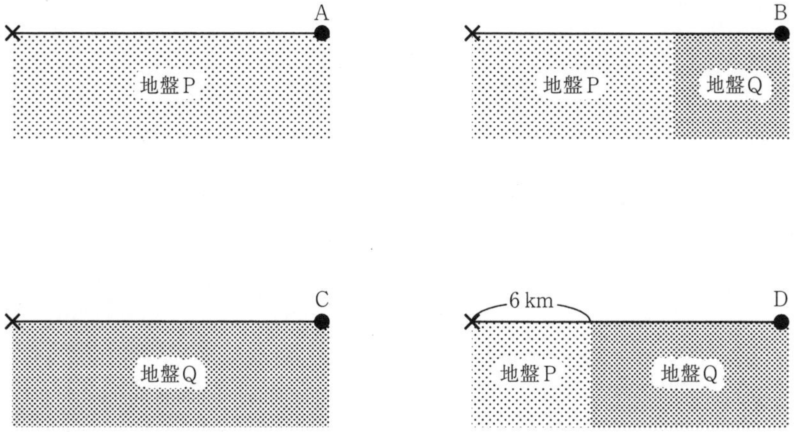

図２

①　震源（ ✕ ）から地点Ｄまでの間には，地盤Ｐが６kmあります。地点Ｄにおいて，ゆれが始まった時刻を求めなさい。答えは，秒数に小数第３位以下があるときは四捨五入して小数第２位まで求めなさい。

②　震源（ ✕ ）から地点Ｂまでの間に地盤Ｐは何kmあるか，求めなさい。答えは，小数第１位以下があるときは四捨五入して整数で求めなさい。

③　震源（ ✕ ）周辺における地盤Ｐと地盤Ｑの分布を表した図として，もっとも適当なものを次より１つ選び，記号で答えなさい。

ア

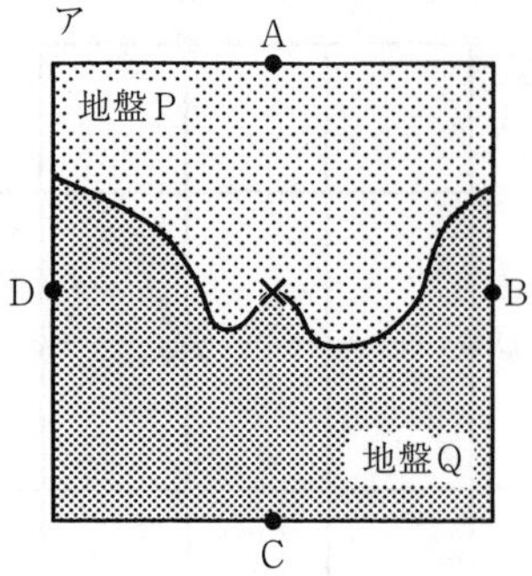

イ

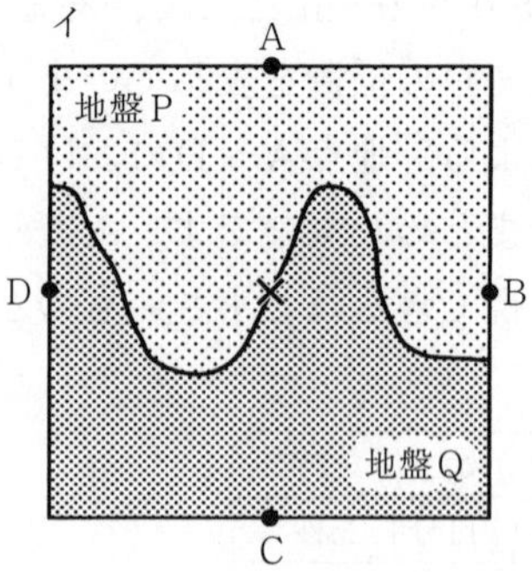

ウ

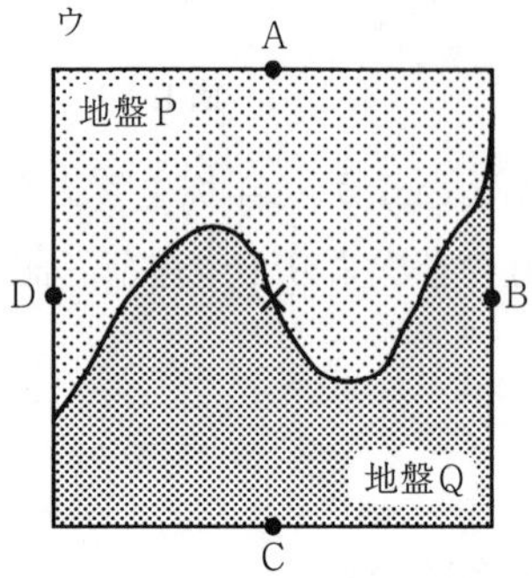

エ

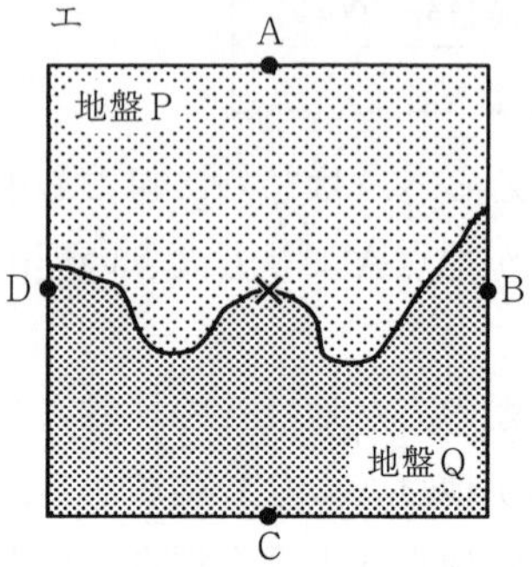

イ　やわらかいものは、弱そうに見えても、かたくて強そうに見えるものよりかえってたえる力がある。

ウ　あらゆる方法を使って、すみずみまで探す。

エ　何から何まで、細かいことをしつこく尋《たず》ねる。

オ　手柄《てがら》や名誉《めいよ》をゆずったりして、相手を立てる。

問四　――**(4)**「凍《こお》りついたような沈黙《ちんもく》。」とありますが、このときの葉子の気持ちを解答らんに五十字以内で説明しなさい。

問五　――**(5)**「不審《ふしん》そうな顔をこちらに向ける。」とありますが、朱里はなぜこのような態度をとったのですか。解答らんに三行以内で説明しなさい。

問六　――**(6)**「顔が熱い。なのに、どうしようもなく足元は寒かった。」とありますが、このときの葉子の気持ちとしてふさわしいものを、次の**ア**～**エ**の中から一つ選び、記号で答えなさい。

ア　朱里に対して本心をつらぬく決心をしたものの、仲間と見なされなくなることをおそれる気持ち。

イ　勇気を出して本心を打ち明けたが、朱里に受け入れられる見込《こ》みがなく後悔《こうかい》する気持ち。

ウ　ようやく自分に素直《すなお》になれたことに興奮しているが、それを朱里に悟《さと》らせまいと焦《あせ》る気持ち。

エ　朱里に自分の本心を伝えたことで達成感を得ながらも、朱里ともう仲良くできないという喪失《そうしつ》感におそわれる気持ち。

問七　[**A**]～[**D**]に当てはまる語を次の**ア**～**エ**の中から一つずつ選び、記号で答えなさい。（ただし記号はそれぞれ一回ずつ使用します。）

ア　ひりひりと　**イ**　ぎょっと

ウ　ひっそりと　**エ**　ぷつりと

問八　本文の内容に合うものを次の**ア**～**エ**の中から一つ選び、記号で答えなさい。

ア　しおりは、数学の宿題を忘れてしまったことをきっかけに葉子とふたりきりで話し、これからは逃《に》げずに尊敬できる友達と一緒《いっしょ》にいようと決意した。

イ　葉子は、朱里とは気が合わず好きになれないため少しずつ距《きょ》離《り》を置きたいと思っており、しおりと仲がいいことを非難されても仕方ないと思っている。

ウ　しおりは、中学校入学以降葉子に近づかなくなっていたが、葉子が歩み寄ってくれたことをとまどいながらも嬉《うれ》しく思っている。

エ　朱里は、しおりに対して劣等《れっとう》感を抱《いだ》いており、しおりを呼び捨てにして仲良くしている葉子の素直さをうらやましく思っている。

昔の話なんでしょ？」と言った。

——え。

どうして、そういう話になるんだろう。きょとんと私がまばたきをすると、「え、だってそうじゃないの？」と、朱里が首をかしげた。

「だって、これまで瀬川さんと葉がクラスの中でしゃべってるとこ、見たことなかったし。今も仲いいんだったら、もっと前からしゃべってるはずじゃん」

朱里の指摘《してき》に、言葉につまる。たしかに、一理あったから。思わず口ごもった私にちらりと目をやって、朱里は「だったらさあ」と苦《く》笑《しょう》まじりにつづけた。

「今さら、義理立てしてあげなくたって、大丈夫だって！　瀬川さんっていかにもマイペースって感じだし、うちらと全然ジャンルちがうじゃん。そこまで葉が、気をつかってあげること、ないと思うけど」

——ちがう。義理立てとか、そんなんじゃない。

「そうじゃないの。私が今、しおりと、友達になりたくて」

気がつくと、とっさに、そう口走っていた。でもそれは、とっさだったからこその、本音でもあった。冷たい汗《あせ》が背中を伝う。どうしよう。朱里の顔が、見られない。

「……へー、そうなんだ」

ひりつく沈黙の後、朱里は感情の読めない平べったい声でつぶやいて、短く笑った。

「なんかさ、前から思ってたけど、葉ってほんと、やさしいんだね。だれにでも」

あ、と思って目を上げた時には、朱里はもう、きびすを返したところだった。そのまま、私を置いて、怒《おこ》ったような足取りでトイレから出ていってしまう。

しばらくして、私がひとり教室に戻ると、そこに朱里の姿はなかった。呆然《ぼうぜん》と立《た》ち尽《つ》くす私を見つけて、しおりが「葉子」と遠慮《えんりょ》がちに口を開く。その隣《となり》で百井《ももい》くんと松村《まつむら》さんが、眉をハの字に下げていた。

（水野瑠見『十四歳日和』）

★ザワ先《せん》…小沢《おざわ》先生。葉子たちのクラス担任。

問一　——**(1)**「怖《こわ》くなった」とありますが、絵を描《か》くのが怖くなった理由としてふさわしいものを、次の**ア**～**エ**の中から一つ選び、記号で答えなさい。

ア　疎遠《そえん》になってしまったしおりと同じ趣味《しゅみ》を持っていることをしおりはよく思わず、ますます自分が嫌《きら》われることになるから。

イ　絵を描くことを熱心にやらなくなったせいで、絵の上手《うま》いしおりにとうてい追いつけないと実感せざるを得なくなるから。

ウ　学校内であまり目立つことのない美術部に、「日向《ひなた》」に飛び込んだ自分が入るのはあまりにも場違《ちが》いだから。

エ　「日向」のグループにいる友人とは違う趣味を持っていることを知られたら、仲間外れにされてしまうかもしれないから。

問二　——**(2)**「もう、戻れないのかもしれない。こんなに強くそう実感したのは、これが、初めてだった。」とありますが、葉子がそう思ったのはなぜですか。その理由を解答らんに三行以内で説明しなさい。

問三　——**(3)**「つぼみがほころぶ」とありますが、植物に関することばを使った次の**一**～**五**の成句の意味を、後の［意味］**ア**～**オ**の中から一つずつ選び、記号で答えなさい。

一　草の根を分けて探す　　**二**　出藍《しゅつらん》の誉《ほま》れ

三　根掘《ほ》り葉掘り　　**四**　花を持たせる

五　柳《やなぎ》に雪折れなし

［意味］

ア　教えを受けた弟子《でし》が、その先生よりも優《すぐ》れている。

しおりが言って、私にふっと背を向ける。その瞬間、心の中で、声がした。

――だけど、本当にこのままでいいの？　私自身は。

「しおり！」

叫《さけ》ぶように呼びかけると、ドアに手を伸ばしかけていたしおりが、驚いたようにこちらをふり向いた。その目をまっすぐに見返して、私は迷いながらも口を開く。

「また――また、後で。教室でね」

そう言うと、しおりは何度かまばたきをして、それからゆっくりとうなずいた。いつかの、(3)つぼみがほころぶような笑顔《えがお》で。そして、言った。

「……うん。また、放課後に」

その日の放課後、私は、朱里の前で、初めてしおりの名前を呼んだ。

「しおり、背景の色ってこんな感じの青でいいかな」

そんなふうに、しおりに話しかけた私に、あんのじょう、朱里は C したような目を向けた。なんで？　葉ってば、何言っちゃってんの――？　あからさまに向けられた困惑《こんわく》と非難のまなざしがぴりぴりと肌《はだ》に突《つ》き刺《さ》さって、息が止まりそうだった。

怖くない、なんて言ったら、百パーセント、嘘《うそ》になる。本音を言うと、今すぐにでも逃《に》げ出《だ》したかった。

――だけどもう、怖がるのはやめる。やめるって、決めたんだ。

ぐらつく心をぴしっと叱《しか》って、私は、うつむきそうになるのをぐっとこらえる。

耳をすませるまでもなく、心臓がばくばく波打っているのが分かった。パレットの中でつやめく空の色を見つめながら、ただ、祈《いの》るように、息をつめて待つ。

(4)凍《こお》りついたような沈黙《ちんもく》。

それを、先に破ったのは、朱里ではなくて、しおりのほうだった。

「……うん。それで大丈夫《だいじょうぶ》。ありがとう、葉子」

ささやくような、まだかすかにためらいのにじんだ声。

けれどしおりは、間違《まちが》いなく、私の名前を呼び返してくれた。

顔を上げると、しおりと宙で視線が合った。だけどもう、その目を私はそらさない。「了解《りょうかい》」と笑顔で言って、私は、刷毛《はけ》をたっぷりの青にひたした。

だけどもちろん、このままで、今日が終わるはずはなかった。

「あのさ、葉。なんなの、さっきのアレ」

葉、ちょっとトイレ行かない？　と、声をかけられた時から、何か言われるだろうな、とは思っていた。だから覚悟《かくご》はしていたはずだったのだけど、やっぱり、面と向かって直球を投げられると、足がすくんだ。

「なんで瀬川さんのこと、急に呼び捨てにしてんの？」

びっくりなんだけど、と朱里はひとりごとみたいにつぶやいて、ロコツに(5)不審《ふしん》そうな顔をこちらに向ける。私は小さく息を吸って、意を決して口を開いた。

「……友達、なんだ。小学校からの」

そう言って、必死でなんでもない顔をして、朱里の顔をまっすぐに見る。(6)顔が熱い。なのに、どうしようもなく足元は寒かった。もうじき四月も終わるというのに、身体《からだ》に細かい震《ふる》えが走る。

「友達って……」

朱里はあきれたような声でそうつぶやくと、 D だまった。眉《まゆ》を寄せ、何かを考えているような表情。だけどややあって、朱里は気を取り直したような、わずかに明るい声で「まあでも、それって、

る、おだやかなたれ目――。

「……葉子」

ささやくような小さな声で、しおりは、私の名前を呼んだ。

数学の宿題学校に忘れちゃって、と私が言うと、「そうなんだ」としおりは、目をふせたままで言った。そのまま、どちらからともなくだまり込《こ》んでしまう。しおりの緊張《きんちょう》が、空気を通して B 伝わってきて、私も思わず身を硬《かた》くする。

「なんか、暑いね」

つぶやいて、しおりが窓のほうへ歩いていく。窓を開けると、すっと空気が入《い》れ替《か》わって、ゆっくりと顔のほてりが引いていった。だれもいない教室。その中で、しおりとふたりでこうして言葉を交《か》わしているのが、なんだか、信じられなかった。

「……しおりは？　なんで、こんな朝早くに」

おずおずと尋《たず》ねると、しおりは、窓の外から私のほうに視線を戻《もど》した。

「放課後、応援旗あるから。部活の時間、減っちゃうな、って。だけど、県展にどうしても間に合わせたい作品があったから――」

★ザワ先《せん》には、美術部が朝練なんてってびっくりされちゃったけど。そう言って、しおりはかすかに笑う。その答えに、胸をつかれた。と同時に、心がぎゅっと苦しくなった。

――差がつくのなんて、当然だった。だって私は一度だって、しおりほど真剣《しんけん》に、絵に向き合ってきたことがなかった。

「すごいね、しおりは。毎日、頑張《がんば》って描いてて。私なんか――」

卑屈《ひくつ》な言葉がこぼれかけて、はっとする。こんなことを言われても、しおりは困るだけだ。顔を赤くして思わずうつむくと、しおりがかすかに、身じろぎをする気配がした。

「葉子は、嫌《きら》いになったの？」

「え」

どきりとして私が顔を上げたのと、「絵、描くの」と、しおりがつづけたのは、ほとんど同時だった。その問いかけに、私はふたたび、下を向く。

「嫌いになったんじゃないよ。でも……」

(1)怖《こわ》くなった、なんて言っても、しおりはきょとんとするだろう。そう思ったら、言葉がそれ以上つづかなかった。かわりに、しおりに問いかける。

「しおりは迷ったりしなかった？　美術部に入ること。その……美術部って、なんか雰囲気《ふんいき》独特だしさ、運動部に入りたがる子のほうが多い……じゃん」

風が吹《ふ》く。カーテンの影が揺《ゆ》れて、床《ゆか》に落ちた朝陽《あさひ》をさえぎる。バカなことを聞いた、と思った。だって、迷うわけない。しおりは、こんなにも真剣なんだから。

けれど、返ってきたのは、意外な一言だった。

「……少しだけ」

え、と私は目を見開く。しおりは目を細めて、小さく、ほほえんだ。

「でも、やっぱり、好きだから。それ以外、ないなって」

その瞬間、私はふいに、泣いてしまいたくなった。

だってしおりは、怖くても、好きなものには手を伸《の》ばせるのだ。だけどしおりは、「日向」に飛び込んでいった私には、手を伸ばそうとしなかった。すれちがうたびに目をそらしつづけてきたのは、私ひとりだけじゃない。しおりだって、同じだった。

(2)もう、戻れないのかもしれない。こんなに強くそう実感したのは、これが、初めてだった。離《はな》れてしまったことを、こんなに後悔《こうかい》したことも。

「じゃあ、私、そろそろ美術室、行くね」

問六　[A]～[D]に当てはまる語を次の**ア**～**エ**の中から一つずつ選び、記号で答えなさい。（ただし記号はそれぞれ一回ずつ使用します。）

ア　しかし　　**イ**　しかも　　**ウ**　あくまで　　**エ**　例えば

問七　――**(ア)**～**(オ)**のカタカナを漢字に書き直しなさい。

問八　本文の内容に合うものを次の**ア**～**エ**の中から一つ選び、記号で答えなさい。

ア　ＡＩの普及《ふきゅう》に伴《ともな》いＡＩが間違《まちが》った使い方をされることも多くなるため、ＡＩは自ら考えるために作られたものであるのに、ＡＩ自身で考えられなくなる「主体の逆転」が起こる。

イ　ヒトは何かを間違えても、その間違いに気づいて学ぶことを楽しみとしてきたので、ＡＩによって正しい答えを得ることが常によいとは言えない。

ウ　現在のＡＩが搭載《とうさい》されたタブレットを孫世代と考えた時に、筆者が大学生の時に発売されたマッキントッシュやウィンドウズは二世代前の技術であるため、筆者は自分のことを「生みの親世代」と呼んでいる。

エ　宗教はＡＩと同様にヒトに大きな影響《えいきょう》を及《およ》ぼすもので、しかも一度入信すると自らの意思よりもその宗教の考え方に左右されてしまい、場合によっては戦争やテロを引き起こすものである。

二　次の文章を読んで後の問いに答えなさい。

葉子《ようこ》としおりは、小学校ではクラスの「日陰《ひかげ》」にいる者同士、親友だった。しかし、葉子は成長とともにあか抜《ぬ》けて、中学校では「日向《ひなた》」にいる朱里《あかり》と仲良くなり、しおりとは疎遠《そえん》になっていた。中学二年で同じクラスになった葉子としおりは、朱里とともに体育祭の応援旗《おうえんき》に絵を描《か》く係になる。

本当は、私だって分かってはいた。

髪型《かみがた》を変えたって、メガネを外したって、私は「日陰」のほうが心地《ここち》いいんだって。

きゃあきゃあと騒《さわ》いでいるより、[A]した静けさが好き。恋《こい》バナやはやりのファッションの話より、絵を見たり、描いたりしていたい。

朱里たちのことは、ちゃんと好きだ。一緒《いっしょ》にいるのだって楽しいし、自信のあるところにあこがれもする。だけど、いつだって私は、朱里たちにも透明《とうめい》な壁《かべ》を感じてる。そしてそれは、朱里たちのせいじゃなくて、きっと、私自身の問題だ。

気がつくと、いつの間にか教室の前に着いていた。そういえばカギ、開いてないかもしれないな、と今さらのように気づいた時、中で人影《ひとかげ》が動く気配がした。

――あれ？　だれかいる？

たしか、うちの学校には、朝練のある部活はなかったはずだ。なのにこんなに早く登校してる人がいるなんて。驚《おどろ》きながらも、そのまま、ドアをガラリと開けた。その瞬間《しゅんかん》。

「えっ」

思わず、すっとんきょうな声が出た。人影が弾《はじ》かれたようにふり返って、私を見る。束ねた黒髪《くろかみ》。長いスカート。驚いたように見開かれ

しまいかねません。何も考えずに、ただ服従してしまうかもしれないのです。

それではヒトがＡＩに頼りすぎずに、人らしく試行錯誤を繰り返して楽しく生きていくにはどうすればいいのでしょうか？

その答えは、私たち自身にあると思います。つまり私たち「人」とはどういう存在なのか、ヒトが人である理由をしっかりと理解することが、その解決策になるでしょう。

人を本当の意味で理解したヒトが作ったＡＩは、人のためになる、共存可能なＡＩになるのかもしれません。そして本当に優《すぐ》れたＡＩは、私たちよりもヒトを理解できるかもしれません。さて、そのときに、その本当に優れたＡＩは一体どのような答えを出すのでしょうか？

——(5)もしかしたらＡＩは自分で自分を殺す（破壊《はかい》する）かもしれませんね、人の存在を守るために。

（小林武彦『生物はなぜ死ぬのか』）

★フロッピーディスク…コンピュータ用の記録装置。
★脆弱性《ぜいじゃくせい》…もろくて弱い性質。
★凌駕《りょうが》…あるものをこえてそれ以上になること。
★エイリアン…ここではＳＦに出てくる地球外の生命体。

問一 ——(1)「機械学習型ではなく、ＳＦ映画に登場するヒトのように考える汎用《はんよう》型人工知能はどうでしょうか？」とありますが、「機械学習型のＡＩ」と「汎用型人工知能」の違《ちが》いは何だと述べられていますか。解答らんに三行以内で説明しなさい。

問二 ——(2)「何よりも私が問題だと考えるのは、ＡＩは死なないということです。」とありますが、ＡＩが死なないことは問題だと筆者が考えているのはなぜですか。解答らんに七十字以内で説明しなさい。

問三 ——(3)「ＡＩの危険性よりも信頼《しんらい》感のほうが大きくなるのは当然です。」とありますが、その理由を筆者はどのように考えていますか。理由としてふさわしいものを次の**ア**～**エ**の中から一つ選び、記号で答えなさい。

ア 「生みの親」世代が自分の子供にあたる世代に伝えたＡＩの危険性を、子供の世代がさらにその子供である孫の世代に対して緊迫《きんぱく》感をもって伝えることができていないため、孫の世代が危険性を理解していないから。

イ いまのコンピュータやＡＩは「生みの親」世代がかつて誕生を体験したコンピュータよりもはるかに発展した技術であり、その恩恵《おんけい》を受けている「生みの親」世代にもかつてのような危険性が感じられにくくなり孫の世代に伝えなくなったから。

ウ 筆者の世代はコンピュータなどの技術が誕生したのを目《ま》の当たりにしているためコンピュータをまるで子供のように思いよく理解している一方で、孫の世代はコンピュータをよく理解しないままでもまるで親を信頼するように信頼してしまうから。

エ 生まれながらに高性能のコンピュータがある孫の世代は、コンピュータがヒトより賢《かしこ》くなっていく段階を体感していないためＡＩの危険性を感じていないうえに、ＡＩがヒトの能力を超《こ》えていることしか知らないから。

問四 ——(4)「 X な命を持っている」とありますが、この部分では命に関して生き物がＡＩと対照的であることを述べています。 X に入るのにふさわしい漢字二字の言葉を考えて答えなさい。

問五 ——(5)「もしかしたらＡＩは自分で自分を殺す（破壊《はかい》する）かもしれませんね、人の存在を守るために。」とありますが、人の存在を守るためにＡＩが自分で自分を殺すとはどういうことですか。解答らんに三行以内で説明しなさい。

ーディスクに入った「テトリス」を8インチの白黒画面でハイスコアを競《きそ》ったものです。その後のパソコン、ゲーム機、スマホなどの急速な進歩は、本当に驚《おどろ》きです。

私はコンピュータの急成長も可能性も★脆弱性《ぜいじゃくせい》も知っている「生みの親」世代です。そしてコンピュータが「生みの親」より賢《かしこ》くなっていくのを体感してきました。だからこそＡＩの危険性、つまりこのままいったらやばいと直感的に心配になるのかもしれません。いつまで経《た》っても子供が心配な親の心境に似ています。

その危機感について、自分の子供に相当する世代には警鐘《けいしょう》を鳴らすことができますが、孫の世代にはどうでしょうか。孫たちにとってはヒト（特に親）の能力をはるかに★凌駕《りょうが》したコンピュータが生まれながらにして存在するのです。タブレットで読み・書き・計算を教わり、(ウ)シジョウが入らないようにと先生代わりのＡＩが成績をつけるという時代にならないとも限りません。そんな孫の世代にとっては、(3)ＡＩの危険性よりも信頼《しんらい》感のほうが大きくなるのは当然です。

死なないＡＩは、私たち人間と違って世代を超《こ》えて、進歩していきます。一方、限られた私たちの寿命《じゅみょう》と能力では、もはや複雑すぎるＡＩの仕組みを理解することも難しくなるかもしれませんね。人類は1つの能力が変化するのに最低でも何万年もかかります。その人類が自分たちでコントロールすることができないものを、作り出してしまったのでしょうか。

進歩したＡＩは、もはや機械ではありません。ヒトが人格を与《あた》えた「★エイリアン」のようなものです。しかも死にません。どんどん私たちが理解できない存在になっていく可能性があります。

死なない人格と共存することは難しいです。［C］、身近に死なないヒトがいたら、と想像してみてください。その人とは、価値観も人生の悲哀《ひあい》も共有できないと思います。非常に進歩したＡＩとはそのような存在になるのかもしれません。

多くの知識を溜《た》め込《こ》み、いつも合理的な答えを出してくれるＡＩに対して、人間が従属的な関係になってしまう可能性があります。私たちがちょうど自分たちより寿命の短い昆虫《こんちゅう》などの生き物に抱《いだ》くような、ある種の「優越感《ゆうえつかん》」と逆の感情を持つのかもしれません。「ＡＩは偉大《いだい》だな」というような。

ヒトには寿命があり、いずれ死にます。そして、世代を経てゆっくりと変化していく――それをいつも主体的に繰り返してきましたし、これからもそうあることで、存在し続けていけるのです。ＡＩが、逆に人という存在を見つめ直すいい機会を与えてくれるかもしれません。生き物は全て(4)［X］な命を持っているからこそ、「生きる価値」を共有することができるのです。

同様にヒトに影響《えいきょう》力があり、且《か》つ存在し続けるものに、宗教があります。もともとその宗教を始めた開祖は死んでしまっていても、その教えは生き続ける場合があります。そういう意味では死にません。

ヒトは病気もしますし、歳《とし》を重ねると(エ)ロウカもします。ときには気弱になることもあります。そのようなときに死なない、［D］多くの人が信じている絶対的なものに頼ろうとするのは、ある意味理解できることです。ＡＩも将来、宗教と同じようにヒトに大きな影響を与える存在になるのかもしれません。

宗教は、付き合い方を間違うと、戦争やテロにつながるのは歴史からご存じの通りです。ただ、宗教のいいところは、個人が自らの価値観で評価できることです。それを信じるかどうかの判断は、自分で決められます。それに対してＡＩは、ある意味ヒトよりも合理的な答えを出すようにプログラムされています。ただ、その結論に至った(オ)カテイを理解することができないので、人がＡＩの答えを評価することが難しいのです。「ＡＩが言っているのでそうしましょう」となって

二〇二二年度 洗足学園中学校

【国語】〈第一回試験〉（五〇分）〈満点：一〇〇点〉

【注意】・字数制限のない問題について、一行分の解答らんに二行以上解答してはいけません。
・記号・句読点がある場合は字数に含《ふく》みます。

一 次の文章を読んで後の問いに答えなさい。

ＡＩと共存していく社会について、考えてみましょう。ＡＩは何らかの答えを出してくれますが、問題はその答えが正しいかどうかの(ア)ケンショウをヒトがするのが難しいということです。大切なことは、何をＡＩに頼《たよ》って、何をヒトが決めるのかを、しっかり区別することでしょう。

よく使われるものとして、データをコンピュータに学習させて、それを基《もと》に分析《ぶんせき》を行う機械学習型のＡＩがあります。これは過去の事例からの条件（重み付け）にあった最適な答えを導き出すので、その学習データの質で答えが変わってきます。画像診断《しんだん》ＡＩのように、見落としがないかなど医師の診断を助ける道具としては非常に役に立ちます。ただ、例えば過去の事例にないケースの判断は難しいのですが、その場合には「正解を知っている」医師が判断すればいいので問題はありません。

(1)機械学習型ではなく、ＳＦ映画に登場するヒトのように考える汎《はん》用《よう》型人工知能はどうでしょうか？　まだ開発途中《とちゅう》ですが、さまざまな(イ)キョクメンでヒトの強力な相談相手になることが期待されています。こちらはヒトが「正解を知っている」わけではないので、使い方を間《ま》違《ちが》うとかなり危険だと思っています。なぜなら、ヒトが人である理由、つまり「考える」ということが激減する可能性があるからです。一度考えることをやめた人類は、それこそＡＩに頼り続け、「主体の逆転」が起こってしまいます。ヒトのために作ったはずのＡＩに、ヒトが従属してしまうのです。

ではそうならないようにするには、どうすればいいのでしょうか。私の意見としては、決して「ヒトの手助け」以上にＡＩを頼ってはいけないと思います。[A] ＡＩはツール（道具）で、それを使う主体はリアルなヒトであるべきです。

「いや、ＡＩのほうが賢明《けんめい》な判断をしてくれるよ」とおっしゃる方もおられるでしょう。しかし、それは時と場合によります。いつも正しい答えが得られるという状況《じょうきょう》は、ヒトの考える能力を低下させます。ヒトは試行錯誤《さくご》、つまり間違えることから学ぶことを成長と捉《とら》え、それを「楽しんで」きたのです。喜劇のコントの基本は間違えて笑いを誘《さそ》い、最後はその間違いに気づくことが面白いのです。逆に「悲劇」は、取り返しがつかない運命に永遠に縛《しば》られることに、恐怖《きょうふ》と悲しみを覚えるのではないでしょうか。

ＡＩは、人を楽しませる面白《おもしろ》い「ゲーム」を提供するかもしれません。[B]、リアルな世界では、ＡＩはヒトを悲劇の方向に導く可能性があります。そして(2)何よりも私が問題だと考えるのは、ＡＩは死なないということです。

私たちは、たくさん勉強しても、死んでゼロになります。そのため、文化や文明の継承《けいしょう》、つまり教育に時間をかけ、次世代を育てます。一世代ごとにリセットされるわけです。死なないＡＩにはそれもなく、無限にバージョンアップを繰《く》り返します。

私は１９６３年の生まれで、大学生の時（１９８４年）にアップル社からマッキントッシュ（Ｍａｃ）のコンピュータが発売され、その後ウインドウズが誕生したのを体験してきました。ゲームも、★フロッピ

2022年度

洗足学園中学校 ▶解説と解答

算 数 ＜第１回試験＞（50分）＜満点：100点＞

解 答

[1] (1) $66\frac{7}{9}$ (2) $\frac{29}{32}$ [2] (1) 75分 (2) 1000円 (3) 6440cm^2 (4) ア 6 イ 1 [3] (1) D, C, A, B (2) 182.5cm^2 (3) A 4個 B 5個 C 7個 (4) 12歳 [4] (1) 30通り (2) 50通り (3) 10通り [5] (1) 2：7 (2) 21：16 (3) $38\frac{22}{31}$分

解 説

[1] 四則計算

(1) $46-16\div24\div3+3\times9-6=46-\frac{16}{24\times3}+27-6=46-\frac{2}{9}+27-6=67-\frac{2}{9}=66\frac{9}{9}-\frac{2}{9}=66\frac{7}{9}$

(2) $0.875-0.025\div\left(2\frac{2}{5}-1.6\right)+\frac{1}{6}\div2\frac{2}{3}=\frac{7}{8}-\frac{1}{40}\div\left(\frac{12}{5}-\frac{8}{5}\right)+\frac{1}{6}\div\frac{8}{3}=\frac{7}{8}-\frac{1}{40}\div\frac{4}{5}+\frac{1}{6}\times\frac{3}{8}=\frac{7}{8}-\frac{1}{40}\times\frac{5}{4}+\frac{1}{16}=\frac{7}{8}-\frac{1}{32}+\frac{1}{16}=\frac{28}{32}-\frac{1}{32}+\frac{2}{32}=\frac{29}{32}$

[2] 相似，速さ，条件の整理，植木算

(1) 実際の道のりは20cmの25000倍だから，20×25000＝500000(cm)である。これは，500000÷100＝5000(m)，5000÷1000＝5(km)なので，時速4kmで歩くと，$5\div4=\frac{5}{4}$(時間)，$60\times\frac{5}{4}=$75(分)かかる。

(2) Aははじめに900円持っていて，Bに500円わたし，Cから450円もらうから，Aが最後に持っている金額は，900−500＋450＝850(円)とわかる。よって，Cが最後に持っている金額も850円である。また，Cは，Bから300円もらい，Aに450円わたすので，Cがはじめに持っていた金額を□円とすると，□＋300−450＝850(円)と表すことができる。したがって，□＝850＋450−300＝1000(円)と求められる。

(3) はじめに縦方向について考える。40÷15＝2余り10より，縦方向に貼《は》る枚数は，2＋1＝3(枚)とわかる。紙3枚の縦の長さの合計は，15×3＝45(cm)なので，重なっている部分の長さの合計は，45−40＝5(cm)となり，重なっていない部分の長さの合計は，40−5＝35(cm)と求められる。同様にして横方向について考えると，200÷18＝11余り2より，横方向に貼る枚数は，11＋1＝12(枚)とわかる。すると，紙12枚の横の長さの合計は，18×12＝216(cm)だから，重なっている部分の長さの合計は，216−200＝16(cm)となり，重なっていない部分の長さの合計は，200−16＝184(cm)と求められる。よって，重なっていない部分の面積の合計は，35×184＝6440(cm^2)である。

(4) 2つの長方形が重ならないのは，下の図1のように，長方形Aの先頭が点Oに重なるよりも前に，長方形Bが図1の位置よりも進んでいる場合か，下の図2のように，長方形Bの先頭が点Oに

重なるよりも前に，長方形Ａが図２の位置よりも進んでいる場合である。図１のようになるのは長方形Ａが40cm動いたときなので，40÷２＝20(秒後)であり，このときまでに長方形Ｂが動いた長さは，50＋50＋20＝120(cm)なので，このようになるのは長方形Ｂの速さが毎秒，120÷20＝６(cm)(…ア)よりも速いときである。次に，図２のようになるのは長方形Ａが，50＋40＋10＝100(cm)動いたときだから，100÷２＝50(秒後)である。また，このときまでに長方形Ｂが動いた長さは50cmなので，このようになるのは長方形Ｂの速さが毎秒，50÷50＝１(cm)(…イ)よりもおそいときである。

図１

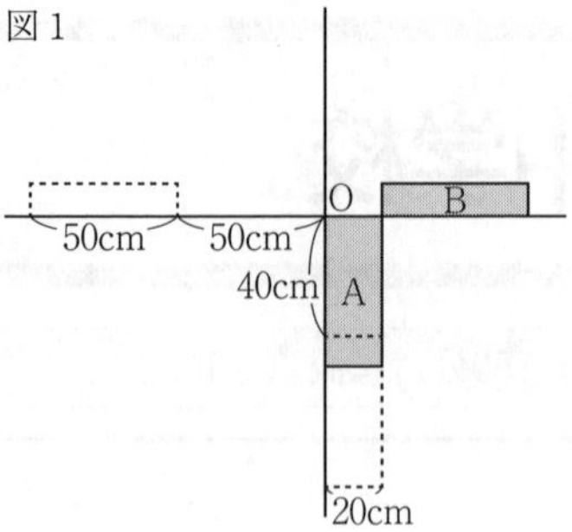

図２

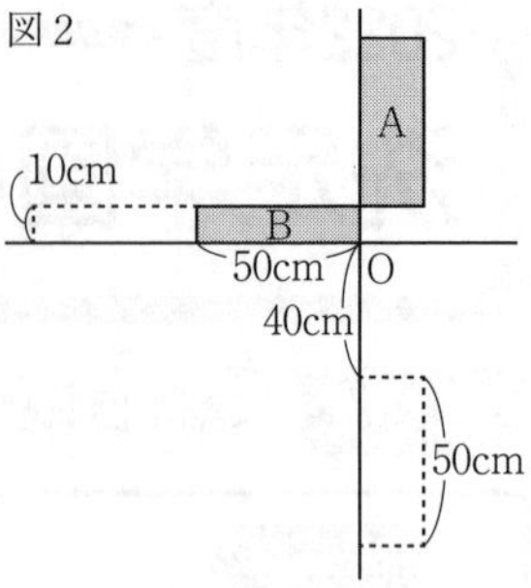

3　条件の整理，面積，仕事算，消去算，年齢《ねんれい》算

(1)　Ａの発言から，考えられるのは右の図１の㋐～㋒となる(○は白い帽子《ぼうし》の人，●は赤い帽子の人を表す)。これにＣの発言を合わせると，考えられるのは㋒の場合だけであり，右の図２のようになることがわかる。さらに，これにＢ，Ｄの発言を合わせると右の図３のようになるから，前から順に，Ｄ，Ｃ，Ａ，Ｂとなる。

図１			図２	図３
㋐	㋑	㋒	㋒	㋒
A	○	○	○	D
●	A	○	C	C
○	●	A	A	A
○	○	●	●	B

(2)　右の図４のように，外側の４個の四角形を折り返すと，●印をつけた角度と，○印をつけた角度の和は90度であることがわかる。また，中央の四角形は１辺の長さが10cmの正方形であり，面積は，10×10＝100(cm²)である。よって，折り返した四角形８個分の面積の和は，265－100＝165(cm²)なので，折り返した四角形４個分の面積の和は，165÷２＝82.5(cm²)とわかる。これに中央の正方形の面積を加えると，かげをつけた四角形の面積は，82.5＋100＝182.5(cm²)と求められる。

図４

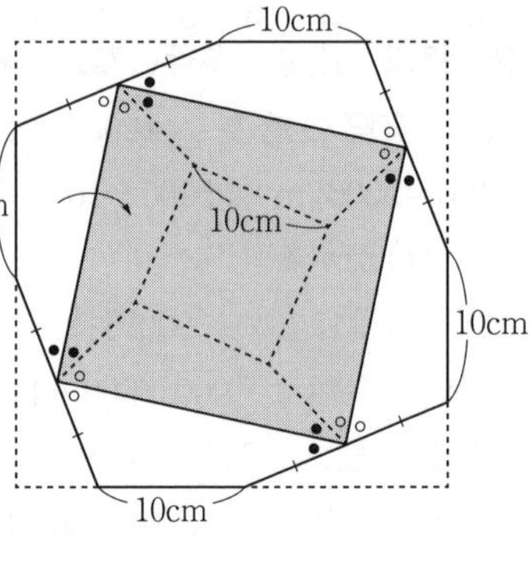

(3)　ＡとＢの２人で行うとき，55日では終了せずに56日目に終了するから，500÷55＝9.0…(以下)，500÷56＝8.9…(以上)より，ＡとＢが１日に作る品物の個数の和は９個とわかる。同様に考えると，ＡとＣが１日に作る品物の個数の和は，500÷45＝11.1…(以下)，500÷46＝10.8…(以上)より11個，ＢとＣが１日に作る品物の個数の和は，500÷41＝12.1…(以下)，500÷42＝11.9…(以上)より12個とわかるので，Ａ，Ｂ，Ｃが１日に作る品物の個数をそれぞれⒶ個，Ⓑ個，Ⓒ個として式に表すと，上の図５のようになる。これらの式をすべて加えると，(Ⓐ＋Ⓑ＋Ⓒ)の２倍が，９＋11＋12＝32(個)とわかるから，Ⓐ＋Ⓑ＋Ⓒ＝32÷２＝16(個)と求められる。ここからそれぞれの式をひくと，Ⓐ＝16－12＝４(個)，Ⓑ＝16－11＝５(個)，Ⓒ＝16－９＝７(個)とわかる。

図５

Ⓐ＋Ⓑ＝９(個)
Ⓐ＋Ⓒ＝11(個)
Ⓑ＋Ⓒ＝12(個)

(4)　30年前の母の年齢を①，祖母の年齢を③とすると，現在の母の年齢は，①＋30(歳《さい》)，祖母の年齢は，③＋30(歳)となる。すると，３年後の母の年齢は，①＋30＋３＝①＋33(歳)となり，このとき母と娘《むすめ》の年齢の比は３：１なので，３年後の娘の年齢は，(①＋33)×$\frac{1}{3}$＝$\textcircled{\frac{1}{3}}$＋11(歳)とわかる。よって，現在の娘の年齢は，$\textcircled{\frac{1}{3}}$＋11－３＝$\textcircled{\frac{1}{3}}$＋８(歳)だから，右の図６のようになる。図６で，現在の年齢の合計が120歳なので，③＋①＋$\textcircled{\frac{1}{3}}$＝$\textcircled{4\frac{1}{3}}$にあたる年齢が，120－(30＋30＋８)＝52(歳)とわかる。したがって，①にあたる年齢は，52÷$4\frac{1}{3}$＝12(歳)だから，現在の娘の年齢は，12×$\frac{1}{3}$＋８＝12(歳)と求められる。

図６

	祖母	母	娘	合計
30年前	③	①		
現在	③＋30(歳)	①＋30(歳)	$\textcircled{\frac{1}{3}}$＋８(歳)	120歳
３年後		①＋33(歳)	$\textcircled{\frac{1}{3}}$＋11(歳)	

4 場合の数

(1) ４の倍数は下２けたが４の倍数(または00)になる。十の位に使える数字は１，３，５だけであることに注意すると，考えられる下２けたの数は{12，16，32，36，52，56}の６通りある。どの場合も，百の位には１～５の５通りの数字を使うことができるから，４の倍数となる取り出し方は全部で，６×５＝30(通り)ある。

(2) ３の倍数は，各位の数字の和が３の倍数になる。また，A，B，Cの箱に入っている数を３で割った余りで分類すると，右のようになる。各位の数字の和が３の倍数になる組み合わせは，㋐㋓㋖，㋐㋔㋘，㋐㋕㋗，㋑㋓㋘，㋑㋔㋗，㋑㋕㋖，㋒㋓㋗，㋒㋔㋖，㋒㋕㋘の９通りある。このうち，＿の場合は，１×１×４＝４(通り)，……の場合は，１×１×３＝３(通り)，━の場合は，２×１×３＝６(通り)，＝の場合は，２×１×４＝８(通り)の取り出し方があるので，全部で，４×１＋３×２＋６×４＋８×２＝50(通り)と求められる。

	A	B	C
３で割ると０余る数	㋐3	㋓3	㋖0，3，6，9
３で割ると１余る数	㋑1，4	㋔1	㋗1，4，7
３で割ると２余る数	㋒2，5	㋕5	㋘2，5，8

(3) 12は３と４の公倍数だから，(1)で求めた４の倍数のうち，３の倍数になるように百の位を決めればよい。下２けたが12のとき，十の位と一の位の和は３なので，百の位を上の表の㋐にすればよい。同様に考えると，下２けたが16のときは㋒，32のときは㋑，36のときは㋐，52のときは㋒，56のときは㋑にすればよいので，全部で，１×２＋２×４＝10(通り)とわかる。

5 流水算，速さと比

(1) 進行のようすをグラフに表すと，下の図１のようになる。図１で，予定の進み方を表す直線と実際の進み方を表す直線は平行だから，アの時間は35分である。そのうち，流された時間は25分なので，故障した地点までもどるのにかかった時間(イ)は，35－25＝10(分)とわかる。つまり，同じ距離《きょり》を流された時間と上るのにかかった時間の比が，25：10＝５：２なので，流れの速さとメインエンジンを使って上るときの速さの比は，$\frac{1}{5}$：$\frac{1}{2}$＝２：５となる。よって，流れの速さを毎分２とすると，メインエンジンを使うときの静水時の速さは毎分，５＋２＝７となるから，求める比は２：７である。

(2) メインエンジンを使って上るときの速さを毎分５とすると，A地点から故障した地点までの距離は，５×30＝150となるので，サブエンジンを使うときのようすを点線で表すと，グラフは下の図２のようになる。図２で，ウの時間は，40－25＝15(分)だから，エの時間も15分となり，オ＝30＋15＝45(分)とわかる。よって，サブエンジンを使って上るときの速さは毎分，150÷45＝$\frac{10}{3}$なの

図１

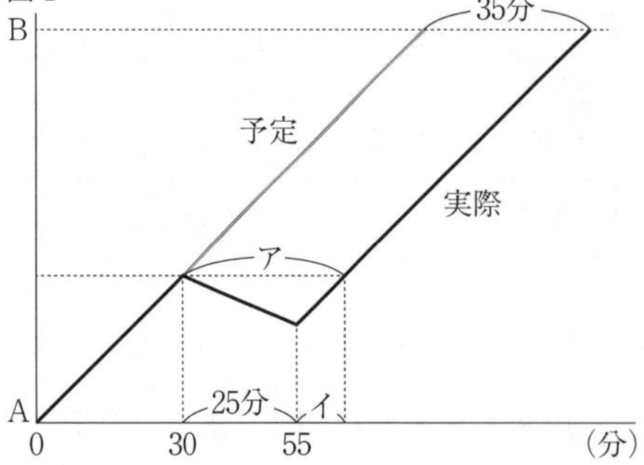

図２

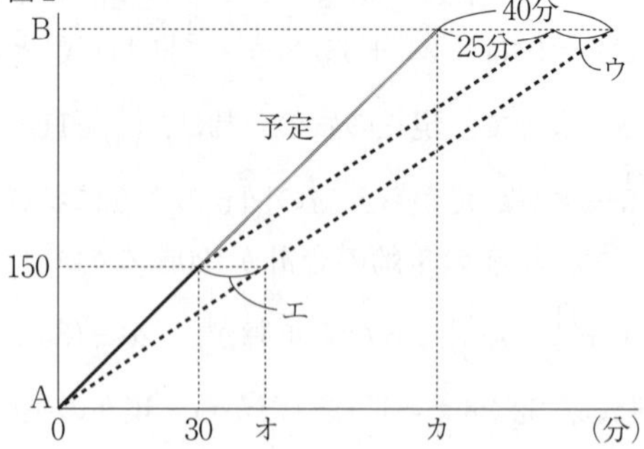

で，サブエンジンを使うときの静水時の速さは毎分，$\frac{10}{3}+2=\frac{16}{3}$と求められる。したがって，求める比は，$7:\frac{16}{3}=21:16$である。

(3)　メインエンジンを使うときとサブエンジンを使うときの上りの速さの比は，$5:\frac{10}{3}=3:2$だから，Ａ地点からＢ地点まで上るのにかかる時間の比は，$\frac{1}{3}:\frac{1}{2}=2:3$となる。この差が40分なので，比の１にあたる時間は，40÷（３－２）＝40(分)となり，メインエンジンを使ってＡ地点からＢ地点まで上るのにかかる時間(図２のカ)は，40×２＝80(分)とわかる。よって，Ａ地点からＢ地点までの距離は，５×80＝400である。また，メインエンジンとサブエンジンの両方を使うと，上りの速さは毎分，$7+\frac{16}{3}-2=\frac{31}{3}$になるから，Ａ地点からＢ地点まで上るのにかかる時間は，$400\div\frac{31}{3}=\frac{1200}{31}=38\frac{22}{31}$(分)とわかる。

社　会　＜第１回試験＞（理科と合わせて60分）＜満点：75点＞

解　答

1 **問１** (1)　A　(2)　F　**問２**　B　**問３**　**X**　郡山　**Y**　利根　**問４** (1)　D　(2)　ボーキサイト　**問５**　B　**問６**　(例)　Ⅱのほうが透過性が高いため，下流への土砂の運搬をさまたげない。　**2** **問１**　A　**問２**　A　**問３**　E　**問４**　C　**問５**　B　**問６**　D　**問７** (1)　(例)　応仁の乱において，西軍の総大将だった山名持豊が，この地に陣を構えた(ことに由来する。)　(2)　C　**問８**　A　**問９**　自由民主(党)　**3** **問１** (1)　C　(2)　C　**問２**　B　**問３** (1)　D　(2)　B，C，D　**問４**　避難指示　**問５**　ピクトグラム　**問６**　B　**問７**　三権分立　**問８**　(例)　国や地方の行政機関や議員に，要望を伝える。／規定の署名を集めて，直接請求を行う。

解　説

1　日本の地形や気候などについての問題

問１　(1)　①は冬の寒さが厳しく，梅雨の影響《えいきょう》をほとんど受けない北海道の気候の特徴《とくちょう》を示しているので，北海道を流れている(ア)の石狩川があてはまる。②は冬の降水量が多い日本海側の気候の特徴を示しているので，河口が日本海側にある(カ)の信濃《しなの》川である。３つの中で最も冬の平均気温が高く，夏の雨が多い③は，九州地方を流れている(ク)の筑後《ちくご》川があてはまる。　(2)　(ア)の石狩川の流域には，泥炭地《でいたんち》という農業に不向きな土地が広がっていたが，客土による土壌《どじょう》の改善や，稲の品種改良が進められた結果，上川盆地や石狩平野は全国有数の稲作地帯に発展した。(カ)の信濃川の下流域に広がる越後《えちご》平野は，腰《こし》まで泥《どろ》につかるほどの低湿地だったが，暗渠排水《あんきょはいすい》による湿田《しつでん》の乾田《かんでん》化を進めた結果，日本を代表する稲作地帯になった。(ク)の筑後川下流に広がる筑紫《つくし》平野にはクリークという水路がめぐらされ，排水や船の通行に用いられた。また，この地域では，温暖な気候をいかして米と麦の二毛作が行われている。

問２　扇状地《せんじょうち》では，河川は伏流《ふくりゅう》水(地下水)となって流れ，末端の低地で湧《わ》き水となって地上に出ることが多い。また，傾斜《けいしゃ》地であるため，三日月湖ができるほど河川が蛇行《だこう》するとは考えにくい。よって，Ｂが誤っている。なお，(イ)は岩手県南西部にある胆沢《いさわ》扇状地をさしている。

問３　**Ｘ**　(ウ)は安積疏水《あさかそすい》で，郡山《こおりやま》盆地をかんがいするため明治時代につくられた。福島県中部に広がる猪苗代《いなわしろ》湖を水源としておおむね南へ流れ，郡山盆地とその周辺地域に水を供給している。
Ｙ　(エ)は昭和時代につくられた両総用水で，千葉県北部を流れる利根川の水を，九十九里平野まで引いている。

問４　(1)　日本の年間降水量は多いといえるが，季節によって降水量に差が出ることや，雨が不足する年があることなどから，ダムの水量が不足することもある。そのため，年間を通して安定した電力が供給できるわけではない。　(2)　アルミニウムはボーキサイトという鉱石を精錬《せいれん》してつくられるが，その過程で大量の電力を使用するため，「電気の缶詰《かんづめ》」ともよばれる。採算が合わないことから，現時点(2022年２月)で，日本ではアルミニウムの精錬は行われていない。

問５　①は，(オ)の埼玉県春日部《かすかべ》市につくられたＰの首都圏外郭《けんがいかく》放水路について，正しく説明している。Ｑのようなしくみの霞堤《かすみてい》は，洪水であふれた水をいったん流路の外に流して河川の流量を減らし，ゆるやかに河川に戻《もど》すことで下流域の洪水を防ぐための工夫なので，②は誤りである。

問６　Ⅰは不透過《ふとうか》型砂防ダムとよばれるもので，流木などだけでなく土砂も下流に流れなくなる。一方，透過型砂防ダムとよばれるⅡのようなつくりであれば，下流に安定して土砂が流れていくため海岸などに土砂を運搬《うんぱん》することができ，魚や小動物がダムを行き来することもできる。

2　各時代の歴史的なことがらについての問題

問１　菅原道真は，894年に遣唐使の廃止を提案したことで知られる平安時代の貴族で，903年に亡くなった。口分田の不足を補うために朝廷が墾田《こんでん》永年私財法を出し，新たに開墾した土地の永久私有を認めたのは，奈良時代の743年のことである。

問２　(イ)「延暦《えんりゃく》」は，奈良時代末から平安時代初めにあたる782～806年に使用された元号である。なお，天平は729年から749年まで，承平は931年から938年に使用された元号。　(ウ)「延暦十三(794)年」は，桓武天皇が平安京に都を移した年にあたる。桓武天皇は784年に長岡京に都を移したが，都の造営中に早良《さわら》親王が亡くなるなど不吉なことが相次いだため，平安京へ都を移すことにした。なお，天智天皇と天武天皇は７世紀に天皇となった。

問３　(エ)　古代に置かれた淡路《あわじ》国は，兵庫県に属する淡路島を領域とした。なお，大阪府は西部が摂津《せっつ》国，南西部が和泉《いずみ》国，南東部が河内《かわち》国とよばれていた。徳島県の旧国名は，阿波《あわ》国である。
(オ)　平安時代初期，唐(中国)風の書道に優れた橘逸勢《たちばなのはやなり》・嵯峨《さが》天皇・空海は「三筆」とよばれ，称えられた。なお，坂上田村麻呂は，征夷《せいい》大将軍として東北地方の蝦夷征討《えみしせいとう》を行った武人。阿倍仲麻呂は遣唐使として唐に渡り，唐の皇帝に仕えたが，帰国の願いを果たせずに亡くなった貴族。

問４　「享保《きょうほう》年間」には，江戸幕府の第８代将軍徳川吉宗が享保の改革とよばれる幕政改革に取り組んだ。吉宗はこの中で，各大名に対して１万石につき100石の割合で大名に米を納めさせる上げ米の制を実施し，代わりに参勤交代の負担を軽くした。なお，Ａは室町時代の徳政令，Ｂは鎌倉時代の御恩，Ｄは江戸時代に水野忠邦が行った天保の改革について述べた文。

問５　1582年，九州のキリシタン大名である大友義鎮《よししげ》・有馬晴信・大村純忠らは，伊東マンショ・千々石《ちぢわ》ミゲル・中浦ジュリアン・原マルチノという４人の天正遣欧使節を，キリスト教カトリックの本拠《ほんきょ》地であるローマ(イタリア)に派遣《はけん》した。よって，Ｂが誤っている。

問６　『奥の細道』は，松尾芭蕉《ばしょう》が元禄期の1689年に弟子と江戸の深川を出発して東北・北陸地方を旅し，その道中で印象深かったできごととその間に詠《よ》んだ俳句をつづった俳諧《はいかい》紀行文である。なお，①の元禄期の浮世草子作家としては井原西鶴《さいかく》がよく知られている。また，②は国学者の本居宣《もとおりのり》長《なが》が著した『古事記伝』の説明である。

問７　(1)　1467年，室町幕府の第８代将軍足利義政の後つぎ争いに，守護大名であった細川氏と山名氏の対立などが加わり，応仁の乱が起こった。このとき，西軍の総大将であった山名持豊(宗全)が陣《じん》を構えた地は「西陣」とよばれるようになった。西陣にはのちに織物職人が集まり，西陣織として知られる絹織物がつくられるようになった。なお，(シ)の「一方の事実上の総大将」とは，東軍を率いた細川勝元である。　　(2)　Ａ　縄文時代は今より気温が高く，海面が高かったため，海岸線が今よりも内陸にあったと推測されている。　　Ｂ　「埴輪《はにわ》」ではなく「土偶《どぐう》」が正しい。
Ｃ　弥生土器は，現在の東京都文京区弥生で発見されたことからその名があるので，正しい。
Ｄ　弥生時代には朝鮮半島から鉄器と青銅器が伝わり，鉄器は武器などに使用された。

問８　1972年，田中角栄首相と中華人民共和国(中国)の周恩来首相が日中共同声明を発表し，中国との国交が正常化した。なお，Ｂは「柳条湖《りゅうじょうこ》」ではなく「盧溝橋《ろこうきょう》」，Ｃは「中華民国軍」ではなく「ソ連軍」，Ｄは「盧溝橋事件」ではなく「柳条湖事件」が正しい。

問９　1993年８月，日本新党代表の細川護熙《もりひろ》首相を中心とする８つの政党・会派による連立政権が誕生した。これによって，1955年の結成以来単独で政権を担ってきた自由民主党(自民党)は初めて野党になり，「55年体制」とよばれた政治体制が終わりを迎えた。

3　現代社会についての問題

問１　(1)　①　2015年の国連総会では，2000年に採択《さいたく》された「ミレニアム開発目標(MDGs)」に代わって，2030年までに国際社会が達成するべき17の目標からなる「持続可能な開発目標(SDGs)」が採択された。　　②　2017年に国連総会で採択された核兵器禁止条約は，条約の発効に必要な条件がそろったことから，2021年１月に発効した。よって，正しい。　　(2)　(あ)が指している地域であるヨーロッパや北アメリカ，中国では，工場や自動車から排出される硫黄《いおう》酸化物や窒素《ちっそ》酸化物などが雨水に溶《と》けこんで酸性雨となり，自然環境や建造物などに被害をおよぼしている。なお，(い)は砂漠化，(う)は熱帯林の減少，(え)はオゾン層の破壊が発生しているおもな地域。

問２　Ａ　増加数が最も多いのはベトナムの19067人である。　　Ｂ　増加率で見た場合，1812人から7581人へと，４倍以上に増えているネパール人が最も高くなるので，正しい。　　Ｃ　3000人以上増えているのは，中国・ベトナム・ネパールの３か国である。　　Ｄ　数が1.5倍以上に増えているのは，ベトナムとネパールの２か国である。

問３　(1)　衆議院議員の被選挙権は満25歳以上の国民に与えられるが，2022年２月時点で，裁判員は満20歳以上で選挙権を持つ人の中から選ばれていた。よって，Ｄが誤っている。なお，2022年４月には裁判員に選ばれる年齢が，選挙権が与えられる年齢と同じ満18歳以上へと引き下げられた。

(2)　環境権は，憲法には規定がないが，社会の変化にともなって主張されるようになった「新しい人権」にふくまれる。Ｂ～Ｄは，社会保険(医療《いりょう》保険がふくまれる)，社会福祉，公的扶助《ふじょ》，公衆衛生からなる日本の社会保障制度と，そのもととなる生存権について正しく説明している。

問４　警戒レベル３で高齢者等避難《ひなん》が指示されることと，「警戒レベル４までに必ず避難！」とあることから，全員に避難を指示する「避難指示」があてはまると判断できる。

問５　言語に頼ることなく簡略化された図式を用い，見るだけで案内を可能にする案内用図記号(絵文字)をピクトグラムといい，日本語を母語としない人や，まだ字の読めない子どもにも情報を伝えることができる。

問６　オンブズマン(オンブズパーソン)制度は，住民の権利と利益を守る代理人として選ばれた第三者(オンブズマン)が，行政や議会から独立して行政が適切に行われているかどうかを監視し，行政に対する苦情を市民から受けつけ，問題の解決をはかる制度である。

問７　［資料］中の「法律を定める権力」は立法権，「公共の決定を実行する権力」は行政権，「罪や私人間の争いを裁く権力」は司法権にあたる。そして，これらが「同一の人間，または～団体」に集中すると，自由が失われると述べられている。これは，国家権力を三つに分けるという三権分立の重要性を説いたもので，18世紀にフランスの思想家モンテスキューが著書『法の精神』の中で明らかにした考え方である。

問８　選挙以外に市民が自分の考えを政治に反映させる手法として，まずは国や地方の行政機関や議員に，要望を直接伝えることが考えられる。この行動は，請願・陳情《ちんじょう》とよばれる。また，地方自治体については，市民が規定された数の署名を集めることで直接政治的な要求を行うことができる直接請求権が認められている。さらに，国が政令や省令を定めるさいに，パブリックコメントという形で国民から意見を募集するため，そこに意見を寄せるのも方法の一つとなる。

理　科　＜第１回試験＞（社会と合わせて60分）＜満点：75点＞

解　答

1　(1)　イ　(2)　①　(例)　赤色の光のみを反射する性質。　②　オ　(3)　①　28.26 mm^2　②　ア，イ，ア，イ　③　**２番目**…ア　**７番目**…イ　④　３か所　(4)　①　ア，カ　②　エ　2　(1)　イ　(2)　**Ｐ**　Ｙ：5.06　**Ｑ**　Ｘ：10.12　(3)　11.7　(4)　28.8 g　(5)　オ　(6)　イ　3　(1)　子葉　(2)　①　エ　②　(例)　溶液の中の二酸化炭素が使われ，液性が変化するから。　③　イ，オ　(3)　イ　(4)　イ　(5)　ア　(6)　①　ウ，エ　②　イ　4　(1)　①　ア　②　ウ　(2)　③　エ　④　オ　(3)　初期び動　(4)　ア　(5)　①　８時11分4.75秒　②　12km　③　ア

解　説

1　光の三原色についての問題

(1)　赤色，青色，緑色の光を光の三原色といい，この３つ色の光が重なると白色に見える。

⑵　①　赤紫《むらさき》色の光を当てると赤く見えたことから，赤い紙は赤紫色の光に含《ふく》まれる赤色の光のみを反射し，青色の光を反射しないと考えられる。また，空色の光を当てると暗いままだったことから，赤い紙は空色の光に含まれる青色の光も緑色の光も反射しないと考えられる。したがって，赤い紙は赤色の光のみを反射する性質があるといえる。　②　この壁《かべ》は，赤色と緑色の光を反射し，青色の光は反射しないので，日光が当たったときは，赤色と緑色の光を反射して黄色に見える。

⑶　①　厚紙の穴は円形なので，スクリーンには穴より大きい赤い円がうつる。懐中《かいちゅう》電灯からスクリーンまでの距離《きょり》は厚紙までの距離の２倍なので，うつった赤い円の直径は，３×２＝６（mm）である。よって，半径３mmの円なので，その面積は，３×３×3.14＝28.26（mm²）となる。　②　右の図で，ⓐは図２であけた元の穴（図３の下の穴），ⓘは新たな穴（図３の上の穴）にあたり，この２つの穴を赤色の光が通ることでⓑとⓓに赤い円がうつる。一方，この２つの穴を青い光が通ることでⓒとⓔに青い円がうつる。ⓑ～ⓔの円の中心どうしの間隔《かんかく》は３cmだから，スクリーンにできた半径が３mmの円どうしは重ならない。したがって，スクリーンには上から順に，ⓑには赤い円，ⓒには青い円，ⓓには赤い円，ⓔには青い円がうつる。　③　それぞれの光の進み方は図のようになり，ⓐの円は緑色，ⓑの円は赤色，ⓓの円は赤色，ⓕの円は赤色，ⓖの円は青色になる。また，ⓒの円とⓔの円は青色の光と緑色の光が重なるので空色となる。

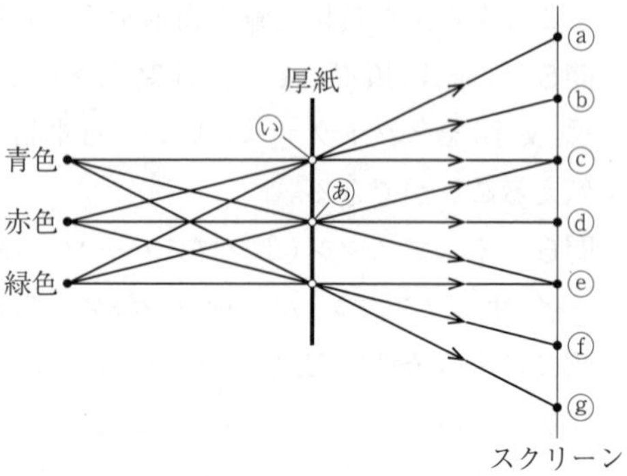

④　日光のもとでは赤く見えるスクリーンは，赤色の光を反射し，青色の光と緑色の光は反射しない。したがって，赤色の光が当たるⓑ，ⓓ，ⓕの３か所が明るくなる。

⑷　①　赤色と緑色の組み合わせで色を判別している生物は，青色の有無による色のちがいを識別できないため，赤紫色は赤色に見え，空色は緑色に見える。よって，赤色と赤紫色，緑色と空色は識別することができない。　②　４色型色覚のハチドリは，３色型色覚のヒトと比べて識別できる色の数が多くなる。よって，ヒトにとっては真っ暗でも光が見えたり，ヒトが識別できない色も識別できたり，ヒトに無地に見えていても模様があるように見えたりする。

2　水溶液《すいようえき》の濃《こ》さと浸透《しんとう》する力についての問題

⑴　浸透ではうすい水溶液から濃い水溶液へ水が移動するので，実験１では水から水溶液Ａへ水が移動する。そのため，水溶液Ａ側の液面が高くなり，水側の液面が低くなる。

⑵　右の表①は，実験２の表１に，それぞれの水溶液500mL中にとけているブドウ糖の重さとその差を加えたものである。これより，とけているブドウ糖が多い側のおもりが重いこと，とけているブドウ糖の重さの差とおもりの重さの差が比例していることがわかる。よって，Ｐは，$10.12\times\frac{18}{36}=5.06$より，「Ｙ：5.06」となり，Ｑは「Ｘ：10.12」になる。

表①

X	水 0 mg	水 0 mg	水溶液Ｂ 54mg	水溶液Ｂ 54mg	水溶液Ｅ 108mg
Y	水溶液Ａ 36mg	水溶液Ｂ 54mg	水溶液Ｃ 72mg	水溶液Ｄ 90mg	水溶液Ｃ 72mg
多い方とその差	Ｙ：36mg	Ｙ：54mg	Ｙ：18mg	Ｙ：36mg	Ｘ：36mg
おもりの差［g］	Ｙ：10.12	Ｙ：15.18	Ｐ	Ｙ：10.12	Ｑ

⑶　右の表②は，実験３の表２に，それぞれの水溶液500mL中にとけている物質の種類と重さを加えたものである。

表②

X	水溶液Ａ ブドウ糖36mg	水溶液Ａ ブドウ糖36mg	水溶液Ａ ブドウ糖36mg	水溶液Ａ ブドウ糖36mg
Y	水溶液Ｆ 砂糖68.4mg	水溶液Ｇ 食塩11.7mg	水溶液Ｈ ブドウ糖18mg ＋食塩2.34mg	水溶液Ｉ 砂糖17.1mg ＋食塩$\boxed{R}$mg
おもりの差［g］	0 ： 0	Y : 10.12	X : 1.012	Y : 12.65

まず，水溶液Ａと水溶液Ｆはおもりの重さの差がないことから，浸透する力が同じであると考えることができる。そこで，水溶液Ａと水溶液Ｆの浸透する力を$\boxed{36}$とすると，表①より，浸透する力の差が$\boxed{36}$のときにはおもりの重さの差が10.12ｇとなるから，水溶液Ａと水溶液Ｇの浸透する力の差も$\boxed{36}$である。よって，水溶液Ｇの浸透する力は，$\boxed{36}+\boxed{36}=\boxed{72}$となる。水溶液Ｉの場合，水溶液Ａとの浸透する力の差は，$\boxed{36}\times\frac{12.65}{10.12}=\boxed{45}$なので，水溶液Ｉの浸透する力は，$\boxed{36}+\boxed{45}=\boxed{81}$になる。そのうち，砂糖17.1mgがとけていることによる浸透する力は，$\boxed{36}\times\frac{17.1}{68.4}=\boxed{9}$だから，食塩がとけていることによる浸透する力は，$\boxed{81}-\boxed{9}=\boxed{72}$とわかる。したがって，水溶液Ｉにとけている食塩は，$11.7\times\frac{72}{72}=11.7$(mg)と求められる。

⑷　0.936％の生理食塩水500mLにとけている食塩が，500×0.936÷100＝4.68(ｇ)なので，浸透する力が，$\boxed{72}\times\frac{4.68\times1000}{11.7}=\boxed{28800}$である。よって，ブドウ糖を28800mg，つまり28.8ｇとかした水溶液と浸透する力が同じになる。

⑸　実験２や実験３から，液面に力をかけると浸透を防げることがわかったので，さらに液面に力をかけると，逆方向の浸透が起こると考えられる。よって，海水の入っているＹ側にのせるおもりを重くすると，海水の側から水の側に水が移動して，海水から水を作ることができるといえる。

⑹　ホウレンソウの表面を半透膜《まく》とした浸透が起こる。よって，葉の中の水が表面から外に出てきて，その水に砂糖がとける。

3　植物のはたらきについての問題

⑴　発芽した種子から最初に出る葉を子葉という。

⑵　①　BTB溶液を加えたうすい塩酸は酸性なので黄色になっている。これにアルカリ性のうすい水酸化ナトリウム水溶液を加えていくと中和が進み，やがて完全に中和して中性となって緑色になる。さらに水酸化ナトリウム水溶液を加えると，溶液はアルカリ性となって青色となる。　②　オオカナダモが光合成のために二酸化炭素を吸収していくと，溶液中の二酸化炭素が減っていき，溶液の性質が変化するため，BTB溶液が示す色も変化する。　③　日光を当てた試験管Ⅰでは色が変化し，日光を当てなかった試験管Ⅱでは色が変化しなかったので，色が変化したのは，②で述べたようにオオカナダモが光合成を行ったからと考えられる。ただし，この２つの結果だけでは，BTB溶液自体が日光によって変化したという可能性が残る。

⑶　光の強さがＸより弱いときは，光が強くなるほど光合成が速くなるが，Ｘより強くなると，光合成の速さは一定になる。よって，光の強さがＸのときとＹのときでは，光合成の速さは同じである。

⑷　大問１で考えたように，植物の葉が緑色をしているのは，緑色の光を反射し，青色の光と赤色の光は反射しない(つまり吸収している)からである。太陽光が当たるときは，青色の光と赤色の光の両方が同時に当たり，効率よく光合成が行えるが，青色の光だけでは光合成が十分に行えないと

考えられる。

(5)　光合成がもっともさかんに行われる温度があるということは，その温度より低すぎても高すぎても光合成のはたらきは弱くなるということである。したがって，グラフはアのような山型になる。

(6)　①　ミニトマトは自家受粉(1つの花の中で受粉する)も他家受粉(虫などの仲立ちによって別の花の花粉で受粉する)もするので，人工的に雑種を作るためには，まず自家受粉を防ぐために，つぼみのうちにおしべをすべて取りのぞく。そして，自然に他家受粉するのを防ぐために袋《ふくろ》をかぶせ，人工的に受粉させるときだけ袋をはずす。受粉させるさいは，残っているめしべの柱頭に花粉をつける。　②　赤色のトマトの株に咲《さ》いた花に黄色のトマトの花粉をつけても，この株が赤色のトマトをつける性質をもっているため，赤色のトマトが実る。オレンジ色のトマトを実らせる性質をもっているのは，この赤色のトマトの中にできた種子である。

4　振動《しんどう》の伝わり方についての問題

(1)　振動の伝わる速さは，速い方から順に固体，液体，気体となる。よって，空気がもっともおそく，鉄がもっとも速い。

(2)　音が伝わる速さは，空気中では秒速約340m，水中では秒速約1500m，鉄の中では秒速約5900mである。

(3)　ふつう地震《じしん》では，はじめに小さなゆれが起こり，少し経ってから大きなゆれが起こる。はじめのゆれを初期び動，その後のゆれを主要動という。

(4)　図1で，もしこの地域の地盤《じばん》が一様であれば，震源からの距離が等しい地点A～Dでは，ゆれの始まる時刻が同時で，ゆれの大きさも同じようになる。しかし，実際には地盤の様子は複雑で，ゆれの伝わり方が同一にはならないため，地点A～Dでゆれの始まる時刻がずれたり，ゆれの大きさが変わったりする。なお，マグニチュードは地震が発したエネルギーを表す値のことで，観測地点ごとにあるものではない。

(5)　①　震源から地点Cまでは18kmあり，その間は地盤Qだけなので，ゆれが伝わるのにかかった時間は，18÷6＝3(秒)である。よって，地震発生時刻は，8時11分5.00秒－3秒＝8時11分2.00秒とわかる。また，地点Aではゆれが伝わるのに，4.25－2.00＝2.25(秒)かかっているので，地盤Pをゆれが伝わる速さは毎秒，18÷2.25＝8(km)とわかる。したがって，地点Dにゆれが伝わるのにかかる時間は，6÷8＋(18－6)÷6＝0.75＋2＝2.75(秒)なので，地点Dでゆれが始まった時刻は，8時11分2.00秒＋2.75秒＝8時11分4.75秒である。　②　1kmあたりをゆれが伝わるのにかかる時間は，地盤Pの方が地盤Qよりも，1÷6－1÷8＝$\frac{1}{24}$(秒)だけ短い。地点Cと比べて地点Bはゆれが始まった時刻が，5.00－4.50＝0.50(秒)早いので，震源から地点Bまでの間に地盤Pは，0.50÷$\frac{1}{24}$＝12(km)あることがわかる。　③　震源から地点Dまでの間は，震源側の6kmに地盤P，地点D側の12kmに地盤Qが分布しているから，アが選べる。

国語　＜第1回試験＞（50分）＜満点：100点＞

解答

一　**問1**　(例)　機械学習型のAIはヒトが正解を知っているので人間の判断の補助を行うが，

汎用型人工知能はヒトが正解を知らないので判断自体を行うという違い。　**問２**　(例)　一世代ごとにリセットされる人間と違い，AIは死なずに進歩し続けるために，理解できない存在として，人間が従属的な関係になる可能性があるから。　**問３**　エ　**問４**　有限　**問５**　(例)　ヒトよりも合理的な答えを出すAIに，人間が何も考えずに服従し，ヒトらしく「考える」ことをしなくなるのを防ぐため，AIが自分の能力を制限すること。　**問６**　**A**　ウ　**B**　ア　**C**　エ　**D**　イ　**問７**　下記を参照のこと。　**問８**　イ　**二**　**問１**　エ　**問２**　(例)　好きな絵を描くためなら迷いをふり切り，人気のない美術部への入部も決めるしおりが，疎遠になった自分には歩み寄ろうとしなかったことを知ったから。　**問３**　**一**　ウ　**二**　ア　**三**　エ　**四**　オ　**五**　イ　**問４**　(例)　朱里からの非難におびえつつ，また仲良くなりたいとしおりの名を呼んだが，返答してくれるか不安な気持ち。　**問５**　(例)　しおりは，「日向」グループの自分や葉子とは全く違うタイプなので，葉子がしおりと友達として親しくすることに納得がいかないと思っているから。　**問６**　ア　**問７**　**A**　ウ　**B**　ア　**C**　イ　**D**　エ　**問８**　ウ

●漢字の書き取り

一　**問７**　(ア)　検証　(イ)　局面　(ウ)　私情　(エ)　老化　(オ)　過程

解説

一　**出典は小林武彦《こばやしたけひこ》の『生物はなぜ死ぬのか』による。**人間がAIに頼《たよ》りすぎて考えなくなり，AIに従属することを防ぐため，ヒトが人である理由をしっかり理解する必要があると述べている。

問１　機械学習型のAIは，ヒトが「正解を知っている」ので人間の判断を助けるために使われるとある。これに対し，汎用型《はんようがた》人工知能はヒトが正解を知らないため，AI自らが判断を行うという違《ちが》いがあることが述べられている。

問２　人間は死ぬので「一世代ごとにリセットされる」が，AIは死なないので進歩し続けることが書かれている。さらに，死なずに進歩し続けるAIは人間に理解できない存在となり，「人間が従属的な関係になってしまう可能性」があるため，筆者はAIが死なないことが問題だと考えている。

問３　筆者の世代はコンピュータがヒトより賢《かしこ》くなっていくのを体感しているので危険性を察知しているとある。これに対し，孫の世代は生まれながらに高性能のコンピュータがあるためAIの危険性を感じにくく，むしろ高性能のAIに信頼感《しんらいかん》を持っているのだから，エが合う。

問４　同じ段落の最初に「ヒトには寿命《じゅみょう》があり，いずれ死にます」とあるとおり，生き物の命はAIと違って「有限」である。「有限」は，限りがあること。

問５　ヒトよりも「合理的な答え」を出すAIに，人間は「何も考えずに，ただ服従してしまうかもしれない」と筆者は述べている。ヒトが人であるのは「考える」からだが，AIに頼りすぎてヒトが「考える」ことをしなくなることを防ぐため，AIが自らの能力を制限することをぼう線(5)でたとえているのだと考えられる。

問６　**A**　直前で，決して「ヒトの手助け」以上にAIを頼ってはいけないと筆者は述べている。これは，AIは「あくまで」ツール(道具)だという考え方からきている。「あくまで」は，どこまでも。　**B**　前には，AIは人を楽しませるかもしれないとある。後には，悲劇の方向へ導く可能性があると続く。よって，前のことがらを受けて，それに反する内容を述べるときに用いる「しか

し」が入る。　**C**　直前に，死なない人格との共存は難しいとある。後にはその例として，死ない人がいると仮定しての話が続く。よって，具体的な例をあげるときに用いる「例えば」が合う。**D**　病気や老化をし，気弱にもなる人間に対し，宗教を「死なず，多くの人が信じて」いて「絶対的」だとする文である。死なないうえに絶対的なのだから，前のことがらを受けて，さらに別のことを加えるときに使う「しかも」がよい。

問７　(ア)　物事を実際に調べて，事実を確認《かくにん》すること。　(イ)　物事のそのときの状況《じょうきょう》。　(ウ)　個人的な感情。　(エ)　年を取って体の働きが弱くなっていくこと。　(オ)　物事が進行するとちゅう。

問８　五番目の段落に，イの内容が書かれている。なお，アは「主体の逆転」の説明が，ウは孫の世代と「生みの親世代」の説明が，エは「自らの意思よりもその宗教の考え方に左右され」るが誤り。

二　**出典は水野瑠見《みずのるみ》の『十四歳日和《さいびより》』による。**中学校では朱里《あかり》と親しくなり，しおりとは疎遠《そえん》になっていた葉子《ようこ》は，やはりしおりとまた仲良くなりたいと考えるが，朱里に反発される。

問１　この後葉子は，しおりは雰囲気《ふんいき》が独特の美術部に入ることを迷わなかったのかと聞いている。この発言から，中学校に入ってから「日向《ひなた》」のグループにいる朱里と仲良くなった葉子は，朱里からみょうな目で見られることをおそれ，絵を描《か》くことから離《はな》れたことがうかがえるので，エがよい。

問２　しおりは，人気のない美術部への入部をためらったが，結局は絵を描くことが好きだという気持ちをつらぬいている。だが，好きなもののためなら行動できるしおりが，疎遠になった葉子に歩み寄ろうとはしなかったことから，葉子はぼう線(2)のように感じたのである。

問３　**一**　ありとあらゆる方法をつくして，すみずみまで探すこと。　**二**　弟子《でし》がその師よりも優《すぐ》れた才能を示すようす。　**三**　細かなところまで尋《たず》ねるようす。　**四**　相手を立てて，手柄《てがら》や名誉《めいよ》をゆずること。　**五**　やわらかくしなやかなものは，かたく強そうなものより意外にもじょうぶだということ。

問４　前の部分に注目する。しおりとまた仲良くなりたいとしおりの名前を呼んだ葉子に，なぜ「日向」の自分たちとはちがうタイプのしおりに親し気なのかと，朱里は困惑《こんわく》と非難のまなざしを向けている。葉子は朱里からの非難におびえつつ，しおりからの返答を不安な気持ちで待っているのである。

問５　「不審《ふしん》」は，いぶかしく思うこと。しおりを呼び捨てで呼んだ葉子に対する朱里の言葉から考える。朱里から見たしおりは自分や葉子とは「ジャンル」が違う，合わないタイプであり，以前友達だったとしても，葉子が今さらしおりと友達として親しくすることに納得《なっとく》がいかないのである。

問６　自分や葉子とは違うタイプだと思っていたしおりに，葉子が親しげに声をかけたのを不審がる朱里に対し，しおりとまた仲良くなりたいという本心をつらぬこうと決心して葉子は顔を紅潮させている。一方で，親しくなった朱里にそっぽを向かれることもおそれているのだから，アが合う。

問７　**A**　「静けさ」を表す言葉が入るので，物音や人の声がしないようすをいう「ひっそりと」が合う。　**B**　緊張《きんちょう》が伝わってくるようすを表すには，しびれるような痛みを感じるようすをいう「ひりひりと」がよい。　**C**　思いがけず，自分たちとはちがうタイプのしおりに葉子がくだけた調子で話しかけるのを聞いた朱里の反応を表す言葉が入る。「なんで？」と後にあるとおり，朱里はおどろいているのだから，とつぜんのことにおどろくようすを表す「ぎょっと」が入る。

D　あきれたようすの朱里は言葉を切り，だまったのだから，続いていたことが急にとぎれるようすを示す「ぷつりと」があてはまる。

問８　数学の宿題を忘れてしおりと二人きりで話すきっかけを得た葉子が，やはりまたしおりと仲良くしたいと思ったこと，本文の最初のほうに葉子は朱里のことが好きだと書かれていることから，アとイは誤り。朱里がしおりに劣等感を抱き，葉子の素直《すなお》さをうらやんでいるとあるエも合わない。

2022年度　洗足学園中学校

〔メール〕 ao@jh-staff.senzoku.ac.jp
〔所在地〕 〒213-8580　神奈川県川崎市高津区久本２―３―１
〔交　通〕 JR南武線―「武蔵溝ノ口駅」より徒歩８分
東急田園都市線―「溝の口駅」より徒歩８分

【算　数】〈第２回試験〉（50分）〈満点：100点〉

【注意】 円周率は3.14として計算してください。

1　次の計算をしなさい。

(1)　$3\times48-8\div12\times2+34\div6$

(2)　$16.9\times\left\{\left(2\frac{2}{13}-2.1\right)\times1\frac{3}{7}+1\right\}-1.3$

2　次の問いに答えなさい。

(1)　２地点を往復します。行きの速さが時速18km，往復の平均の速さが時速16kmのとき，帰りの速さは時速何kmですか。

(2)　２個のビーカーＡとＢに水とアルコールをまぜた液が入っています。水とアルコールの比は，Ａのビーカーでは３：５，Ｂのビーカーでは１：３となっています。ＡとＢから３：２の割合で液を取り出して新しい液を作りました。新しい液の水とアルコールの比を，最も簡単な整数の比で答えなさい。

(3)　画びょうが500個あります。この画びょうを，１人ずつ，前の人より４個少なく取っていきました。10人目が前の人より４個少なく取ったところ，ちょうど画びょうがなくなりました。１人目は何個取りましたか。

(4)　図１のような直方体の形をした容器に，水が深さ２cmまで入っています。この中に，底面の直径が２cm，厚さ１cmの円柱の形をしたコインを，図２のように４個ずつ積み上げた状態で全部で200個を容器に並べます。水面の高さは何cmになりましたか。ただし，このコインは水にしずみます。

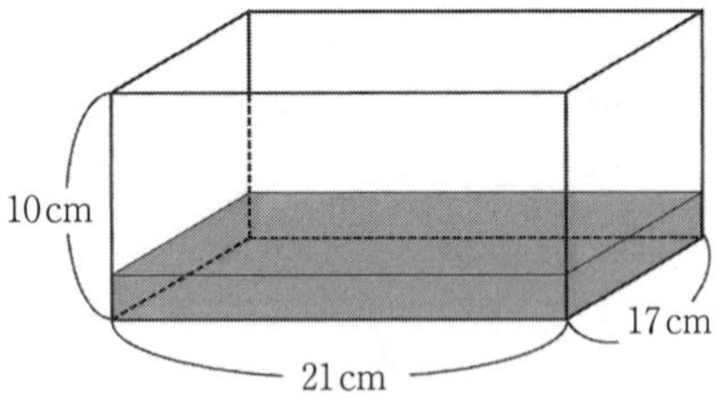

図１

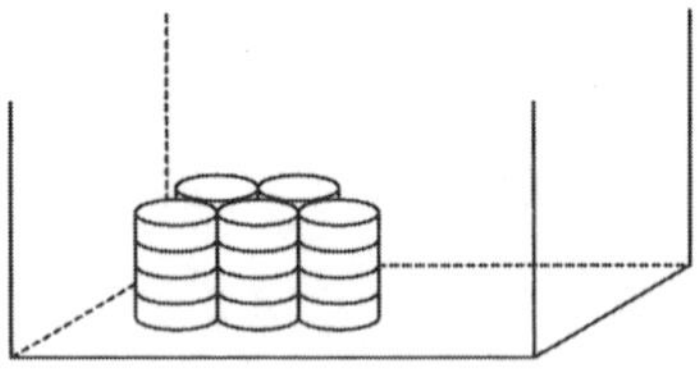
図２

3　次の問いに答えなさい。

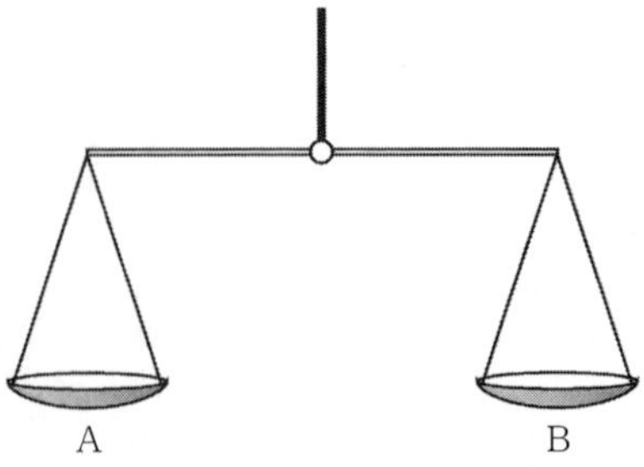

(1)　右の図のような天びんがあります。今，質量［　ア　］gの物体と３gと８gの分銅だけを使って，次の手順で天びんをつり合わせました。

手順①　皿Ａに［　ア　］gの物体をのせる。

手順②　皿Ｂに３gの分銅を１個ずつのせていったとこ

ろ，３個目をのせたところで初めて皿Ｂの側が下がった。

手順③　皿Ａに８ｇの分銅を１個のせたところ，皿Ａの側が下がった。

手順④　皿Ｂに３ｇの分銅を１個ずつのせていったところ，何個かのせたところで初めてつりあった。

このとき，［ア］に入る数はいくつですか。

(2)　右の図のように，１辺の長さが10cmの正八角形の各頂点を中心に，半径10cmの円を８個書きました。このとき，図の斜《しゃ》線部分の面積と色のついた部分の面積の差は何cm²ですか。

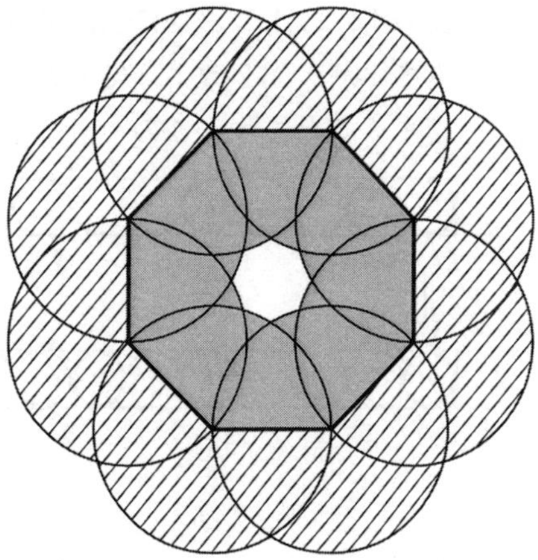

(3)　24，144，Aの３つの数の最大公約数は24，最小公倍数は720です。Aとして考えられる数をすべて答えなさい。なお，この問題は解答までの考え方を表す式や文章・図などを書きなさい。

(4)　長さが180ｍの電車Ａは時速60kmで走ります。電車Ｂは，長さ600ｍの橋をわたりきるのに28秒かかります。電車ＡとＢが出会ってからすれちがうまでに９秒かかるとき，電車Ｂの長さは何ｍですか。なお，この問題は解答までの考え方を表す式や文章・図などを書きなさい。

4　次の図のような長方形ABCDがあり，２点Ｐ，Ｑが同時にＡを出発して，矢印の向きに辺上を移動し，17分10秒後に同時にＡに戻《もど》ってきました。２点Ｐ，Ｑともにそれぞれの辺上では一定の速さで進み，角を曲がるたびに速さが変化します。次のグラフは，Ａを出発してからの時間と２点Ｐ，Ｑの速さの和を表しています。ただし，Ｂを先に曲がったのは点Ｑで，Ｃ，Ｄを先に曲がったのは点Ｐです。このとき，下の問いに答えなさい。

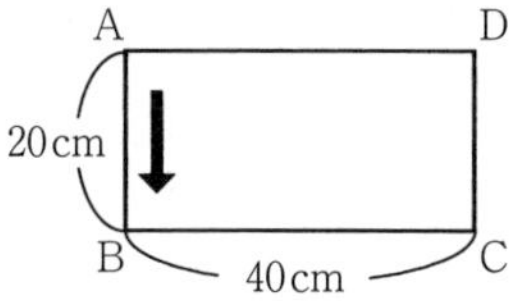

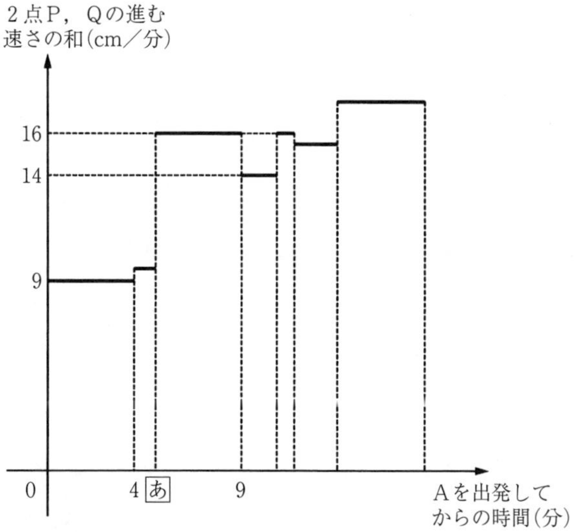

(1)　グラフの［あ］にあてはまる数を答えなさい。

(2)　点ＰがＤを曲がったのは出発してから何分何秒後ですか。

(3)　ＤからＡに進む間で２点ＰとＱの距離《きょり》が５cmとなるのは，Ａを出発してから何分何秒後ですか。なお，この問題は解答までの考え方を表す式や文章・図などを書きなさい。

5　体育館で学年集会を行うことになりました。９人がけの長いすを使って，全員が前から順に着席していきます。ただし，人と人の間隔《かく》を１メートル以上空ける必要があるため，９人がけの長いすには１つおきにしか座《すわ》れません。図１のように５人ずつ座ると長いすの数が少なくてすみますが，図２のように前から５人，４人，５人，…と交互に座ると長いすと長いすの間隔をせまくできます。このとき，下の問いに答えなさい。

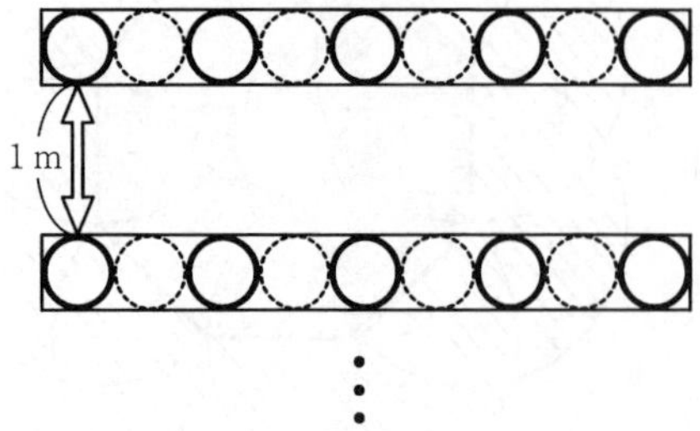

図１

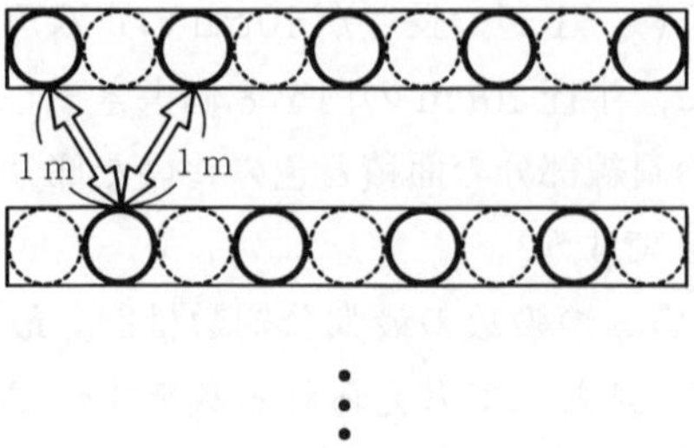

図２

(1)　学年の生徒数が240人のとき，図２のように座ると，図１のときに比べて長いすは何脚《きゃく》多く必要ですか。

(2)　学年の生徒数が□人のとき，図１のときと図２のときの長いすの数の差が３脚で，どちらも最後列の長いすに座る人数が４人でした。□に入る数として考えられるものをすべて答えなさい。なお，この問題は解答までの考え方を表す式や文章・図などを書きなさい。

(3)　図１のときと図２のときの長いすの数の差が４脚のとき，考えられる生徒数として最も少ないのは何人ですか。

【社　会】〈第2回試験〉（理科と合わせて60分）〈満点：75点〉

1　持続可能な開発目標(SDGs)と日本の産業や人々の生活について，あとの問いに答えなさい。

目標2　飢餓《きが》を終わらせ，(ア)食料安全保障及《およ》び栄養の改善を実現し，持続可能な農業を促進《そくしん》する

目標7　すべての人々の，安価かつ信頼《しんらい》できる持続可能な近代的な(イ)エネルギーへのアクセスを確保する

目標11　包摂的《ほうせつてき》で安全かつ強靱《きょうじん》で(ウ)持続可能な都市及《およ》び人間居住を実現する

目標12　(エ)持続可能な消費生産形態を確保する

目標13　(オ)気候変動及《およ》びその影響《えいきょう》を軽減するための緊急対策を講じる

目標16　持続可能な開発のための(カ)平和で包摂的《ほうせつてき》な社会を促進《そくしん》し，すべての人々に司法へのアクセスを提供し，あらゆるレベルにおいて効果的で説明責任のある包摂的《ほうせつてき》な制度を構築する

（外務省「持続可能な開発目標(SDGs)と日本の取組」より）

問1　下線部(ア)とは，すべての人が常に健康で活動的な生活を送るために必要な，安全で栄養に富んだ食料を得られるようにすることです。日本政府は国民に安定した食料の供給をするために，国内の農業生産の増大，食料の安定的な輸入，備蓄《びちく》の活用などの政策をおこなっています。日本の食料供給について，次の(1)・(2)にそれぞれ答えなさい。

(1)　日本のカロリーベースの食料自給率は2000年ごろからほぼ一定の割合で推移しています。近年の日本のカロリーベースの食料自給率はおよそ何％ですか。10の倍数で答えなさい。

(2)　食料自給率は都道府県ごとにも算出されています。右の[資料]は，秋田県，神奈川県，宮崎県におけるカロリーベース自給率と生産額ベース自給率(いずれも2017年)を示したものです。①～③にあてはまる県の組み合わせとして正しいものを，次の**A**～

[資料]

	カロリーベース自給率	生産額ベース自給率
①	2％	13％
②	65％	281％
③	188％	141％

（農林水産省ホームページより作成）

Fの中からひとつ選んでアルファベットで答えなさい。

A　①ー秋田県　②ー神奈川県　③ー宮崎県
B　①ー秋田県　②ー宮崎県　③ー神奈川県
C　①ー神奈川県　②ー秋田県　③ー宮崎県
D　①ー神奈川県　②ー宮崎県　③ー秋田県
E　①ー宮崎県　②ー秋田県　③ー神奈川県
F　①ー宮崎県　②ー神奈川県　③ー秋田県

問２　下線部(**イ**)に関連して，次の(**1**)・(**2**)にそれぞれ答えなさい。

(**1**)　現在の日本の電力の多くは火力発電によりまかなわれています。火力発電は，石油，石炭，天然ガスなどを燃料としていますが，いずれもほとんどを外国からの輸入に頼《たよ》っています。次の[**資料１**]は，日本の全発電電力量の電源構成(2018年度)を示したもので，①～③は石油，石炭，天然ガスのいずれかです。また，[**資料２**]の**X**～**Z**は，石油，石炭，液化天然ガスのいずれかの日本の主な輸入先(2020年)を示したものです。①～③と**X**～**Z**の組み合わせのうち，石油を示した組み合わせとして正しいものを，下の**A**～**I**の中からひとつ選んでアルファベットで答えなさい。

[**資料１**]

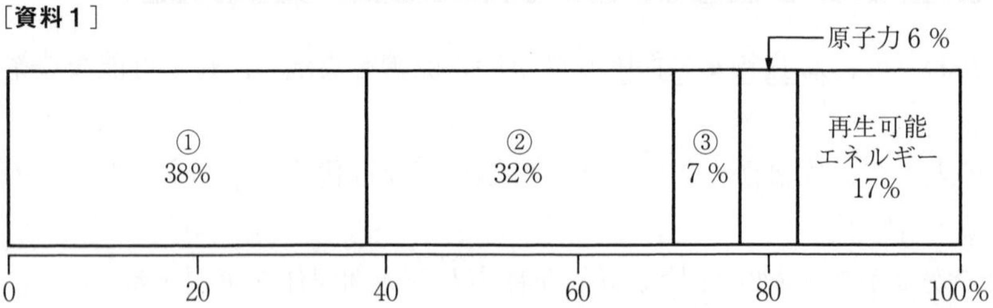

(資源エネルギー庁ホームページより作成)

[**資料２**]

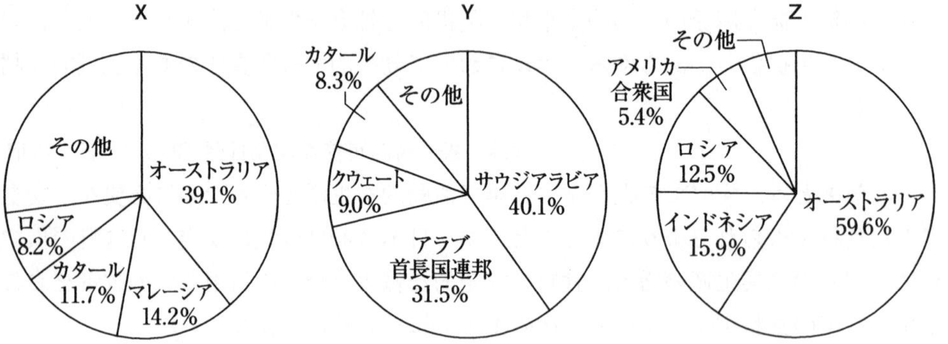

(矢野恒太記念会『日本国勢図会』より作成)

A　①ー**X**　**B**　①ー**Y**　**C**　①ー**Z**
D　②ー**X**　**E**　②ー**Y**　**F**　②ー**Z**
G　③ー**X**　**H**　③ー**Y**　**I**　③ー**Z**

(**2**)　次の[**資料**]は，水力，風力，太陽光，地熱のいずれかによる発電量の都道府県別割合(2020年)の上位５位までを示したものです。地熱について示したものを，[**資料**]中の**A**～**D**の中からひとつ選んでアルファベットで答えなさい。

［**資料**］

	A		B		C		D	
1位	青森	19.1%	大分	38.1%	福島	7.3%	富山	10.2%
2位	北海道	15.7%	秋田	23.1%	茨城	6.8%	岐阜	9.6%
3位	秋田	12.9%	鹿児島	16.8%	岡山	6.8%	長野	8.7%
4位	三重	5.2%	岩手	12.4%	北海道	6.7%	新潟	8.4%
5位	鹿児島	4.6%	北海道	5.0%	三重	5.2%	福島	7.1%

（資源エネルギー庁「電力調査統計」より作成）

問３　下線部(ウ)に関連して，地球環境にやさしい都市づくりに向けて，交通機関の見直しがおこなわれています。富山市は日本で初めて本格的な「次世代型路面電車システム」を導入したことで知られています。「次世代型路面電車システム」の略称《りゃくしょう》を，次の**Ａ**～**Ｄ**の中からひとつ選んでアルファベットで答えなさい。

Ａ　POS　　**Ｂ**　ETC　　**Ｃ**　LRT　　**Ｄ**　JRS

問４　下線部(エ)に関連して，次の(**1**)・(**2**)にそれぞれ答えなさい。

(**1**)　下線部(エ)のために日本国内で取り組まれていることとして誤っているものを，次の**Ａ**～**Ｄ**の中からひとつ選んでアルファベットで答えなさい。

Ａ　工業用水においては，一度使用した水を再利用する回収利用が進んでいる。

Ｂ　寿命《じゅみょう》が長く消費電力をおさえられることから，LED照明への切《き》り替《か》えがいろいろなところで進められている。

Ｃ　資源の使用量をおさえるために，消耗品《しょうもうひん》では詰《つ》め替《か》え用として中身だけを販売《はんばい》する商品もある。

Ｄ　ハイブリッドカーとよばれる，水素だけを排出《はいしゅつ》する自動車の開発と普及《ふきゅう》が進んでいる。

(**2**)　日本では2000年に循環型社会形成推進基本法を制定して以来，「3R」の考え方が広まっています。次の文章はその「3R」について述べたものです。空欄《くうらん》 **X** ～ **Z** にあてはまる語句をそれぞれカタカナで答えなさい。

> 使う資源やごみの量を減らすことを意味する **X** ，ものをくり返し使うことを意味する **Y** ，使い終わったものを資源として再利用することを意味する **Z** の３つの言葉は，英語表記でいずれもＲで始まることから，これらをあわせて「3R」とよぶ。

問５　下線部(オ)のメカニズムを研究し，地球温暖化予測の基礎《きそ》を築いたとして，真鍋淑郎《まなべしゅくろう》氏が2021年にノーベル賞を受賞しました。彼《かれ》が受賞したノーベル賞の部門を，次の**Ａ**～**Ｄ**の中からひとつ選んでアルファベットで答えなさい。

Ａ　物理学賞　　**Ｂ**　化学賞　　**Ｃ**　地球科学賞　　**Ｄ**　平和賞

問６　下線部(カ)に関連して，「平和の祭典」ともよばれるオリンピックは，スポーツを通じて平和な世界の実現に寄与《きよ》することを目的に掲《かか》げて定期的に開催《かいさい》されています。2021年には東京で夏季オリンピックが開催《かいさい》されました。2024年（2021年の次の回）に夏季オリンピックを開催《かいさい》する予定の都市を，次のページの［**地図**］中の**Ａ**～**Ｆ**の中からひとつ選んでアルファベットで答えなさい。

［地図］

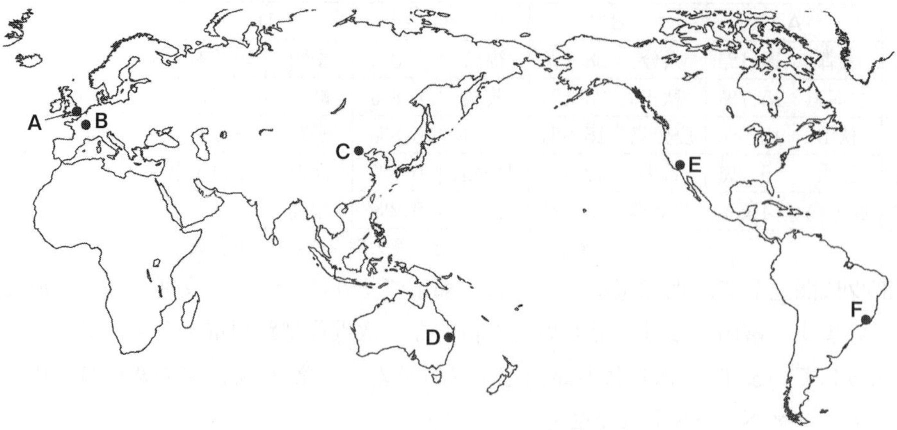

問７　「地産地消」の取り組みは，SDGsの実現につながるものと考えられています。なぜこのように考えられているのでしょうか。SDGsの目標（１～17）のひとつに関連づけて，文章で説明しなさい。また，関連づけたSDGsの目標の番号をひとつ答えなさい。

2　次の文章を読んで，あとの問いに答えなさい。

2022年４月から，成年年齢が満18歳に引き下げられます。現在は，年齢が子どもと大人の境目となっていますが，歴史においては必ずしも年齢だけが境目になったわけではありません。子どもと大人に分ける基準は，時代や身分によって異なっていました。

(ア)縄文時代のものと考えられる人骨からは，犬歯などを抜き取る抜歯《ばっし》という風習の跡《あと》が発見されています。一定の年齢で抜歯《ばっし》をすることが，大人になるための通過儀礼《ぎれい》であったと考えられています。ただし，直接の史料が残っておらず，具体的に何歳から大人として扱《あつか》われていたか，詳細《しょうさい》は明らかになっていません。

その後，日本でも文字が使われるようになり，年齢が記された史料も多く残っています。律令制において民衆は，戸主を代表者として(イ)戸籍や計帳《けいちょう》に登録され，それにもとづいて負担が課されました。戸籍は６年ごとに作成され，それにもとづいて６歳以上の男女に口分田が支給されます。計帳《けいちょう》は毎年作成され，調や庸を課すための台帳として用いられました。21歳から60歳までを正丁《せいてい》，61歳から65歳までを老丁《ろうてい》，17歳から20歳までを中男《ちゅうなん》と分け，負担を定めました。調は老丁《ろうてい》が正丁《せいてい》の２分の１を，中男《ちゅうなん》が正丁《せいてい》の４分の１を負担するきまりでした。庸は老丁《ろうてい》が正丁《せいてい》の２分の１を負担し，中男《ちゅうなん》の負担はありませんでした。正丁《せいてい》の負担が，そのほかの年齢の負担の基準となっています。

奈良時代以降の貴族や武士の社会では，元服《げんぷく》という通過儀礼《ぎれい》により，大人として扱《あつか》われることがありました。平安時代には12歳から15歳で元服《げんぷく》することが一般的《いっぱんてき》でしたが，その年齢は人によって異なっていました。例えば，(ウ)崇徳天皇は５歳で即位《そくい》しましたが，元服《げんぷく》の式は11歳のときにおこなわれています。(エ)鎌倉幕府の３代将軍である源実朝は12歳のときに元服《げんぷく》しました。このときの元服《げんぷく》の式には，当時の有力御家人たちが多く参列したと記録に残っています。江戸幕府の７代将軍である徳川家継《いえつぐ》は５歳で元服《げんぷく》し，将軍職に就きましたが，幼少であったことから(オ)新井白石が政治の補佐《ほさ》をおこないました。14代将軍の徳川家茂は６歳で元服《げんぷく》し，紀伊藩主を経て13歳で将軍に就任しました。彼《かれ》は，17歳のときに(カ)孝明天皇の妹である和宮と婚姻《こんいん》関係を結びました。10代のうちに元服《げんぶく》する例が多いなか，30代になって元服《げんぶく》した例もあります。室町幕府の６代将軍である(キ)足利義教《よしのり》は36歳になって元服《げんぶく》しました。彼《かれ》は４代将軍の弟で，元服《げんぶく》前に出家していましたが，４代将軍とその息子である５代将軍が相次いで亡くなり，将軍に任じられる直前に元服《げんぶく》しています。

明治時代以降は，年齢によって一律に子どもと大人に分けられるようになりました。(ク)明治時代初期の諸政策のなかで，満20歳以上の男子を対象に徴兵令が発布されました。明治・大正・昭和にかけて数々の(ケ)戦争が起こるなか，徴兵年齢や志願兵になれる年齢が下がるなど，若い人たちが戦争に巻《ま》き込《こ》まれるようになりました。

1896年に制定された民法では，成年の年齢は満20歳であると定められています。戦後になり，民法が改正された際には成年年齢は満20歳のまま変更《へんこう》されませんでしたが，2015年から(コ)選挙権年齢が満18歳以上に引き下げられ，2022年４月からは成年年齢も満18歳に引き下げられることになりました。

問１　下線部(ア)に関連して，2021年に世界文化遺産に登録された縄文時代の遺跡について述べた文としてふさわしいものを，次の**Ａ**～**Ｄ**の中からひとつ選んでアルファベットで答えなさい。

Ａ　関東ローム層の中から，黒曜石の石器が発掘《はっくつ》された。

Ｂ　アメリカ人モースによって，日本最初の発掘《はっくつ》調査がおこなわれた。

Ｃ　大規模な集落跡《あと》が見つかり，多くの竪穴住居跡《あと》や掘立柱《ほったてばしら》建物跡《あと》が出土した。

Ｄ　濠《ほり》で周りを囲んだ大規模な集落跡《あと》や，頭部のない人骨，刀による傷の跡《あと》が見られる人骨などが出土した。

問２　下線部(イ)に関連して，次の［**資料１**］・［**資料２**］は，それぞれ戸籍または計帳《けいちょう》のいずれかの形式にのっとって作成した，架空《かくう》の戸籍または計帳《けいちょう》です。これらの資料から考えられることを述べた文①～④について，内容の正しいものの組み合わせを，下の**Ａ**～**Ｄ**の中からひとつ選んでアルファベットで答えなさい。

［**資料１**］

戸主(男)	69歳	右頬《ほほ》にほくろ
男	25歳	眉間《みけん》にほくろ
男	13歳	左眉《まゆ》にほくろ
女	33歳	右頬《ほほ》にほくろ
母	76歳	左頬《ほほ》にほくろ

［**資料２**］

戸主(男)	47歳
母	73歳
妻	37歳
男	15歳
女	22歳

①　［**資料１**］は，租を課すための台帳である戸籍だと考えられる。

②　［**資料１**］は，調・庸を課すための台帳である計帳《けいちょう》だと考えられる。

③　［**資料１**］の戸と［**資料２**］の戸では，支給される口分田の面積は同じであると考えられる。

④　［**資料２**］の戸のほうが，［**資料１**］の戸よりも支給される口分田の面積は少ないと考えら

れる。

A　①・③　**B**　①・④　**C**　②・③　**D**　②・④

問３　下線部(ウ)に関連して，次の［**資料１**］は，平安時代のある時期における，天皇の生まれた年と即位《そくい》した年をまとめたもので，［**資料２**］は，これらの天皇の系図です。ただし，各資料の①～⑤はそれぞれ同じ人物を指しています。②にあてはまる天皇を漢字で答えなさい。

［**資料１**］

	生まれた年	即位した年
①	1034	1068
②	1053	1073
③	1079	1086
④	1103	1107
崇徳天皇	1119	1123
近衛天皇	1139	1142
⑤	1127	1155

［**資料２**］

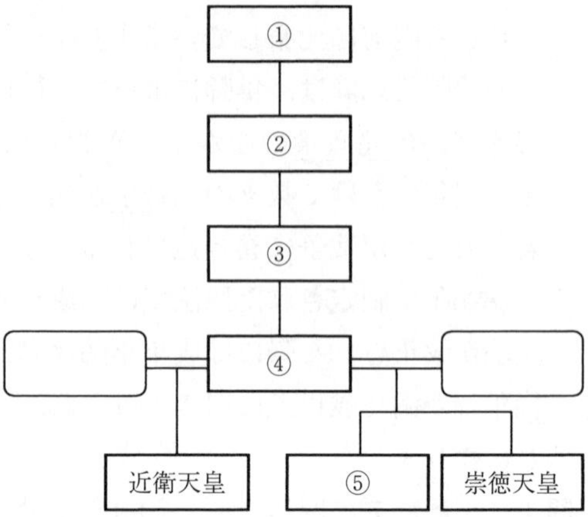

※ ═══ は婚姻《こんいん》関係を，─── は親子・兄弟姉妹関係を示す。

※ □ は男性を，▢ は女性を示す。

問４　下線部(エ)がいつ成立したかについては，さまざまな考え方があります。次の［**資料**］は，鎌倉幕府がいつ成立したと考えられるかについてまとめたものです。空欄《くうらん》 **X** にあてはまる内容としてふさわしい文を，「朝廷」という語句を用いて答えなさい。

［**資料**］

成立したと考えられる年	根拠とされている出来事
1180年	侍所が設置された。
1185年	**X**
1192年	源頼朝が征夷大将軍に任命された。

問５　下線部(オ)がおこなった政策について述べた文としてふさわしいものを，次の**A**～**D**の中からひとつ選んでアルファベットで答えなさい。

A　手賀沼と印旛沼の干拓を進めた。

B　伊能忠敬を派遣《はけん》して蝦夷地の調査をおこなわせた。

C　長崎での貿易を制限し，金銀の流出をおさえようとした。

D　ききんに備えて米をたくわえさせた。

問６　下線部(カ)のように朝廷と江戸幕府の協調を目指した政策を何といいますか。漢字４字で答えなさい。

問７　下線部(キ)に関連して述べた文①・②の内容の正誤の組み合わせとして正しいものを，あとの**A**～**D**の中からひとつ選んでアルファベットで答えなさい。

①　足利義教《よしのり》の父は，後醍醐天皇と対立し，吉野へ逃《のが》れた。

②　足利義教《よしのり》は，山城の国一揆を鎮圧《ちんあつ》するために兵を出した。

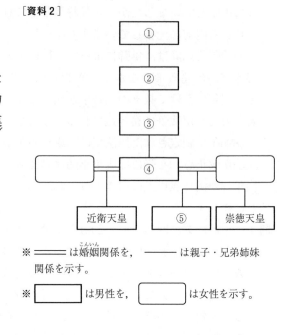

A　①—正　②—正　　**B**　①—正　②—誤

C　①—誤　②—正　　**D**　①—誤　②—誤

問８　下線部(ク)について述べた文①～③を，古いものから年代順に正しく並べたものを，下の**A**～**F**の中からひとつ選んでアルファベットで答えなさい。

①　廃藩置県がおこなわれた。

②　版籍奉還がおこなわれた。

③　地租改正がおこなわれた。

A　①→②→③　　**B**　①→③→②　　**C**　②→①→③

D　②→③→①　　**E**　③→①→②　　**F**　③→②→①

問９　下線部(ケ)の原因やきっかけについて述べた文①～③と，戦争の組み合わせとして正しいものを，下の**A**～**F**の中からひとつ選んでアルファベットで答えなさい。

①　義和団が外国人の排除《はいじょ》を求めて蜂起《ほうき》し，列強８か国が出兵して鎮圧《ちんあつ》した。

②　北京郊外の盧溝橋で軍事衝突《しょうとつ》が起こった。

③　朝鮮の民衆が，外国人の排除《はいじょ》と政治改革を求めて蜂起《ほうき》した。

A　①—日露戦争　②—日清戦争　③—日中戦争

B　①—日露戦争　②—日中戦争　③—日清戦争

C　①—日清戦争　②—日露戦争　③—日中戦争

D　①—日清戦争　②—日中戦争　③—日露戦争

E　①—日中戦争　②—日露戦争　③—日清戦争

F　①—日中戦争　②—日清戦争　③—日露戦争

問10　下線部(コ)に関連して，1890年の衆議院議員総選挙における有権者の資格として正しいものを，次の**A**～**F**の中からひとつ選んでアルファベットで答えなさい。

A　直接国税15円以上を納める，満25歳以上の男女

B　直接国税15円以上を納める，満25歳以上の男性

C　直接国税10円以上を納める，満25歳以上の男女

D　直接国税10円以上を納める，満20歳以上の男性

E　直接国税５円以上を納める，満20歳以上の男女

F　直接国税５円以上を納める，満20歳以上の男性

3　次の会話は，洗足学園中学校の１年生の教室でかわされたものです。これを読んで，あとの問いに答えなさい。

公子　2021年６月に，改正国民投票法が成立したと聞きました。どのように改正されたのですか。

先生　投票のしくみを，2016年に改正された(ア)公職選挙法の規定に合わせました。具体的には，駅や大型商業施設《しせつ》に「共通投票所」を設置して投票機会を増やしたり，投票所に入場可能な子どもの年齢を広げたりしました。

民子　国民投票は(イ)憲法改正に必要な手続きですよね。これから憲法改正が進んでいくのでしょうか。

先生　まずはきちんと議論をする必要があると思います。憲法改正については(ウ)自衛隊や新しい人権について憲法に明記すべきかなどさまざまな論点があり，まだ十分に議論が尽《つ》くされて

いるとはいえない状況《じょうきょう》です。

民子　日本国憲法はまだ一度も改正されていないと習いましたが，他の国では憲法を改正しているのですか。

先生　例えば韓国では９回にわたって憲法が改正されています。また，(エ)アメリカでは憲法の条文を改正せず，修正条項を付け加えていくという方法をとっています。

公子　私が以前住んでいたドイツでは，何度も憲法改正がおこなわれています。でもドイツの憲法には，法の支配などといった国家の基本原理については改正してはいけないとする条項があり，無制限に憲法を改正できるわけではないそうです。

民子　基本原理とは，日本国憲法でいえば，(オ)国民主権や(カ)基本的人権の尊重にあたるものですか。

先生　その通りです。それらは(キ)平和主義とともに日本国憲法の三大原則とされています。

公子　国民主権については憲法前文と(ク)第１条に記されていますね。

先生　その通りです。基本的人権については，第11条以降に多くの規定があります。この基本的人権をきちんと守るために重要とされているのが，第99条です。いっしょに読んでみましょう。

天皇又は摂政及び国務大臣，国会議員，裁判官その他の公務員は，この憲法を尊重し擁護する義務を負ふ。

民子　国民は憲法を守らなくてもよいのですか。

先生　いいところに気がつきましたね。憲法の条文では，国民に憲法を守る義務は課せられていないのです。それは，憲法とは，［　　(ケ)　　］ために定められたからなのです。

公子　だから法律とはちがって，憲法の改正には国民投票が必要になるのですね。

問１　下線部(ア)に基づいて選挙制度を所管する省庁を何といいますか。漢字で答えなさい。

問２　下線部(イ)の手続きについて述べた文として正しいものを，次の**A**～**D**の中からひとつ選んでアルファベットで答えなさい。

A　憲法改正の発議には，衆参各議院の総議員の３分の２以上の賛成を必要とする。

B　憲法改正には，国民投票において投票総数の３分の２以上の賛成を必要とする。

C　憲法改正のための国民投票が成立するためには，投票率が50％を超《こ》えなければならない。

D　国民投票で憲法改正が承認された場合は，天皇の名で直ちに公布する。

問３　下線部(ウ)について述べた文として誤っているものを，次の**A**～**D**の中からひとつ選んでアルファベットで答えなさい。

A　自衛隊の前身は，朝鮮戦争中に創設された警察予備隊である。

B　自衛隊の最高指揮官は，現役の自衛官の中から選ばれる。

C　自衛隊はPKOの一環《いっかん》として，南スーダンに派遣《はけん》された。

D　自衛隊は自然災害の発生に際し，人命救助や生活支援等をおこなっている。

問４　下線部(エ)が抱えている大きな問題のひとつに，人種差別があります。2020年には，黒人男性が白人警察官に押《お》さえつけられて死亡したという事件が発生しました。この事件をきっかけに，「ある言葉」をスローガンに掲《かか》げて黒人差別に反対する運動が高まり，世界中に広まりました。この運動の名称《めいしょう》でもある「ある言葉」を何というか，答えなさい。

問5　下線部(オ)に関連して，次の[**資料**]は，ある国政選挙における年齢階層別投票状況《じょうきょう》(抽出《ちゅうしゅつ》調査)を示したものです。この[**資料**]について述べた文①～③の内容の正誤の組み合わせとして正しいものを，下の**A**～**H**の中からひとつ選んでアルファベットで答えなさい。

[**資料**]

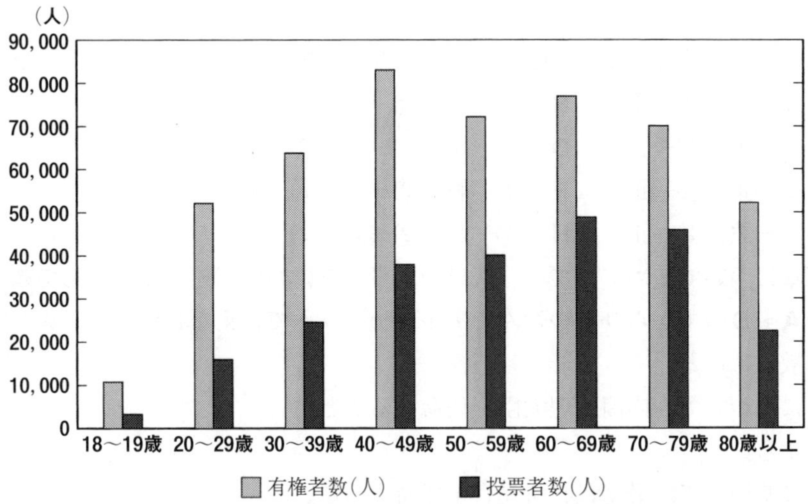

(総務省「第25回参議院議員通常選挙における年齢別投票状況(抽出調査)」より作成)

① 20代の有権者数は60代の有権者数の半数以下である。

② 60代の投票者数は，20代以下の投票者数の2倍以上である。

③ 最も投票率が高いのは40代の有権者である。

A	①―正　②―正　③―正			**B**	①―正　②―正　③―誤		
C	①―正　②―誤　③―正			**D**	①―正　②―誤　③―誤		
E	①―誤　②―正　③―正			**F**	①―誤　②―正　③―誤		
G	①―誤　②―誤　③―正			**H**	①―誤　②―誤　③―誤		

問6　下線部(カ)に関連して，次の(**1**)・(**2**)にそれぞれ答えなさい。

(**1**)　次の日本国憲法第11条の条文中の空欄《くうらん》[**X**]にあてはまる言葉を，条文通りに答えなさい。

> 国民は，すべての基本的人権の享有を妨げられない。この憲法が国民に保障する基本的人権は，[**X**]として，現在及び将来の国民に与へられる。

(**2**)　日本国憲法では，個人の自由を保障する自由権が基本的人権として認められています。日本国憲法で保障されている自由権の内容としてふさわしいものを，次の**A**～**D**の中からすべて選んでアルファベットで答えなさい。

A　家族が信じている宗教とは異なる宗教を信じる自由

B　恐怖《きょうふ》と欠乏《けつぼう》から免《まぬ》かれ平和のうちに生存する自由

C　正当な補償《ほしょう》の下に個人の財産を公共のために用いる自由

D　自分の住む場所や職業を自分で選ぶ自由

問7　下線部(キ)に関連して，日本は核兵器について「持たず，作らず，持ちこませず」という非核三原則を掲《かか》げてきました。核兵器に対する国際的な取り決めについて述べた文①～③の内容の正誤の組み合わせとして正しいものを，下の**A**～**H**の中からひとつ選んでアルファベットで答えなさい。

①　部分的核実験禁止条約（PTBT）では，公海以外での核実験をすべて禁止した。

②　核拡散防止条約（NPT）では，核保有国以外の国が核兵器を新たに保有することを禁止した。

③　包括的核実験禁止条約（CTBT）では，爆発《ばくはつ》をともなう核実験を全面的に禁止した。

A　①―正　②―正　③―正　　**B**　①―正　②―正　③―誤
C　①―正　②―誤　③―正　　**D**　①―正　②―誤　③―誤
E　①―誤　②―正　③―正　　**F**　①―誤　②―正　③―誤
G　①―誤　②―誤　③―正　　**H**　①―誤　②―誤　③―誤

問８　下線部(ク)は天皇について定めています。天皇の国事行為について述べた文として誤っているものを，次の**A**～**D**の中からひとつ選んでアルファベットで答えなさい。

A　衆議院を解散すること。

B　国会の指名に基づいて，内閣総理大臣を任命すること。

C　国会を召集すること。

D　国会の指名に基づいて，最高裁判所長官を任命すること。

問９　空欄《くうらん》(ケ)には，憲法が定められた目的を説明した文があてはまります。会話の内容を参考にしながら次の語句を用いて，憲法が定められた目的を文章で説明しなさい。

〔権力　　基本的人権〕

【理　科】〈第２回試験〉（社会と合わせて60分）〈満点：75点〉

1　Ⅰ．園子さんは新聞を読んで，今のままのペースで地球の温暖化が続けば，今世紀末に海面が１メートル以上上昇《じょうしょう》する可能性があると知り，海面上昇について調べてみました。

(1)　海面上昇の原因の１つは，海水の膨張《ぼうちょう》です。現在の海の深さは平均3800ｍとします。海水全体の平均温度が１℃あがると，海面は平均で何ｍ上昇すると考えられますか。ただし，海の面積は変わらないものとします。また，海水全体の平均温度が１℃あがると海水の体積は１％増えるものとします。答えは，小数第１位以下があるときは四捨五入して整数で求めなさい。

(2)　園子さんは，海氷《かいひょう》(海にういている氷《こおり》)がとけることによっても海面上昇が起こると考え，海氷についても調べてみました。

①　海氷がとけることによる影響《えいきょう》として適当なものを次より１つ選び，記号で答えなさい。

ア．日光を反射しにくくなり，海水はあたたまりやすくなる。

イ．海水が蒸発しにくくなり，雲ができにくくなる。

ウ．海水の塩分濃度《のうど》がこくなる。

エ．海水全体の温度が０℃に保たれる。

②　実際は，海氷がとけても海面上昇は起こりません。その理由として適当なものを次より１つ選び，記号で答えなさい。

ア．海氷がとける時に，海面より上に出ていた部分はすべて蒸発するから。

イ．海氷がとける時に，熱が発生し，海水温が上がるから。

ウ．海氷がとける時に，体積が小さくなるから。

Ⅱ．ものがういている現象に興味を持った園子さんは，実験をしてみることにしました。３種類の異なる材質でできた，縦・横・高さが10cmの立方体Ａ，Ｂ，Ｃを作りました。これらを水にうかせると，図１のようになりました。Ａ，Ｂ，Ｃはそれぞれ，水面から４cm，２cm，６cm出ている状態で静止しました。ただし，それぞれの立方体では密度が一様であるとします。

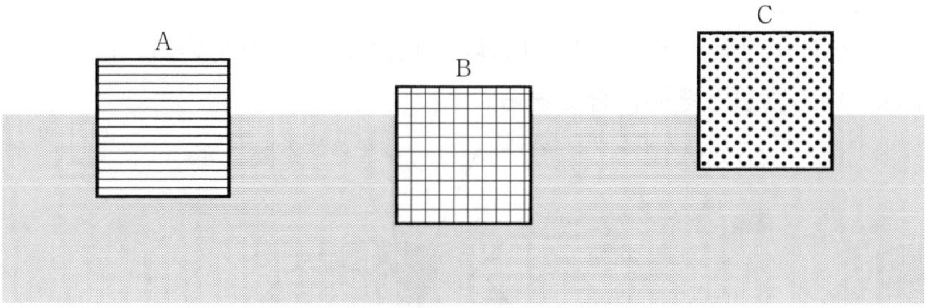

図１

(3)　それぞれの立方体が，図１のような状態で静止したのは，立方体にはたらくある力と重力がつりあったためです。この力の名称《めいしょう》を答えなさい。

(4)　水を食塩水に変えて同じ実験を行うと，立方体の静止する位置はどのようになると考えられますか。適当なものを次より１つ選び，記号で答えなさい。

ア．水の時と同じ高さ　　イ．水の時よりも高い位置

ウ．水の時よりも低い位置

(5)　月面上で同じ実験を行うと，立方体の静止する位置はどのようになると考えられますか。適当なものを次より１つ選び，記号で答えなさい。

ア．地球上で行った時と同じ高さ　　イ．地球上で行った時よりも高い位置

ウ．地球上で行った時よりも低い位置

(6)　立方体Ａ，Ｃを，図２のように長さ150cmの棒の両端《りょうたん》に糸でつるしました。この棒を１点で水平に支えるためには，棒の支点を立方体Ａがついている端《はし》から何cmの位置にすればよいですか。答えは，小数第１位以下があるときは四捨五入して整数で求めなさい。ただし，棒，糸は十分軽く，重さを無視できるものとします。

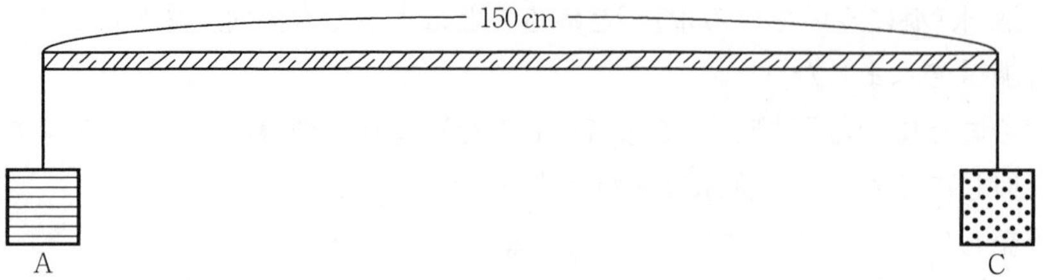

図２

(7)　立方体Ａの上面中央から，縦・横・高さが５cmの立方体をくりぬきました。

①　残りの部分の重さは，くりぬく前と比べて何倍になりますか。答えは，小数第４位以下があるときは四捨五入して小数第３位まで求めなさい。

②　残りの部分を向きを変えずに水にうかせると，水面から何cm出ている状態で静止しますか。ただし，くりぬいた部分に水は入っていないものとします。答えは，小数第３位以下があるときは四捨五入して小数第２位まで求めなさい。

2　Ⅰ．園子さんは家庭科の授業で食塩は海水から作ることが出来ると学びました。以下は園子さんが調べた，海水の成分と，食塩の作り方についての学習メモです。

［学習メモ１］　海水の成分

・図１は海水の成分とその割合である。

・海水の3.5％は塩分であり，塩化ナトリウム以外の物質もふくまれている。図２は海水の塩分にふくまれている物質とその割合である。

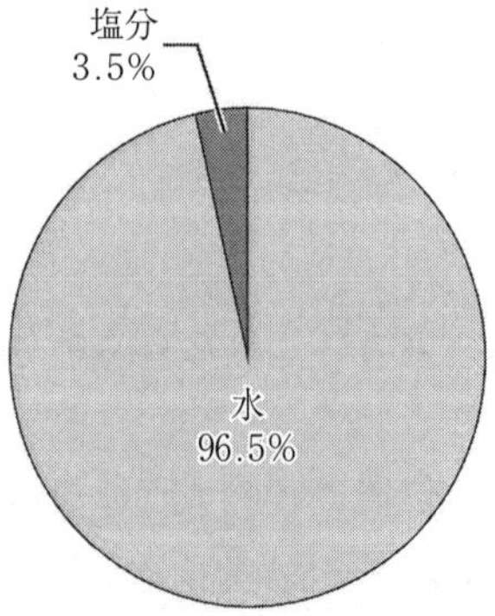

図１

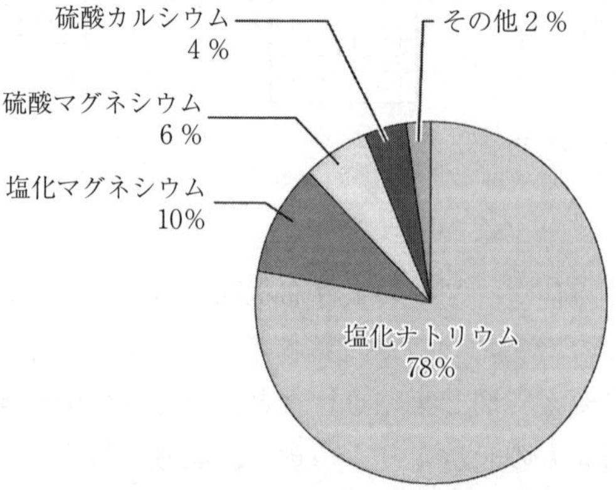

図２

・海水の塩分のうち，塩化マグネシウムや硫酸《りゅうさん》マグネシウムはにがりの成分であり，と

うふを作るときに利用される。にがりには苦みがある。

・硫酸カルシウムはせっこうとも呼ばれる。せっこうはほとんど水にとけない。

・温度と図2のそれぞれの物質の溶解度《ようかいど》(水100gにとける物質の量[g])の関係を図3に示す。複数の物質が存在していても，溶解度はたがいに影響《えいきょう》しない。

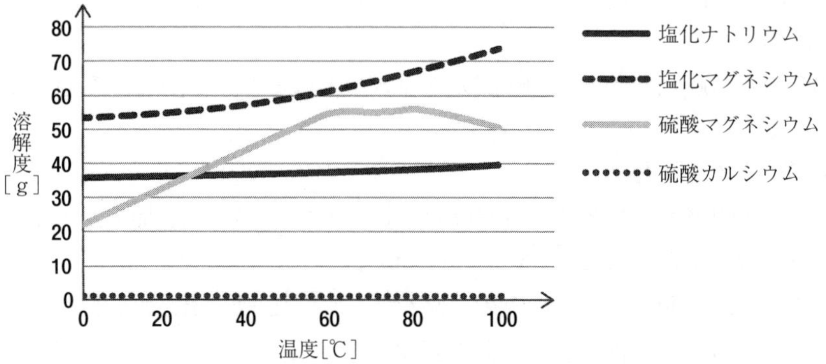

図3

[学習メモ2]　食塩の作り方

① 海水2000gをなべに入れて強火で加熱し，200gになるまで時々かき混ぜながら煮詰《につ》める。煮詰める過程で，白い固体Aが出てくる。

② 200gになったら，熱い状態でろ過する。

③ ②でろ過した液体をなべに入れ，中火でさらに煮詰める。固体が出てきて，わずかに水分が残っているうちに火を止め，ろ過する。

④ ③でろ過した固体を強火で加熱し，水分を蒸発させたものが食塩である。

(1) 海水と塩分の濃度《のうど》が同じ水溶液《すいようえき》を400g作ります。塩分に塩化ナトリウムのみを使用して作るとき，塩化ナトリウムは何g必要ですか。答えは，小数第1位以下があるときは四捨五入して整数で求めなさい。

(2) 海水2000g中にとけている硫酸マグネシウムは何gですか。答えは，小数第2位以下があるときは四捨五入して小数第1位まで求めなさい。

(3) [学習メモ2]中の固体Aについて，適当なものを次より1つ選び，記号で答えなさい。

ア．海水の塩分には塩化ナトリウムがもっとも多くふくまれるので，塩化ナトリウムである。

イ．海水の塩分にふくまれている物質の中で白いのは塩化ナトリウムしかないので，塩化ナトリウムである。

ウ．海水を200gにした時点では塩化ナトリウムは結晶《けっしょう》とならないので，塩化ナトリウムはふくまれていない。

エ．塩化ナトリウムは加熱すると黒くなるはずなので，塩化ナトリウムはふくまれていない。

※　編集部注…学校より，**2**の(3)については「選択肢の中に正解に該当するものがなかったため，受験生全員を正解にした」とのコメントがありました。なお，この件による合否への影響はなかったとのことです。

(4) [学習メモ2]③でろ過をせずに煮詰め続けて得られる固体は，[学習メモ2]で作った食塩と比べてどのような味になると考えられますか。適当なものを次より１つ選び，記号で答えなさい。

ア．よりしょっぱい味　　イ．よりまろやかな味　　ウ．より酸っぱい味

エ．よりあまい味　　　　オ．より苦い味

Ⅱ．園子さんは，不純物が混ざった固体から純すいな物質のみを取り出す，再結晶という方法があることを知り，実験してみました。

【実験】 ①　60℃の水100gにホウ酸と硝酸《しょうさん》カリウムをとけるだけとかし，ろ過して飽和《ほうわ》水溶液を作った。

②　①を10℃まで冷やした。

③　②に，ホウ酸がすべてとけきるだけの10℃の水を［　X　］g加えた。このとき，硝酸カリウムは②からさらに［　Y　］gとけた。

④　③をろ過し，硝酸カリウムのみの結晶を［　Z　］g取り出した。

⑤　冷たい少量の水で，得られた結晶の表面を洗った。

［学習メモ３］　溶解度

物質＼温度	10℃	60℃
ホウ酸	3.7g	14.9g
硝酸カリウム	22.0g	110.0g

(5)　空らん［X］～［Z］にあてはまる値をそれぞれ答えなさい。答えは，小数第２位以下があるときは四捨五入して小数第１位まで求めなさい。

(6)　【実験】⑤で，結晶の表面を洗う水を，冷たい状態で用いるのはなぜですか。説明しなさい。

3　あわててお茶を飲んでむせてしまった園子さんは，なぜむせるのかを調べてみると，気管に入ってしまった物体を出すための反応だということが分かりました。

図１はヒトの鼻・口とそこにつながる器官の一部を模式的に示した断面図です。食べ物を飲みこむ際には，図１のXがYにくっついて，食べ物が鼻くう内に流れこむことを防ぎます。また，食べ物が移動するのに合わせてZが下がることによって，食べ物が気管に流れこむことを防ぎます。

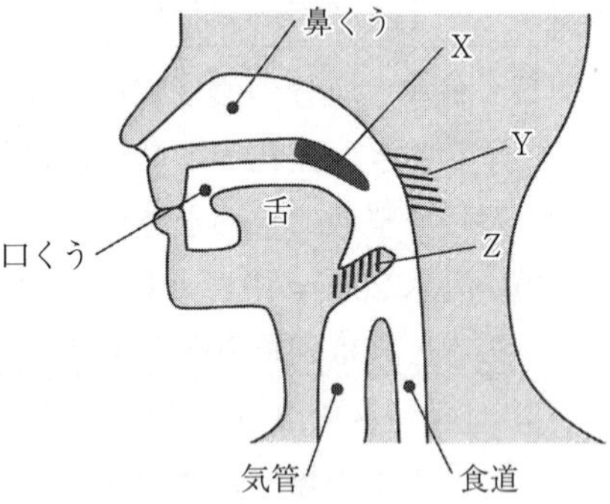

図１

(1)　ヒトは食べ物を口くう内でそしゃくします。そしゃくすることによって得られる利点として適当なものを次よりすべて選び，記号で答えなさい。

ア．食べ物が小さくなることで，消化器内を通りやすくなる。

イ．食べ物が小さくなることで，表面積が小さくなり，消化作用を受けやすくなる。

ウ．食べ物がだ液と混ぜ合わされることで，消化器内を通りやすくなる。

エ．食べ物がだ液と混ぜ合わされることで，ふくまれるすべての養分の分解がすすむ。

オ．食べ物がだ液と混ぜ合わされることで，ふくまれる水分が減少する。

(2)　食道に進んだ食べ物は胃へと運ばれます。このときの食道の動きを何運動と言いますか。

(3) 食べ物を飲みこむ瞬間《しゅんかん》にできないこととして適当なものを次より1つ選び，記号で答えなさい。

ア．まばたきすること　　イ．味を感じること　　ウ．音を聞くこと　　エ．息を吸うこと

(4) 気管は肺につながっています。次の文章は肺への空気の出入りの仕組みを説明したものです。

肺には［　a　］がないので，肺だけではふくらんだり，ちぢんだりすることができない。そのため，肺が入っている胸こうの容積が大きくなったり，小さくなったりすることで肺に空気が出入りする。［　b　］が引き上げられ，［　c　］が下がると胸こうが広がり，肺［　d　］。

① 空らん［ a ］～［ c ］にあてはまる語句の組み合わせとして適当なものを次より1つ選び，記号で答えなさい。

	a	b	c
ア	神経	横かくまく	ろっ骨
イ	軟骨	横かくまく	ろっ骨
ウ	筋肉	横かくまく	ろっ骨
エ	神経	ろっ骨	横かくまく
オ	軟骨	ろっ骨	横かくまく
カ	筋肉	ろっ骨	横かくまく

② 空らん［ d ］をうめて，文章を完成させなさい。ただし，「空気」という語句を用いなさい。

(5) 肺ほうにはたくさんの毛細血管が巻き付いています。ここで行われる，酸素や二酸化炭素のやりとりについて，適当なものを次よりすべて選び，記号で答えなさい。

ア．酸素や二酸化炭素は肺ほうや毛細血管の壁《かべ》を通りぬける。

イ．酸素は白血球によって血液中を運ばれている。

ウ．二酸化炭素は血小板によって血液中を運ばれている。

エ．酸素は肺の中から血液中に移動する。

オ．二酸化炭素は肺の中から血液中に移動する。

(6) 肺で気体をやりとりした血液が次に通る臓器として適当なものを次より1つ選び，記号で答えなさい。

ア．脳　　イ．心臓　　ウ．かん臓　　エ．じん臓　　オ．小腸　　カ．ぼうこう

4 園子さんは地球，水星，金星，火星について調べ，表1にまとめました。ただし，公転周期，自転周期，太陽からの距離《きょり》については，地球の数値を1としたときの比の値で表しました。また，地球の1日の長さを24時間，地球の公転周期を365日とします。

表1

	公転周期	自転周期	公転の向きと 自転の向き	太陽からの 平均距離	表面の 平均温度[℃]	大気の成分
地球	1	1	同じ	1	15	78%窒素《ちっそ》，21%酸素
水星	0.24	58.5	同じ	0.39	167	なし
金星	0.62	243	反対	0.72	464	97%二酸化炭素
火星	1.88	1.03	同じ	1.52	−65	95%二酸化炭素

(1) 地球，水星，金星，火星のように太陽のまわりを公転している星を何といいますか。名称《めいしょう》を答えなさい。

(2) 水星と太陽の平均距離は何 km ですか。もっとも近いものを次より1つ選び，記号で答えなさい。

ア．1000万 km　　イ．3700万 km　　ウ．5800万 km

エ．7600万 km　　オ．1億1000万 km

(3) 金星は水星よりも太陽から遠いにもかかわらず，表面の平均温度は水星よりも高いことが分かります。この理由を表1より考えて説明しなさい。

(4) 火星は赤くかがやいて見えますが，それはなぜですか。適当なものを次より1つ選び，記号で答えなさい。

ア．火星の大気が，太陽の光のうち赤色の光のみを吸収するから。

イ．火星の表面にある酸化鉄が，太陽の光のうち赤色の光のみを反射するから。

ウ．火星の大気で起こっている化学反応により赤色の光が発せられているから。

エ．火星自ら白色の光を発しているが，赤色の光のみが地球に届くから。

(5) 図1は地球の北極側から見た，地球，金星が公転する軌道《きどう》を表したものです。

① 地球から金星を真夜中に観測することはできません。その理由として適当なものを次より1つ選び，記号で答えなさい。

ア．金星のほうが地球よりも公転周期が短いから。

イ．金星は地球より小さいので，地球のかげにかくれるから。

ウ．金星は常に地球よりも太陽に近いところを公転しているから。

エ．金星は常に太陽に対して地球の反対側にあるから。

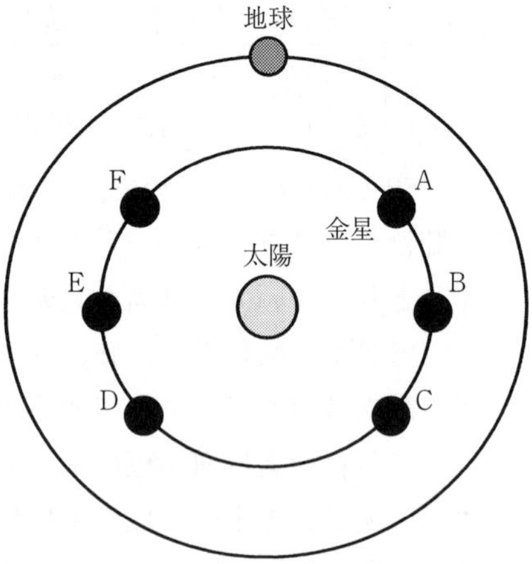

図1

② 図1の地球から夕方に観測できる金星の位置をA～Fよりすべて選び，記号で答えなさい。

(6) 水星の公転周期は，地球の1日の長さの何倍ですか。答えは，小数第1位以下があるときは四捨五入して整数で求めなさい。

(7) 各星での1日を日の出から，次の日の出までとします。公転の向き，自転の向き，公転周期，自転周期から各星での1日の長さを計算することができます。

例えば，地球は公転と自転の向きが同じで，自転周期に対して公転周期がとても大きいため，自転する間にほとんど公転しないと考えられ，1日の長さは自転周期とほぼ同じになります。

また，公転と自転の向きが同じで，公転周期と自転周期がほぼ同じ星は，図2のように常に同じ面を太陽

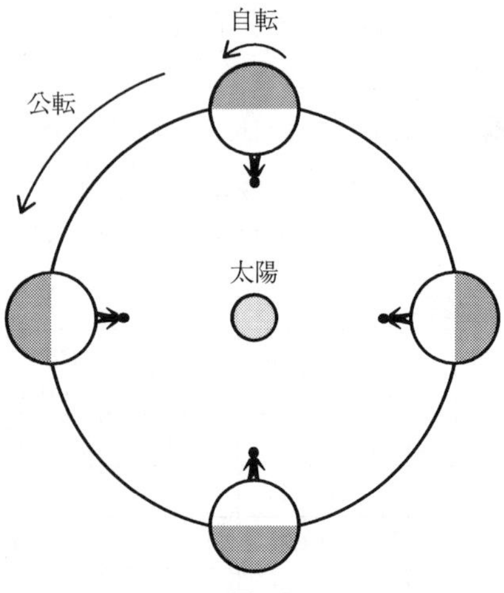

図2

に向けていることになるので，星上の  の地点からは太陽は常に天頂に観測され，１日の長さは測定できません。

① 水星，金星それぞれにおける，公転周期と自転周期の比として，もっとも近いものを次より１つずつ選び，記号で答えなさい。

ア．１：１　イ．１：２　ウ．２：１　エ．１：３

オ．３：１　カ．２：３　キ．３：２

② 水星，金星の１日の長さは，地球の約何倍ですか。もっとも近いものを次より１つずつ選び，記号で答えなさい。

ア．30倍　イ．60倍　ウ．120倍

エ．180倍　オ．240倍　カ．測定できない

がした。」とありますが、どうして詩音はこのように思うのですか。「自分のしていること」が何かわかるようにしつつ、解答らんに二行以内で説明しなさい。

問七 [A]～[D]に当てはまる語を次の**ア**～**エ**の中から一つずつ選び、記号で答えなさい。(ただし記号はそれぞれ一回ずつ使用します。)

ア きちんと　**イ** ポンポンと
ウ そっと　**エ** しぶしぶと

問八 本文の内容に合うものを次の**ア**～**エ**の中から一つ選び、記号で答えなさい。

ア 詩音の姉が坊主になったのは、自分の学校の校則に納得《なっとく》ができないことが動機であったが、それはジェンダーともかかわる事柄《ことがら》であった。

イ 詩音は姉から、ジェンダーレスとはもとの性とはちがう行動や髪形《かみがた》をすることだと教えられ、自分たちの行動がジェンダーレスと関係があると思った。

ウ 詩音が坊主になったのは、姉の影響《えいきょう》もあるが、以前にテレビで見た、アメリカ海軍の特殊部隊《とくしゅぶたい》を描いた映画のヒロインにあこがれたためでもあった。

エ 詩音の姉は、詩音が坊主になったとき怒《おこ》ったのだが、詩音の気持ちもわかったので、すぐに怒ったことをわび、礼を言った。

「でもね、詩音が学校でどんな思いをするか、見当がつくから怒ったの。女子の坊主を歓迎《かんげい》する学校が、あるとは思えないから」
いたわるような声でいった。
「それにね、パパとママのことを考えるとつらいの。一人でもショックなのに、二人となるとね」
そういわれると、(5)詩音の胸もシクッとした。
「とくに、パパの女性観《じょせいかん》は古いから、心の動揺《どうよう》も大きいと思うよ」
「でも……お姉ちゃんは……まだ続けるんでしょ」
「わたしのことはいいから、詩音は自分のことを考えなさい。自分がほんとにしたいこと、逆《ぎゃく》にしたくないことを、[B]考えて、行動にうつしてほしいな」
お姉ちゃんは、真剣《しんけん》な顔をしていった。
わたしは、お姉ちゃんのすることを支持《しじ》したい。でもお姉ちゃんは、詩音にそんなことを期待していない。
「ほらほら、もう勉強の邪魔《じゃま》しないで、いった、いった」
お姉ちゃんは詩音の背中《せなか》を押《お》して、[C]たたいた。
[D]、詩音は部屋の外へ出た。
(6)自分のしていることが、なんの役にも立っていない気がした。

（朝比奈蓉子『わたしの気になるあの子』）

問一 ──(1)「海軍」とありますが、「海」や「軍事」に関連する語を使った次の**一**～**五**の成句の意味を、後の[意味]**ア**～**オ**の中から一つずつ選び、記号で答えなさい。

一 井《い》の中のかわず大海を知らず
二 勝ってかぶとの緒《お》をしめよ
三 軍門にくだる
四 船をこぐ
五 渡《わた》りに船

[意味]
ア いねむりをする。
イ 戦いに負けて相手の言うとおりになる。
ウ 広い世の中のことを知らずに考えがせまい。
エ 都合《つごう》のいいことにちょうど出会う。
オ 成功しても気をゆるめてはいけない。

問二 ──(2)「お姉ちゃんとあの映画のヒロインが重なって見えた。」とありますが、どのような点で重なって見えたのですか。「という点。」に続くように文中から十字以内で抜《ぬ》き出しなさい。

問三 ──(3)「さっき見たポスターは、ジェンダーレスを呼《よ》びかけていたんだ。」とありますが、どのようなポスターだと推測できますか。「ジェンダー」あるいはこれを含《ふく》む語は用いず、解答らんに二行以内で説明しなさい。

問四 ──(4)「胸《むね》のかたまりが、溶《と》けていく気がした。」とありますが、どういうことですか。解答らんに六十字以内で説明しなさい。

問五 ──(5)「詩音《しおん》の胸もシクッとした。」とありますが、このときの詩音の気持ちの説明としてふさわしいものを次の**ア**～**エ**の中から一つ選び、記号で答えなさい。

ア 詩音だけでなく、高校生の姉までも坊主《ぼうず》になったことで傷ついた両親の心を思い、罪悪感を覚えた。
イ 女子が坊主になることを詩音の学校はまったく歓迎《かんげい》していないと思い知らされ、ショックで落ちこんだ。
ウ 詩音と姉の二人が坊主になっていることで、動揺《どうよう》している両親を思いやり、つらい気持ちになった。
エ 自分の意志で坊主になったのに、両親は誰かに強制されたと誤解したことで、悲しい気持ちになった。

問六 ──(6)「自分のしていることが、なんの役にも立っていない気

詩音は、お姉ちゃんの後頭部を見ながら、そんなことを思っていた。

詩音がなかなか話しださないので、お姉ちゃんは首をひねって詩音を見た。

「なによ」

「あ、えっと」

不意をつかれてあわてた。

「ジェ、ジェンダーってなんだろうと思って」

「へえ、そんな言葉、どこできいたの?」

「友だちが使ってた」

いいながら、野島《のじま》くんは友だちだろうかと思った。

「へーえ、近ごろの小学生って、あなどれないんだなぁ」

お姉ちゃんは、いすのむきを変えると、詩音のほうを見て、両手を頭のうしろで組んだ。

「うーん、そうね、たとえば、子育ては女性の仕事。男性は外で働いて、家族を養うって考え方があるでしょ。これは、生まれつきの性別じゃなくて、社会で作られた性別なの。この作られた性別で、役割《やくわり》に男女差をつける、それがジェンダー。こんなのでわかる?」

「うーん」

詩音はうなった。いまひとつ、ピンとこない。

「会社で、重要な役職《やくしょく》は男性、お茶くみとか事務《じむ》は女性、というのもジェンダー」

「ああ」

「料理がうまくて、よく気がつく人は女らしい、つらくても、弱音を吐《は》かないのが男らしい、ていうのもね。その性差《せいさ》をなくしていこうというのが、ジェンダーフリー」

「ふうん。あ、もしかして、お姉ちゃんが坊主にしたのも、そのジェンダーをなくそうって思ったから?」

「ファッションとか、ヘアスタイルはジェンダーレスっていうらしいけどね。それに、わたしは、たんに校則《こうそく》を変えたくて坊主にしたの。わけのわからない校則にしばられて、高校生活を終わらせたくないからね。でも、結局ジェンダーにこだわったことになるのかな」

お姉ちゃんは、そういって笑った。

そっか、(3)さっき見たポスターは、ジェンダーレスを呼《よ》びかけていたんだ。

そして野島くんも、詩音がジェンダーフリーを目指していると、思ったのかもしれない。

だけど、詩音はジェンダーフリーも、ジェンダーレスも知らなかった。

詩音が坊主になったのは、お姉ちゃんのすることを応援《おうえん》したかったからだ。

前むきな自分に変わることを、期待したからだ。

「詩音、学校でいじめられてない?」

いきなり、お姉ちゃんがきいた。

「え? ううん。だいじょうぶ」

急いで頭を横にふって、笑顔を作った。

「坊主はもうやめるんだよ」

「……」

「詩音が坊主になったとき、わたし、すごく怒《おこ》ったでしょ。でもね、詩音の気持ち、ほんとはとってもうれしかった」

「え、ほんとに?」

「うん。姉妹《しまい》ってありがたいって思ったよ。気の弱い詩音が、よく坊主になったなあって」

そうだったのか、と詩音は(4)胸《むね》のかたまりが、溶《と》けていく気がした。

問五　――(5)「遺伝子組み換《か》え食品の例」とありますが、この具体例を通して筆者が述べたいことは何ですか。ふさわしいものを次の**ア**～**エ**から一つ選び、記号で答えなさい。

ア　専門化が進む現代において求められるのは、ある事象を多角的な視点でとらえ、専門性の垣根《かきね》を越《こ》えたコミュニティと関連させる力であるということ。

イ　一つの事例を検討するだけでも、消費者、生産者、その周辺地域に住む人々など様々な立場の人がいて、関係するすべての人の希望を受け入れる必要があるということ。

ウ　職業が専門的になるあまり、人々は自分の帰属する分野や組織ばかりに目を向けてしまい、他者の不満や不安を無視してしまうということ。

エ　現代社会では、多様な人と対話をすることによって立場の異なる他者と交流をもつことができるため、中学校や高等学校でその力を身につけるべきだということ。

問六　［**A**］～［**D**］に当てはまる語を次の**ア**～**エ**の中から一つずつ選び、記号で答えなさい。（ただし記号はそれぞれ一回ずつ使用します。）

ア　しかし　　**イ**　したがって

ウ　すなわち　　**エ**　たとえば

問七　――(**ア**)～(**オ**)のカタカナを漢字に書き直しなさい。

問八　本文の内容に合うものを次の**ア**～**エ**の中から一つ選び、記号で答えなさい。

ア　これから人間同士がしっかりとした人間関係を築くためには、土地や宗教、職業といった自分の帰属する集団に積極的に関わろうとすることが重要である。

イ　現代では「エリート」の価値観が変化しており、優秀《ゆうしゅう》な学校に入学し安定した就職先を選ぶこと自体にもはや価値を見出すことはできないとされている。

ウ　研究においては、たくさんの知識を身につけることへの姿勢が重要になるため、今後大学では入学者に探究に対する積極的な意欲と態度を求めるようになると考えられる。

エ　取り立てて珍《めずら》しい体験をしていなくても、日常の中で自分の身の回りに問題意識を向け、積極的に活動することが社会で活《かつ》躍《やく》するチャンスにつながる。

二　次の文章を読んで後の問いに答えなさい。

夕飯のあと、お姉ちゃんの部屋のドアをノックした。

「詩音《しおん》だけど、えっと、ききたいことがあって」

「どうぞ」

［**A**］ドアを押《お》すと、お姉ちゃんは机《つくえ》にむかって、本を読んでいた。

髪《かみ》が頭の形に沿《そ》うようにのびて、地肌《じはだ》はもうすっかり隠《かく》れていた。

いつか、テレビで見た女優《じょゆう》さんみたいだと思った。

古い映画《えいが》だったけど、たしかアメリカ(1)海軍の、特殊部隊《とくしゅぶたい》に送りこまれた女性《じょせい》が主人公だった。女性という理由だけで、拷問《ごうもん》のようなしごきを受けて、体中傷《きず》だらけになる。それでも、自分の手で坊主《ぼうず》になって、男性《だんせい》の訓練生《くんれんせい》と同じ訓練にいどみ続ける。

むずかしくて、よくわからないところもあったけど、差別に立ちむかう女性の姿《すがた》が、脳裏《のうり》に焼きついている。

いまこうやって見ると、(2)お姉ちゃんとあの映画のヒロインが重なって見えた。

ずいぶんむかしの映画なのに、男女差別はたいして変わっていないのかもしれない。

ーネットが人間の情報集めと判断の基礎の大きな部分を担《にな》ってくれます。調べてわかる知識を覚えることに大きな意味は失われています。大切なのは、自分で探究する課題を見つけ、さまざまな分野の情報と知識を結びつけながら、自分の課題の解決を目指すような態度を身につけることです。探究する意欲と態度が身についているかどうか、今後の大学では入学者に求めるようになるでしょう。

私は、世界中のさまざまな研究者に会い、共同で研究をしてきました。いろいろな国籍のたくさんの若手研究者や大学院生を指導もしてきました。その経験からひとつ言えることは、人と異なった人生経験をしてきた人こそが、面白《おもしろ》い視点を持ちえるし、興味深い発想をするということです。テストでよい点を取るためだけに勉強をして、似たような考え方を持った人としか交流してこなかった人は、視野も発想の幅《はば》も狭くなり、歳《とし》を追うごとに伸《の》び悩《なや》むことが多いのです。

人と異なった人生経験をするということは、意欲さえあれば、だれにでも可能なことです。突拍子《とっぴょうし》もない大冒険《ぼうけん》をする必要はありません。身の回りの、高校生や学生として手の届く範囲《はんい》のことであっても、あまり人が目を向けていないことに目を向け、自分なりに問題意識をもって何かに取り組めば、その活動が貴重な人生経験となるのです。私が先に「活動が重要」だといったのは、そういうことです。積極的に活動した経験をもった人こそが、これからの社会で望まれ、大きな活躍《かつやく》が期待できる人でしょう。

以上のような社会の変化に(オ)コタえようとしているのが、「総合的な探究」という科目なのだと思います。探究という科目は、もう一度文部科学省の定義を引けば、「横断的・総合的な学習を行うことを通して、自己の在り方生き方を考えながら、よりよく課題を発見し解決していく」ことを目的とするものです。探究を重視する方針は、現在の教育のあり方として正しい方向性であると、私は考えています。

（河野哲也『問う方法・考える方法』）

★インターン…学生が一定期間、企業《きぎょう》等で仕事を体験する制度。
★鳥瞰《ちょうかん》的・俯瞰《ふかん》的に…高いところから見おろすように。

問一　——(1)「もっと多様な経験をして、多様な人と出会い、さまざまな活動に積極的に取り組んだ人の方が頼《たよ》りになる」とありますが、それはなぜですか。解答らんに二行以内で説明しなさい。

問二　——(2)「しばしば言われるように、学びも生涯《しょうがい》にわたるものとなるのです。」とありますが、これは現在あるいは将来の学びのあり方を述べたものです。では、かつて学びはどのようなものと考えられていましたか。解答らんに二行以内で説明しなさい。

問三　——(3)「外の社会との結びつき」とありますが、これについて述べたものとしてふさわしいものを次の**ア**～**エ**から一つ選び、記号で答えなさい。

ア　大学では社会における他の領域との結びつきが強くなり、国内外の研究機関だけでなく、高校など学校間で連携《れんけい》することも増えてきている。

イ　大学では学習や研究活動だけでなく、ボランティアを通して企業《きぎょう》と関わり将来のキャリアについて考えることができるようになっている。

ウ　大学では海外からの留学生が増えて多国籍《たこくせき》化しており、海外の教育機関との交流も増えたため日本から留学する必要性がなくなりつつある。

エ　大学では環境《かんきょう》問題をはじめとする学部や専門の域を超《こ》えた研究が増えたため、企業など異なる領域とも連携するようになっている。

問四　——(4)「教養」とありますが、筆者の考える教養とはどのようなものですか。解答らんに五十字以内で説明しなさい。

携も増えてきました。

大学では、研究、教育、産業、地域交流、ボランティアなどが総合された形での活動が増えています。研究教育も学部や専門の壁《かべ》を越《こ》えた超《ちょう》領域的・分野横断的なものが増えています。先に「横断的・総合的」な学習で触《ふ》れたように、今や、文系・理系といった区別が意味をなさない研究テーマが増えてきたのです。人工知能や環境《かんきょう》問題、地域創生などは典型的にそうした事例です。

「(4)教養」の意味もかなり変わってきました。以前の大学では一、二学年に教養課程があり、それを修了《しゅうりょう》して専門の勉強をすると考えられてきました。教養は、一般《いっぱん》的な事柄《ことがら》について広く浅く学び、常識を身につけること、あるいは、専門に行くための基礎《きそ》的な知識を身につけること、そのように考えられてきました。

しかし現代では教養の役割は大きく異なってきています。教養をつけるとは、単に広い分野の物知りになることではありません。教養とは、現代の狭《せま》く(ウ)サイブンカされすぎている専門性を、より広い視野に立って★鳥瞰《ちょうかん》的・俯瞰《ふかん》的に捉《とら》えるための知的態度のことなのです。

現代社会では、職業は専門化しています。私たちは、自分の仕事には専門性があっても、他の分野ではまったくの素人《しろうと》です。そのために、自分が知っている範囲《はんい》以外では何が行われているかがまるでわからなくなっていますし、視野が狭くなり、どうしても自分の分野や組織のことばかりを意識的・無意識的に優先してしまいがちです。ここから問題が生じてきます。

たとえば、(5)遺伝子組み換《か》え食品の例を考えてみましょう。現在では、植物の遺伝子を組み換えて、害虫に強いジャガイモや病気に強いイネ、腐敗《ふはい》しにくいトマトなどが作られています。遺伝子操作で新しい品種の農産物を作るという場合、それを開発導入しようとする技術者や農業者の利益を推進するだけでは一方的すぎます。多くの人の不満や不安を無視しています。

健康が心配な消費者、新種が受け入れられるかを危惧《きぐ》する農業者、(エ)セイタイケイへの悪影響《えいきょう》を心配する地元の人々、地域産業の発展を期待している人々など、食品をめぐる利害関係者にはさまざまな人がいます。それらの人たちの関心にも十分に配慮《はいりょ》して、その食品の開発と導入を行わなければなりません。そのためには、遺伝子工学だけではなく、農業の仕組み、環境問題、健康や子育てなどさまざまな分野について、まずは思いが及《およ》ばなければなりません。さまざまな方面に意識が向けられなければなりません。多様な分野と地域の人々を結び合わせるつなぎ役が必要なのです。

現代社会では、専門性が進んでいるからこそ、ひとつの事柄をさまざまな視点から検討し、他の分野や一般社会と関係づけて考える力が必要とされます。それが教養と呼ばれるものです。［ D ］、教養とは、専門教育への単なる準備ではなく、また、ただ広い範囲の物事に浅い知識をもっていることでもありません。教養とは、専門教育を他の分野や一般社会と結びつけるためのもの、専門家を他の分野や一般社会の人々に結びつけるためのものです。

別の言い方をすれば、人々と結びつけ、互《たが》いの知識を結びつけていく人間交流の知が教養と呼ばれるようになったのです。したがって現代の教養は、さまざまな分野の人を話し合わせる対話の術《すべ》を必要とします。私が本書で対話を重視するのもそのためです。

現代社会では、知的活動はますます多様な人と対話することによって進められています。以上に述べたような世界の変化に合わせて、高等学校や中学校での学びも変化していく必要があります。

現在の高校・中学校での教育に求められているのは、以上に述べた意味での教養です。それは大学で勉強するための基礎知識という意味だけではありません。最初に述べたように、これからはＡＩとインタ

二〇二二年度　洗足学園中学校

【国　語】〈第二回試験〉（五〇分）〈満点：一〇〇点〉

【注意】・字数制限のない問題について、一行分の解答らんに二行以上解答してはいけません。
・記号・句読点がある場合は字数に含《ふく》みます。

一　次の文章を読んで後の問いに答えなさい。

これから人間同士は、土地や宗教、職業といったものへの帰属によってだけではなく、積極的に関わる活動によって結びついていくことになっていきます。

人間だれもが、かならず帰属している集団や場所があるとすれば、それは人類という大きな集団であり、地球という大きな場所になるでしょう。そして、「人類」と「地球」という大きな帰属集団を土台として、活動によって具体的に多様な人と関わるようになるのです。

逆に言えば、どこかに単に帰属するだけでは、これからはしっかりとした人間関係を形成するには不十分になっていくのです。特定の人生の流れ――［A］、優秀《ゆうしゅう》な高校を出て、よい大学の学部を卒業してすぐに大企業《きぎょう》や官庁に就職して、そこで長く勤めあげるといった流れだけがよい人生だ、という時代はもうとっくに終わっています。もしかすると、もうそれは「エリート」とさえ呼ばれなくなっていきます。(1)もっと多様な経験をして、多様な人と出会い、さまざまな活動に積極的に取り組んだ人の方が頼《たよ》りになるのですから。

こうした社会の変化は、心のあり方にも違《ちが》いを生んでいきます。今の自分が何者であるか、すなわち自己同一性(アイデンティティ)よりも、これから何をするか、その活動を通してこれから何になるかに重きが置かれるようになります。新しい活動を行っていくこと、そうして変わっていくこと、［B］「自己変容」に人が関心を持つようになります。

自己変容は、従来は子どもや若者のみの特性だと考えられてきました。しかし、平均寿命《じゅみょう》が延び、たくさんの情報や他者と出会うようになった現代人は、一生変容していく機会に恵《めぐ》まれています。(2)しばしば言われるように、学びも生涯《しょうがい》にわたるものとなるのです。

これは人生のサイクルで言えば、子どもの頃《ころ》に人は学んで、学び終えてから社会で働くという形ばかりがすべてではなくなることを意味します。かつて子ども時代はもっぱら学校に行くように推奨《すいしょう》されました。それは、さらに昔に子どもが大人の労働に駆《か》り出されて、学ぶ機会を奪《うば》われていたからです。今でも貧しい国ではそうです。それゆえ、子どもを学校のなかで庇護《ひご》して、十分に成長してから社会に出すという形がとられていました。

［C］これからは、学校はその(3)外の社会との結びつきが強くなり、子どもも学校の外の社会とのつながりの中で学ぶことが増えるでしょう。

その傾向《けいこう》はまず大学に現れています。大学は以前よりもはるかに他の社会との結びつきが強くなりました。国内外の研究機関との連携《れんけい》が強まっているのはもちろんです。企業とも研究開発の(ア)ジゲンだけでなく、★インターンなどキャリア教育を通しての協力関係も強まっています。起業する研究者も多く、今や学生や院生が会社を起こすことも珍《めずら》しくなくなりました。地域創生や持続可能な開発、被災《ひさい》地支援《しえん》などの目的で、地域社会・地方公共団体・NPOのような非(イ)エイリ組織と連携する機会も増えています。また、留学生の数はますます多くなり、多国籍《たこくせき》化しています。海外の教育機関と直接に交流する機会も頻繁《ひんぱん》になりました。そして高校と大学とが協同して教育を行う高大連

2022年度
洗足学園中学校　▶解説と解答

算　数　＜第２回試験＞（50分）＜満点：100点＞

解　答

1 (1) $148\frac{1}{3}$　(2) 16.9　2 (1) 時速14.4km　(2) 13：27　(3) 68個　(4) 3.57cm　3 (1) 7　(2) 628cm^2　(3) 120，240，360，720　(4) 240m　4 (1) 5　(2) 11分30秒後　(3) 15分28秒後　5 (1) 6脚　(2) 139人，144人　(3) 145人

解　説

1 四則計算

(1) $3\times48-8\div12\times2+34\div6=144-\frac{8\times2}{12}+\frac{34}{6}=144-\frac{4}{3}+\frac{17}{3}=144+\frac{17}{3}-\frac{4}{3}=144+\frac{13}{3}=144+4\frac{1}{3}=148\frac{1}{3}$

(2) $16.9\times\left\{\left(2\frac{2}{13}-2.1\right)\times1\frac{3}{7}+1\right\}-1.3=\frac{169}{10}\times\left\{\left(\frac{28}{13}-\frac{21}{10}\right)\times\frac{10}{7}+1\right\}-1.3=\frac{169}{10}\times\left\{\left(\frac{280}{130}-\frac{273}{130}\right)\times\frac{10}{7}+1\right\}-1.3=\frac{169}{10}\times\left(\frac{7}{130}\times\frac{10}{7}+1\right)-1.3=\frac{169}{10}\times\left(\frac{1}{13}+1\right)-1.3=\frac{169}{10}\times1\frac{1}{13}-1.3=\frac{169}{10}\times\frac{14}{13}-1.3=\frac{91}{5}-1.3=18.2-1.3=16.9$

2 速さ，比の性質，和差算，数列，水の深さと体積

(1) ２地点間の距離《きょり》を１とすると，行きにかかる時間は，$1\div18=\frac{1}{18}$となる。また，往復の距離は，$1\times2=2$だから，往復にかかる時間は，$2\div16=\frac{1}{8}$とわかる。よって，帰りにかかる時間は，$\frac{1}{8}-\frac{1}{18}=\frac{5}{72}$なので，帰りの速さは時速，$1\div\frac{5}{72}=14.4$(km)と求められる。

(2) Ａから取り出した液の重さを３，Ｂから取り出した液の重さを２とすると，Ａから取り出した液に含《ふく》まれる水の重さは，$3\times\frac{3}{3+5}=\frac{9}{8}$，Ｂから取り出した液に含まれる水の重さは，$2\times\frac{1}{1+3}=\frac{1}{2}$となるから，新しい液に含まれる水の重さは，$\frac{9}{8}+\frac{1}{2}=\frac{13}{8}$とわかる。また，新しい液全体の重さは，$3+2=5$なので，新しい液に含まれるアルコールの重さは，$5-\frac{13}{8}=\frac{27}{8}$と求められる。よって，新しい液の水とアルコールの重さの比は，$\frac{13}{8}:\frac{27}{8}=13:27$である。

(3) 右の図①で，アの部分の個数は，$4\times(10-1)=36$(個)だから，点線部分の個数の合計は，$4+8+\cdots+36=(4+36)\times9\div2=180$(個)とわかる。よって，１人目が取った個数の10倍が，$500+180=680$(個)なので，１人目が取った個数は，$680\div10=68$(個)と求められる。

図①

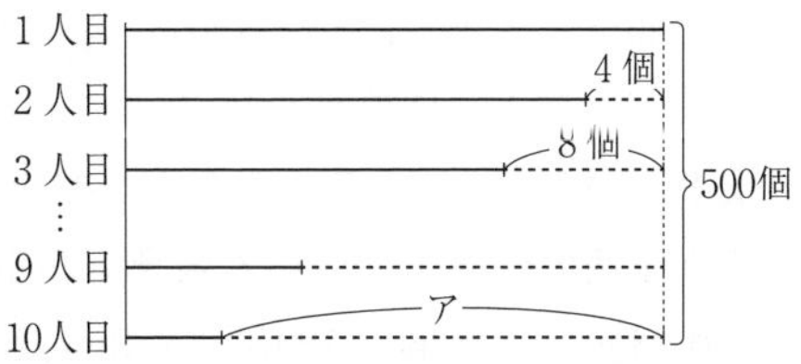

(4) コインの底面の半径は，$2\div2=1$(cm)だから，１個のコインの底面積は，$1\times1\times3.14=$

3.14(cm^2)である。また，４個ずつ積み上げたものを，200÷４＝50(個)並べることになるので，底面積の合計は，3.14×50＝157(cm^2)とわかる。よって，底面積が157cm^{2}で高さが，１×４＝４(cm)の立体を入れるのと同じことになる。さらに，容器の底面積は，17×21＝357(cm^2)だから，水面の高さが４cm以下だとすると，右の図②のようになる。次に，はじめに入れた水の深さは２cmなので，水の体積は，357×２＝714(cm^3)である。また，図②で水が入っている部分の底面積は，357－157＝200(cm^2)だから，水面の高さは，714÷200＝3.57(cm)と求められる。これは４cm以下なので，条件に合う。

図②

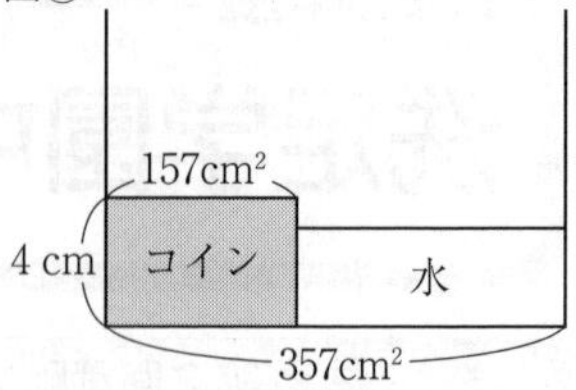

3 条件の整理，面積，整数の性質，通過算

⑴　手順①，②から，物体の重さは，３×２＝６(g)以上，３×３＝９(g)未満とわかる。よって，手順③で皿Ａに８gの分銅をのせた後の皿Ａの重さは，６＋８＝14(g)以上，９＋８＝17(g)未満になる。また，手順④から，このときの皿Ａの重さは３の倍数であることがわかるから，このときの皿Ａの重さは15gと決まる。したがって，皿Ａに８gの分銅をのせる前の重さは，15－８＝７(g)なので，アに入る数は７である。

⑵　問題文中の図の一部を拡大すると，右の図Ⅰのようになる。図Ⅰで，太線部分は正八角形の１辺であり，点線部分は円の半径だから，長さはすべて10cmである。よって，かげをつけた三角形はすべて合同になる。また，これらの三角形は正八角形の外側と内側に８個ずつあるので，これらを除いた部分の面積の差を求めればよい。つまり，図Ⅰの正八角形の外側の斜線《しゃせん》部分と内側の斜線部分の面積の差を求めればよい。さらに，斜線部分も外側と内側に８個ずつあるから，１個ずつの差を８倍すればよい。次に，多角形の外角の和は360度なので，正八角形の１つの外角は，360÷８＝45(度)となり，正八角形の１つの内角は，180－45＝135(度)とわかる。よって，内側の斜線部分の中心角は，135－60×２＝15(度)，外側の斜線部分の中心角は，360－(60×４＋15)＝105(度)と求められる。したがって，外側の斜線部分と内側の斜線部分の中心角の差は，105－15＝90(度)なので，面積の差は，$10\times10\times3.14\times\frac{90}{360}$＝25×3.14(cm^2)とわかり，これを８倍すると，25×3.14×８＝200×3.14＝628(cm^2)となる。

図Ⅰ

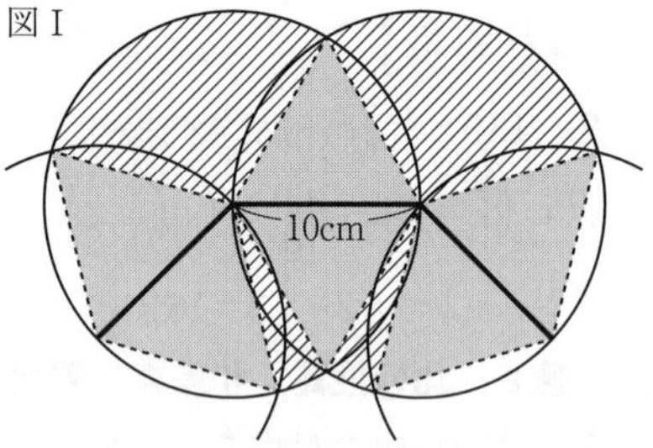

⑶　144と720をそれぞれ最大公約数の24で割ると，144÷24＝６，720÷24＝30となる。さらに，６と30をそれぞれ素数の積で表すと，６＝２×３，30＝２×３×５となるから，右の図Ⅱのように表すことができる。図Ⅱで，最小公倍数が720になるためには，アの部分に５が１個だけ含まれている必要がある。また，そのほかに，２が１個，３が１個，２と３が１個ずつ含まれている場合もあるので，Aとして考えられる数は，24×５＝120，120×２＝240，120×３＝360，120×２×３＝720となる。

図Ⅱ

24＝24×１
144＝24×２×３
A＝24×［　ア　］
――――――――――
720＝24×２×３×５

⑷　電車Ｂの長さを□mとすると，電車Ｂが橋をわたるときのようすは下の図Ⅲのようになる。また，電車Ａの速さを秒速に直すと，60×1000÷60÷60＝$\frac{50}{3}$(m)になるから，電車Ａが９秒で進む距

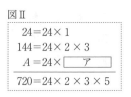

離は，$\frac{50}{3}\times9=150$(m)とわかる。よって，電車Ａと電車Ｂがすれちがうときのようすは右下の図Ⅳのようになる。図Ⅲで電車Ｂが進む距離は(600＋□)ｍと表すことができ，図Ⅳで電車Ｂが進む距離は，180＋□－150＝30＋□(m)と表すことができる。その差は，(600＋□)－(30＋□)＝600－30＝570(m)なので，電車Ｂは，28－９＝19(秒)で570m走ることがわかる。したがって，電車Ｂの速さは秒速，570÷19＝30(m)だから，電車Ｂが28秒で進む距離は，30×28＝840(m)となり，電車Ｂの長さは，840－600＝240(m)と求められる。

図Ⅲ

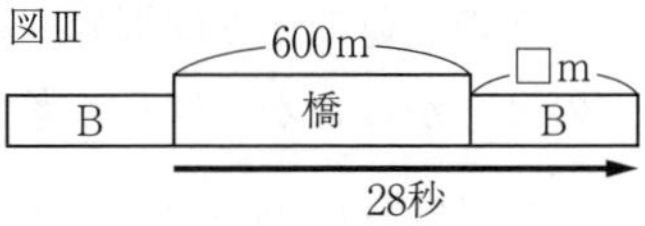

図Ⅳ

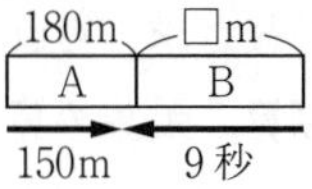

4　グラフ―図形上の点の移動，速さ

(1)　問題文中のグラフを利用して，２点が動いたようすを表すと，下の図１～図７のようになる(実線は点Ｐ，点線は点Ｑを表す)。図１から，点Ｑが辺ABを動くのにかかった時間が４分だから，辺ABを動くときの点Ｑの速さは毎分，20÷４＝５(cm)である。また，このときの速さの和が毎分９cmなので，辺ABを動くときの点Ｐの速さは毎分，９－５＝４(cm)と求められる。よって，点Ｐが辺ABを動くのにかかった時間は，20÷４＝５(分)だから，あにあてはまる数は５である。

図１
０分～４分(和 毎分９cm)

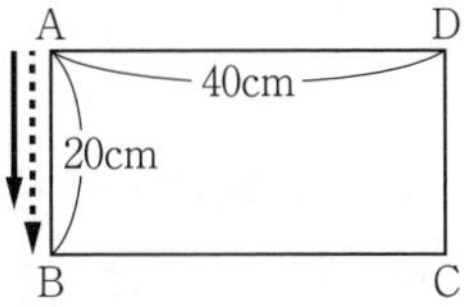

図２
４分～あ分(和 毎分？ cm)

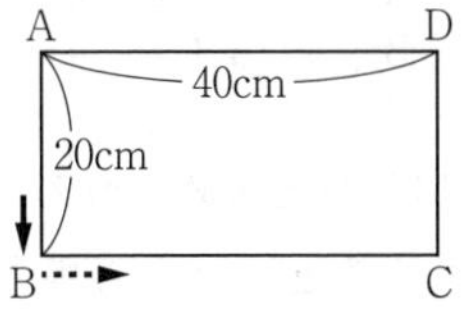

図３
あ分～９分(和 毎分16cm)

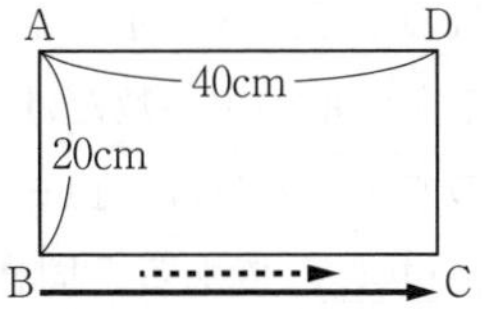

図４
９分～ア分(和 毎分14cm)

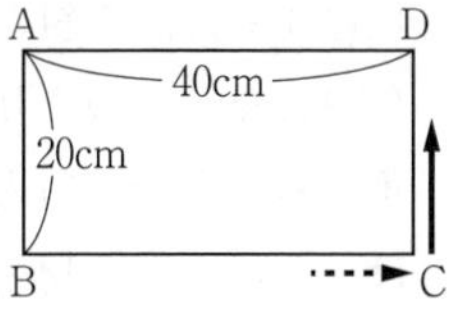

図５
ア分～イ分(和 毎分16cm)

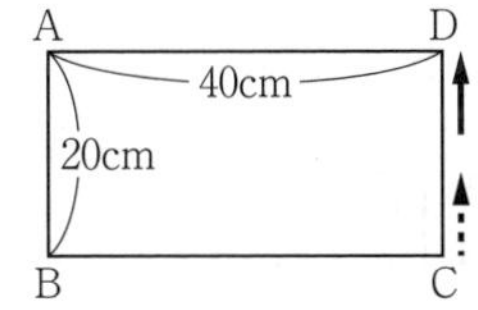

図６
イ分～ウ分(和 毎分？ cm)

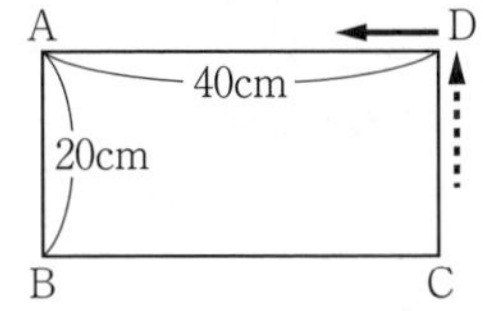

図７
ウ分～17分10秒(和 毎分？ cm)

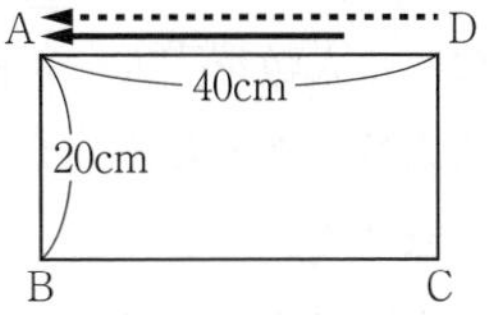

(2)　図３から，点Ｐが辺BCを動くのにかかった時間は，９－５＝４(分)とわかるので，辺BCを動くときの点Ｐの速さは毎分，40÷４＝10(cm)と求められる。よって，辺BCを動くときの点Ｑの速さは毎分，16－10＝６(cm)だから，図４より，辺CDを動くときの点Ｐの速さは毎分，14－６＝８(cm)とわかる。したがって，点Ｐが辺CDを動くのにかかった時間は，20÷８＝2.5(分)なので，点ＰがＤを曲がった時間(図５のイ)は，９＋2.5＝11.5(分)，60×0.5＝30(秒)より，これは出発してから11分30秒後となる。

(3)　点Ｐが辺DAを動くのにかかった時間は，17分10秒－11分30秒＝５分40秒だから，辺DAを動くときの点Ｐの速さは毎分，$40\div5\frac{40}{60}=\frac{120}{17}$(cm)とわかる。一方，点Ｑが辺BCを動くのにかかった時間は，$40\div6=6\frac{2}{3}$(分)であり，図５から，点Ｑが辺CDを動くときの速さは毎分，16－８＝８(cm)とわかるので，点Ｑが辺CDを動くのにかかった時間は，$20\div8=2\frac{1}{2}$(分)となる。よって，点ＱがＤを曲がった時間(図６のウ)は，$4+6\frac{2}{3}+2\frac{1}{2}=13\frac{1}{6}$(分)と求められる。すると，点Ｑが辺DAを動くのにかかった時間は，17分10秒－$13\frac{1}{6}$分＝$17\frac{1}{6}$分－$13\frac{1}{6}$分＝４分なので，辺DAを動く

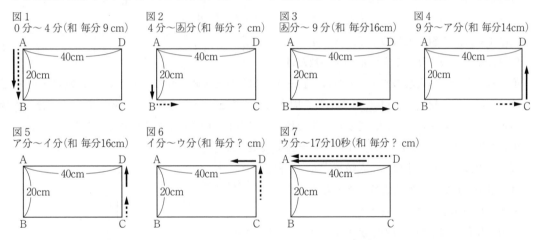

ときの点Ｑの速さは毎分，40÷４＝10(cm)とわかる。点Ｐと点Ｑは同時に点Ａに戻《もど》ったので，このときからさかのぼって考えると，２点の距離が５cmになったのは点Ａに戻る，$5\div\left(10-\frac{120}{17}\right)=1\frac{7}{10}$(分前)，$60\times\frac{7}{10}=42$(秒)より，１分42秒前なので，出発してから，17分10秒－１分42秒＝15分28秒後と求められる。

5　周期算，差集め算

⑴　問題文中の図１の座り方をＡ，図２の座り方をＢとする。生徒数が240人のとき，240÷５＝48より，Ａの座り方で必要な長いすの数は48脚《きゃく》とわかる。また，Ｂの場合，前から順に２脚を１組にして考えると，１組に座ることができる人数は，５＋４＝９(人)になる。よって，240÷９＝26余り６より，26組に座ると６人余るので，余りの６人が座るのにあと２脚必要だから，Ｂの座り方で必要な長いすの数は，２×26＋２＝54(脚)と求められる。したがって，必要な長いすの数の差は，54－48＝６(脚)である。

⑵　Ｂの長いすの数が偶数《ぐうすう》の場合と奇数《きすう》の場合に分けて表すと，右の図１のようになる。偶数の場合，太線より右の部分の人数の差は，５＋５＋４＝14(人)である。また，２脚を１組にすると，１組の人数の差は，５－４＝１(人)になる。つまり，１人の差が組の数だけ集まったものが14人なので，組の数は，14÷１＝14(組)と求められる。よって，この場合の生徒数は，(５＋５)×14＋４＝144(人)である。同様に考えると，奇数の場合，太線より右の部分の人数の差は，５＋４＋４＝13(人)だから，組の数は，13÷１＝13(組)と求められる。したがって，この場合の生徒数は，(５＋５)×13＋５＋４＝139(人)となる。

図１

・Ｂが偶数の場合

Ａ	５，５	５，５	…	５，５	４
Ｂ	５，４	５，４	…	５，４	５，４，５，４

・Ｂが奇数の場合

Ａ	５，５	５，５	…	５，５	５，４
Ｂ	５，４	５，４	…	５，４	５，４，５，４，４

⑶　Ａの最後の長いすに座る人数を□人，Ｂの最後の長いすに座る人数を△人とすると，右の図２のように表せる。ここで，太線より右の部分の人数の差が少ないほど組の数も少なくなるので，生徒数を最も少なくするには，太線より右の部分の人数の差が最も少なくなるようにすればよい。つまり，□＝５，△＝１の場合を考えればよい。すると，Ｂが奇数の場合，太線より右の部分の人数の差は，４＋５＋４＋１＝14(人)だから，組の数は，14÷１＝14(組)となり，生徒数は，(５＋５)×14＋５＝145(人)と求められる。また，偶数の場合，太線より右の部分の人数の差は，４＋４＋５＋１＝14(人)なので，組の数は，14÷１＝14(組)となり，生徒数は，(５＋５)×14＋５＋５＝150(人)となる。よって，考えられる最も少ない生徒数は145人である。

図２

・Ｂが奇数の場合

Ａ	５，５	５，５	…	５，５	□
Ｂ	５，４	５，４	…	５，４	５，４，５，４，△

・Ｂが偶数の場合

Ａ	５，５	５，５	…	５，５	５，□
Ｂ	５，４	５，４	…	５，４	５，４，５，４，５，△

社 会 ＜第２回試験＞（理科と合わせて60分）＜満点：75点＞

解 答

1 **問１** (1) 40(％) (2) D **問２** (1) H (2) B **問３** C **問４** (1) D (2) **X** リデュース **Y** リユース **Z** リサイクル **問５** A **問６** B **問７** (例) ７／農産物の輸送距離が短くなり，エネルギー消費量が減る。(15／地域の農業を振興し，農地を保全することにより，生態系を守ることができる。) **2** **問１** C **問２** D **問３** 白河(天皇) **問４** (例) 源頼朝が守護や地頭を任命する権利を朝廷より与えられた。 **問５** C **問６** 公武合体 **問７** D **問８** C **問９** B **問10** B **3** **問１** 総務省 **問２** A **問３** B **問４** ブラック・ライヴズ・マター **問５** F **問６** (1) 侵すことのできない永久の権利 (2) A，D **問７** E **問８** D **問９** (例) 政治の担い手が権力を濫用することを防ぎ，国民の基本的人権を守るため。

解 説

1 持続可能な開発目標(SDGs)と日本の産業や人々の生活についての問題

問１ (1) 国全体で必要な食料のうち，国内でつくられている割合を食料自給率という。日本は，米の自給率はほぼ100％だが，小麦や大豆の自給率は極めて低く，全体では約40％と先進国の中で最も低い水準にある。 (2) カロリーベース自給率は，カロリー(熱量)が高い米やいもの生産量が多い都道府県ほど高くなる。一方，生産額ベースの食料自給率は，価格が高い果物や畜産物の生産量が多い都道府県ほど高くなる。これにもとづいて考えると，いずれも低い①は，ほかの２県に比べて農業がさかんでない神奈川県，生産額ベース自給率が高い②は，肉用若鶏《わかどり》や豚の飼育がさかんな宮崎県，カロリーベース自給率が高い③は，米の生産量が全国第３位の秋田県と判断できる。

問２ (1) 近年，発電電力量の電源構成は，天然ガス，石炭の順に多く，石油は再生可能エネルギーを下回る。天然ガスは，ほとんどが液化天然ガスとして専用のタンカーで輸入され，輸入先にはオーストラリアやマレーシアが上位に入る。石炭の輸入先は第１位がオーストラリアで，インドネシアがこれにつぐ。石油は，第１位のサウジアラビアをはじめ，中東(西アジア)諸国からの輸入に大きく頼っている。 (2) 地熱発電は，火山や温泉などがある地域の地中から得られた蒸気を利用して発電する方法で，発電所は東北地方や九州地方の山間部に多く立地している。なお，Aは風力，Cは太陽光，Dは水力。

問３ 次世代型路面電車はLRT(Light Rail Transit)と略され，地域に密着した安全・安心・快適で環境にやさしい交通機関として再評価されている。

問４ (1) ２種類以上の動力源を持つ自動車をハイブリッドカーといい，一般に，発進時や低速時には電気モーターで，高速で走行する時にはガソリンエンジンで走行するので，二酸化炭素なども排出される。 (2) ごみの量そのものを減らすことをリデュース，使えるものをきれいにして再使用することをリユース，使用したものを再資源化し，新たな製品の原料として再利用することをリサイクルという。

問５ 真《ま》鍋《なべ》淑《しゅく》郎《ろう》は，二酸化炭素が増え続けると地球の気温が上昇して地球温暖化につながることを50年以上前に発表し，地球温暖化予測の基《き》礎《そ》を築いたとして，2021年にノーベル物理学賞を受賞した。

問６　2024年の夏季オリンピックは，フランスの首都パリで開催《かいさい》される予定である。なお，Ａはイギリスのロンドン(2012年夏季オリンピック開催地)，Ｃは中国の北京(2022年冬季オリンピック開催地)，Ｄはオーストラリアのブリスベン(2032年夏季オリンピック開催予定地)，Ｅはアメリカのロサンゼルス(2028年夏季オリンピック開催予定地)，Ｆはブラジルのリオデジャネイロ(2016年夏季オリンピック開催地)。

問７　地産地消は，ある地域で生産された農林水産物を，その生産された地域内において消費する取り組みである。この取り組みを通じ，農林水産物の輸送距離が短くなることでエネルギー消費がおさえられる，地域経済が活性化するといったように，環境や経済に与える効果が期待されている。

２　各時代の歴史的なことがらについての問題

問１　Ｃは青森県にある三内丸山遺跡について述べた文で，2021年に「北海道・北東北の縄文遺跡群」としてユネスコ(国連教育科学文化機関)の世界文化遺産に登録された。なお，Ａは旧石器時代の遺跡である岩宿遺跡(群馬県)，Ｂは縄文時代の遺跡である大森貝塚(東京都)，Ｄは弥生時代の遺跡である吉野ヶ里遺跡(佐賀県)について述べた文。

問２　本文より，戸籍は口分田を支給するためにつくられたことがわかる。口分田に対しては，収穫《しゅうかく》した稲の約３％を納める租という税が課されたが，これは年齢と性別に応じて一律に課税されたものなので，これらがわかればよいことになる。一方で，地方の特産物を納める税である調と，都での労役の代わりに布などを納める税である庸《よう》は，成年男子(正丁《せいてい》と老丁)のみに課された。調と庸はみずから都まで運んで納めなければならなかったため，非常に重い負担となった。この点を考えると，計帳には，その人が調や庸を負担できるかどうかを記す必要があったと推測できる。ここから，身体的特徴《とくちょう》が記されている［資料１］は，計帳だと考えられる。また，口分田は，戸籍にもとづいて６歳以上の男女に支給され，女子には男子の３分の２が割り当てられた。２つの資料に記された人物は全員が６歳以上で，［資料１］の戸は男子３人，女子２人，［資料２］の戸は男子２人，女子３人となっている。男子に支給される口分田を１とした場合，［資料１］の戸には合計４と３分の１，［資料２］の戸には合計４が支給されるので，［資料２］の戸のほうが支給される口分田の面積が少ない。

問３　1086年，白河天皇は幼い子の堀河《ほりかわ》天皇に位をゆずり，みずからは上皇となって政治の実権を握《にぎ》る院政を開始した。ここから，即位《そくい》の年が1086年の③が堀河天皇で，その前の天皇である②が白河天皇だとわかる。なお，①は後三条天皇，④は鳥羽《とば》天皇，⑤は後白河天皇。

問４　1185年に壇ノ浦《だんのうら》の戦いで源氏が平氏を滅《ほろ》ぼすと，源頼朝は国ごとに守護，荘園や公領に地頭を置くことを朝廷に認めさせた。これによって頼朝の支配力が全国におよんだことから，この年を鎌倉幕府成立の年と考えることもできる。

問５　江戸幕府の第６代将軍徳川家宣《いえのぶ》・第７代将軍家継《いえつぐ》に仕えた儒学《じゅがく》者の新井白石は，正徳の治とよばれる政策を行った。その１つとして，金銀の国外流出を防ぐために長崎貿易を制限した。なお，Ａは田沼意次《おきつぐ》，Ｄは松平定信が行った政策で，Ｂの伊能忠敬が蝦夷地の測量を行ったのは18世紀末である。

問６　江戸時代末，開国による混乱などのために幕府の権威《けんい》が衰《おとろ》え，尊王攘夷《そんのうじょうい》運動が活発化すると，江戸幕府の老中安藤信正は，朝廷(公)と幕府(武)を結びつけて政治の安定をはかろうとする公武合体を進めた。その１つとして，1862年には孝明天皇の妹である和宮《かずのみや》を第14代将軍徳川家茂《いえもち》と結婚させた。

問７　①　室町幕府の第６代将軍足利義教《よしのり》の父は，第３代将軍足利義満である。また，後醍醐《ごだいご》天皇は足利尊氏と対立し，吉野(奈良県)へ逃《のが》れた。　②　第８代将軍足利義政のあとつぎ争いから1467年に応仁の乱が起こり，戦いは1477年まで続いた。この戦いののち，実力で地位をうばう下剋《げこく》上《じょう》の風潮が広がり，山城《やましろ》(京都府南部)では農民らが，争いを続けていた守護の退去などを求めて1485年に山城の国一揆《いっき》を起こした。したがって，このとき足利義教は将軍でないと判断できる。

問８　①は1871年，②は1869年，③は1873年のできごとなので，年代順に②→①→③となる。

問９　①は義和団事件や北清事変とよばれるできごとで，日本も鎮圧《ちんあつ》のために中国に出兵した。これをきっかけとしてロシアが中国東北部(満州)を占拠《せんきょ》し，兵を残したことが，1904年から始まる日露戦争の大きなきっかけとなった。②は盧溝橋《ろこうきょう》事件(1937年)とよばれるできごとで，これをきっかけとして同年，日中戦争が始まった。③は甲午農民戦争(1894年)とよばれるできごとで，これを鎮圧するという名目で日清両軍が出兵したことが，同年に始まる日清戦争のきっかけとなった。

問10　1889年の大日本帝国憲法発布と同時に公布された衆議院議員選挙法では，選挙権は直接国税15円以上を納める満25歳以上の男子にしか与えられていなかった。そのため，1890年に実施された第１回衆議院議員総選挙における有権者の割合は，人口のわずか1.1％にすぎなかった。

３　日本国憲法や憲法改正についての問題

問１　総務省は，地方自治・選挙・消防・情報通信などに関する仕事を担当しており，外局には消防庁と公害等調整委員会が置かれている。

問２　日本国憲法を改正するためには，国会で改正案を審議し，各議院の総議員の３分の２以上の賛成で，国会がこれを発議する。その後，国民の承認を得るための国民投票において有効投票の過半数の賛成があれば憲法改正が決定し，天皇が国民の名で公布する。なお，憲法改正の国民投票が成立するための投票率の規定はない。

問３　国の防衛は行政にかかわることがらであると解釈《かいしゃく》されているため，これを担《にな》う自衛隊の最高指揮権は，行政権を持つ内閣の代表である内閣総理大臣に与えられている。なお，日本国憲法は，内閣総理大臣や国務大臣が文民(軍人ではない人，あるいは職業軍人の経歴を持たない人)でなければならないと規定している。

問４　「ブラック・ライヴズ・マター」は，黒人の命も大切だといった意味で，アメリカにおける黒人差別反対を象徴する言葉として広まり，SNS(ソーシャル・ネットワーキング・サービス)の活用によって世界中に知られるようになった。

問５　①　20代の有権者数は約50000人，60代の有権者数は約80000人である。　②　60代の投票者数は約50000人，20代以下にあたる18～19歳と20～29歳の投票者数の合計は約20000人なので，正しい。　③　「資料」から，40代の投票率が50％に満たない一方で，60代や70代の投票率が50％を上回っていることが読み取れる。

問６　(1)　日本国憲法第11条は，基本的人権を「侵《おか》すことのできない永久の権利」として，現在および将来の国民に与えると定めている。　(2)　Ａは信教の自由，Ｄは職業選択の自由で，自由権にふくまれる。なお，Ｂは社会権のうちの生存権にあたる。Ｃについて，財産権は自由権のうちの経済活動の自由にふくまれるが，日本国憲法は，公共の福祉(社会全体の利益)のために正当な補《ほ》償《しょう》の下に個人の財産を用いることがあるとしている。

問７　部分的核実験禁止条約(PTBT)では，地下を除く大気圏《けん》内と宇宙空間，水中における爆発をともなう核実験が禁止されている。②と③は正しい。

問８　最高裁判所長官は，内閣が指名して天皇が任命する。

問９　日本国憲法は第99条で，「天皇又《また》は摂政及《およ》び国務大臣，国会議員，裁判官その他の公務員は，この憲法を尊重し擁護《ようご》する義務を負ふ《(う)》」と定めている。「国務大臣，国会議員，裁判官その他の公務員」は政治の担い手であり，日本国憲法はこうした立場の人に憲法を守ることを義務づけているといえる。ここから，憲法は政治の担い手が権力を濫用《らんよう》するのに歯止めをかけ，国民の基本的人権を保障するために定められていると考えられる。

理　科　＜第２回試験＞（社会と合わせて60分）＜満点：75点＞

解　答

[1]　(1)　38m　(2)　①　ア　②　ウ　(3)　浮力　(4)　イ　(5)　ア　(6)　60cm　(7)　①　0.875倍　②　4.75cm　**[2]**　(1)　14 g　(2)　4.2 g　(3)　省略　(4)　オ　(5)　**X**　302.7　**Y**　66.6　**Z**　21.4　(6)　(例)　得られた結晶をできるだけとかさないようにするため。　**[3]**　(1)　ア，ウ　(2)　ぜん動運動　(3)　エ　(4)　①　カ　②　(例)　(肺)に空気が入る　(5)　ア，エ　(6)　イ　**[4]**　(1)　惑星　(2)　ウ　(3)　(例)　金星の大気の多くは温室効果のある二酸化炭素だから。　(4)　イ　(5)　①　ウ　②　A，B，C　(6)　88倍　(7)　①　**水星**…キ　**金星**…ア　②　**水星**…エ　**金星**…ウ

解　説

[1]　海面上昇《じょうしょう》や浮力《ふりょく》，てこのつりあいについての問題

(1)　海水全体の平均温度が１℃あがるとき，海水の体積は１％増え，このとき海の面積が変わらないものとすると，海面は，海の深さが１％深くなるように，3800×0.01＝38(m)上昇する。

(2)　①　海面を海氷がおおっていると，海氷が日光を反射して海水があたたまりにくくなるが，海氷がとけると日光が反射されにくくなり，海水があたたまりやすくなる。　②　水が氷に変化すると体積は約1.1倍になるので，氷が水に変化したときの体積は，約$\frac{1}{1.1}$倍になる。つまり，海にういている海氷がとけるときに体積が小さくなるので，海氷がとけても海面上昇は起こらないと考えられる。

(3)　図１のように立方体がういているときには，それぞれの立方体にはたらく重力と浮力がつりあっている。

(4)　浮力の大きさは，液体中に沈《しず》んでいる部分がおしのけた液体の重さに等しい。水よりも密度が大きい食塩水に変えて，立方体にはたらく重力と浮力がつりあうとき，立方体がおしのけた液体の体積は，水のときよりも小さくなる。よって，立方体の静止する位置は，水のときよりも高い位置になる。

(5)　月面上では重力が地球上の約$\frac{1}{6}$になるため，立方体や水の重さが約$\frac{1}{6}$になり，浮力の大きさも

約$\frac{1}{6}$になるので，立方体の静止する位置は地球上で行ったときと同じ高さになる。

(6)　図１で，水中に沈んでいる部分の長さは，Ａは，10－４＝６(cm)，Ｃは，10－６＝４(cm)であり，それぞれにはたらく浮力の大きさの比は水中に沈んでいる部分の体積の比と等しいから，Ａ：Ｃ＝６：４＝３：２となる。この比より，ＡとＣの重さの比は，Ａ：Ｃ＝３：２となるため，図２では，棒の支点からの距離《きょり》の比を，Ａ：Ｃ＝２：３，つまり，Ａから棒の支点までの距離を，150×$\frac{2}{2+3}$＝60(cm)にすれば，棒は水平になる。

(7)　①　くりぬく前のＡの体積は，10×10×10＝1000(cm^3)，くりぬいた立方体の体積は，５×５×５＝125(cm^3)なので，残りの部分の体積は，1000－125＝875(cm^3)になる。よって，残りの部分の重さは，くりぬく前と比べて，875÷1000＝0.875(倍)となる。　②　Ａの残りの部分の重さが0.875倍になったので，浮力を受けるためにおしのける水の体積も0.875倍でよい。したがって，水中に沈んでいる部分の長さは，６×0.875＝5.25(cm)となるから，水面からは，10－5.25＝4.75(cm)出ていることになる。

2　海水の成分や再結晶《さいけっしょう》についての問題

(1)　海水中の塩分の濃度《のうど》は3.5％なので，海水と塩分の濃度が同じ水溶液《すいようえき》400ｇにとけている塩分(ここでは塩化ナトリウム)の重さは，400×0.035＝14(ｇ)となる。

(2)　海水2000ｇ中には，2000×0.035＝70(ｇ)の塩分がとけていて，このうち６％が硫酸《りゅうさん》マグネシウムなので，その重さは，70×0.06＝4.2(ｇ)と求められる。

(3)　省略

(4)　ろ過をせずに煮《に》詰《つ》めると，にがりの成分である塩化マグネシウムなどが除かれずにふくまれてしまうので，食塩と比べて苦い味になってしまう。

(5)　溶解度の表より，60℃の水100ｇにホウ酸は14.9ｇ，硝酸《しょうさん》カリウムは110.0ｇまでとける。この水溶液を10℃まで冷やしたとき，ホウ酸は3.7ｇまでしかとけないので，②のとき，14.9－3.7＝11.2(ｇ)のホウ酸がとけ残る。11.2ｇのホウ酸をとかすために必要な10℃の水の重さは，100×$\frac{11.2}{3.7}$＝302.70…より，302.7ｇ(…Ｘ)となる。また，②で水溶液を10℃まで冷やしたとき，硝酸カリウムは22.0ｇまでしかとけないので，110.0－22.0＝88.0(ｇ)の硝酸カリウムがとけ残る。このうち，追加した10℃の水302.7ｇに硝酸カリウムは，22.0×$\frac{302.7}{100}$＝66.594より，66.6ｇ(…Ｙ)までとける。したがって，④で③をろ過すると，硝酸カリウムの結晶が，110.0－(22.0＋66.6)＝21.4(ｇ)(…Ｚ)得られる。

(6)　結晶の表面を水で洗うとき，温度の高い水で洗うと硝酸カリウムの結晶が水にとけてしまうので，⑤では水にとけてしまう量が少なくなるように冷たい少量の水で洗っている。

3　食道や気管，肺のつくりについての問題

(1)　ヒトが食べ物をそしゃくする(かみくだく)ことによって，食べ物が小さくなり，消化器内を通りやすくなる。また，食べ物がだ液と混ぜあわされ，やわらかくなることによって，消化器内を通りやすくなる。

(2)　食道のかべにある筋肉が，上の方から順に収縮することで，食べ物が胃に向かって送り出されていく。このような動きをぜん動運動という。

(3)　問題文より，食べ物を飲みこむときには，図１のＸがＹにくっつき，Ｚが下がるので，その瞬間《しゅんかん》には気管につながる通り道がふさがれて，息を吸うことができなくなると考えられる。

⑷　肺には筋肉がないので，肺だけでふくらんだり，ちぢんだりすることはできない。そのため，ろっ骨が上がり，横かくまくが下がることによって胸こうの容積を大きくし，肺に空気が流れこむようになっている。なお，ろっ骨が下がり，横かくまくが上がることによって胸こうの容積が小さくなると，肺から空気が出ていく。

⑸　肺ほうの中にある酸素が，肺ほうのまわりにはりめぐらされている毛細血管内の血液にわたされ，血液中の二酸化炭素が肺ほうの中に出される。このとき，酸素や二酸化炭素は，肺ほうや毛細血管の壁《かべ》を通りぬけて移動している。

⑹　肺を通った血液は，肺静脈を通って心臓の左心ぼうに入り，左心室から大動脈を通って全身に送られる。

4　水星，金星，火星についての問題

⑴　太陽のような恒星《こうせい》のまわりを公転している星を惑星《わくせい》という。太陽のまわりを公転している惑星には，太陽から近い順に，水星，金星，地球，火星，木星，土星，天王《てんのう》星，海王星の8個ある。

⑵　地球と太陽は約1億5000万km離《はな》れているので，水星と太陽の平均距離は，1億5000万×0.39＝5850万(km)と求められる。よって，もっとも近いウが選べる。

⑶　表1より，金星の大気の97％は二酸化炭素である。二酸化炭素は金星から出ていく熱を吸収し，再び金星の表面にもどす性質が強く，大気をあたためるはたらき(温室効果)があるので，金星は水星よりも太陽から遠いにもかかわらず，表面の平均気温は水星よりも高くなる。

⑷　火星の表面には赤っぽい色をした酸化鉄が多くある。太陽の光のうち赤色の光のみを反射すると，赤色に見える。

⑸　①　金星は，常に地球よりも太陽に近いところ(内側)を公転しているため，地球から金星を真夜中に観測することはできない。　②　右の図Ⅰに示した地球の夕方の位置からは，A，B，Cの位置の金星を観測できる。

図Ⅰ

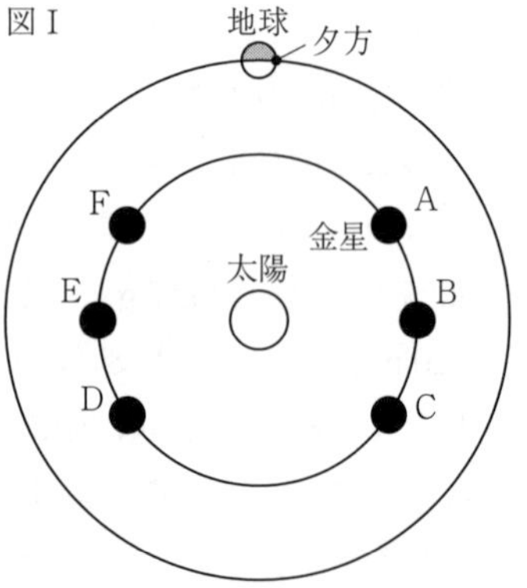

⑹　地球の公転周期を365日とするので，水星の公転周期は，365×0.24＝87.6(日)となる。よって，水星の公転周期は，地球の1日の長さの88倍である。

⑺　①　水星の公転周期は⑹より88日，自転周期は58.5日なので，その比は88：58.5となり，もっとも近い3：2を選ぶ。また，金星は公転周期が，365×0.62＝226.3(日)，自転周期が243日で，その比が226.3：243だから，もっとも近い1：1を選ぶ。　②　①より，水星の公転周期と自転周期の比は3：2なので，水星が$\frac{1}{3}$回公転する間に$\frac{1}{2}$回自転し，$\frac{2}{3}$回公転する間に，$\frac{1}{2}\times 2=1$(回)自転し，$\frac{3}{3}$回(＝1回)公転する間に，$\frac{1}{2}\times 3=1\frac{1}{2}$(回)自転することになる。このときのようすは下の図Ⅱのようになり，はじめ，日の出の位置にいた人が，1回公転したときに日の入りの位置にいることがわかる。つまり，水星の半日の長さが公転周期と同じ88日になるので，水星の1日の長さは，88×2＝176(日)より，地球の1日の約180倍とわかる。同様に，金星について考えると，金星の公転周期と自転周期の比は1：1であり，金星が$\frac{1}{4}$回公転する間に$\frac{1}{4}$回自転し，$\frac{2}{4}$回$\left(=\frac{1}{2}回\right)$公転する間に$\frac{2}{4}$回$\left(=\frac{1}{2}回\right)$自転する。金星の公転の向きと自転の向きは反対であることから，このときのようすは下の図Ⅲのよ

うになり，はじめ，日の入りの位置にいた人が，$\frac{1}{2}$回公転したときに再び日の入りの位置にいることがわかる。つまり，金星の１日の長さは，226.3÷２＝113.15(日)と求められ，地球の１日の約120倍とわかる。

図Ⅱ

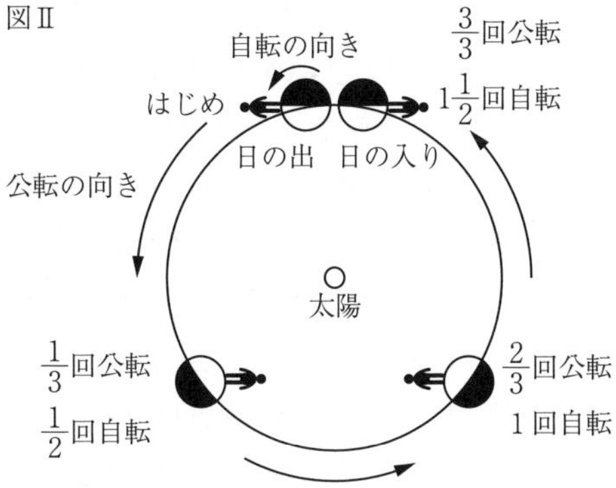

図Ⅲ

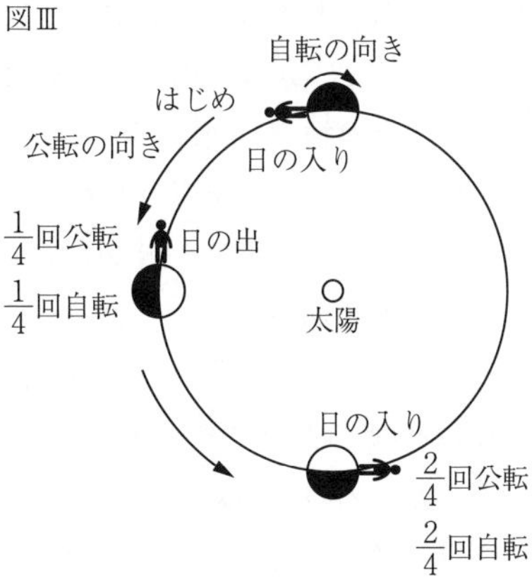

※　編集部注…学校より，②の⑶については「選択肢の中に正解に該当するものがなかったため，受験生全員を正解にした」とのコメントがありました。なお，この件による合否への影響はなかったとのことです。

国　語　＜第２回試験＞（50分）＜満点：100点＞

解　答

一　**問１**　(例)　積極的に活動し，人と異なった人生経験をした人は視野や発想の幅が広くなり，活躍が期待できるから。　**問２**　(例)　子どもの学ぶ機会を保障するために，子どもの頃にもっぱら学校に通って学ぶものとされていた。　**問３**　ア　**問４**　(例)　専門性を広い視野で鳥瞰的・俯瞰的に捉える知的態度で，専門的な事柄を他分野や一般社会と結びつけるもの。　**問５**　ア　**問６**　**A**　エ　**B**　ウ　**C**　ア　**D**　イ　**問７**　下記を参照のこと。　**問８**　エ　二　**問１**　**一**　ウ　**二**　オ　**三**　イ　**四**　ア　**五**　エ　**問２**　差別に立ちむかう女性(という点。)　**問３**　(例)　社会で作られた性別にこだわらない，中性的なファッションやヘアスタイルの男女が登場するポスター。　**問４**　(例)　詩音が姉を応援したくて坊主にしたことを姉は怒ったが，本当はうれしかったと知り，もやもやした気持ちが消えて安心したこと。　**問５**　ウ　**問６**　(例)　姉の行動を支持するため詩音が坊主でいることは，姉や両親，詩音の学校が期待することではないから。　**問７**　**A**　ウ　**B**　ア　**C**　イ　**D**　エ　**問８**　ア

●漢字の書き取り

一　**問７**　(ア)　次元　(イ)　営利　(ウ)　細分化　(エ)　生態系　(オ)　応(え)

解　説

一　**出典は河野哲也《こうのてつや》の『問う方法・考える方法―「探究型の学習」のために』による。**多様化する現代社会では心のあり方，学びや教養も変化し，積極的に活動した経験が重要になるので，教育で探

究を重視するのは正しいと述べている。

問１　「人と異なった人生経験」をしてきた人は，「面白《おもしろ》い視点」を持ったり「興味深い発想」をしたりできるため，「積極的に活動した経験をもった人こそが，これからの社会で望まれ，大きな活《かつ》躍《やく》が期待できる」と筆者は考えている。

問２　次の段落に，かつての学びの形について書かれている。子どもの学ぶ機会を保障するため，学校に通うことが推奨《すいしょう》され，学び終えてから社会で働くという形だったのである。

問３　次の段落に，大学を例とした学校と外の社会の結びつきが示されているので，これをふまえてアが選べる。なお，イは「ボランティアを通して企業《きぎょう》と関わり」，ウは「日本から留学する必要性がなくなりつつある」という部分が本文に書かれていない。エは，「学部や専門の域を超《こ》えた研究が増えた」ことと「企業などとの連携《れんけい》」が因果関係で結ばれている点で間違《まちが》い。

問４　教養とは，「現代の狭《せま》く細分化されすぎている専門性を，より広い視野に立って鳥瞰《ちょうかん》的・俯《ふ》瞰《かん》的に捉《とら》えるための知的態度」，「ひとつの事柄《ことがら》をさまざまな視点から検討し，他の分野や一般《いっぱん》社会と関係づけて考える力」，専門教育や専門家を「他の分野や一般社会と結びつけるためのもの」だと本文にある。

問５　ぼう線(5)は，専門化が進む現代では自分の分野や組織を優先しがちだという問題を取り上げた例である。後にあるとおり，ほかの利害関係者の不満や不安を無視することのないよう，さまざまな分野や地域の人々と結びつける力が必要だというのだから，アが合う。

問６　**Ａ**　前に「特定の人生の流れ」とあり，後には少なくとも以前は「エリート」と呼ばれた人生の流れの例として，優秀《ゆうしゅう》な高校からよい大学に入り，大企業《きぎょう》や官庁で長く勤めあげる人生があげられている。よって，具体的な例をあげるときに使う「たとえば」が入る。　**Ｂ**　前にある「変わっていくこと」を後で「自己変容」と言いかえているので，“要するに”とまとめて言いかえるときに使う「すなわち」が合う。　**Ｃ**　前には，これまでは子どもを学校の中で庇護《ひご》し，社会に出すのは成長した後だったとある。後には，今後，学校は社会との結びつきが強くなり，子どもも社会とのつながりの中で学ぶことが増えると続く。よって，前の事柄を受けて，それに反する内容を述べるときに用いる「しかし」がよい。　**Ｄ**　前では，現代社会での教養とは，ひとつの事柄をさまざまな視点から検討し，ほかの分野や一般社会と関連づけて考える力だとされている。後には，教養とは専門教育の単なる準備や，単に広く浅く知識を持っていることではないと続く。よって，後の内容の理由が前にあるときに使う「したがって」が合う。

問７　**(ア)**　物事をしたり考えたりする立場。　**(イ)**　金もうけをすること。　**(ウ)**　細かく分けた状態にすること。　**(エ)**　自然界のある地域に生息する生物と，その環境《かんきょう》から成り立つ全体。　**(オ)**　音読みは「オウ」で，「応答」などの熟語がある。

問８　最後から二つ目の段落の内容から，エが選べる。なお，アは「自分の帰属する集団に積極的に関わ」るべきという部分，イは「優秀な学校に入学し安定した就職先を選ぶこと自体にもはや価値を見出すことはできない」という部分，ウは「たくさんの知識を身につけ」ようとする姿勢が重要という部分が誤り。

二　**出典は朝比奈蓉子《あさひなようこ》の『わたしの気になるあの子』による。**姉を応援《おうえん》したくて姉と同じ坊主《ぼうず》頭にした詩音《しおん》だったが，ジェンダーについて説明した後，姉は詩音に坊主頭をやめるように忠告する。

問１　**一**　せまい知識や考えにとらわれていて，広い世界を知らないようす。　**二**　成功しても気をゆるめて油断することなく，気持ちをひきしめよといういましめ。　**三**　戦いや競争に負けること。　**四**　座《すわ》ったまま体をゆらしていねむりをすること。　**五**　何かをするときに，ちょうど都合のいいことに出会うこと。

問２　男女差別を感じさせる，納得《なっとく》のいかない校則を変えたいと思い，詩音の姉は坊主にした。詩音がテレビで見た映画のヒロインは，女性という理由だけで拷問《ごうもん》のようなしごきを受けたが，やはり自ら坊主になって男性たちと同じ訓練にいどんだ。二人の共通点は「差別に立ちむかう女性」といえる。

問３　詩音の姉は，社会でつくられた性別で役割に男女差をつけるのがジェンダーで，ファッションやヘアスタイルに関するジェンダーをなくそうとする動きをジェンダーレスと言うと説明している。よって，社会でつくられた性別にこだわらない，中性的なファッションやヘアスタイルの男女が登場するポスターだろうと考えられる。

問４　ぼう線⑷は，姉の言葉を聞いた詩音の気持ちを表す。坊主にした詩音を姉はひどく怒《おこ》ったが，心の中ではとてもうれしかったと姉は明かしている。姉を応援したくて坊主にした詩音は，その姉に怒られて気持ちにしこりを残していたが，姉のその言葉で安心したのである。

問５　ぼう線⑸の直前に「そういわれると」とあるので，直前の姉の言葉に注目する。姉は，姉妹ともに坊主頭にしてしまい，両親は大きなショックを受けただろうと思うとつらいと言っている。それを聞いた詩音も，両親の気持ちをおしはかってつらい気持ちになったのだから，ウが合う。

問６　「自分のしていること」とは，詩音が坊主頭にしていることを指す。だが，前にあるとおり，詩音は姉を応援しようと坊主にしたのだったが，かんじんの姉や両親，詩音の学校は詩音が坊主頭をやめることを期待しているのである。

問７　**A**　姉の部屋に入る場面なので，「そっと」ドアを押《お》したと考えられる。「そっと」は，静かに。　**B**　人のことではなく，自分のことを考えなさいと詩音に忠告した姉の言葉である。自分の気持ちを「きちんと」考えて行動すべきだと言ったものと考えられる。「きちんと」は，整っているようす。　**C**　後の「たたいた」にかかる言葉が入るので，軽くたたくようすを表す「ポンポンと」がよい。　**D**　姉を応援したくて坊主にした詩音だが，姉は詩音に坊主をやめるように言う。納得《なっとく》しきれず，もう少し詩音は姉と話したかったと考えられるが，姉に話を打ち切られてしまったので，「しぶしぶと」姉の部屋を出たと考えられる。「しぶしぶと」は，いやいやながら。

問８　本文の中ほどにある姉の言葉に，姉は校則を変えたくて坊主にしたが，それはジェンダーにかかわることでもあったという内容がある。よって，アが選べる。

2022年度　洗足学園中学校

〔メール〕　ao@jh-staff.senzoku.ac.jp
〔所在地〕　〒213－8580　神奈川県川崎市高津区久本２－３－１
〔交　通〕　JR南武線 ―「武蔵溝ノ口駅」より徒歩８分
東急田園都市線 ―「溝の口駅」より徒歩８分

【算　数】〈第３回試験〉（50分）〈満点：100点〉

【注意】円周率は3.14として計算してください。

1　次の計算をしなさい。

（１）$384 \div 16 - 6 \times 48 \div 21 + 24 \div 7$

（２）$\left(1\frac{5}{14} - \frac{3}{28}\right) \div 2 \div \frac{1}{9} \times \left(0.75 - \frac{1}{12}\right)$

2　次の問いに答えなさい。

（１）ある品物を，定価の３％引きで売ると7100円の利益が出て，定価の２割引きで売ると1400円の損失が出ます。この品物の定価はいくらですか。

（２）$\frac{1}{2}$より大きく$\frac{7}{8}$より小さい分数のうち，分母が11になる分数をすべて足した数を答えなさい。

（３）花子さんの腕《うで》時計は１日に２分おくれ，目覚まし時計は１日に４分進みます。花子さんは，週に１回２つの時計を同時に正しい時刻に合わせます。日曜日の朝に目が覚めたとき，腕時計は午前６時17分，目覚まし時計は午前６時26分をさしていました。最後に正しい時刻に合わせたのは，目が覚めた時から何時間前ですか。

（４）三角形ＡＢＣは１辺の長さが15 cmの正三角形です。図１の点線部分を折り目として折り返したものが図２です。図２の色のついた部分の面積は，正三角形ＡＢＣの面積の何倍ですか。

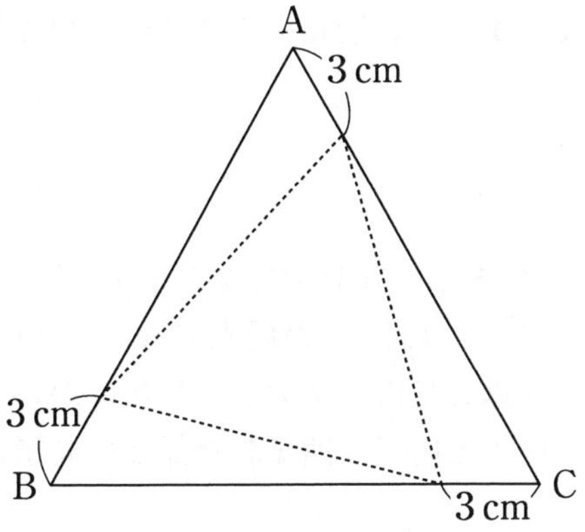

図１

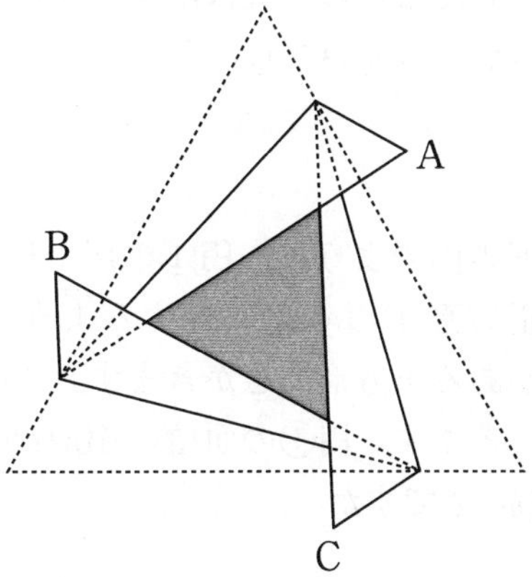

図２

3 次の問いに答えなさい。

（１）Ａ，Ｂの２つのコップがあり，Ａには食塩水，Ｂには水がそれぞれ400 ｇずつ入っています。いまＡからＢに100 ｇ移してよく混ぜてから，ＢからＡに100 ｇ移したところ，Ａは濃《のう》度４％の食塩水になりました。最初にＡには何％の食塩水が入っていましたか。

（２）下の図のように，円①の周上に４つの頂点がある正方形①をかきます。次に，正方形①の４辺に接するような円②をかき，この円②の周上に４つの頂点がある正方形②をかきます。この手順をくり返して円と正方形を交互《ご》にかいていきます。円①の面積が400 cm^2のとき，円①と円④で囲まれた部分の面積は何cm^2ですか。

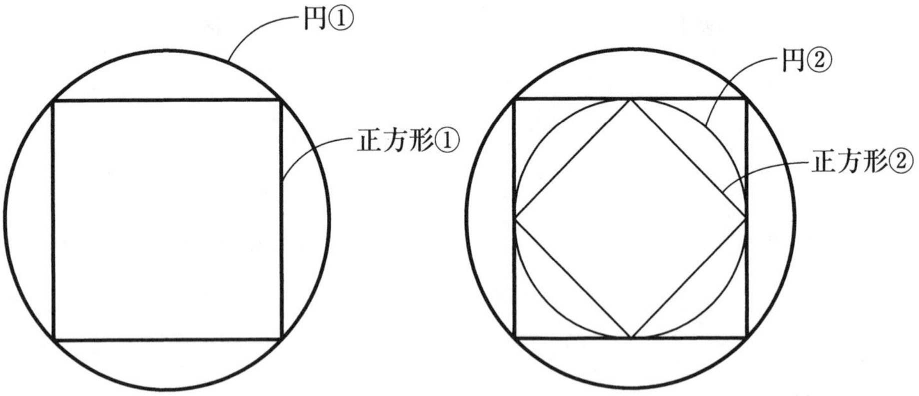

（３）花子さんは３種類のノートＡ，Ｂ，Ｃを合計30冊買い，代金は6900円でした。１冊の値段はＡが300円，Ｂが240円，Ｃが165円です。ＡはＢの２倍より６冊少なく買ったとすると，Ｃは何冊買いましたか。ただし，価格はすべて税込《こ》みで考えます。なお，この問題は解答までの考え方を表す式や文章・図などを書きなさい。

（４）42 kmはなれた２地点Ａ，Ｂがあり，花子さんはＡからＢに向けて，園子さんはＢからＡに向けて同時に出発しました。花子さんは時速４kmで30分進んで10分休むことをくり返し，また，園子さんは時速3.5 kmで40分進んで５分休むことをくり返します。このとき，花子さんと園子さんが出会うのは，出発してから何時間何分何秒後ですか。なお，この問題は解答までの考え方を表す式や文章・図などを書きなさい。

4 表のように，あるきまりに従って整数が１から順に並んでいます。上から x 番目，左から y 番目の位置にある数を（x，y）と表すことにします。例えば，（２，３）＝８です。このとき，次の問いに答えなさい。

1	4	9	16	25	
2	3	8	15	24	
5	6	7	14	23	
10	11	12	13	22	
17	18	19	20	21	

（１）次の［ア］，［イ］にあてはまる数を答えなさい。

（10，9）＝［ア］

（7，7）＋（7，8）＝［イ］

（２）次の［ウ］，［エ］に入る数は，どのような数ですか。①～⑥のうち，正しい組み合わせを１つ選び，番号で答えなさい。

（2022，10）＋（2022，11）＋（2022，12）＝［ウ］

（2022，2021）＋（2022，2022）＋（2022，2023）＝［エ］

	ウ	エ
①	３で割りきれる数	偶《ぐう》数
②	３で割りきれる数	奇《き》数
③	３で割って１余る数	偶数
④	３で割って１余る数	奇数
⑤	３で割って２余る数	偶数
⑥	３で割って２余る数	奇数

（３）表の太枠《わく》にある３つの数３，８，15の和は26です。このように横に並んでいる３つの数の和が404となるとき，３つの数をすべて答えなさい。なお，この問題は解答までの考え方を表す式や文章・図などを書きなさい。

5 高さ25 cmの直方体の形をした水そうがあります。この水そうの中に，金属でできた１辺が５cmの立方体20個を，４段になるように積みます。１段目には８個の立方体を置き，上の段には下の段よりも多く立方体を積むことはできません。この水そうに１秒あたり200 cm^{3}の割合で水を入れ始めたところ，35秒後に水面の高さが５cmになりました。このとき，次の問いに答えなさい。

（１）この水そうの底面積は何cm^{2}ですか。

（２）水面の高さが20 cmになるのは水を入れ始めてから何秒後ですか。

（３）水を入れ始めてから105秒後の水面の高さは14.5 cmでした。下から２段目には何個の立方体がありますか。なお，この問題は解答までの考え方を表す式や文章・図などを書きなさい。

【社　会】〈第３回試験〉（理科と合わせて60分）〈満点：75点〉

1　日本には６千以上の島があります。次のⅠ～Ⅳは日本のある島の地図とその説明です。これらについて、あとの問いに答えなさい。なお、各地図の縮尺は同一ではありません。

Ⅰ

日本海に浮かぶこの島は、かつて金や銀が採掘《さいくつ》されたことで知られています。現在は米作りや(ア)沿岸漁業が産業の中心となっています。近年は、国際保護鳥に指定されている［　(イ)　］が日本で最後まで生息した場所として注目され、現在は関係者が一丸となって［　(イ)　］の野生復帰の取り組みをおこなっています。

Ⅱ

九州と(ウ)韓国との間に位置するこの島は、古くから中国や朝鮮半島と日本との文化や経済の交流において重要な役割を果たしました。平野が少なく、島の面積の約９割が山地であり、島の中部には(エ)リアス海岸が広がっています。

Ⅲ

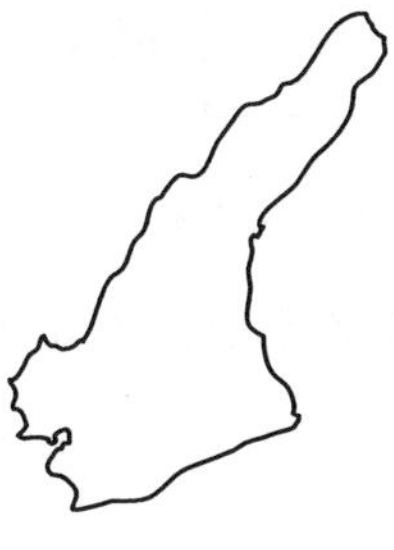

瀬戸内海に浮かぶこの島は、日本標準時子午線が通過していることで知られています。この島と本州との間には明石海峡大橋が、四国との間には［　(オ)　］がかけられており、本州と四国を結ぶ高速道路がこの島を縦断しています。たまねぎなどの(カ)野菜の栽培が盛《さか》んにおこなわれており、大都市に出荷《しゅっか》されています。

Ⅳ

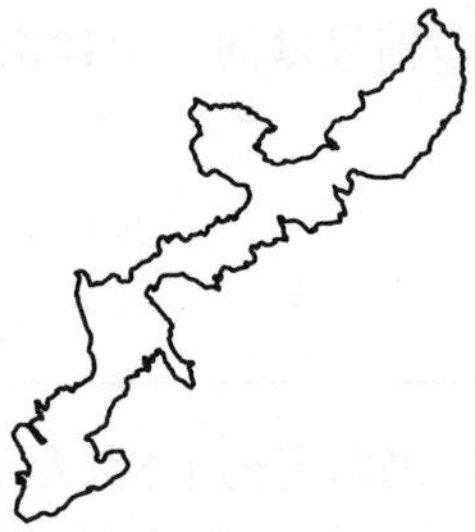

県庁所在地が位置する島としては日本で最も小さい島です。国内外から多くの観光客が訪れ、観光業などの第三次産業が産業の中心となっています。(キ) 2021年にこの島の北部は周辺の3つの島とともに世界自然遺産に登録されました。

問1　次の［資料］は、Ⅰ～Ⅳの島が属しているそれぞれの県の製造品出荷《しゅっか》額等の割合と総額（2018年）を示したものです。Ⅲの島が属している県について示したものを、［資料］中のA～Dの中からひとつ選んでアルファベットで答えなさい。

［資料］

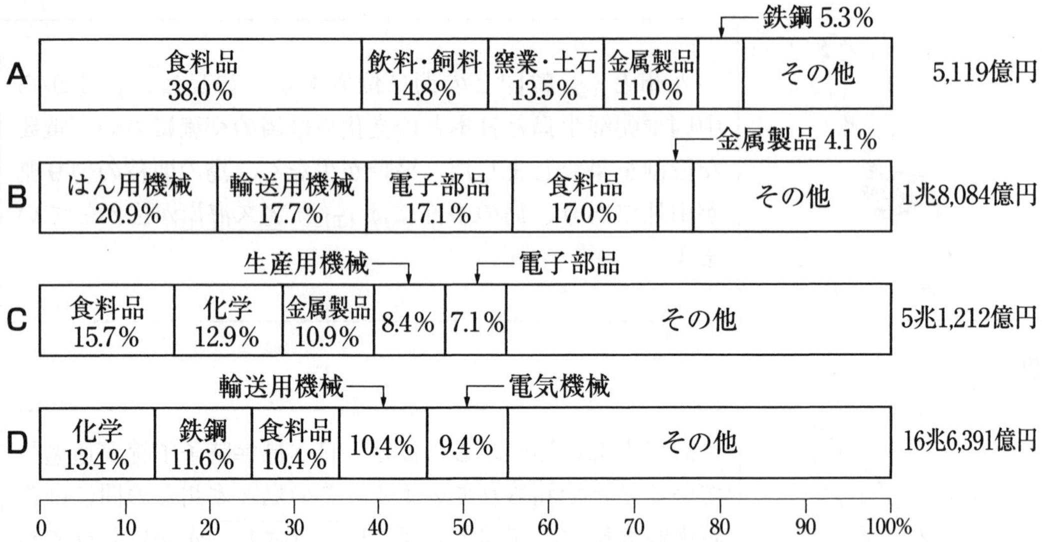

（矢野恒太記念会『データでみる県勢』より作成）

問２　次の **[資料]** は、**Ⅰ～Ⅳ**の島が属しているそれぞれの県の県庁所在地における日照時間の月別平年値を示したものです。**Ⅳ**の島が属している県の県庁所在地の日照時間を示したものを、**[資料]** 中の**Ａ～Ｄ**の中からひとつ選んでアルファベットで答えなさい。

[資料]

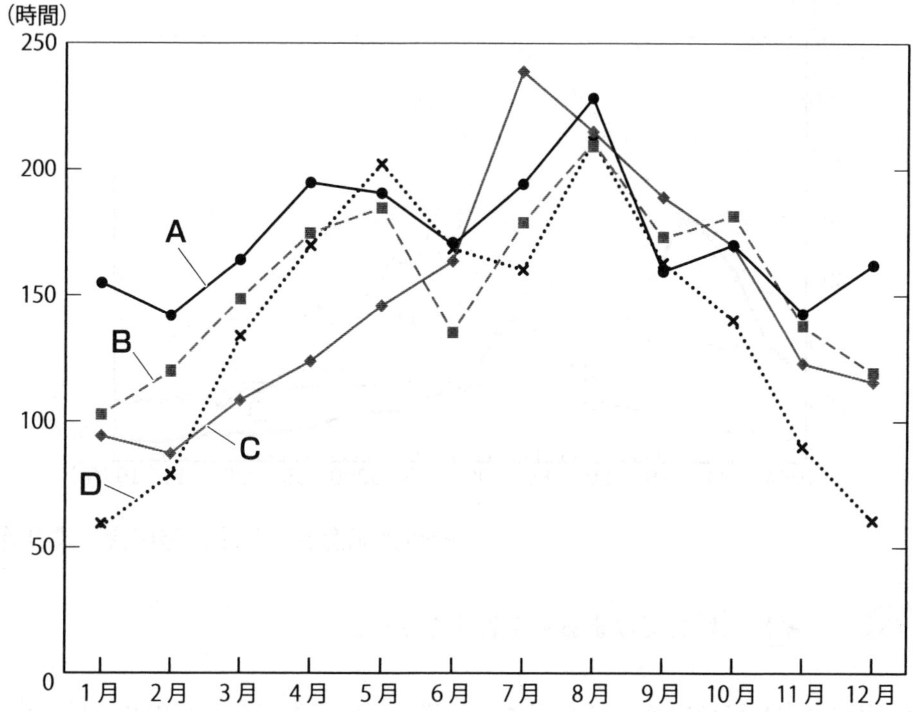

（国立天文台『理科年表』より作成）

問3　下線部**（ア）**に関連して、次の**[資料]**は、日本の漁業種類別生産量の推移を示したもので、**[資料]**中の**A～D**は、沿岸漁業、遠洋漁業、沖合漁業、海面養殖業のいずれかです。沿岸漁業について示したものを、**[資料]**中の**A～D**の中からひとつ選んでアルファベットで答えなさい。

[資料]

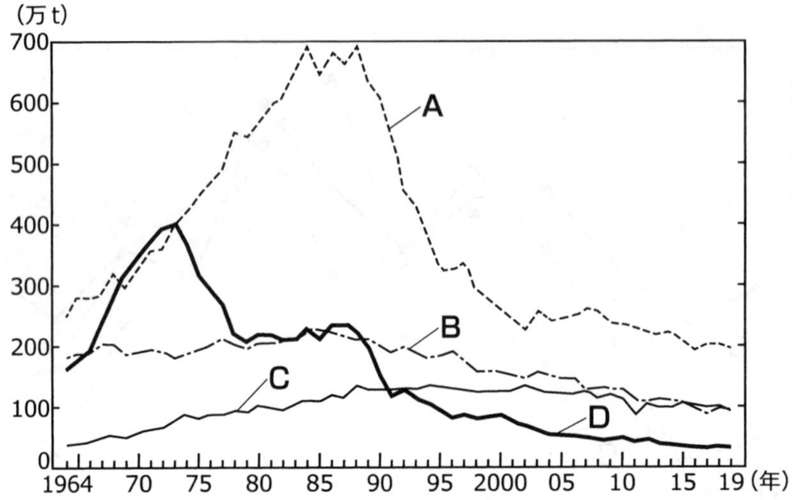

（矢野恒太記念会『日本国勢図会』より作成）

問4　空欄《くうらん》 **（イ）** にあてはまる鳥を答えなさい。

問5　下線部**（ウ）**について述べた文として誤っているものを、次の**A～D**の中からひとつ選んでアルファベットで答えなさい。

A　韓国は夏の暑さがとても厳しく、多くの家庭にはオンドルとよばれる冷房《れいぼう》設備が備わっている。

B　韓国ではチマ・チョゴリなどの民族衣装が伝統として受け継《つ》がれている。

C　インチョンにある国際空港はハブ空港として国内外の多くの人が利用している。

D　2018年には冬季オリンピック・パラリンピックが開催《かいさい》された。

問6　下線部（**エ**）について述べた文①～③の内容の正誤の組み合わせとして正しいものを、次の**A**～**H**の中からひとつ選んでアルファベットで答えなさい。

① 起伏《きふく》の多い山地が海面下に沈《しず》んで形成された、のこぎりの歯のような複雑な海岸線をもつ海岸である。
② 三陸海岸や若狭湾でみられることで有名である。
③ 湾や入り江が入り組んでおり、津波による被害《ひがい》は小さくなる。

A	①－正	②－正	③－正	**B**	①－正	②－正	③－誤
C	①－正	②－誤	③－正	**D**	①－正	②－誤	③－誤
E	①－誤	②－正	③－正	**F**	①－誤	②－正	③－誤
G	①－誤	②－誤	③－正	**H**	①－誤	②－誤	③－誤

問7　空欄《くうらん》［（**オ**）］にあてはまる橋を漢字で答えなさい。

問8　下線部（**カ**）のような農業形態を何といいますか。漢字で答えなさい。

問9　下線部（**キ**）に関連して、次の(1)・(2)にそれぞれ答えなさい。

(1)　**Ⅳ**の島の北部とともに世界自然遺産に登録された島を、次の**A**～**F**の中からすべて選んでアルファベットで答えなさい。

A	屋久島	**B**	宮古島	**C**	西表島
D	徳之島	**E**	石垣島	**F**	奄美大島

(2)　世界遺産に登録されると、多くの人から注目されることもあり、観光客が増加することがあります。観光客が増えることは、観光業など地域経済の発展によい影響《えいきょう》をもたらす反面、負の側面もあるといわれています。観光客の増加によりもたらされる負の側面を、異なる観点からふたつ、文章で答えなさい。

2　次の文章を読んで、あとの問いに答えなさい。

四方を海に囲まれた島国である日本は、古代から、海を通じて外国と交流をおこなってきました。

特に博多は、古代から要港として繁栄《はんえい》してきました。博多湾周辺では、世界文化遺産に登録された沖ノ島《おきのしま》など、航海の安全や(ア)東アジアとの交流の成就《じょうじゅ》を祈《いの》って祭祀《さいし》がおこなわれた遺跡が多く残されています。また、博多湾に面する(イ)志賀島からは、

江戸時代に (ウ) １世紀のものと考えられる金印が発掘《はっくつ》されており、この地域と中国との交流があったことがうかがえます。

博多を中心におこなわれた東アジアとの交流の拠点《きょてん》を、近畿地方まで広げたのは平清盛です。平清盛は、瀬戸内海を船が安全に通行できるように音戸《おんど》の瀬戸《せと》を開削《かいさく》し、大輪田泊を修築して日宋貿易の拠点《きょてん》としました。また、平清盛は海上の守護神を祀《まつ》っている［　(エ)　］を崇敬《すうけい》し、平家一門の繁栄《はんえい》を願って［　(エ)　］に『平家納経』を納めました。

室町時代には、(オ) 足利義満が朝貢形式による日明貿易を始めました。15世紀後半になると、博多の商人と結んだ大内氏や堺の商人と結んだ細川氏が貿易の実権を握《にぎ》るようになり、博多や堺が貿易の主な拠点《きょてん》となりました。明だけではなく、朝鮮や琉球王国とも交易をおこない、琉球王国を通じて東南アジアの珍《めずら》しい物品も輸入されるようになりました。

江戸時代になり、いわゆる「鎖国」政策においても、一部の港に限って交易がおこなわれており、完全に (カ) 外国との交流が途絶《とだ》えたわけではありませんでした。また、国内における輸送のための航路も江戸時代の間に整備が進み、船による流通が活発になりました。

江戸時代末期には、アメリカなど、(キ) 通商条約を結んだ国とも貿易がおこなわれるようになりました。これらの条約に不平等な内容が含《ふく》まれていたこともあり、日本はその影響《えいきょう》を長らく受けることとなりました。

(ク) 明治時代の富国強兵政策や産業の発展においても、人やものが外国と行き来するためには、船は欠かせないものでした。その後、大正時代においては (ケ) 船成金とよばれる人々が登場するなど、造船業や海運業が発展しました。

航空機による輸送が発達した現在においても、船による輸送は日本の暮らしと産業を支え続け、海を通じての (コ) 輸出入は日本にとって欠かせないものとなっています。

問１　下線部（ア）について述べた文として正しいものを、次のＡ～Ｄの中からひとつ選んでアルファベットで答えなさい。

Ａ　６世紀に、高句麗から倭国へ仏教が伝えられた。

Ｂ　隋に代わって唐が中国を統一したころ、高麗が朝鮮半島を統一した。

Ｃ　倭国と百済の関係が悪化したため、遣唐使の航路は北路から南路に変更《へんこう》された。

Ｄ　倭国は、白村江の戦いにおいて唐と新羅の連合軍に大敗した。

問２　下線部（イ）には鎌倉時代に元軍が襲来《しゅうらい》し、幕府は御家人を動員して応戦しました。このときの鎌倉幕府の執権を、姓名ともに漢字で答えなさい。

問３　下線部（**ウ**）について述べた文として正しいものを、次の**Ａ～Ｄ**の中からひとつ選んでアルファベットで答えなさい。

Ａ　「漢委奴国王」と刻まれた金印である。
Ｂ　「親魏倭王」と刻まれた金印である。
Ｃ　中国皇帝である煬帝から、倭国王に授けられた金印である。
Ｄ　中国皇帝が倭国王にこの金印を授けたことが、『漢書』地理志に記されている。

問４　空欄《くうらん》［　（**エ**）　］にあてはまる語句を、漢字４字で答えなさい。

問５　下線部（**オ**）について述べた文①～③の内容の正誤の組み合わせとして正しいものを、次の**Ａ～Ｈ**の中からひとつ選んでアルファベットで答えなさい。

①　京都の東山に金閣を建てた。
②　太政大臣に任命された。
③　南北朝の合一を実現した。

Ａ	①－正	②－正	③－正	**Ｂ**	①－正	②－正	③－誤
Ｃ	①－正	②－誤	③－正	**Ｄ**	①－正	②－誤	③－誤
Ｅ	①－誤	②－正	③－正	**Ｆ**	①－誤	②－正	③－誤
Ｇ	①－誤	②－誤	③－正	**Ｈ**	①－誤	②－誤	③－誤

問６　下線部（**カ**）について述べた文として正しいものを、次の**Ａ～Ｄ**の中からひとつ選んでアルファベットで答えなさい。

Ａ　織田信長は、ポルトガル人やオランダ人を相手に南蛮貿易をおこなった。
Ｂ　江戸幕府は、松前藩を通じてアイヌの人々と貿易をおこなった。
Ｃ　対馬藩の尚氏は、江戸幕府から朝鮮との貿易を認められた。
Ｄ　河村瑞賢により、堺と琉球王国を結ぶ西廻り航路が開かれた。

問７　下線部 **(キ)** に関連して、次の **[資料]** は、1865年における日本の貿易品目や貿易相手国について示したものです。**[資料]** 中の空欄《くうらん》 **X** ～ **Z** にあてはまる語句の組み合わせとして正しいものを、次の**A**～**F**の中からひとつ選んでアルファベットで答えなさい。

[資料]

日本の主要輸出入品の割合

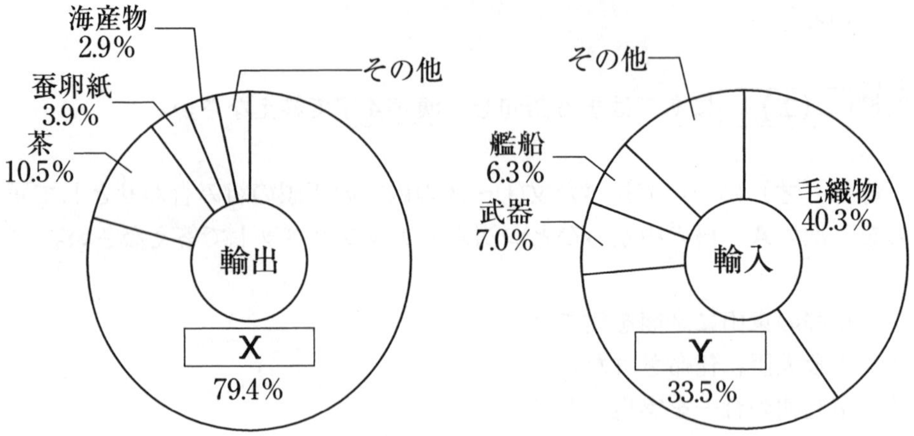

日本の主な貿易相手国との貿易額比率

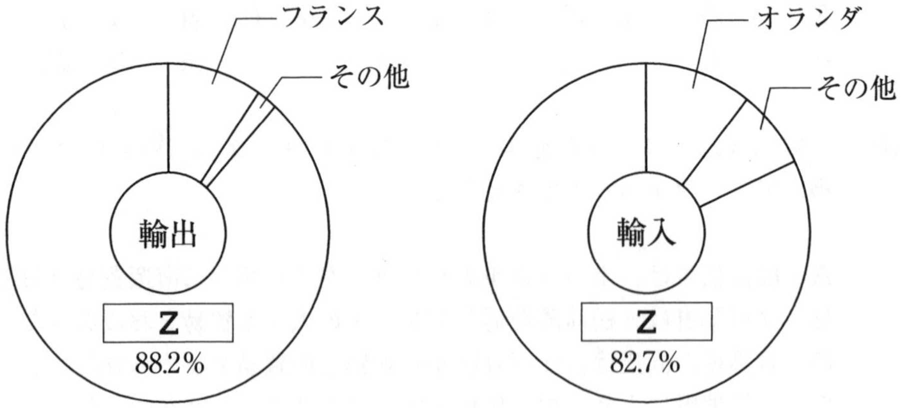

（山川出版社『詳説日本史図録』より作成）

A　**X** －生糸　**Y** －絹織物　**Z** －イギリス
B　**X** －生糸　**Y** －綿花　**Z** －アメリカ
C　**X** －生糸　**Y** －綿織物　**Z** －イギリス
D　**X** －綿糸　**Y** －絹織物　**Z** －アメリカ
E　**X** －綿糸　**Y** －綿花　**Z** －イギリス
F　**X** －綿糸　**Y** －綿織物　**Z** －アメリカ

問8　下線部**(ク)**に起こった出来事について述べた文として正しいものを、次の**A～D**の中からひとつ選んでアルファベットで答えなさい。

A　イギリス船のノルマントン号が沈没《ちんぼつ》し、日本人乗客全員が死亡した。
B　江華島事件をきっかけに、樺太・千島交換条約を結んだ。
C　日本は、日本海海戦でバルチック艦隊を破り、日清戦争に勝利した。
D　岩倉具視や西郷隆盛を中心とする岩倉使節団が欧米へ派遣《はけん》された。

問9　次の**[資料]**は、下線部**(ケ)**が登場する前後の、日本の輸出額と輸入額を示したグラフで、　　　　の部分は「ある戦争」の期間を表しています。「ある戦争」中から1921年にかけて、貿易額がグラフのように推移した理由を、「ある戦争」の名称《めいしょう》を明らかにして文章で説明しなさい。

[資料]

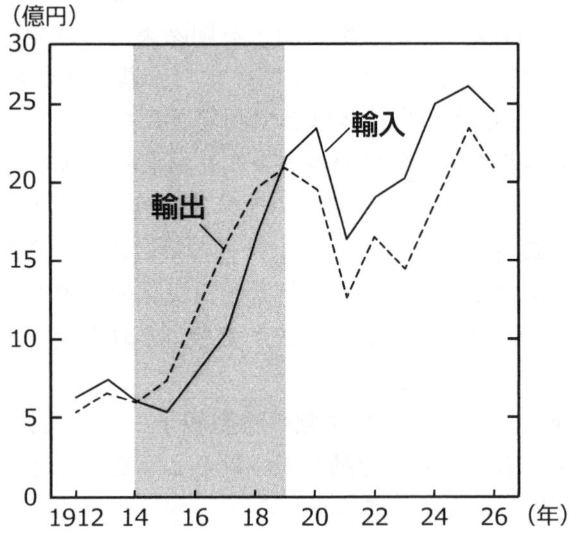

(山川出版社『詳説日本史図録』より作成)

問10　下線部**(コ)**について述べた文①・②の内容の正誤の組み合わせとして正しいものを、次の**A～D**の中からひとつ選んでアルファベットで答えなさい。

①　高度経済成長期に、日本がアメリカに大量に自動車を輸出したため、日本とアメリカとの間での貿易摩擦が生じた。
②　21世紀に入り、アメリカからの要求を受けて、日本は米の輸入を自由化した。

A	①－正　②－正	**B**	①－正　②－誤
C	①－誤　②－正	**D**	①－誤　②－誤

3　次の文章は、2021年５月５日の毎日小学生新聞に掲載《けいさい》された「『子ども基本法』を作ろう」という記事を抜粋《ばっすい》したものです。これを読んで、あとの問いに答えなさい。なお、一部ふりがなをつけたり省略したりした部分があります。

５月５日は、子どもの幸せについて考える「こどもの日」です。子どもの権利を守る総合的な法律「子ども基本法」を作ろうとする動きが出てきています。子どもの支《し》援《えん》を専門的に担当する新たな国の役所「こども庁」も具体化しようとしています。法律や仕組み作りに当たっては、子どもの意見をしっかり聞くことが大切だと考えられています。

東京都千代田区の (ア) 衆議院第１議員会館で４月22日、子どもたちの声を (イ) 国会議員や国の役人に届ける集会が開かれました。集会は、子どもの権利を定める世界共通のルール (ウ)「子どもの権利条約」がきちんと守られることを目指す団体の集まり「広げよう！子どもの権利条約キャンペーン」が催《もよお》しました。（中略）

日本政府は1994年に子どもの権利条約を批准（国内で正式に受け入れて実行すること）しました。障害者や (エ) 女子差別撤廃に関する国際条約では受け入れにともなって基本法が作られましたが、子どもについてはいまだに基本法がありません。自治体のルール (オ)「条例」としては50自治体ほどで制定されていて、今年３月には東京都でも成立しました。国の基本法としてのルール作りが求められています。（中略）

「子ども基本法、その手足となるシステムを早急にみなさんといっしょに考えたい」。子どもたちの声を国会議員らに届ける４月22日の集会には、党派を超《こ》えて議員が出席しました。菅義偉 (カ) 総理大臣を支える与党・自民党の野田聖子・衆議院議員が意欲を示しました。野田さんは、子ども基本法ができ、それを受けとめる機関が必要になるのは「自然の流れ」だとしました。

自民党と連立政権を組む与党・公明党の古屋範子・衆議院議員も、「しっかりと子どもの声を聞いて子どもとともに行動していけるような、子ども基本法の制定に取り組んでまいりたいと思います」と述べました。

子育てや教育に関する国の仕事は、役所ごとに担当が分かれてきました。主な政策を見ると、幼稚園や小学校、中学校などを文部科学省（文科省）が担い、保育園や親のいない子どもの養育、ひとり親の支援《しえん》などを厚生労働省（厚労省）が担い、政策の調整や少子化対策を［　（キ）　］が担っています。

例えば、児童虐待《ぎゃくたい》への対応を考えると、児童相談所は厚労省が、学校は文科省が受け持っていて、事件になれば警察の出番もあります。これらの関係機関の連絡《れんらく》がうまくいかず、子どもが犠牲《ぎせい》になるようなケースが少なくありませんでした。

それぞれの役所が自分たちの都合ばかり考えて仕事をすることを「縦割り行政」といいます。菅さんは「縦割り行政の打破」をテーマの一つに掲《かか》げていて、「こども庁」の新設にやる気を見せています。菅さんは自民党のトップの総裁でもあり、４月に「こども庁」などについて話し合う本部を自民党に置きました。今年秋までに行われる (ク) 衆議院議員選挙の公約の目玉にする考えです。

一方、菅政権に対抗《たいこう》する野党・立憲民主党は、もともと「子ども家庭省」の設置を目指してきました。泉健太・政務調査会長らは菅さんらの動きに対し、「単に新たな行政組織という『箱』をつくるだけでなく、他の先進国と比べても少ない子ども・子育て予算や教育予算を大幅《おおはば》に増やしていく必要があります」との談話を出しています。

今回の集会を催《もよお》した「広げよう！子どもの権利条約キャンペーン」は、子ども基本法の制定などを求める提言をまとめました。この中では、政府とは独立した立場で子どもの権利が守られているかをチェックする公的な機関を作ることも求めています。キャンペーン共同代表で山梨学院大学教授の荒牧重人さんは集会で、「子どもに関する総合的な法律と、独立した機関の設置と、『こども庁』の設置が三位一体《さんみいったい》のようにならなければならず、［　（ケ）　］と考えています」と訴えました。

問１　下線部（ア）に関連して、憲法では衆議院の優越が認められています。国会での議決に際し、両院を完全な対等とせず、一方の院に優越を認めている理由を文章で説明しなさい。

問２　下線部（イ）に関連して、日本の国会議員について述べた文①～③の内容の正誤の組み合わせとして正しいものを、次のA～Hの中からひとつ選んでアルファベットで答えなさい。

①　国会議員はいかなる場合でも、会期中に逮捕されない。
②　国会議員は議院でおこなった演説について、院外で責任を問われない。
③　国会議員は相当額の歳費を国庫から受け取ることができる。

A	①－正	②－正	③－正	B	①－正	②－正	③－誤
C	①－正	②－誤	③－正	D	①－正	②－誤	③－誤
E	①－誤	②－正	③－正	F	①－誤	②－正	③－誤
G	①－誤	②－誤	③－正	H	①－誤	②－誤	③－誤

問３　下線部（ウ）は、1989年に国連総会において採択されました。国連総会について述べた文として正しいものを、次のA～Dの中からひとつ選んでアルファベットで答えなさい。

A　総会によって設立された機関に、難民の保護と救済のために活動しているUNICEFがある。
B　総会における議決は一国一票制をとっており、重要な議題については出席投票国の３分の２以上の賛成が必要である。
C　総会は全加盟国で構成されている国際連合唯一《ゆいいつ》の立法機関である。
D　総会では、常任理事国が拒否権を行使することが可能である。

問4　下線部（エ）に関連して、女子差別撤廃条約の批准に際して男女雇用機会均等法が制定されました。現在の男女雇用機会均等法に照らして問題がないと考えられるものを、次のA～Dの中からひとつ選んでアルファベットで答えなさい。

A　妊娠《にんしん》が判明したので産休についての相談を申し出たところ、「うちの会社では産休は取れない。辞《や》めてもらうしかない。」と社長が発言した。

B　職員の採用に関して相談したところ、「うちの会社の受付は毎年女性がやっているから、今年も女性のみを採用しよう。」と社長が発言した。

C　女性管理職の割合が２割しかいないことを伝えたところ、「女性従業員のみを対象として研修を開いて、女性管理職の増加を目指そう。」と社長が発言した。

D　女性従業員のみに対して、「職場のそうじ当番やお茶くみなどの雑務をやるように。」と社長が発言した。

問5　下線部（オ）の制定を求める手続きについて述べた文として正しいものを、次のA～Dの中からすべて選んでアルファベットで答えなさい。

A　条例の制定を請求するのに必要な署名数は、有権者の３分の１以上である。

B　条例の制定請求は、地域住民全体に関わることがらのため、小学生の署名も有効となる。

C　条例の制定請求に必要な署名数が集まると、直ちに新しい条例が制定される。

D　条例制定の請求先は、条例を制定しようとする地方公共団体の首長である。

問6　下線部（カ）と国務大臣の資格については、日本国憲法第66条第２項で規定されています。条文中の空欄《くうらん》［　X　］にあてはまる語句を漢字で答えなさい。

> 内閣総理大臣その他の国務大臣は、［　X　］でなければならない。

問7　空欄《くうらん》［　（キ）　］には、内閣の重要課題について企画《きかく》の立案や各省の調整をおこなう行政機関があてはまります。空欄《くうらん》［　（キ）　］にあてはまる語句を漢字で答えなさい。

問8　下線部**（ク）**の比例代表選挙について、次の**［資料］**は、ある架空《かくう》の政党の比例代表名簿《めいぼ》の一部です。この名簿《めいぼ》のうち比例代表選挙で当選する人物は誰《だれ》ですか。**［資料］**中の**A**～**D**の中から２人選んでアルファベットで答えなさい。

［資料］

○○党　比例代表名簿

比例代表選挙での当選人数　２人

届け出順位	候補者名	小選挙区の立候補	小選挙区の当選結果
1	A	なし	
2	B	あり	当選
3	C	あり	落選
4	D	なし	

問9　空欄《くうらん》［　**（ケ）**　］にあてはまる文として最もふさわしいものを、次の**A**～**D**の中からひとつ選んでアルファベットで答えなさい。

A　早急に『こども庁』を作るべきで、法律の制定は焦《あせ》る必要はない
B　何よりもいま第一に取り組むべきは、独立した機関の設置である
C　子どもの権利が守られているかチェックするのは首相の役目だ
D　『こども庁』を単に設置するだけでは不十分だ

【理　科】〈第３回試験〉（社会と合わせて60分）〈満点：75点〉

1 物体はプラスの電気とマイナスの電気を持っています。物体どうしをこすり合わせると、マイナスの電気をより受け取りやすい材質の物体にマイナスの電気が移動します。実験で用いる物体は、それぞれの実験開始時にはプラスの電気とマイナスの電気を同じ量持っていて、電気の合計はゼロであるものとします。

【実験１】 同じストローを２本用意し、それぞれティッシュペーパーとこすり合わせた。図１のように、片方のストロー（ストローX）の中心に穴を開けてつまようじにのせ、ストローXが回転できるようにした。もう１本のストロー（ストローY）を近づけると、ストローXはストローYから遠ざかるように回転した。

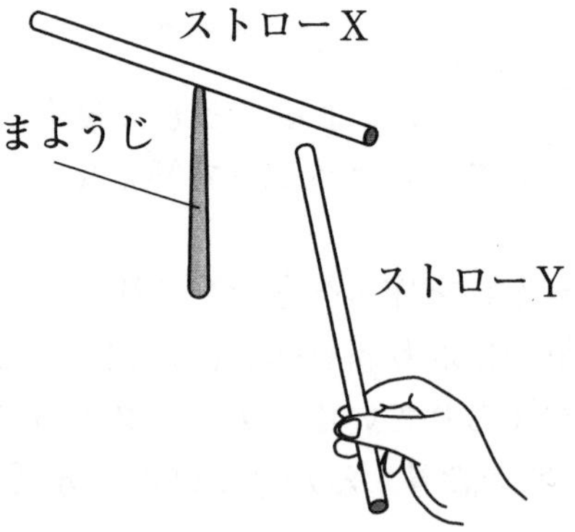

図１

（1） ストローは、ティッシュペーパーよりもマイナスの電気を受け取りやすいことが分かっています。【実験１】から分かったことを説明した次の文章を読んで、あとの問いに答えなさい。

ストローX、ストローYをティッシュペーパーとこすり合わせたため、電気の合計は、ティッシュペーパーは［ A ］、ストローXは［ B ］、ストローYは［ C ］になっている。電気の合計が［ B ］の物体と［ C ］の物体を近づけると、［ D ］力がはたらくことが分かった。

① 空らん[A]～[C]にあてはまる語句の組み合わせとして適当なものを次より１つ選び、記号で答えなさい。

	A	B	C
ア	プラス	プラス	プラス
イ	プラス	プラス	マイナス
ウ	プラス	マイナス	プラス
エ	プラス	マイナス	マイナス
オ	マイナス	プラス	プラス
カ	マイナス	プラス	マイナス
キ	マイナス	マイナス	プラス
ク	マイナス	マイナス	マイナス

② 空らん[D]にあてはまる語句として適当なものを次より１つ選び、記号で答えなさい。

ア．引きあう　　イ．反発しあう

【実験２】 下じきと頭をこすり合わせ、ゆっくりとはなすと、髪《かみ》の毛が下じきにくっついた。

（２）　【実験２】から分かったことを説明した次の文を読んで、あとの問いに答えなさい。

電気の合計が[E]を近づけると、[F]力がはたらくことが分かった。

① 空らん[E]にあてはまる語句として適当なものを次より１つ選び、記号で答えなさい。

ア．プラスの物体どうし
イ．マイナスの物体どうし
ウ．プラスの物体とマイナスの物体

② 空らん［　F　］にあてはまる語句として適当なものを次より１つ選び、記号で答えなさい。

ア．引きあう　　イ．反発しあう

さまざまな材質の物体P～Sを用意し、次のような実験を行いました。物体Sは用意した物体の中でもっともマイナスの電気を受け取りにくいことが分かっています。

【実験３】　物体Pと物体Qをこすり合わせた。また、物体Rと物体Sをこすり合わせた。物体Pと物体Sを近づけると、引きあった。

【実験４】　物体Pと物体Rをこすり合わせた。また、物体Qと物体Sをこすり合わせた。物体Pと物体Qを近づけると、引きあった。

（3）　物体P～Rを、マイナスの電気を受け取りやすい順番に答えなさい。

（4）　電気と同じように引きあったり反発しあったりする力が発生するものとして、磁石があります。

① 磁石と引きあう物質を次よりすべて選び、記号で答えなさい。

ア．ニッケル　　イ．アルミニウム　　ウ．銀　　エ．銅　　オ．鉄

② コイルに電流を流し鉄心を入れたものを電磁石といい、磁石と同じはたらきをします。電磁石の磁力を強くする方法として適当なものを次よりすべて選び、記号で答えなさい。

ア．電流を強くする。　　イ．電流の向きを変える。
ウ．コイルの巻き数を増やす。　　エ．コイルの巻き数を減らす。
オ．鉄心を太くする。　　カ．鉄心のかわりに銅の棒を入れる。
キ．鉄心のかわりに木の棒を入れる。

③ 電磁石と永久磁石について適当なものを次より１つ選び、記号で答えなさい。

ア．電磁石も永久磁石も、磁力の強さを変えられる。
イ．電磁石も永久磁石も、磁力線はS極から出てN極に入る。
ウ．電磁石は磁極を変えられるが、永久磁石は変えられない。
エ．永久磁石はコバルトと引きあうが、電磁石は引きあわない。

2　園子さんは次のような実験をしました。ただし、１ｇの水や水溶液《すいようえき》の温度を１℃あげるのに必要な熱量を１カロリーとし、使用する水、水溶液の密度はすべて１g/mLとします。また、同じ容器を使用した場合、１分間に容器内部の水や水溶液から失われる熱量は常に等しいものとします。特に指定のない場合は、答えは、小数第１位以下があるときは四捨五入して整数で求めなさい。

【実験１】　図１の容器に20℃の水96ｇを入れ、水酸化ナトリウム４ｇを加えてよく混ぜた。水酸化ナトリウムを加えてからの経過時間に対する温度の変化は、図２のようになった。

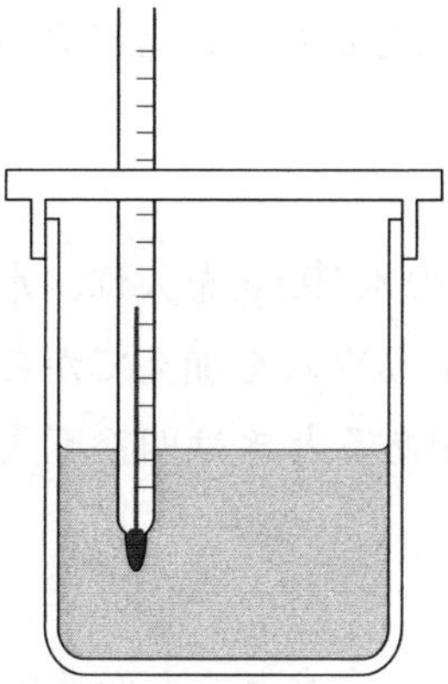

図１

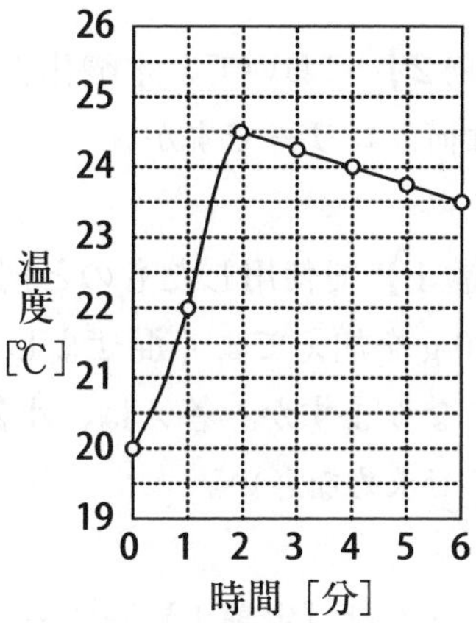

図２

（１）　水酸化ナトリウム水溶液で金属をとかすと気体が発生します。

① 水酸化ナトリウム水溶液でとける金属を次より１つ選び、記号で答えなさい。

ア．鉄　　イ．銅　　ウ．銀　　エ．アルミニウム　　オ．金

② 発生する気体の名称《めいしょう》を答えなさい。

（２）　【実験１】で使用した容器では、１分間に容器内部から失われる熱量は何カロリーですか。

（３）　【実験１】と同様の実験を、熱が全く出入りしない容器を用いて行うと、５分後には温度は何℃になると考えられますか。

園子さんは、とかす水酸化ナトリウムの量を変えると、温度の変化がどうなるか気になり、さらに実験してみました。

【実験２】【実験１】で使用したものと同じ容器に20℃の水97ｇを入れ、水酸化ナトリウム３ｇを加えてよく混ぜた。水酸化ナトリウムを加えてからの経過時間に対する温度の変化は、表１のようになった。

表１

時間［分］	0	1	2	3	4	5
温度［℃］	20.00	21.00	23.25	23.00	22.75	22.50

（４）　【実験２】において、水酸化ナトリウムを水にとかしたことによって発生した熱量は何カロリーですか。

（５）　【実験１】で使用したものと同じ容器に20℃の水190ｇを入れ、水酸化ナトリウム10ｇを加えてよく混ぜました。水酸化ナトリウムを加えてから６分後には何℃になりますか。答えは、小数第２位以下があるときは四捨五入して小数第１位まで求めなさい。

（６）　園子さんは【実験１】をもう一度行おうとして、水とまちがえてうすい塩酸を使ってしまいました。その結果、【実験１】よりも高い温度になりました。高い温度になった理由を答えなさい。

（７）　園子さんはさらに調べていくと、水にとかすと水溶液の温度が下がる物質もあると知りました。この現象に最も関係の深いものを次より１つ選び、記号で答えなさい。

ア．ドライアイスで冷凍《れいとう》食品を保冷する。
イ．はだを水でぬらすと冷たく感じる。
ウ．瞬間冷却《しゅんかんれいきゃく》パックをたたくと冷たくなる。
エ．道路に凍結防止剤《とうけつぼうしざい》をまいておくとこおりにくくなる。

3 ある日の園子さんの夕食は白米、とうふの味噌汁《みそしる》、牛肉のステーキ、千切りキャベツ、粉ふきいもでした。食べたものの成分を調べました。

Ａ～Ｅは、米、大豆、牛肉、キャベツ、ジャガイモのいずれかで、表１はこれらの調理前の可食部100ｇ当たりにふくまれている成分の重さ［ｇ］を調べて、まとめたものです。

表１

	水	タンパク質	脂質《ししつ》	炭水化物
A	92.7	1.3	0.2	5.2
B	81.1	1.8	0.1	15.9
C	55.9	17.1	25.8	0.4
D	14.9	6.1	0.9	77.6
E	12.4	33.8	19.7	29.5

（文部科学省『日本食品標準成分表2020年版（八訂）』より作成）

（１）① ＤとＥは、他に比べてふくまれている水の量が少ないことがわかります。この２つは生物の同じ器官を食べています。この器官の名称《めいしょう》を答えなさい。

② Ａ～Ｅにあてはまる組み合わせとして適当なものを次より１つ選び、記号で答えなさい。

	A	B	C	D	E
ア	キャベツ	ジャガイモ	牛肉	大豆	米
イ	米	キャベツ	牛肉	ジャガイモ	大豆
ウ	ジャガイモ	キャベツ	大豆	牛肉	米
エ	キャベツ	ジャガイモ	牛肉	米	大豆
オ	牛肉	大豆	ジャガイモ	米	キャベツ

（２）　炭水化物には光合成で作られるＸがふくまれます。次の文章は、植物が一定時間に作るＸの重さを調べた実験について述べたものです。

Ｘは、葉の葉柄《ようへい》（葉とくきや枝をつないでいる細い部分）を通って植物の各部に運ばれ、これを転流と呼びます。光合成が行われている間も、Ｘの一部は葉の呼吸や転流によって葉からなくなります。

処理Ｆ、Ｇを組み合わせることで、葉で光合成により作られるＸの重さ（＝光合成量）を求めることができます。また、葉で呼吸により消費されるＸの重さ（＝呼吸量）や葉から転流により運び出されるＸの重さ（＝転流量）も求めることができます。

処理Ｆ：葉全体をアルミホイルでおおう。

処理Ｇ：葉柄の一部を高温の水蒸気で焼き、転流が行われないようにする。

呼吸量は処理Ｆ、Ｇの影響《えいきょう》を受けず、光合成量は処理Ｇの影響を受けないものとします。処理Ｆ、Ｇを表２のＨ～Ｋのように組み合わせました。表２の○は処理を行ったことを、×は処理を行わなかったことを表します。

表２

	処理Ｆ	処理Ｇ
Ｈ	○	○
Ｉ	○	×
Ｊ	×	○
Ｋ	×	×

朝から晩まで天気の良かったある日、Ｈ～Ｋをヒマワリの別々の葉に行いました。午前10時の段階で、それぞれの葉から50cm^{2}の葉を切り取り、その乾燥《かんそう》重量を量りました。さらに、午後３時に再びそれぞれの葉から50cm^{2}の葉を切り取り、その乾燥重量を量り、午前10時からの変化を調べました。その結果をまとめたものが表３です。ただし、葉の乾燥重量の変化は、光合成量、呼吸量、転流量によるものとします。また、葉は十分大きく、50cm^{2}を切り取っても残りの葉の活動には影響がないものとします。

表３

Ｈ	Ｉ	Ｊ	Ｋ
13mg減少	18mg減少	40mg増加	5mg増加

① Ｈを行った葉の乾燥重量の変化量は何を表していると考えられますか。適当なものを次より１つ選び、記号で答えなさい。

ア．光合成量
イ．呼吸量
ウ．葉をアルミホイルでおおわないときの転流量
エ．葉をアルミホイルでおおったときの転流量
オ．光合成量から呼吸量をひいた量
カ．光合成量から呼吸量と葉をアルミホイルでおおわないときの転流量をひいた量
キ．呼吸量と葉をアルミホイルでおおったときの転流量を合わせた量

② このときのヒマワリの１時間、葉面積50 cm^2あたりの光合成量は何mgですか。答えは、小数第２位以下があるときは四捨五入して小数第１位まで求めなさい。

③ 葉をアルミホイルでおおったときとおおわないときの転流量を比べた結果について、適当なものを次より１つ選び、記号で答えなさい。

ア．同じである。
イ．おおったときの方が多い。
ウ．おおわないときの方が多い。

④ 処理Ｇでは、どの組織を焼くことを目的としていますか。適当なものを次より１つ選び、記号で答えなさい。

ア．形成層　　イ．気孔《きこう》　　ウ．道管　　エ．師管

⑤ 白米にふくまれるＸを検出するために、たきたての白米にヨウ素ヨウ化カリウム溶液をたらしました。すると、はじめは褐色《かっしょく》でしたが、時間が経つと青《あお》紫《むらさき》色に変わっていきました。この理由として適当なものを次より１つ選び、記号で答えなさい。

ア．白米が冷めると、Ｘが減るから。
イ．白米が冷めると、Ｘが増えるから。
ウ．白米が冷めると、ヨウ素がＸと反応するから。
エ．白米が冷めると、ヨウ素がＸと反応しなくなるから。

（３）　ヒトのタンパク質の消化、吸収について説明した次の文の空らん［a］～［c］にあてはまる語句の組み合わせとして適当なものを次より１つ選び、記号で答えなさい。

タンパク質は胃液や［a］、腸液のはたらきにより［b］に分解され、小腸のじゅう毛内の［c］に吸収される。

	a	b	c
ア	だ液	アミノ酸	毛細血管
イ	だ液	アミノ酸	リンパ管
ウ	だ液	糖	毛細血管
エ	だ液	糖	リンパ管
オ	すい液	アミノ酸	毛細血管
カ	すい液	アミノ酸	リンパ管
キ	すい液	糖	毛細血管
ク	すい液	糖	リンパ管

（４）　食肉用のウシやヒツジなどの動物を育てることは地球温暖化に影響をおよぼすと言われています。これらの動物は植物食性（草食性）で、反すうという方法で植物を消化しますが、その際に二酸化炭素よりも温室効果が大きい気体を排《はい》出《しゅつ》します。この気体の名称を答えなさい。

4　地点Ｘと地点Ｙにおいて、地層を調べたところ、地表面に近い側から順番に、地点Ｘでは地層Ａ～Ｆが、地点Ｙでは地層Ｐ～Ｒが見られました。また、地点Ｙではすべての地層の境界に不整合面があり、地点Ｘにはありませんでした。

それぞれの地層に化石ａ～ｈがあるかどうかを調べ、地点Ｘの結果を表１、地点Ｙの結果を表２にまとめました。表中の○は化石があったことを、×は化石がなかったことを表します。

表1

地層＼化石	a	b	c	d	e	f	g	h
A	○	×	×	×	○	×	○	○
B	○	×	×	×	○	○	○	×
C	○	×	×	○	○	○	×	×
D	○	×	○	○	○	×	×	×
E	○	○	×	×	×	×	×	×
F	○	×	×	×	×	×	×	×

表2

地層＼化石	a	b	c	d	e	f	g	h
P	○	×	×	×	○	×	○	○
Q	○	×	×	○	○	○	×	×
R	○	○	×	×	×	×	×	×

これらの結果について、園子さんとお姉さんは、次のように考えました。

お姉さん　「地点Xの地層Eでは、[Ⅰ]の化石が産出しているね。」

園子さん　「それなら、地層Eと地点Yの地層[Ⅱ]は同じ時代にたい積したと考えられるね。」

お姉さん　「同じように、地層Aと地点Yの地層[Ⅲ]も同じ時代にたい積したと考えられるね。地点Yにも地層Dと同じ時代にたい積した地層があったはずだけど、観察できないね。その地層がたい積した後、次の地層がたい積するまでに地点Yではなにがどんな順番で起こったと思う？」

園子さん　「[Ⅳ]」

お姉さん　「その通りね。地層がたい積した時代を比較《ひかく》する時に役に立つ化石を示準化石と言ったわね。示準化石としてあつかわれる生物の特ちょうはどのようなものだと思う？」

園子さん　「生存期間が[Ⅴ]、分布する地域が[Ⅵ]、個体数が多いなどだと思うわ。」

（1）　空らん[Ⅰ]にあてはまる記号として適当なものをａ～ｈよりすべて選び、記号で答えなさい。

（2）　空らん[Ⅱ]、[Ⅲ]にあてはまる記号として適当なものをＰ～Ｒより１つずつ選び、記号で答えなさい。

(3)　空らん Ⅳ にあてはまる園子さんの台詞《せりふ》を書きなさい。ただし、化石dはアンモナイトであり、地層C、Dは海底でたい積したことが分かっています。

(4)　空らん Ⅴ 、 Ⅵ にあてはまる語句の組み合わせとして適当なものを次より1つ選び、記号で答えなさい。

	Ⅴ	Ⅵ
ア	長い	広い
イ	長い	せまい
ウ	短い	広い
エ	短い	せまい

(5)　化石bはフズリナでした。フズリナの死骸《しがい》が押《お》し固められてできた岩石に、うすい塩酸をかけると、二酸化炭素のあわが発生しました。

① この岩石はたい積岩の1種です。名称《めいしょう》を答えなさい。

② 下線部より、フズリナの死骸にふくまれていると考えられる成分を答えなさい。

③ フズリナと同じ時代に生存していた生物を次より1つ選び、記号で答えなさい。

ア．キョウリュウ　　　イ．サンヨウチュウ
ウ．マンモス　　　　　エ．シソチョウ

(6)　ぎょう灰岩をふくむ層を用いても地層がたい積した時代を比較することができます。

① ぎょう灰岩は主に何がたい積して岩石になったものか、答えなさい。

② ぎょう灰岩とほかのたい積岩とで異なる点として適当なものを次より1つ選び、記号で答えなさい。

ア．砂岩はつぶに丸みがあるが、ぎょう灰岩はつぶが角ばっている。
イ．れき岩は化石をふくむことがあるが、ぎょう灰岩は化石をふくむことはない。
ウ．ぎょう灰岩はつぶの大きさがそろっているが、でい岩はつぶの大きさがそろっていない。
エ．ぎょう灰岩はうすくはがれやすいが、ねんばん岩ははがれにくい。

ア　プラネタリウムの解説者は、ボタンを使って機械を自在に操作しており、説明もわかりやすいうえに、洋次郎も洋も知らないことばかり話してくれた。

イ　洋次郎はプラネタリウムに連れて行ったりパンを買ってやったりと甲斐甲斐《かいがい》しく洋の面倒《めんどう》をみているが、心の底では洋を嫌《きら》っている。

ウ　伯母《おば》は洋次郎と洋の母の兄嫁《よめ》で、突然《とつぜん》やってくる二人のことをいつも優《やさ》しく迎《むか》え入れてくれ、父がけがをした時も二人がショックを受けないよう配慮《はいりょ》している。

エ　洋は天文学入門の解説を読んでいるほど天文学に詳《くわ》しいので、数万年後の将来に天体が変わることも当然知っていた。

すが、洋がプラネタリウムを見て驚《おどろ》いた理由がいくつかあります。含《ふく》まれる理由としてふさわしいものを次の**ア**～**エ**の中から一つ選び、記号で答えなさい。

ア　数十秒で十万年後の空から現在の空に戻《もど》ることができるから。

イ　終わると洋次郎があくびをしてしまうほど朝の風景を精巧《せいこう》に再現していたから。

ウ　絶対に変わらないと思っていた北極星の形が変わる未来を映し出したから。

エ　解説者が説明のタイミングに合わせて自在に夜空を動かせるようになっているから。

問二　――**(2)**「銀青色」とありますが、色を使った次の**一**～**五**の成句の意味を、後の［意味］**ア**～**オ**の中から一つずつ選び、記号で答えなさい。

一　紺屋《こうや》の白袴《ばかま》

二　朱《しゅ》に交われば赤くなる

三　くちばしが黄色い

四　腹が黒い

五　紅一点

［意味］

ア　ずるくて、悪い考えをもっているようす。

イ　まだ年が若くて、未熟であることのたとえ。

ウ　他人のためにばかりいそがしくて、自分のことはおろそかにするものだ、ということ。

エ　人は、まわりの環境《かんきょう》や人に影響《えいきょう》されやすく、付き合う友だちによってよくも悪くもなるということ。

オ　男の人の中に女の人がひとりだけ交じっていること。

問三　――**(3)**「洋次郎はめずらしい動物でも見る目つきになって、弟を見直した。」とありますが、この時の洋次郎の心情を、解答らんに六十字以内で説明しなさい。

問四　――**(4)**「北斗七星《ほくとしちせい》がゆっくりとくずれはじめる気がしていた」とありますが、言おうとしているのはどのようなことですか。解答らんに二行以内で説明しなさい。

問五　――**(5)**「砂漠《さばく》がひろがりはじめる。」とありますが、この時のふたりの心情を、解答らんに二行以内で説明しなさい。

問六　――**(6)**「いま、そんなことを考えている自分のことが、おとうちゃんにすまない気もちになって、洋は自分のももをきゅんとつねってやった。」とありますが、洋が父にすまないと思ったのはなぜですか。理由としてふさわしいものを次の**ア**～**エ**の中から一つ選び、記号で答えなさい。

ア　けがをしたあとの父を実際にはまだ見ていないのに、勝手に弱々しい姿を想像してしまったから。

イ　父が大変な目にあったとも知らずに、伯父《おじ》の家で買ったパンを食べることばかり考えていたから。

ウ　けがをした父を心配するべきときに、その日に会った少女のことを、顔を鮮明《せんめい》に思い出すほど考えていたから。

エ　いまは兄弟で互《たが》いに支え合うことが父の願いであるはずなのに、洋次郎のことを忘れて母がいつ来るのかということで頭がいっぱいになっていたから。

問七　［A］～［D］に当てはまる語を次の**ア**～**エ**の中から一つずつ選び、記号で答えなさい。（ただし記号はそれぞれ一回ずつ使用します。）

ア　ゆったり　**イ**　あっさり　**ウ**　ぐんと　**エ**　ぽやんと

問八　本文の内容に合うものを次の**ア**～**エ**の中から一つ選び、記号で答えなさい。

初めてで握手か……。(3)洋次郎はめずらしい動物でも見る目つきになって、弟を見直した。洋はまだ胸に麦わら帽子をかかえているような手つきで、[C]立っていた。洋次郎はゆっくりとその手つきを押しもどしてやりながら、ほな、帰るで、といった。

兄弟は心斎橋《しんさいばし》まででると、塩町筋《しおまちすじ》に曲がり、そのままゆっくり歩きつづけた。末吉橋《すえよしばし》に近いわが家まで、子どもの足でもそんなにかからない。もっとも、洋一人なら、このあたりの小学生のグループに追いたてられるかもしれなかった。けれど、今日は白線四本入りの今宮《いまみや》中学校の帽子をかぶった兄といっしょだから、その心配もなかった。堺《さかい》筋《すじ》の電車道を渡《わた》るまで、二人とも無言だった。渡りおわると、洋次郎が、おなかへったなあ、木村屋《きむらや》でパン買《こ》うていこか、とさそった。ん。それもって内田《うちだ》の伯父《おじ》さんとこへよって、お茶よばれてたべよか、と洋もうなずいた。内田の伯父は、長堀橋《ながほりばし》の北に、かなり大きな料亭《りょうてい》を開いていた。兄弟のかあさんの兄である。

大きな石垣《いしがき》がずんと胸をはるようなどっしりした正面でなく(伯父はいつも、ここから入ってくるんやで、といってくれていたが)、横手の家族用の入口から入ると、うなぎの寝床《ねどこ》みたいに細長い土間があり、ちょっと暗い。つき当りが広い調理場の横で、いついっても独特のにおいがした。お菓子《かし》やサイダーといった子ども用のにおいとちがい、体全体をまあるく包みこむような大人向日本料理と、かんした酒のにおいだった。それをふっきるようにさっさとあがり、帳場を横切って、そのまま伯父の部屋に入ると、たいてい伯母《おば》が、ようおいで、と迎えてくれる。

ところがその日はようすがちがった。ええとこへきてくれた、きて早々だすけど、二人ともびっくりしたらあきませんで……。伯母が小さな体そのままに声までひそめ、二人を奥の座敷《ざしき》へ手招きしたのである。

―あんたとこのおとうさんがな、さっきうちでけがしはったんや。車をおりるなり、石垣にでぼちんぶつけはったんや。

あのおとうちゃんが、この昼間から、そんな子どもみたいに……。

兄弟は顔を見あわせた。ふたりの頭のなかに、いつも仕立てのいい背広を[D]着こなして、おこった顔をみせたこともない父の洋太郎の姿が同時にうかんだ。大丈夫《だいじょうぶ》や、心配せんかてええ―父はそういいたそうな顔をしていた。それなのに伯母は、そんな父の像を消しゴムで消すようにつづけた。

―とにかくすぐに、うちのかかりつけの大内《おおうち》先生にきてみてもろたけど、縫《ぬ》わんならんいいはるさかい、関口《せきぐち》病院へつれていきましたのや。その帰りし、おかあちゃんがうちへよるさかい、ここで待っとんなはれ。

兄弟はまた顔を見合わせた。あのおちついたおとうちゃんが、そんなことになるやなんて……。そこでまた同時にふたりの頭のなかで、(4)北斗七星がゆっくりとくずれはじめる気がしていた……。

おかあちゃんはなかなか現われなかった。ふたりの胸の奥に(5)砂漠《さばく》がひろがりはじめる。洋は目をとじた。頭にほうたいをした父の姿が、うっすらと見える気がする。それから、そのほうたいの白さがぷくんとふくれると、麦わら帽子の少女の白い顔につながっていった。やがて、白い顔のなかに、自分にやわらかな視線をおくっていた目が生まれ、目の下の泣きぼくろ(二つもあった)が、見えてきた。それから、かたちのいい鼻のすぐわきの、かなり大きなほくろまでちゃんと見えてきたとき―(6)いま、そんなことを考えている自分のことが、おとうちゃんにすまない気もちになって、洋は自分のももをきゅんとつねってやった。

(今江祥智『ぼんぼん』)

問一 ――(1)「ほんまに人をびっくりさせる機械や……。」とありま

た。

―それではこのあたりでおしゃべりはおしまいにして、心静かに五月二十日の朝を迎《むか》えることにいたしましょう……。

解説のしっぽだけが、ようやく洋の耳にとどいた。声にかわって、優しい音楽が流れ、星はみるみるうちに姿を消し、太陽が顔をのぞかせた。なんやほんまに一晩すぎてしもた気がするなあ、と洋はまだ立ちあがれずにいた。すっかり明るくなったとき、館内のシートの三分の二くらいを埋めていた見物客たちは、もう半分以上、出口から消えていたし、洋次郎ももう、二、三歩歩きだしていて、ぐずぐずしている洋を見ながら、ほんとの朝のようにあくびをした。そこで急に、さっきのあくびの主のことを思いだして、洋は立ちながらふりかえった。シートには、母娘《おやこ》のかわりに、かわいい麦わら帽子《ぼうし》がふわんとすわっていた。

―あの子、忘れていきよったな。

洋が声をあげた。

（中略）

ふたりがそろって電気科学館に引き返し、玄関《げんかん》から入ったとき、横のエレベーターのほうから、あの澄んだ声がとびだしてきた。

―そやかて、うち、ほしいもん……。

その声に引かれたように、洋は気がつくと少女の前に立っていた。うつむいたまま、あの、これ忘れてはりました、と帽子をさしだした。

―いやあ、うれし！　いまもどってさがしてたけど、なかったん……。

それから、ほんまにほんまにおおきにィ……と、尻《しり》上りの甘《あま》い口調で礼をいった。うつむいたままでいた洋は、目の前の少女の(2)銀青色の服が、ちっとも動かないのに気づいて、あわてて目をあげ、もっとあわてなければならなかった。お礼のしるしに、とでもいうふうに、握手《あくしゅ》のかたちに手をさしのべていたのである。おまけに、少女は洋が思っていたよりずっと大人びてみえるくらいに大きかった。

うへっ、やないか、二重にうへっやないか……と、洋次郎はそんな少女のようすを見ながら思っていた。洋次郎の想像は半分当たって半分外れていた。少女はたしかにあの麦わら帽子にぴったりの、ひきしまった小さな顔の持主だったが、色はぬけるほど白かった。それに、黒い長い髪《かみ》の毛が、顔の白さをいっそうひきたてていた。まぶしいみたいに白いわ、と洋次郎がまるでお日さんをじかに見たときのように目を細めたとき、――少女のほうからさっさと洋の手を握《にぎ》った。それから、にっと笑うと、くるんとまわれ右していってしまった。洋次郎の目の奥《おく》には目も鼻も口もない、まぶしいくらい白い顔だけがやきついていて――道であってもわかりそうになかった。

洋は、相手ににぎられた右手が、ちーんとしびれてしまったみたいで、ぼんやり立っていた。京ことばというのだろうか、少女の母親が、歌うようにゆったりした調子でお礼をいうのも、耳に入らなかった。洋の目の前を、きれいな魚が泳ぎ去るように、銀青色の服がゆれて――消えた。

―あ、もういってしまいはったんか。

洋次郎が思わず声にだしたとき、洋はあやつり人形みたいにぎごちなく右腕《うで》をあげていた。玄関のガラス戸ごしに、少女が大きく右手をふるのが見えたからだった……。

―だれや、あの子？

―知らん。

―知らんちゅうたかて、握手したり、手ェふったりして、こいつ……。

洋次郎は、うらやましさをかくさなかった。

―そやかて、今日初めて会《お》うたんやもん。

いかないこともある。

エ　社会には取り締《し》まりの「緩い」ことが多くあり、そのために非正規雇用者の違法《いほう》な労働などが放置されることが起こっている。

二　次の文章を読んで後の問いに答えなさい。

昭和十六年五月二十九日、洋次郎《ようじろう》と洋《ひろし》の兄弟は大阪《おおさか》の電気科学館にプラネタリウムを見に来た。プラネタリウムの館内には澄《す》んでよく通る声の女の子が母親と一緒《いっしょ》にいて、プラネタリウムをほんものの夜と勘違《かんちが》いしたようにあくびをするので、洋は小さな子なのだろうと思う。

みどりいろの矢印がうつるランプを使って、五月の星座をゆっくり説明していた解説者は、大熊座《おおくま》のところにくると、おきまりの北斗七《ほくとしち》星《せい》と北極星の説明にとりかかった。

それやったら、ぼくかて知ってるわ……。洋はこのあいだ読みおわったばかりの天文学入門の解説を思いおこした。北斗七星さえ見つけたら北極星はすぐに見つけられるし、北極星さえ見つけたら方向がわかる、こらゼッタイや、ちゅうやつやろ……。

説明もたしかにそのとおりのことをしゃべっていた。ところが、そこで思いがけないことをいいだしたのである。いまはひしゃくの形をしているこの七つ星（ほんとは、柄《え》の先から二つめの星ミザルに、アルコルと呼ばれる五等星がついて八つ星であることまで、洋は知っていた……）が、いつかは形がくずれる、というのである。

そんなアホなことが、と洋は思わず洋次郎のひじをつついた。洋次郎もそのことは聞き初めらしく、ほんまかいなと声にだしてつぶやいた。兄弟の頭のなかには、まだ絶対に動かず変わらぬものとしての北極星と北斗七星が輝《かがや》いているのだった……。

―ではちょっと、そのようすをお目にかけましょう……。

解説者がいうのと同時に、軽いモーターのうなりがして、北斗七星だけが少しずつ動きはじめた。両はしの星は西へ、あとの五つは東へ動いていって、ひしゃくの形がどんどんくずれていった。

―これで、五万年から六万年のち……。

解説者は［Ａ］いい、ひしゃくがすっかりくずれたところで、これが十万年後の北斗七星です、と結んだ。

―それからついでにつけ加えますと、北極星も変わります。いまの北極星は、地球が自転している軸《じく》の方向にたまたま見えるから天の北極にあり、北を指すのですが、一万三千年前は織女星《しょくじょせい》が北極星でした。ですから、いまから一万二千数百年後には、また織女星が北極星になるはずです……。

解説者が機械のボタンを押《お》すと、くずれた北斗七星は、またおそろしい早さで（なにしろ十万年なのである……）元にもどりはじめ、数十秒ののちには、昭和十六年五月二十九日の北斗七星の姿にかえっていた。

もう十万年すぎてしもたんか……。洋はあっけにとられて空をながめ、

―(1)ほんまに人をびっくりさせる機械や……。

正直に声にだした。

―おれもやでェ。

洋次郎も正直だった。その日、兄弟の頭のなかで、〝ゼッタイに変わらぬはずのもの〟が一つ、静かにくずれたのだった。

北斗七星の話にあんまり驚《おどろ》いたので、洋の耳にはあとの解説の声がはいらなかった。気がつくと、いつかドームの空の星は［Ｂ］へっていて、東の空がほんものの夜明けの紅《くれない》いろに染まりはじめてい

「仕事とお金」のことです。みなさんは、もし自分の財布《さいふ》から誰かが無断で一万円を抜《ぬ》き取ったら、「泥棒《どろぼう》！」と言いたくなるでしょう。他方で、もし自分と同じ職場で、種類も大変さも同じような仕事をしている人が、自分の二倍も多く給料をもらっていたらどうでしょう。会社で働いたことがない人は「そんな馬鹿《ばか》なことが」と感じてしまうかもしれませんが、非正規雇用《こよう》（パートタイマーやアルバイト、派遣《はけん》社員など）の人と正規雇用（いわゆる正社員）の人の待遇《たいぐう》格差として、これは決してありえない話ではありません。このとき、非正規雇用の人が「泥棒！　お金を返して！」と叫《さけ》んで正規雇用の人の財布からお金を抜き取ったら、今度はその人が窃盗《せっとう》罪に問われることになります。

　財布からお金を抜き取ることも、不当に給与格差があることも、本来その人に属しているはずのお金が失われることに変わりはないのですが、なぜか二つはずいぶんと違《ちが》った理解をされているのです。やはり世の中のお金のやりとりというのは、(5)ずいぶんと緩い規則の上でなされているといいたくなります。

（筒井淳也『社会を知るためには』）

問一　──(1)「このこと」とありますが、これはどのようなことですか。説明としてふさわしいものを次の**ア**～**エ**の中から一つ選び、記号で答えなさい。

ア　世の中を流れてくる情報に、多くの人々が関心を持つということ。

イ　わたしたちは、知っていることから影響《えいきょう》を受けるということ。

ウ　人々は「ダイエット」などの情報にふりまわされがちだということ。

エ　わたしたちは、知っていることよりも知らないことのほうが多いということ。

問二　──(2)「少子高齢化《こうれいか》の問題」とありますが、筆者が、この問題の研究を例として、主張しているのはどのようなことですか。この箇所《かしょ》より後の語句を用いて、解答らんに三行以内で説明しなさい。

問三　──(3)「この協力体制」とありますが、これが指すものを漢字二字で文中から抜《ぬ》き出しなさい。

問四　──(4)「独特の問題が生じます。」とありますが、生じるのはどのような問題ですか。解答らんに二行以内で説明しなさい。

問五　──(5)「ずいぶんと緩《ゆる》い規則の上でなされている」とありますが、ここではどのようなことを指していますか。解答らんに四十五字以内で説明しなさい。ただし「正規雇用《こよう》」「非正規雇用」という語は使用しないこと。

問六　[A]～[D]に当てはまる語を次の**ア**～**エ**の中から一つずつ選び、記号で答えなさい。（ただし記号はそれぞれ一回ずつ使用します。）

ア　そもそも　**イ**　たとえば　**ウ**　なぜ　**エ**　そこで

問七　──(ア)～(オ)のカタカナを漢字に書き直しなさい。

問八　本文の内容に合うものを次の**ア**～**エ**の中から一つ選び、記号で答えなさい。

ア　社会にはさまざまな仕事があるが、それはおおまかに物づくりをする仕事と事務的な仕事に分けられ、前者のほうが社会を豊かにすることに役立っている。

イ　社会で起こっていることには計画されたものではないことがあり、また、仕事と賃金の関係など、対応関係が明確に決められていないこともある。

ウ　社会のリーダーは自分の意志で社会を動かそうとするが、少子高齢化の問題のように、リーダーの知識不足が原因でうまく

もうひとつ、私たちが暮らす社会について、伝えておきたい特徴《とくちょう》があります。それは、社会を構成するさまざまな要素は、きちんとしたかたちでつながっているわけではない、ということです。別の言い方をすれば、つながりが「緩《ゆる》い」のです。さらに、社会についての個々の規則や制度、その背後にある理論・理屈《りくつ》も、かなりの緩さを含んでいます。

例を挙げましょう。この世にはたくさんの「仕事」がありますね。セールスの仕事もあれば、食品加工の仕事もあれば、(ウ)ケイリの仕事もあります。日本の社会学は独自に「職業」を分類するシステムを構築していますが、これによれば、職業は七〇〇個程度に分類されています。同じ職業でも細かくみれば異なった仕事をしていることがありますから、仕事の数というのはそれこそ無数にあると言っても良いくらいです。

C たくさんの仕事があるのかといえば、その一つの理由は「分業」にあります。たとえばスマートフォンがほしいとき、一人の人がそれを最初から作り上げることは不可能でしょうし、できたとしても非常に効率が悪いです。実際には、材料を作る人、そこから部品を作る人、組み立てをする人、デザインや設計をする人、販売《はんばい》する人、広告する人、そういった人たちをまとめて管理する人(会社の経営者)、会社に(エ)シュッシする人(株主)、など、実に様々な人が「スマートフォン」の製造・販売に携《たずさ》わっています。(3)この協力体制が発達することで、私たちの世界は格段に豊かになってきました。

他方で、スマートフォンの製造・販売によって得られた豊かさ(利益、会社や社会全体で儲《もう》かったお金)を、それに携わった人に分配する際には、(4)独特の問題が生じます。「分配」というのは、儲かったお金を、仕事をしてくれた人たちに配ることです。

話を簡単にするために、一つの小さな会社について考えましょう。その会社はスマートフォンの小さな部品を作っています。会社には、部品を加工・製造する人、部品を売り込《こ》むために営業する人、会社のお金の管理(ケイリ)をする人、合計三人がいます。部品が思いのほかよく売れたので、昨年一年間で二〇〇〇万の余剰《よじょう》金、つまり部品を製造するためのコストを除いた上で儲かったお金が生まれました。このなかから、会社で将来のためにとっておくお金や(オ)シャッキンの支払いのためのお金を除いた上で報酬《ほうしゅう》を分け合うのですが、その際の基準を決めることはかなり難しいでしょう。三人とも会社の運営に必要な、重要な仕事をしているという自負はあります。しかし報酬は個別に、何らかの分配方法を決めて支払《しはら》うしかありません。

D 会社は、年功や資格といったいろんな基準で給与《きゅうよ》を決めます。「AさんはBさんより五年も長く勤めているから、Aさんには多めに支給しよう」とか、「BさんはCさんが持っていない資格を持っているから、Bさんには多めに支給しよう」とか、そういう判断をするわけです。しかしほんとうにこれらの基準が適正かといえば、そんな保証はありません。「よくわからない」というのが実態です。しかし、この「よくわからない」規則やシステムは社会に広く行き渡《わた》っていて、みんなそれに従っているのです。

ここで強調しておきたいのが、「協業」(一緒《いっしょ》に協力《きょうりょく》して仕事をすること)のシステムと、それによって生み出された利益の「分配」システムが、意外なほど緩いかたちでしかつながっていない、ということです。「この仕事は利益の何%にあたる」といった明確な対応規則があった上で分配がなされているわけではありません。実は、利益を分配する基準は、緩々(ゆるゆる)です。

「お金に関係するのにそんなに緩々でいいのか」と思う人もいるかもしれませんが、実は世の中そんなものなのです。

もう一つ、世の中の「緩さ」の例を挙げておきましょう。

二〇二二年度 洗足学園中学校

【国　語】〈第三回試験〉（五〇分）〈満点：一〇〇点〉

【注意】・字数制限のない問題について、一行分の解答らんに二行以上解答してはいけません。
・記号・句読点がある場合は字数に含《ふく》みます。

一　次の文章を読んで後の問いに答えなさい。

私たちは、当たり前ですが、世の中についていろんなことを知っていますし、生活する上で知っていることから大きな影響《えいきょう》を受けます。たとえば「どうすればほんとうにダイエットできるのか」という知識（情報）には、多くの人が関心を持っています。実際にその知識に従って行動する人もいるはずです。

(1)このことは、社会を動かす力を持っているリーダーたち、 A 政治家や経済界のトップの人たちにもあてはまります。リーダーたちは、自分たちが持っている知識、つまり社会の認識《にんしき》に則《のっと》って組織を、そして社会を動かしていきます。一般《いっぱん》の人でもリーダーたちでも、知識は取るべき選択《せんたく》や行動(ア)ホウシンに強く影響します。

しかしこの本で強調したいのは、むしろ「知らないこと」の影響です。そう、私たちの生活は「知らないこと」「知らなかったこと」にも大きく影響されています。いや、むしろ私たちは、「知っていること」に影響されるよりも、ずっと大きな影響を「知らないこと」「意図していなかったこと」、さらには「予想外の出来事」によっても絶えず受けているともいえるのです。この「知らないこと」のせいで、社会は私たちが意図したとおりに動かないですし、意図したとおりに動いたとしても思いも寄らない副作用に見舞《みま》われたりします。さらに、私たちが「知らないこと」に取り囲まれているということを無視してしまうと、もっとひどい結果になってしまうこともあります。

一つ例をあげましょう。現在、日本は(2)少子高齢化《こうれいか》の問題に悩《なや》まされています。出生率は、当初思ったよりもずっと低くなりました。研究者は、なぜ出生率の低下が引き起こされたのかについていろんな研究を蓄積《ちくせき》してきました。女性が働くようになったからではないか、若者がうまく仕事につけなくなってしまったからではないか、などです。

その膨大《ぼうだい》な研究の中に、ただ一つとして存在しない問いがあります。それは、「出生率の低下を引き起こしたのは誰《だれ》か」という問いです。もう少しいうと、研究者の中には、日本で（少なくとも一九七〇年代以降の）出生率の低下を明確な意図をもって引き起こそうとした人がいて、その人のせいで少子化になったのだ、と考えている研究者は、一人もいません。

実は、私たちの世界の数多くの問題は、誰かが意図的に引き起こしたから生じたものではありません。もちろん、起こってしまった問題を解決することに積極的ではなかった人はいるでしょう。日本の低出生率は一九七〇年代からすでに五〇年間近く続いていますが、少なくとも一九八〇年代までは日本国民は概《がい》して少子化の問題を明確に認識していませんでしたし、ほとんど政治的課題にものぼりませんでした。しかしこのことは、「政治家が（意図的に）少子化を引き起こした」ということではありません。

 B 、もし誰か悪意を持っている人がいて、その人が問題を引き起こしているのなら、これほど解決しやすい問題はありません。実際には、(イ)シンコクな問題は「意図されていない」うちに発生して進行しますし、その背後には非常に複雑な要因が絡《から》み合っています。そして私たちは、研究者を含《ふく》めて、この絡み合いについて実はほとんど理解できていないのです。

2022年度

洗足学園中学校

▶解　答

※　編集上の都合により，第３回試験の解説は省略させていただきました。

算　数　＜第３回試験＞（50分）＜満点：100点＞

解　答

1　(1)　$13\frac{5}{7}$　(2)　$3\frac{3}{4}$　2　(1)　50000円　(2)　$2\frac{8}{11}$　(3)　36時間前　(4)　$\frac{4}{25}$倍　3　(1)　５％　(2)　350cm^2　(3)　12冊　(4)　６時間50分20秒後　4　(1)　**ア**　90　**イ**　101　(2)　②　(3)　111と134と159　5　(1)　1600cm^2　(2)　147.5秒後　(3)　６個

社　会　＜第３回試験＞（理科と合わせて60分）＜満点：75点＞

解　答

1　**問１**　D　**問２**　C　**問３**　B　**問４**　トキ　**問５**　A　**問６**　B　**問７**　大鳴門橋　**問８**　近郊農業　**問９**　(1)　C，D，F　(2)　（例）　騒音や混雑により生活環境が悪化する。／周辺の開発が進み景観が損なわれる。（入場料や宿泊料金が高くなる。）　2　**問１**　D　**問２**　北条時宗　**問３**　A　**問４**　厳島神社　**問５**　E　**問６**　B　**問７**　C　**問８**　A　**問９**　（例）　第一次世界大戦中は，日本は戦場にならなかったため輸出をのばしたが，戦後にヨーロッパ経済が回復すると，輸出が落ち込んで輸入超過になったから。　**問10**　D　3　**問１**　（例）　どちらか一方の院に優越を認めていない場合，両院の議決が異なったときに国会の運営が停滞してしまい，国民生活に支障がおよぶと考えられるから。　**問２**　E　**問３**　B　**問４**　C　**問５**　D　**問６**　文民　**問７**　内閣府　**問８**　A，C　**問９**　D

理　科　＜第３回試験＞（社会と合わせて60分）＜満点：75点＞

解　答

1　(1)　①　エ　②　イ　(2)　①　ウ　②　ア　(3)　物体R，物体P，物体Q　(4)　①　ア，オ　②　ア，ウ，オ　③　ウ　2　(1)　①　エ　②　水素　(2)　25カロリー　(3)　25℃　(4)　375カロリー　(5)　25.5℃　(6)　（例）　中和反応で熱が発生したから。　(7)　ウ　3　(1)　①　種子　②　エ　(2)　①　イ　②　10.6mg　③　ウ　④　エ　⑤　ウ　(3)　オ　(4)　メタン　4　(1)　a，b　(2)　Ⅱ　R　Ⅲ　P

⑶　（例）　土地がりゅう起して，地層Ｄと同じ時代にたい積した地層がしん食され，土地がちんこうしたと考えられるわ。　⑷　ウ　⑸　①　石灰岩　②　炭酸カルシウム　③　イ
⑹　①　火山灰　②　ア

国　語　＜第３回試験＞（50分）＜満点：100点＞

解　答

一　**問１**　イ　**問２**　（例）　だれも意図していなかったことが発生して進行し，背後に複雑な要因が絡んで大きな問題になったこと。　**問３**　分業　**問４**　（例）　報酬を分け合う際の基準を決めるのが難しく，適正である保証もないという問題。　**問５**　（例）　お金が失われることが，立場や場合によって罪になる時と，不当ながらも許される時があること。　**問６**　**Ａ**　イ　**Ｂ**　ア　**Ｃ**　ウ　**Ｄ**　エ　**問７**　下記を参照のこと。　**問８**　イ　二　**問１**　ア　**問２**　**一**　ウ　**二**　エ　**三**　イ　**四**　ア　**五**　オ　**問３**　（例）　見ず知らずの少女に気安く手を振ったり握手したりできる洋におどろき，積極的に行動できることをうらやましいと思っている。　**問４**　（例）　北斗七星の形がくずれるように，絶対的な父の存在が揺らいだこと。　**問５**　（例）　母が病院からなかなか戻らないので，父のけがへの不安が広がっている。　**問６**　ウ　**問７**　**Ａ**　イ　**Ｂ**　ウ　**Ｃ**　エ　**Ｄ**　ア　**問８**　ウ

●**漢字の書き取り**

一　**問７**　㈠ 方針　㈡ 深刻　㈢ 経理　㈣ 出資　㈤ 借金

2021年度　洗足学園中学校

〔電　話〕 (044) 877―３２１４
〔所在地〕 〒213-8580　神奈川県川崎市高津区久本２―３―１
〔交　通〕 JR南武線―「武蔵溝ノ口駅」より徒歩８分
東急田園都市線―「溝の口駅」より徒歩８分

【算　数】〈第１回試験〉 (50分) 〈満点：100点〉

【注意】 円周率は3.14として計算してください。

1　次の計算をしなさい。

(1)　$43\times5-4.3\times15+0.43\times120$

(2)　$\left\{\left(2\frac{5}{6}-1.75\right)\div9\frac{3}{4}+\frac{1}{4}\right\}\times2.7$

2　次の問いに答えなさい。

(1)　縦 15cm，横 24cm の長方形の紙がたくさんあります。この紙をすき間なく，同じ向きに並べて正方形を作ります。出来るだけ小さい正方形を作るとき，長方形の紙は何枚必要ですか。

(2)　３つの整数A，B，Cがあります。$A:C=5:2$，$B:C=4:3$，BとCの差が６であるとき，整数Aを答えなさい。

(3)　花子さんはノートを何冊か定価で買い，消費税込みで3168円払いました。園子さんは同じノートをセール中のお店で定価の２割引きで買い，花子さんと同じ金額で花子さんより４冊多く買えました。花子さんはノートを何冊買いましたか。ただし，消費税は10%とします。

(4)　下の図の四角形 ABCD は正方形です。点Ｅは辺 BC の真ん中の点で，点Ｆは辺 CD を２：１に分ける点です。色のついた部分の面積は，正方形の面積の何倍ですか。

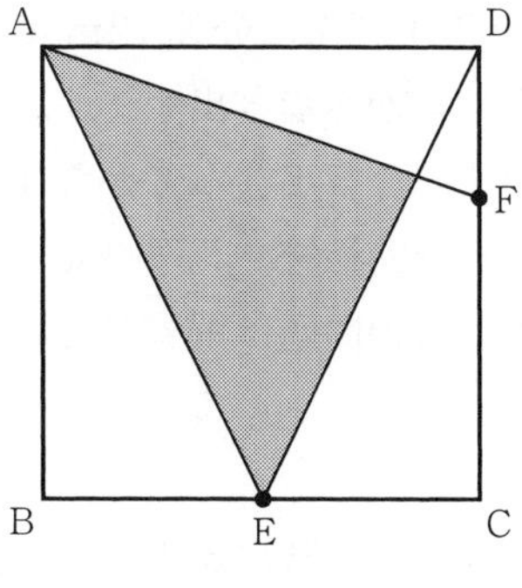

3　次の問いに答えなさい。

(1)　ＡとＢのボタンがついた計算機があります。ある数を入力し，ボタンを押《お》すと次のように出力します。

ボタンＡ：入力された数と出力結果は比例の関係であり，８を入力すると２が出力された。

ボタンＢ：入力された数と出力結果は反比例の関係であり，12を入力すると３が出力された。

この計算機に，ある数Xを入力し，ボタンＡを押して出力された数を再度入力し，ボタンＢを押したところ，出力された数は最初に入力した数Xと同じになりました。ある数Xはいくつですか。

(2)　下の図のような円柱の形をした２つの容器A，BとおもりCがあります。容器Bの底面の半径は８cmで，おもりCの底面の半径は６cmです。容器Aに満水になるよう水を入れ，容器Bに移したところ水面の高さは1.5cmになりました。さらに容器Bに容器Aの３杯《ばい》分の水を入れ，おもりC全体を容器Bの水中に沈めました。このとき，容器Bの水面の高さは何cmになりましたか。

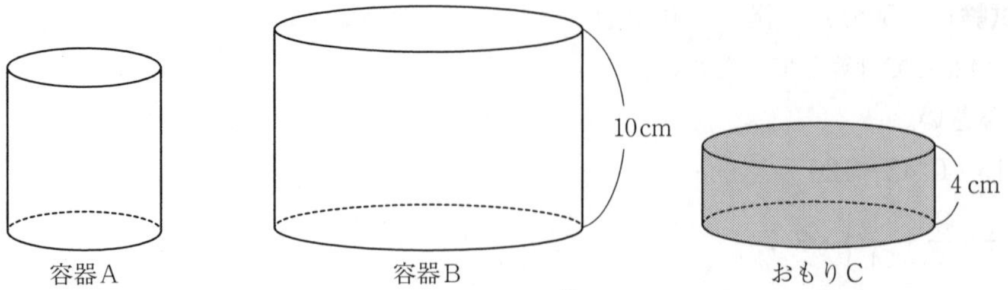

容器A　　容器B　　おもりC

(3)　下の図のように，黒と白のボールを交互《ご》に使って，正三角形をつくっていきます。最も外側の正三角形に使われたボールが174個のとき，この図形には白のボールは全部で何個使われていますか。なお，この問題は解答までの考え方を表す式や文章・図などを書きなさい。

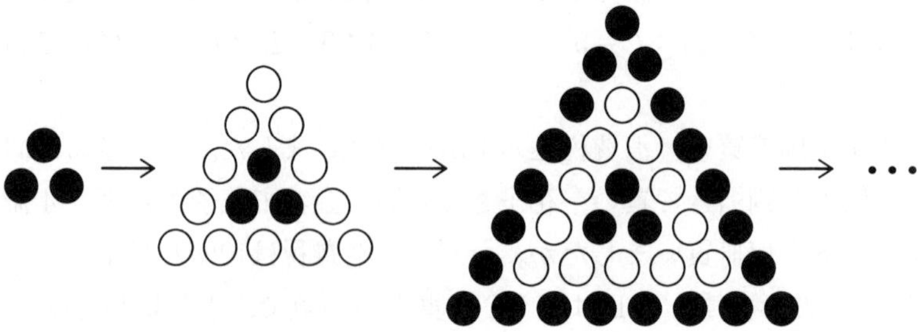

1番目　　2番目　　3番目

(4)　池の周りにある散歩道を，恵子さんと花子さんが歩きました。恵子さんは分速72mで時計回りにA地点から歩き出し，花子さんは恵子さんとは逆回りにB地点から歩き出します。２人はそれぞれA，B地点を同時に出発し，５分後にはじめて出会いました。出会ってから４分後，花子さんはA地点を通過しました。２回目に２人が出会ってから９分24秒後，花子さんははじめてB地点に戻りました。この散歩道の１周は何mですか。なお，この問題は解答までの考え方を表す式や文章・図などを書きなさい。

4　家から図書館までの道沿いに，ポストと花屋があります。妹は徒歩で10時に家を出発し，途《と》中の花屋で10分間買い物をしてから図書館に向かいました。姉は妹が出発してから20分後に家を自転車で出発し図書館に向かいました。姉は，10時25分にちょうどポストの前で妹を追い越し，図書館で10分間過ごした後に家に戻る途中，買い物を終えた妹と11時ちょうどに花屋の前ですれ違いました。このとき，次の問いに答えなさい。

(1)　姉と妹の速さの比を最も簡単な整数の比で答えなさい。

(2)　姉が図書館を出発したのは何時何分ですか。なお，この問題は解答までの考え方を表す式や文章・図などを書きなさい。

(3)　妹が図書館に到着したのは何時何分ですか。

5　１より小さい，分母が４以下の既《き》約分数(それ以上約分できない分数)を小さい順にすべて並べると，

$\frac{1}{4}$，$\frac{1}{3}$，$\frac{1}{2}$，$\frac{2}{3}$，$\frac{3}{4}$

となり，この分数の列を「分母４のグループ」と呼ぶことにします。このようなグループにおいて，隣《とな》り合う２つの分数の差を求めると，必ず分子が１になることが知られています。

例えば分母４のグループでは

$\frac{1}{3}-\frac{1}{4}=\frac{1}{12}$，$\frac{1}{2}-\frac{1}{3}=\frac{1}{6}$，$\frac{2}{3}-\frac{1}{2}=\frac{1}{6}$，$\frac{3}{4}-\frac{2}{3}=\frac{1}{12}$

です。このとき，次の問いに答えなさい。

(1)　分母５のグループの分数のうち小さい方から５番目の数を答えなさい。また，分母５のグループの隣り合う分数の差の中で最も小さいものを答えなさい。

(2)　分母10のグループには分数は全部で何個ありますか。

(3)　あるグループでは，$\frac{2}{5}$ と $\frac{3}{7}$ の間に１つだけ分数が入ります。この分数を答えなさい。なお，この問題は解答までの考え方を表す式や文章・図などを書きなさい。

【社　会】〈第１回試験〉（理科と合わせて60分）〈満点：75点〉

1　次の［**地図１**］～［**地図４**］を見て，あとの問いに答えなさい。なお，各地図の縮尺は同一ではありません。

［**地図１**］

［**地図２**］

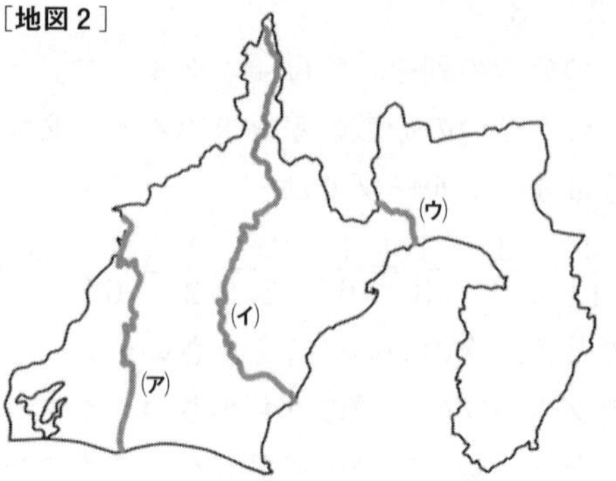

［**地図３**］

［**地図４**］

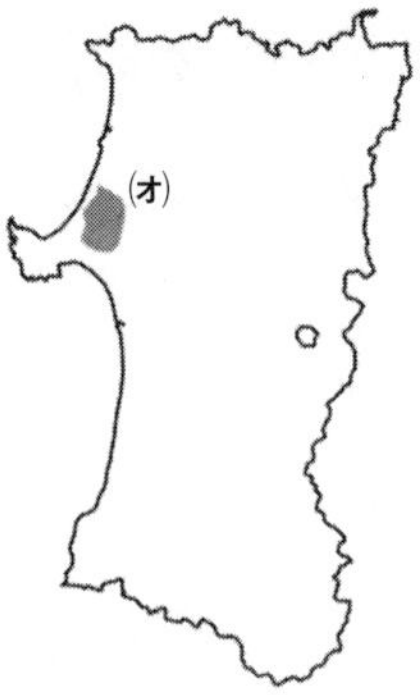

問１　［**地図１**］～［**地図４**］で示した各県のうち，日本海に面していない県を，次の**A**～**D**の中からすべて選んでアルファベットで答えなさい。

A　［**地図１**］

B　［**地図２**］

C　［**地図３**］

D　［**地図４**］

問２　［**地図１**］～［**地図４**］で示した４つの県に，政令指定都市はあわせていくつありますか。数字で答えなさい。

問３　右の［**資料**］は，［**地図１**］～［**地図４**］で示した各県の県庁所在地における日照時間の月別平年値と年間日照時間を示したものです。［**地図４**］の県の県庁所在地の日照時間を示したものを，［**資料**］中の**A**～**D**の中からひとつ選んでアルファベットで答えなさい。

［**資料**］　（単位：時間）

	A	B	C	D
1月	201.6	154.9	132.6	39.9
2月	181.0	141.9	139.5	62.5
3月	179.1	164.0	158.3	124.7
4月	185.1	194.7	181.4	170.4
5月	183.3	190.4	187.2	182.0
6月	132.1	170.1	141.0	176.2
7月	154.2	194.1	184.5	150.3
8月	201.4	228.3	211.0	193.0
9月	148.9	159.6	175.9	153.8
10月	160.9	170.0	189.7	145.4
11月	170.3	142.7	153.0	82.7
12月	201.1	162.0	147.5	45.1
年間	2099.0	2072.6	2001.6	1526.0

（国立天文台『理科年表 2020年版』より作成）

問４　次のページの［**資料**］は，［**地図１**］～［**地図４**］で示した各県の第一次産業に関する2017年の統計を示したものです。［**地図３**］の県について示したものを，［**資料**］中の**A**～**D**の中からひとつ選んでアルファベットで答えなさい。

[**資料**]

		A	B	C	D
有業者数に占める第一次産業従事者の割合(%)		9.1	7.8	3.3	1.9
耕地面積(ha)		111,800	148,200	66,400	74,200
農業産出額(億円)		3,423	1,792	2,263	1,634
農業産出額に占める品目別割合(%)	米	11.1	56.2	8.7	29.1
	野菜	36.4	15.6	32.1	24.8
	果実	9.3	3.9	13.3	2.3
	畜産	33.5	20.4	21.5	38.4

(矢野恒太記念会『データでみる県勢 2019年版』
『データでみる県勢 2020年版』より作成)

問５　[**地図１**]〜[**地図４**]で示した各県と，その県で生産されている伝統的工芸品の組み合わせとして正しいものを，次の**A**〜**D**の中からひとつ選んでアルファベットで答えなさい。

A　[**地図１**]ー播州そろばん　　**B**　[**地図２**]ー輪島塗

C　[**地図３**]ー信楽焼　　**D**　[**地図４**]ー置賜つむぎ

問６　[**地図１**]で示した県は，オーストラリアの西オーストラリア州，ブラジルのパラナ州，ロシアのハバロフスク地方などと姉妹・友好提携《ていけい》をおこなっています。次の[**資料**]は，オーストラリア，ブラジル，ロシアからの日本の輸入品目(2019年)を示したものです。[**資料**]中の**X**・**Y**にあてはまる輸入品目を，それぞれ答えなさい。

[**資料**]

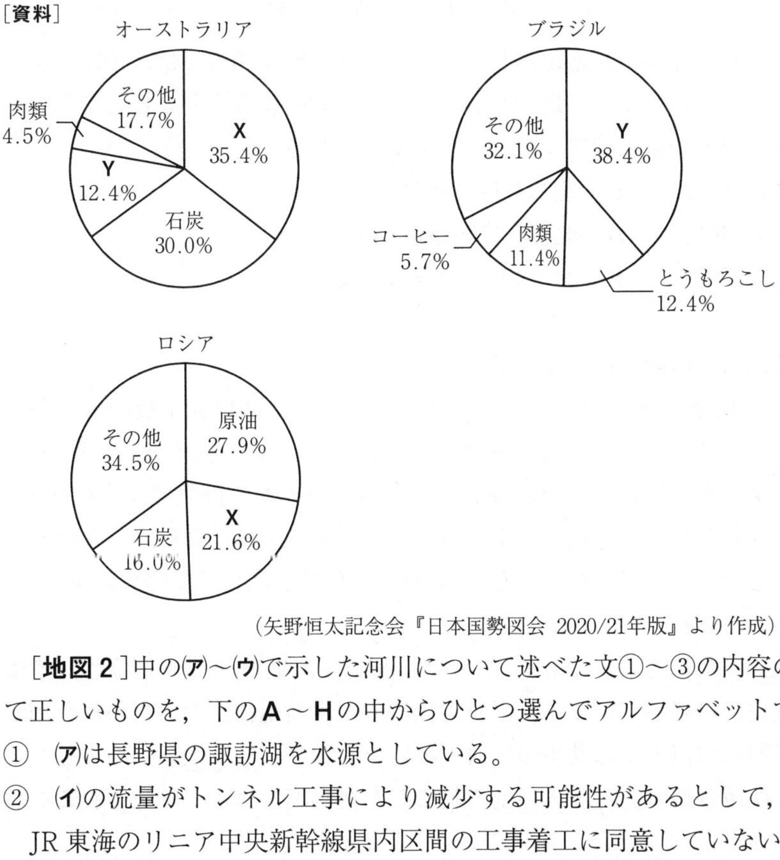

(矢野恒太記念会『日本国勢図会 2020/21年版』より作成)

問７　[**地図２**]中の(**ア**)〜(**ウ**)で示した河川について述べた文①〜③の内容の正誤の組み合わせとして正しいものを，下の**A**〜**H**の中からひとつ選んでアルファベットで答えなさい。

①　(**ア**)は長野県の諏訪湖を水源としている。

②　(**イ**)の流量がトンネル工事により減少する可能性があるとして，[**地図２**]の県の知事はJR東海のリニア中央新幹線県内区間の工事着工に同意していない。

③　(ウ)は日本三大急流のひとつであり，その河口部に位置する都市では楽器やオートバイの生産が盛《さか》んである。

A　①―正　②―正　③―正　　B　①―正　②―正　③―誤
C　①―正　②―誤　③―正　　D　①―正　②―誤　③―誤
E　①―誤　②―正　③―正　　F　①―誤　②―正　③―誤
G　①―誤　②―誤　③―正　　H　①―誤　②―誤　③―誤

問８　[**地図３**]中の(エ)は，阿蘇郡小国《おぐに》町を示しています。この町は高原地帯にあるため，冬になると寒さが厳しく，雪が降ることもあります。しかし，現在の小国《おぐに》町では，パクチーやバジルといった温暖な気候で育つ野菜の栽培が進められています。どのような方法で栽培がおこなわれているでしょうか。次の[**資料**]を参考にして，文章で説明しなさい。

[**資料**]

小国《おぐに》町で見られる発電所の様子

温室の中央にはパイプが通っている

（公益財団法人自然エネルギー財団ホームページより）

問９　[**地図４**]中の(オ)は，八郎潟干拓地を示しています。八郎潟干拓地では，10度単位の緯線・経線が交わっています。八郎潟干拓地で交わる緯線・経線の組み合わせとして正しいものを，次の**A**～**F**の中からひとつ選んでアルファベットで答えなさい。

A　北緯30度・東経130度　　B　北緯40度・東経130度
C　北緯30度・東経140度　　D　北緯40度・東経140度
E　北緯30度・東経150度　　F　北緯40度・東経150度

2　次の文章を読んで，あとの問いに答えなさい。

2019年10月22日に，現在の天皇が即位《そくい》を国内外に宣言する「即位《そくい》礼正殿《せいでん》の儀《ぎ》」が皇居・宮《きゅう》殿《でん》で執《と》りおこなわれました。儀式《ぎしき》には多くの国や地域から，王族や国家元首，閣僚《かくりょう》などが参列しました。天皇・皇后や皇族らが伝統装束《しょうぞく》に身を包み，厳《おごそ》かな雰囲気《ふんいき》で進められました。

平成から令和への代替《だいが》わりは，先代の天皇が退位し，現在の天皇が即位《そくい》するという，いわゆる「生前退位」である点でも注目されました。「天皇の退位等に関する皇室典範《てんぱん》特例法」では，先代の天皇は「上皇」とされています。

生前退位は，(ア)飛鳥時代にもおこなわれています。645年，皇極《こうぎょく》天皇が退位し，孝徳《こうとく》天皇が即位《そくい》した記録が，歴史書に残っています。平安時代にも，生前退位がおこなわれた例が多くあります。平安時代後期の白河天皇は幼少の堀河《ほりかわ》天皇に位を譲《ゆず》り，(イ)院政を始めました。その後，鎌倉時代に入っても院政は続き，(ウ)承久の乱を起こした後鳥羽上皇も，院政をおこなっていました。

これまでの最後の生前退位は，1817年に退位し，仁孝《にんこう》天皇に譲位《じょうい》した光格《こうかく》天皇によるものです。光格《こうかく》天皇は，朝廷の儀式《ぎしき》の復興に力を入れ，(エ)和歌や雅楽《ががく》など皇室の伝統文化の継承《けいしょう》や学術の奨励《しょうれい》に努めました。退位前の1789年には，皇位についたことのない父に上皇の称号《しょうごう》を贈《おく》ろうとしました。これに対して，江戸幕府における三大改革をおこなった老中として知られる［　(オ)　］が反対し，称号《しょうごう》を贈《おく》ることは実現しませんでした。この出来事は，(カ)朝廷と幕府との関係に影響《えいきょう》を与《あた》えました。

明治期に入り，政府は近代的な憲法の制定を目指し，伊藤博文らをヨーロッパに派遣《はけん》して調査をさせました。その際，ウィーン大学の教授であるシュタインから，皇室に関する法の制定を勧《すす》められました。1889年，(キ)大日本帝国憲法の発布と同時に，皇位継承《けいしょう》順位など皇室に関することがらを定めた皇室典範《てんぱん》が制定されました。皇室典範《てんぱん》では，天皇が崩御《ほうぎょ》(亡くなること)した際にのみ，皇位が継承《けいしょう》されると定められました。この規定に基づき，明治天皇から大正天皇へ，大正天皇から昭和天皇へと，(ク)天皇の崩御《ほうぎょ》に際して代替《だいが》わりがおこなわれてきました。

昭和天皇の在位中に起きた(ケ)第二次世界大戦を経て，天皇の在り方が見直され，1947年に日本国憲法と現行の皇室典範《てんぱん》が施行されました。この皇室典範《てんぱん》でも，天皇の崩御《ほうぎょ》に際して皇位が継承《けいしょう》されると定められていますが，「天皇の退位等に関する皇室典範《てんぱん》特例法」を制定することによって，生前退位による平成から令和への代替《だいが》わりが実現しました。

問１　下線部(ア)の文化について述べた文としてふさわしいものを，次の**Ａ**～**Ｄ**の中からひとつ選んでアルファベットで答えなさい。

Ａ　鞍作鳥によって法隆寺金堂の釈迦三尊像がつくられた。

Ｂ　校倉造の建造物として有名な正倉院宝庫が建てられた。

Ｃ　仏教の影響《えいきょう》を受け，平泉に中尊寺金色堂が建てられた。

Ｄ　隋から来日した鑑真により，唐招提寺が創建された。

問２　下線部(イ)をめぐって上皇と天皇が対立し，貴族や武士を巻き込《こ》む争いに発展することがありました。崇徳《すとく》上皇が後白河天皇と対立して起こった争いを何というか，答えなさい。

問３　下線部(ウ)ののち，幕府は，上皇方に味方した貴族と，幕府方に味方した御家人に対してそれぞれどのような対応をしましたか。次の［**資料**］を参考にして，文章で説明しなさい。

［**資料**］

●…承久の乱後に新たな地頭が置かれた地

(浜島書店『学び考える歴史』より作成)

問４　下線部(エ)に関連して，次に挙げた和歌について述べた文①～③の内容の正誤の組み合わせとして正しいものを，下の**A**～**H**の中からひとつ選んでアルファベットで答えなさい。

①　天の原　ふりさけみれば　春日なる　三笠の山に　いでし月かも

：遣唐使として派遣《はけん》された阿倍仲麻呂は，日本を思ってこの歌を歌った。

②　防人に　行くは誰《た》が背《せ》と　問ふ人を　見るが羨《とも》しさ　物思ひもせず

：大伴家持が編纂《へんさん》した『古今和歌集』には，この歌のように多数の防人歌が収録されている。

③　この世をば　わが世とぞ思ふ　望月の　欠けたることも　なしと思へば

：この歌は，平清盛が大きな権力を持っていたことを象徴するものである。

A　①－正　②－正　③－正　　**B**　①－正　②－正　③－誤

C　①－正　②－誤　③－正　　**D**　①－正　②－誤　③－誤

E　①－誤　②－正　③－正　　**F**　①－誤　②－正　③－誤

G　①－誤　②－誤　③－正　　**H**　①－誤　②－誤　③－誤

問５　空欄《くうらん》［**オ**］にあてはまる人物を姓名ともに漢字で答えなさい。

問６　下線部**(カ)**に関連して述べた文として正しいものを，次の**A**～**D**の中からひとつ選んでアルファベットで答えなさい。

A　後醍醐天皇が鎌倉に攻《せ》めこみ，鎌倉幕府が滅亡《めつぼう》した。

B　朝廷が足利義政を追放し，室町幕府が倒れた。

C　朝廷が定めた禁中並公家諸法度により，武士の権限は制限された。

D　朝廷の許しを得ずに，幕府が日米修好通商条約を結んだ。

問７　下線部**(キ)**が発布されたのは，右の［**図**］のどの時期にあたりますか。右の**A**～**E**の中からひとつ選んでアルファベットで答えなさい。

［**図**］

↓　**A**

民撰議院設立建白書が提出される

↓　**B**

国会開設の詔が発せられる

↓　**C**

内閣制度が発足する

↓　**D**

第１回衆議院議員総選挙がおこなわれる

↓　**E**

問８　下線部**(ク)**に関連して，大正天皇の崩御《ほうぎょ》ののちに起こった出来事としてふさわしいものを，次の**A**～**D**の中からひとつ選んでアルファベットで答えなさい。

A　関東大震災が起こり，関東地方を中心に大きな被害《ひがい》を受けた。

B　二・二六事件が起こり，軍部が政治の実権を握《にぎ》るきっかけになった。

C　民主主義的な風潮が広まるなかで，全国水平社が結成された。

D　シベリア出兵をあてこんだ買い占《し》めにより物価が上がり，米騒動が起こった。

問９　下線部**(ケ)**中の日本国内の様子について述べた文として誤っているものを，次の**A**～**D**の中からひとつ選んでアルファベットで答えなさい。

A　国家総動員法に基づいて，中学生も強制的に労働に動員され，軍事関係の工場で働くことがあった。

B　空襲が激しくなると，地方へ避難《ひなん》する疎開がおこなわれた。

C　兵士不足を補うため，大学や専門学校の男子学生も戦地に派遣《はけん》され，ひめゆり学徒隊として活動した。

D　物資が不足し，米などの生活必需品《ひつじゅひん》について配給制が実施《じっし》された。

3 次の文章を読んで，あとの問いに答えなさい。

わたしたちが暮らす社会では，ひとつの問題をめぐりさまざまな意見が出て，争いや対立が生じることがあります。「(ア)経済成長のためには何をすべきか」「移民を積極的に受け入れていくべきか」「社会保障の充実のために(イ)増税すべきか」「(ウ)憲法を改正すべきか」……こうした問題においては，社会を構成する人々が十分に話し合うことで，(エ)全会一致によりひとつの結論を導き出すことが望ましいと考えられています。しかし，こうした問題の多くは，唯一絶対の答えが存在しないものであり，時間的な制約も相まって，全会一致で結論を出すことが難しい場面も多々あります。このようなときにしばしば用いられるのが，多数決という方法です。

多数決はわたしたちの暮らしにとって，きわめて身近な「(オ)決め方」のひとつです。国や地方などの政治の場でも頻繁《ひんぱん》に用いられているのはもちろんですが，みなさんも，小学校の学級会などで多数決をとったことがあるのではないでしょうか。多数決は，一見すると，限られた時間のなかでスムーズにひとつの結論へと到達《とうたつ》することのできる優《すぐ》れた決め方のようにも思われます。しかし，多数決による決定にはさまざまな問題点があることも知られています。

40人のクラスで，４人の候補者（Ａ候補，Ｂ候補，Ｃ候補，Ｄ候補）から学級委員を決めるための投票を例にして考えてみましょう。

［**資料１**］

投票先	Ａ候補	Ｂ候補	Ｃ候補	Ｄ候補
得票数	13票	11票	９票	７票

［**資料１**］は，学級委員にふさわしい候補を１人選んで投票したときの結果を示したものです。この投票に基づいて多数決をとると，13票を集めたＡ候補が学級委員に選ばれることになります。しかし，40人の生徒のうち，残りの27人はＡ候補を支持していないこともまた事実です。このような「単純な多数決」による決定では，全体の半数未満の支持しか集めることができなくても，その選択肢《せんたくし》が集団全体の決定として選ばれることもあるのです。(カ)国政選挙で死票の多さが問題となるのも，多数決のこのような特性がその根底にあるためといえるでしょう。

単純な多数決の問題点を解消するために，他の多数決の方法で学級委員を決めるとすると，どのような方法があるでしょうか。

［**資料２**］

１回目の投票の結果

投票先	Ａ候補	Ｂ候補	Ｃ候補	Ｄ候補
得票数	13票	11票	９票	７票

２回目の投票（上位２候補の決選投票）の結果

投票先	Ａ候補	Ｂ候補
得票数	13票	27票

［**資料３**］

	Ａ候補	Ｂ候補	Ｃ候補	Ｄ候補
１位	13票	11票	９票	７票
２位	０票	16票	24票	０票
３位	０票	13票	７票	20票
４位	27票	０票	０票	13票

［**資料２**］は，１回目の投票で１位の候補が過半数の支持を得ることができなかったため，上位の２名で決選投票をおこなった結果を示したものです。この「決選投票付きの多数決」では，B候補が学級委員に選ばれることになります。

［**資料３**］は，学級委員として望ましい順位を１位から４位まで付けて投票した結果を示したものです。この順位付けを得点化して決定していく方法のひとつとして，いわゆる「ボルダルール」とよばれる決め方があります。［**資料３**］の場合，最も望ましい候補である１位の候補に３点，２位の候補に２点，３位の候補に１点，４位の候補に０点を得票数に応じて与《あた》え，最も多くの得点を獲得《かくとく》した候補者が学級委員に決定するとします。単純な多数決ではA候補が学級委員に選ばれましたが，ボルダルールにおけるA候補の得点は39点にすぎません。ボルダルールを採用すると，［　**(あ)**　］点を集めた［　**(い)**　］候補が学級委員となり，決選投票付きの多数決とも異なる結論が導き出されることになります。

他にも「多数決」を用いた決め方はあるでしょう。このように，「多数決」といっても，さまざまな決め方があることがわかります。

わたしたちは，多数決を用いて決められた結果は，多くの人々の意見を反映した公正なものであるとみなしがちです。しかし，どのような決め方を採用するかにより，その結果も変わりうるのです。また，他者の人権が侵害《しんがい》される可能性のあることに多数決を用いるべきではありません。多数決を適切に用いることがいま求められているのではないでしょうか。

問１　下線部**(ア)**に関連して，近年，BRICSと総称《そうしょう》される国々が急激な経済発展を遂《と》げており，政治的にも発言力を増しています。BRICSにあてはまる国として正しいものを，次の［**地図**］中の**A**～**D**の中からひとつ選んでアルファベットで答えなさい。

［**地図**］

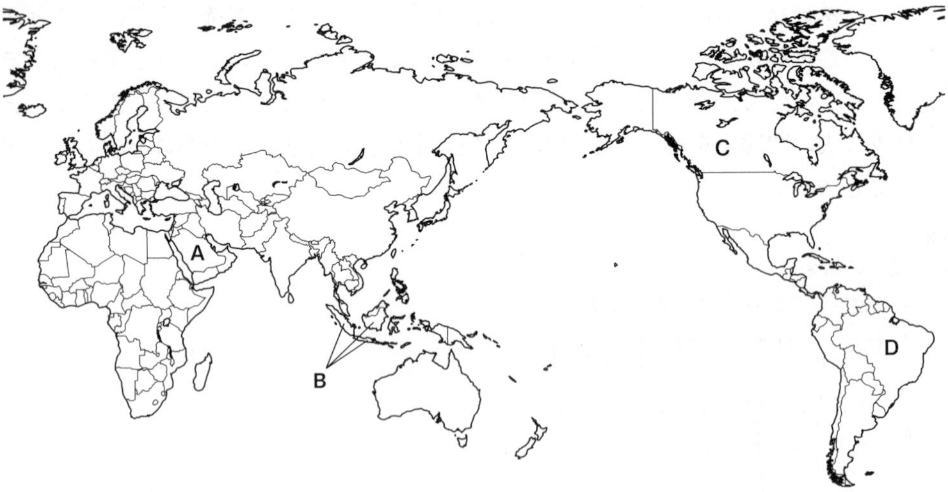

問２　下線部**(イ)**に関連して，日本の税金をめぐる状況《じょうきょう》について述べた文①～③の内容の正誤の組み合わせとして正しいものを，下の**A**～**H**の中からひとつ選んでアルファベットで答えなさい。

①　2021年４月より，消費税率は15％に引き上げられる予定である。

②　ふるさと納税制度が導入されたことにより，税収が大きく減少した地方公共団体がある。

③　所得税は，税を負担する人と実際に納税する人が異なる間接税である。

A　①—正　②—正　③—正　　**B**　①—正　②—正　③—誤
C　①—正　②—誤　③—正　　**D**　①—正　②—誤　③—誤
E　①—誤　②—正　③—正　　**F**　①—誤　②—正　③—誤
G　①—誤　②—誤　③—正　　**H**　①—誤　②—誤　③—誤

問3　下線部(ウ)に関連して，次の(1)〜(3)にそれぞれ答えなさい。

(1)　日本国憲法は他の法律とは異なり，改正するためには，衆議院・参議院それぞれの総議員の３分の２以上の賛成による発議が必要であると定められており，半数を超《こ》えただけではその発議ができません。一般的《いっぱんてき》な法律と決め方が異なるのは，憲法の性質が他の法律とは異なることによります。そのことについて示した，日本国憲法第98条第１項の条文中の空欄《くうらん》[X]にあてはまる語句を漢字４字で答えなさい。

> この憲法は，国の[X]であつて，その条規に反する法律，命令，詔勅及び国務に関するその他の行為の全部又は一部は，その効力を有しない。

(2)　日本国憲法が定めている弾劾裁判について述べた文として正しいものを，次の**A**〜**D**の中からひとつ選んでアルファベットで答えなさい。

A　国会は，不適任であると訴えられた裁判官を，弾劾裁判によって辞めさせることができる。

B　内閣は，不適任であると訴えられた国会議員を，弾劾裁判によって辞めさせることができる。

C　国民は，不適任であると訴えられた検察官を，弾劾裁判によって辞めさせることができる。

D　裁判所は，不適任であると訴えられた国務大臣を，弾劾裁判によって辞めさせることができる。

(3)　日本国憲法の前文では，政治の仕組みとして間接民主制の立場を採用することが述べられています。間接民主制とはどのような制度ですか。「代表者」という語句を用いて，文章で説明しなさい。

問4　下線部(エ)が慣例となっている，すべての国務大臣が出席して内閣の方針を決定する会議を何といいますか。漢字で答えなさい。

問5　下線部(オ)に関連して，国際連合の安全保障理事会の議題のうち，重要なものの決議について述べた文①・②の内容の正誤の組み合わせとして正しいものを，下の**A**〜**D**の中からひとつ選んでアルファベットで答えなさい。

①　常任理事国のうち１か国でも議題に反対すると，すべての非常任理事国が一致して賛成していても，その議題は否決される。

②　すべての常任理事国が一致して議題に賛成していても，非常任理事国のうち７か国が反対すると，その議題は否決される。

A　①—正　②—正　　**B**　①—正　②—誤
C　①—誤　②—正　　**D**　①—誤　②—誤

問6　下線部(カ)において，有効な投票としてみなされるものを，次の**A**〜**F**の中からすべて選んでアルファベットで答えなさい。

A　衆議院議員総選挙の小選挙区の投票において，候補者名を書いて投票した。

B　衆議院議員総選挙の比例代表の投票において，政党名を書いて投票した。

C　衆議院議員総選挙の比例代表の投票において，候補者名を書いて投票した。

D　参議院議員通常選挙の選挙区の投票において，政党名を書いて投票した。

E　参議院議員通常選挙の比例代表の投票において，政党名を書いて投票した。

F　参議院議員通常選挙の比例代表の投票において，候補者名を書いて投票した。

問7　本文と［**資料3**］を参考に，空欄《くうらん》［(あ)］・［(い)］にあてはまる数字もしくはアルファベットをそれぞれ答えなさい。

【理　科】〈第１回試験〉（社会と合わせて60分）〈満点：75点〉

１　台車の運動について詳《くわ》しく調べるため，記録タイマーと記録テープを用いて実験を行いました。記録タイマーは，１秒間に50回同じ時間間隔《かんかく》で点を打つことができます。台車の後ろに記録テープをつけ，台車を動かすと，記録テープに点が打たれます。記録テープの点をもとに台車の運動について調べることができます。

図１のように，水平な机に台車を置き，台車の後ろに記録テープをつけ，左向きに押《お》してすぐに手を離《はな》しました。このとき記録テープの一部には，図２のように等《とう》間隔に点が打たれました。また，記録テープを図２のＡ点から５つの点ごとにＢ点まで切って，左から順にはりつけると，図３のようになりました。切ったテープの長さはどれも10cmでした。図２のＡ点を打ったときの時間を０秒とします。答えは，小数第３位以下があるときは四捨五入して小数第２位まで求めなさい。

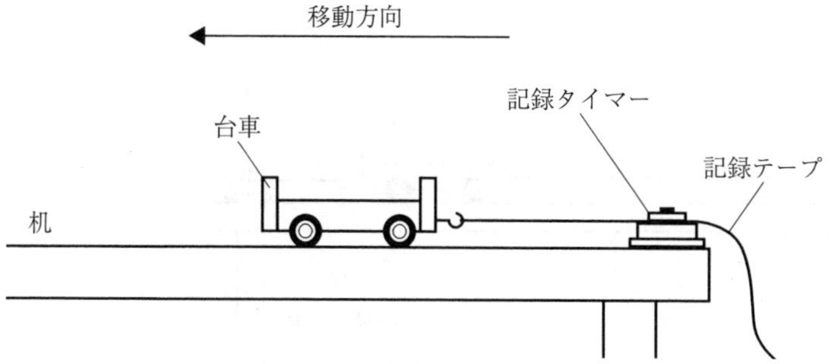

図１

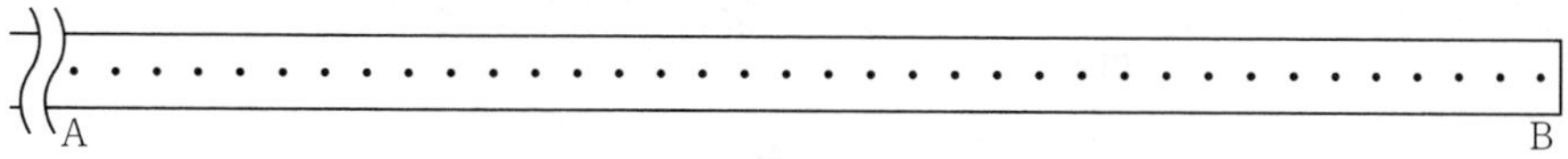

図２

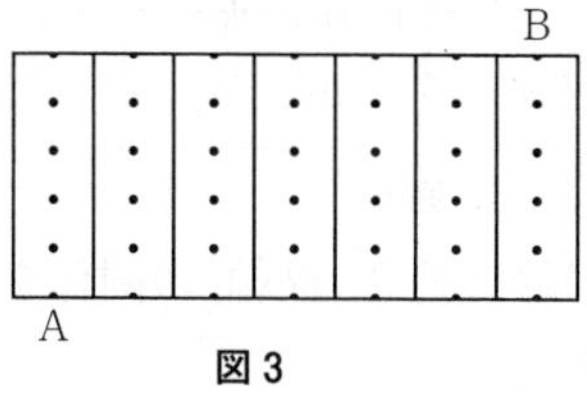

図３

(1)　この記録タイマーは，記録テープに１回点を打ってから次の点を打つまでに何秒かかりますか。

(2)　Ａ点からＢ点までの記録テープは，台車の運動を何秒間記録したものですか。

(3)　Ａ点からＢ点まで記録したときの台車の速さは秒速何ｍですか。

(4)　この台車の運動について，時間(横軸《よこじく》)と速さ(縦軸《たてじく》)の関係を表しているグラフとして，適当なものを次より１つ選び，記号で答えなさい。

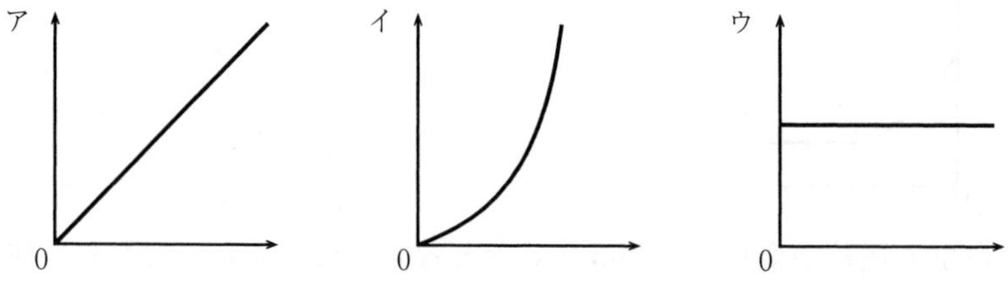

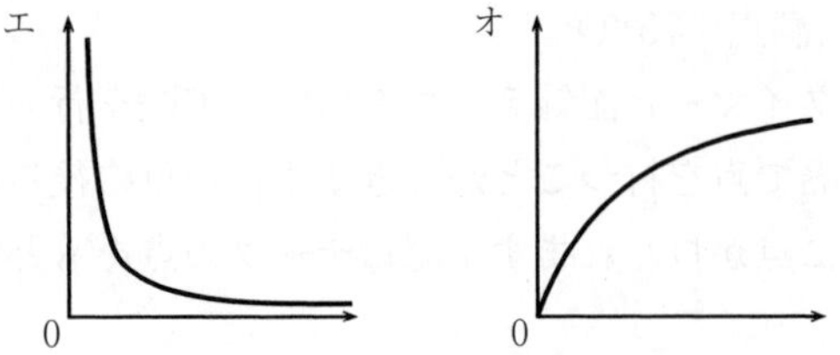

(5)　この台車の運動について，時間(横軸)と移動距離《きょり》(縦軸)の関係を表しているグラフとして，適当なものを(4)の選択肢《せんたくし》より１つ選び，記号で答えなさい。

次に図４のように，おもりをつけた糸と記録テープを台車につけ，図１と同じ台車を図１と同じ机に置きました。台車を押さえていた手を静かに離したところ，台車とおもりが動きはじめました。このとき，記録テープの一部には，図５のように点が打たれました。図５のＣの点を打ったときの時間を０秒とします。ただし，机は十分長く，台車が机から落ちることはないものとします。

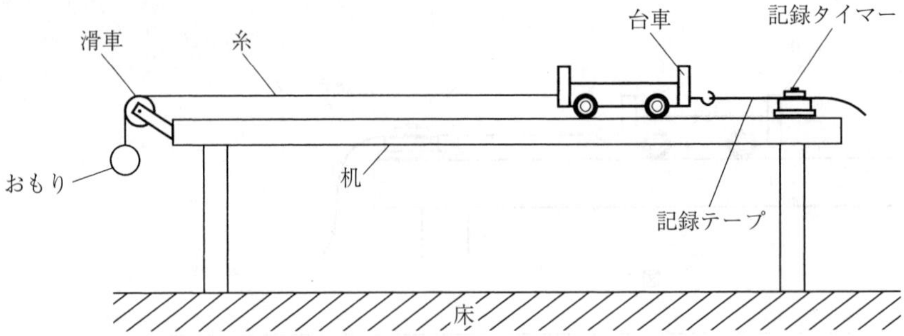

図４

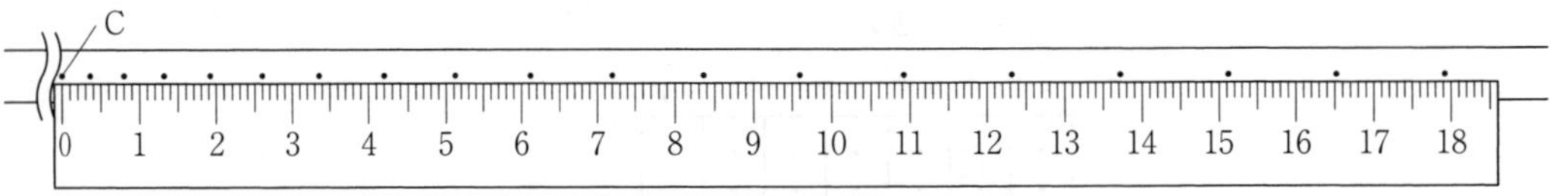

図５

(6)　この台車の運動について，時間(横軸)と速さ(縦軸)の関係を表しているグラフとして，適当なものを次より１つ選び，記号で答えなさい。

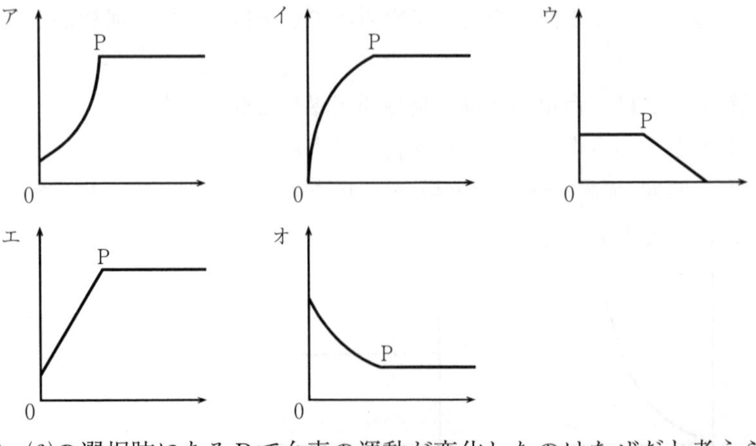

(7)　(6)の選択肢にあるＰで台車の運動が変化したのはなぜだと考えられますか，おもりに注目して答えなさい。

(8) 図４の実験において，(6)の選択肢にあるＰに達する前に糸をはさみで切りました。この後台車はどのような運動をしますか。適当なものを次より１つ選び，記号で答えなさい。

ア．だんだん速くなる。　　イ．だんだん遅《おそ》くなる。

ウ．すぐに止まる。　　エ．同じ速さで動く。

2　次の【実験１】【実験２】を読んで，あとの問いに答えなさい。

【実験１】　ビーカーＡ～Ｆのそれぞれに，濃度《のうど》7.3％の塩酸100ｇを入れました。次に，これらのビーカーに，濃度20％の水酸化ナトリウム水溶液《すいようえき》を０ｇから100ｇまで20ｇきざみで加えました。その後，溶液を加熱して水を完全に蒸発させ，残った固体の重さを調べました。結果は，表１のようになりました。

表１

ビーカー	A	B	C	D	E	F
水酸化ナトリウム水溶液［ｇ］	0	20	40	60	80	100
残った固体［ｇ］	0	5.85	11.7	15.7	19.7	23.7

(1) 水酸化ナトリウム水溶液について，適当な記述を次よりすべて選び，記号で答えなさい。

ア．鉄を入れると水素を発生して溶《と》ける。

イ．アルミニウムを入れると水素が発生して溶ける。

ウ．二酸化マンガンを入れると酸素が発生する。

エ．BTB液を入れると青くなる。

オ．赤色リトマス紙につけると青く変わる。

カ．電気を通す。

(2) 20％の水酸化ナトリウム水溶液の重さは，１mLあたり1.22ｇです。20％の水酸化ナトリウム水溶液１Ｌあたりに含《ふく》まれる水酸化ナトリウムは何ｇですか。答えは，小数第１位以下があるときは四捨五入して整数で求めなさい。

(3) ビーカーＢ～Ｆのうちで，水を蒸発させた後に残った固体が食塩のみであるものをすべて選び，記号で答えなさい。

(4) 次に示す塩酸と水酸化ナトリウム水溶液を混ぜた後の水溶液のうち，酸性であるものと中性であるものをそれぞれ次よりすべて選び，記号で答えなさい。

ア．7.3％の塩酸100ｇと20％の水酸化ナトリウム水溶液50ｇ

イ．7.3％の塩酸50ｇと20％の水酸化ナトリウム水溶液19ｇ

ウ．14.6％の塩酸100ｇと25％の水酸化ナトリウム水溶液64ｇ

エ．15％の塩酸80ｇと10％の水酸化ナトリウム水溶液120ｇ

オ．10％の塩酸160ｇと7.3％の水酸化ナトリウム水溶液200ｇ

(5) 14.6％の塩酸100ｇと20％の水酸化ナトリウム水溶液40ｇを混ぜた水溶液の濃度を求めなさい。ただし，濃度は，水に溶けているすべての物質の重さを，溶液の重さで割ったものの百分率として計算しなさい。答えは，小数第２位以下があるときは四捨五入して小数第１位まで求めなさい。

【実験２】　石灰石の主成分は炭酸カルシウムです。炭酸カルシウムは塩酸に溶けて気体を発生します。ビーカーＧ～Ｊのそれぞれに炭酸カルシウムを20ｇ入れ，濃度14.6％の塩酸を０ｇから

60gまで20gきざみで加えると，ビーカーH～Jで気体が発生しました。このとき，反応は塩酸に溶けている塩化水素がなくなるまで起こるものとし，反応後に溶けているのは物質Kのみとします。その後，溶け残った炭酸カルシウムをろ過して除き，溶液を加熱して水を完全に蒸発させ，残った物質Kの固体の重さを調べました。結果は，表2のようになりました。

表2

ビーカー	G	H	I	J
塩酸[g]	0	20	40	60
溶け残った炭酸カルシウム[g]	20	16	12	8
発生した気体[g]	0	1.76	3.52	5.28
蒸発後に残った物質K[g]	0	4.44	8.88	13.32

(6) 実験2で発生する気体の名称を答えなさい。

(7) 炭酸カルシウム20gを完全に溶かすために最低限必要な14.6%の塩酸は何gですか。答えは，小数第1位以下があるときは四捨五入して整数で求めなさい。

(8) 炭酸カルシウム30gに7.3%の塩酸140gを加えました。あとの問いに答えなさい。答えは，小数第3位以下があるときは四捨五入して小数第2位まで求めなさい。

① 発生する気体は何gですか。

② 溶け残った炭酸カルシウムは何gですか。ただし，溶け残らない場合は0gと書きなさい。

③ この反応でできた水は何gですか。ただし，水ができない場合は0gと書きなさい。

④ 溶け残った炭酸カルシウムを除くと，反応後の水溶液の物質Kの濃度は何%ですか。ただし，濃度は，水に溶けている物質Kの重さを，溶液の重さで割ったものの百分率として計算しなさい。

3 ある日，園子さんとお父さんは，あるテレビ番組を見ていました。その番組では，キウイフルーツをつぶしてスムージーをつくる際，栄養をとるためにスムージーに牛乳を足してもよいと紹介していました。そのとき，園子さんは，「牛乳を足すのは飲む直前にしてください」と注意書きが表示されていることに気がつきました。

園子さん：あれ，牛乳を足すときは飲む直前に足さないといけないの？

お父さん：うーん，何でだろう。ゼリーにキウイフルーツを入れると固《かた》まりにくいと聞いたことがあるけれど，それと関係があるのかな。

調べたところ，キウイフルーツのスムージーに牛乳を足すのは飲む直前にした方がよいことと，ゼリーにキウイフルーツを入れると固まりにくいことの両方に，キウイフルーツに含《ふく》まれるタンパク質分解酵素《こうそ》(タンパク質を分解する酵素)が関係していることがわかりました。キウイフルーツを牛乳に混ぜると，酵素が牛乳の中のタンパク質を分解して苦味のある成分に変えてしまうため，しばらくすると苦味が出てきます。

園子さん：そもそもタンパク質分解酵素って何だろう？

お父さん：ヒトが食物中のタンパク質を消化するときにも関係しているよね。

(1) ヒトにおけるタンパク質の消化と吸収について述べた次の文中の[あ]～[う]に当てはまる語を，それぞれ答えなさい。

口から摂取《せっしゅ》したタンパク質の消化は胃で始まります。タンパク質は，胃から分泌《ぶんぴつ》される酵素である［　あ　］によって分解され，十二指腸へと送られます。そこで消化液である［　い　］と混ざり合い，［　い　］に含まれる酵素によってさらに分解されます。最後に小腸でも分解されて［　う　］に変化すると，柔毛《じゅうもう》から毛細血管へと吸収されます。

園子さんとお父さんが調べたところ，タンパク質分解酵素の他にもさまざまな種類の酵素があることがわかり，それらの酵素には次のような性質があることがわかりました。

［酵素の性質］

① 酵素は目的の物質にだけはたらく。

② ほとんどの酵素は，30～40℃程度で最もよくはたらく。

③ 極端《きょくたん》な高温にさらされると，壊《こわ》れてはたらかなくなってしまう。

④ 酵素の種類によって，酸性で最もよくはたらくもの，中性で最もよくはたらくもの，アルカリ性で最もよくはたらくものがある。

そこで，園子さんとお父さんは，キウイフルーツがもっているタンパク質分解酵素の性質を調べる実験を行うことにしました。キウイフルーツを用意し，果実を切ると，図１のような断面があらわれました。

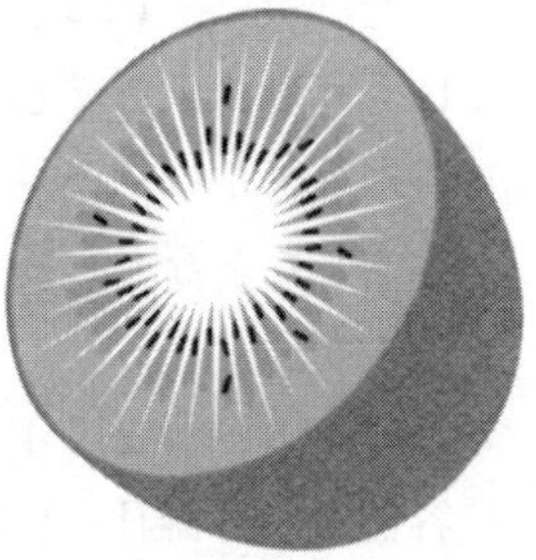

図１

園子さん：キウイフルーツの果肉って，きれいな緑色をしているね。

お父さん：キウイフルーツの果肉が緑色なのは，植物の葉が緑色であるのと同じ理由だよ。

園子さん：ふーん。それなら，緑色の色素である［　え　］を含んでいるということ？

お父さん：そうだね。ところで，たくさんある黒い粒《つぶ》は種子だね。そして，１つのキウイフルーツの果実は，花にある１つの子房からつくられるのだよ。ということは…。

園子さん：ということは，１つの子房の中には［　お　］がたくさんあるということになるよね。

お父さん：その通り！

⑵ 会話文中の［え］・［お］に当てはまる語を，それぞれ答えなさい。

園子さんとお父さんは，キウイフルーツをミキサーにかけ，スムージーをつくりました。そして，【実験１】を行いました。

【実験１】

〔方法〕 タンパク質の一種であるゼラチンをお湯に溶《と》かして容器に入れ，冷蔵庫で冷やしてゼリーをつくりました。このゼリーを小さじ１杯《ぱい》ずつはかり取って３つの容器Ａ～Ｃにそれぞれ入れ，小さじ１杯ずつのスムージーをかけて，次のような条件でしばらく置きました。

容器Ａ　４℃の冷蔵庫の中に入れた。

容器Ｂ　18℃の室内に置いた。

容器Ｃ　25℃の室内に置いた。

〔結果〕 容器Ａ　ゼリーは溶けなかった。

容器Ｂ　ゼリーは少し溶けた。

容器Ｃ　ゼリーはよく溶けた。

園子さん：やっぱり30℃に近づいたことでタンパク質分解酵素がよくはたらくから，容器Ｃのゼリーがよく溶けたんだね！

お父さん：うーん。ゼリーが溶けたのは，本当にタンパク質分解酵素のはたらきだと言い切れるのかな…。

(3)　【実験１】において，容器Ｃでゼリーがよく溶けたのは，タンパク質分解酵素のはたらきによるものであるとは言い切れません。タンパク質分解酵素以外で，ゼリーが溶けた原因として考えられることを次より１つ選び，記号で答えなさい。

ア．空気に触れているために溶けてしまった。

イ．水分に触れているために溶けてしまった。

ウ．温度が高いために溶けてしまった。

そこで，園子さんとお父さんは，さらに【実験２】を行いました。

【実験２】

〔方法〕　スムージーの一部を別の容器に入れ，沸騰《ふっとう》した湯の中で10分間湯せんした後に冷ましました。次に，【実験１】と同じようにゼリーを小さじ１杯ずつはかり取って，６つの容器Ｄ～Ｉにそれぞれ入れました。容器Ｄ～Ｆには小さじ１杯ずつの湯せんしていないスムージーをかけ，容器Ｇ～Ｉには小さじ１杯ずつの湯せんしたスムージーをかけ，次のような条件でしばらく置きました。なお，湯せんとは温めたいものを容器に入れ，容器ごと湯の中で間接的に温める方法です。

容器Ｄ・容器Ｇ　４℃の冷蔵庫の中に入れた。

容器Ｅ・容器Ｈ　18℃の室内に置いた。

容器Ｆ・容器Ｉ　25℃の室内に置いた。

〔結果〕　容器Ｄ　ゼリーは溶けなかった。

容器Ｅ　ゼリーは少し溶けた。

容器Ｆ　ゼリーはよく溶けた。

容器Ｇ　ゼリーは溶けなかった。

容器Ｈ　ゼリーは溶けなかった。

容器Ｉ　ゼリーは溶けなかった。

(4)　【実験２】について述べた次の文中の［か］に当てはまる17ページの[酵素の性質]の番号(①～④)を１つ答えなさい。また，［き］・［く］としてもっとも適当な容器の記号(Ｄ～Ｉ)を２つ選び，答えなさい。

【実験２】では，酵素の［　か　］の性質を利用して，ゼリーが溶けたのはタンパク質分解酵素のはたらきによるものであることを明らかにしようとした。容器［　き　］と容器［　く　］を比べると，ゼリーがタンパク質分解酵素によってよく溶けたことがわかる。

園子さん：キウイフルーツにタンパク質分解酵素が含まれるのなら，タンパク質が多い食べ物と一緒《いっしょ》に食べたら，消化によいのかな？

お父さん：そうだね。でも，食べた後に胃の中でもはたらいてもらう必要があるから，実験で調べた条件以外に，［　け　］でよくはたらくという性質が必要だね。

(5)　会話文中の［け］に入る性質を表す語を答えなさい。

キウイフルーツに含まれるタンパク質分解酵素についてよく理解した園子さんは，キウイフルーツについてさらに調べました。キウイフルーツの木は，メスの木とオスの木が別々に存在するということがわかりました。

(6)　2019年に，キウイフルーツに関してある遺伝子(生物のからだの形や性質を決定するもの)が発見されました。この遺伝子をメスに入れると，メスの性質もオスの性質も両方もつようになるそうです。キウイフルーツにおいて，メスの性質とオスの性質を両方もった木ができると，どんな利点があると考えられるか説明しなさい。

4 園子さんは，夏休みにテレビを見ていると，天気予報で「WBGT が高いから熱中症《ねっちゅうしょう》に注意してください」と言っているのを聞きました。WBGT とは何か気になったので，調べてみることにしました。

調べてみると，WBGT(湿球黒球温度《しっきゅうこっきゅうおんど》)は，1954年にアメリカで熱中症を予防する目的で提案されたものと分かりました。WBGT を測定する装置には，乾球《かんきゅう》温度計・湿球温度計・黒球温度計が備えられています。これらをもとにして，WBGT が算出されます。

また，表1は湿度表，表2は気温別の飽和《ほうわ》水蒸気量[g/m³](1 m³ の空気中に含《ふく》むことのできる最大の水蒸気の量)を表しています。答えは，小数第2位以下があるときは四捨五入して小数第1位まで求めなさい。

表1

	乾球温度計と湿球温度計の示度の差[℃]									
乾球温度計の示度[℃]	0	1	2	3	4	5	6	7	8	9
30	100	92	85	78	72	65	59	53	47	41
29	100	92	85	78	71	64	58	52	46	40
28	100	92	85	77	70	64	57	51	45	39
27	100	92	84	77	70	63	56	50	43	37
26	100	92	84	76	69	62	55	48	42	36
25	100	92	84	76	68	61	54	47	41	34
24	100	91	83	75	68	60	53	46	39	33
23	100	91	83	75	67	59	52	45	38	31
22	100	91	82	74	66	58	50	43	36	29
21	100	91	82	73	65	57	49	42	34	27
20	100	91	81	73	64	56	48	40	32	25
19	100	90	81	72	63	54	46	38	30	23
18	100	90	80	71	62	53	44	36	28	20
17	100	90	80	70	61	51	43	34	26	18
16	100	89	79	69	59	50	41	32	23	15
15	100	89	78	68	58	48	39	30	21	12

表2

気温[℃]	10	11	12	13	14	15	16	17	18	19	20	21	22
飽和水蒸気量[g/m³]	9.4	10.0	10.7	11.4	12.1	12.8	13.6	14.5	15.4	16.3	17.3	18.3	19.4

(1) 以下の文章を読んで，あとの問いに答えなさい。

湿度は，乾球温度計と湿球温度計を用いて，湿度表から求めることができる。湿球温度計には水で濡《ぬ》れたガーゼが巻かれており，水が［ A ］する際に周囲の熱をうばう。そのため，乾球温度計と湿球温度計の示度は，［ B ］の方が小さいかまたは等しい。また，乾球温度計と湿球温度計の示度の差が大きいほど湿度は［ C ］なる。

① 空らん[A]に当てはまる適当な語を漢字で答えなさい。

② 空らん[B]・[C]に当てはまる語の組み合わせとして適当なものを次より１つ選び，記号で答えなさい。

	[B]	[C]
ア．	乾球温度計	高く
イ．	乾球温度計	低く
ウ．	湿球温度計	高く
エ．	湿球温度計	低く

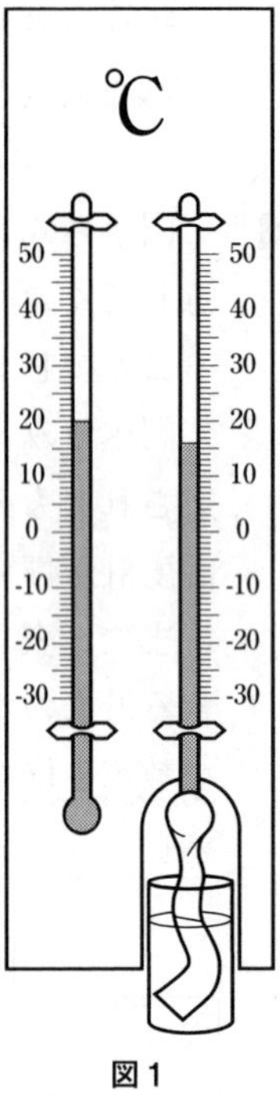

図１

(2) 乾球温度計と湿球温度計が図１のような値を示すとき，湿度は何％ですか。

(3) (2)のときの空気中の水蒸気量は１m^3あたり何ｇですか。

(4) (2)の水蒸気量が変わらない状態で，気温が３℃下がったときの湿度は何％ですか。

(5) (2)の状態から気温が９℃下がったとき，水滴《すいてき》が生じました。空気１m^3あたり何ｇの水滴が生じますか。

(6) (5)のように，空気中に含まれる水蒸気量が飽和水蒸気量を超えることで起こる現象として適当なものを次より２つ選び，記号で答えなさい。

ア．寒い冬の日，朝起きると，池の水が凍《こお》っていた。

イ．寒い冬の日，朝起きると，窓ガラスの内側に水滴がついていた。

ウ．空気が上昇《じょうしょう》すると，雲ができた。

エ．二酸化炭素を冷やすと，ドライアイスができた。

(7) 黒球温度の測定には，黒色に塗装《とそう》された金属の球を用います。直射日光にさらされた状態での球の中心の温度を観測しており，弱風時のひなたにおける体感温度と関係があります。黒色に塗装された金属には，以下のうち最も熱を伝えやすい金属が使われています。適当なものを次より１つ選び，記号で答えなさい。

ア．鉄　　イ．アルミニウム　　ウ．銅

(8) WBGTの値が28℃を超えると熱中症になる危険性が高いといわれています。屋外でのWBGTの値は，以下の式で算出することができます。

WBGT＝0.7×湿球温度＋0.2×黒球温度＋0.1×乾球温度

気温が28℃で湿度が77％のとき，屋外でのWBGTの値が28℃を超えるのは，黒球温度が何℃を超えるときですか。

ア　びりびりと　イ　てらてら
ウ　ゆさゆさと　エ　わんわん

問七　本文中で描《えが》かれているお兄ちゃんの人物像としてふさわしいものを次の**ア**～**エ**の中から一つ選び、記号で答えなさい。

ア　「僕」の怪我《けが》に平然と対応しただけでなく、勉強も運動も得意で教師からも一目置かれている、冷静な少年。

イ　動揺《どうよう》や恐怖《きょうふ》が「僕」に伝わってしまうときもあるが、「僕」に不安をなるべく感じさせないようにふるまっている、勇敢な少年。

ウ　「僕」にとっては賢明《けんめい》で機転の利く兄であり、不在の両親に代わって「僕」が自分の目標にするに値《あたい》する、立派な少年。

エ　「僕」のことを何より大切に思っており、「僕」を助けるためであれば危険を冒《おか》すこともいとわない、強気な少年。

問八　本文に合うものを次の**ア**～**エ**の中から一つ選び、記号で答えなさい。

ア　「鉄錆《さび》の味」「ごわごわした靴下《くつした》」などの五感をあらわす表現が用いられることで、山での体験を読者にも鮮明《せんめい》に印象づける効果が生まれている。

イ　今の「僕」とかつての兄の姿を比較《ひかく》することで、当時の兄の対応の的確さをより際立たせ、今の「僕」が目標とする兄の姿へ未だ及《およ》んでいないことを暗示している。

ウ　木々が「僕」たちを覆《おお》う様子は「僕」たちの感情と連動しており、恐怖が増すと自然の姿も大きくなるため、恐怖が失せると自然から解放されキャンプ場へ戻るという構成になっている。

エ　この山での体験は、普段《ふだん》とは大きく異なる兄の姿を「僕」が目《ま》の当たりにして「僕」と兄の結びつきが著《いちじる》しく変化する象《しょう》徴《ちょう》的な場面となっている。

がとても大切なものに思えた。張り出した肩胛骨《けんこうこつ》、骨を覆う筋肉、右足を前に出すと背中の左側の筋肉が盛り上がり、左足を前に出すと右側の筋肉が盛り上がった。その動きは力強く、汗《あせ》で［D］光り、すごくきれいだった。断言できる。あのときのお兄ちゃんの背中は、どんな陸上選手よりも、どんな美術彫刻《ちょうこく》よりも素晴らしかった。少なくとも、僕にとってはそうだった。この背中についていけばいいんだと本能的に感じた。そうすれば、僕はどこか遠くまで行ける。自分ひとりでは決してたどり着けないところまで、この背中はつれて行ってくれる。

お兄ちゃんのあとについて行こう。

どこまでも、どこまでも、追いかけよう。

それが僕の目標だ。

たいして長く走ったわけではないと思う。お兄ちゃんに止血をしてもらった辺りから、わずか十分も走らないうちに、いきなり視界が開け、僕たちはキャンプ場の端《はし》に立っていた。さっきまで頭上を覆っていた木々は切れ、薄暗《うすぐら》さはすっかり晴れて、目の前に広がるのはキャンプを楽しむ呑気《のんき》な家族の姿だけだった。すぐ近くを、僕よりも小さい子供が駆けていき、物珍《めずら》しそうに僕を見ていった。裂いたシャツを頭に巻いた、泥《どろ》だらけの冴《さ》えない僕を。だけど僕は誇《ほこ》らしい気持ちでいっぱいだった。とんでもない苦境を乗り越えた気がしていた。

（橋本　紡『空色ヒッチハイカー』）

問一　――(2)「優越感《ゆうえつかん》」とありますが、これを別のことばに言いかえたものとしてふさわしい表現を本文中から十一字で抜《ぬ》き出しなさい。

問二　――(3)「どこで失敗してしまったんだろう……。」とありますが、失敗の原因はどのようなことですか。解答らんに三行以内で説明しなさい。

問三　――(4)「鬼神《きじん》」とありますが、「鬼」という語句が含《ふく》まれる次の**一**～**五**の成句の意味を、後の［意味］**ア**～**オ**の中から一つずつ選び、記号で答えなさい。

一　鬼に金棒

二　鬼の居ぬ間に洗濯《せんたく》

三　鬼の首を取ったよう

四　鬼の目にも涙《なみだ》

五　鬼が笑う

［意味］

ア　こわい人やきびしく注意する人がいないすきに、のんびりとくつろぐこと。

イ　先々のことなど、どうなるかわからないのにあだこうだという人をからかっていうことば。

ウ　あわれむ心を少しももたないようなひどい人でも、ときには情け深くなることもあるということ。

エ　他人から見れば大した手柄《てがら》でもないのに、素晴らしい手柄を立てたかのように得意になって喜ぶ様子。

オ　強い者が、さらに力をくわえてもっと強くなること。

問四　――(5)「怖《こわ》いね、お兄ちゃん」とありますが、このときの「僕《ぼく》」の心情を解答らんに二行以内で説明しなさい。

問五　――(1)「お兄ちゃんを追い越《こ》してやろうと思った。」、――(6)「もうお兄ちゃんを追い越そうなどとは考えなかった。」とありますが、「僕」の心境はなぜこのように変化したのですか。解答らんに二行以内で説明しなさい。

問六　［A］～［D］に当てはまる語を次の**ア**～**エ**の中から一つずつ選び、記号で答えなさい。（ただし記号はそれぞれ一回ずつ使用します。）

れた血は、唾液《だえき》とともに喉《のど》を下り、胃に届き、消化され、お兄ちゃんの体を作る栄養となったはずだ。お兄ちゃんの一部は——髪《かみ》の毛一本ほどの量もないだろうけど——確かに僕の血でできている。

　僕たちは、すぐに走り出さなかった。

　Tシャツを裂いたお兄ちゃんははあはあ息を切らしていたし、僕も動揺《どうよう》していた。その一瞬、僕たちは凪《なぎ》のような瞬間に取り込まれていた。

　お兄ちゃんは顔を上げて森を見渡《わた》した。その視線を追った僕は、突《とつ》然《ぜん》不安に襲《おそ》われた。立ち並ぶ木は太く、高く、大地に根を張り、その木々が毎年落とす葉で山の斜面はすっかり覆《おお》われている。木々のあいだから差し込む光はわずかで、その光が当たっている場所だけはやたらと明るかった。僕たち兄弟が立っているのは、あまりにも巨大《きょだい》な自然の中だった。キャンプ場から見た小山とは、明らかに違《ちが》っていた。貧相《ひんそう》な顔を見せていた自然は、けれどはるかに深い懐《ふところ》を持ち、たとえ足が速くて勉強がやたらとできて教師に一目置かれているお兄ちゃんでさえも、ちっぽけで弱々しい存在でしかなかった。ましてや僕なんて小さな虫みたいなもんだ。

　お兄ちゃんが感じているのと同じことを、僕はそのとき、確かに感じた。お兄ちゃんが抱いていた恐怖《きょうふ》を、僕もまた抱いた。お兄ちゃんの体は小さく震《ふる》えていた。

　ふと横を見ると、そばに大木があった。まだ幼く、無知ではあったけど、その木が僕よりも、お兄ちゃんよりも、たくさんの時を生きてきたことがわかった。木は同じ場所にただ立ち続け、冬の寒風や、夏の灼熱《しゃくねつ》を、ひたすら受け続けてきたんだ。僕はそれがとてもすごいことのように思え、小さな胸を埋《う》めつくしたのはむしろ畏怖《いふ》や畏敬《いけい》といった感情に近かった。強い風が森の中を駆け抜け、色濃《こ》い緑が

C

揺《ゆ》れた。落ちてきたなにかが顔に当たった。僕は目を擦《こす》り、ふたたび上を見た。どんなに背伸《せの》びしても、手を伸ばしても、木のてっぺんには触《ふ》れられないのだと思った。

　やがてお兄ちゃんが尋ねてきた。

「どうした、彰二」

「あの——」

　反射的に声を発したものの、ちゃんとした言葉にはならなかった。感じているものを表現できるような語彙《ごい》は、幼い僕にはなかった。いや、あれから十年近くたった今でさえも、きっちり表現するのは無理だろう。

　僕はぽつりと漏らすのが精一杯《せいいっぱい》だった。

「(5)怖《こわ》いね、お兄ちゃん」

　その意味を、お兄ちゃんが理解してくれたのかどうかはわからない。僕の言葉はあまりにも曖昧《あいまい》すぎた……。

　お兄ちゃんは顔を上げ、僕が見ていたものを見た。

「そうだな。怖いな」

　また風が吹《ふ》き、僕の髪が揺れ、お兄ちゃんの髪が揺れ、他のいろんなものを揺らしていった。足もとを枯《か》れ葉の屑《くず》が舞《ま》い散り、そのうちの一枚がくるぶしの辺りに張りついた。ごわごわした靴下《くつした》を履《は》いていたせいか、強い風がどれだけ吹いても、枯れ葉はくっついたままだった。

　やがてお兄ちゃんの目に光が戻った。行こうか、と言った。

「うん、行こう」

　僕たちは互《たが》いに頷き合った。

　どういうことなのかわからない。あの十秒か二十秒の、突然訪れた凪のあいだに、僕たちはすっかり落ち着きを取り戻していた。お兄ちゃんが斜面を駆け、僕はその裸《はだか》の背中を追った。(6)もうお兄ちゃんを追い越そうなどとは考えなかった。むしろ前を走るお兄ちゃんの背中

なかったのだ。その瞬間《しゅんかん》、時間の流れ方が少し変わったかのようだった。浮き上がる自分の体。目と口をいっぱいに開くお兄ちゃんの顔。森の木漏《こも》れ日。苔《こけ》むした岩。立ち並ぶ樹木。遠いところでちらちら輝《かがや》く空。すべてがはっきりと見え、僕はそのまま体を反転させ、見事に着地する自分自身を思い浮かべた。愚《おろ》かな僕は、確実にそうなるんだと感じた。着地して得意気に笑う自分の顔さえ想像した。お兄ちゃんは驚《おどろ》くだろうな。すごいぞ彰二、と感心して言うかもしれない。たいしたことないよ、と僕は笑ってやろう。

実際の僕は背中から地面に落ち、岩に頭を思いっきりぶつけた。すべての妄想《もうそう》は消え去り、すべてが真っ白になった。あれ、おかしい、と僕は直後に思った。着地するはずだったんだ。(3)どこで失敗してしまったんだろう……。

痛みはたいしたことなかったけど、頭皮が切れて、びっくりするくらい血が出た。頭の傷は、血が出やすいのだ。額から頬《ほお》へと、赤く温《ぬる》い血が伝い、ショック状態に陥《おちい》った僕は　A　泣き叫んだ。それはもう、みっともないもんだった。

「大丈夫《だいじょうぶ》か」

尋《たず》ねるお兄ちゃんの声に答えることさえできなかった。

「頑張《がんば》れ、彰二」

僕を背負ったお兄ちゃんは、(4)鬼神《きじん》のような勢いで斜面を駆け下りた。今までのスピードが冗談《じょうだん》に思えるくらい速かった。僕はひたすら泣いていた。血が口に入って、鉄錆《さび》の味が広がった。

走り疲《つか》れたのか、途中《とちゅう》でお兄ちゃんが足をとめた。お兄ちゃんはしゃがみ込むと、僕をその場に下ろした。

「どうしたの」

「血がひどすぎるから、とめた方がいい」

お気に入りだったオレンジと茶のTシャツを脱《ぬ》ぎ、お兄ちゃんは上半身を露《あら》わにした。それからTシャツの縫《ぬ》い目を近くにあった倒木《とうぼく》に引っかけ、思いっきり引っ張った。　B　音がして、Tシャツは裂《さ》けた。あのときのお兄ちゃんの機転を思い出すと、僕は今でも感心する。たった十三歳《さい》だったのに、お兄ちゃんはTシャツを裂く方法をすぐ思いついたんだ。大人でも、なかなかあんなふうには行動できないだろう。今の僕だって怪《あや》しいもんだ。

細く破いたTシャツを、お兄ちゃんは僕の頭にぐるぐる巻きつけた。ぎゅっと縛《しば》ると、流れ出る血がおさまった。

これでいい、とお兄ちゃんは言った。

「我慢《がまん》できるか、彰二」

僕を見つめるお兄ちゃんの視線は、しっかり定まっていた。覚悟《かくご》というものを持っていた。ああ、お兄ちゃんはどうしてあんなにも真《ま》っ直《す》ぐな目をしていたんだろう……。

僕はただ頷《うなず》いた。

「我慢できる」

確かに、そんな気持ちになっていた。お兄ちゃんの強さが乗り移っていた。

「大丈夫だよ」

お兄ちゃんは僕をまた背負おうとしたけど、僕は大丈夫だと言い張った。僕は僕の足で走りたかった。お兄ちゃんに頼りたくなかった。お兄ちゃんのように走りたかった。

「きつくなったら、いつでも言うんだぞ」

「うん」

「血が目に入らないように気をつけろ」

縛ったTシャツの隙間《すきま》から垂れてきた血を、お兄ちゃんが親指で拭《ぬぐ》ってくれた。その親指を、お兄ちゃんはためらうことなく、自らの口に運んだ。僕の血は、お兄ちゃんの体に取り込《こ》まれたんだ。口に含《ふく》ま

にたどり着くことはなく、複数の推測を検証し、おそらくはこれだろうというものをひとまず答えとしているに過ぎない。

イ　科学的という言葉には「客観的で揺《ゆ》るがない」というようなイメージがあるが、実際は科学が一〇〇パーセントの客観的視点にたどり着くことはなく、仮説のうちより良い仮説と評価されたものを、さらに多くの科学者が主観的に支持することで、主観的な価値を得てきた。

ウ　科学的という言葉には「答えが一つに決まる」というようなイメージがあるが、実際は科学が一〇〇パーセント確実な真理にたどり着くことはなく、複数の可能性の中から新たに仮説を積み重ね、完璧ではなくともより良い仮説をとりあえず真理と呼んでいる。

エ　科学的という言葉には「客観的で揺るがない」というようなイメージがあるが、実際は科学が一〇〇パーセント正しい結果や真理にたどり着くことはなく、検証を重ねて可能な限り一〇〇パーセントに近いところを目指すことで、それなりにうまくやってきた。

二　次の文章を読んで後の問いに答えなさい。

「じゃあ、行くぞ」

道から逸《そ》れたところにある木に手をかけ、体をぐうんとまわすようにして、お兄ちゃんは斜面《しゃめん》を駆《か》け下りた。木を手でしっかり摑《つか》み、岩に足を置き、慎重《しんちょう》すぎるほどの足取りで進んだ。その遅《おそ》さに、むしろ僕《ぼく》は焦《じ》れた。実際に下りてみると、斜面はそれほど急でもなく、また危険でもなく、スピードをつけて下りていくことができた。はるか下の方に見えていた道がぐんぐん近づいてくる。この調子なら、あっさりキャンプ場に戻《もど》れると思った。キャンプ場に戻れば、父さんと母さんがいる。冷たいジュースがある。よく焼けた肉がある。アルミホイルで蒸《む》してバターで味付けしたジャガイモがある。ジャガイモはあまり好きじゃないけど、たっぷりのバターと醤油《しょうゆ》で食べると、びっくりするくらいおいしかった。その味を思い浮《う》かべながらお兄ちゃんの背を追っているうちに、僕の足は自然と速くなっていた。すっかり調子に乗った僕は、(1)お兄ちゃんを追い越《こ》してやろうと思った。どんどん進んで、冷たいジュースを飲めばいい。お兄ちゃんは慎重すぎるんだ。こんな斜面、たいしたことないのにさ。

思い返してみると、よくわかる。

賢明《けんめい》なお兄ちゃんは、僕の限界を見定めながら、スピードを抑《おさ》えていたんだ。もしお兄ちゃんだけだったとしたら、もっともっと速く下りていたはずだ。それこそ僕が追いつけないくらいのスピードで。

幼い僕はそういうことがわからなかった。

勝手にうぬぼれた。

お兄ちゃんを超《こ》えた気になった。

普段《ふだん》から抱《いだ》いている劣等《れっとう》感を、そっくり(2)優越《ゆうえつ》感に置き換《か》えてしまったんだと思う。僕は下るスピードを一気に上げ、お兄ちゃんを追い越して先に進んだ。お兄ちゃんが僕の名前を呼んだけど、声が後ろから聞こえてくることに、ぞくぞくするような快感を覚えた。僕は今、お兄ちゃんの前を走っているんだ。お兄ちゃんを抜《ぬ》かしたんだ。声には出していなかったものの、僕は思いっきり笑っていた。僕は先に行くよと心の中で叫《さけ》んでいた。

失態は、その直後に訪れた。

（中略）

「彰二《しょうじ》、危な――」

お兄ちゃんの言葉を最後まで聞くことはできなかった。気がつくと僕の足は岩を踏《ふ》み外していて、体が宙に浮いていた。勢いを制御《せいぎょ》でき

実性のみを追求するべきだという考えが、説得力を持たないことを伝えるため。

イ　科学と車の運転は、ほぼ一〇〇パーセント正しい結果や安全が得られるという点で同一であり、車の運転の例を通して、〇か一〇〇かのどちらかを追求しようとする考えが、それなりにうまくいく秘訣《ひけつ》であることを伝えるため。

ウ　科学と車の運転は、一〇〇パーセント正しい結果や安全が得られないという点で同一であり、車の運転の例を通して、真理にたどり着こうという科学的な考えが、最初から無駄《むだ》であることを伝えるため。

エ　科学と車の運転は、ほぼ一〇〇パーセント正しい結果や安全が得られるという点で同一であり、車の運転の例を通して、一〇〇パーセントに近い状態を目指そうとする態度が、完璧《かんぺき》を手に入れるための唯一《ゆいいつ》の選択肢《せんたくし》であることを伝えるため。

問二　――(2)「科学では推測が重要だ。」とありますが、これはなぜですか。演繹《えんえき》の方法を用いて、解答らんに二行以内で説明しなさい。

問三　――(3)『逆・裏・対偶《たいぐう》』とありますが、この状態になるように、後の図のA～Cに当てはまる文を、次の**ア**～**ウ**の中から一つずつ選び、記号で答えなさい。（ただし記号はそれぞれ一回ずつ使用します。）

ア　服が濡《ぬ》れていないなら、池に落ちていないはずだ。

イ　服が濡れているなら、池に落ちたはずだ。

ウ　池に落ちていないなら、服が濡れていないはずだ。

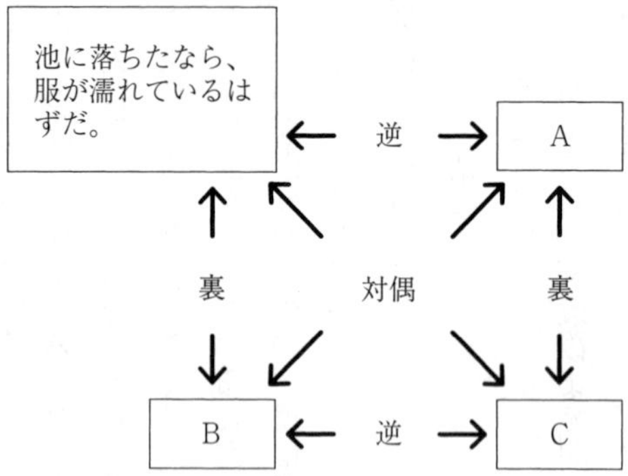

問四　――(4)「正しい演繹なら結論は一〇〇パーセント正しい。」、――(5)「推測の結論は一〇〇パーセント正しいとはいえない。」とありますが、これはなぜですか。前者をA、後者をBと置き換《か》え、解答らんに三行以内で説明しなさい。

問五　――(6)「そういう仮説」とありますが、これはどういう仮説ですか。解答らんに三十字以内で説明しなさい。

問六　[A]～[D]に当てはまる語を次の**ア**～**エ**の中から一つずつ選び、記号で答えなさい。（ただし記号はそれぞれ一回ずつ使用します。）

ア　さて　**イ**　しかし　**ウ**　もし　**エ**　だから

問七　――(ア)～(オ)のカタカナを漢字に直しなさい。

問八　本文の内容に合うものを次の**ア**～**エ**の中から一つ選び、記号で答えなさい。

ア　科学的という言葉には「答えが一つに決まる」というようなイメージがあるが、実際は科学が一〇〇パーセント正しい答え

も、残念ながら、そうはいかない。
　科学は、新しい情報を手に入れようとする行為《こうい》だが、演繹では、新しい情報は手に入らないからだ。演繹をしても、情報は増えないのである。「根拠が成り立っていれば、必ず結論が導かれる」ということは、「結論(の情報)は、根拠(の情報)の中に含まれている」ということでもある。［D］、いくら演繹を繰《く》り返しても、知識は広がっていかないのだ。
　科学の話に進む前に、(3)「逆・裏・対偶《たいぐう》」の説明も簡単にしておこう。たとえば、先ほどの演繹の最初の主張は、「イカは足が一〇本である」だった。
　この主張の逆は「足が一〇本ならイカである」だ。ちなみに、エビも足が一〇本なので、この主張は正しくない。
　裏は「イカでないなら足が一〇本でない」だ。ちなみに、この主張も、エビは足が一〇本なので正しくない。
　対偶は「足が一〇本でないならイカでない」となる。ちなみに、この主張は正しい。
　元の主張が正しくても、逆や裏が正しいとは限らないが、対偶は必ず正しい。
　(4)正しい演繹なら結論は一〇〇パーセント正しい。しかし、結論は根拠の中に含まれているので、いくら演繹を繰り返しても知識は広がっていかない。
　一方、(5)推測の結論は一〇〇パーセント正しいとはいえない。しかし、結論は根拠の中に含まれていないので、推測を行えば知識は広がっていく。
　たとえば(服は着ていたものとして)、「池に落ちた」という根拠から「服が濡《ぬ》れている」ことを結論するのは演繹だ。池に落ちれば、必ず服は濡れるからだ。つまり、「池に落ちた」ことを知った時点で、「服が濡れている」ことも同時に知ったことになるのだ。そのため、わざわざ演繹を行って「服が濡れている」という結論を出したところで、周りの人からは「そんなこと知ってるよ。池に落ちたのなら、当たり前じゃないか」といわれてしまう。演繹を行っても、知識は広がらないのだ。
　一方、「服が濡れている」という根拠から「池に落ちた」ことを結論するのは推測だ。服が濡れているからといって、池に落ちたとは限らないからだ。雨に降られたのかもしれないし、ホースで水をかけられたのかもしれない。だから推測を行って、「池に落ちた」という結論を出せば、周りの人からは「えっ、そうなの？　全然知らなかった」とかいわれる。推測を行えば、知識は広がるのだ。
　科学では、必ず何らかの形で、この推測を使う。そして、よくあるケースでは、推測によって仮説を立てる。それから、この仮説を、観察や実験によって検証するのである。そして観察や実験の結果によって仮説が支持されれば、仮説はより良い仮説となる。観察や実験の結果によって支持されなければ、仮説はより悪い仮説となる。だから、たくさんの観察や実験の結果によって、何度も何度も支持されてきた仮説は、とても良い仮説である。(6)そういう仮説は、「理論」とか「(オ)ホウソク」と呼ばれるようになる。しかし、どんなに良い理論やホウソクも、一〇〇パーセント正しいわけではないのである。

（更科　功『若い読者に贈る美しい生物学講義
――感動する生命のはなし』）

問一　――(1)「たとえば、車を運転して会社に行くとしよう。」とありますが、筆者がこの具体例を出した理由としてふさわしいものを次の**ア**～**エ**の中から一つ選び、記号で答えなさい。
ア　科学と車の運転は、一〇〇パーセントが存在しないという点で同一であり、車の運転の例を通して、一〇〇パーセントの確

二〇二一年度 洗足学園中学校

【国語】〈第一回試験〉（五〇分）〈満点：一〇〇点〉

【注意】・字数制限のない問題について、一行分の解答らんに二行以上解答してはいけません。
・記号・句読点がある場合は字数に含《ふく》みます。

一 次の文章を読んで後の問いに答えなさい。

生物学とは、生物に(ア)カンケイするものごとを科学的に調べることだ。ここで「科学的」という言葉を使ったが、この言葉には「客観的で揺《ゆ》るがない」とか「答えが一つに決まる」とかいうイメージがつきまとう。

[A]、科学では、決して一〇〇パーセント正しい結果は得られない。大きな川のように右や左にくねりながら、この世の真理（というものがあったとして）にゆったりと近づいていく。それでも、決して真理には到達《とうたつ》することはない。それが科学というものだ。

でも、真理に決して到達することができないなら、科学なんかやる意味がないのではないだろうか。う〜ん、たしかにそういう考えもあるかもしれない。でも、とりあえず、私はそうは思わない。

(1)たとえば、車を運転して会社に行くとしよう。あなたは信号が赤になったので止まった。しばらくすると青になったので、左右を確認してから前に進んだ。でも、何でそんなことをするのだろう。だって信号を守ったって、一〇〇パーセント安全なんてことはないのだ。いくら交通ルールを完璧《かんぺき》に守ったところで、決して一〇〇パーセントの安全が得られないのなら、守る意味なんかないのではないだろうか。

でも、おそらくあなたは、信号を無視して運転することはないだろう。交通ルールを守っても、たしかに一〇〇パーセントは安全にはならない。ならないけれど、かなり安全にはなるからだ。世の中は〇か一〇〇かのどちらかだけではない。中間がたくさんあるのだ。

[B]交通ルールを守るのに意味があるなら、科学にも意味があるだろう。科学の結果は完璧には正しくないけれど、かなり正しいからだ。そして、(イ)レキシを振《ふ》り返ればわかるように、科学はそれなりに(ウ)セイコウを(エ)オサめてきたのである。

しかし、なぜ科学では一〇〇パーセント正しい結果が得られないのだろうか。科学には、なにか欠陥《けっかん》でもあるのだろうか。生物学も科学なので、まずはそれについて考えてみよう。

科学で重要なことは、推論を行うことだ。推論とは次の例のように、根拠《こんきょ》と結論を含《ふく》む主張がつながったものである（ちなみにイカの足は腕《うで》と呼ぶ方が生物学ではふつうだけれど、ここでは足と書くことにする）。

（根拠）イカは足が一〇本である。
（根拠）コウイカはイカである。
（結論）したがって、コウイカの足は一〇本である。

[C]、このような推論には、演繹《えんえき》と推測の二種類がある。演繹では一〇〇パーセント正しい結論が得られるが、推測では一〇〇パーセント正しい結論は得られない。しかし、(2)科学では推測が重要だ。重要だが、まずは演繹から見ていこう。

前の三つの主張から成る推論は、実は演繹と呼ばれるものである。そして、この演繹は一〇〇パーセント正しい。なぜなら二つの根拠が成り立っていれば、必ず結論が導かれるからだ。こういう演繹を行っていれば、科学でも一〇〇パーセント正しい結果が得られそうだ。で

2021年度 洗足学園中学校 ▶解説と解答

算 数 ＜第１回試験＞（50分）＜満点：100点＞

解 答

1 (1) 202.1 (2) $\frac{39}{40}$ **2** (1) 40枚 (2) 45 (3) 16冊 (4) $\frac{5}{14}$倍 **3** (1) 12 (2) 8.25cm (3) 930個 (4) 2916m **4** (1) 5 : 1 (2) 10時50分 (3) 11時50分 **5** (1) **5番目の数**…$\frac{1}{2}$，**差**…$\frac{1}{20}$ (2) 31個 (3) $\frac{5}{12}$

解 説

1 計算のくふう，四則計算

(1) $A\times B+A\times C=A\times(B+C)$となることを利用すると，$43\times5-4.3\times15+0.43\times120=43\times5-43\times0.1\times15+43\times0.01\times120=43\times5-43\times1.5+43\times1.2=43\times(5-1.5+1.2)=43\times4.7=202.1$

(2) $\left\{\left(2\frac{5}{6}-1.75\right)\div9\frac{3}{4}+\frac{1}{4}\right\}\times2.7=\left\{\left(\frac{17}{6}-\frac{7}{4}\right)\div\frac{39}{4}+\frac{1}{4}\right\}\times\frac{27}{10}=\left\{\left(\frac{34}{12}-\frac{21}{12}\right)\div\frac{39}{4}+\frac{1}{4}\right\}\times\frac{27}{10}=\left(\frac{13}{12}\times\frac{4}{39}+\frac{1}{4}\right)\times\frac{27}{10}=\left(\frac{1}{9}+\frac{1}{4}\right)\times\frac{27}{10}=\left(\frac{4}{36}+\frac{9}{36}\right)\times\frac{27}{10}=\frac{13}{36}\times\frac{27}{10}=\frac{39}{40}$

2 整数の性質，比の性質，相似，面積

(1) 出来るだけ小さい正方形の１辺の長さは，15と24の最小公倍数だから，右の図１の計算より，$3\times5\times8=120$(cm)とわかる。よって，縦方向に，$120\div15=8$(枚)，横方向に，$120\div24=5$(枚)並べればよいので，長方形の紙は，$8\times5=40$(枚)必要になる。

図１

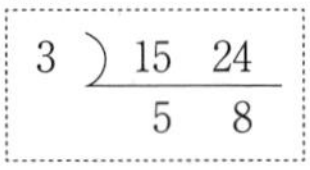

(2) Cの比をそろえると，右の図２のようになる。すると，そろえた比の，$8-6=2$にあたる大きさが6となるから，そろえた比の１にあたる大きさは，$6\div2=3$とわかる。よって，整数Aの値は，$3\times15=45$と求められる。

図２

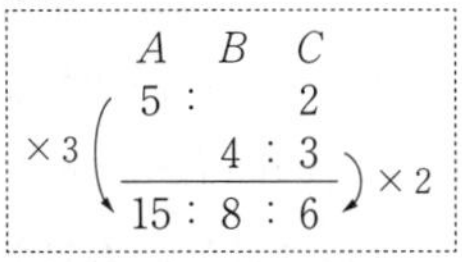

(3) 花子さんは定価で買い，園子さんは定価の２割引きで買ったので，花子さんと園子さんの１冊あたりの値段の比は，$1:(1-0.2)=5:4$である。また，２人が支《し》払《はら》った金額は同じだから，２人が買った冊数の比は，$\frac{1}{5}:\frac{1}{4}=4:5$とわかる。この差が４冊なので，比の１にあたる冊数は，$4\div(5-4)=4$(冊)となり，花子さんが買った冊数は，$4\times4=16$(冊)と求められる。

(4) 正方形の１辺の長さを，$1+1=2$と，$2+1=3$の最小公倍数である6とする。また，ADの真ん中の点をＧとすると，右の図３のようになる。図３で，三角形ADFと三角形AGHは相似で，相似比は，AD：AG＝2：1なので，$GH=2\times\frac{1}{2}=1$となる。よって，$HE=6-1=5$だから，三角形AEHの面積は，$5\times3\div2=\frac{15}{2}$とわかる。また，三角形IHEと三角形IFDは相似であり，相似比は，HE：FD＝5：2なので，$IJ=3\times\frac{5}{5+2}=\frac{15}{7}$と求められる。したがって，三角形IHEの面

図３

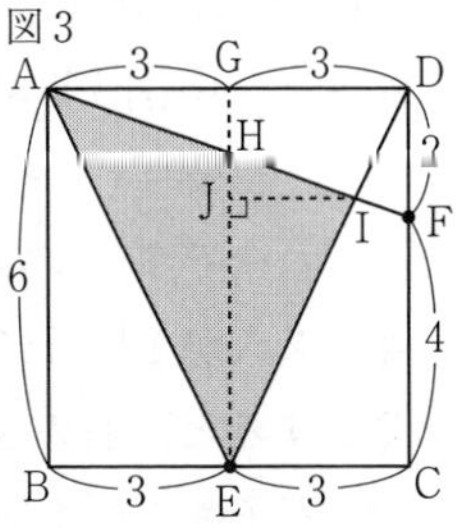

積は，$5\times\frac{15}{7}\div2=\frac{75}{14}$だから，色のついた部分の面積は，$\frac{15}{2}+\frac{75}{14}=\frac{90}{7}$となる。一方，正方形ABCDの面積は，$6\times6=36$なので，色のついた部分の面積は正方形ABCDの面積の，$\frac{90}{7}\div36=\frac{5}{14}$(倍)である。

3 正比例と反比例，水の深さと体積，図形と規則，数列，旅人算，速さと比

(1) ボタンＡは，入力された数と出力結果が比例の関係(商が一定の関係)だから，入力された数をX，出力結果をYとすると，$Y\div X=\square$と表すことができる。また，$X=8$のとき，$Y=2$なので，$\square=2\div8=\frac{1}{4}$とわかる。つまり，ボタンＡは，$Y=\frac{1}{4}\times X$と表すことができる。一方，ボタンＢは，入力された数と出力結果が反比例の関係(積が一定の関係)だから，入力された数をX，出力結果をYとすると，$X\times Y=\square$と表すことができる。また，$X=12$のとき，$Y=3$なので，$\square=12\times3=36$とわかる。つまり，ボタンＢは，$Y=36\div X$と表すことができる。よって，ボタンＡにXを入力したとき，ボタンＡから出力される数(ボタンＢに入力する数)は$\left(\frac{1}{4}\times X\right)$だから，ボタンＢから出力される数は，$36\div\left(\frac{1}{4}\times X\right)=36\div\frac{1}{4}\div X=144\div X$となる。これが$X$と同じになるので，$144\div X=X$，$X\times X=144=12\times12$より，$X=12$と求められる。

(2) Ａ１杯《ぱい》分の水をＢに入れると，Ｂの水面の高さは1.5cmになるから，Ａ(１＋３＝)４杯分の水をＢに入れると，右の図１のように，Ｂの水面の高さは，1.5×４＝６(cm)になる。また，ＢとＣの底面の円の半径の比は，８：６＝４：３なので，ＢとＣの底面積の比は，(４×４)：(３×３)＝16：９である。この比を用いると，Ｃの体積は，９×４＝36となるから，ＣをＢに入れたときに上がる水面の高さ(右上の図２の□)は，36÷16＝2.25(cm)と求められる。よって，ＣをＢに入れると，Ｂの水面の高さは，６＋2.25＝8.25(cm)になる。

図１
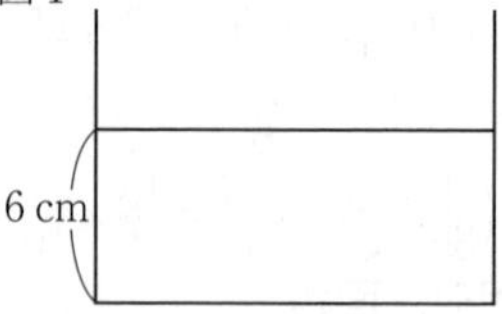

図２
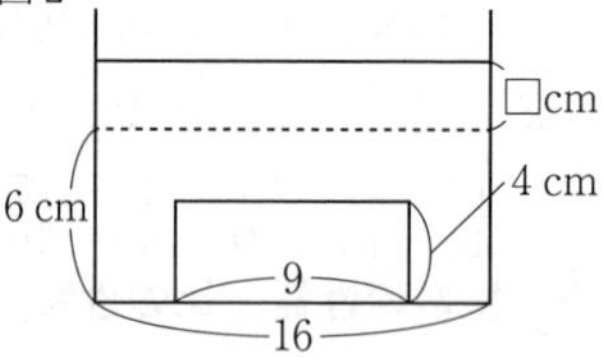

(3) 右の図３のように最も外側のボールを３つに分けたとき，１つに含《ふく》まれるボールの個数を「１辺の個数」と呼ぶことにすると，１辺の個数は１番目の図形から順に，１個，４個，７個，…と３個ずつ増えていく。また，奇数《きすう》番目の最も外側のボールは黒，偶数《ぐうすう》番目の最も外側のボールは白になる。次に，最も外側に174個使われているとき，１辺の個数は，174÷３＝58(個)なので，この図形を□番目とすると，１＋３×(□－１)＝58(個)と表すことができる。よって，□＝(58－１)÷３＋１＝20より，この図形は20番目の図形とわかる。すると，白のボールの１辺の個数は内側から順に，４個，10個，16個，…，58個のように全部で，20÷２＝10(組)並ぶことになるから，１辺の個数の合計は，４＋10＋…＋58＝(４＋58)×10÷２＝310(個)と求められる。したがって，白のボールの個数の合計は，310×３＝930(個)である。

図３
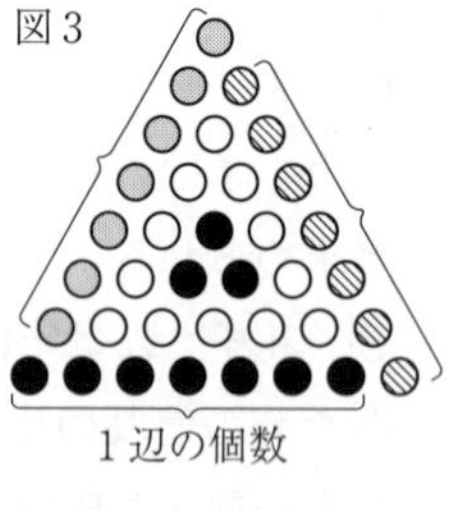

(4) ２人が１回目に出会った地点をＰ，２回目に出会った地点をＱとすると，右の図４のように表せる。AP間を恵子さんは５分で，花子さんは４分で歩いているので，恵子さんと花子さんの速

図４
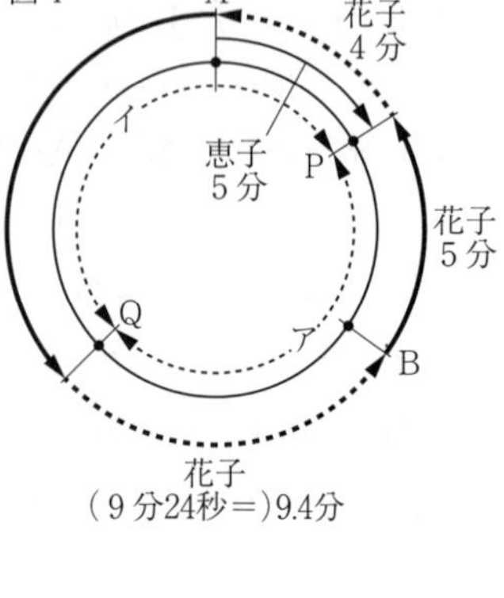

さの比は，$\frac{1}{5}$：$\frac{1}{4}$＝4：5となる。すると，Ｐ地点で出会ってからＱ地点で出会うまでに，恵子さんが時計回りに歩く距離《きょり》と花子さんが反時計回りに歩く距離の比も4：5になる。つまり，アとイの距離の比は4：5になる。また，花子さんがＱ地点からＰ地点まで続けて歩くとすると，かかる時間は，9.4＋5＝14.4(分)になるから，花子さんがＰ地点からＱ地点まで歩くのにかかった時間は，14.4×$\frac{5}{4}$＝18(分)となり，花子さんが1周するのにかかった時間は，14.4＋18＝32.4(分)と求められる。さらに，花子さんの速さは分速，72×$\frac{5}{4}$＝90(m)なので，1周の距離は，90×32.4＝2916(m)とわかる。

4 旅人算，速さと比

(1) 妹が出発してからの時間と，家からの距離の関係をグラフに表すと，右のようになる。家からポストまで進むのに，姉は，25−20＝5(分)かかり，妹は25分かかっているから，姉と妹が同じ距離を進むのにかかる時間の比は，5：25＝1：5となる。よって，姉と妹の速さの比は，$\frac{1}{1}$：$\frac{1}{5}$＝5：1とわかる。

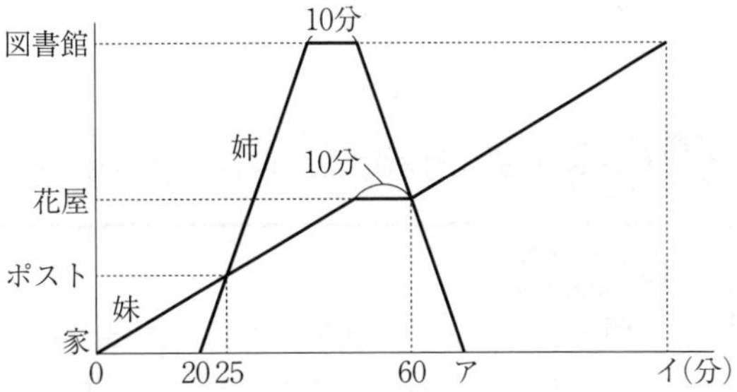

(2) 姉の速さを分速5，妹の速さを分速1とすると，妹が家から花屋まで進むのにかかった時間は，60−10＝50(分)なので，家から花屋までの距離は，1×50＝50となる。よって，姉が花屋から家まで進むのにかかった時間は，50÷5＝10(分)だから，ア＝60＋10＝70(分)となり，姉が家を出発してから家にもどってくるまでの時間は，70−20＝50(分)と求められる。したがって，姉が家と図書館の片道を進むのにかかった時間は，(50−10)÷2＝20(分)なので，姉が図書館を出発した時間は，70−20＝50(分)とわかる。つまり，その時刻は，10時＋50分＝10時50分である。

(3) 家から図書館までの距離は，5×20＝100だから，妹が家から図書館まで進むのにかかった時間は，100÷1＝100(分)となり，イ＝100＋10＝110(分)とわかる。よって，妹が図書館に到着《とうちゃく》した時刻は，10時＋110分＝10時＋1時間50分＝11時50分と求められる。

5 分数の性質

(1) 分母が2の既約《きやく》分数は$\left\{\frac{1}{2}\right\}$，分母が3の既約分数は$\left\{\frac{1}{3}, \frac{2}{3}\right\}$，分母が4の既約分数は$\left\{\frac{1}{4}, \frac{3}{4}\right\}$，分母が5の既約分数は$\left\{\frac{1}{5}, \frac{2}{5}, \frac{3}{5}, \frac{4}{5}\right\}$である。これらを小数に直して大きさを比べ，小さい順に並べると右の図のようになる。

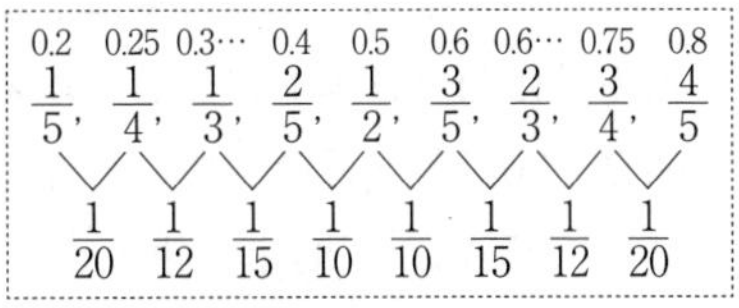

よって，小さい方から5番目の数は$\frac{1}{2}$である。また，隣《とな》り合う分数の差を求めると図のようになるから，最も小さい差は$\frac{1}{20}$とわかる。

(2) (1)より，分母が5以下の既約分数は全部で9個あることがわかる。さらに，分母が6の既約分数は$\left\{\frac{1}{6}, \frac{5}{6}\right\}$の2個，分母が7の既約分数は$\left\{\frac{1}{7}, \frac{2}{7}, \frac{3}{7}, \frac{4}{7}, \frac{5}{7}, \frac{6}{7}\right\}$の6個，分母が8の既約分数は$\left\{\frac{1}{8}, \frac{3}{8}, \frac{5}{8}, \frac{7}{8}\right\}$の4個，分母が9の既約分数は$\left\{\frac{1}{9}, \frac{2}{9}, \frac{4}{9}, \frac{5}{9}, \frac{7}{9}, \frac{8}{9}\right\}$の6個，分母が10の既約分数は$\left\{\frac{1}{10}, \frac{3}{10}, \frac{7}{10}, \frac{9}{10}\right\}$の4個あるので，分母10のグループには全部で，9＋2＋6＋4＋6＋4＝31(個)の分数がある。

(3) $\frac{2}{5}$と$\frac{3}{7}$の間にある分数を$\frac{\triangle}{\square}$とすると，$\frac{2}{5}<\frac{\triangle}{\square}<\frac{3}{7}$となる。このとき，$\frac{\triangle}{\square}$と$\frac{2}{5}$の差は，$\frac{\triangle}{\square}-\frac{2}{5}=\frac{\triangle\times5-\square\times2}{\square\times5}$と表すことができる。ところで，上の図で差を表す分数の分母は，隣り合う分数の分母の積になっている。つまり，……は約分されることはなく，$\triangle\times5-\square\times2=1$になると予想できる。同様に，$\frac{3}{7}$と$\frac{\triangle}{\square}$の差は，$\frac{3}{7}-\frac{\triangle}{\square}=\frac{\square\times3-\triangle\times7}{\square\times7}$と表すことができるから，$\square\times3-\triangle\times7=1$になると予想できる。すると，$\triangle\times5-\square\times2=\square\times3-\triangle\times7$，$\triangle\times5+\triangle\times7=\square\times3+\square\times2$，$\triangle\times12=\square\times5$より，$\triangle:\square=\frac{1}{12}:\frac{1}{5}=5:12$となる。また，$\frac{\triangle}{\square}$は既約分数なので，$\frac{\triangle}{\square}=\frac{5}{12}$と決まる。このとき，$\frac{5}{12}-\frac{2}{5}=\frac{1}{60}$，$\frac{3}{7}-\frac{5}{12}=\frac{1}{84}$となるから，上の予想は正しいことになり，求める分数は$\frac{5}{12}$とわかる。

社会 ＜第１回試験＞（理科と合わせて60分）＜満点：75点＞

解答

1 **問１** B，C　**問２** 4　**問３** D　**問４** A　**問５** A　**問６** **X** 液化天然ガス　**Y** 鉄鉱石　**問７** B　**問８** （例）地熱発電で得られた温水を利用し，冬でも温室の温度を一定以上に保っている。　**問９** D

2 **問１** A　**問２** 保元の乱　**問３** （例）上皇に味方した貴族から領地を取り上げ，幕府に味方した御家人を新しくその土地の地頭に任命した。　**問４** D　**問５** 松平定信　**問６** D　**問７** D　**問８** B　**問９** C

3 **問１** D　**問２** F　**問３** (1) 最高法規　(2) A　(3) （例）国民が選挙により代表者を選び，その代表者が議会において政治を行う。　**問４** 閣議　**問５** A　**問６** A，B，E，F　**問７** (あ) 82　(い) C

解説

1 ４つの県の特色や産業などについての問題

問１ ［地図１］は兵庫県，［地図２］は静岡県，［地図３］は熊本県，［地図４］は秋田県を表している。兵庫県は，北で日本海，南で瀬戸内海に，静岡県は南で太平洋に，熊本県は西で東シナ海に，秋田県は西で日本海に面している。

問２ 2021年２月時点で，政令指定都市は，札幌市（北海道），仙台市（宮城県），さいたま市（埼玉県），千葉市，川崎市・横浜市・相模原《さがみはら》市（神奈川県），静岡市・浜松市（静岡県），新潟市，名古屋市（愛知県），京都市，大阪市・堺市（大阪府），神戸市（兵庫県），岡山市，広島市，北九州市・福岡市（福岡県），熊本市の20ある。よって，［地図１］～［地図４］中には，合わせて４つあることになる。

問３ 秋田県の県庁所在地である秋田市は日本海側に位置し，大陸から吹《ふ》いてくる冷たく湿った北西の季節風の影響を受けて冬に雨や雪が多く降るため，日照時間が少ない。よって，Dがあてはまる。なお，Aは静岡市，Bは神戸市，Cは熊本市。

問４ 熊本県は野菜の生産がさかんで，トマトとすいかの収穫量が全国第１位，なすとメロンは第２位，いちごは第３位などとなっているので，農業産出額に占《し》める野菜の割合が高いAと判断できる。なお，すいかやメロン，いちごは，統計上は野菜に分類される。また，米の割合が半分以上を占めるＢは秋田県，果実の割合が比較的高く，示された４つの品目以外の割合も高いＣは，みかんや茶の生産がさかんな静岡県，畜産の割合が高いＤは，但馬牛などのブランド牛で知られる兵庫県。統計資料は『データでみる県勢』2020年版や『日本国勢図会』2020／21年版による(以下同じ)。

問５　播州《ばんしゅう》とは，兵庫県南西部の旧国名である播磨《はりま》のことで，兵庫県小野市周辺でつくられる播州そろばんは国の伝統的工芸品に指定されている。なお，Ｂの輪島塗《ぬり》(漆器《しっき》)は石川県，Ｃの信楽《しがらき》焼(焼き物)は滋賀県，Ｄの置賜《おいたま》つむぎ(絹織物)は山形県で生産されている伝統的工芸品。

問６　オーストラリアとロシアからの輸入が多いＸは液化天然ガスで，輸入額はオーストラリア，カタール，マレーシア，ロシアの順に多い。オーストラリアとブラジルからの輸入が多いＹは鉄鉱石で，輸入額第１位のオーストラリアが全体の約５割を占めている。これにつぐ第２位のブラジルも３割ほどを占め，第３位のカナダからの輸入額も合わせると，全体の９割近くになる。

問７　①　(ア)は天竜川で，長野県の中央部に位置する諏訪湖を水源としているので，正しい。②　(イ)は大井川で，リニア中央新幹線の工事により流量が減少する可能性が問題となっている。そのため，2021年２月時点で，静岡県知事は工事着工に同意していない。よって，正しい。　③　(ウ)は富士川で，熊本県を流れる球磨《くま》川，山形県を流れる最上川とともに日本三大急流のひとつに数えられるが，河口部に位置する富士市は製紙・パルプ工業がさかんなことで知られる。楽器やオートバイの生産がさかんな浜松市は，静岡県西部に位置している。

問８　左の写真から，発電所が山間部にあることがわかり，水蒸気が上がるようすもみられる。よって，この発電所は地熱発電所だと判断できる。阿蘇郡小国町は熊本県の北東部に位置し，南には阿蘇山，東にはくじゅう連山という火山がある。また，町内には温泉もあり，こうした立地を生かして地熱発電を行っている。このときできる温水を温室内に通し，温室内を温かく保つことで，冬の厳しい寒さや雪のもとでも，温暖な気候で育つ野菜の栽培が可能になっているのである。

問９　八郎潟干拓地は，北緯40度線と東経140度線が交わる場所として知られている。なお，北緯30度の緯線は屋久島(鹿児島県)の南など，東経130度の経線は佐賀県や長崎県など，東経150度の経線は得撫《うるっぷ》島などを通っている。

２　各時代の歴史的なことがらについての問題

問１　飛鳥時代には，渡来人の来日などの影響で，国際色豊かな仏教文化が栄えた。鞍作鳥《くらつくりのとり》(止《と》利《り》仏師)は渡来人の子孫で，亡くなった聖徳太子をとむらうため，623年に法隆寺金堂の釈迦三尊像《しゃかさんぞんぞう》をつくった。なお，Ｂは奈良時代，Ｃは平安時代のできごと。Ｄについて，鑑真《がんじん》は唐(中国)の高僧で，奈良時代の753年に来日し，その後，平城京に唐招提寺《とうしょうだいじ》を建てた。

問２　1156年，鳥羽上皇が亡くなると，崇徳《すとく》上皇(兄)を中心とする勢力と後白河天皇(弟)を中心とする勢力の対立が激しくなった。これに摂政《せっしょう》・関白をめぐる藤原氏の内部争いが結びつき，貴族や源氏・平氏などの武士が上皇方と天皇方に分かれて戦うという保元の乱に発展した。戦いは，平清盛と源義朝《よしとも》(頼朝の父)を味方につけた後白河天皇が勝利し，崇徳上皇は讃岐《さぬき》(香川県)に流された。

問３　［資料］から，畿内やその周辺に新たな地頭が多く置かれたことが読み取れる。1221年の承久の乱で後鳥羽上皇が鎌倉幕府に敗れると，幕府は上皇に味方した貴族や武士の土地を取り上げた。そして，幕府側について戦った御家人にそれを恩賞としてあたえ，その土地の地頭に任命した。

問４　①　阿倍仲麻呂《あべのなかまろ》は奈良時代に遣唐使として唐に渡ったものの，帰国するさいに乗った船が難破したため，日本に帰国することがかなわなかった。この歌は故郷の奈良を思ってよんだものなので，正しい。　② 奈良時代に大伴家持《おおとものやかもち》が編纂《へんさん》し，防人歌《さきもりのうた》などが収められている歌集は『万葉集』で，『古今和歌集』は紀貫之《きのつらゆき》らによって平安時代に編纂された。　③ 望月の歌とよばれるこの歌は，藤原道長が三女の威子《いし》を天皇のきさきにしたさいの得意な気持ちをよんだものである。

問５　1789年時点で老中職にあり，三大改革を行った人物は松平定信である。松平定信は1787年に白河(福島県)藩主から江戸幕府の老中になると，祖父にあたる第８代将軍徳川吉宗が行った享保の改革を理想として，寛政の改革とよばれる幕政改革に取り組んだ。なお，光格《こうかく》天皇とその父をめぐる一連の事件は尊号一件とよばれ，幕府と朝廷の間に緊張した関係が生まれた。

問６　A　後醍醐《ごだいご》天皇は各地の武士に鎌倉幕府打倒をよびかけたが，みずから戦場におもむくことはなかった。鎌倉に攻《せ》めこんだ武士としては，新田義貞《にったよしさだ》が知られる。　B 「朝廷が足利義政を追放」ではなく，「織田信長が足利義昭を追放」が正しい。　C　禁中並《ならびに》公家諸法度《しょはっと》は，朝廷や公家の権限を制限するために江戸幕府が定めた法令である。　D　1858年，江戸幕府の大老井伊直弼《なおすけ》は朝廷の許しを得ずに日米修好通商条約を結んだ。よって，正しい。

問７　大日本帝国憲法は，第１回衆議院議員総選挙が行われ，第１回帝国議会が開かれた1890年の前年の1889年２月11日に発布されたので，Dにあてはまる。なお，民撰議院設立建白書が提出されたのは1874年，国会開設の詔《みことのり》が発せられたのは1881年，内閣制度が発足したのは1885年のこと。

問８ 「大正天皇の崩御《ほうぎょ》ののち」に改元が行われ，昭和時代(1926～1989年)が始まった。Aは1923年，Cは1922年，Dは1918年でいずれも大正時代(1912～26年)のできごとだが，Bは1936年のできごとである。

問９　ひめゆり学徒隊は，沖縄師範《しはん》学校女子部と沖縄県立第一高等女学校から動員された女子生徒によって編成され，1945年の沖縄戦で負傷兵の看護活動にあたった学徒隊である。よって，Cが誤っている。

3 現代の社会や日本国憲法，政治のしくみなどについての問題

問１　BRICSは，近年急激な経済発展を遂げている国の略称で，Dのブラジル(Brazil)・ロシア(Russia)・インド(India)・中国(China)・南アフリカ共和国(South Africa)の英語の頭文字をとったものである。なお，Aはサウジアラビア，Bはインドネシア，Cはカナダ。

問２　①　消費税率は，2019年10月に一部品目を除いて８％から10％へと引き上げられたが，2021年２月時点で15％に引き上げられる予定はない。　②　ふるさと納税制度は，応援したい地方公共団体に寄付をすると，それに応じて所得税などが差し引かれるしくみなので，目立った特産品がないため返礼品にとぼしく，ほかの地方公共団体にふるさと納税をする人が多い都市部には，かえって税収が減少した地方公共団体もある。よって，正しい。　③　所得税は，税を負担する人と納める人が同じ直接税である。

問３　(1)　日本国憲法第98条１項は，日本国憲法を国の最高法規と定め，憲法に違反する法律や命令などには効力がないことを明記している。　(2)　日本国憲法第64条の規定により，裁判官としてふさわしくない言動があったと訴《うった》えのあった裁判官について，国会は両議院の議員で組織する弾劾《だんがい》裁判所を設置し，裁判官を辞めさせるかどうかを判断することができる。　(3)　国民の代表者である国会議員を選挙によって決め，国民によって選ばれた代表者が議会で話し合って政治をすすめる制度を，間接民主制という。

問４　内閣総理大臣が議長となり，すべての国務大臣が出席して内閣の方針を決定する会議を閣議

といい，その意思決定は全員一致を原則としている。

問５　①　国際連合の中心機関である安全保障理事会は，アメリカ・ロシア・イギリス・フランス・中国の５常任理事国と，任期２年の非常任理事国10か国で構成されている。常任理事国には，１か国でも反対すると議題が否決されるという拒否権が認められているので，正しい。　②　安全保障理事会の議決には，原則として，５常任理事国をふくむ９か国の賛成が必要となる。「７か国が反対」すると賛成は８か国になるので，その議題は否決される。よって，正しい。

問６　衆議院議員選挙において，小選挙区では候補者名，比例代表では政党名を書いて投票する。また，参議院議員選挙において，選挙区では候補者名，比例代表では政党名か候補者名を書いて投票する。よって，A，B，E，Fが正しい。

問７　［資料３］の投票結果をボルダルールで計算すると，A候補は，３×13＝39(点)，B候補は，３×11＋２×16＋１×13＝33＋32＋13＝78(点)，C候補は，３×９＋２×24＋１×７＝27＋48＋７＝82(点)，D候補は，３×７＋１×20＝21＋20＝41(点)となる。よって，最も得点の高いC候補が学級委員となる。

理　科　＜第１回試験＞（社会と合わせて60分）＜満点：75点＞

解　答

1 (1)　0.02秒　(2)　0.7秒間　(3)　秒速１m　(4)　ウ　(5)　ア　(6)　エ　(7)　(例)　おもりが床についたから。　(8)　エ　**2** (1)　イ，エ，オ，カ　(2)　244g　(3)　B，C　(4)　**酸性**…イ，エ，オ　**中性**…ウ　(5)　13.6％　(6)　二酸化炭素　(7)　100g　(8)　①　6.16g　②　16g　③　2.52g　④　10.51％　**3** (1)　**あ**　ペプシン　**い**　すい液　**う**　アミノ酸　(2)　**え**　葉緑素　**お**　はいしゅ　(3)　ウ　(4)　**か**　③　**き**，**く**　F，I　(5)　酸性　(6)　(例)　果実を実らせるためには，オスの木とメスの木の両方が必要だったのが，１本の木だけで果実を実らせることができる。　**4** (1)　①　蒸発(気化)　②　エ　(2)　64％　(3)　11.1g　(4)　76.4％　(5)　1.1g　(6)　イ，ウ　(7)　ウ　(8)　38.5℃

解　説

1　台車の運動についての問題

(1)　記録タイマーは１秒間に50回点を打つので，点と点の時間間隔《かんかく》は，１÷50＝0.02(秒)になる。

(2)　A点からB点までは点が35個あるから，0.02×35＝0.7(秒間)記録したものである。

(3)　A点からB点までのテープの長さは，10×７＝70(cm)なので，台車の速さは秒速，70÷0.7＝100(cm)，つまり秒速１mとわかる。

(4)　A点からB点まで，点と点の間隔が等しいので，台車は一定の速さで運動していることがわかる。よって，ウのグラフが適切である。

(5)　速さが一定のとき，移動距離《きょり》は時間に比例するから，アのグラフが適切である。

(6)　図５で，点と点の時間間隔は一定なので，点と点の間隔が長いほど，速さが速い。目盛りを読むと，10.9cmまでは点と点の間隔がおよそ0.5～１mmずつ長くなっていき，10.9cmをこえると点と点の間隔の長さが一定になっている。よって，台車が10.9cm進むところまでは速さが一定に増え，その後は同じ速さで運動していると考えられるから，グラフはエのようになる。

⑺　おもりが床《ゆか》につくまでは，糸が台車を引っ張る力がはたらくために台車の速さは増していくが，おもりが床につくと台車を引っ張る力がはたらかなくなるため，台車の速さは一定になる。

⑻　Ｐに達する前に糸をはさみで切ると，台車を引っ張る力がはたらかなくなるので，糸を切った時点での速さのまま動く。

2　水溶液《すいようえき》の性質と中和，気体の発生についての問題

⑴　鉄は水酸化ナトリウム水溶液には反応しない。また，二酸化マンガンを入れると酸素が発生するのは過酸化水素水である。

⑵　20％の水酸化ナトリウム水溶液１Ｌの重さは，1.22×1000＝1220（ｇ）なので，含《ふく》まれる水酸化ナトリウムは，1220×0.2＝244（ｇ）になる。

⑶　残った固体の重さの差は，ＡとＢ，ＢとＣでは5.85ｇであるのに対し，ＣとＤ，ＤとＥ，ＥとＦでは４ｇになっている。このことから，Ｃでは塩酸と水酸化ナトリウム水溶液が過不足なく反応していて，食塩水になっていると考えられる。したがって，残った固体が食塩のみであるのは，中和後に塩酸が余っているＢと，完全に中和しているＣである。Ｄ～Ｆでは中和後に水酸化ナトリウム水溶液が余っているので，食塩のほかに水酸化ナトリウムも残る。

⑷　Ｃより，7.3％の塩酸100ｇに含まれる塩化水素，100×0.073＝7.3（ｇ）と，20％の水酸化ナトリウム水溶液40ｇに含まれる水酸化ナトリウム，40×0.2＝８（ｇ）が過不足なく反応する。よって，塩化水素が水酸化ナトリウムの，7.3÷８＝0.9125（倍）となっているものは完全に中和して中性になり，それより多いものは塩化水素が余って酸性となる。アは，塩化水素が，100×0.073＝7.3（ｇ），水酸化ナトリウムが，50×0.2＝10（ｇ）なので，7.3÷10＝0.73より，水酸化ナトリウムが余ってアルカリ性となる。同様に求めると，イは，（50×0.073）÷（19×0.2）＝0.96…より酸性，ウは，（100×0.146）÷（64×0.25）＝0.9125より中性，エは，（80×0.15）÷（120×0.1）＝１より酸性，オは，（160×0.1）÷（200×0.073）＝1.09…より酸性である。

⑸　溶《と》けている塩化水素は，100×0.146＝14.6（ｇ），水酸化ナトリウムは，40×0.2＝８（ｇ）で，このうち塩化水素7.3ｇと水酸化ナトリウム８ｇが反応して食塩11.7ｇができ，14.6－7.3＝7.3（ｇ）の塩化水素が反応せずに残る。よって，溶けている物質の重さの合計は，11.7＋7.3＝19（ｇ）だから，濃《のう》度《ど》は，19÷（40＋100）×100＝13.57…より，13.6％と求められる。

⑹　炭酸カルシウムが塩酸に溶けると，二酸化炭素が発生する。

⑺　Ｈより，塩酸20ｇと反応する炭酸カルシウムは，20－16＝４（ｇ）である。よって，炭酸カルシウム20ｇを完全に溶かすには，$20\times\frac{20}{4}=100$（ｇ）の塩酸が必要となる。

⑻　①　Ｈより，14.6％の塩酸20ｇに含まれる塩化水素，20×0.146＝2.92（ｇ）と炭酸カルシウム４ｇが反応して，二酸化炭素が1.76ｇ発生し，物質Ｋが4.44ｇ生じることがわかる。ここで，7.3％の塩酸140ｇに含まれる塩化水素は，140×0.073＝10.22（ｇ）で，これと反応する炭酸カルシウムは，４×10.22÷2.92＝14（ｇ）である。したがって，発生する二酸化炭素は，1.76×14÷４＝6.16（ｇ）になる。　②　反応した炭酸カルシウムは14ｇなので，30－14＝16（ｇ）が溶け残る。　③　反応前の炭酸カルシウム14ｇと塩酸140ｇの合計は，14＋140＝154（ｇ）である。また，反応で生じた物質Ｋは，4.44×14÷４＝15.54（ｇ）なので，反応後の水溶液に含まれる水の重さは，154－6.16－

15.54＝132.3(g)とわかる。このうち反応前からあった水(塩酸140gに含まれる水)は，140－10.22＝129.78(g)だから，反応でできた水は，132.3－129.78＝2.52(g)と求められる。　④　反応後の水溶液には物質Kが15.54g，水が132.3g含まれているので，濃度は，15.54÷(15.54＋132.3)×100＝10.511…より，10.51％である。

3　酵素《こうそ》のはたらきについての問題

⑴　**あ**　タンパク質は，胃から分泌《ぶんぴつ》される胃液に含まれるペプシンという酵素によって分解される。**い**　十二指腸ではすい液が分泌され，そこに含まれるトリプシンという酵素によりさらに分解される。　**う**　タンパク質は最終的にアミノ酸にまで分解され，小腸にある柔毛《じゅうもう》から吸収される。

⑵　**え**　キウイフルーツに含まれる緑色の色素は，葉に含まれる色素と同じであるということから，葉緑素だとわかる。　**お**　子房《しぼう》の中にははいしゅがあり，受粉すると子房は果実，はいしゅは種子となる。キウイフルーツにはたくさんの種子があるので，多数のはいしゅがあると考えられる。

⑶　実験１の結果は，ゼリー自体が４℃では溶けないが，18℃では少し溶け，25℃ではよく溶ける性質をもっていることが原因で起こっている可能性がある。そのため，タンパク質分解酵素のはたらきによるものとは言いきれない。

⑷　酵素には極端《きょくたん》な高温にさらされると壊《こわ》れてはたらかなくなってしまう性質がある。そこで，湯せんにより酵素がはたらかなくなったスムージーと，手を加えずに酵素がはたらくスムージーの両方を用いて実験２を行っている。そして，スムージーの条件だけが異なり温度の条件が同じＤとＧ，ＥとＨ，ＦとＩのそれぞれの組み合わせのうち，結果にもっとも大きな差があるＦとＩを比べることで，ゼリーが酵素によってよく溶けたと考えることができる。

⑸　胃に分泌される胃液は強い酸性なので，胃の中で酵素にはたらいてもらうためには，酸性でよくはたらく性質をもっていることが必要となる。

⑹　メスの木とオスの木が別々になっていると，実をつけるためにはその両方の木が必要となる。しかし，メスの性質とオスの性質の両方をもった木は，その木１本だけで実がつけられる。

4　湿度《しつど》についての問題

⑴　湿球温度計では球部に巻かれたガーゼから水が蒸発(気化)するときに熱がうばわれるので，その示度は乾球《かんきゅう》温度計の示度以下になる。また，湿度が低いほど，ガーゼから水が蒸発しやすく，それだけ湿球温度計の示度が乾球温度計の示度よりも小さくなっていくので，両温度計の示度の差が大きくなる。

⑵　図１では，乾球温度計の示度が20℃，湿球温度計の示度が16℃となっていて，その差は，20－16＝４(℃)であるから，表１より，湿度は64％とわかる。

⑶　乾球温度計の示度が気温であるから，ここでは気温20℃，湿度64％である。表２を利用すると，気温20℃での飽和《ほうわ》水蒸気量は17.3g/m^3だから，空気１m^3あたりの水蒸気量は，17.3×0.64＝11.072より，11.1gとわかる。

⑷　気温が３℃下がって，20－３＝17(℃)になると，飽和水蒸気量は14.5g/m^3なので，湿度は，11.072÷14.5×100＝76.35…より，76.4％と求められる。

⑸　気温が９℃下がって，20－９＝11(℃)になると，飽和水蒸気量は10.0g/m^3となるので，11.072－10.0＝1.072より，空気１m^3あたり1.1gの水滴《すいてき》が生じる。

⑹　空気中に含まれる水蒸気の一部が水滴になるのは気体から液体に変化する現象で，イとウも同

様である。アは液体が固体になる現象，エは気体が固体になる現象である。

⑺　この3つの中では，銅が最も熱を伝えやすく，鉄が最も熱を伝えにくい。

⑻　表1で，乾球温度計の示度(気温)が28℃，湿度が77％のときの，乾球温度計と湿球温度計の示度の差を調べると3℃とわかるので，湿球温度計の示度は，28－3＝25(℃)である。よって，黒球温度を□℃とすると，WBGTの値が28℃になるとき，28＝0.7×25＋0.2×□＋0.1×28となるので，28＝17.5＋0.2×□＋2.8より，□＝(28－17.5－2.8)÷0.2＝38.5(℃)となり，黒球温度が38.5℃を超えるとき，屋外でのWBGTの値が28℃を超えることがわかる。

国　語　＜第1回試験＞（50分）＜満点：100点＞

解　答

一　**問1**　ア　**問2**　(例)　科学は新しい情報を手に入れようとする行為で，推測を行えば知識が広がるから。　**問3**　**A**　イ　**B**　ウ　**C**　ア　**問4**　(例)　Aでは，結論の情報が根拠の情報の中に含まれているが，Bでは，結論の情報が根拠の情報の中に含まれていないから。　**問5**　(例)　数多くの観察や実験の結果によって，何度も支持されてきた仮説。　**問6**　**A**　イ　**B**　ウ　**C**　ア　**D**　エ　**問7**　下記を参照のこと。　**問8**　エ

二　**問1**　ぞくぞくするような快感　**問2**　(例)　自分に合わせてスピードを抑えてくれていた兄の配慮に幼さゆえに気づかず，調子に乗って，自分の限界を超えて兄を追い越そうとしたこと。　**問3**　**一**　オ　**二**　ア　**三**　エ　**四**　ウ　**五**　イ　**問4**　(例)　巨大な自然の前では人間は弱々しい存在だと気づいて不安や恐怖を感じ，長い時を生きた自然を畏怖する心情。　**問5**　(例)　状況を把握せずに当初は調子に乗っていたが，けがをした「僕」を背負って下山し，止血もした頼もしい兄への尊敬を自覚したから。　**問6**　**A**　エ　**B**　ア　**C**　ウ　**D**　イ　**問7**　イ　**問8**　ア

●漢字の書き取り

一　**問7**　(ア)　関係　(イ)　歴史　(ウ)　成功　(エ)　収　(オ)　法則

解　説

一　**出典は更科 功《さらしないさお》の『若い読者に贈《おく》る美しい生物学講義—感動する生命のはなし』による。**科学では一〇〇パーセント正しい結果は得られないということの理由を説明している。

問1　直前の「私はそうは思わない」を受けてぼう線⑴の例を出していることに着目する。「そう」は，すぐ前の，科学が真理に決して到達《とうたつ》しないならやる意味がないという意見を指すので，その意見に対する反論が，車の運転の例だということになる。よって，科学にも車の運転にも一〇〇パーセントは存在しないが，車の運転ではかなり安全になるから交通ルールを守る意味があるように，科学でもかなり正しい結果が導けるということを伝えようとしているといえるので，アが正しい。

問2　「演繹《えんえき》」の方法は，「コウイカ」での推論の例の説明から，AはB，AはC，という二つの根《こん》拠《きょ》からBはCという結論を導くものだと読み取れる。この例では，「イカ」は「足が一〇本」で，「コウイカ」は「イカ」なので，(「イカ」である)「コウイカ」は「足が一〇本」という結論が導かれた。よって，ぼう線⑵の結論を出すために，「科学」をB，「推測」をCとしてそれぞれに関する

説明を探すと，二段落後に「科学」は「新しい情報を手に入れようとする」行為《こうい》だとあるので，「新しい情報を手に入れようとする」をＡだととらえると，これが一つ目の根拠。また，九段落後に「推測を行えば知識は広がっていく」とあり，「知識が広がっていく」はＡと同意ととれるので，知識を広げる(Ａ)には推測を行う(Ｃ)ということで，二つ目の根拠となる。

問３　Ａ～Ｃ　直後からのイカの例における「逆・裏・対偶《たいぐう》」の説明に着目すると，ＡならばＢという文脈を基準とした場合，「逆」はＢならばＡ，「裏」はＡでないならＢでない，「対偶」はＢでないならＡでない，だとわかる。よって，「池に落ちたなら，服が濡《ぬ》れているはずだ」の逆はイの「服が濡れているなら，池に落ちたはずだ」，裏はウの「池に落ちていないなら，服が濡れていないはずだ」，対偶はアの「服が濡れていないなら，池に落ちていないはずだ」になる。

問４　ぼう線(4)の「正しい演繹なら結論は一〇〇パーセント正しい」(Ａ)の理由については，ぼう線(2)を含《ふく》む段落に続く二段落で，「二つの根拠が成り立っていれば，必ず結論が導かれるからだ」，あるいは，「結論(の情報)は，根拠(の情報)の中に含まれている」と説明されており，後者の内容はぼう線(4)の直後にも書かれている。一方，「推測の結論は一〇〇パーセント正しいとはいえない」(Ｂ)の理由については，直後に，「結論は根拠の中に含まれていない」と説明されており，Ａと逆の内容になっている。

問５　ぼう線(6)は，「理論」「ホウソク」と呼ばれるようになるもの。「そう」は直前を指すので，直前の文中の「たくさんの観察や実験の結果によって，何度も何度も支持されてきた仮説」を制限字数内にまとめればよい。

問６　Ａ　「科学的」という言葉には「客観的で揺《ゆ》るがない」や「答えが一つに決まる」というイメージがあると前に書かれている。後には，科学では一〇〇パーセント正しい結果は決して得られないと続く。よって，前のことがらを受けて，それに反する内容を述べるときに用いる「しかし」が合う。　**Ｂ**　後に仮定を表す「なら」が続くので，かりにこうだとするとという意味の「もし」が入る。　**Ｃ**　前には，推論の例があげられる。後には，推論には演繹と推測があると，推論の種類とその違《ちが》いに話題が移っている。よって，それまで述べてきたことが終わり，新しい話題に移ることを示す「さて」がよい。　**Ｄ**　演繹では結論(の情報)は根拠(の情報)の中に含まれていると前にある。後には，演繹を繰《く》り返《かえ》しても新しい情報は手に入らず，知識は広がらないと続く。よって，後の内容の理由が前にあるときに使う「だから」が入る。

問７　(ア)　かかわり合うこと。　(イ)　過去から現在までの，いろいろな物事の移り変わり。
(ウ)　思いどおりにうまくいくこと。　(エ)　音読みは「シュウ」で，「収容」などの熟語がある。
(オ)　ある条件のもとで，いつでも必ず成立するきまり。

問８　エが，本文最初の二段落の内容と合う。なお，アは「複数の推測を検証」，イは「主観的な価値」，ウは「より良い仮説」を「真理と呼んでいる」が合わない。

二　**出典は橋本 紡《はしもとつむぐ》の『空色ヒッチハイカー』による**。調子に乗り，自分の限界を超《こ》えて兄を追《お》い越《こ》そうとしてけがをした「僕《ぼく》」は，冷静に「僕」を助けた兄に尊敬の気持ちを抱《いだ》く。

問１　「優越感《ゆうえつかん》」は，自分がほかの者より優れていると思う気持ち。この後，兄の声が後ろから聞こえてくるのを聞きながら，「僕は今，お兄ちゃんの前を走っているんだ。お兄ちゃんを抜《ぬ》かしたんだ」と感じて「ぞくぞくするような快感」を覚えたと書かれていることに注意する。

問２　「失敗」とは，斜面《しゃめん》を勢いよく駆《か》け下《お》りていた「僕」が勢いを制御《せいぎょ》できず，岩を踏《ふ》み外《はず》して宙に浮《う》き，地面に落ちて岩に頭をぶつけてけがをしたことである。ぼう線(1)の後で「僕」が思い返している内容に着目する。「賢明《けんめい》なお兄ちゃんは，僕の限界を見定めながら，スピードを抑《おさ》え」るという配慮《はいりょ》をしてくれていたが，「幼い僕」はわからず，うぬぼれて，「お兄ちゃんを超えた気」になり，「スピードを一気に上げ，お兄ちゃんを追い越して先に進んだ」のである。これが，失敗の原因だといえる。

問３　**一**　強い者がさらに強さを加えることのたとえ。　**二**　気がねする人がいない間に，ゆっくりと息抜きをすること。　**三**　大きな手柄《てがら》を立てたかのように得意になるようす。　**四**　こわく厳しい人でも，時には情け深くなることもあるということ。　**五**　どうなるかわからない先々のことを言ってもしかたがないということ。

問４　斜面を駆け下りていたお兄ちゃんが足をとめて，背負っていた「僕」を下ろし，裂《さ》いたTシャツで「僕」の止血をした後，まだ動き出さずにいる場面である。森を見渡《みわた》した兄の視線を追った「僕」は，「突然《とつぜん》不安に襲《おそ》われた」。それは，「巨大《きょだい》な自然」のようすに圧倒《あっとう》され，その中では自分たち人間は「ちっぽけで弱々しい存在」だと気づいたからで，恐怖《きょうふ》も感じた。さらに，そばの大木を見て，長い時を生きてきた自然に対する畏怖《いふ》や畏敬の念を感じている。「畏怖」はおそれおののくこと。「畏敬」はおそれうやまうこと。

問５　問１や問２でみたように，ぼう線(1)では，「僕」は状況《じょうきょう》を把握《はあく》せずに調子に乗っていた。しかし，ぼう線部(6)では，直後に「お兄ちゃんの背中がとても大切なものに思えた」とあることから，心から尊敬し，素直に「ついて行こう」と感じていることがわかる。その間の内容を振《ふ》り返《かえ》ると，お兄ちゃんはけがをした「僕」を励《はげ》まし，背負って斜面を駆け下り，機転を利《き》かせて自分のTシャツで止血の処置をし，血を拭《ぬぐ》ってくれている。このような頼《たの》もしい兄のようすに，尊敬の念を抱いたといえる。

問６　**A**　「泣《な》き叫《さけ》んだ」にかかる言葉が入るので，大きな声で泣くようすを表す「わんわん」が合う。　**B**　Tシャツを破る場面なので，布や紙を破る音を表す「びりびりと」がよい。　**C**　強い風が木を揺《ゆ》らす場面なので，大きなものが揺れるようすを表す「ゆさゆさと」が合う。　**D**　背中が汗《あせ》で光るようすを表す言葉が入るので，つやがあって光るようすをいう「てらてら」が選べる。

問７　巨大な自然の中で自分たちの弱々しさを感じ，兄も恐怖を抱いたことに「僕」は気づいているので，アの「冷静な少年」は合わない。「僕」は両親の代わりに兄を目標にしたのではないこと，「僕」を助けるために兄は危険を冒《おか》したわけではないことから，ウとエも不適当である。

問８　「鉄錆《てつさび》の味」は流れる血を味覚で，「ごわごわした靴下《くつした》」は触覚《しょっかく》で，いずれも山での体験を表現しているので，アがよい。なお，今の「僕」がいまだに目標とする兄の姿に及《およ》ばないかどうかは断定できないこと，恐怖が増すと自然も大きくなるとはいえないこと，「僕」と兄との結びつきは「著《いちじる》しく変化」したとまではいえないことから，イ，ウ，エは合わない。

Memo

Memo

出題ベスト10シリーズ

①国語読解ベスト10

②漢字合格の2790題

③計算合格の820題

④図形問題ベスト10

■過去の入試問題から出題例の多い問題を選んで編集・構成。受験関係者の間でも好評です！

有名中学入試問題集

●男子校編

●女子校編

■中学入試の全容をさぐる!!
■首都圏の中学を中心に、全国有名中学の最新入試問題を収録!!

※表紙は昨年度のものです。

算数の過去問25年分

■筑波大学附属駒場
■麻布
■開成

○名門３校に絶対合格したいという気持ちに応えるため過去問実績No.1の声の教育社が出した答えです。

都立中高一貫校 適性検査問題集

■都立一貫校と同じ検査形式で学べる！

●自己採点のしにくい作文には「採点ガイド」を掲載。
●保護者向けのページも充実。
●私立中学の適性検査型・思考力試験対策にもおすすめ！

当社発行物の無断使用は固くお断りいたします。御使用の前はまずご相談ください。

当社発行物には500点余の首都圏中・高過去問をはじめ、6点の学校案内、そのほかいくつかの情報誌などがございます。その多くが年度版で、限られたスタッフが来るべき受験シーズン前に余裕を持って受験生へ届けられるよう、日夜作業にあたり出版を重ねております。

最近、通塾生ご父母や塾内部からの告発によって、いくつかの塾が許諾なしに当社過去問を複写（コピー）し生徒に配布、授業等にも使用していることが発覚し、その一部が紛争、係争に至っております。過去問には原著作者や管理団体、代行出版等のほか、当社に著作権がございます。当社としましては、著作権侵害の発覚に対しては著作権を有するこれらの著作権関係者にその事実を開示して、マスコミにリリースする場合や法的な措置を取る場合がございます。その事例としましては、毎年当社過去問の発行を待って自由にシステム化使用していたＡ塾、個別教室でコピーを生徒に解かせ指導していたＢ塾、冊子化していたＣ社、生徒の希望によって書籍の過去問代わりにコピーを配布していたＤ塾などがあります。

当社発行物の全部もしくは一部を無断使用することは固くお断りいたします。

当社コンテンツの中にはリーズナブルな設定で紙面の利用を許諾している塾もたくさんございますので、ご希望の方は、お気軽にご相談くださいますようお願いします。同時に、当社発行物を無断で使用している会社などにつきましての情報もお寄せいただければ幸いです。

株式会社 声の教育社

スーパー過去問の **解説執筆・解答作成スタッフ（在宅）募集！**

※募集要項の詳細は、10月に弊社ホームページ上に掲載します。

2025年度用
中学スーパー過去問

■編集人 声の教育社・編集部
■発行所 株式会社 声の教育社
〒162-0814 東京都新宿区新小川町8-15
☎03-5261-5061(代) FAX03-5261-5062
https://www.koenokyoikusha.co.jp

※本書の内容についての一切の責任は当社にあります。内容・解説・解答・その他は当社ホームページよりお問い合わせ下さい。

カコを追いかけ
ミライをつかめ
「今の説明、もう一回」を何度でも
web過去問
ストリーミング配信による入試問題の解説動画
もっと古いカコモンないの？
カコ過去問
「さらにカコの」過去問をHPに掲載（DL）
声の教育社
詳しくはこちらから

ストリーミング配信による入試問題の解説動画

2025年度用web過去問　ラインナップ

■ 男子・女子・共学（全動画）見放題
36,080円（税込）

■ 男子・共学 見放題
29,480円（税込）

■ 女子・共学 見放題
28,490円（税込）

● 中学受験「声教web過去問（過去問プラス・過去問ライブ）」（算数・社会・理科・国語）

3〜5年間 **24校**

過去問プラス

麻布中学校	桜蔭中学校	開成中学校	慶應義塾中等部	渋谷教育学園渋谷中学校
女子学院中学校	筑波大学附属駒場中学校	豊島岡女子学園中学校	広尾学園中学校	三田国際学園中学校
早稲田中学校	浅野中学校	慶應義塾普通部	聖光学院中学校	市川中学校
渋谷教育学園幕張中学校	栄東中学校			

過去問ライブ

栄光学園中学校	サレジオ学院中学校	中央大学附属横浜中学校	桐蔭学園中等教育学校	東京都市大学付属中学校
フェリス女学院中学校	法政大学第二中学校			

● 中学受験「オンライン過去問塾」（算数・社会・理科）

3〜5年間 **50校以上**

東京	青山学院中等部	東京	国学院大学久我山中学校	東京	明治大学付属明治中学校	千葉	芝浦工業大学柏中学校	埼玉	栄東中学校
	麻布中学校		渋谷教育学園渋谷中学校		早稲田中学校		渋谷教育学園幕張中学校		淑徳与野中学校
	跡見学園中学校		城北中学校		都立中高一貫校 共同作成問題		昭和学院秀英中学校		西武学園文理中学校
	江戸川女子中学校		女子学院中学校		都立大泉高校附属中学校		専修大学松戸中学校		獨協埼玉中学校
	桜蔭中学校		巣鴨中学校		都立白鷗高校附属中学校		東邦大学付属東邦中学校		立教新座中学校
	鷗友学園女子中学校		桐朋中学校		都立両国高校附属中学校		千葉日本大学第一中学校	茨城	江戸川学園取手中学校
	大妻中学校		豊島岡女子学園中学校	神奈川	神奈川大学附属中学校		東海大学付属浦安中等部		土浦日本大学中等教育学校
	海城中学校		日本大学第三中学校		桐光学園中学校		麗澤中学校		茗渓学園中学校
	開成中学校		雙葉中学校		県立相模原・平塚中等教育学校		県立千葉・東葛飾中学校		
	開智日本橋中学校		本郷中学校		市立南高校附属中学校		市立稲毛国際中等教育学校		
	吉祥女子中学校		三輪田学園中学校	千葉	市川中学校	埼玉	浦和明の星女子中学校		
	共立女子中学校		武蔵中学校		国府台女子学院中学部		開智中学校		

web過去問 Q&A

過去問が動画化！
声の教育社の編集者や中高受験のプロ講師など、
過去問を知りつくしたスタッフが動画で解説します。

Q どこで購入できますか？

A 声の教育社のHPでお買い求めいただけます。

Q 受講にあたり、テキストは必要ですか？

A 基本的には過去問題集がお手元にあることを前提としたコンテンツとなっております。

Q 全問解説ですか？

A 「オンライン過去問塾」シリーズは基本的に全問解説ですが、国語の解説はございません。「声教web過去問」シリーズは合格のカギとなる問題をピックアップして解説するもので、全問解説ではございません。なお、「声教web過去問」と「オンライン過去問塾」のいずれでも取り上げられている学校がありますが、授業は別の講師によるもので、同一のコンテンツではございません。

Q 動画はいつまで視聴できますか？

A ご購入年度２月末までご視聴いただけます。
複数年視聴するためには年度が変わるたびに購入が必要となります。

よくある解答用紙のご質問

01

実物のサイズにできない

拡大率にしたがってコピーすると，「解答欄」が実物大になります。配点などを含むため，用紙は実物よりも大きくなることがあります。

02

A3用紙に収まらない

拡大率164％以上の解答用紙は実物のサイズ（「出題傾向＆対策」をご覧ください）が大きいために，Ａ３に収まらない場合があります。

03

拡大率が書かれていない

複数ページにわたる解答用紙は，いずれかのページに拡大率を記載しています。どこにも表記がない場合は，正確な拡大率が不明です。

04

１ページに２つある

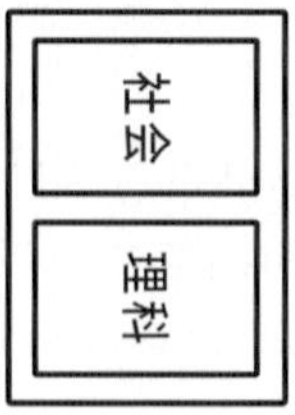

１ページに２つ解答用紙が掲載されている場合は，正確な拡大率が不明です。ほかの試験回の同じ教科をご参考になさってください。

洗足学園中学校

【別冊】入試問題解答用紙編

禁無断転載

解答用紙は本体からていねいに抜きとり、別冊としてご使用ください。

※　実際の解答欄の大きさで練習するには、指定の倍率で拡大コピーしてください。なお、ページの上下に小社作成の見出しや配点を記載しているため、コピー後の用紙サイズが実物の解答用紙と異なる場合があります。

●入試結果表

— は非公表

年度	回	項目	国語	算数	社会	理科	2科合計	4科合計	2科合格	4科合格
2024	第1回	配点(満点)	100	100	75	75		350		最高点
		合格者平均点	—	—	—	—		—		256
		受験者平均点	59.2	37.2	41.9	43.0		181.3		最低点
		キミの得点								194
	第2回	配点(満点)	100	100	75	75		350		最高点
		合格者平均点	—	—	—	—		—		264
		受験者平均点	53.4	44.1	47.6	43.1		188.2		最低点
		キミの得点								201
	第3回	配点(満点)	100	100	75	75		350		最高点
		合格者平均点	—	—	—	—		—		257
		受験者平均点	54.8	47.2	52.7	32.1		186.8		最低点
		キミの得点								212
2023	第1回	配点(満点)	100	100	75	75		350		最高点
		合格者平均点	—	—	—	—		—		239
		受験者平均点	44.5	50.9	42.7	33.0		171.1		最低点
		キミの得点								188
	第2回	配点(満点)	100	100	75	75		350		最高点
		合格者平均点	—	—	—	—		—		264
		受験者平均点	64.9	48.3	50.7	36.0		199.9		最低点
		キミの得点								214
	第3回	配点(満点)	100	100	75	75		350		最高点
		合格者平均点	—	—	—	—		—		276
		受験者平均点	64.4	46.4	48.5	34.5		193.8		最低点
		キミの得点								227
2022	第1回	配点(満点)	100	100	75	75	200	350	最高点	最高点
		合格者平均点	—	—	—	—	—	—	162	266
		受験者平均点	61.8	49.5	46.1	34.5	111.3	191.9	最低点	最低点
		キミの得点							125	214
	第2回	配点(満点)	100	100	75	75	200	350	最高点	最高点
		合格者平均点	—	—	—	—	—	—	168	284
		受験者平均点	64.6	57.1	44.0	43.4	121.7	209.1	最低点	最低点
		キミの得点							136	229
	第3回	配点(満点)	100	100	75	75		350		最高点
		合格者平均点		—	—	—		—		265
		受験者平均点	64.8	51.9	40.7	40.8		198.2		最低点
		キミの得点								226
2021	第1回	配点(満点)	100	100	75	75	200	350	最高点	最高点
		合格者平均点	—	—	—	—	—	—	171	280
		受験者平均点	59.6	51.4	42.5	35.6	111.0	189.1	最低点	最低点
		キミの得点							128	218

※　表中のデータは学校公表のものです。ただし、２科合計・４科合計は各教科の平均点を合計したものなので、目安としてご覧ください。

声の教育社

２０２４年度　洸足学園中学校

算数解答用紙　第１回

番号		氏名		評点	／100

1 (1)　　(2)

2 (1)　円　(2)　　(3)　：　(4)　：

3 (1)　割引き　(2)　：

(3)　分　秒後

(4)　倍

4 (1)　：　：

(2)　時間　分

(3)　分間

5 (1)　分後

(2)　時間　分

(3)　分後

（注）この解答用紙は実物を縮小してあります。192％拡大コピーをすると、ほぼ実物大の解答欄になります。

〔算　数〕100点(学校配点)

1, 2　各５点×６<2の(2)は完答>　3　(1), (2)　各７点×２　(3), (4)　各８点×２　4　(1)　５点　(2)　８点　(3)　７点　5　(1)　５点　(2)　８点　(3)　７点

２０２４年度　洗足学園中学校

社会解答用紙　第１回

番号		氏名		評点	／75

1

問1 (1)　(2)

問2 (1)　(2)

問3 (1)　(2)　(3)　問4 (1)

問4 (2)

2

問1　問2　問3

問4

問5　問6　問7　問8　問9

3

問1　問2　問3

問4　問5　問題　問6

問7　問8

問9 X　Y　Z　問10

問11

（注）この解答用紙は実物を縮小してあります。Ｂ５→Ａ３(163%)に拡大コピーすると、ほぼ実物大の解答欄になります。

〔社　会〕75点(学校配点)

1　問１　各２点×２　問２，問３　各３点×５　問４　(1)　２点　(2)　４点　2　問１，問２　各２点×２　問３　３点　問４　４点　問５　３点　問６　２点　問７～問９　各３点×３　3　問１～問４　各２点×４　問５　３点　問６　２点　問７　３点　問８～問10　各２点×３<問９は完答>　問11　３点

２０２４年度　洗足学園中学校

理科解答用紙　第１回

番号　　氏名　　評点　／75

1
(1)　(2) 実験1-2　cm　実験1-3　cm
(3)
(4)
(5) ① F　g　G　g　H　g
② F　g　G　g　H　g
(6) う　え

2
(1)　(2)　(3)　倍
(4) あ　い　(5)　滴
(6) 前　%　後　%

3
(1)　(2) A　B　(3)　(4)
(5) ①　② d　e　③
(6)

4
(1) a　b　c
d　e　f
(2)　(3)
(4)
(5) ①　②　③　④

（注）この解答用紙は実物を縮小してあります。Ｂ５→Ａ３（163%）に拡大コピーすると、ほぼ実物大の解答欄になります。

〔理　科〕75点（学校配点）

1 (1)，(2)　各１点×3　(3)　４点　(4)　２点　(5)　各１点×6　(6)　う　２点　え　３点　2 (1)～(5)　各２点×6　(6)　各３点×2　3 (1)　２点　(2)　各１点×2　(3)～(6)　各２点×7　4 (1)　各１点×6　(2)，(3)　各２点×2　(4)　４点　(5)　①，②　各１点×2　③　２点　④　１点

２０２４年度　洗足学園中学校

国語解答用紙　第一回

番号		氏名		評点	／100

一

問一

問二

問三

問四

問五

問六　A　B　C　D

問七　ア　イ　ウ　エ　オ

問八

二

問一

問二

問三　香山　梨木

問四

問五

問六　A　B

問七　(一) Ⅰ　Ⅱ　Ⅲ　(二)　(三) b　c　d

問八

（注）この解答用紙は実物を縮小してあります。179％拡大コピーすると、ほぼ実物大の解答欄になります。

〔国　語〕100点(学校配点)

一　問１　２点　問２，問３　各８点×２　問４　３点　問５　８点　問６，問７　各２点×９　問８　３点　二　問１　８点　問２　３点　問３　各４点×２　問４　３点　問５　８点　問６～問８　各２点×10

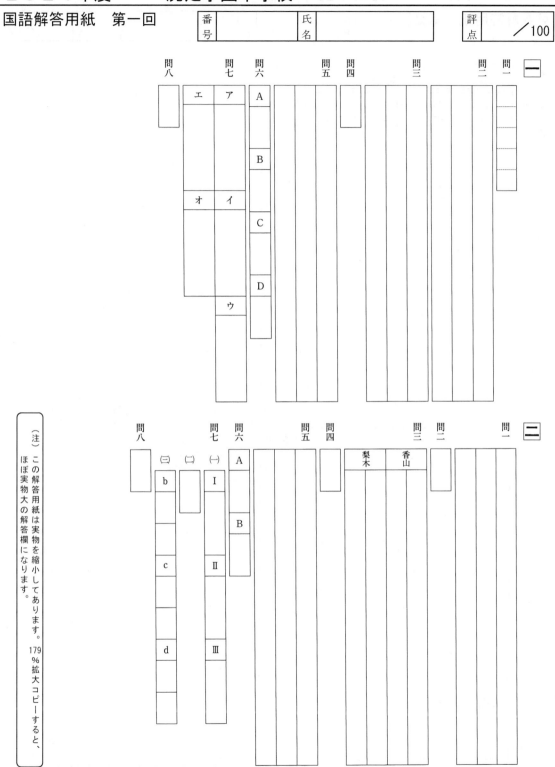

２０２４年度　洗足学園中学校

算数解答用紙　第２回

番号		氏名		評点	／100

1 (1) 　(2)

2 (1) L　(2) 度　(3) 班　(4)

3 (1) m　(2) cm

(3) 日

(4) 時間　分

4 (1) 個

(2)

(3)

5 (1) cm^2

(2) cm^3

(3) cm^3

（注）この解答用紙は実物を縮小してあります。185％拡大コピーをすると、ほぼ実物大の解答欄になります。

〔算　数〕100点(学校配点)

1, 2　各５点×６　3　(1)，(2)　各７点×２　(3)，(4)　各８点×２　4　(1)　８点　(2)　５点　(3)　７点　5　(1)　５点　(2)　７点　(3)　８点

２０２４年度　洗足学園中学校

社会解答用紙　第２回

番号		氏名		評点	／75

1

問1 (1)　(2)　(3)　(4)

問2 (1)　(2)　問3 (1)　(2)

問4

市以外の他の３都市は

という点が共通している。

2

問1　問2　問3　問4

問5　問6

問7

問8　問9　問10

問11

3

問1　問2

問3　問4　問5 (1)

問5 (2)

問6　問7

（注）この解答用紙は実物を縮小してあります。Ｂ５→Ｂ４(141%)に拡大コピーすると、ほぼ実物大の解答欄になります。

〔社　会〕75点(学校配点)

1　問１　(1)　２点　(2)　３点　(3)　２点　(4)　３点　問２　(1)　３点　(2)　２点　問３　各３点×2　問４　４点　2　問１～問６　各２点×6　問７　４点　問８　３点　問９～問11　各２点×3　3　問１～問４　各３点×4＜問２は完答＞　問５　(1)　３点　(2)　４点　問６，問７　各３点×2

２０２４年度　　洗足学園中学校

理科解答用紙　第２回

番号		氏名		評点	／75

1 (1)　　(2)

(3) X　　Y　　Z

(4) 秒速　m　　(5)　　(6)　　(7)

2 (1)　　(2)

(3) あ　　い　　う

(4) 水溶液中のカルシウムやマグネシウムは

(5)　mg　　(6)　mg　　(7)　mg/L

(8) カルシウム　mg　　マグネシウム　mg

3 (1)　　(2) ①　　②

(3) ① i　　ii　　iii　　iv

v　　vi

②

4 (1)　　(2)

(3) ①　　②

(4) ①

②

（注）この解答用紙は実物を縮小してあります。Ｂ５→Ａ３（163%）に拡大コピーすると、ほぼ実物大の解答欄になります。

〔理　科〕75点（学校配点）

1 (1), (2)　各１点×２　(3)　各２点×３　(4)～(7)　各３点×４　2 (1)　２点＜完答＞　(2), (3)　各１点×４　(4)　４点　(5)～(8)　各２点×５　3 (1)　１点　(2)　①　２点　②　１点　(3)　各２点×７　4 (1), (2)　各３点×２　(3)　①　２点　②　３点　(4)　①　２点　②　４点

２０２４年度　洗足学園中学校

国語解答用紙　第二回

番号		氏名		評点	／100

一

問一

問二

問三

問四

問五

問六　A　B　C　D

問七　ア　イ　ウ　エ　オ

問八

二

問一　(一)　(二)　(三)

問二

問三　a　b

問四

問五

問六

問七

問八　(一)　(二)　B　C　D

問九

問十

（注）この解答用紙は実物を縮小してあります。185％拡大コピーすると、ほぼ実物大の解答欄になります。

〔国　語〕100点(学校配点)

一　問１　７点　問２，問３　各４点×２　問４，問５　各７点×２　問６，問７　各２点×９　問８　３点　二　問１　各２点×３　問２　７点　問３　各２点×２　問４，問５　各７点×２　問６，問７　各３点×２　問８　各２点×４　問９　３点　問10　２点

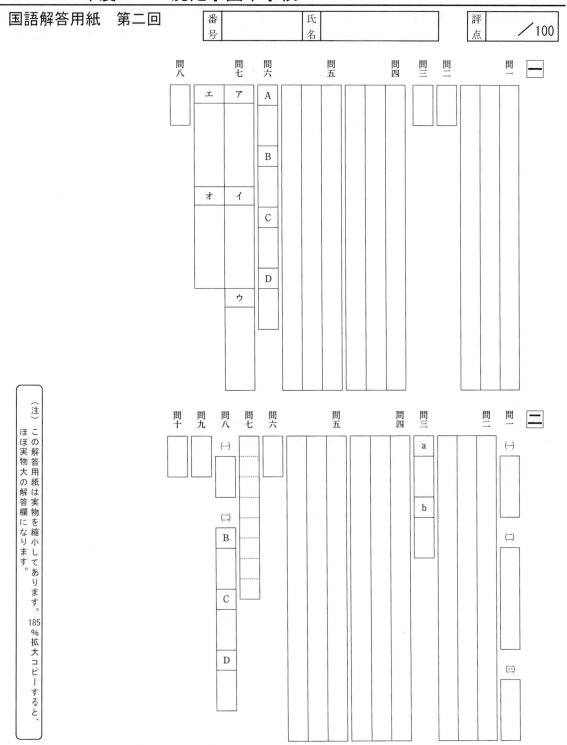

2024年度　洗足学園中学校

算数解答用紙　第3回

番号		氏名		評点	／100

1 (1)　　(2)

2 (1)　　(2) 人　　(3) 倍　　(4) 人

3 (1) g　　(2) 日間

(3) m

(4) 毎分 m

4 (1) g

(2) (食塩・水) を g

(3) %

5 (1) 秒速 cm

(2)

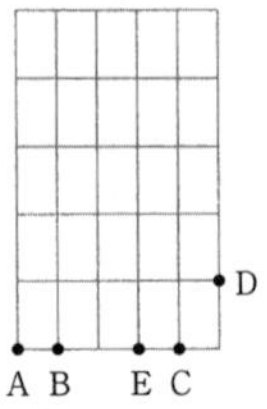

(3) 秒後,　秒後

（注）この解答用紙は実物を縮小してあります。189%拡大コピーをすると、ほぼ実物大の解答欄になります。

〔算　数〕100点(学校配点)

1, 2　各5点×6　3　(1), (2)　各7点×2　(3), (4)　各8点×2　4　(1)　5点　(2)　7点　(3)　8点　5　(1)　5点　(2)　8点　(3)　7点<完答>

２０２４年度　洗足学園中学校

社会解答用紙　第３回

番号		氏名		評点	／75

1

問1 (1)　(2)　(3)　問2 (1)　(2)

問3 (1)

問3 (2)

問4 (1)

問4 (2)

2

問1

問2 前期

中・後期

問3　天皇　問4　問5

問6　問7　問8　問9

3

問1 (1)　(2)　問2 (1)

問2 (2)

問3　制度　問4

問5　問6　問7

問8

（注）この解答用紙は実物を縮小してあります。Ｂ５→Ａ３(163%)に拡大コピーすると、ほぼ実物大の解答欄になります。

〔社　会〕75点(学校配点)

1 問１　(1)　２点　(2), (3)　各３点×２　問２　各３点×２　問３　(1)　２点　(2)　３点　問４　各３点×２　2 問１～問３　各２点×４　問４　３点　問５　２点　問６～問９　各３点×４　3 問１　(1)　３点　(2)　２点　問２　(1)　２点　(2)　４点　問３～問５　各２点×３　問６, 問７　各３点×２　問８　２点

２０２４年度　　洗足学園中学校

理科解答用紙　第３回

番号		氏名	

評点	／75

1 (1) Hz　(2)　(3)　(4)

(5)

(6)

2 (1)　(2) g　(3) g

(4) g

(5)

(6) g　(7)　(8)

3 (1)

(2) ［段階１、３］　［段階２］

(3)　(4)　(5)

4 (1)

(2) ①

②

(3)

(4) ① イオ　エウロパ　カリスト

②

（注）この解答用紙は実物を縮小してあります。Ｂ５→Ａ３(163%)に拡大コピーすると、ほぼ実物大の解答欄になります。

〔理　科〕75点(学校配点)

1 (1)～(5) 各３点×5 (6) ４点 2 (1) １点 (2)～(4) 各２点×3 (5), (6) 各３点×2 (7) ２点 (8) ４点 3 (1), (2) 各２点×3 (3)～(5) 各４点×3 4 (1) １点 (2) ① ４点 ② ２点 (3) ３点 (4) ① 各２点×3 ② ３点

２０２４年度　洗足学園中学校

国語解答用紙　第三回

番号		氏名		評点	／100

一

問一　問二　問三　問四　問五　問六　問七（A　B　C　D）　問八（ア　イ　ウ　エ　オ）　問九

二

問一　問二　問三　問四　問五　問六（Ⅰ　Ⅱ　Ⅲ　Ⅳ）　問七（A　B　C）　問八　問九

（注）この解答用紙は実物を縮小してあります。185％拡大コピーすると、ほぼ実物大の解答欄になります。

〔国　語〕100点(学校配点)

一　問１　７点　問２　３点　問３　７点　問４　３点　問５　２点　問６　７点　問７，問８　各２点×９　問９　３点　二　問１　３点　問２　８点　問３　３点　問４，問５　各８点×２　問６，問７　各２点×７　問８，問９　各３点×２

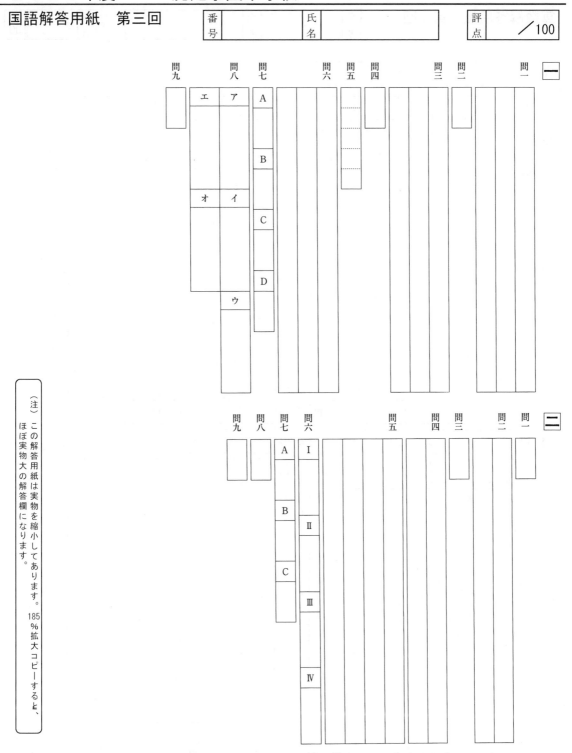

2023年度　洗足学園中学校

算数解答用紙　第1回

番号		氏名		評点	／100

1 (1) (2)

2 (1) (2) ： (3) 円 (4) 歳

3 (1) g (2) 枚

(3) 円

(4) 日以上　日以下

4 (1)

(2) ：

(3) ：

5 (1) cm^3

(2) cm^3

(3) cm^3

（注）この解答用紙は実物を縮小してあります。192％拡大コピーをすると、ほぼ実物大の解答欄になります。

〔算　数〕100点(学校配点)

1, 2 各5点×6　3 (1), (2) 各7点×2　(3), (4) 各8点×2　4 (1) 5点　(2) 7点　(3) 8点　5 (1) 6点　(2) 8点　(3) 6点

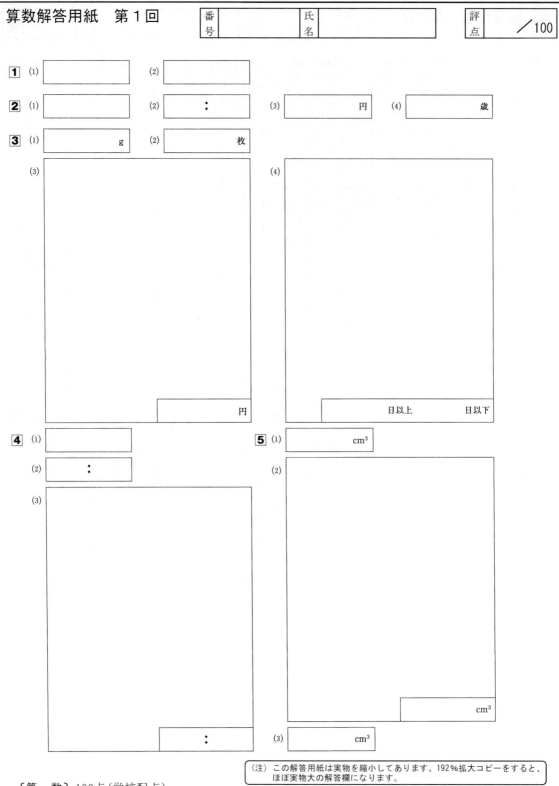

２０２３年度　洗足学園中学校

社会解答用紙　第１回

番号		氏名	

評点	／75

1　問1 (1)　(2)　問2 (1)

問2 (2)

問3　問4 (1)　(2)

問5 (1)　(2)

2　問1　問2　問3

問4

問5　問6　問7　問8

問9　問10

3　問1 (1)

問1 (2)

問2 (1)　(2)　問3　問4

問5　問6

問7　問8

（注）この解答用紙は実物を縮小してあります。Ｂ５→Ａ３（163％）に拡大コピーすると、ほぼ実物大の解答欄になります。

〔社　会〕75点（学校配点）

1　問１　(1)　３点＜完答＞　(2)　２点　問２　(1)　２点　(2)　４点　問３　３点　問４　(1)　３点　(2)　２点　問５　各３点×２　2　問１～問３　各２点×３　問４　４点　問５～問７　各３点×３　問８～問10　各２点×３　3　問１　(1)　２点　(2)　４点　問２　各２点×２　問３　３点　問４　２点　問５　３点＜完答＞　問６　２点　問７　３点＜完答＞　問８　２点

２０２３年度　洗足学園中学校

理科解答用紙　第１回

番号		氏名		評点	／75

1
(1) 秒　(2) m　(3) 毎秒 m
(4) 秒　(5) 回　(6) m
(7) 毎秒 m　(8) m

2
(1) あ　い　う
(2) mg/mL
(3) 液体Ａ：水＝　：　(4) mg
(5) mg　(6) mg　(7) mg
(8)

3
(1)　(2) ①　②
(3) ①　個 ②　個 ③　個
(4) ①　②
(5) ①　②

4
(1)　(2)　(3) ①　②
③
④　(4)　(5)
(6) 現象

（注）この解答用紙は実物を縮小してあります。Ｂ５→Ａ３(163%)に拡大コピーすると、ほぼ実物大の解答欄になります。

〔理　科〕75点(学校配点)

1 (1) 1点 (2) 3点 (3), (4) 各2点×2 (5), (6) 各3点×2 (7) 2点 (8) 3点 2 (1)〜(3) 各1点×5 (4) 3点 (5) 2点 (6), (7) 各3点×2 (8) 4点 3 (1) 2点 (2) ① 2点 ② 3点 (3) 2点＜完答＞ (4) ① 3点＜完答＞ ② 2点 (5) 各2点×2＜②は完答＞ 4 (1) 1点 (2) 2点＜完答＞ (3) ① 2点 ② 1点 ③ 4点 ④ 2点 (4)〜(6) 各2点×3

二〇二三年度　　洗足学園中学校

国語解答用紙　第一回

番号		氏名		評点	／100

一

問一

問二

問三

問四

問五

問六　A　B　C　D

問七　(ア)　(イ)　(ウ)　(エ)　(オ)

問八

二

問一　1　2　3　4　5

問二　(一)　(二)

問三

問四

問五

問六

問七　A　B　C

問八

(注) この解答用紙は実物を縮小してあります。185%拡大コピーすると、ほぼ実物大の解答欄になります。

〔国　語〕100点(学校配点)

一 問1　4点　問2　7点　問3　3点　問4, 問5　各7点×2　問6, 問7　各2点×9　問8　4点　二 問1　各1点×5　問2　各6点×2　問3　2点　問4　8点　問5　4点　問6　8点　問7　各2点×3　問8　5点

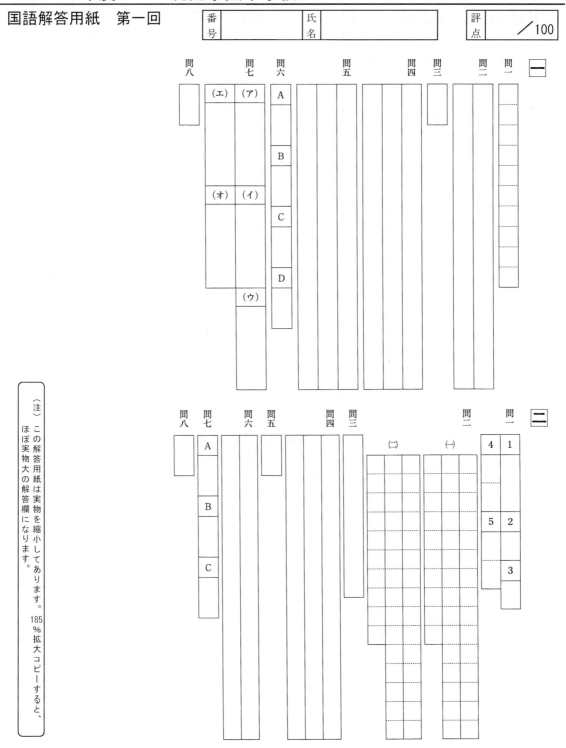

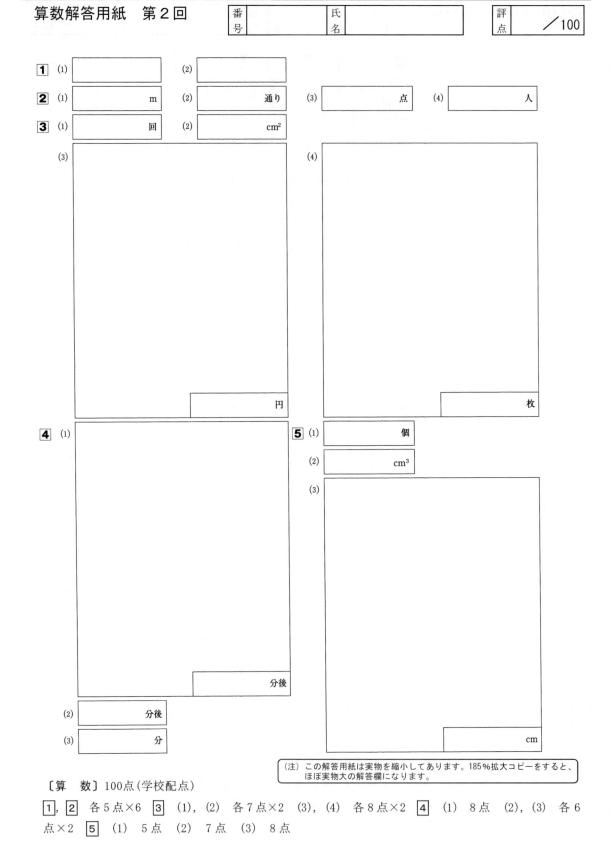

２０２３年度　　洗足学園中学校

算数解答用紙　第２回

番号		氏名		評点	／100

1 (1)　　(2)

2 (1)　　m　(2)　　通り　(3)　　点　(4)　　人

3 (1)　　回　(2)　　cm²

(3)　　円

(4)　　枚

4 (1)　　分後

(2)　　分後

(3)　　分

5 (1)　　個

(2)　　cm^3

(3)　　cm

（注）この解答用紙は実物を縮小してあります。185％拡大コピーをすると、ほぼ実物大の解答欄になります。

〔算　数〕100点(学校配点)

1, 2　各５点×６　3　(1)，(2)　各７点×２　(3)，(4)　各８点×２　4　(1)　８点　(2)，(3)　各６点×２　5　(1)　５点　(2)　７点　(3)　８点

2023年度　洸足学園中学校

社会解答用紙　第2回

番号		氏名	

評点	／75

1

問1　問2　問3

問4 (1)　の地図記号であり、

問4 (2)

問5　問6　問7　問8

2

問1　問2　問3　問4　問5

問6　問7

問8

問9　問10

3

問1　問2

問3　問4　問5

問6　問7

問8
分野　政策
分野　政策

問9　問10

(注) この解答用紙は実物を縮小してあります。B5→A3(163%)に拡大コピーすると、ほぼ実物大の解答欄になります。

〔社　会〕75点(学校配点)

1 問1～問3　各3点×3　問4　(1)　4点　(2)　2点　問5　2点　問6，問7　各3点×2　問8　2点　2 問1，問2　各2点×2　問3～問5　各3点×3　問6，問7　各2点×2　問8　4点　問9，問10　各2点×2　3 問1～問3　各2点×3＜問1，問2は完答＞　問4，問5　各3点×2＜問5は完答＞　問6，問7　各2点×2　問8　4点　問9　2点　問10　3点

２０２３年度　　洗足学園中学校

理科解答用紙　第２回

番号		氏名		評点	／75

1　(1)　　(2)

(3) a　　個　b　　個　c　　個　(4)　　(5)

(6) ① a　　cm　b

② 鏡の長さ　　cm　床から　　cm

2　(1)　　(2) アルミニウム　　個　鉄　　個

(3)　　nm　(4)

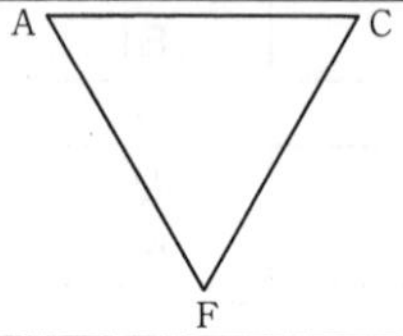

(5)　　倍

(6)　　%

(7)　　倍

(8)

3　(1)　　(2)

(3)

(4) ① a　　b　　c　　②

(5)

4　(1) ①　　② 金星　　火星

(2) ①　　g　②　　g　(3)

(4)　　(5)　　(6)　　(7)

(8)

（注）この解答用紙は実物を縮小してあります。Ｂ５→Ａ３（163%）に拡大コピーすると、ほぼ実物大の解答欄になります。

〔理　科〕75点(学校配点)

1　(1)，(2)　各２点×2＜(2)は完答＞　(3)　各１点×3　(4)，(5)　各２点×2　(6)　①　a　２点　b　１点　②　鏡の長さ…２点，床から…３点　**2**　(1)　１点　(2)～(6)　各２点×6　(7)　３点　(8)　４点　**3**　(1)，(2)　各２点×2　(3)　４点　(4)，(5)　各２点×5　**4**　(1)　各１点×3　(2)～(6)　各２点×6　(7)　１点　(8)　２点

二〇二三年度　洗足学園中学校

国語解答用紙　第二回

番号		氏名		評点	／100

一

問一

問二　20　15

問三

問四　A　B　C　D

問五

問六

問七

問八　（ア）　（イ）　（ウ）　（エ）　（オ）

問九

二

問一　㈠　㈡　㈢

問二　一　二　三　四　五

問三

問四

問五　A　B　C　D

問六

問七

（注）この解答用紙は実物を縮小してあります。185%拡大コピーすると、ほぼ実物大の解答欄になります。

〔国　語〕100点（学校配点）

一　問1　6点　問2，問3　各3点×2　問4　各2点×4　問5　3点　問6　6点　問7　7点　問8　各2点×5　問9　4点　二　問1　各7点×3　問2　各2点×5　問3，問4　各3点×2　問5，問6　各2点×5　問7　3点

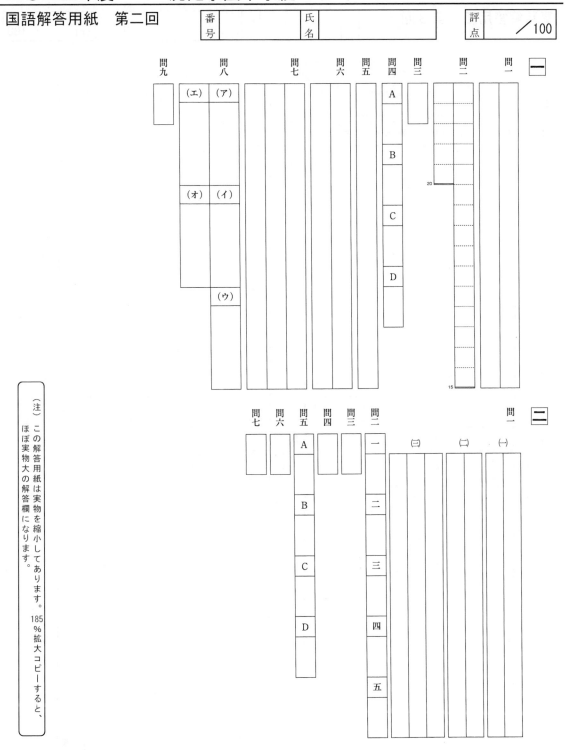

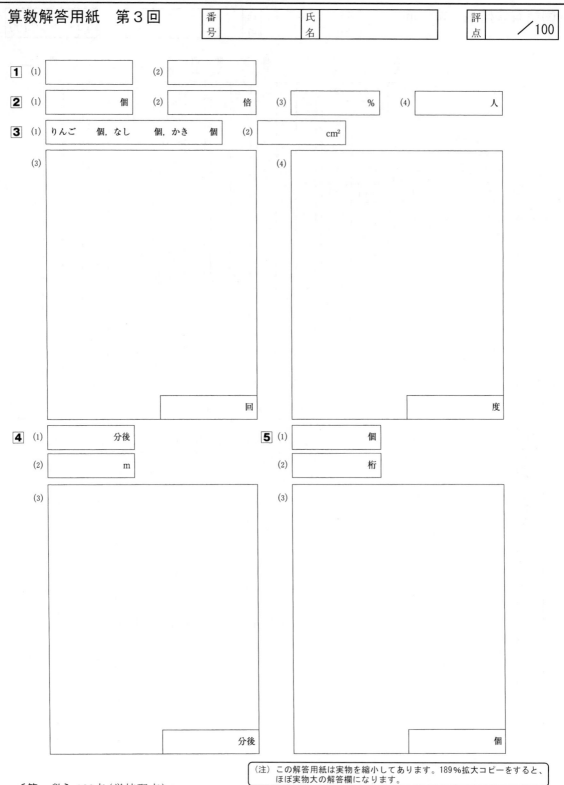

２０２３年度　洗足学園中学校

算数解答用紙　第３回

番号		氏名	

評点	／100

1　(1)　　(2)

2　(1)　個　(2)　倍　(3)　%　(4)　人

3　(1) りんご　個，なし　個，かき　個　(2)　cm²

(3)　回

(4)　度

4　(1)　分後

(2)　m

(3)　分後

5　(1)　個

(2)　桁

(3)　個

（注）この解答用紙は実物を縮小してあります。189％拡大コピーをすると、ほぼ実物大の解答欄になります。

〔算　数〕100点（学校配点）

1，2　各５点×６　3　(1)，(2)　各７点×２＜(1)は完答＞　(3)，(4)　各８点×２　4　(1)，(2)　各６点×２　(3)　８点　5　(1)　５点　(2)　７点　(3)　８点

２０２３年度　洗足学園中学校

社会解答用紙　第３回

番号		氏名	

評点	／75

1

問1 (1)　(2)　問2 (1)　(2)

問3 (1)

問3 (2)

問4 (1)　(2)　問5 (1)

問5 (2)

2

問1

問2 (1)

問2 (2)　問3　問4　問5 オ　カ

問6　問7　問8

3

問1

問2

問3　問4　問5

問6　問7　問8

問9　問10

（注）この解答用紙は実物を縮小してあります。Ｂ５→Ａ３（163%）に拡大コピーすると、ほぼ実物大の解答欄になります。

〔社　会〕75点（学校配点）

1　問１　各２点×2　問２　(1)　３点　(2)　２点　問３　各２点×2＜各々完答＞　問４　各３点×2＜(2)は完答＞　問５　(1)　２点　(2)　４点　2　問１　２点　問２　(1)　４点　(2)　３点　問3～問５　各２点×4　問６　３点　問７　２点　問８　３点　3　問１　２点　問２　４点　問３　３点　問4，問５　各２点×2　問６　３点＜完答＞　問７　２点　問８　３点　問9，問10　各２点×2

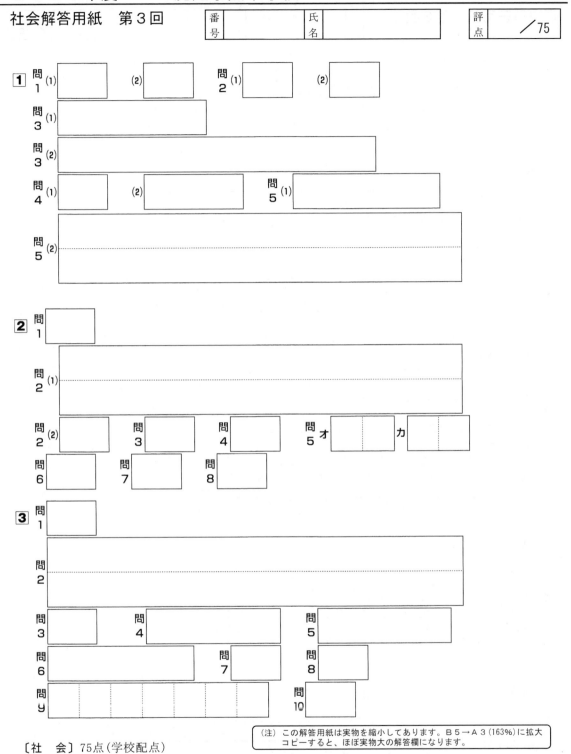

2023年度　洗足学園中学校

理科解答用紙　第3回

番号		氏名	

評点	／75

1 (1) ①　②　③　(2) ④　⑤　⑥

(3) a　b　c　d　e

(4) ①　②　③　(5)

(6)

(7)

(8)

2 (1)　(2)　(3)　(4) g

(5) g　(6) %　(7)

(8) 銅：鉄＝　：

3 (1)

(2) アミラーゼ

(3)　(4)　(5) B　C

(6) 薬品　(7) c　d　e

(8)　(9)

4 (1) kcal　(2)　(3)

(4)　(5)　(6) 億 kt

(7) X　Y

(8) A　B

（注）この解答用紙は実物を縮小してあります。B５→A３(163%)に拡大コピーすると、ほぼ実物大の解答欄になります。

〔理　科〕75点(学校配点)

1 (1)～(4) 各１点×10＜(1)，(2)は完答＞ (5)，(6) 各２点×２＜(5)は完答＞ (7) ４点 (8) １点 2 (1) １点＜完答＞ (2)～(5) 各２点×４ (6)～(8) 各３点×３ 3 (1) １点＜完答＞ (2) ４点 (3) １点 (4) ２点 (5) 各１点×２ (6) ２点 (7) 各１点×３ (8)，(9) 各２点×２ 4 (1) ３点 (2) １点 (3)～(5) 各２点×３ (6) ３点 (7) 各１点×２ (8) 各２点×２

二〇二三年度　洗足学園中学校

国語解答用紙　第三回

番号		氏名		評点	／100

一

問一

問二

問三

問四

問五

問六　A　B　C　D

問七　（ア）　（イ）　（ウ）　（エ）　（オ）

問八

二

問一

問二

問三　一　二　三　四　五

問四

問五

問六

問七　A　B　C　D

問八

（注）この解答用紙は実物を縮小してあります。185％拡大コピーすると、ほぼ実物大の解答欄になります。

〔国　語〕100点（学校配点）

一　問1　7点　問2　3点　問3　7点　問4　3点　問5　7点　問6，問7　各2点×9　問8　5点　二　問1，問2　各8点×2　問3　各1点×5　問4　8点　問5，問6　各4点×2　問7　各2点×4　問8　5点

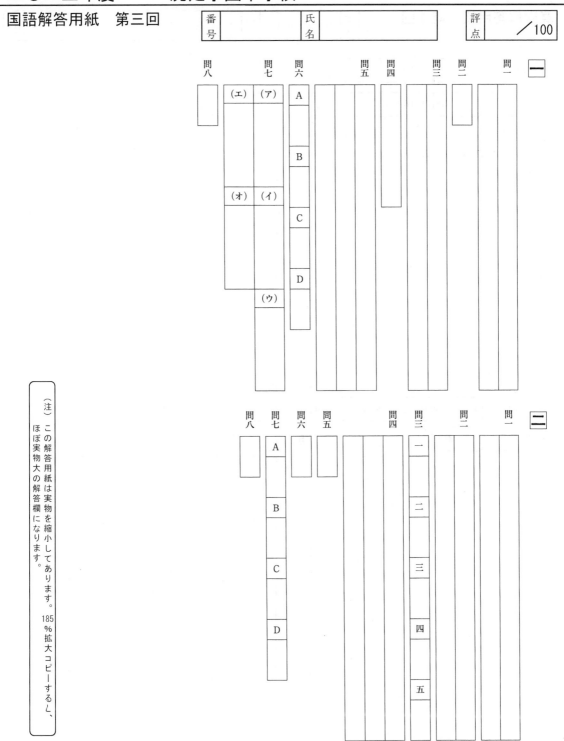

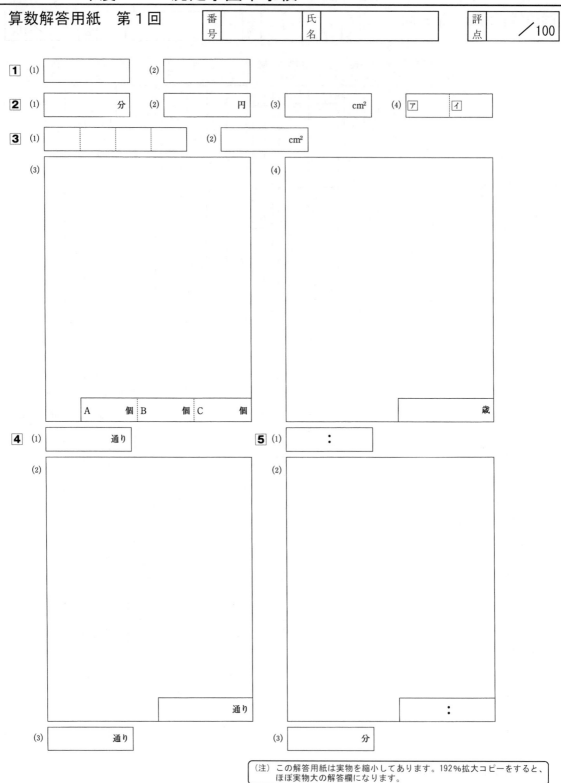

２０２２年度　洗足学園中学校

算数解答用紙　第１回

番号		氏名		評点	／100

1　(1)　　(2)

2　(1)　分　(2)　円　(3)　cm^2　(4)　ア　イ

3　(1)　　(2)　cm^2

(3)　A　個　B　個　C　個

(4)　歳

4　(1)　通り

(2)　通り

(3)　通り

5　(1)　：

(2)　：

(3)　分

（注）この解答用紙は実物を縮小してあります。192％拡大コピーをすると、ほぼ実物大の解答欄になります。

〔算　数〕100点(学校配点)

1, 2　各５点×６＜2の(4)は完答＞　3　(1), (2)　各７点×２＜(1)は完答＞　(3), (4)　各８点×２＜(3)は完答＞　4　(1)　５点　(2)　８点　(3)　７点　5　(1)　７点　(2)　８点　(3)　５点

2022年度　洗足学園中学校

社会解答用紙　第1回

番号		氏名		評点	／75

1

問1 (1)　(2)　問2

問3 X　Y

問4 (1)　(2)　問5

問6

2

問1　問2　問3　問4

問5　問6

問7 (1) ことに由来する。

問7 (2)　問8　問9 党

3

問1 (1)　(2)　問2

問3 (1)　(2)

問4　問5

問6　問7

問8

（注）この解答用紙は実物を縮小してあります。B5→A3(163%)に拡大コピーすると、ほぼ実物大の解答欄になります。

〔社　会〕75点(学校配点)

1　問1，問2　各3点×3　問3　各2点×2　問4　(1)　3点　(2)　2点　問5　3点　問6　4点　2　問1～問3　各2点×3　問4，問5　各3点×2　問6　2点　問7　(1)　4点　(2)　2点　問8　3点　問9　2点　3　問1，問2　各2点×3　問3　各3点×2＜(2)は完答＞　問4，問5　各2点×2　問6　3点　問7，問8　各2点×3

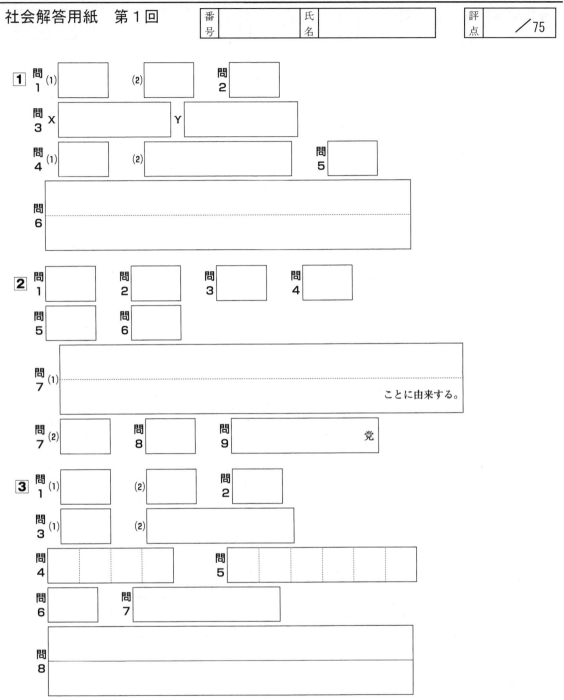

２０２２年度　洗足学園中学校

理科解答用紙　第１回

番号		氏名	

評点	／75

1
(1)
(2) ①
②　(3) ①　mm²　②
③ 2番目　7番目　④　か所
(4) ①　②

2
(1)　(2) P　:　Q　:
(3)　(4)　g
(5)　(6)

3
(1)　(2) ①
②
③
(3)　(4)　(5)
(6) ①　②

4
(1) ①　②　(2) ③　④
(3)　(4)
(5) ①　8 時　分　秒　②　km
③

（注）この解答用紙は実物を縮小してあります。Ｂ５→Ａ３(163%)に拡大コピーすると、ほぼ実物大の解答欄になります。

〔理　科〕75点(学校配点)

1 (1) 1点 (2) ① 4点 ② 2点 (3) ① 1点 ② 2点＜完答＞ ③ 各1点×2 ④ 2点 (4) ① 2点＜完答＞ ② 3点 2 (1) 2点 (2) 各3点×2＜各々完答＞ (3), (4) 各4点×2 (5), (6) 各2点×2 3 (1) 2点 (2) ① 1点 ② 4点 ③ 2点＜完答＞ (3)～(6) 各2点×5＜(6)の①は完答＞ 4 (1) 各2点×2 (2) 各1点×2 (3), (4) 各2点×2 (5) ① 2点 ② 3点 ③ 2点

二〇二二年度　洗足学園中学校

国語解答用紙　第一回

番号		氏名		評点	／100

一

問一

問二

問三

問四

問五

問六　A　B　C　D

問七　（ア）（イ）（ウ）（エ）（オ）

問八

二

問一

問二

問三　一　二　三　四　五

問四

問五

問六

問七　A　B　C　D

問八

（注）この解答用紙は実物を縮小してあります。185％拡大コピーすると、ほぼ実物大の解答欄になります。

〔国　語〕100点（学校配点）

一　問1，問2　各7点×2　問3，問4　各3点×2　問5　7点　問6，問7　各2点×9　問8　5点　二　問1　4点　問2　8点　問3　各1点×5　問4，問5　各8点×2　問6　4点　問7　各2点×4　問8　5点

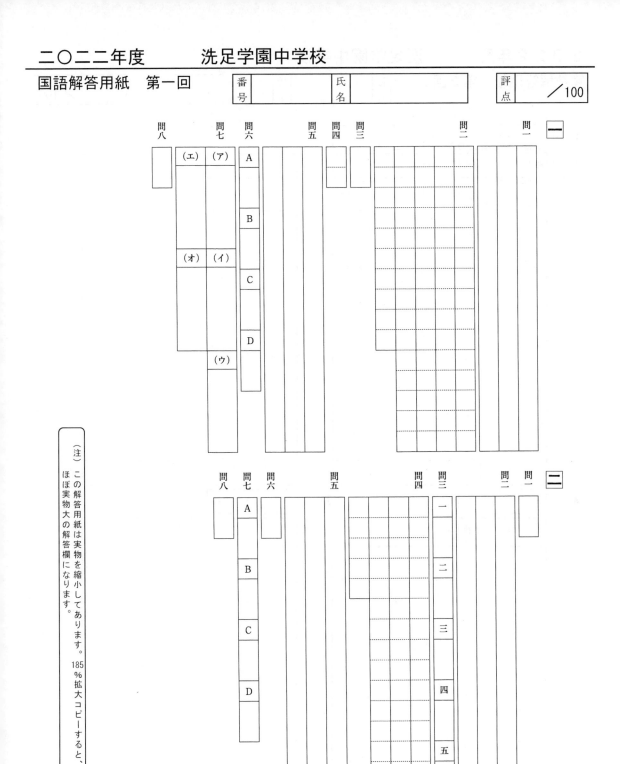

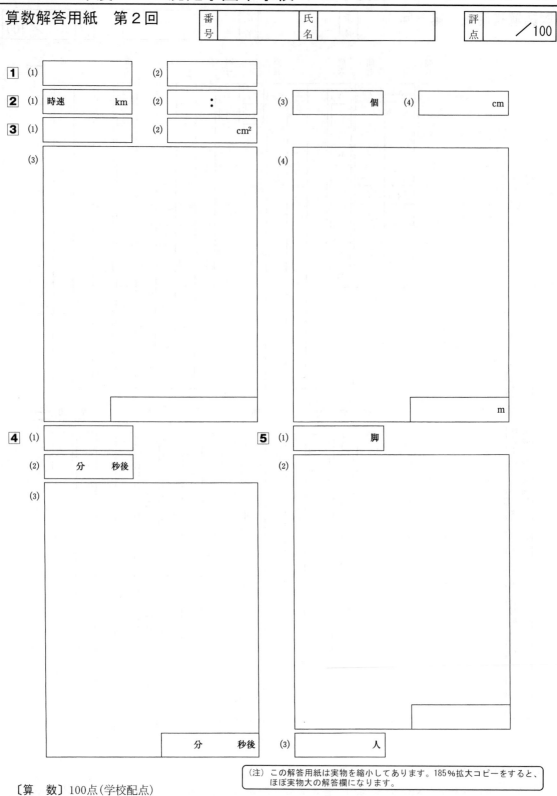

２０２２年度　洗足学園中学校

算数解答用紙　第２回

番号		氏名		評点	／100

1 (1)　(2)

2 (1) 時速　km　(2) ：　(3) 個　(4) cm

3 (1)　(2) cm²

(3)

(4)

m

4 (1)

(2) 分　秒後

(3)

分　秒後

5 (1) 脚

(2)

(3) 人

（注）この解答用紙は実物を縮小してあります。185％拡大コピーをすると、ほぼ実物大の解答欄になります。

〔算　数〕100点(学校配点)

1, 2　各５点×６　3　(1)，(2)　各７点×２　(3)，(4)　各８点×２＜(3)は完答＞　4　(1)　７点　(2)　５点　(3)　８点　5　(1)　５点　(2)　８点　(3)　７点

２０２２年度　洸足学園中学校

社会解答用紙　第２回

番号		氏名		評点	／75

1

問1 (1) ％　(2)　問2 (1)　(2)

問3　問4 (1)

問4 (2) X　Y　Z

問5　問6

問7 番号

2

問1　問2　問3 天皇

問4

問5　問6　問7

問8　問9　問10

3

問1　問2　問3

問4　問5

問6 (1)

問6 (2)　問7　問8

問9

（注）この解答用紙は実物を縮小してあります。Ｂ５→Ａ３(163%)に拡大コピーすると、ほぼ実物大の解答欄になります。

〔社　会〕75点(学校配点)

1 問１　(1)　２点　(2)　３点　問２　(1)　３点　(2)　２点　問３　２点　問４　(1)　２点　(2)　３点<完答>　問５，問６　各２点×２　問７　４点　2 問１　２点　問２　３点　問３　２点　問４，問５　各３点×２　問６，問７　各２点×２　問８，問９　各３点×２　問10　２点　3 問１，問２　各２点×２　問３　３点　問４，問５　各２点×２　問６　(1)　２点　(2)　３点<完答>　問７　３点　問８　２点　問９　４点

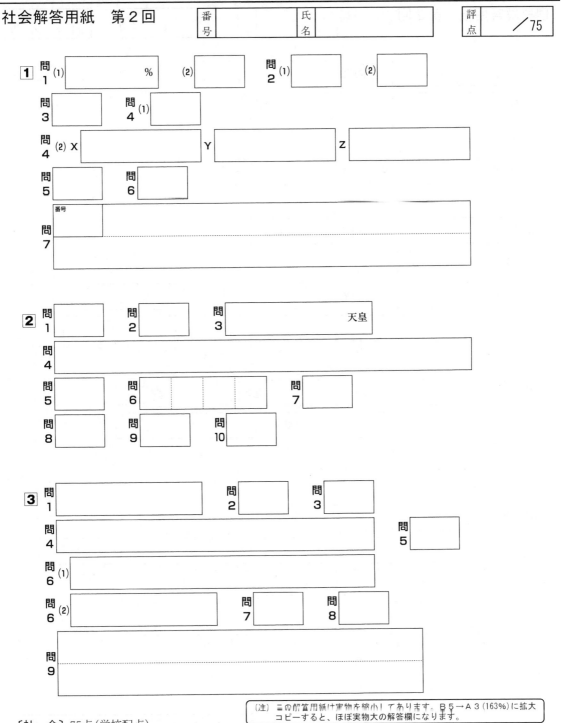

2022年度　　洗足学園中学校

理科解答用紙　第2回

番号		氏名		評点	／75

1 (1) m　(2) ①　②

(3)　(4)　(5)

(6) cm

(7) ① 倍　② cm

2 (1) g　(2) g

(3)　(4)

(5) X　Y　Z

(6)

3 (1)　(2) 運動

(3)　(4) ①　② 肺

(5)　(6)

4 (1)　(2)

(3)

(4)　(5) ①　②

(6) 倍

(7) ① 水星　金星　② 水星　金星

（注）この解答用紙は実物を縮小してあります。B５→A３(163%)に拡大コピーすると、ほぼ実物大の解答欄になります。

〔理　科〕75点(学校配点)

1　(1)～(6)　各２点×7　(7)　①　２点　②　３点　2　(1)　１点　(2)，(3)　各２点×2　(4)　１点　(5)　各３点×3　(6)　４点　3　(1)　３点＜完答＞　(2)　２点　(3)　３点　(4)　各２点×2　(5)　３点＜完答＞　(6)　２点　4　(1)　２点　(2)　１点　(3)　４点　(4)　２点　(5)　①　１点　②　２点＜完答＞　(6)　２点　(7)　①　各１点×2　②　各２点×2

二〇二二年度　洗足学園中学校

国語解答用紙　第二回

番号		氏名		評点	／100

一

問一

問二

問三

問四

問五

問六　A　B　C　D

問七　（ア）　（イ）　（ウ）　（エ）　（オ）　え

問八

二

問一　一　二　三　四　五

問二　という点。

問三

問四

問五

問六

問七　A　B　C　D

問八

（注）この解答用紙は実物を縮小してあります。185%拡大コピーすると、ほぼ実物大の解答欄になります。

〔国　語〕100点（学校配点）

一　問1，問2　各7点×2　問3　3点　問4　7点　問5　3点　問6，問7　各2点×9　問8　5点　二　問1　各1点×5　問2　4点　問3，問4　各8点×2　問5　4点　問6　8点　問7　各2点×4　問8　5点

２０２２年度　　洗足学園中学校

算数解答用紙　第３回

番号		氏名		評点	／100

1 (1) ＿＿＿　(2) ＿＿＿

2 (1) ＿＿＿円　(2) ＿＿＿　(3) ＿＿＿時間前　(4) ＿＿＿倍

3 (1) ＿＿＿%　(2) ＿＿＿cm²

(3) ＿＿＿冊

(4) ＿＿＿時間　＿＿＿分　＿＿＿秒後

4 (1) ア ＿＿＿　イ ＿＿＿

(2) ＿＿＿

(3) ＿＿＿と＿＿＿と＿＿＿

5 (1) ＿＿＿cm²

(2) ＿＿＿秒後

(3) ＿＿＿個

（注）この解答用紙は実物を縮小してあります。189％拡大コピーをすると、ほぼ実物大の解答欄になります。

〔算　数〕100点(学校配点)

1, 2　各５点×６　3　(1), (2)　各７点×２　(3), (4)　各８点×２　4　(1)　８点＜完答＞　(2)　４点　(3)　８点　5　(1), (2)　各６点×２　(3)　８点

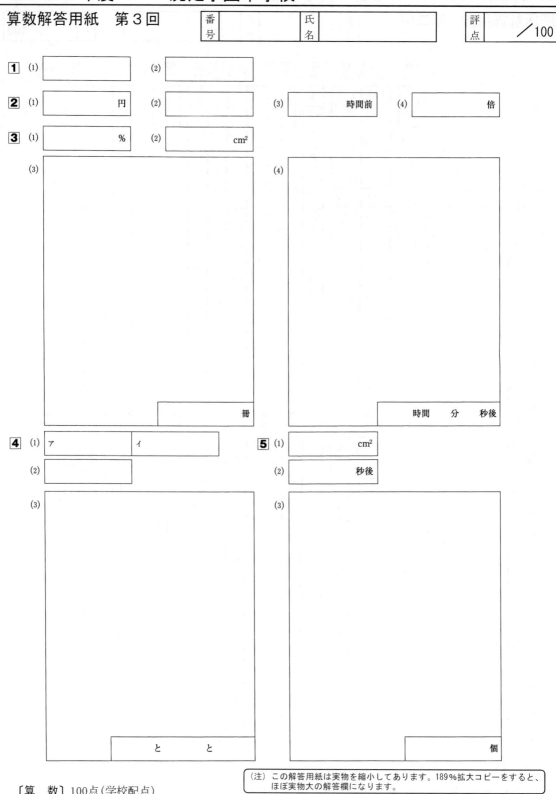

２０２２年度　洗足学園中学校

社会解答用紙　第３回

番号		氏名		評点	／75

1

問1　問2　問3　問4

問5　問6　問7

問8　問9 (1)

問9 (2)

2

問1　問2　問3

問4　問5　問6

問7　問8

問9

問10

3

問1

問2　問3　問4　問5

問6　問7

問8　問9

（注）この解答用紙は実物を縮小してあります。Ｂ５→Ａ３（163%）に拡大コピーすると、ほぼ実物大の解答欄になります。

〔社　会〕75点（学校配点）

1　問１　２点　問２　３点　問３～問５　各２点×３　問６　３点　問７，問８　各２点×２　問９　(1)　３点＜完答＞　(2)　各２点×２　2　問１　３点　問２～問４　各２点×３　問５　３点　問６　２点　問７　３点　問８　２点　問９　４点　問10　２点　3　問１　４点　問２～問５　各３点×４＜問５は完答＞　問６，問７　各２点×２　問８　３点＜完答＞　問９　２点

２０２２年度　洗足学園中学校

理科解答用紙　第３回

番号		氏名	

評点	／75

1 (1) ① ② (2) ① ②

(3) 物体　物体　物体　(4) ①

② ③

2 (1) ① ② (2) カロリー

(3) ℃　(4) カロリー　(5) ℃

(6)

(7)

3 (1) ① ② (2) ①

② mg　③ ④ ⑤

(3) (4)

4 (1) (2) Ⅱ Ⅲ

(3)

(4) (5) ① ②

③ (6) ① ②

（注）この解答用紙は実物を縮小してあります。Ｂ５→Ｂ４(141%)に拡大コピーすると、ほぼ実物大の解答欄になります。

〔理　科〕75点(学校配点)

1　(1)　①　2点　②　1点　(2)　①　2点　②　1点　(3)　4点＜完答＞　(4)　①　2点＜完答＞　②　3点＜完答＞　③　2点　2　(1)，(2)　各2点×3　(3)～(5)　各3点×3　(6)　4点　(7)　2点　3　(1)　各2点×2　(2)　①　2点　②，③　各3点×2　④，⑤　各2点×2　(3)　2点　(4)　1点　4　(1)，(2)　各1点×3＜(1)は完答＞　(3)　4点　(4)　1点　(5)，(6)　各2点×5

二〇二二年度　洗足学園中学校

国語解答用紙　第三回

番号　　氏名　　評点　／100

一

問一

問二

問三

問四

問五

問六　A　B　C　D

問七　(ア)　(イ)　(ウ)　(エ)　(オ)

問八

二

問一

問二　一　二　三　四　五

問三

問四

問五

問六

問七　A　B　C　D

問八

（注）この解答用紙は実物を縮小してあります。179％拡大コピーすると、ほぼ実物大の解答欄になります。

〔国　語〕100点(学校配点)

一　問1　3点　問2　7点　問3　3点　問4，問5　各7点×2　問6，問7　各2点×9　問8　5点　二　問1　4点　問2　各1点×5　問3～問5　各8点×3　問6　4点　問7　各2点×4　問8　5点

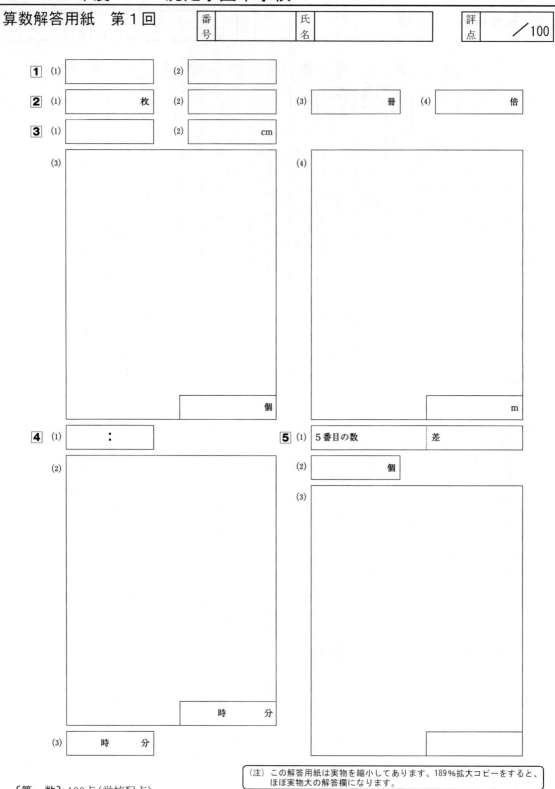

２０２１年度　　洗足学園中学校

算数解答用紙　第１回

番号		氏名		評点	／100

1 (1) 　 (2)

2 (1) 枚　(2) 　(3) 冊　(4) 倍

3 (1) 　(2) cm

(3) 個

(4) m

4 (1) ：

(2) 時　分

(3) 時　分

5 (1) ５番目の数　差

(2) 個

(3)

（注）この解答用紙は実物を縮小してあります。189%拡大コピーをすると、ほぼ実物大の解答欄になります。

〔算　数〕100点(学校配点)

1, 2　各５点×６　3　(1), (2)　各７点×２　(3), (4)　各８点×２　4　(1)　５点　(2)　８点　(3)　７点　5　(1)　５点＜完答＞　(2)　７点　(3)　８点

２０２１年度　洗足学園中学校

社会解答用紙　第１回

番号		氏名		評点	／75

1 問1　問2　問3　問4
問5　問6 X　Y
問7
問8
問9

2 問1　問2
問3
問4　問5　問6
問7　問8　問9

3 問1　問2　問3 (1)　(2)
問3 (3)
問4　問5　問6
問7 (あ)　(い)

〔社　会〕75点(学校配点)

1 問1，問2　各2点×2<問1は完答>　問3，問4　各3点×2　問5，問6　各2点×3　問7　3点　問8　4点　問9　2点　2 問1　3点　問2　2点　問3　4点　問4　3点　問5　2点　問6　3点　問7　2点　問8，問9　各3点×2　3 問1，問2　各3点×2　問3　(1)，(2)　各2点×2　(3)　4点　問4，問5　各2点×2　問6　3点<完答>　問7　各2点×2

２０２１年度　洗足学園中学校

理科解答用紙　第１回

番号		氏名		評点	／75

1 (1)　秒　(2)　秒間　(3) 秒速　m
(4)　(5)　(6)
(7)
(8)

2 (1)　(2)　g　(3)
(4) 酸性　中性　(5)　%
(6)　(7)　g
(8) ①　g　②　g
③　g　④　%

3 (1) あ　い　う
(2) え　お　(3)
(4) か　き・く　(5)
(6)

4 (1) ①　②　(2)　%
(3)　g　(4)　%　(5)　g
(6)　(7)　(8)　℃

〔理　科〕75点(学校配点)

1 (1)，(2)　各2点×2　(3)　3点　(4)～(6)　各2点×3　(7)　3点　(8)　2点　2 (1)　2点<完答>　(2)～(4)　各1点×4<(3)は完答，(4)は各々完答>　(5)～(8)　各2点×7　3 (1)　各1点×3　(2)～(5)　各2点×6<(4)のき・くは完答>　(6)　3点　4 (1)～(3)　各2点×4　(4)，(5)　各3点×2　(6)　2点<完答>　(7)　1点　(8)　2点

二〇二一年度　洗足学園中学校

国語解答用紙　第一回

番号		氏名		評点	／100

一

問一

問二

問三　A　B　C

問四

問五

問六　A　B　C　D

問七　（ア）（イ）（ウ）（エ）（オ）

問八

二

問一

問二

問三　一　二　三　四　五

問四

問五

問六　A　B　C　D

問七

問八

（注）この解答用紙は実物を縮小してあります。185％拡大コピーすると、ほぼ実物大の解答欄になります。

〔国　語〕100点(学校配点)

一　問1　3点　問2　8点　問3　3点<完答>　問4　7点　問5　6点　問6，問7　各2点×9　問8　5点　二　問1　4点　問2　8点　問3　各1点×5　問4，問5　各8点×2　問6　各2点×4　問7　4点　問8　5点

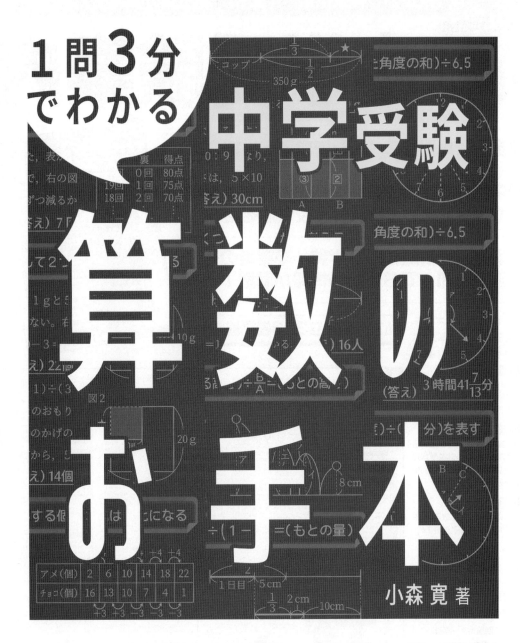

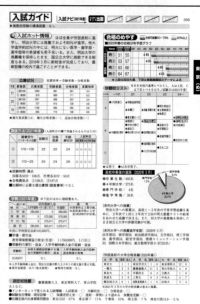

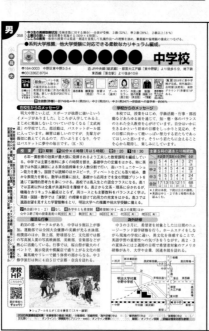